Kohlhammer

Thomas Köhler

Biopsychologie

Ein Lehrbuch

Verlag W. Kohlhammer

Die Deutsche Bibliothek – CIP-Einheitsaufnahme

Köhler, Thomas:
Biopsychologie : ein Lehrbuch / Thomas Köhler. – Stuttgart ; Berlin ; Köln
Kohlhammer, 2001
ISBN 3-17-016984-X

Dieses Werk einschließlich aller seiner Teile ist urheberrechtlich geschützt. Jede Verwendung außerhalb der engen Grenzen des Urheberrechts ist ohne Zustimmung des Verlages unzulässig und strafbar. Das gilt insbesondere für Vervielfältigung, Übersetzungen, Mikroverfilmungen und für die Einspeicherung in elektronischen Systemen.

Alle Rechte vorbehalten
© 2001 W. Kohlhammer GmbH
Stuttgart Berlin Köln
Verlagsort: Stuttgart
Umschlag: Gestaltungskonzept Peter Horlacher
Illustrationen: Johannes Hartmann, Hamburg
Gesamtherstellung:
W. Kohlhammer Druckerei GmbH + Co. Stuttgart
Printed in Germany

Vorwort

Das hier vorgelegte Lehrbuch der Biopsychologie soll zum einen relativ preiswert und knapp gehalten sein, zum anderen v.a. eine klinische Ausrichtung besitzen. Daß man einen günstigen Preis nicht besonders rechtfertigen muß, versteht sich von selbst. Auch die Kompaktheit eines Lehrbuchs, die Beschränkung auf wenige, vielfach etwas summarisch abgehandelte Punkte, hat ihren guten Sinn. Erfahrungsgemäß können die Leserinnen und Leser nur eine beschränkte Menge aufnehmen und werden selbst eine Auswahl des Stoffes vornehmen, die nicht immer gut und im Sinne des Autors ist. Diese Arbeit habe ich ihnen abgenommen; wer sich ins Detail vertiefen will, erhält – denke ich – reichlich Literaturhinweise.

Die Auswahl der behandelten Themen geschah nicht zuletzt anhand ihrer klinischen Relevanz. Deshalb wurde beispielsweise das in den meisten Lehrbüchern der Biopsychologie sehr ausführlich dargestellte visuelle System mit den Grundlagen des Farbensehens ausgelassen, ebenso das Gehör. Wissen darüber hilft für das Verständnis der Allgemeinen Psychologie sicher weiter, wenig aber für das von klinischen Phänomenen; dafür schien es beispielsweise sinnvoller, sich eingehend dem Schmerz, seiner Entstehung und den biologischen Mechanismen seiner Behandlung (z.B. durch Prostaglandinsynthesehemmer, Opioide oder Antidepressiva) zu widmen. Aus demselben Grund sind die Kapitel zu biologischen Grundlagen psychischer Störungen und zu psychotropen Substanzen („Drogen") eher ausführlich und behandeln vergleichsweise genau psychopharmakologische Aspekte. Im ohnehin schon umfangreichen Kapitel über das Vegetative Nervensystem und das Hormonsystem sind Anatomie und Physiologie von Herz-Kreislauf, Atmung und Verdauung genauer besprochen, weil dies eben für die Klinische Psychologie, die Psychosomatik und die Psychophysiologie von zentraler Bedeutung ist. Umfangreich ist zudem das Kapitel über Sexualität, wo nicht nur die Anatomie der Geschlechtsorgane und die Physiologie der Sexualvorgänge detaillierter dargestellt werden, sondern auch die Grundlagen sexueller Funktionsstörungen zur Sprache kommen. Weiter schien ein vergleichsweise ausführliches Kapitel zur Genetik sinnvoll – die meines Erachtens in vielen anderen Lehrbüchern zu kurz kommt –, wobei v.a. wieder auf die klinischen Aspekte Wert gelegt wurde (Chromosomenaberrationen, erblich bedingte Erkrankungen). Nicht uninteressant dürfte für viele hoffentlich das letzte Kapitel über Evolution sein, weil es noch einmal vor Augen führt, wie eindeutig wir (auch) ins Tierreich gehören.

Daß trotz der ausführlichen Behandlung klinischer Themen der Umfang dieser Monographie mit etwa 400 Seiten im Vergleich zu dem anderer biopsychologischer Lehrbücher eher gering ist, liegt zum einen eben daran, daß die ganze Wahrnehmung (ausgenommen die Schmerzwahrnehmung) nicht behandelt wurde. Zum anderen habe ich mich nur selten in Details vertieft. Gerade in der Biopsychologie kommen in kurzer Zeit neue und interessante Befunde hinzu, die andere gerade gemachte relativieren oder als unzutreffend nachweisen, so daß es geraten scheint, nur das zu referieren, was gut gesichert ist und sich in ein klares Schema fügt; der wissenschaftliche Disput über Details gehört in Zeitschriftenartikel, nicht in Lehrbücher. Nur knapp, vielfach sicher etwas ungenau, habe ich die physiologischen Grundlagen behandelt (etwa die Entstehung des Aktionspotentials, die second-messenger-Prozesse). Ziel war, diese schwierigen Sachverhalte auch Studierenden der Psychologie einigermaßen verständlich zu machen, die meist in ihrem Studium wenig biologische Kenntnisse vermittelt erhalten (eine Biopsychologievorlesung oft das Einzige ist) und das scheint mir nur unter Vereinfachung möglich. An die vorliegende Einführung die Maßstäbe eines Physiologielehrbuchs heranzutragen, übersieht die unterschiedliche Intention.

Für Anregungen und Ermunterungen danke ich zunächst – wie bei allen anderen Büchern der letzten Jahre – meinen Kollegen Bernhard Dahme, Jochen Eckert und insbesondere Reinhold Schwab. Ein ausgesprochenes Glück war für mich, daß Klaus Sames, Professor für Anatomie, große Passagen durchgelesen und mir Verbesserungsvorschläge gemacht hat; ihm sei herzlichst dafür gedankt; verbleibende (hoffentlich nicht zu zahlreiche und gravierende) Fehler gehen allein zu meinen Lasten. Johannes Hartmann, Hamburg, hat aus meinen oft recht hilflosen Vorlagen professionelle Abbildungen gemacht; wie immer ist die ausgezeichnete Zusammenarbeit mit dem Kohlhammer-Verlag hervorzuheben, insbesondere mit Herrn Dr. Poensgen und seiner Mitarbeiterschaft. Das ganz große Lob gebührt aber Miriam Thöns, die mit Engagement und einer heutzutage sehr seltenen Zuverlässigkeit höchst gekonnt die Textverarbeitung bis hin zur reprofähigen Vorlage geleistet hat.

Wie schon so oft, ist natürlich meinen lieben Frau Carmen zu danken, die immer auf's Neue Verständnis und Interesse für meine Buchprojekte aufbringen muß.

Hamburg, im Juli 2001   Thomas Köhler

Inhalt

1	**Struktur und Funktion der Zelle; Feinaufbau des Nervensystems**..	15
1.1	Überblick..	15
1.2	**Allgemeines zu Aufbau und Funktionsweise von Zellen**................	15
1.2.1	Aufbau: Zellmembran, Zytoplasma, Organellen, Kern und Nukleinsäuren..	15
1.2.2	Prozesse in der Zelle: Identische Reduplikation und Zellteilung; Proteinsynthese; Energiegewinnung; weitere Synthese- und Abbauvorgänge..	22
1.3	**Neurone (Nervenzellen)**..	27
1.4	**Gliazellen**..	29
1.5	**Der interstitielle Raum und die Blut-Hirn-Schranke**.....................	31
2	**Makroskopische Anatomie des Nervensystems**................................	33
2.1	**Überblick**..	33
2.2	**Topographische Grundbegriffe; Schnittebenen**...............................	33
2.3	**Wichtige neuroanatomische Begriffe**...	36
2.4	**Gliederung des Nervensystems**..	38
2.5	**Das Rückenmark**..	39
2.6	**Das Gehirn**..	41
2.6.1	Vorbemerkung..	41
2.6.2	Einteilung der Hirnregionen und erster Überblick...............................	41
2.6.3	Medulla oblongata (verlängertes Mark) und Pons (Brücke)...............	44
2.6.4	Cerebellum (Kleinhirn)...	45
2.6.5	Mesencephalon (Mittelhirn)..	46
2.6.6	Diencephalon (Zwischenhirn)..	48
2.6.7	Allgemeines zu Aufbau und Gliederung des Telencephalons.............	50
2.6.8	Der Neokortex und seine Verbindungen..	50
2.6.9	Der Feinaufbau des Kortex; Brodmannsche Areale.............................	55
2.6.10	Basalganglien..	56
2.6.11	Limbisches System...	57
2.7	**Rückenmarksnerven**..	61
2.8	**Hirnnerven**..	63
2.9	**Hirn- und Rückenmarkshäute; Liquorräume und Liquor cerebrospinalis**..	65
2.10	**Die Gefäßversorgung des Gehirns**..	69

3	**Bildung, Leitung und Übertragung von Erregung in der Nervenzelle**	71
3.1	**Vorbemerkung; Überblick**	71
3.2	**Synaptische Übertragung und die Ausbildung postsynaptischer Potentiale**	71
3.2.1	Vorbemerkungen	71
3.2.2	Bau von Synapsen; elektrische und chemische Synapsen	72
3.2.3	Zusammensetzung des Intra- und Extrazellulärraums; das Ruhepotential	74
3.2.4	Die Effekte von Rezeptorbesetzung; postsynaptische Potentiale	77
3.2.5	Arten von Rezeptoren	79
3.2.6	Präsynaptische Hemmung	81
3.2.7	Allgemeines zu Produktion, Ausschüttung und Inaktivierung von Transmittern	82
3.2.8	Einteilung der Transmitter	84
3.2.9	Endogene Opioide	84
3.2.10	Aminosäuren als Transmitter	85
3.2.11	Monoamintransmitter	87
3.2.12	Acetylcholin	90
3.2.13	Pharmakologische Beeinflussung der synaptischen Übertragung	91
3.3	**Entstehung des Aktionspotentials**	93
3.4	**Die Ausbreitung des Aktionspotentials**	96
4	**Vegetatives (autonomes) Nervensystem und endokrines System; Regulation innerer Organe**	98
4.1	**Vorbemerkungen; Überblick**	98
4.2	**Das vegetative (autonome) Nervensystem**	98
4.2.1	Definitionen; Vorbemerkungen	98
4.2.2	Allgemeines zu Sympathikus und Parasympathikus	99
4.2.3	Der sympathische Teil des VNS	101
4.2.4	Der parasympathische Teil des VNS	104
4.2.5	Viszerale Sensibilität	106
4.2.6	Der vegetative Reflexbogen; zentrale Steuerung vegetativer Reaktionen	107
4.2.7	Pharmakologische Beeinflussung vegetativer Reaktionen	108
4.3	**Das Hormonsystem**	112
4.3.1	Allgemeines; Überblick	112
4.3.2	Einteilung der Hormone	113
4.3.3	Freisetzung von Hormonen; Hormonwirkung am Erfolgsorgan	114
4.3.4	Hormone der Bauchspeicheldrüse und die Regulation des Blutzuckerspiegels	116
4.3.5	Schilddrüse und Nebenschilddrüsen (Epithelkörperchen)	116

Inhalt 9

4.3.6	Nebennierenmark	118
4.3.7	Nebennierenrinde	119
4.3.8	Hypophyse	121
4.3.9	Hypothalamus	125
4.3.10	Die Achsen Hypothalamus-Hypophyse-Nebennierenrinde und Hypothalamus-Hypophyse-Schilddrüse	125
4.3.11	Keimdrüsen und Sexualhormone	128
4.3.12	Weitere hormonproduzierende Gewebe	131
4.3.13	Gewebshormone	132
4.4	**Das Herz-Kreislauf-System**	**133**
4.4.1	Allgemeines zur Funktion; Anatomie	133
4.4.2	Aktionsphasen des Herzens; systolischer und diastolischer Blutdruck	134
4.4.3	Regelung des Blutdrucks	135
4.5	**Der Atmungsapparat**	**138**
4.5.1	Allgemeines; anatomische Grundlagen	138
4.5.2	Regulation der Atmung	140
4.6	**Verdauungssystem**	**141**
4.6.1	Überblick; anatomische Grundlagen	141
4.6.2	Mund, Schlund, Ösophagus	144
4.6.3	Magen	145
4.6.4	Zwölffingerdarm (Duodenum); Kohlehydrat-, Eiweiß- und Fettverdauung	146
4.6.5	Jejunum, Ileum; Pfortadersystem; Resorption der verdauten Nahrungsbestandteile	149
4.6.6	Dickdarm; Darmentleerung	151
5	**Biopsychologische Methoden**	**152**
5.1	**Vorbemerkungen; Überblick**	**152**
5.2	**Bildgebende Verfahren**	**153**
5.2.1	Röntgenaufnahmen mit und ohne Kontrastmittel	153
5.2.2	Computertomographie und Kernspintomographie	153
5.2.3	Bildgebende Verfahren zum Nachweis funktioneller Veränderungen	155
5.3	**Psychophysiologische Methoden**	**156**
5.3.1	Elektroenzephalographie (EEG-Untersuchungen)	156
5.3.2	Elektromyographie (Registrierung der elektrischen Muskelaktivität, EMG-Aufzeichnungen)	159
5.3.3	EKG (Elektrokardiogramm)	160
5.3.4	Blutdruck; Pulswellengeschwindigkeit; peripheres Blutvolumen	162
5.3.5	Elektrodermale Aktivität (EDA)	164
5.3.6	Weitere psychophysiologische Parameter	166

5.4	**Läsions- und Stimulationsverfahren**	167
5.4.1	Vorbemerkungen; Überblick	167
5.4.2	Läsionsmethoden	168
5.4.3	Stimulationsmethoden	169
5.5	**Methoden zur Untersuchung neurochemischer Vorgänge**	170
5.5.1	Bestimmung von Transmittern und ihren Metaboliten	170
5.5.2	Lokalisation und Quantifizierung von Rezeptoren und Neuronentypen	171
5.6	**Neuroanatomische Techniken**	172
5.6.1	Vorbemerkungen; Fixierung, Schnitte, Färbungen	172
5.6.2	Tracing-Methoden	173
5.6.3	Die 2-Desoxyglukosetechnik	173
6	**Das somatosensorische System**	174
6.1	**Definitionen; Überblick**	174
6.2	**Allgemeines zum somatosensorischen System**	175
6.3	**Tastsinn**	179
6.4	**Tiefensensibilität**	180
6.5	**Temperatursinn**	181
6.6	**Schmerzsinn (Nozizeption)**	182
6.6.1	Terminologische Vorbemerkungen	182
6.6.2	Nozizeptoren	182
6.6.3	Nozizeptive Bahnen („Schmerzbahnen")	184
6.6.4	Viszeraler Schmerz	187
6.6.5	Chronischer Schmerz, Schmerztherapie	188
7	**Das motorische System**	190
7.1	**Vorbemerkungen; Überblick**	190
7.2	**Aufbau und Funktion von (quergestreiften) Muskelzellen und Muskeln**	190
7.2.1	Begrifflichkeiten: Muskelfaser, motorische Einheit, Muskel	190
7.2.2	Aufbau und Funktion der Skelettmuskelzelle	193
7.2.3	Die neuromuskuläre Synapse (motorische Endplatte)	194
7.3	**Sensible und motorische Innervation der Skelettmuskulatur; mono- und polysynaptische Reflexe**	195
7.4	**Zentralnervöse motorische Strukturen**	200
7.4.1	Motorische Kortexareale	200
7.4.2	Pyramidenbahn und andere motorische Bahnen	202
7.4.3	Subkortikale motorische Kerngebiete	205
7.4.4	Kleinhirn	208

7.5	**Regulation der Motorik**...	209
7.5.1	Überblick...	209
7.5.2	Stützmotorik...	209
7.5.3	Zielmotorik...	210
8	**Lernen und Gedächtnis**...	212
8.1	**Vorbemerkungen; Überblick**...	212
8.2	**Lernen**...	212
8.2.1	Vorbemerkungen; Definitionen..	212
8.2.2	Neuronale Grundlagen von Habituation, Sensitivierung und klassischer Konditionierung..	213
8.3	**Gedächtnis**...	220
8.3.1	Begrifflichkeiten; Vorbemerkungen..	220
8.3.2	Konsolidierung...	222
8.3.3	Aufbewahrung und Abruf von Gedächtnisinhalten............................	225
8.3.4	Amnesien..	226
9	**Denken und Sprache; Hemisphärenspezialisierung**.................	228
9.1	**Vorbemerkungen; Überblick; begriffliche Klärungen**................	228
9.2	**Biologische Grundlagen des Denkens**..	228
9.2.1	Vorbemerkungen...	228
9.2.2	Kortikale Assoziationsfelder und zugeordnete kognitive Leistungen..	229
9.2.3	Neurochemische Grundlagen von Denkvorgängen; pharmakologische Beeinflussung kognitiver Leistungen..	232
9.3	**Sprache und Sprachstörungen**..	233
9.4	**Hemisphärenspezialisierung (Hemisphärenasymmetrie, Lateralisation)**...	238
9.4.1	Vorbemerkungen; anatomische Grundlagen; Methoden zur Untersuchung der Hemisphärenasymmetrie..	238
9.4.2	Untersuchungen an Split-Brain-Patienten...	241
9.4.3	Zusammenfassung der Befunde zur Hemisphärendominanz............	242
10	**Essen, Trinken und Schlaf**..	244
10.1	**Vorbemerkungen; Überblick**...	244
10.2	**Biopsychologie des Essens**..	244
10.2.1	Verdauung..	244
10.2.2	Energiegewinnung; Speicherung energiereicher Verbindungen; Energieumsatz...	245
10.2.3	Regulation des Eßverhaltens..	246
10.2.4	Regulation des Körpergewichts; Übergewicht..................................	249
10.2.5	Anorexia nervosa und Bulimia nervosa...	251

10.3	Regulation von Flüssigkeitsaufnahme und –ausscheidung............	253
10.3.1	Vorbemerkungen; anatomische und physiologische Grundlagen........	253
10.3.2	Regulationsmechanismen...	255
10.3.3	Weitere, die Flüssigkeitsaufnahme beeinflussende Faktoren..............	257
10.4	**Schlaf**...	258
10.4.1	Schlafstadien und Ablauf des Schlafes...	258
10.4.2	Regulation des Schlafes..	261
10.4.3	Funktion des Schlafes..	264
10.4.4	Schlafstörungen und ihre biologische Behandlung............................	266
11	**Sexualität und Fortpflanzung**...	269
11.1	**Vorbemerkungen; Überblick**..	269
11.2	**Männliche Geschlechtsorgane; sexueller Funktionszyklus beim Mann**...	269
11.2.1	Anatomie der männlichen Geschlechtsorgane.................................	269
11.2.2	Der sexuelle Funktionszyklus beim Mann..	271
11.3	**Weibliche Geschlechtsorgane; sexueller Funktionszyklus bei der Frau**..	273
11.3.1	Anatomie der weiblichen Geschlechtsorgane...................................	273
11.3.2	Der sexuelle Funktionszyklus der Frau...	275
11.4	**Steuerung des Sexualverhaltens**...	276
11.5	**Sexuelle Orientierung**...	280
11.6	**Bildung der Keimzellen; Menstruationszyklus**...........................	282
11.6.1	Spermienbildung..	282
11.6.2	Bildung der Eizellen; Menstruationszyklus......................................	283
11.7	**Befruchtung, Schwangerschaft und Embryonalentwicklung**........	286
11.8	**Geschlechtsdifferenzierung in der Embryonalentwicklung**...........	287
11.9	**Biologische Vorgänge in der Pubertät**..	291
12	**Biologische Grundlagen psychischer Störungen**.......................	292
12.1	**Vorbemerkungen; Überblick**..	292
12.2	**Schizophrenie**..	292
12.2.1	Symptomatik und Verlauf; Epidemiologie; familiäre Häufung und Vererbung...	292
12.2.2	Biologische Befunde an schizophrenen Patienten............................	294
12.2.3	Dopaminhypothese und Hypofrontalitätshypothese der Schizophrenie..	295
12.2.4	Biologische Therapie..	298

12.3	**Affektive Störungen**..	301
12.3.1	Definition; Symptomatik und Verlauf; Epidemiologie; familiäre Häufung und Vererbung..	301
12.3.2	Biologische Befunde an Personen mit affektiven Störungen...............	303
12.3.3	Die Monoaminhypothese der Depression; biologische Modelle der Manie und bipolarer Störungen..	306
12.3.4	Biologische Therapie..	309
12.4	**Zwangsstörungen**..	313
12.4.1	Klinisches Bild; Epidemiologie; familiäre Häufung und Vererbung........	313
12.4.2	Biologische Befunde an Personen mit Zwangsstörungen...................	313
12.4.3	Biologische Theorien von Zwangsstörungen................................	314
12.4.4	Biologische Therapie..	315
13	**Drogen und ihre Wirkungen**...	316
13.1	**Definitionen; Vorbemerkungen; Überblick**............................	316
13.2	**Allgemeines zu Drogenwirkungen und ihren biologischen Grundlagen**..	316
13.2.1	Euphorisierung und das mesotelencephale Belohnungssystem............	316
13.2.2	Weitere psychische Effekte..	318
13.2.3	Körperliche Effekte..	320
13.3	**Toleranz; Entzugssymptomatik; schädlicher Gebrauch und Abhängigkeitssyndrom**..	320
13.3.1	Toleranz..	320
13.3.2	Entzugssymptomatik..	322
13.3.3	Schädlicher Gebrauch und Abhängigkeit...................................	322
13.4	**Alkohol**..	324
13.4.1	Eigenschaften; Verstoffwechselung; unmittelbare Effekte.................	324
13.4.2	Alkoholtoleranz und -entzugserscheinungen; Abhängigkeit...............	327
13.5	**Opioide (Opiate)**..	330
13.5.1	Eigenschaften; Verstoffwechselung; unmittelbare Wirkungen............	330
13.5.2	Toleranz; Entzugssymptomatik; Abhängigkeit............................	332
13.6	**Kokain und Psychostimulantien**..	333
13.6.1	Eigenschaften; Verstoffwechselung; unmittelbare Wirkungen............	333
13.6.2	Toleranz und Entzugssymptomatik; Abhängigkeit........................	335
13.7	**Nikotin**..	336
13.7.1	Eigenschaften; Verstoffwechselung; unmittelbare Wirkungen............	336
13.7.2	Toleranz und Entzugssymptomatik; Abhängigkeit........................	338
13.8	**Weitere psychotrope Substanzen**..	341
13.8.1	Sedativa und Hypnotika..	341
13.8.2	Cannabis (Cannabinoide)..	343
13.8.3	Halluzinogene..	348

14	**Genetik**	351
14.1	**Vorbemerkungen; Überblick**	351
14.2	**Das menschliche Erbgut und die Chromosomen**	352
14.2.1	Desoxyribonukleinsäure (DNS, DNA); Gene	352
14.2.2	Chromosomen	354
14.3	**Mitose und Meiose; Chromosomenaberrationen**	356
14.3.1	Mitose	356
14.3.2	Meiose	357
14.3.3	Meiosestörungen und ihre Folgen (allgemeiner Überblick)	359
14.3.4	Autosomale Chromosomenaberrationen	360
14.3.5	Gonosomale Chromosomenaberrationen	361
14.4	**Formale Genetik; Mendelsche Gesetze**	363
14.5	**Erbkrankheiten**	368
14.5.1	Vorbemerkungen	368
14.5.2	Autosomal-rezessiv vererbte Krankheiten	369
14.5.3	Autosomal-dominant vererbte Krankheiten	371
14.5.4	Krankheiten mit X-chromosomal-rezessivem Erbgang; X-chromosomal-dominante Erkrankungen und Genstörungen auf dem Y-Chromosom	371
15	**Evolution**	374
15.1	**Vorbemerkungen; Geschichtliches**	374
15.1.1	Begriffsklärungen und Überblick	374
15.1.2	Die Darwinsche Evolutionstheorie und ihre Vorläufer	374
15.1.3	Die Suche nach dem "missing link" und die moderne Hominidenforschung	376
15.2	**Die Stellung des Menschen im Tierreich**	378
15.2.1	Das Linnésche Klassifikationssystem und die Einteilung der Säugetiere	378
15.2.2	Primaten; Menschenaffen und Menschen	381
15.3	**Hominidenfunde und ihre Einordnung; der Stammbaum des Menschen**	384
15.3.1	Vorbemerkungen; Überblick	384
15.3.2	Zuordnung und Datierung von Fossilien	384
15.3.3	Menschenaffen, frühe Hominiden und die Australopithecinen	386
15.3.4	Homo habilis und Homo rudolfensis; Homo erectus	388
15.3.5	Homo sapiens und der Neandertaler	390
15.3.6	Der hypothetische Stammbaum des Menschen	393
16	**Literaturverzeichnis**	397
17	**Register**	416

1 Struktur und Funktion der Zelle; Feinaufbau des Nervensystems

1.1 Überblick

Das Nervensystem besteht nicht nur aus den Nervenzellen (Neuronen), sondern auch aus verschiedenen Arten einer zweiten Zellgruppe, die im Zentralnervensystem (ZNS) als *Glia* oder *Neuroglia*, im peripheren Nervensystem üblicherweise als *Satellitenzellen* bezeichnet werden. Gliazellen halten nicht nur die Neurone zusammen, sondern unterstützen sie auch in ihren Aufgaben, können beispielsweise durch Bildung von Myelinschichten deren elektrische Leitfähigkeit erheblich verbessern.

Trotz ihrer hochgradigen Spezialisierung weisen Neurone und noch mehr die Glia mit den anderen Zellen des Körpers wichtige Gemeinsamkeiten auf, so daß es zunächst sinnvoll ist, allgemein über Struktur und Funktion von Zellen zu sprechen (1.2); erst dann sollen Aufgabe, Gestalt sowie Funktionsweisen von Neuronen (1.3) und Glia- bzw. Satellitenzellen (1.4) zur Darstellung kommen.

1.2 Allgemeines zu Aufbau und Funktionsweise von Zellen

1.2.1 Aufbau: Zellmembran, Zytoplasma, Organellen, Kern und Nukleinsäuren

Allgemeines; Zellmembran: Der menschliche Körper besitzt Tausende von Milliarden Zellen, – allein Neuronen gibt es etwa 10 Milliarden. Trotz ihrer unterschiedlichen Aufgaben sind sie im Prinzip ähnlich gebaut – wobei u.a. die kernlosen roten Blutkörperchen und die Keimzellen bedeutsame Ausnahmen darstellen. Zellen sind von einer Art Schutzschicht (Zellmembran) umgeben, besitzen in der Zellflüssigkeit (Zytoplasma, Zytosol) zahlreiche kleine Zellorgane (Organellen) und haben einen meist vergleichsweise großen Kern, der von einer eigenen Membran (Kernmembran) umhüllt ist und u.a. die Chromosomen mit den darauf lokalisierten Genen enthält.

Die *Zellmembran* (wie die Kernmembran und die Hüllen der Organellen) besteht aus Eiweißen, daneben v.a. aus Phospholipiden; letztere sind Verbindungen von Lipiden mit Phosphorsäure, die aufgrund elektrostatischer Eigenschaften (wechselseitige Abstoßung bzw. Anziehung elektrisch geladener Teile) eine charakteristische parallele, senkrecht zur Membranoberfläche gerichtete Orientierung aufweisen; diese hat für die Durchlässigkeit der Zellmembran wesentliche Bedeutung (s. Abb. 1.1).

Unter der Bezeichnung Lipide faßt man chemisch unterschiedliche Stoffe zusammen, die eine lipophile (d.h. in Wasser schlecht, in bestimmten organischen Flüssigkeiten wie Chloroform oder Benzol hingegen gut lösliche) Gruppe besitzen. Dazu gehören etwa die Fettsäuren und die Phospholipide (s. unten), Ester der Fettsäuren mit dem Alkohol Glycerin (Triglyceride oder Neutralfette) sowie die Steroide (Cholesterin und die aus Cholesterin synthetisierten Steroidhormone).

Fettsäuren sind Kohlenwasserstoffverbindungen mit einer *Carboxylgruppe* (COOH) an einem Ende. Durch Veresterung mit Phosphorsäure entstehen wichtige Phospholipide. Der Fettsäureteil dieser Phospholipide ist hydrophob (schlecht in Wasser löslich), während die mit Phophorsäure veresterte Carboxylgruppe sich gut in Wasser löst (hydrophil ist). Daneben gibt es Phospholipide, deren Lipidkomponente nicht Fettsäuren, sondern andere Moleküle mit einer lipophilen Gruppe sind. Die Zellmembranen sind so gebaut, daß sich die hydrophoben Enden zweier Phospholipide gegenüberstehen, während die hydrophilen Enden nach innen (in das wasserreiche Zytoplasma) bzw. nach außen (in die ebenfalls wasserreiche Zellumgebung) ragen (Lipiddoppelschicht). Eingelagert sind weitere Lipide, z.B. Cholesterin, deren hydrophobe und hydrophile Enden sich ähnlich anordnen; die Lipidzusammensetzung der Zellmembran bestimmt wesentlich ihre chemisch-physikalischen Eigenschaften. Weiter befinden sich in oder an der Zellmembran zahlreiche Proteine (Eiweiße). Sie bilden beispielsweise die Ionenkanäle (s. unten) oder Bindungsstellen (Rezeptoren) für Hormone und Neurotransmitter.

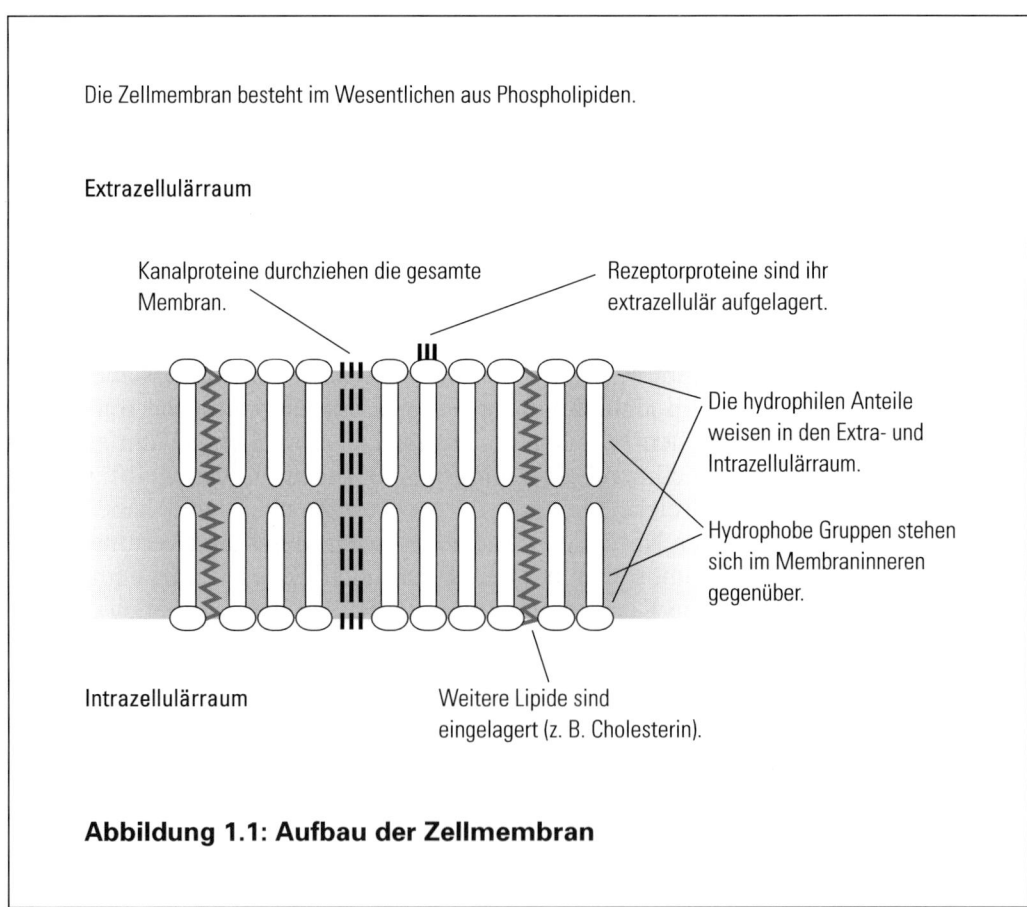

Abbildung 1.1: Aufbau der Zellmembran

1.2 Aufbau und Funktionsweise von Zellen

Was die *Permeabilität (Durchlässigkeit)* für einzelne Stoffe bestimmt, ist noch nicht völlig klar. Viele Moleküle, so zahlreiche Eiweiße, können nicht oder nur in einer Richtung die Zellmembran passieren, andere Stoffe (auch kleine Ionen) nur unter gewissen, zeitlich variablen Umständen (s. zu Ionenkanälen und aktiven Transportmechanismen die entsprechenden Ausführungen in 1.3 sowie Kapitel 3). Gut passieren i.a. Fettsäuremoleküle und andere Lipide die Zellmembran, was auf deren oben ausgeführte Lipiddoppelstruktur zurückzuführen ist. Glukose und Aminosäuren werden durch einen aktiven (also mit Energieverbrauch verbundenen) Prozeß in die Zelle geschleußt. O_2 und CO_2 gelangen problemlos durch die Membran. Für große Partikel (etwa Bakterien) besitzt die Zelle besondere Verfahren der „Einverleibung".

Als Endozytose bezeichnet man die Aufnahme in die Zelle mittels einer bestimmten Technik, bei größeren Teilchen (z.B. von Bakterienteilen) auch Phagozytose, bei Aufnahme kleinerer, mikroskopisch nicht sichtbarer in Flüssigkeit gelöster Partikel Pinozytose genannt. Phago- bzw. Pinozytose geschehen dadurch, daß die Zellmembran sich um das aufzunehmende Objekt wölbt, es einhüllt und schließlich ins Zellinnere wieder freigibt. Ein umgekehrter Prozeß (Exozytose) kann ebenfalls stattfinden; so verschmelzen die mit Transmitter (Botenstoffen) gefüllten Vesikel (Bläschen) in den Endknöpfchen der Neurone mit der Zellmembran und ergießen ihren Inhalt in den synaptischen Spalt (als umgekehrte Pinozytose oder sehr anschaulich als Emeiozytose = Zellerbrechen bezeichnet).

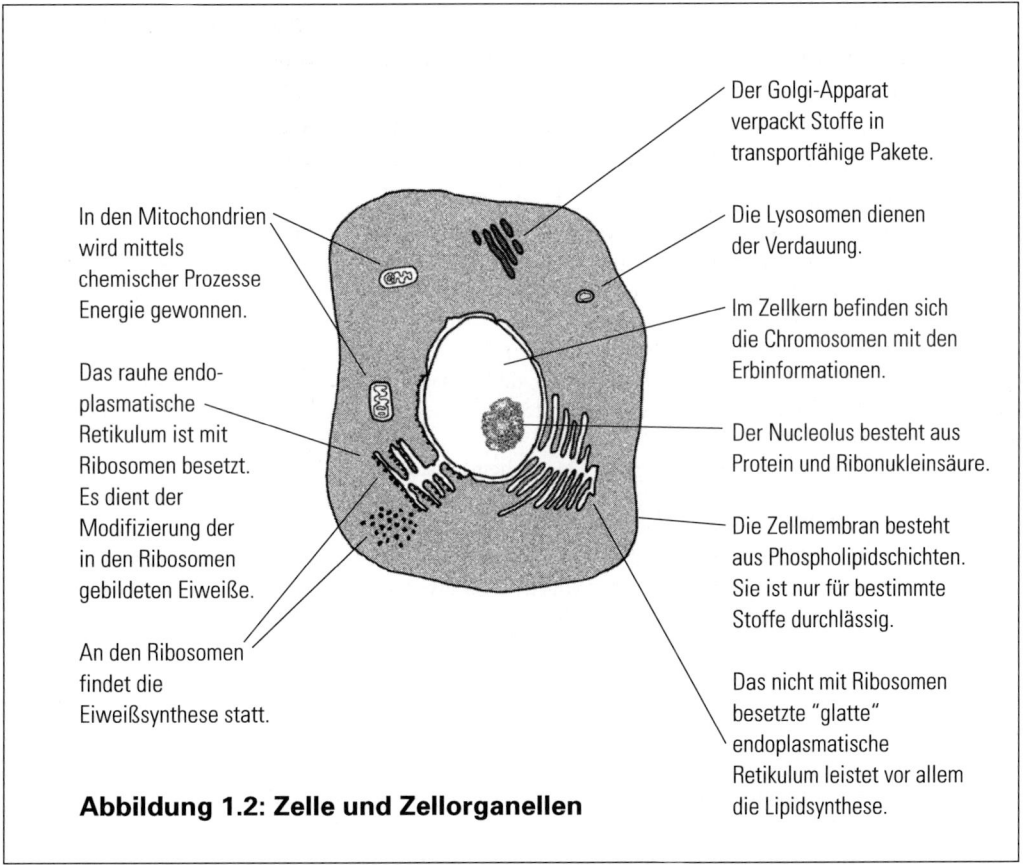

Abbildung 1.2: Zelle und Zellorganellen

Zellorganellen und Zytoplasma: Von den zahlreichen Organellen fällt zunächst das schlauchförmige *endoplasmatische Retikulum* auf (endoplasmatisch = im Zytoplasma gelegen, lat. reticulum = Netz). Es ist teilweise an der Oberfläche von den kleinen körnerartigen *Ribosomen* besetzt (sogenanntes *rauhes endoplasmatisches Retikulum*); diese Ribosomen, die auch frei schwimmend im Zytoplasma vorkommen können, sind der Ort der *Eiweißsynthese* anhand der von den Genen gelieferten Information (s. 1.2.2). Im rauhen endoplasmatischen Retikulum wird im wesentlichen eine Weiterverarbeitung der an den Ribosomen gebildeten Proteine vorgenommen. Im restlichen, nicht mit Ribosomen besetzten „glatten" endoplasmatischen Retikulum findet neben anderen Prozessen hauptsächlich Synthese von Lipiden statt (s. Abb. 1.2).

Der dem endoplasmatischen Retikulum strukturell ähnliche *Golgi-Apparat* dient ebenfalls Synthesevorgängen, daneben der Bildung von sogenannten Vesikeln, in denen von der Zelle hergestellte Stoffe für den Transport verpackt werden. Beispielsweise werden die Vesikel, in denen die Neurotransmitter bis zu ihrer Ausschüttung in den synaptischen Spalt zwischen zwei Nervenzellen gelagert werden, vom Golgi-Apparat in den Enden der präsynaptischen Nervenzelle gebildet; durch Verschmelzung des Vesikels mit der Zellmembran wird der Inhalt in den Extrazellulärraum entlassen (s. oben zur Emeiozytose).

Weiter sind die *Mitochondrien* zu nennen, längliche Gebilde, die von durchbrochenen Wänden durchzogen sind; hier finden im wesentlichen die oxidativen Stoffwechselprozesse statt, bei denen Stoffe unter Bildung des energiereichen Adenosintriphosphats (ATP) zerlegt werden; dieses wird den anderen Organellen für ihre energiekonsumierenden chemisch-physikalischen Vorgänge zur Verfügung gestellt.

Mitochondrien waren wohl in den Anfängen der Evolution Bakterien, die sich in Zellen eingeschleußt hatten und mit ihnen schließlich eine Symbiose eingegangen sind. Interessanterweise besitzen Mitochondrien ihre eigene Erbinformation; ihr Aufbau wird also nicht von der DNA des Kerns, sondern durch die eigene mitochondriale DNA (mt-DNA) bestimmt. Mitochondrien werden nur über die Eizelle weitergegeben; die Spermien – wenigstens ihre Köpfe – enthalten diese Organellen nicht. Dies bedeutet, daß die mütterliche mt-DNA unverändert auf die Kinder übertragen wird und weiter allein über die Mädchen in die nächsten Generationen. Personen, deren Stammbaum auf diese Weise zu einer einzigen „Urmutter" zurückverfolgt werden kann, enthalten (von den seltenen Spontanmutationen abgesehen) also identische mt-DNA.

Dies spielt u.a. bei der Erforschung der Menschheitsentstehung und Ausbreitung eine wichtige Rolle: Die durch Spontanmutation hervorgerufene Unterschiedlichkeit in der mt-DNA einer Bevölkerungsgruppe ist um so größer, je mehr Generationen die gemeinsame Urmutter zurückliegt. Sippen, die von einer gemeinsamen Mutter abstammend, erst in jüngerer Zeit an einem Ort eingewandert sind, unterscheiden sich in der mt-DNA somit weniger voneinander als solche, die vor tausenden von Jahren angekommen sind. Durchmischen sich die beiden Sippen, so resultieren zwei deutlich unterschiedliche Formen von mt-DNA in der Population.

Die kleinen *Lysosomen* (von griech. lysis = Auflösung, soma = Körper) dienen der „Verdauung": Von außen aufgenommene Stoffe (bzw. Bakterien) oder Zellbestandteile (etwa Membranen funktionsuntüchtiger Organellen) werden hier zerlegt, brauchbare Elemente für Syntheseleistungen zur Verfügung gestellt.

Die intrazelluläre Flüssigkeit, in der sich Kern und die Organellen befinden, das *Zytoplasma* oder *Zytosol*, besteht im wesentlichen aus Wasser mit darin gelösten Ionen sowie Proteinen, Glukose und Fettsäuren. In hohen Konzentrationen finden

1.2 Aufbau und Funktionsweise von Zellen

sich dort Kaliumionen, während der die Zelle umgebende Flüssigkeitsraum, der Extrazellulärraum, in der Zusammensetzung dem Meer ähnelt, also große Mengen von Natrium- und Chloridionen enthält. Mehr oder weniger alle Zellen, nicht nur die Neurone, sind gegenüber dem Extrazellulärraum negativ geladen, u.a. dadurch bedingt, daß die negativen Proteinionen nicht das Zellinnere verlassen können, während die positiv geladenen Kaliumionen, einem Diffusionsgradienten folgend, in geringen Mengen aus der Zelle austreten (s. die Darstellung des Ruhepotentials in Kap. 3).

Kern; Chromosomen; Nukleotide: Der *Kern (Nucleus)*, der durch eine der Zellmembran ähnliche – wenngleich etwas porösere – Kernmembran gegen das übrige Zellinnere abgegrenzt ist, enthält hauptsächlich *Kernsäuren (Nukleinsäuren)*; in den Chromosomen findet sich *Desoxyribonukleinsäure* (*DNS*, angloamerikanischem Sprachgebrauch folgend meist als *DNA* abgekürzt), in einer weiteren, oft mehrfach vorhandenen Struktur, dem Nucleolus („Kernlein"), liegt *Ribonukleinsäure* (*RNS* oder *RNA*). Die Funktion dieses Nucleolus ist noch nicht zweifelsfrei geklärt; die dort gebildete RNA ist möglicherweise Bestandteil der Ribosomen und scheint für deren Aufgabe (Proteinsynthese anhand der m-RNA; s. 1.2.2) benötigt zu werden.

In den Kernen der menschlichen Zelle (Keimzellen ausgenommen) finden sich 22 Paare von *Autosomen* und ein Paar von *Gonosomen* oder *Geschlechtschromosomen* (zweimal ein X-Chromosom bei der Frau, X- und Y-Chromosom beim Mann); der Chromosomensatz ist hier also diploid, d.h. doppelt vorhanden. Von diesen sich bei den Autosomen im Aufbau entsprechenden (homologen) Chromosomen der 23 Paare stammt eines von der Eizelle, das andere aus der Samenzelle, die sich bei der Befruchtung zur Zygote vereinigt haben; aus dieser entsteht der komplette Organismus (s. Kap. 11 und 14). Sämtliche Zellen enthalten so die gesamte Erbinformation, auch wenn große Teile davon für die jeweilige hochspezialisierte Zelle irrelevant sind.

Die *Chromosomen* bestehen wiederum aus zwei von Eiweißen umgebenen schraubenförmig gedrehten, sich gegenüberstehenden *DNA-Einzelsträngen* (*Doppelhelix-Struktur*). Diese Einzelstränge sind extrem lange Nukleotidketten, d.h. durch Phosphorsäure untereinander verbundene Zuckermoleküle, an denen eine der *Nukleotidbasen* Adenin, Thymin, Cytosin oder Guanin hängt. Die beiden Doppelstränge sind insofern *komplementär*, als dem Adenin im einen Strang stets Thymin im anderen gegenübersteht und Cytosin auf der einen Seite Guanin auf der anderen. Ribose und Desoxyribose sind *Pentosen*, also ringförmige Moleküle mit fünf C-Atomen (griech. penta = fünf). Die Verbindung eines Desoxyribosemoleküls (Ribosemoleküls) mit einer Base nennt man *Nukleosid*, die eines *Nukleosids* mit einem Phosphorsäuremolekül *Nukleotid* (genauer Mononukleotid). Das Phospatmolekül eines Nukleotids kann sich mit der Desoxyribose eines anderen unter Wasserabspaltung verbinden (Esterbindung), so daß schließlich lange Nukleotidketten (Polynukleotide) entstehen. Die Phosphatbrücken zwischen den Zuckermolekülen enthalten noch eine OH-Gruppe, von der sich das Wasserstoffion leicht abspalten kann; deshalb haben die Nukleotidketten Säureeigenschaften (daher die Bezeichnung Desoxyribonukleinsäure). Adenin und Guanin sind sogenannte Purinbasen, Cytosin und Thymin Pyrimidinbasen; die Struktur ist so, daß nur Adenin und Thymin einerseits, Cytosin und Guanin andererseits Wasserstoffbrücken ausbilden und sich damit gegenüberstehen können (s. Abb. 1.3).

Desoxyribose und Ribose sind chemisch ähnliche **Pentosen** ("Fünferzucker").

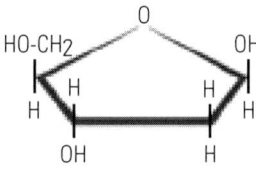
Desoxyribose

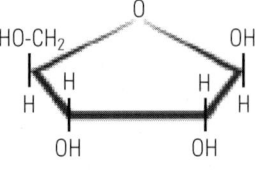
Ribose

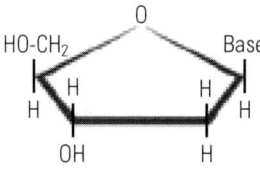

Die Verbindung einer Pentose mit einer Purin- oder Pyrimidinbase heißt **Nukleosid**.

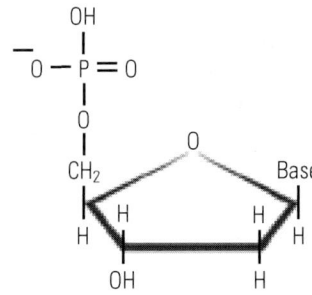

Die Verbindung eines Nukleosids mit Phosphorsäure heißt **Nukleotid**.

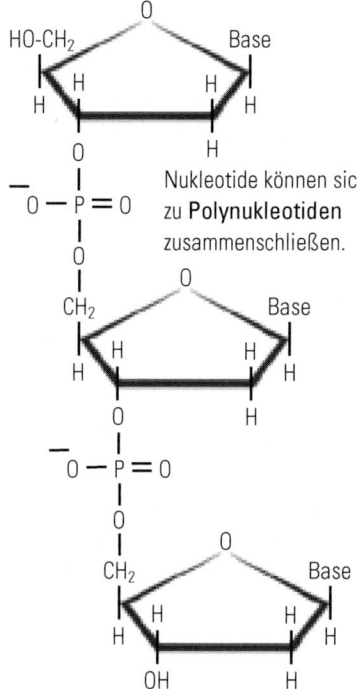

Nukleotide können sich zu **Polynukleotiden** zusammenschließen.

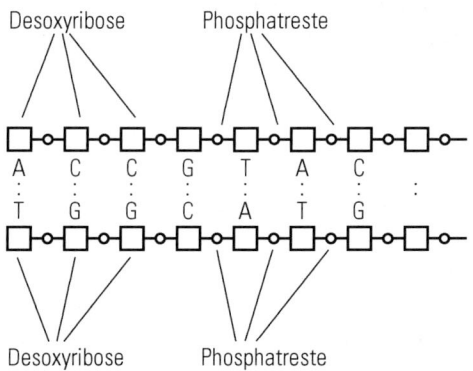

In den Chromosomen liegt die DNA als **Doppelstrang** mit jeweils mehreren Millionen Nukleotiden vor. In diesem Doppelstrang stehen sich komplementäre Basen gegenüber, nämlich Guanin (G) und Cytosin (C) einerseits, Adenin (A) und Thymin (T) andererseits. Zwischen den komplementären Basen bestehen Wasserstoffbrückenbindungen (in der Abbildung durch "..." gekennzeichnet). Der DNA-Doppelstrang ist in sich gedreht (sogenannte Doppelhelix; hier nicht gezeichnet).

Abbildung 1.3: Pentosen, Nukleoside, Nukleotide

1.2 Aufbau und Funktionsweise von Zellen

Die Chromosomen bestehen neben den Nukleotidketten aus Eiweißen und sind mit bestimmten Techniken gut färbbar (daher ihr Name: griech. chroma = Farbe, soma = Körper). Mikroskopisch zeigen sie sich als sogenannte (einzelne) Chromatinfäden, die zwischen den Zellteilungen knäuelförmig aufgerollt sind. Unmittelbar vor Teilung von Kern und Zellen liegen sie in der Kernmitte angeordnet als doppelte, nur noch an einem Punkt zusammenhängende Chromatinfäden (Resultat der zuvor abgelaufenen identischen Reduplikation). Die üblichen Darstellungen von Chromosomen, bei denen man gut Substrukturen (beispielsweise zwei Arme) erkennen kann, sind mittels elektronenmikroskopischer Techniken gewonnen worden und zeigen die doppelt vorliegenden Chromosomen direkt vor der Teilung.

Auf den größenmäßig sehr verschiedenen Chromosomen sind nach neuesten Erkenntnissen Informationen für etwa 30.000 *Erbmerkmale* (*Gene*) gespeichert, im Durchschnitt liegen also gut 1000 sogenannte Gene auf jedem Chromosom. So gut wie alle Gene (die auf dem X-Chromosom ausgenommen) finden sich auf den entsprechenden Abschnitten der beiden homologen Chromosomen und sind deshalb in Parallelformen vorhanden (Allele genannt).

Jedes Gen besteht aus einem Abschnitt der DNA, wobei die Erbinformation als *Abfolge* von *Nukleotidbasen* kodiert ist. Jeweils drei Nukleotide (ein sogenanntes Kodon) verschlüsseln nämlich eine der zwanzig im menschlichen Körper zur Eiweißsynthese benutzten *Aminosäuren*. Die Abfolge der Kodone auf dem dem Gen entsprechenden DNA-Abschnitt determiniert so eine Abfolge von Aminosäuren und damit ein Polypeptid, welches häufig als Enzym einen bestimmten Stoffwechselvorgang kontrolliert („ein Gen = ein Enzym"-Hypothese). Dieser schwierige Sachverhalt wird verständlicher, wenn man die Vorgänge bei der Proteinsynthese betrachtet (s. 1.2.2). Nach gegenwärtigen Erkenntnissen muß man im übrigen davon ausgehen, daß der Großteil der DNA unkodiert ist, also keine Erbinformationen enthält (sondern offenbar nur mehr oder weniger wahllos aneinander gereihte Nukleotide).

Ribonukleinsäure (RNS oder RNA) befindet sich sowohl im Kern wie im Zytoplasma und dient zum einen als sogenannte *messenger-RNA* (m-RNA = Boten-RNS) dazu, die in der chromosomalen DNA gespeicherte Information an im Zytoplasma liegenden Ribosomen zu vermitteln. Zum anderen ist es die Aufgabe kürzerer RNA-Abschnitte, die zur Proteinbildung benötigten Aminosäuren an die Ribosomen zu transportieren (*transfer-RNA* oder t-RNA). Im Prinzip ist die RNA ähnlich gebaut wie die DNA: Nukleoside, die durch Phosphatbrücken miteinander verbunden sind; allerdings ist der Zucker, an dem die Basen hängen, nicht Desoxyribose, sondern die geringfügig anders strukturierte Ribose; zudem findet sich statt der Pyrimidinbase Thymin in der RNA die Pyrimidinbase Uracil. Auch sind die RNA-Abschnitte deutlich kürzer und liegen nur als einfacher Strang vor (s. dazu auch 1.2.2).

1.2.2 Prozesse in der Zelle: Identische Reduplikation und Zellteilung; Proteinsynthese; Energiegewinnung; weitere Synthese- und Abbauvorgänge

Identische Reduplikation und Zellteilung: Auch im ausgewachsenen Organismus findet *Zellteilung* statt; da in den Chromosomen die Information sitzt, nach der die Zelle ihre Aufgaben erfüllt, ist neben Aufteilung der zytoplasmatischen Flüssigkeit und der Organellen auf die beiden „Tochterzellen" Teilung des Kerns und Weitergabe des diploiden Chromosomensatzes notwendig. Der Vorgang wird *Mitose* genannt.

Erster Schritt ist die *identische Reduplikation* der DNA-Doppelhelix: Dazu trennen sich wie bei einem Reißverschluß die beiden komplementären Stränge; an jeden lagern sich nach der Vorlage der Einzelstränge passende Nukleotide an: einem Nukleotid mit Adenin im ursprünglichen Strang wird also eines mit Thymin gegenübergestellt, einem Guanin-Nukleotid eines mit Cytosin als Base. Die angelagerten Nukleotide verbinden sich durch Phosphatbrücken, so daß schließlich ein vollständiger komplementärer Strang entsteht. Der ganze Vorgang steht unter Kontrolle des Enzyms DNA-Polymerase; es ist einzusehen, daß man mit pharmakologischer Blockade dieses Enzyms wirksam in die Zellvermehrung eingreifen kann (s. Abb. 1.4).

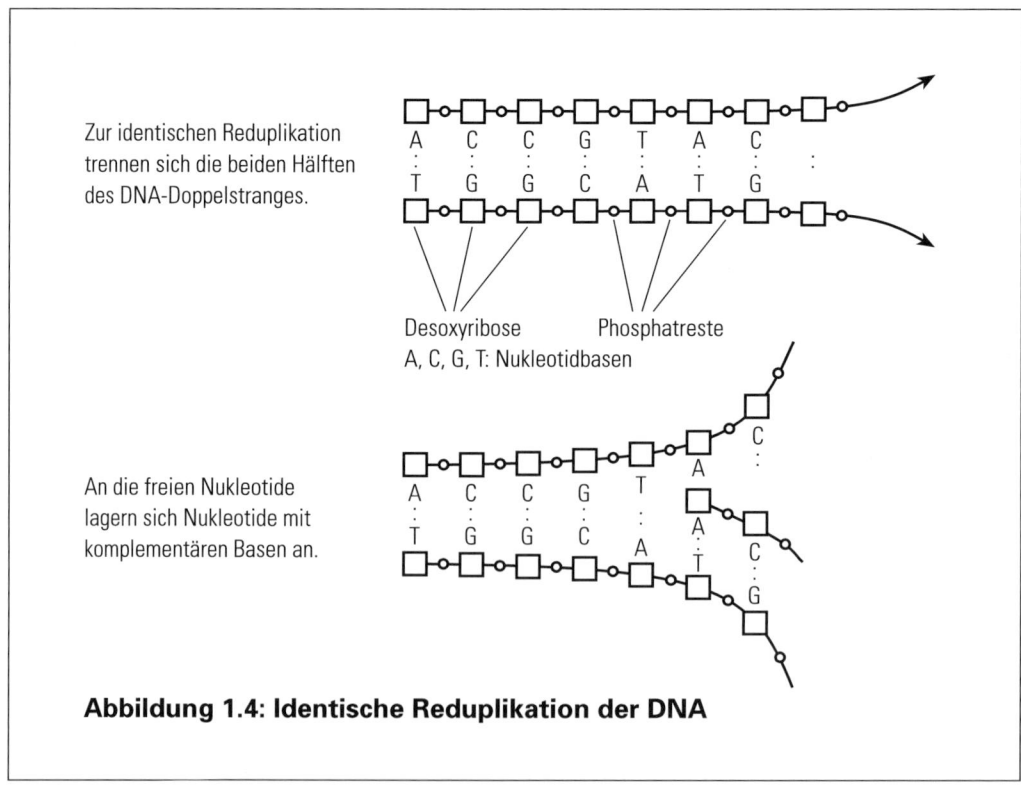

Abbildung 1.4: Identische Reduplikation der DNA

1.2 Aufbau und Funktionsweise von Zellen

Im Anschluß an die identische Reduplikation liegen also 46mal jeweils zwei DNA-Doppelstränge vor. Die Chromosomen, die zwischen den Mitosen als unförmiges Knäuel im Kern aufgerollt waren, stellen sich nun so dar, wie sie üblicherweise abgebildet werden: als 46 Doppelchromosomen (zwei Chromatinfäden), die nur an einer Stelle (dem Zentromer) zusammenhängen. Diese ordnen sich in einer Ebene an; durch Fäden (Kernspindeln) werden die Doppelchromatiden getrennt, der restliche Kern und das Zytoplasma auf zwei neue Zellen mit Kern- und Zellmembran verteilt. Jede der entstehenden Zellen enthält wieder einen diploiden Chromosomensatz; jedes Chromosom besitzt jetzt, wie zuvor, einen DNA-Doppelstrang.

Proteinsynthese; Struktur von Aminosäuren: Wie erwähnt, scheint die Erbinformation nur die Bildung von Polypeptiden und damit sämtlicher Enzyme zu determinieren; letztere kontrollieren alle Synthese- und Abbauvorgänge, so daß mit dem spezifischen, genetisch determinierten Bauplan für die Enzyme die Eigenheiten des Organismus und die in ihm ablaufenden Prozesse weitgehend festgelegt sind.

Ein Beispiel: Das Enzym ADH (Alkoholdehydrogenase) baut Ethanol zum stark aversiv wirkenden Acetaldehyd ab. Ist dieses Enzym besonders aktiv (und die Acetaldehyd abbauende ALDH nicht), kommt es nach Alkoholgenuß zu starkem Anstieg von Acetaldehyd und unangenehmen Reaktionen; diese Enzymkonstellation scheint einen protektiven Faktor gegen die Entwicklung von Alkoholismus darzustellen. Die Neigung zu Alkoholmißbrauch ist somit u.a. durch eine bestimmte Anordnung der DNA an jenen Abschnitten bestimmt, die Information für die Bildung dieser Enzymproteine liefern.

Proteine sind lange Ketten von Aminosäuren, von denen im menschlichen Körper genau 20 vorkommen. Die Struktur einer Aminosäure ist prinzipiell stets gleich: An einem C-Atom hängt einerseits eine Carboxylgruppe (COOH), andererseits eine Aminogruppe (NH_2), zudem ein H-Atom und schließlich der für die einzelne Aminosäure charakteristische Rest R. Im Fall des Glycin ist R ein H-Atom, bei den anderen Aminosäuren meist deutlich komplexer. Hier nur zwei einfache Beispiele:

```
    NH₂ O                    NH₂ O
     |  ‖                     |  ‖
  H–C–C–O-H                H–C–C–O-H
     |                        |
    CH₃                     HO–CH₂

  L-Alanin                  L-Serin
```

Unter Abspaltung von H_2O kann sich die Carboxylgruppe einer Aminosäure mit der Aminogruppe einer anderen verbinden (sogenannte *Peptidbindung*), womit ein Dipeptid entsteht. Das Dipeptid von L-Alanin und L-Serin sähe so aus:

```
    NH₂ O
     |  ‖    H
  H–C–C–N    O
     |  |    ‖
    CH₃ H–C–C–O-H
         |
        HO–CH₂
```

Vom fettgedruckten C-Atom hat sich also die OH-Gruppe, vom fettgedruckten N-Atom ein H-Atom abgespalten.

Durch Fortsetzung dieses Vorganges bilden sich mehr oder weniger langkettige *Peptide*; ab einer Zahl von etwa 100 aneinandergefügten Aminosäuren spricht man nicht mehr von Peptiden, sondern von *Proteinen* (*Eiweißen*).

Bei den Aminosäuren – Glycin ausgenommen – unterscheidet man zwei Stereoisomere, Formen, die die gleiche Struktur haben, aber nicht durch räumliche Drehung ineinander überführt werden können. Konventionsgemäß bezeichnet man eine Variante als L-Aminosäure und drückt dies in der Strukturformel dadurch aus, daß bei Stellung der Carboxylgruppe rechts die Aminogruppe nach oben zeigt. Bei den D-Aminosäuren zeigt entsprechend die Aminogruppe nach unten. Der menschliche Organismus ist praktisch nur in der Lage, L-Aminosäuren zu verwerten; angebotene D-Aminosäuren sind für ihn wertlos.

Im Übrigen liegen die Aminosäuren im Körper nur zu geringem Anteil in der dargestellten, für das Verständnis faßlicheren Form vor; tatsächlich hat sich das Wasserstoffion der (sauren) Carboxylgruppe an die (basische) Aminogruppe angelagert, so daß eine Dipolstruktur entsteht.

Wie oben ausgeführt, wird eine Aminosäure auf dem DNA-Strang durch ein *Basentriplett* kodiert. Man nehme beispielsweise an, daß die ersten beiden Glieder des von der Leber zum Alkoholabbau benötigten Enzyms Alkoholdehydrogenase die Aminosäuren Alanin und Serin sind. Diese werden auf der DNA durch die Basentripletts Cytosin, Guanin, Adenin (CGA) sowie Adenin, Guanin, Cytosin (ACG) kodiert und somit besteht der erste Abschnitt des Gens für Alkoholdehydrogenase aus den Basen CGAACG. (Tatsächlich gibt es bei vier Nukleotidbasen $64 = 4^3$ verschiedene Dreierkodone; jede der 20 Aminosäuren ist deshalb durch mehrere Kodone verschlüsselt; der Code ist „degeneriert"). Diese Information muß nun aus dem Kern zu den Ribosomen im Zytoplasma gebracht werden (den Orten der Eiweißsynthese) und dort zur Aneinanderfügung von Aminosäuren veranlassen; dabei soll mit Alanin begonnen und an dieses Serin mittels einer Peptidbindung angekoppelt werden.

Der erste Schritt besteht in einer *Abschrift des entsprechenden Gens*. Dazu wird der DNA-Doppelstrang geöffnet und nach dem im Rahmen der identischen Reduplikation beschriebenen Verfahren eine Kopie in Form einer *RNA-Kette* gemacht; die ersten Glieder dieser Kette lauten GCUUGC (U = Uracil, das in der RNA Thymin ersetzt). Das die Synthese kontrollierende Enzym wird DNA-abhängige RNA-Polymerase genannt; diese läßt sich pharmakologisch blockieren und damit die Eiweißsynthese beeinflussen (Prinzip diverser Antibiotika und Zytostatika). Ist die Abschrift des für die Synthese von Alkoholdehydrogenase zuständigen DNA-Abschnitts beendet (dessen Ende durch ein sogenanntes Stop-Kodon, ein bestimmtes Basentriplett, gekennzeichnet ist), löst sich die gebildete RNA vom DNA-Strang und transportiert diese Information durch die Kernmembran zu einem Ribosom; dieser RNA-Abschnitt wird deshalb auch *m-RNA (messenger-RNA = Boten-RNA)* genannt.

Die m-RNA bindet sich an ein Ribosom – wird dann oft r-RNA genannt – und wandert nun in eine Richtung entlang dieses Ribosoms. Kommt über einer bestimmten Stelle des Ribosoms ein Kodon, also ein Basentriplett, zu liegen, wird daraufhin die dem Kodon entsprechende Aminosäure aus dem Zytoplasma herbeigeschafft und geht mit der gerade zuvor herangeholten eine Peptidbindung ein. Hat also im gewählten Beispiel das erste m-RNA-Kodon GCU die Aminosäure Alanin ans Ribosom „beordert", so veranlaßt das nun vom Ribosom abgegriffene Basentriplett UGC das Erscheinen von Serin, welches mit Alanin eine Peptidbindung eingeht. Dieser Vorgang ist energieverbrauchend; ein Großteil des in der Zelle gebildeten ATP wird für die Eiweißsynthese benötigt. Das Heranholen der passenden Aminosäure ist Aufgabe einer sehr kurzen Nukleotidsequenz, die nur drei Basen umfaßt und zwar jene, die zum Kodon der m-RNA komplementär sind; an diesem Kodon hängt die Aminosäure: diese nur aus drei Nukleotiden bestehende RNA wird deshalb auch *t-RNA (trans-*

1.2 Aufbau und Funktionsweise von Zellen

fer-RNA) genannt. Die t-RNA mit der Basensequenz CGA ist also mit einem Alaninmolekül verbunden und geht aufgrund von Wasserstoffbrücken mit den Basen GCU der m-RNA am Ribosom eine Verbindung ein; entsprechend hängen Serinmoleküle an einer t-RNA mit dem Kodon ACG (s. Abb. 1.5).

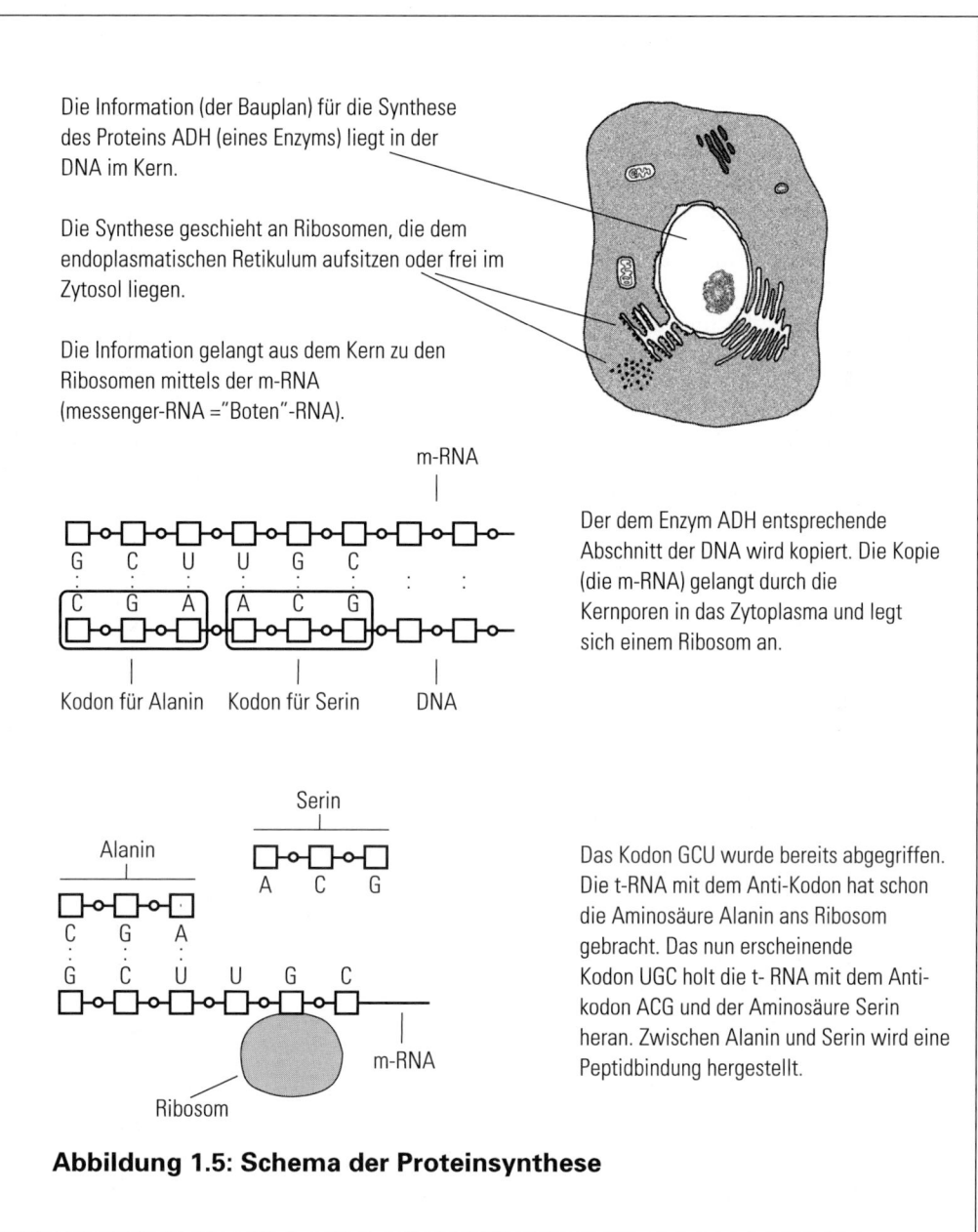

Abbildung 1.5: Schema der Proteinsynthese

Es ergibt sich natürlich die Frage, woher die Zelle „weiß", daß sie das Enzym Alkoholdehydrogenase (ADH) synthetisieren muß und noch elementarer: Warum wird ADH nur in Leberzellen aufgebaut, obwohl die gleiche Information auch in Neuronen und anderen Zellen sitzt, die nicht mit dem Alkoholabbau befaßt sind (Frage der „Genexpression"). Hier sind die Modelle noch ziemlich unbestimmt: Man geht davon aus, daß die Zelle Repressoren und Aktivatoren (bis jetzt nur teilweise identifizierte Stoffe) in den Kern sendet, die die Abschrift bestimmter DNA-Sequenzen unterdrücken oder anregen; möglicherweise läuft der Vorgang indirekt über An- und Ausschaltung sogenannter Operatorgene auf der DNA ab, die wiederum die Strukturgene, welche die Synthese eines Proteins determinieren, kontrollieren; im gewählten Beispiel könnten Informationen, welche in die Leberzelle gelangen, diese Aktivierung bewirken. In Neuronen würden diese Signale ausbleiben und nie eine Transkription des Strukturgens für ADH freigegeben werden.

Viele ihrer Informationen erhalten die Zellen über Hormone, für die nur einzelne Zelltypen Rezeptoren besitzen; ist letzteres der Fall, kann das Hormon an der Zelle andocken und auf die Genexpression wirken, also die Transkription eines Strukturgens ermöglichen. Viele Hormone scheinen auf diesem Wege ihre Wirkung an den von ihnen gesteuerten Zellen auszuüben (s. dazu 4.3).

Energiegewinnung: Für ihre vielfältigen Prozesse, insbesondere die Proteinsynthese, benötigt die Zelle Energie; diese gewinnt sie aus der Verbrennung von Kohlehydraten (v.a. von Glukose), Fetten und Aminosäuren, die sie, meist nach vorangehender Zerlegung im Magen-Darm-Trakt, aus Nahrungsprodukten erhält.

Aminosäuren werden dem Körper v.a. in Form von Eiweiß (Proteinen) zugeführt, die im Magen und Darm in ihre Bestandteile zerlegt werden; Zucker wird häufig in Gestalt von Polysacchariden (Verbindungen mehrerer Zuckermoleküle) mit der Nahrung aufgenommen, die schon im Verdauungstrakt in einfache Zucker wie Glukose, Fruktose oder Galaktose gespalten werden. Die energiereichen, oft langkettigen Fettsäuren kommen als Triglyceride (Ester mit dem dreiwertigen Alkohol Glycerin) in der Nahrung vor, werden im Magen und Darm durch Lipase aufgespalten und treten – nach einem teilweise recht komplizierten Resorptionsprozeß – in die Zelle als freie Fettsäuren ein.

Glukose wird – etwas vereinfacht ausgedrückt – über mehrere Zwischenschritte unter Energiegewinnung in H_2O, CO_2 und Essigsäure abgebaut, die dann im Zitronensäurezyklus (in den Mitochondrien) weiter unter erneuter Energiegewinnung zerlegt wird. Die dabei gewonnene Energie benutzt die Zelle dazu, energiereiche Verbindungen herzustellen, insbesondere das ATP (Adenosintriphosphat); dieses läßt sich später wieder zerlegen, um energieverbrauchende Prozesse zu ermöglichen.

Die der Zelle zugeführten Aminosäuren werden v.a. für die Eiweißsynthese verwendet (s. oben), dienen weiter zum Aufbau diverser Hormone und der biopsychologisch interessanten Monoamintransmitter (s. Kap. 3), können aber auch unter Energiegewinnung abgebaut werden. Nach Abspaltung von NH_3 (Ammoniak) aus der Aminogruppe werden die Aminosäurereste in den schon erwähnten Zitronesäurezyklus eingeschleußt und oxidativ zerlegt, wieder unter Gewinnung von Energie, die u.a. zur Synthese von ATP verwendet wird. In den Leberzellen wird der im ganzen Körper anfallende Ammoniak in Harnstoff verwandelt, welcher mit dem Urin ausgeschieden wird. Bei schweren Lebererkrankungen (z.B. nach jahrelangem Alkoholabusus) kann die Harnstoffbildung eingeschränkt sein, so daß es zu gefährlich hohen Ammoniakkonzentrationen im Blut mit Hirnschädigung kommt.

Freie Fettsäuren sind Kohlenwasserstoffketten mit einer Carboxylgruppe, die in der Nahrung (oder in den Fettspeichern des Körpers) an den dreiwertigen Alkohol Glycerin gebunden sind (Triglyceride oder Neutralfette). In der Zelle werden sie als freie Fettsäuren unter Energiegewinnung in Essigsäuremoleküle gespalten; letztere werden im Zitronensäurezyklus unter Bildung von ATP zu CO_2 und H_2O abgebaut.

Zu den Lipiden, Fetten im weiteren Sinn, gehören – wie in 1.2.1 bereits ausgeführt – nicht nur die Triglyceride (Neutralfette) und freien Fettsäuren, sondern auch Phospholipide, Cholesterin, Cholesterinester und fettlösliche Vitamine wie Vitamin A, D, E und K. Phospholipide spielen erwähntermaßen beim Aufbau der Zellmembran eine wichtige Rolle, Cholesterin bei der Synthese von bestimmten Hormonen (Steroidhormonen).

1.3 Neurone (Nervenzellen)

Ein Neuron (Plural: Neurone oder Neuronen) ist eine hochspezialisierte Zelle, die der Verarbeitung und Weiterleitung von Reizen dient. Im gesamten Nervensystem befinden sich etwa 10^{10} (10 Milliarden) Neurone. Eine Vorstellung von dieser Zahl vermittelt die Überlegung, daß dies etwa der doppelten Erdbevölkerung entspricht.

Neurone unterscheiden sich in ihrer Gestalt deutlich von anderen Zellen: Der eigentliche *Zellkörper* (*Soma* oder *Perikaryon*), das Gebiet um den Kern mit den Organellen, ist vergleichsweise klein, während riesige Fortsätze abgehen, welche die Neurone zu den größten Zellen im menschlichen Organismus überhaupt werden lassen. Beim Prototyp, dem multipolaren Neuron, zweigen vom Zellkörper zahlreiche kleinere Fortsätze ab, die *Dendriten* (von griech. dendron = Baum), daneben ein sehr langer, der *Neurit* oder das *Axon*, welches bei den vom Rückenmark ausgehenden motorischen Neuronen etwa 1 m lang werden kann. Ein sehr illustrativer Vergleich setzt den Zellkörper eines solchen Neurons mit dem Volumen eines Tennisballs an; die Dendriten würden dann ein ganzes Zimmer ausfüllen, während das Axon 1 km (!) lang wäre; insofern spiegeln sämtliche Abbildungen die tatsächlichen Größenverhältnisse nur höchst unvollkommen wider.

Am Beginn des Axons, nahe dem Zellkörper, findet sich oft eine Verdickung, der sogenannte *Axonhügel*, an dem die von den abermillionen Synapsen an den Dendriten ausgehende Information zusammengeführt und verrechnet wird; unter gewissen Bedingungen entsteht an dieser Stelle ein Aktionspotential, d.h. die Nervenzelle erfährt eine genügend große Erregung, um diese weiterzuleiten.

Das Axon gibt oft schon während seines Verlaufes Äste (Kollateralen) ab und verzweigt sich an seinem Ende in verschiedene weitere Äste, die mit ihren „Endknöpfchen" meist an den Dendriten anderer Neurone enden und mit ihnen sogenannte axodendritische Synapsen bilden; an diesen vollzieht sich der Übergang der Erregung auf ein anderes Neuron. Daneben gibt es u.a. auch axo-axonale Synapsen, wobei das Axon einer Nervenzelle nahe dem Ende des Axons einer anderen zu liegen kommt (anatomisches Substrat der präsynaptischen Hemmung; s. 3.2.6).

Neben den *multipolaren Nervenzellen* gibt es auch andere Formen: Beim *bipolaren Neuron* gehen vom Körper nur zwei Fortsätze aus (etwa bei den vom Hörorgan ausgehenden Nervenzellen), beim unipolaren sogar nur einer (der sich dann aber bald verzweigt). *Interneurone*, wie sie etwa in der grauen Substanz des Rückenmarks zu finden sind, haben nur kurze Axone, die morphologisch kaum von den Dendriten zu unterscheiden sind.

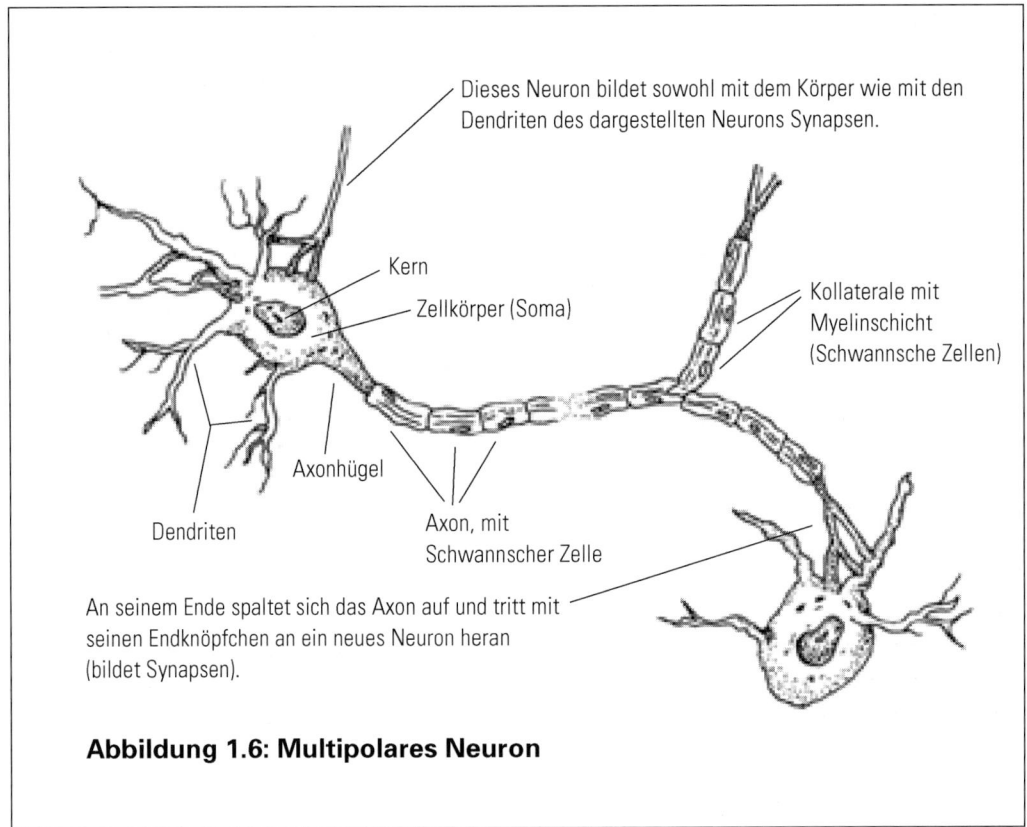

Abbildung 1.6: Multipolares Neuron

Neurone haben neben der Aufnahme und Weiterleitung von Information, teils damit zusammenhängend, eine Reihe von Aufgaben zu erfüllen, die auch andere Zellen innehaben: So muß Energie gewonnen werden, um die Spannungsdifferenz zwischen Intra- und Extrazellulärraum (das sogenannte Ruhepotential) aufrechtzuerhalten bzw. kurzfristige Änderungen des Potentials rückgängig zu machen. Blockiert man die zur Energieerzeugung erforderlichen Enzyme eines Neurons, so läßt sich die Erregungsleitung bald zum Verschwinden bringen. Weiter sind in Nervenzellen die *Botenstoffe* (*Neurotransmitter* oder einfach *Transmitter*) aufzubauen, die der *Überleitung der Erregung an den Synapsen* dienen. Diese Transmittersynthese findet meist in den Endknöpfchen in Synapsennähe statt, teilweise aber im Zellkörper (etwa bei den Peptidtransmittern oder bei Dopamin). Dem Transport in die weit entlegenen Endknöpfchen dienen die Mikrotubuli (Neurotubuli), dünne Schläuche, die vom Soma entlang des Axons ziehen. Dieser axoplasmatische Transport findet offenbar nicht innerhalb der Mikrotubuli, sondern längs ihrer Außenseiten in Vesikeln statt.

Vergleichsweise wenig ist zu einer zweiten neuronenspezifischen Struktur bekannt, den Neurofibrillen, die als lange dünne Fäden im Zytoplasma liegen. Sie spielen pathophysiologisch eine wichtige Rolle, indem sie verklumpen können und dann im Gehirn von Patienten mit Alzheimer-Krankheit als sogenannte Alzheimer-Fibrillen eine nie fehlende und hochspezifische Veränderung darstellen; ob diese Verklumpungen eine ursächliche pathogenetische Bedeutung haben oder nur eine von vielen begleitenden Veränderungen sind, ist noch unklar.

Viele Axone, sowohl im zentralen als auch im peripheren Nervensystem, sind von einer vergleichsweise dicken, aus vielen Lagen bestehenden Phospholipidschicht umgeben; diese ist nicht Bestandteil des Neurons selbst, sondern gehört zu einer anderen Zelle (Oligodendroglia im ZNS, Schwannsche Zelle in der Peripherie), die sich um den Neuriten wickelt; diese Myelinschicht dient hauptsächlich der Erhöhung der Leitungsgeschwindigkeit im Axon (s. 1.4 sowie 3.4).

Die wesentliche Funktion des Neurons ist die Aufnahme und Weiterleitung von Information, was in Kap. 3 ausführlicher dargestellt wird. Hier sei nur so viel gesagt, daß an den Dendriten eines Neurons die Endknöpfchen zahlloser anderer Neurone enden und ihm vielfältige Informationen übertragen; diese werden miteinander verrechnet und führen (oder führen intermittierend auch einmal nicht) zur Erregung des Neurons, welche nun längs des Axons zu den Endknöpfchen und über die Synapsen hinweg auf weitere Neurone oder andere Zellen (z.B. Muskelzellen) übertragen wird.

1.4 Gliazellen

Neben den Neuronen befindet sich im Nervensystem eine zweite große Gruppe von Zellen, die man im ZNS (Gehirn und Rückenmark) als (*Neuro-*)*Gliazellen* (von griech. glia = Leim), in der Peripherie als *Satellitenzellen* bezeichnet.

Diese Gliazellen (bzw. Satellitenzellen) haben vielfältige, im einzelnen noch nicht sicher geklärte Aufgaben: Zum einen erfüllen sie *Stützfunktion*, halten also die Neurone zusammen und vereinigen sie zu charakteristischen Strukturen; zum anderen unterstützen sie die Nervenzellen bei verschiedenen Aufgaben: So bilden gewisse Gliazellen die erwähnten *Myelinschichten* um die Axone, entfernen die von den Neuronen gebildeten Stoffe und defekte Neurone selbst, ernähren wohl auch die Nervenzellen, indem sie ihnen Stoffe zuführen, die letztere nicht bilden können; zudem wachsen sie in den Raum ein, den untergegangene Neurone hinterlassen, und bilden so Narbengewebe. Gliazellen sind kleiner als Neurone; da sie aber zahlreicher sind, nehmen sie in ihrer Gesamtheit ähnlich viel Volumen im ZNS ein wie letztere.

Wohl die wichtigste Aufgabe, – die sich auch im Namen Glia ausdrückt (s. oben) –, ist die *Stütz- und Haltefunktion*. Sämtliche Axone, auch die unmyelinisierten, sind in einen bestimmten Typ von Gliazellen eingebettet (Oligodendroglia im ZNS, Schwannsche Zelle im peripheren Nervensystem genannt). Bei den myelinisierten Axonen hat sich jedoch die Oligodendroglia (bzw. die Schwannsche Zelle) mehrfach so eng um den Neuriten gewickelt, daß an dieser Stelle praktisch alles Zytoplasma herausgepreßt wurde und daher letztlich nur Zellmembranen mit ihren Phospholipidschichten aufeinander zu liegen kommen. Die Myelinschicht ist in gewissen Abständen unterbrochen (sogenannte Ranviersche Schnürringe), um direkten Austausch des Neurons mit der umgebenden Extrazellulärflüssigkeit zu ermöglichen. Diese Ranvierschen Schnürringe liegen in der Peripherie etwa 1 mm auseinander; dazwischen befindet sich jeweils genau eine Schwannsche Zelle (s. Abb. 1.7).

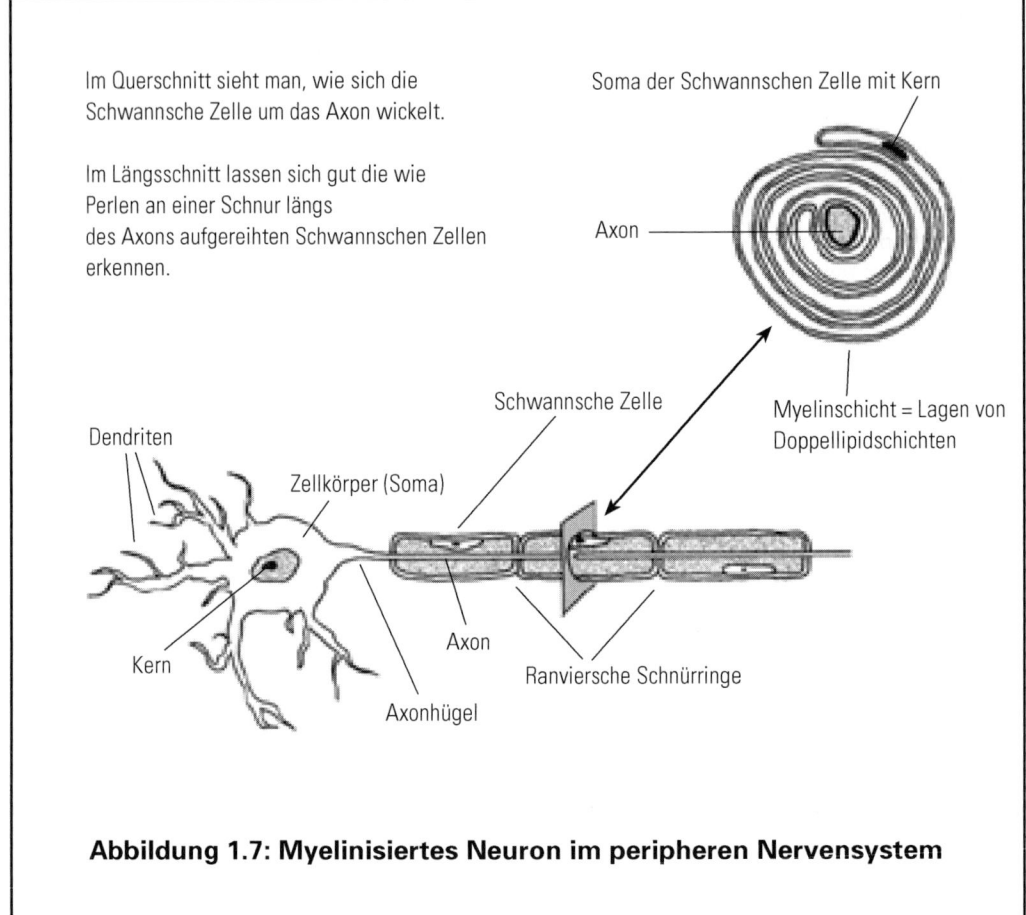

Abbildung 1.7: Myelinisiertes Neuron im peripheren Nervensystem

Im ZNS ist der Aufbau etwas anders: Während im peripheren Nervensystem eine Schwannsche Zelle nur jeweils einen Neuriten vollständig umhüllt, wickelt im ZNS eine Oligodendrogliazelle ihre Fortsätze um mehrere Axone, die sie damit wie mit Krakenarmen isoliert und zugleich zusammenhält.

Es sei darauf hingewiesen, daß in der Literatur die Terminologie etwas uneinheitlich ist; zuweilen heißen in der Peripherie alle Satellitenzellen, welche Axone (auch die unmyelinisierten) einhüllen, Schwannsche Zellen, zuweilen nur die, welche eine regelrechte Myelinschicht bilden. Solche Unterscheidungen sind für das Verständnis des Sachverhalts unerheblich. Man merke sich als bekanntestes und illustrativstes Beispiel die wie kleine Perlen längs des Axons aufgereihten Schwannschen Zellen der Peripherie. Im ZNS ist es prinzipiell das Gleiche, im Detail aber etwas anders. Man merke weiter, daß auch unmyelinisierte Axone locker in Glia- oder Satellitenzellen gebettet sind, aber die mehrlagige Myelinschicht hier fehlt.

Diese Myelinschicht gestattet ein etwa *100mal schnelleres* Wandern des Aktionspotentials längs des Axons. Dies ist v.a. relevant für Neurone, die Information ohne größeren Zeitverlust leiten oder auf Reize schnelle Reaktionen veranlassen müssen. So sind die meisten sensiblen Neurone myelinisiert, ebenso jene, die zu den Extremitätenmuskeln führen; unmyelinisiert sind hingegen einige Axone des vegetativen Nervensystems sowie gewisse Neurone, die den dumpfen, „langsamen" Schmerz leiten.

Erkrankungen, bei denen die Myelinschichten zerstört werden, nennt man Demyelinisierungskrankheiten; die bekannteste davon ist die Multiple Sklerose, bei der – wohl durch Autoimmunreaktionen – sich die Myelinscheiden entzünden und auflösen. Die alkoholische Polyneuropathie, eine Schädigung der peripheren Nerven nach langjährigem Alkoholmißbrauch, ist offenbar weniger ein Untergang der Neurone oder ihrer Axone selbst, sondern der sie umgebenden Myelinschichten. Ob eine Zerstörung des Myelins vorliegt, läßt sich u.a. durch Bestimmung der Nervenleitungsgeschwindigkeit feststellen.

Eine weitere Funktion der Neuroglia sind „Aufräumarbeiten" im ZNS. So können Gliazellen etwa Neurotransmitter aufnehmen, die vom synaptischen Spalt in den umgebenden Extrazellulärraum diffundieren. Auch zerstörte Neurone, beispielsweise durch Zellgifte (man denke hier an Alkohol) werden offensichtlich durch Gliazellen beseitigt. Außerdem haben letztere – im Gegensatz zu Neuronen – die Eigenschaft, sich zu vermehren und wachsen somit in den Raum ein, der durch untergegangene Neuronen frei wird (sogenannte Glianarben). Die Astrozyten, eine bestimmte Form der Gliazellen, umgeben zudem die Blutgefäße im Hirngewebe und sind damit ein Teil der Blut-Hirn-Schranke (s. 1.5).

1.5 Der interstitielle Raum und die Blut-Hirn-Schranke

Neurone und Gliazellen liegen im Gehirn zumeist nicht unmittelbar nebeneinander, sondern sind durch Flüssigkeit getrennt. Als *Interstitium* oder *interstitiellen* Raum bezeichnet man den Raum zwischen den Zellen; er wird im Gehirn von der extrazellulären Flüssigkeit eingenommen. Diese interstitielle Flüssigkeit entspricht, wie schon erwähnt, in ihrer Zusammensetzung in etwa dem Meerwasser, enthält also v.a. Natrium- und Chloridionen in vergleichsweise hohen Konzentrationen. Weiter finden sich im Interstitium Substanzen, die von den Neuronen ausgeschieden wurden oder auf dem Blutweg dorthin gelangt sind, um von den Nerven- oder Gliazellen aufgenommen zu werden.

Hirn und Rückenmark mit ihren Neuronen, Gliazellen und ihrem Interstitium sind von einer dünnen Haut umgeben (Pia mater) und liegen eingebettet im mit Liquor cerebrospinalis gefüllten Subarachnoidalraum (s. 2.9). Da die Pia mater vergleichsweise durchlässig ist, entspricht die Zusammensetzung des Interstitiums weitgehend der des Liquors. Viele Stoffe, die in den Liquor eingespritzt werden, gelangen so – unter Umgehung der Blut-Hirn-Schranke – direkt in die Umgebung der Neurone.

Im Interstitium liegen zudem die Kapillaren, die kleinsten Gefäße, aus denen Substanzen austreten und die umliegenden Zellen erreichen. Diese Kapillaren sind auch im restlichen Körper keineswegs durchlässig für alle Stoffe. Sie werden nämlich durch einen Schlauch (im Querschnitt gesehen: einen Ring) von mehr oder weniger fest gefügten Endothelzellen begrenzt. So können größere Proteinmoleküle wie Plasmaalbumine die Kapillaren nicht verlassen und bleiben normalerweise dauernd im Gefäßsystem. Die Kapillaren im Gehirn haben zum einen ein *sehr viel fester zusammenhängendes Endothel*, so daß die Stoffe aus dem Blut nicht zwischen Lücken durchtreten können, sondern die Endothelzellen passieren müssen; zum anderen sind den Endothelzellen von außen Astrozyten (eine bestimmte Gliaform) mit ihren Fortsätzen aufgelagert, deren Bedeutung allerdings – entgegen früher vertretenen Auffassungen – wohl nicht in einer Verstärkung der Barriere besteht (Kuschinsky 2000). Diese Barriere, die gegen den Übertritt von Stoffen aus den Kapillaren ins Hirngewebe gerichtet ist, wird als *Blut-Hirn-Schranke* bezeichnet; nach dem oben Gesagten ist sie praktisch identisch mit der *Blut-Liquor-Schranke*; *liquorgängig* wird deshalb oft als elegantes Synonym für „die Blut-Hirn-Schranke passierend" verwendet. An manchen Stellen im Gehirn (nämlich an den circumventrikulären Organen) ist die Blut-Hirn-Schranke etwas gelockert, so daß hier bestimmte, sonst nicht liquorgängige Stoffe eindringen können.

Die Existenz dieser Blut-Hirn-Schranke läßt sich durch einen einfachen Versuch eindrucksvoll nachweisen: Injiziert man einer Maus einen bestimmten blauen Farbstoff und seziert das Tier anschließend, so ist der ganze Körper mit Ausnahme von Gehirn und Rückenmark blau gefärbt; nur in dieser Region konnte der Stoff aus den Kapillaren nicht ins Gewebe übertreten.

Welche Stoffe mittels welcher Mechanismen die Blut-Hirn-Schranke überwinden können, ist keineswegs vollständig geklärt. Gut passieren O_2 und CO_2 diese Barriere, daneben andere, toxische Gase, etwa CO (Kohlenmonoxid). Glukose kann die Blut-Hirn-Schranke mittels eines aktiven Transports überwinden; auch Aminosäuren sind liquorgängig; fettlösliche Stoffe können besonders leicht ins Hirngewebe dringen. Viele Peptide und Proteine überwinden dagegen die Bluthirnschranke nicht. Nicht liquorgängig sind auch die aus Aminosäuren abgeleiteten Monoamintransmitter Dopamin, Noradrenalin und Serotonin, obwohl diese Moleküle kleiner sind als die problemlos passierenden Aminosäuren.

Es ist leicht einzusehen, daß die Liquorgängigkeit von Molekülen von großer pharmakologischer Bedeutung ist, etwa bei der Herstellung von Antibiotika, die Erreger im ZNS bekämpfen sollen. Auch Erhöhung der Monoamintransmitterkonzentration kann therapeutisch erwünscht sein, beispielsweise von Dopamin zur Behandlung der Parkinsonkrankheit. Da Dopamin die Blut-Hirn-Schranke nicht passiert, verabreicht man den Dopaminpräkursor („Dopaminvorläufer") L-Dopa, eine modifizierte Aminosäure mit Dipolstruktur, die liquorgängig ist und in den Neuronen zu Dopamin verwandelt wird. Ersetzung des Monoamintransmitters Serotonin geschieht ebenfalls durch Verabreichung liquorgängiger Präkursoren wie L-Tryptophan oder L-5-Hydroxytryptophan.

2 Makroskopische Anatomie des Nervensystems

2.1 Überblick

Vor einer Darstellung des Grobaufbaus des Nervensystems sind zunächst einige Begriffe einzuführen, die sich zur Beschreibung von Regionen im Körper und speziell im Gehirn eignen. Ihre Kenntnis muß für den Rest des Kapitels und alle weiteren vorausgesetzt werden (2.2 und 2.3). Es folgt eine Übersicht über die verschiedenen Abschnitte des Nervensystems und eine vergleichsweise detaillierte Beschreibung einzelner Strukturen; um diese zwangsweise etwas trockene Darstellung interessanter zu machen, sind für einige der vorgestellten Gebiete bereits die Funktionen angedeutet. Dies muß hier noch oberflächlich und an manchen Stellen etwas ungenau erfolgen; die meisten Sachverhalte werden in späteren Kapiteln präzisiert.

2.2 Topographische Grundbegriffe; Schnittebenen

Die *topographische* (Örtlichkeiten beschreibende) *Anatomie* befaßt sich mit Struktur und Lage von Organen im Körper. Zur Angabe der Lageverhältnisse haben sich einige Begriffe bewährt, die zum einen eine Beschreibung unabhängig von der jeweiligen Stellung des Körpers im Raum (z.B. liegend oder stehend) gestatten, zum anderen sich auch für die Tieranatomie eignen. Es sind dies die Gegensatzpaare *dorsal – ventral, kranial – kaudal* sowie *medial – lateral*.

Im Bereich des Rumpfes bedeutet *dorsal* in Richtung Rücken gelegen oder rückenwärts (lat. dorsum = Rücken), *ventral in Richtung Bauch gelegen* oder *bauchwärts* (von lat. venter = Bauch). Es werden damit nur relative Positionen beschrieben, z.B. kann ein Organ A ventral eines Organs B liegen; innerhalb einer Region bezieht man sich auf den Rest der Region; so ist beispielsweise das ventrale Rückenmark derjenige Teil des Rückenmarks, der eher bauchwärts gelegen ist.

Ebenfalls im Rumpfbereich eindeutig definiert sind die Termini *kranial = kopfwärts* (griech. kranion, lat. cranium = Schädel) und *kaudal = schwanzwärts* (lat. cauda = Schwanz); beim Menschen bedeutet kaudal in Richtung Steißbein gelegen. Unmißverständlich sind weiter die Bezeichnungen medial = in Richtung einer von ventral nach dorsal gedachten Körpermittellinie gelegen sowie lateral = von dieser Achse nach außen gelegen (lat. latus = Seite); so wäre etwa die Achselhöhle lateral der Brustwarze zu finden, letztere umgekehrt medial der Achselhöhle.

Zur Beschreibung des Gehirns sind diese Begriffe beim Menschen, wo die Neurachse (die Verbindungslinie vom Rückenmark zum Frontalhirn) am Ende des Hirnstamms fast senkrecht nach ventral abknickt, kaum geeignet. Während medial und lateral dort eindeutig definiert sind, gibt die Bezeichnung kranial = schädelwärts innerhalb des Schädels wenig Sinn; dorsal könnte dort, je nach Örtlichkeit, Richtung Hinterhaupt oder Richtung Schädelspitze bedeuten. Meist hält man sich an die Konvention, für die Bezeichnung der kaudalen Gehirnabschnitte – bis zum Knick der Neurachse – die Bezeichnungen dorsal und ventral zu benutzen, wobei ersteres in Richtung Hinterhaupt gelegen bedeutet, letzteres in Richtung Mund oder Stirn gerichtet; kaudal bedeutet nach unten, zum Rückenmarksende hin, während für die entgegengesetzte Richtung sich v.a. die Bezeichnung *rostral* („schnabelwärts", von lat. rostrum = Schnabel) eingebürgert hat. Für die darüber liegenden Regionen, also v.a. zur Beschreibung des Großhirns, ist es üblich, *okzipital* (*occipital*) zu verwenden im Sinne von *Richtung Hinterhaupt gelegen* (lat. occiput = Hinterhaupt), *frontal* oder *rostral* für *stirn-* oder *gesichtswärts* (lat. frons = Stirn, rostrum = Schnabel). Statt kaudal gebraucht man meist *basal* (auf die Schädelbasis gerichtet), im Bereich des Frontalhirns häufig *orbital* (nach unten, in Richtung Augenhöhle gelegen); selten, jedoch weniger mißverständlich, wird *apikal* angewendet im Sinne von zur Schädelspitze hin gerichtet (lat. apex = Spitze).

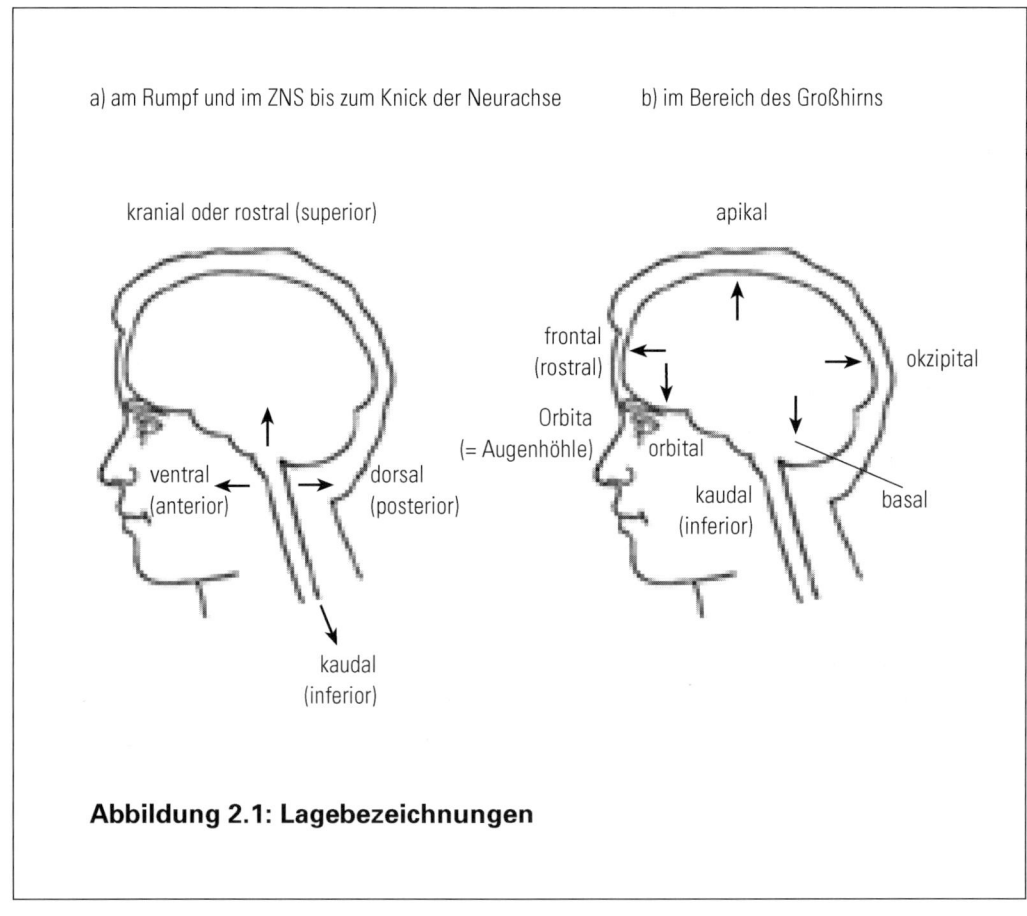

Abbildung 2.1: Lagebezeichnungen

2.2 Topographische Grundbegriffe

Statt dorsal und ventral sowie kranial und kaudal werden noch andere Bezeichnungen gebraucht, nämlich *anterior* und *posterior* (nach vorne, nach hinten) einerseits, *superior* und *inferior* (nach oben, nach unten) andererseits. Anterior wird dabei meist – aber leider nicht durchgängig – im Sinne von ventral, posterior im Sinne von dorsal gebraucht, inferior synonym für kaudal, superior für kranial verwendet. Die Begriffe werden dabei – anders als die oben eingeführten – i. a. nur adjektivisch, nicht adverbiell benutzt; so ist es unüblich zu sagen, ein Organ liege anterior (posterior, superior, inferior) eines anderen; man spricht, wenn überhaupt, von einem anterioren (posterioren, superioren, inferioren) Teil eines Organs. Zumeist werden die Bezeichnungen jedoch überhaupt nur als lateinische Adjektive benutzt (z.B. Nucleus anterior, Pars inferior). Zur Vermeidung von Mißverständlichkeiten wird hier auf die Verwendung der Begriffe möglichst verzichtet oder gegebenenfalls ihre Bedeutung eindeutig erläutert.

Es sei darauf hingewiesen, daß in einer Reihe insbesondere amerikanischer Lehrbücher die Begriffe anders als oben eingeführt werden, nämlich anterior mit kranial, posterior mit kaudal, inferior mit ventral und schließlich posterior mit dorsal gleichgesetzt werden. Dies entspricht offensichtlich nicht dem üblichen Sprachgebrauch: So ist im allgemeinen Verständnis die Poliomyelitis anterior acuta (Kinderlähmung) eine Erkrankung der ventralen Teile der grauen Rückenmarkssubstanz, die Radix posterior („hintere" Wurzel) der Spinalnerven liegt dorsal; die Vena cava inferior (die untere Hohlvene) sammelt das Blut aus der kaudalen Körperhälfte, die Vena cava superior aus der oberen. Man beachte beim Studium der einschlägigen Literatur diese Uneinheitlichkeit des Sprachgebrauchs.

An den Extremitäten sind medial und lateral sowie mit Einschränkungen dorsal und ventral vergleichsweise eindeutig definiert, während die Termini kranial und kaudal dort keinen Sinn ergeben. Man verwendet hier *proximal* im Sinne von *rumpfnah*, *distal* in der Bedeutung von *rumpffern*. Der Mittelfuß liegt also distal des Knies, letzteres proximal des Mittelfußes.

Zur Sichtbarmachung der meisten Hirnteile ist es unerläßlich, das Gewebe zu zerschneiden. Dabei unterscheidet man drei senkrecht aufeinanderstehende Hauptschnittebenen: Der *Horizontalschnitt* geschieht (beim stehenden Menschen) parallel zur Erdoberfläche, die daraufhin sichtbare Fläche wird Horizontalebene genannt; beim kraniokaudal verlaufenden Rückenmark und Hirnstamm entspricht der Horizontalschnitt einem Querschnitt. Der *Frontalschnitt* wird parallel zur Stirn geführt; er wird auch als Koronarschnitt bezeichnet (nach der Sutura coronalis, der Kranznaht, einer parallel zur Stirn gelegenen Schädelnaht). *Sagittalschnitte* (von lat. sagitta = Pfeil) laufen von ventral nach dorsal (parallel zur Sutura sagittalis, einer in der Mitte des Schädels nach okzipital ziehenden Knochennaht). Eine besondere Form des Sagittalschnitts ist der *Medianschnitt*, der genau in der Mitte verläuft und eine linke und rechte (übrigens beispielsweise am Schädel nur bedingt symmetrische) Hälfte erzeugt. Die dadurch sichtbare Fläche heißt Medianebene; die meisten Darstellungen des Gehirns erfolgen durch Medianschnitte (s. Abb. 2.2).

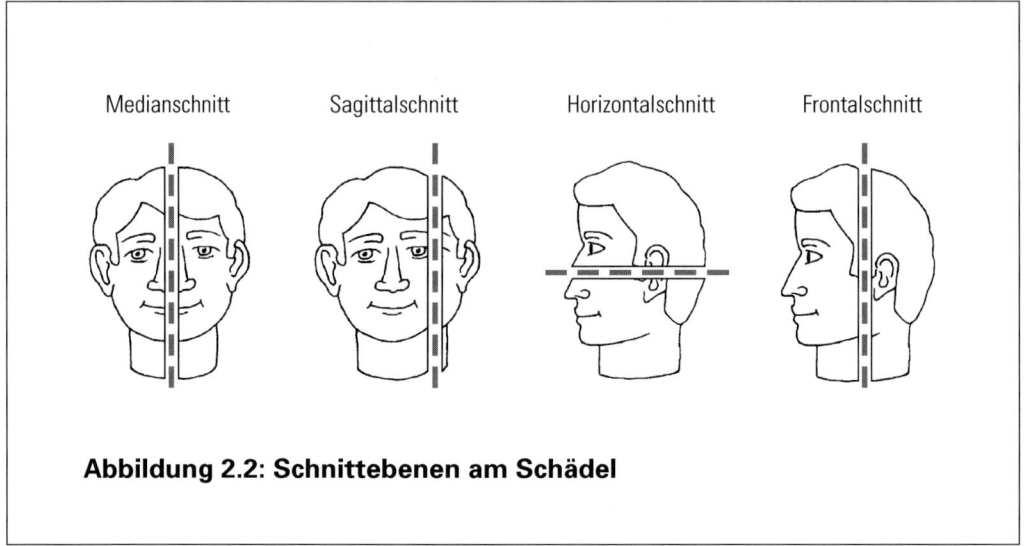

Abbildung 2.2: Schnittebenen am Schädel

2.3 Wichtige neuroanatomische Begriffe

Weiße und graue Substanz: In einem beliebigen Hirn- oder Rückenmarksschnitt wird man in aller Regel bereits mit bloßem Auge auf zwei farblich unterschiedliche Gewebemassen stoßen, die weiße und die graue Substanz. Erstere enthält große Anteile an Myelin, welches im ZNS von Oligodendrozyten, im peripheren Nervensystem von Schwannschen Zellen bereitgestellt wird und die Mehrzahl der Axone umhüllt (s. 1.4). Bei der grauen Substanz (Substantia grisea) handelt es sich entweder um unmyelinisierte Axone, Dendriten oder um Körper von Nervenzellen. Graue Substanz ist etwa die Rindenschicht des Großhirns (Kortex), verschiedene Ansammlungen von Neuronenkörpern im Hirninneren (sogenannte Nuclei, s. unten) oder die im Horizontalschnitt schmetterlingsförmige innere Säule des Rückenmarks.

Nerven und Bahnen: Die Axone von Nervenzellen sind im typischen Fall zu größeren Einheiten zusammengefaßt und (unabhängig von der Myelinschicht der einzelnen Neuriten) von einer Bindegewebshaut umgeben. Das resultierende Gebilde nennt man außerhalb des ZNS *Nerv* (lat. nervus, abgekürzt mit N.; der Plural nervi hat die Abkürzung Nn.). Ist es innerhalb des ZNS gelegen, hat sich dafür die Bezeichnung *Bahn* (tractus, Plural ebenfalls tractus), zuweilen auch Faserbahn oder Faserbündel, eingebürgert. Bahnen werden nach ihrem Ursprung und Ziel benannt; z.B. beginnt der Tractus spinothalamicus im Rückenmark und endet im Thalamus.

Manche Nerven, etwa der unteren Extremitäten, sind dick und mit bloßem Auge zu erkennen. In ihnen sind teilweise mehrere Millionen Axone zusammengefaßt. Es ist also Nerv auf keinen Fall mit Nervenzelle zu verwechseln, auch wenn diesbezüglich der Sprachgebrauch nicht selten recht locker ist; als Nervenfaser wird meist ein

2.3 Wichtige neuroanatomische Grundbegriffe

einzelnes Axon mit seiner Myelinscheide bezeichnet. Es sei schon an dieser Stelle betont, daß ein Nerv ein äußerst heterogenes Gebilde ist; Axone verschiedenen Ausgangspunktes, Endpunktes und verschiedener Funktionen sind hier zusammengefaßt: Der im Beckenbereich über 1 cm dicke N. ischiadicus enthält motorische Fasern zur Innervierung der vielen Beinmuskeln, gleichzeitig aber Fasern, die von verschiedenen Sinnesrezeptoren im Beinbereich Informationen dem ZNS zuleiten.

Afferente und efferente neuronale Verbindungen: Die Terme *afferent* (zuführend von lat. afferre) und *efferent* (wegführend von lat. efferre) geben strenggenommen nur Sinn, wenn man ein entsprechendes Bezugsorgan dazu angibt. In der Neuroanatomie hat es sich eingebürgert, als dieses Bezugsorgan stillschweigend das ZNS anzunehmen, innerhalb des ZNS wiederum das Gehirn. So leitet ein efferentes Neuron Information vom Gehirn oder Rückenmark in die Peripherie, afferente Nervenzellen von der Peripherie in diese Organe; entsprechend sind afferente bzw. efferente Nerven als Zusammenfassung afferenter (efferenter) Neurone definiert; es sei aber daran erinnert, daß die meisten Nerven gemischt sind, also sowohl afferente wie efferente Neurone enthalten. Afferente Bahnen im Rückenmark leiten dem Gehirn Informationen zu, efferente übermitteln Informationen in umgekehrter Richtung. Beispielsweise ist die Pyramidenbahn (Tractus corticospinalis) efferent: Sie beginnt im Kortex und endet bei den motorischen Vorderhornzellen des Rückenmarks. Die von dort ausgehenden Axone sind ebenfalls efferent und leiten Information vom Rückenmark zu den Muskelzellen. Im Gegensatz zu den (meist) motorischen efferenten Bahnen und Nerven sind die afferenten sensorischer Art, übermitteln also Information von den Sinnesorganen direkt (oder indirekt über das Rückenmark) an das Gehirn.

Nuclei (Kerne) und Ganglien: Eine Ansammlung von Neuronenkörpern (Somata) innerhalb des ZNS wird als *Nucleus* (Kern) bezeichnet; man erinnere sich, daß als Nucleus (Kern) ebenso das chromosomenhaltige Gebilde in der Zelle, der Zellkern, bezeichnet wird und mache sich auf eventuelle Doppeldeutigkeiten gefaßt. Kerne entsprechen grauer Substanz und sind bei einer gewissen Größe bereits makroskopisch erkennbar. Beispiele sind der durch gewisse Rotfärbung charakterisierte Nucleus ruber des Mittelhirns, die diversen Kerne im Zwischenhirn (Thalamus- und Hypothalamuskerne) sowie die Hirnnervenkerne etwa in der Medulla oblongata, von denen einzelne Partien von Hirnnerven ausgehen (s. 2.8). In Einzelfällen wird statt Nucleus zuweilen eine andere Bezeichnung gebraucht, etwa Locus (wie beim Locus coeruleus des Hirnstamms) oder Globus (wie bei Globus pallidus, einem Kerngebiet im Endhirn). Die Abkürzung für Nucleus ist Nucl. (N. ist für Nervus vorbehalten).

Ansammlungen von Neuronenkörpern im peripheren Nervensystem bezeichnet man konventionsgemäß nicht als Kerne oder Nuclei, sondern als *Ganglien* (Singular: Ganglion). Als Beispiel können die Grenzstrangganglien dienen, innerhalb welcher vom Rückenmark ausgehende Neuronenbündel des Sympathikus auf Zellkörper anderer Neurone treffen (s. 4.2). Es sei erwähnt, daß diese Terminologie nicht konsequent durchgehalten wird: So werden einige im basalen Endhirn gelegene Kerne (z.B. Nucleus caudatus, Nucleus lentiformis) üblicherweise unter der Bezeichnung Basalganglien zusammengefaßt.

2.4 Gliederung des Nervensystems

Unter *topographischen* Gesichtspunkten unterteilt man das Nervensystem in einen im Schädel und Wirbelkanal gelegenen *zentralen Anteil* (Zentralnervensystem = ZNS) und einen *peripheren Anteil* (peripheres Nervensystem, zuweilen PNS abgekürzt). Das ZNS gliedert sich wiederum in *Gehirn* und *Rückenmark* und liegt innerhalb einer Hülle von Hirn- und Rückenmarkshäuten; das PNS liegt außerhalb dieser Hülle und besteht aus den peripheren Nerven inklusive ihrer Ganglien. Diese Einteilung ist zwar u.a. insofern etwas künstlich, als die efferenten peripheren Neurone in Gehirn und Rückenmark, also innerhalb des ZNS, ihren Ursprung nehmen und afferente Neuronen entweder im Rückenmark enden oder durch das Rückenmark ins Gehirn ziehen (zudem die Ganglien der sensiblen Nerven, die Spinalganglien, innerhalb der erwähnten Rückenmarkshüllen liegen); als Gliederungsprinzip bei der Darstellung besitzt sie gewissen didaktischen Wert.

Unter *funktionellen* Gesichtspunkten wird das *vegetative* oder *autonome* Nervensystem (VNS oder ANS) einerseits, das *somatische* oder *animale* Nervensystem andererseits unterschieden. Das erste steuert die Vorgänge in den inneren Organen, regelt also das innere Milieu. Jene Teile des Nervensystems, welche die Auseinandersetzung mit der Außenwelt regulieren (also etwa die motorischen Zentren mit ihren Verbindungen oder die Neurone, die von außen kommende Information registrieren und verarbeiten), werden unter dem wenig treffenden Namen somatisches (seltener: animales) Nervensystem zusammengefaßt.

Tabelle 2.1: Einteilung des Nervensystems

Nach topographischen Gesichtspunkten (hinsichtlich der Lage):	
Zentralnervensystem (ZNS): Gehirn und Rückenmark	Peripheres Nervensystem: Nervengewebe außerhalb von Gehirn und Rückenmark

Nach funktionellen Gesichtspunkten (hinsichtlich der Aufgaben):	
Somatisches (animales) Nervensystem: Aufnahme von Informationen aus der Außenwelt; Beeinflussung der Außenwelt	Vegetatives (autonomes) Nervensystem (VNS oder ANS): Aufnahme von Informationen aus dem Körper; Regulation innerer Vorgänge (z.B. der Verdauung)

Funktionelle und topographische Einteilung sind insofern voneinander weitgehend unabhängig, als sowohl periphere wie zentralnervöse Anteile an der Regulation der vegetativen Prozesse beteiligt sind, und Gleiches gilt für die Regelung der Interaktion mit der Außenwelt. Es hat sich jedoch eingebürgert, als vegetatives oder autonomes Nervensystem im engeren Sinne nur seine peripheren Anteile, nämlich speziell das sympathische und parasympathische Nervensystem, zu bezeichnen. Zweifellos sind diese nicht autonom in dem Sinne, daß sie von höheren Zentren aus unbeeinflußbar wären; augenblicklich weiß man jedoch wenig darüber und kennt auch nicht das anatomische Substrat dieser Regelvorgänge. Wegen seiner biopsychologischen Bedeutung werden dem VNS große Abschnitte eines eigenen Kapitels (4.2) gewidmet sein, die entsprechend dem oben Gesagten nur seine peripheren Anteile behandeln; zentrale, an der Regulation des inneren Milieus beteiligte Strukturen, etwa Kerne des Hypothalamus, werden schon in diesem Kapitel zur Sprache kommen.

2.5 Das Rückenmark

Das *Rückenmark* (*Medulla spinalis*) ist ein langer, etwa kleinfingerdicker Strang im dorsalen Abschnitt der Wirbelsäule und geht nach kranial in das Gehirn über. Es liegt, von den drei Rückenmarkshäuten umgeben (s. 2.9), im *Wirbelkanal*, den es (beim Erwachsenen) in seinem kaudalen Abschnitt nicht ganz ausfüllt. Von der Medulla spinalis gehen 32 Paare von *Rückenmarksnerven* (*Spinalnerven*) ab, die übereinanderliegende, in etwa gleichhohe *Rückenmarkssegmente* definieren.

Bei den Wirbeln unterscheidet man Wirbelkörper, Querfortsätze und den dorsal gelegenen, spangenartigen Wirbelbogen. Die Wirbelkörper liegen, durch Bandscheiben getrennt, übereinander und bilden das eigentliche Gerüst der Wirbelsäule (Columna vertebralis). An den Querfortsätzen setzen u.a. Muskeln an; im Bereich der Brustwirbel gehen von dort die Rippen aus. Die spitzen Enden der Wirbelbogen werden Dornfortsätze (Processus spinosi) genannt; sie sind teilweise durch die Haut zu sehen und zu tasten. Von spina (lat. Dorn) leitet sich auch die lateinische Bezeichnung für das Rückenmark (Medulla spinalis) ab (also Nervenmark im Bereich der Dornen, im Gegensatz zur weiter kranial gelegenen Medulla oblongata, dem verlängerten Mark); spinal als Adjektiv weist auf die Beziehung zum Rückenmark hin (z.B. Spinalnerv, spinale Kinderlähmung). Mit Ausnahme der kaudal gelegenen Kreuz- und Steißbeinwirbel umschließen die Wirbelbogen eine große Öffnung (Foramen vertebrale). Dorsal der Wirbelkörper und Bandscheiben liegt somit ein unvollständiger knöcherner Kanal, der durch Fasergewebe zwischen den Bögen zum Wirbelkanal vervollständigt wird; in diesem Bereich sind Lücken für den Durchtritt der Spinalnerven freigelassen.

Der Mensch besitzt (wie übrigens fast alle anderen Säugetiere auch) sieben Halswirbel (Zervikalwirbel), 12 Brust- oder Thorakalwirbel, fünf Lenden- oder Lumbalwirbel, fünf (in der Regel) knöchern verbundene Kreuz- oder Sakralwirbel (als Kreuzbein bezeichnet) und schließlich das aus drei Wirbelrudimenten bestehende Steißbein. Im Kreuzbeinbereich ist der Wirbelkanal bereits extrem eingeengt, im Steißbein nicht vorhanden. Beim Erwachsenen endet das Rückenmark auf Höhe des 1. oder 2. Lendenwirbels, so daß kaudal davon eine Punktion durchgeführt werden kann, ohne die Medulla spinalis zu verletzen (Lumbalpunktion, s. 2.9).

Im Horizontalschnitt zeigt das Rückenmark eine charakteristische Struktur. Außen befindet sich die *weiße*, in der Mitte die *schmetterlingsförmige graue Substanz*; ihre dorsalen Ausbuchtungen werden *Hinterhörner*, ihre ventralen *Vorderhörner* genannt – nicht zu verwechseln mit den Hinter- und Vorderwurzeln, den Verbindungen der sensiblen (bzw. motorischen) Nervenfasern mit dem Rückenmark. In den Vorderhörnern befinden sich insbesondere die *Zellkörper der Motoneuronen*, motorischer Nervenfasern, die vom Rückenmark zur Muskulatur ziehen. Im Hinterhorn liegen nicht, wie man vielleicht annehmen könnte, die Zellkörper der von der Peripherie zum Rükkenmark führenden sensiblen Neurone – diese liegen in den sogenannten Spinalganglien lateral der Medulla spinalis –, sondern Zellkörper aufsteigender sensibler Neurone wie kurze, Nervenzellen der grauen Substanz verbindende Interneurone. Insbesondere im Bereich des Thorakalmarks ist zwischen Vorder- und Hinterhörnern eine weitere Ausbuchtung der grauen Substanz zu erkennen, die *Seitenhörner*, aus denen die Neurone des Sympathikus entspringen (s. 4.2.3). In der Mitte der grauen Substanz liegt der das Rückenmark von kranial nach kaudal durchziehende Zentralkanal (Canalis centralis), ein Teil der inneren Liquorräume, der allerdings bei vielen Menschen obliteriert (verödet) ist, ohne daß dies pathologische Bedeutung hätte.

Die Hinterhörner reichen so nahe an den Rand der Medulla spinalis, daß sich innerhalb der weißen Substanz ein dorsaler Anteil abgrenzen läßt, der *rechte* und der *linke* Hinterstrang. In diesen Hintersträngen befinden sich im wesentlichen afferente Bahnen. Im restlichen Teil der weißen Substanz, den Vorderseitensträngen, liegen sowohl efferente wie afferente Bahnen (s. Abb. 2.3).

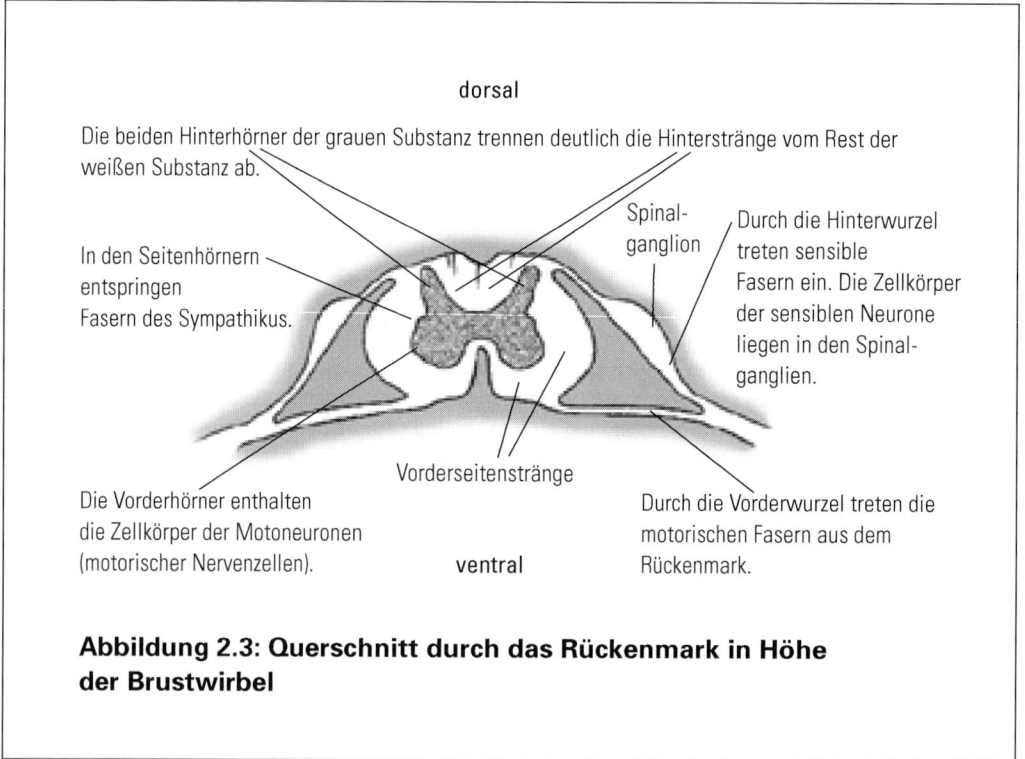

Abbildung 2.3: Querschnitt durch das Rückenmark in Höhe der Brustwirbel

2.6 Das Gehirn

2.6.1 Vorbemerkung

Als *Gehirn* (griech. encephalon; lat. cerebrum) bezeichnet man den innerhalb der Schädelhöhle (genauer: in der Höhle des Hirnschädels) gelegenen Teil des Nervensystems; es geht nach *kaudal* in das *Rückenmark* über und steht mit 12 Paaren von *Hirnnerven* direkt mit Regionen des Schädels, Halses und Bauchraums in Verbindung. Das sehr kompliziert gebaute, aus einer Vielzahl von Kernen bestehende und von zahlreichen Bahnen durchzogene Organ ist ausgesprochen schwer zu beschreiben, was sich u.a. in auffallend unterschiedlicher Terminologie in den verschiedenen Lehrbüchern zeigt. So ist insbesondere die Zusammenfassung bestimmter Strukturen zu höheren Einheiten (beispielsweise zum limbischen System) keineswegs allgemein akzeptiert und einheitlich durchgeführt. Generell ist darauf hinzuweisen, daß sich der angloamerikanische Sprachgebrauch nicht selten von dem in deutschen Lehrbüchern unterscheidet und ältere Darstellungen oft heute ungebräuchliche Ausdrücke benutzen. So wird beispielsweise der Begriff Riechhirn (Rhinencephalon) heute so gut wie nicht mehr verwendet; er bezeichnete in etwa das, was heute „limbisches System" genannt wird.

Nach einer Übersicht über die einzelnen Hirnstrukturen werden diese im einzelnen genauer besprochen, wobei die Funktionen häufig zunächst nur angedeutet werden; dies wird teilweise in späteren Kapiteln nachgeholt. Weitere Abschnitte behandeln die Rückenmarks- und Hirnnerven (2.7 und 2.8). Den Hirn- und Rückenmarkshäuten sowie den Liquorräumen ist ein eigener Abschnitt gewidmet (2.9), ebenso der Blutversorgung des Gehirns (2.10).

2.6.2 Einteilung der Hirnregionen und erster Überblick

Eine in jeder Hinsicht befriedigende Gliederung des Gehirns ist bis jetzt noch nicht gefunden. Unter biopsychologischen Gesichtspunkten scheint jene v.a. auf Lage und anderen äußeren Gegebenheiten basierende Einteilung in Medulla oblongata, Pons (Brücke), Cerebellum (Kleinhirn), Mesencephalon (Mittelhirn), Diencephalon (Zwischenhirn) und Telencephalon (Endhirn mit weiteren Unterstrukturen) am zweckmäßigsten.

Die *Medulla oblongata* (verlängertes Mark) schließt ohne eigentlichen Übergang nach *kranial* an die *Medulla spinalis* an, liegt aber im Gegensatz zu letzterer großteils nicht im Wirbelkanal, sondern in der Schädelhöhle. Sie setzt sich nach rostral (apikal) in die *Brücke* (*Pons*) fort, die durch zu den *Kleinhirnhemisphären* ziehende Fasern eine ventrale Verdickung aufweist; weiter in rostraler Richtung folgt die eher kleine Struktur des *Mittelhirns* (*Mesencephalons*), an die sich die kompliziert angeordneten Kernansammlungen des Thalamus und Hypothalamus sowie die dritte Hirnkammer anschließen; letztere tief im Inneren des Gehirnes verborgene, vollständig nach frontal, apikal und okzipital vom Endhirn bedeckte Region wird als *Zwischenhirn* (*Dien-*

cephalon) bezeichnet. Betrachtet man die genannten Strukturen, so setzen sie sich im wesentlichen in Richtung des Rückenmarks fort und wirken etwa wie ein gerundeter Stab; sie werden deshalb oft als *Hirnstamm* zusammengefaßt. Dorsal dem Hirnstamm in Höhe der Brücke aufgelagert ist das deutlich in eine linke und rechte Hemisphäre eingeteilte *Kleinhirn*. Zwischen Pons und Kleinhirn findet sich ein flüssigkeitsgefüllter Hohlraum, der vierte Ventrikel; er steht nach apikal mittels des Aquaeductus cerebri mit dem dritten Ventrikel im Zwischenhirn in Verbindung, geht nach kaudal in den Zentralkanal des Rückenmarks über und kommuniziert nach dorsolateral mit den Gehirn und Rückenmark umgebenden äußeren Liquorräumen.

Tabelle 2.2: Einteilung des Gehirns

Abschnitt	*Charakterisierung*
Medulla oblongata (verlängertes Mark)	schließt direkt nach rostral an Medulla spinalis an
Pons (Brücke)	rostrale Fortsetzung der Medulla oblongata; auf der ventralen Seite durch Faserzüge verdickt
Cerebellum (Kleinhirn)	dorsal der Brücke
Mesencephalon (Mittelhirn)	kurzer Abschnitt im Hirnstamm rostral der Brücke
Diencephalon (Zwischenhirn)	diverse Kerne sowie Gebiet des 3. Ventrikels rostral des Mesencephalons, vom Endhirn fast vollständig bedeckt
Telencephalon (Endhirn)	große, den Hirnstamm weitgehend bedeckende Struktur; umfaßt hauptsächlich die beiden Großhirnhemisphären

An das Diencephalon schließt sich das große *Telencephalon* an, dessen Hauptachse von frontal nach okzipital verläuft, also fast senkrecht zu der der unteren Hirnabschnitte; diese Besonderheit findet sich allein beim Menschen (angedeutet schon bei den Menschenaffen) und ist mit der Entwicklung des aufrechten Ganges in Beziehung zu setzen. Speziell das Telencephalon und dabei v.a. die Hirnoberfläche mit der zunehmend stärker gefurchten äußeren Rindenschicht (*Kortex*) hat sich im Laufe der Evolution vergrößert. Das Telencephalon (Endhirn) besteht v.a. aus den mächtigen *Hemisphären* (*Großhirnhemisphären*) mit den auffallenden Gehirnwindungen, enthält dazu aber noch einige tiefer gelegene kleinere Kerngebiete, nämlich die nahe des Thalamus lokalisierten Basalganglien sowie diverse Strukturen, die man früher als Riechhirn bezeichnete, heute i.a. als limbisches System zusammenfaßt.

Es sei noch einmal betont, wie wenig verbindlich diese Terminologie ist: So wird das Zwischenhirn nicht von allen Autoren dem Hirnstamm zugerechnet; andererseits wird manchmal das Kleinhirn als Teil des Hirnstamms betrachtet, obwohl es als mächtige dorsale Auflagerung der sonst äußerlich ziemlich homogenen Struktur imponiert. Zuweilen, wenn auch immer seltener, findet sich in der Literatur die Bezeichnung Stammhirn, die im wesentlichen wohl synonym mit Hirnstamm ist.

Noch verwirrender ist der Sprachgebrauch bezüglich des Telencephalons. Oft wird es mit Kortex gleichgesetzt, obwohl damit strenggenommen nur die wenige Millimeter dicke graue Rindenschicht der

2.6 Das Gehirn

Hemisphären gemeint ist. Ein ebenfalls in verschiedener Bedeutung verwendeter Terminus ist Großhirn, der teils nur die Hemisphären mit ihren Windungen bezeichnet, teils alle Hirnstrukturen mit Ausnahme des Hirnstammes und des Kleinhirns umfaßt. Dieser Sprachgebrauch sei nicht weiter diskutiert; es sei nur auf eine gewisse Wahrscheinlichkeit hingewiesen, einer abweichenden Terminologie zu begegnen. Nicht unüblich ist auch folgende, nach entwicklungsgeschichtlichen Gesichtspunkten vorgenommene Einteilung des Gehirns: Zunächst wird es grob in ein kaudal gelegenes Rhombencephalon (Rautenhirn) und ein kraniales Prosencephalon (Vorderhirn) unterteilt, letzteres noch einmal in Di- und Telencephalon; das Rhombencephalon gliedert sich in Myelencephalon (Nachhirn, in der zuvor gegebenen Einteilung der Medulla oblongata entsprechend), Metencephalon (sog. Hinterhirn, welches Pons und Cerebellum umfaßt) und Mesencephalon (Mittelhirn). Diese Einteilung berücksichtigt die zunehmende Differenzierung des Gehirns aus dem Neuralrohr in der embryonalen Entwicklung und erleichtert das Verständnis gewisser, im biopsychologischen Kontext jedoch wenig relevanter Zusammenhänge. Weiter schafft sie zusätzliche Begrifflichkeiten (ohne andere dafür einzusparen) und faßt zwei funktionell und anatomisch deutlich verschiedene Strukturen, nämlich Pons und Cerebellum, zusammen. Die hier eingeführten Begriffe werden im weiteren nicht mehr benutzt; man erinnere sich jedoch gegebenfalls daran beim Studium der Literatur.

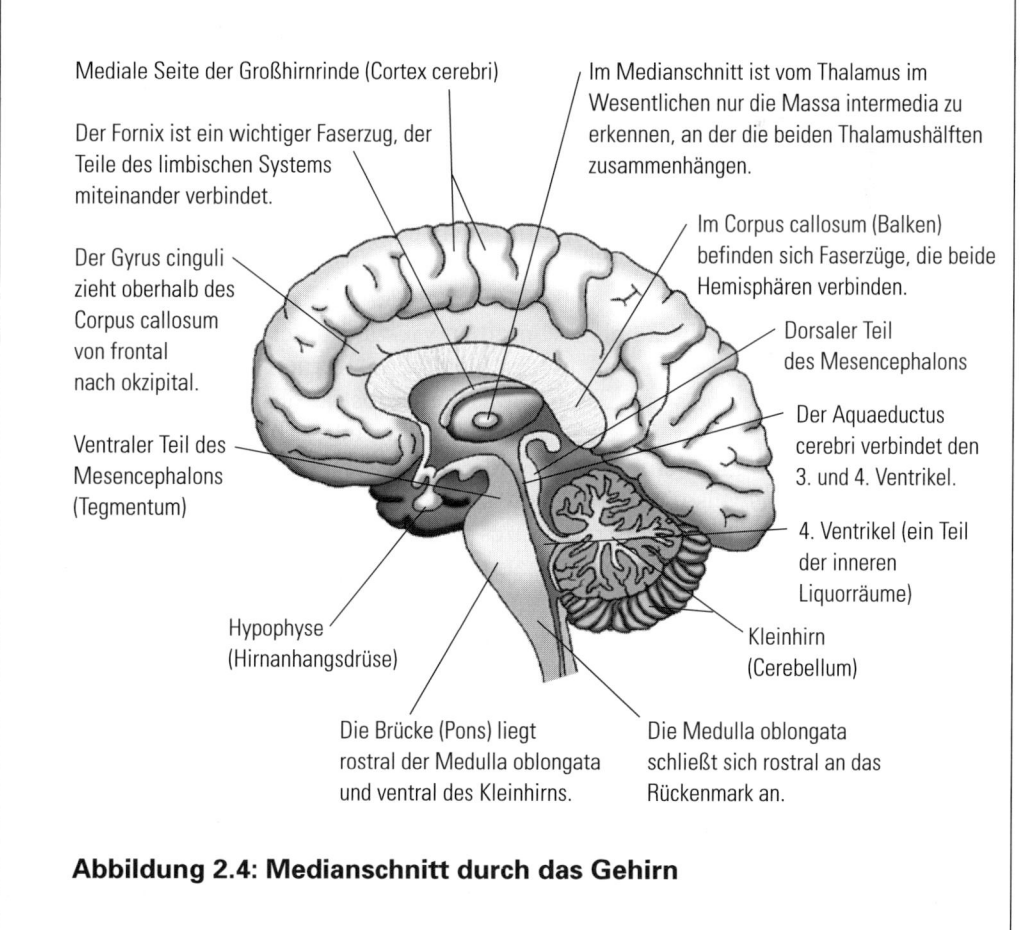

Abbildung 2.4: Medianschnitt durch das Gehirn

2.6.3 Medulla oblongata (verlängertes Mark) und Pons (Brücke)

Das *verlängerte Mark* schließt ohne klare Abgrenzung rostral an die Medulla spinalis an und zeigt in seinem kaudalen Abschnitt noch ähnlichen Aufbau. Insbesondere läßt sich im Querschnitt wieder die schmetterlingsförmige graue Substanz mit dem Zentralkanal erkennen. Die Bahnensysteme der weißen Substanz (etwa der Tractus spinothalamicus) entsprechen ebenfalls teilweise denen des Rückenmarks; allerdings enden in der Medulla oblongata einige der afferenten Rückenmarksbahnen und werden in Kerngebieten auf neue Bahnen umgeschaltet, die (teilweise zur Gegenseite kreuzend) zu weiteren Hirnregionen ziehen (sogenannter Leminiscus medialis). Die vom Gyrus praecentralis des Frontalhirns und weiteren motorischen kortikalen Arealen absteigende efferente *Pyramidenbahn* kreuzt größtenteils in der Medulla oblongata (in der sogenannten Decussatio pyramidum) auf die Gegenseite, um dann im lateralen Vorderseitenstrang des Rückenmarks nach kaudal zu laufen.

Weiter liegen in der Medulla oblongata einige *Hirnnervenkerne*; diese sind Ansammlungen von Neuronenkörpern, die entweder ihre Axone in die Peripherie senden (bei motorischen oder vegetativen Neuronen) oder an denen Axone sensorischer Neurone enden; diese sensorischen Nuclei stehen ihrerseits mit afferenten Neuronen in Verbindung (s. dazu genauer 2.7).

In der Medulla oblongata beginnt auch die rostral bis ins Mesencephalon reichende *Formatio reticularis*, eine Vielzahl von Kernen, die untereinander netzförmig verbunden sind (lat. reticularis = netzförmig). Die Funktionen dieser Formatio reticularis sind noch nicht in allen Einzelheiten klar; während man früher von einem System sprach und damit annahm, daß die Kerne alle mehr oder weniger die gleiche Funktion haben, geht man heute eher von einer Vielzahl unterschiedlicher Aufgaben dieses Bereiches aus (die auch von unterschiedlichen Kernen wahrgenommen werden). Ein Teil dieser Kerne wird als anatomisches Substrat des *aufsteigenden retikulären aktivierenden Systems* (ARAS) angesehen, welches Informationen von den Sinnesorganen erhält und dementsprechend die Aktivierung höherer Hirnregionen mitbestimmt, beispielsweise auch Wachen und Schlaf reguliert. Mittlerweile nimmt man daneben ein deszendierendes retikuläres System an, welches u.a. den Muskeltonus regelt. Zudem liegen in dieser Formatio reticularis wichtige *vegetative Zentren*, so *Kreislauf-* und *Atemzentrum*.

Schließlich seien noch die ebenfalls in der Medulla oblongata lokalisierten verschiedenen *Raphe-Kerne* (Nuclei raphe) erwähnt, die Axone nach kaudal ins Rückenmark senden, wo sie – vermutlich indirekt über Interneurone – an den Umschaltstellen der aufsteigenden nozizeptiven Bahnen („Schmerzbahnen") enden und dort eine hemmende Funktion ausüben. Aktivierung bestimmter Raphe-Kerne, die vermutlich wiederum durch im Mittelhirn beginnende Neurone geschieht, setzt somit die Schmerzempfindung herab. Die von den Raphe-Kernen ausgehenden Axone benutzen als Transmitter aller Wahrscheinlichkeit nach Serotonin. Überhaupt scheint dies für die Mehrzahl der vom verlängerten Mark ausgehenden Nervenfasern zu gelten (*Medulla oblongata* als *Ausgangspunkt* des *„serotonergen Systems"*).

Die Brücke (Pons) schließt sich nach rostral (kranial, apikal) an die Medulla oblongata an; sie ist in ventraler Richtung deutlich sichtbar verdickt. Hinweis: Zuweilen werden in der Literatur mit Pons nur die die Verdickung bewirkenden Faserzüge bezeichnet, während die an die Medulla oblongata anschließenden Strukturen in der Literatur als nicht weiter benannter Teil des Rautenhirns (Rhombencephalons) dargestellt werden; aus Gründen der Einfachheit sei im weiteren das ganze an die Medulla oblongata anschließende Gebilde als Pons bezeichnet.

Die erwähnte Verdickung besteht im wesentlichen aus quer verlaufenden Faserzügen, die entweder vom Großhirn kommen oder aus dem Rückenmark aufsteigend Impulse der Tiefensensibilität (aus Muskeln, Sehnen und Gelenken) vermitteln und schließlich im Kleinhirn enden. Der die Medulla oblongata nach apikal fortsetzende dorsale Brückenabschnitt ist ähnlich wie jene gebaut: auf- und absteigende Bahnen, Ursprungs- und Endkerne von Hirnnerven sowie das Netz der Formatio reticularis (wie im verlängerten Mark vornehmlich ventral lokalisiert). Die von der Brücke ausgehenden Axone benutzen im wesentlichen Noradrenalin als Transmitter (*Pons als Ausgangspunkt des „noradrenergen Systems"*). Unter biopsychologischen Aspekten besonders interessant ist ein bläulich scheinendes Kerngebiet, der *Locus coeruleus*, welcher noradrenerge Fasern v.a. nach rostral ins Limbische System entsendet. Die biologische Grundlage von Panikattacken scheint eine (möglicherweise spontane) Überaktivität im Bereich des Locus coeruleus zu sein. Auch gewisse Symptome des Alkoholentzugssyndroms dürften auf verstärkte neuronale Feuerung in dieser Region zurückzuführen sein; entsprechend kommt hier u.a. das noradrenalinantagonistische (gegen die Noradrenalinwirkung gerichtete) Clonidin (Catapresan) zum Einsatz.

2.6.4 Cerebellum (Kleinhirn)

Es liegt als auffälliges Organ dorsal der Brücke und ist deutlich in eine linke und rechte Hemisphäre gegliedert, die sich um einen median gelegenen, entwicklungsgeschichtlich älteren Teil gruppieren. Wie die Großhirnhemisphären (2.6.8) sind die des Kleinhirns durch tiefe Furchen in verschiedene Lappen eingeteilt; auch dort lassen sich eine äußere graue Rindenschicht (Kortex) und innen gelegene, markhaltige weiße Faserzüge unterscheiden. Seine Afferenzen erhält das Kleinhirn im wesentlichen von den Rezeptoren der Tiefensensibilität über aufsteigende Rückenmarksbahnen, außerdem von den Vestibulariskernen, die wiederum über den 8. Hirnnerven, den N. vestibulocochlearis oder statoacusticus, mit dem Gleichgewichtsorgan verbunden sind. Weiter erreichen das Kleinhirn zahlreiche Fasern aus dem Telencephalon; die vom Kleinhirn ausgehenden Axone enden vornehmlich an Kerngebieten des motorischen Systems. Grob läßt sich als Funktion des *Cerebellums* die *Aufrechterhaltung des Gleichgewichts* und die *Koordination von Bewegungen* charakterisieren (Ataxie, also Koordinationsstörungen sowie Schwindel und Gleichgewichtsstörungen bei Erkrankungen des Kleinhirns).

Genauer muß man zwischen einem entwicklungsgeschichtlich älteren Anteil (dem Palaeocerebellum) und dem jüngeren Neocerebellum unterscheiden. Ersteres erhält vornehmlich seine Afferenzen aus dem Gleichgewichtsorgan und dem Rückenmark (und damit indirekt von den Muskeln); das ausgedehntere Neocerebellum (im wesentlichen den Hemisphären entsprechend) hingegen empfängt v.a. Impulse aus der Großhirnrinde, insbesondere aus deren motorischen Arealen.

Im übrigen ist wohl die Funktion des Kleinhirns mit der Regulation von Gleichgewicht und Muskelkoordination allein nicht ausreichend beschrieben. Auffällig ist beispielsweise, daß bei Patienten mit affektiven Störungen Verkleinerungen des Cerebellums nachgewiesen werden konnten; gewisse Hinweise auf Veränderungen im Cerebellum gibt es auch bei Personen mit frühkindlichem Autismus (s. Köhler 1999a, S. 103 sowie S. 213 und die dort angeführte Literatur).

2.6.5 Mesencephalon (Mittelhirn)

Das an die Brücke anschließende *Mittelhirn* (*Mesencephalon*) ist in kranio-kaudaler Richtung nur wenig ausgedehnt, besitzt aber einige biopsychologisch besonders interessante Strukturen (s. Abb. 2.5). Grob wird ein ventral gelegener größerer Teil, das *Tegmentum* (*Haube*), von einer dorsalen Partie, dem *Tectum*, unterschieden; dem Tegmentum ventral aufgelagert sind die beiden mächtigen Crura cerebri (lat. crus = Schenkel), die v.a. Fasern der Pyramidenbahn enthalten. An der Oberfläche des Tectums sind kleine Erhebungen zu erkennen, die rostral (kranial) gelegenen paarigen Colliculi superiores und die kaudal davon lokalisierten, gleichfalls paarigen Colliculi inferiores. Es handelt sich bei den ersteren um Kerne des von der Netzhaut ausgehenden 2. Hirnnervens (N. opticus), bei letzteren um Kerne der vom Hörorgan kommenden Fasern des 8. Hirnnerven (N. statoacusticus = N. vestibulocochlearis); die Kerne stellen damit Stationen der Sehbahn bzw. Hörbahn dar.

Etwa an der Grenze von Tectum und Tegmentum wird das Mesencephalon vom *Aquaeductus cerebri* durchbohrt, einem Gang, der den 3. mit dem 4. Ventrikel verbindet. Den Aquädukt umgeben Neuronenkörper (*periaquäduktales Grau* oder *zentrales Höhlengrau*), von denen Axone in die Raphe-Kerne der Medulla oblongata absteigen. Aktivierung des zentralen Höhlengraus führt indirekt zur Hemmung der Übertragung an den Umschaltstellen der Schmerzbahn im Rückenmark. Das periaquäduktale Grau ist reich an Opiatrezeptoren; es liegt nahe anzunehmen, daß die analgetische (schmerzhemmende) Wirkung der endogenen sowie der exogenen Opioide (etwa Morphin) zumindest teilweise durch Besetzung dieser Rezeptoren geschieht.

Im Tegmentum ist zunächst als wichtiges Kerngebiet die *Substantia nigra* zu nennen, welche sich am frischen anatomischen Präparat als durch Pigmenteinlagerungen dunkel verfärbte Zone darstellt. Es handelt sich um einen bedeutsamen Teil des motorischen Systems, bei dessen Erkrankungen auffällige Bewegungsstörungen auftreten (Parkinsonsyndrom, s. 2.6.10). Von der Substantia nigra ziehen dopaminerge Fasern nach rostral in das Striatum, einen Teil der Basalganglien (nigrostriatale Bahnen). Ebenfalls motorische Funktion hat der paarig vorhandene *Nucleus ruber*, eine leicht rötlich verfärbte Struktur.

Die motorische Bedeutung des Mesencephalons läßt sich u.a. daran sehen, daß im Tierversuch Durchtrennung des Hirnstamms kaudal des Mittelhirns zu erheblichen Bewegungsstörungen führt: So zeigen diese Tiere deutlich erhöhte Muskelspannung, speziell in der Streckmuskulatur (Dezerebrierungsstarre) sowie die Unfähigkeit, sich bei Änderung der Lage wieder aufzurichten (Fehlen der Stellreflexe). Setzt man den trennenden Schnitt hingegen kranial des Mesencephalons an, bleibt die Dezerebrierungsstarre weitgehend aus und die Stellreflexe erhalten (s. auch 7.5.2).

2.6 Das Gehirn

Wichtig sind dopaminerge Bahnen, die vom ventralen Tegmentum ins Telencephalon ziehen und deren Aktivität als Grundlage angenehmer Empfindungen betrachtet wird (*mesotelencephales dopaminerges Belohnungssystem*; s. 13.2); so scheinen Drogen (etwa Nikotin, Heroin) durch Aktivierung dieses Bahnensystems ihre euphorisierende Wirkung zu entfalten. *Überaktivität dopaminerger mesotelencephaler Bahnen* ist wohl Grundlage *produktiver Schizophreniesymptome* (Wahn, Halluzinationen); besondere Bedeutung haben Faserzüge, die vom Tegmentum ins limbische System, etwa zum Hippocampus, ziehen (*mesolimbische Bahnen*). Auch diese Neuronen benutzen Dopamin als Transmitter; generell sind die vom Mittelhirn ausgehenden Bahnen dopaminerg (*Mesencephalon als Ausgangspunkt des „dopaminergen Systems"*).

Wie in Medulla oblongata und Pons liegen im Mittelhirn zahlreiche Kerne von Hirnnerven. Die im Tectum lokalisierten Colliculi superiores und inferiores sind schon erwähnt worden; Kerne der die Augenmuskulatur innervierenden N. oculomotorius und N. trochlearis liegen im Tegmentum. Schließlich findet sich im Mesencephalon auch der rostrale Teil der Formatio reticularis.

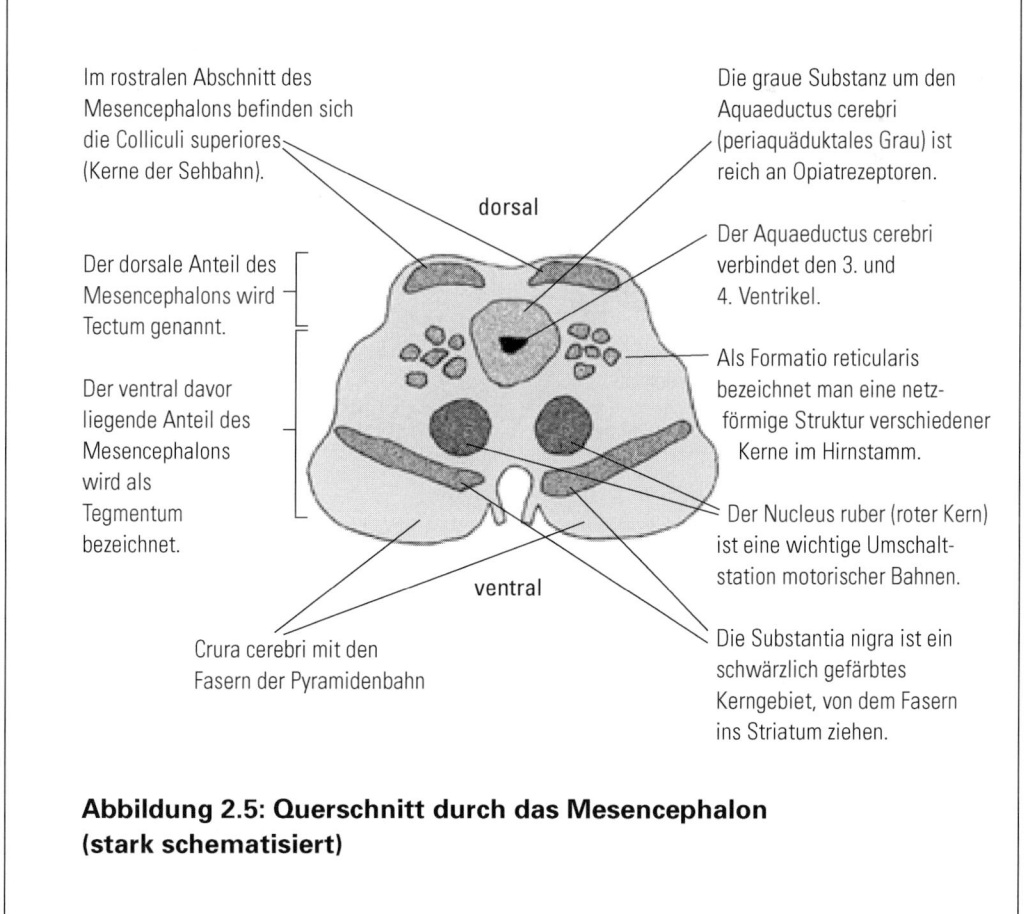

Abbildung 2.5: Querschnitt durch das Mesencephalon (stark schematisiert)

2.6.6 Diencephalon (Zwischenhirn)

Das Ende des Hirnstamms bildet die anatomisch sehr komplizierte Region des Zwischenhirns (s. Abb. 2.4 und 2.6). Es besteht im wesentlichen aus dem relativ großen, deutlich in einen linken und rechten Lappen unterteilten *Thalamus*, dem darunter (also etwa basal oder kaudal) gelegenen, kleineren *Hypothalamus* (griech. hypo = unter) sowie der vom Hypothalamus ungefähr in ventrobasale Richtung abgehenden *Hypophyse* (*Hirnanhangsdrüse*); am anderen, dem rostralen und dorsalen Ende des Zwischenhirns liegt die *Epiphyse* (*Zirbeldrüse*); der teils zwischen, teils oberhalb und unterhalb der Thalamuslappen lokalisierte *3. Ventrikel* wird ebenfalls zum Diencephalon gerechnet – nicht einheitlich wird hingegen das in 2.6.10 beschriebene Pallidum als Teil des Zwischenhirns aufgefaßt.

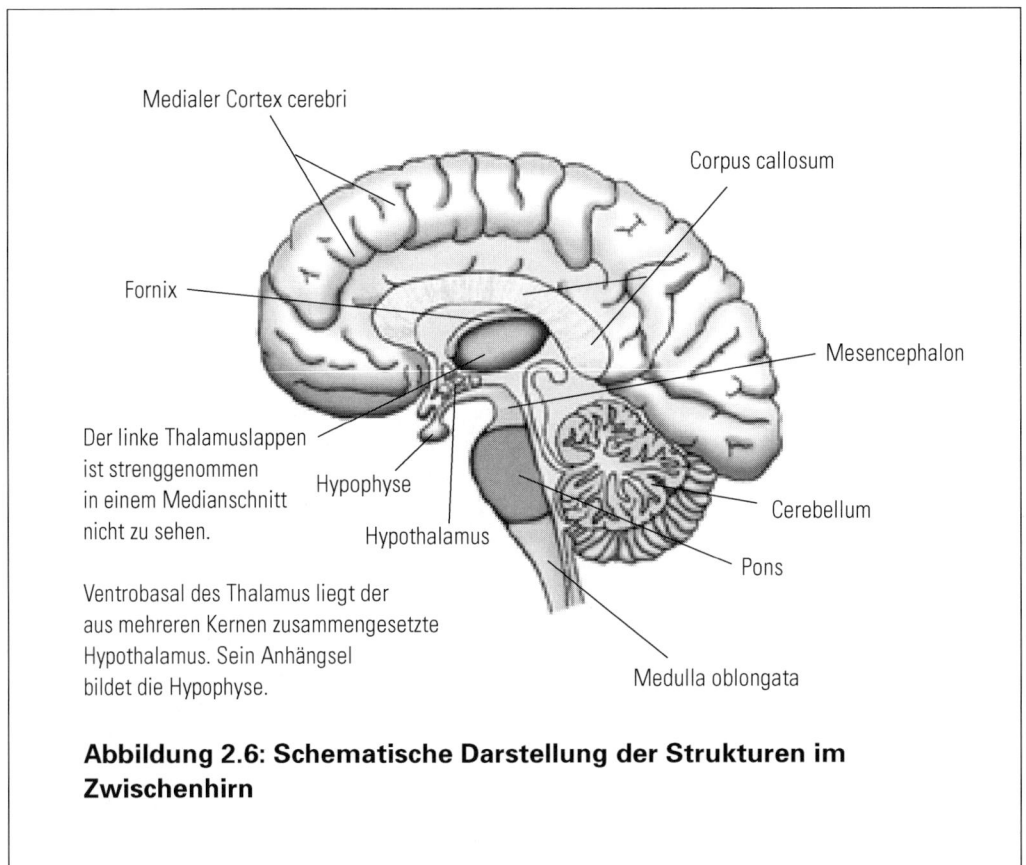

Abbildung 2.6: Schematische Darstellung der Strukturen im Zwischenhirn

Der Thalamus ist wie die restlichen Teile des Zwischenhirns fast völlig vom Endhirn bedeckt; wegen dieser versteckten Lage hat er auch seinen Namen erhalten (griech. thalamos = innere Kammer, Brautgemach). Seine beiden Lappen sind durch die *Adhaesio interthalamica* (Massa intermedia) verbunden, eine Fasermasse, die den 3. Ventrikel durchbohrt und im Medianschnitt typischerweise gut zu erkennen ist; die

2.6 Das Gehirn

Massa intermedia kann jedoch auch völlig fehlen, ohne daß dies eine pathologische Bedeutung zu haben scheint.

Der Thalamus stellt eine *Ansammlung* von *Kernen verschiedener Funktion* dar. Viele von ihnen sind *Umschaltstationen sensorischer Bahnen*; so enden etwa am paarig vorliegenden Corpus geniculatum laterale die Fasern des *Sehnerven*; vom Corpus geniculatum laterale verlaufen neue Axone in die Sehrinde des Okzipitallappens. In ähnlicher Weise ist das Corpus geniculatum mediale des Thalamus eine Zwischenstation der *Hörbahn*. Auch die sensiblen Bahnen, etwa die nozizeptiven („Schmerzbahnen"), erfahren eine letzte Umschaltung im Thalamus, bevor die Fasern u.a. zur Körperfühlsphäre der Großhirnrinde ziehen; in diesen Kernen findet eine letzte Filterung von Information statt. Andere Gebiete des Thalamus sind *funktionell* eher dem *limbischen System* zuzurechnen, etwa der (gleichfalls paarige) *Nucleus anterior thalami*. Schließlich erfüllen Teile des Thalamus motorische Aufgaben, sind in eine Schleife eingebunden, die außerdem motorische kortikale Areale und Basalganglien umfaßt (s. dazu 7.4.3). Der Thalamus läßt sich also *keineswegs als ein homogenes Organ* mit einheitlicher Aufgabe ansehen.

Ebenfalls eine Ansammlung von *Kernen unterschiedlicher Funktion* ist der *Hypothalamus*. In den supraoptischen (rostral des Chiasma opticum, der Sehnervenkreuzung, gelegenen) Kernen werden Hormone gebildet, andere Regionen regulieren das Eßverhalten, weitere schließlich, insbesondere das am kaudalen Hypothalamusende gelegene paarige Corpus mamillare, werden dem limbischen System zugerechnet, spielen also eine Rolle für Emotion und Motivation. Diskutiert wird, ob – wenigstens bei einigen Tierspezies – gewisse Hypothalamusareale für die sexuelle Orientierung verantwortlich sind (s. auch 11.4 und 11.5). Humanbiologische Befunde, die auf morphologische Unterschiede dieser Regionen zwischen Homo- und Heterosexuellen hinweisen (LeVay 1991), haben große Beachtung erfahren, wurden aber auch als methodische Artefakte kritisiert (Byne u. Parsons 1993).

Zum Zwischenhirn werden außerdem noch die *Hypophyse* und die *Epiphyse* gerechnet, wichtige hormonsezernierende Strukturen. Die *Hypophyse* oder *Hirnanhangsdrüse* liegt ventral und kaudal des Hypothalamus und steht mit letzterem in struktureller und funktioneller Verbindung. Der *Hypophysenhinterlappen* (Neurohypophyse) schüttet die Hormone Oxytocin und Adiuretin (ADH, zuweilen auch Vasopressin genannt) aus, die in Kernen des Hypothalamus gebildet werden und von dort in Axonen zur Neurohypophyse gelangen. Der *Hypophysenvorderlappen* (*Adenohypophyse*) – genetisch nicht mit der Neurohypophyse in Zusammenhang stehend – produziert selbst Hormone (etwa ACTH, TSH), die wiederum andere Hormondrüsen (beispielsweise Nebennierenrinde, Schilddrüse) stimulieren; reguliert wird die Hormonbildung der Adenohypophyse u.a. von Hypothalamushormonen (etwa CRH = CRF, TRH), die auf dem Blutwege in den Hypophysenvorderlappen gelangen (s. dazu ausführlich 4.3.8–4.3.10). Die *Epiphyse* (*Zirbeldrüse*) ist ein 1 cm langes, unpaares Organ im rostralen Zwischenhirn, dessen Funktion weitgehend ungeklärt ist; u.a. produziert es aller Wahrscheinlichkeit nach das Hormon Melatonin, über dessen physiologische Bedeutung noch gerätselt wird.

Diese für das Verständnis der funktionellen Zusammenhänge sicher ausreichende Darstellung der diencephalen Strukturen trifft die anatomischen Sachverhalte nur sehr bedingt. Erwähntermaßen ist die

Topographie des Zwischenhirns höchst kompliziert und wird unterschiedlich beschrieben. So wird von einigen Autoren das Corpus geniculatum laterale nicht als Teil des Thalamus aufgefaßt, sondern als eigenes, auch Metathalamus genanntes Organ aufgeführt. Die am kaudalen Ende des Hypothalamus lokalisierten Corpora mamillaria werden zuweilen als eigenständige Organe betrachtet und dem Endhirn zugerechnet. Andererseits findet man die üblicherweise zum Endhirn gezählten Basalganglien manchmal als Strukturen des Diencephalons aufgeführt. Man mache sich also gerade bei der Anatomie des Zwischenhirns auf sehr unterschiedliche Darstellungen und Bezeichnungen gefaßt.

2.6.7 Allgemeines zu Aufbau und Gliederung des Telencephalons

Das *Telencephalon (Endhirn)* entsteht in der Embryonalentwicklung durch Auffaltung des rostralen Neuralrohrendes und sitzt als große, das restliche Gehirn weitgehend überdeckende Struktur dem Hirnstamm auf. Bei der Aufsicht fällt v.a. die klare Teilung in die beiden *Hemisphären (Halbkugeln)* und die durch Windungen und Vertiefungen stark *gefurchte Oberfläche* auf; im Frontalschnitt durch die Hemisphären zeigt sich außen eine dünne Schicht grauer Substanz (*Hirnrinde, Kortex*), während die innen gelegene weiße Substanz im wesentlichen aus myelinisierten Axonen besteht, die zu Bahnen gebündelt die Kortexareale untereinander und mit tiefer gelegenen Regionen verbinden. Wichtige kleinere Strukturen des Endhirns, insbesondere Kerngebiete, finden sich ganz in der Tiefe nahe dem Zwischenhirn; es handelt sich um die *Basalganglien* sowie Teile des sogenannten *limbischen Systems*.

Die Einteilung des Telencephalons wird unterschiedlich gehandhabt und scheint nirgendwo völlig befriedigend gelöst. Etwas umständlich, aber didaktisch am nützlichsten, dürfte folgende Untergliederung sein: 1) Neokortex mit seinen Faserverbindungen 2) Basalganglien 3) limbisches System mit seinen kortikalen (beispielsweise Hippocampus) und subkortikalen Anteilen (z.B. Amygdala, Corpora mamillaria).

Die häufig in der Literatur zu findende Einteilung in Kortex, limbisches System und Basalganglien ist insofern unglücklich, als unter Kortex üblicherweise nur die wenige Millimeter dicke Rindenschicht verstanden wird; zudem liegen Strukturen, die man aufgrund ihrer Funktion und ihrer Verbindungen ebenfalls zum limbischen System rechnet (so Hippocampus und Gyrus cinguli) im Kortex.

In der hier vorgeschlagenen Gliederung entspricht die Struktur „Neokortex mit seinen Verbindungen" im wesentlichen der älteren, heute zunehmend ungebräuchlicheren Bezeichnung Großhirn (oder Pallium bzw. Hemisphärenhirn einiger anatomischer Lehrbücher). Aus der oben gegebenen Einteilung fällt allerdings der Gyrus cinguli heraus, da er einerseits mit seiner Rinde zum Neokortex gehört, andererseits funktionell eher dem limbischen System zuzurechnen ist.

2.6.8 Der Neokortex und seine Verbindungen

Von oben seitlich ist die Gliederung der Großhirnoberfläche am deutlichsten zu sehen, s. Abb. 2.7).

2.6 Das Gehirn

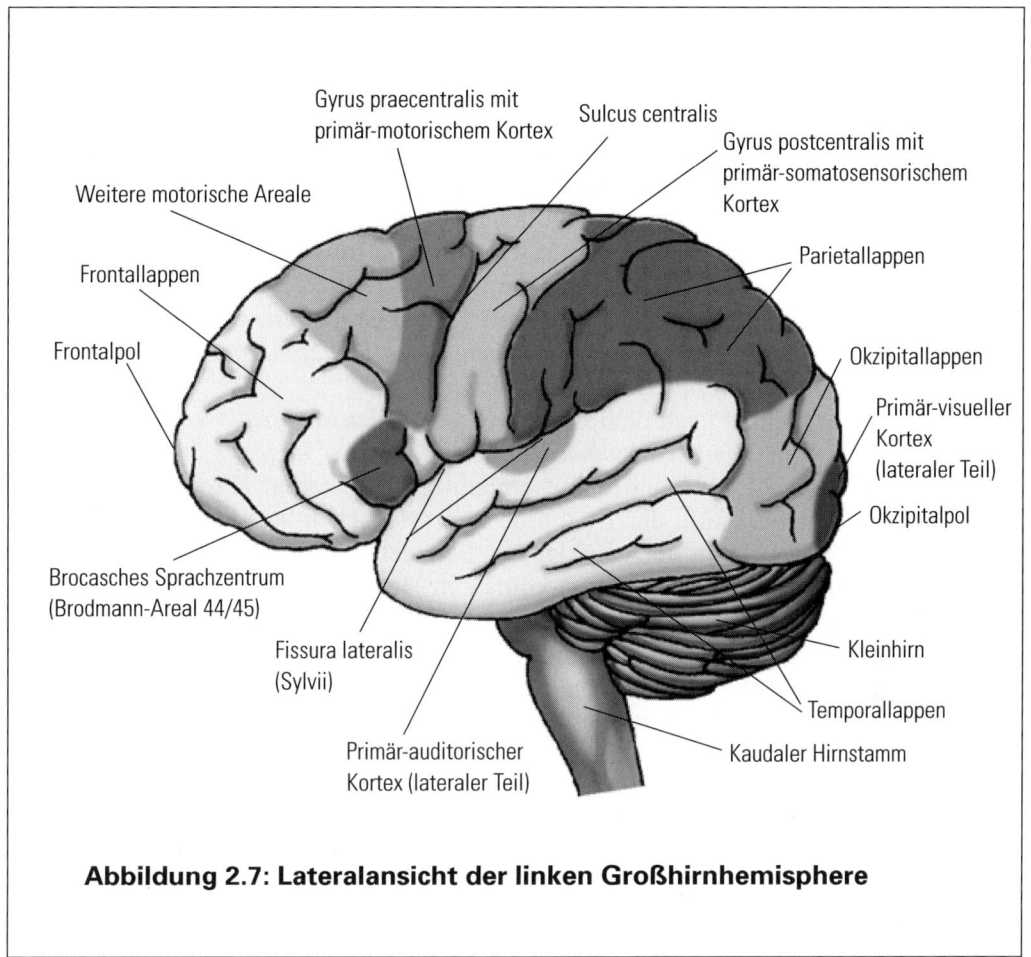

Abbildung 2.7: Lateralansicht der linken Großhirnhemisphere

Man unterscheidet für die Beschreibung seichte Vertiefungen (Sulci; von lat. sulcus = Furche) und tiefere Einschnitte (Fissuren; von lat. fissura = Spalt); die „wurstförmigen" Wölbungen werden als Windungen oder Gyri (von griech. gyros = Windung) bezeichnet.

Diese Furchung der Hemisphärenoberfläche dient der Vergrößerung des Kortex; wäre, bei gleichem Hirnvolumen, die Oberfläche glatt, wäre die von der Hirnrinde bedeckte Fläche nur etwa ein Drittel so groß. Entsprechend findet man in der Evolution, neben Wachstum der Hirnmasse (insbesondere des Großhirns), eine zunehmende Fältelung der Oberfläche. Der sogenannte Encephalisationsgrad, der Quotient aus Hirn- und dem mit dem Faktor 0.69 potenzierten Körpergewicht, gibt somit nur sehr unvollkommen den Entwicklungsstand einer Spezies wieder. Er berücksichtigt nicht die spezielle Zunahme des Großhirns und die sich im Hirngewicht nicht niederschlagende Vergrößerung der Kortexoberfläche.

Am deutlichsten fällt die von frontal nach okzipital verlaufende *Fissura interhemisphaerica* oder *Fissura longitudinalis* = Längsfurche ins Auge – die zuweilen zu findende Bezeichnung Fissura centralis ist besser zu vermeiden, da die Gefahr von Verwechselungen mit dem Sulcus centralis (s. unten) besteht. Die Fissura longitudinalis trennt rechte und linke Großhirnhemisphäre voneinander ab; ihren Boden bildet das *Corpus callosum* (*Balken*), mächtige Faserzüge, die entsprechende Kortexareale miteinander verbinden (Kommissurenfasern, s. unten); die Seitenwände der Fissura longitudinalis enden an der scharfen Mantelkante, die den oberen medialen Kortex gegenüber der größeren Seitenfläche begrenzt. Ebenfalls gut zu erkennen ist die schräg nach vorne verlaufende *Fissura lateralis* (*Fissura Sylvii*), welche die Abgrenzung des Stirnlappens gegenüber dem Schläfenlappen bildet. Zur Orientierung dient weiter der *Sulcus centralis*, der etwa in der Mitte der Mantelkante beginnt und steil nach basal zieht (nicht zu verwechseln mit der Fissura longitudinalis, die zuweilen in der Literatur als Fissura centralis bezeichnet wird).

Grob wird der Kortex i.a. in *vier Lappen* (*Lobi*) gegliedert, nämlich *Stirnlappen* (*Lobus frontalis*), *Scheitellappen* (*Lobus parietalis*), *Schläfenlappen* (*Lobus temporalis*) und *Hinterhauptslappen* (*Lobus occipitalis*).

Der *Frontallappen* ist nach okzipital durch den *Sulcus centralis* vom *Parietallappen* abgetrennt, vom *Temporallappen* durch die *Fissura lateralis* (*Fissura Sylvii*); sein frontales Ende ist spitz und damit eindeutig lokalisierbar (Frontalpol). Gerade der Stirnlappen ist im Laufe der Evolution zum Menschen stark gewachsen, wobei die Bedeutung vieler Teile noch unklar ist; Schäden in manchen Teilen des Frontallappens gehen – v.a. auf der nicht-dominanten Hemisphäre – oft nur mit geringen Ausfällen einher. Relativ klar ist die Funktion des *Gyrus praecentralis*, der frontal des Sulcus centralis gelegenen Windung: Sie enthält den *primär-motorischen Kortex*, der als eines von mehreren motorischen Kortexarealen die Skelettmuskulatur steuert; die im primär-motorischen Kortex entspringenden Axone gelangen teils direkt über die Pyramidenbahn ohne (wesentliche) Unterbrechung zu den motorischen Vorderhornzellen, teils ziehen sie dorthin, nachdem an Kernen des Hirnstamms eine Umschaltung erfolgt ist (extrapyramidale Bahnen; s. 2.6.10 sowie 7.4.2). Der Hauptanteil der Axone sowohl der Pyramiden- wie der extrapyramidalen Bahnen *kreuzt* im Hirnstamm zur Gegenseite, so daß der *rechte Gyrus praecentralis* die *Bewegung der linken Körperhälfte* kontrolliert. Der primär-motorische Kortex ist *somatotopisch* gegliedert: Einzelne Körperteile sind auf bestimmten kortikalen Abschnitten repräsentiert („motorischer Homunculus"); dabei liegen deutliche Verzerrungen insofern vor, als die Größe der kortikalen Repräsentationsfelder nicht der Ausdehnung der Körperregionen entspricht. Frontal des primär-motorischen Kortex liegt der ausgedehntere (und letztlich nicht sicher abgrenzbare) *motorische Assoziationskortex (oder prämotorische Kortex)*, von dem aus – wenigstens der Theorie nach – nicht einzelne Bewegungen, sondern ganze Handlungsabläufe gesteuert werden (zu diesen hier zunächst in Vereinfachung wiedergegebenen Sachverhalten s. ausführlich Kap. 7).

Frontal und basal des Gyrus praecentralis liegt ein Areal, das auf der sprachdominanten, also i.a. der linken Hemisphäre, als *motorisches* oder *Brocasches Sprachzentrum* bezeichnet wird; ist diese Region, etwa aufgrund von Durchblutungsstörungen, geschädigt, kommt es häufig zur *motorischen* oder *Brocaschen Aphasie*, einer Störung der Sprachproduktion bei gleichzeitig weitgehend erhaltenem Sprachverständnis. Läsionen dieser Region in der nicht-sprachdominanten Hemisphäre machen sich klinisch häufig kaum bemerkbar.

Die Funktion der noch weiter in Richtung Frontalpol gelegenen Regionen ist weniger klar zu definieren. Schädigungen gehen häufig mit *Beeinträchtigung* gewisser

2.6 Das Gehirn

kognitiver Leistungen einher; auch Verhaltensauffälligkeiten (sog. Stirnhirnsyndrom mit gewisser Enthemmung) sind bei Läsionen dieser Areale zu beobachten. Nicht eindeutig geklärt ist, welche Rolle die Überaktivität oder auch Minderaktivität dieser Region für das Zustandekommen von positiver wie negativer Schizophreniesymptomatik spielt (s. 12.2). Klare Zuordnung von Auffälligkeiten zu begrenzten Kortexarealen ist nicht möglich; es hat sich eingebürgert, ein *konvexes Stirnhirn* (nach okzipital und apikal an den Frontalpol anschließend, oft präfrontaler Kortex genannt) von einem *konkaven* oder *orbitalen Stirnhirn* (auch *Orbitalhirn*) zu unterscheiden; letzteres ist der basal lokalisierte Teil des Frontallappens, sitzt also der Augenhöhle (Orbita) auf. Insbesondere die zu diesem Orbitalhirn führenden Fasern waren es, die früher nicht selten bei psychochirurgischen Eingriffen unter der Bezeichnung frontale Lobotomie („Lappenschnitt") zerstört wurden.

Der *Parietal-* oder *Scheitellappen* (*Lobus parietalis*) schließt nach okzipital an den Frontallappen an und ist von ihm durch den *Sulcus centralis* getrennt; die Abgrenzungen vom basal gelegenen Temporal- und okzipital gelegenen Hinterhauptslappen sind, wenigstens in der Lateralansicht, weniger deutlich. Auch im Scheitellappen befinden sich viele Kortexareale, deren Funktion noch nicht hinreichend bekannt ist. Weitgehende Klarheit herrscht nur für den okzipital des Sulcus centralis gelegenen *Gyrus postcentralis*: Auf seiner Oberfläche befindet sich die „Körperfühlsphäre", der *primär-somatosensorische Kortex*. Dort laufen (über mehrere Umschaltstationen) Impulse aus den Sinnesrezeptoren der Gelenke, Sehnen, Muskeln und der Haut ein, die Informationen u.a. über Dehnungsgrad der Muskulatur, Temperatur, gewebsschädigende Reize („Schmerzreize"), Druck oder Berührung vermitteln. Der primär-somatosensorische Kortex ist ebenso wie der primär-motorische des Frontallappens *somatotopisch* gegliedert: Bestimmte Regionen des Körpers sind in definierten Kortexarealen repräsentiert. Dabei nehmen empfindlichere Körperstellen (die mit mehr Sinnesrezeptoren pro Flächeneinheit ausgestattet sind) ein im Vergleich zu ihrer Größe ausgedehnteres Kortexareal ein: So ist etwa das Repräsentationsfeld der kleinen, aber mit zahlreichen Sinnesrezeptoren versehenen Lippenregion ähnlich groß wie das des gesamten Rumpfes. Der somatosensorische Homunculus ist wie der motorische Homunculus verzerrt (s. auch Kap. 6). Auch die zum somatosensorischen Kortex ziehenden Fasern kreuzen in ihrem Verlauf; entsprechend ist die *linke Körperhälfte* auf dem *rechten Gyrus postcentralis* repräsentiert. Okzipital des primär-somatosensorischen Kortex liegt der weniger genau abgrenzbare Assoziationskortex; hier werden – wenigstens der Theorie nach – die Einzelinformationen aus der primär-somatosensorischen Hirnrinde zu zusammenhängenden sensiblen Eindrücken verarbeitet. Das Studium dieser Areale ist insofern kompliziert, als sie gleichzeitig der Verarbeitung visueller und akustischer Eindrücke dienen.

Der *Okzipitallappen* weist ähnlich wie der Stirnlappen ein zugespitztes Ende auf (*Okzipitalpol*). In seiner Nähe, v.a. an seiner medialen, der Fissura longitudinalis zugewandten Seite, sitzt das *primäre Sehzentrum*, in dem Fasern der Sehbahn enden (nach einer letzten Umschaltung vom Corpus geniculatum laterale des Thalamus kommend). Einseitige Läsion in diesem Areal führt i.a. zum kontralateralen Gesichtsfeldausfall; bei Schädigung im Umkreis des rechten Okzipitalpols würde also der Erkrankte (bei nach vorne gerichteten Augen) alles links der Schädelmitte nicht mehr sehen können (sogenannte Rindenblindheit). An das primäre Sehzentrum grenzt der sekundäre optische Kortex, in dem wiederum die Einzelreize zu Gesamteindrücken zusammengesetzt werden; isolierte Läsion dieser Region sollte dazu führen, daß Gegenstände zwar gesehen, aber nicht mehr erkannt werden (Agnosie).

Am schwierigsten zu beschreiben ist der *Temporallappen*, v.a. deswegen, weil große Teile von ihm in der Seitenansicht nicht zu erkennen sind, sondern erst studiert werden können, wenn man den Lappen an der Fissura lateralis nach hinten-seitlich biegt. Bei Betrachtung von der Seite sieht man drei, etwa parallel zur Fissura lateralis verlaufende Windungen (Gyri temporales superior, medius und inferior). Im Gyrus temporalis superior liegt (auf der sprachdominanten Hemisphäre) das *Wernickesche Sprachzentrum*, bei dessen Läsion es häufig zur *sensorischen* oder *Wernickeschen Aphasie* kommt; dabei fehlt weitgehend das Sprachverständnis, während die Sprachproduktion weiter flüssig bleibt – wenn sie auch zahlreiche Entstellungen zeigt und unverständlich wirkt. Greifen die Läsionen über das Wernickesche Sprachzentrum nach frontal und apikal hinaus, erfassen sie damit auch das Brocasche Sprachzentrum, so resultiert eine *globale Aphasie* mit Fehlen sowohl von Sprachproduktion und Sprachverständnis; einfachste Aufforderungen werden nicht mehr verstanden, die Sprache schränkt sich oft auf wenige, laufend wiederholte Äußerungen ein.

Auf der der Fissura lateralis zugewandten Seite des Temporallappens liegen weitere, im Bau dem restlichen Großhirnkortex entsprechende Rindenfelder, die u.a. das *Hörzentrum* bilden. Daneben findet sich unten medial eine Windung, die histologisch einen sehr viel primitiveren Aufbau zeigt und deshalb dem Riechhirn (in neuerer Terminologie: dem limbischen System) zugerechnet wird, der sogenannte *Hippocampus*; diese Struktur wird im übernächsten Abschnitt ausführlicher besprochen.

Kurz seien noch die in der Tiefe der Fissura longitudinalis (Fissura interhemisphaerica) gelegenen Teile erwähnt. Bogenförmig dem Corpus callosum aufliegend zieht sich von frontal bis weit nach hinten zum Okzipitallappen reichend der *Gyrus cinguli* (lat. cingulum = Gürtel); es handelt sich um eine Struktur, die funktionell eher dem limbischen System zuzurechnen ist, die, etwas vereinfacht ausgedrückt, für die emotionale Bewertung von Reizen mitverantwortlich ist. Bei quälenden Zwangsvorstellungen scheint Überaktivität dieser Region eine nicht unbeträchtliche Rolle zu spielen. Bei Therapieresistenz wird deswegen in Einzelfällen ein psychochirurgischer Eingriff am Gyrus cinguli zur Linderung der Symptomatik vorgenommen (Cingulotomie; s. auch 12.4.4).

Die oberhalb des Gyrus cinguli, also nahe der Mantelkante gelegenen medialen Kortexareale setzen teilweise die Strukturen des lateralen Kortex fort: So finden sich dort Teile des primär-motorischen wie auch des primär-somatosensorischen Kortex (als Fortsetzung von Regionen im Gyrus praecentralis und Gyrus postcentralis). Daß große Teile des Sehzentrums auf der medialen Seite des Okzipitallappens liegen, ist schon erwähnt worden.

Unterhalb der dünnen Kortexschicht findet sich die den Hauptanteil des Großhirns einnehmende weiße Substanz; diese myelinisierten Axone sind zu Bündeln zusammengesetzt (Bahnen), und lassen sich nach der Art der von ihnen hergestellten Verbindung in drei Gruppen einteilen: Kommissurenfasern, Assoziationsfasern und Projektionsfasern.

2.6 Das Gehirn   55

Kommissurenfasern verbinden einander entsprechende Regionen der beiden Hemisphären, also beispielsweise den linken primär-motorischen Kortex mit dem rechten. Die Kommissurenfasern laufen zum Großteil innerhalb des Balkens (Corpus callosum), der in der Tiefe der Fissura longitudinalis sich von weit frontal nach okzipital erstreckt und beträchtliche Dicke erreicht. Eine weitere, wesentlich kleinere Verbindungsbrücke ist die basal des Corpus callosum lokalisierte Commissura anterior.

Bei schweren epileptischen Anfällen kann es notwendig werden, das Corpus callosum zu durchtrennen (Split-brain-Operationen), um ein Übergreifen der gestörten Hirnaktivität auf die andere Seite zu verhindern. Die Folgen dieser Eingriffe auf zerebrale Leistungen und Verhalten sind erstaunlich gering.

Immerhin gelingt es mit subtilen Methoden, für kurze Zeit Reize den beiden Hemisphären getrennt anzubieten und die dort einsetzenden Verarbeitungsprozesse zu studieren; nicht zuletzt aus solchen Untersuchungen sind wichtige Erkenntnisse über die unterschiedlichen Aufgaben und Arbeitsweisen der beiden Hirnhälften gewonnen worden (s. dazu ausführlich 9.4).

Assoziationsfasern verbinden verschiedene Kortexareale innerhalb ein und derselben Hemisphäre; sie laufen beispielsweise vom linken primär-motorischen Kortex zu den linken motorischen Assoziationszentren und umgekehrt. *Projektionsfasern* verbinden den Kortex in beide Richtungen mit tiefer gelegenen Partien des ZNS, insbesondere mit dem Hirnstamm. Dazu gehören u.a. die vom Thalamus zum Gyrus postcentralis aufsteigenden somatosensorischen Fasern. Sie erreichen den Thalamus teilweise über die von der Medulla oblongata ausgehende Schleifenbahn (Leminiscus medialis, im Gegensatz zum Leminiscus lateralis, der Fasern der Hörbahn führt). Zu den Projektionsfasern werden ebenso Axone gerechnet, die vom Gyrus praecentralis und weiteren kortikalen motorischen Arealen in motorische Hirnstammkerne des Mittelhirns projizieren. Weiter zählt dazu die Pyramidenbahn, deren Axone vom motorischen Kortex ausgehend nach kaudal zur Kreuzung in der Medulla oblongata ziehen und schließlich ohne Umschaltung im Hirnstamm an den Vorderhornzellen des Rückenmarks oder motorischen Hirnnerven enden.

2.6.9   Feinaufbau des Kortex; Brodmannsche Areale

Die Rindenschicht des Großhirns schwankt je nach Region beim Menschen im Durchmesser etwa zwischen 1 und 5 mm (ist übrigens sowohl bei großen wie bei sehr kleinen Säugetieren ähnlich dick). Man unterscheidet hinsichtlich des histologischen Aufbaus einen prinzipiell *sechsschichtigen Neokortex* (griech. neos = neu), der etwa 90% der gesamten Oberfläche einnimmt und einen deutlich einfacher aufgebauten, nur *dreischichtigen Palaeokortex* (griech. palaios = alt); letzterer findet sich beim Menschen nur in der Hippocampusregion, einer Struktur, die dem Riechhirn bzw. limbischen System zugerechnet wird.

Die den Neokortex bildenden Neuronen lassen sich in zwei große Typen einteilen: Die Pyramidenzellen weisen eine pyramidenförmige Struktur auf, wobei die Spitze in Richtung Kortexoberfläche zeigt und dorthin Dendriten entsendet; ein langes Axon entspringt an der Basis und erstreckt sich nach kaudal; die Erregung dieser Zellen läuft also vom Gehirn weg. Die sogenannten Sternzellen (nicht zu verwechseln mit den zur Neuroglia gerechneten Astrozyten) sind kurze Interneurone, deren Fortsätze vom Neuronenkörper aus sternförmig in alle Richtungen verlaufen. Im einzelnen unterscheidet man am Neokortex von außen nach innen folgende Schichten: 1) das an Neuronenkörpern arme, vornehmlich Dendriten enthaltenStratum moleculare; 2) das überwiegend Sternzellen enthaltende Stratum granulosum externum; 3) eine Schicht mittelgroßer Pyramidenzellen; 4) das ähnlich wie Schicht 2 aufgebaute Stratum granulosum internum; 5) die Schicht der großen Pyramidenzellen und schließlich 6) das Stratum multiforme (das in kleineren Mengen sowohl Pyramiden- wie Sternzellen enthält).

Dieser Aufbau ist prinzipiell über den ganzen Neokortex gleich, wobei allerdings in den verschiedenen Regionen manche Schichten dicker oder dünner sein können, zuweilen sogar (bei prinzipiell erhaltenem sechsschichtigem Aufbau) einzelne Lagen ganz fehlen können; beispielsweise ist im Gyrus postcentralis, wo afferente Bahnen enden, die Schicht V mit den großen efferenten Pyramidenzellen nicht vorhanden; umgekehrt zeigt sich im Gyrus praecentralis, dessen Neurone efferent sind, diese Schicht besonders ausgeprägt. Der Palaeokortex besteht hingegen, wie erwähnt, nur aus drei Schichten.

Nach dieser Anordnung der verschiedenen Zellagen (der Zytoarchitektonik) lassen sich am Kortex etwa 50 verschiedene Felder unterscheiden. Diese sogenannten *Brodmannschen Areale* gestatten eine Gliederung der Hirnrinde, die sich zur Beschreibung als sehr nützlich erweist; im Gegensatz zu der zwischen verschiedenen Individuen sehr variablen Verteilung der funktionellen Rindengebiete zeigen die zytoarchitektonisch definierten Felder gute Übereinstimmung. Es ist nachdrücklich zu betonen, daß diese Unterteilung nur nach morphologischen Gesichtspunkten geschieht und nichts über gleiche oder unterschiedliche Funktion der einzelnen Brodmannschen Felder aussagt. Auch ist es bis jetzt keineswegs gelungen, allen Arealen bestimmte Funktionen zuzuordnen. Das erwähnte Brocasche Sprachzentrum entspricht ungefähr den Brodmann-Arealen 44/45 der sprachdominanten Hemisphäre, der primär-motorische Kortex Brodmann-Areal 4.

2.6.10 Basalganglien

Als Basalganglien bezeichnet man i.a. einige Kerne, die an der *Basis des Telencephalons lateral des Thalamus* gelegen sind. Die Zuordnung und Einteilung dieser Basalganglien geschieht – wie vieles andere in der Anatomie – nicht einheitlich. Üblicherweise rechnet man dazu zwei bzw. drei Kerne (Nucleus caudatus, Nucleus lentiformis, der sich wieder in die Unterkerne Putamen und Globus pallidus gliedern läßt) und betrachtet diese als Teil des Endhirns. Von manchen Autoren wird dazu noch das Corpus amygdaloideum (Amygdala, Mandelkern) gezählt, welches man sonst i.a. als Teil des Limbischen Systems betrachtet; weiter rechnen manche Autoren auch die im Mittelhirn gelegene Substantia nigra hinzu. Zuweilen werden die Basalganglien in der Literatur (u.a. neben Thalamus, Hypothalamus und 3. Ventrikel) als Teile des Zwischenhirns eingeführt.

Der *Nucleus caudatus* (auch *Caudatum*), der „Schweifkern", liegt als bogenförmig gekrümmte, relativ große Struktur paarig lateral der Thalamushemisphären; er geht nahtlos in das *Putamen* über. Der medial davon gelegene blaß-rötliche *Globus pallidus* (oder *Pallidum*, von lat. pallidus = bleich) wird zuweilen zum Diencephalon gerechnet. Wegen ihrer Nähe, des sehr ähnlichen Zellaufbaus, ihrer gemeinsamen

2.6 Das Gehirn

embryonalen Herkunft und wegen ihrer teilweise gleichen Funktion faßt man Caudatum und Putamen als *Striatum* (*Streifenkörper*) zusammen und stellt diesem als kleinere, bläßliche Struktur das *Pallidum* gegenüber.

Striatum, Pallidum sowie Nucleus ruber und Substantia nigra des Mittelhirns werden zusammen mit einigen Faserbahnen deskriptiv als extrapyramidales motorisches System bezeichnet und dieses dem Pyramidenbahnsystem gegenübergestellt; die Hoffnung, damit auch funktionelle Unterschiede aufzeigen zu können – etwa das Pyramidenbahnsystem für Willkürbewegungen, das extrapyramidale für Mitbewegungen und Bewegungsautomatismen zuständig anzusehen –, hat sich nicht in gewünschtem Maße erfüllt (s. dazu ausführlich Kap. 7).

In jedem Fall haben die Basalganglien – neben anderen Aufgaben – *motorische Funktion*; bei Erkrankungen der Basalganglien oder Beeinträchtigungen ihrer Verbindungen kommt es zu *extrapyramidal-motorischen Störungen*, bei denen oft auffällig die Mitbewegungen betroffen sind. Bei Störung der Erregungsübertragung von der Substantia nigra ins Striatum mittels der nigrostriatalen Bahnen kommt es zum *Parkinsonsyndrom* mit Rigor (Muskelstarre), Tremor (Zittern) und Akinesie (Bewegungsarmut, speziell starre Mimik und Fehlen von Mitbewegungen an den Extremitäten). Bei der eigentlichen Parkinson-Krankheit liegt eine Degeneration der Substantia nigra vor und damit schwächeres Feuern der nigrostriatalen Bahnen; beim postenzephalitischen Parkinson ist als Folge einer Infektion das Striatum zerstört; beim durch Neuroleptikagabe induzierten Parkinsonsyndrom sind die Dopaminrezeptoren im Striatum blockiert, so daß die von den nigrostriatalen Neuronen ausgeschütteten Transmitter an den Zellen des Striatum keine Wirkung entfalten.

Die Aufgabe der Basalganglien ausschließlich auf die Regulation der Motorik einzuschränken, ist zu kurz gegriffen: In ihnen sind zum einen wohl Verhaltensprogramme gespeichert, zum anderen leisten sie eine Idenfikation der Stimuli, die diese Programme starten lassen. Insbesondere bei der Entstehung von Zwangsstörungen scheint Überaktivität eines Bahnenkreises, der u.a. Caudatum, Gyrus cinguli und orbitales Frontalhirn umfaßt, eine wichtige Rolle zu spielen (s. dazu 12.4 sowie Köhler 1999a, S. 146 ff.); entsprechend greift man bei therapieresistenten Fällen zuweilen psychochirurgisch ein, entweder durch die bereits erwähnte Cingulotomie oder durch Trennen von Verbindungen des Caudatums.

2.6.11 Limbisches System

Dieses häufig zitierte und für so vieles zur Erklärung herangezogene limbische System ist in Wirklichkeit lediglich sehr vage definiert und hinsichtlich seiner Funktionen nur unzureichend verstanden. Vereinfacht formuliert, faßt man damit eine *Anzahl von Hirnstrukturen* zusammen, die *untereinander verbunden* sind und mit der *Steuerung von Emotion und Motivation* zu tun haben. Ein nicht gerade übertrieben salonfähiger, aber zweifellos geistreicher und auch illustrativer Witz amerikanischer Biopsychologen charakterisiert die Funktion des limbischen Systems durch die "four f's of motivation": feeding, fighting, fleeing and sexual behavior.

Das limbische System entspricht in etwa jenen Strukturen, die früher als Riechhirn (Rhinencephalon) bezeichnet wurden und denen man neben der Funktion der Geruchsregistrierung und -verarbeitung noch weitere, das Instinktverhalten steuernde Funktionen zuschrieb. Für diese sekundären und tertiären Riechzentren ließen sich Verbindungen zu den primären Riechzentren, insbesondere dem Bulbus olfactorius an der Basis des Frontalhirns, nachweisen. Dieses Riechhirn nimmt bei vielen Säugern, etwa bei der Ratte, noch einen großen Teil des Telencephalons ein und hat sich erst bei Primaten und speziell beim Menschen zugunsten des Großhirns mit Neokortex zurückgebildet.

Ende der 30er Jahre kam zum ersten Mal die Bezeichnung limbisches System auf – der Begriff „limbischer Lappen" mit etwas anderer Bedeutung ist deutlich älter. Der Neuroanatom Papez beschrieb damit eine Anzahl von Strukturen, die die Thalamusregion saumförmig umgeben (lat. limbus = Saum) und durch Faserzüge miteinander verbunden sind. Aufgrund dieser ringförmigen Anordnung (mit der Möglichkeit kreisender Erregung) wurde weitgehend synonym auch die Bezeichnung Papezscher Zirkel verwendet (ein heute kaum mehr gebräuchlicher Terminus). Wie nicht anders zu erwarten, herrscht angesichts der sehr verschwommenen Konzeption des limbischen Systems wiederum erhebliche Uneinheitlichkeit bezüglich der darunter zu subsumierenden Hirnareale.

Von den meisten Autoren werden folgende Strukturen dazu gerechnet: die an der Basis des Hypothalamus lokalisierten *Corpora mamillaria*, die beiden *Amygdalae* (*Corpora amygdaloidea*, Mandelkerne), die *Hippocampusformationen* beider Hirnhälften (darunter der Hippocampus selbst, eine Windung am medialen Temporallappen) und die beiden *Gyri cinguli*; weiter wird in diesem Zusammenhang oft das Gebiet um das *Septum* (*Septum pellicidum*) aufgeführt, eine schmale Struktur zwischen Corpus callosum und frontalem Thalamus (genauer: zwischen Corpus callosum und den Faserzügen des Fornix; s. unten). Für diese Strukturen sind verbindende Faserzüge nachgewiesen, etwa der *Fornix*, die wichtigste limbische Bahn, die bogenförmig von der Hippocampusregion zu Septum und Mamillarkörpern läuft. Nicht einheitlich zum limbischen System gezählt werden die *vorderen Thalamuskerne*, z.B. die beiden *Nuclei anteriores thalami*, obwohl auch sie mit der Steuerung von Motivation und Emotion zu tun haben und erst durch ihre Einbeziehung sich ein geschlossener Kreis bildet: Der Tractus mamillothalamicus verbindet nämlich die Mamillarkörper mit den anterioren Thalamuskernen, von wo aus Fasern zum Gyrus cinguli laufen; die Verbindungen des letzteren mit dem Hippocampus schließt den Kreis. Zuweilen rechnet man – nicht unumstritten, aber mit gewisser Berechtigung –Teile des *orbitalen Frontallappens* zum limbischen System; auch ihn verbinden Fasern mit den angeführten Regionen. Ansonsten scheinen jedoch nur wenige Verbindungen von limbischen Strukturen und Neokortex zu existieren (Gyrus cinguli ausgenommen), so daß man dem limbischen System gewisse Eigenständigkeit zusprechen muß. Wahrscheinlich entsendet das limbische System Axone in vegetative Zentren, denn nur so dürften die physiologischen Begleiterscheinungen von Emotionen (etwa Angst) zustande kommen; dies alles ist aber noch weitgehend unklar.

Die genannten Strukturen seien nun kurz mit ihren Verbindungen und – soweit bekannt – ansatzweise in ihren Funktionen beschrieben (s. Abb. 2.8); man beachte, daß alle paarweise vorliegen, was meist nicht mehr durch die Pluralbildung betont wird. Das *Corpus mamillare* (*Mamillarkörper*) liegt an der Unterseite des Hypothalamus und wird auch als einer seiner Kerne betrachtet; eine eindeutige Funktion ließ sich ihm bis jetzt nicht zuordnen. Vom Mamillarkörper zieht der *Tractus mamillothalamicus* (Vicq d'Azyrsches Bündel) zu den vorderen Kernen des Thalamus; von diesen wird v.a. der *Nucleus anterior thalami* zunehmend ebenfalls als limbische Struktur betrachtet. Von den anterioren Thalamuskernen projizieren Axone zum *Gyrus cinguli*, der – wie in 2.6.8 ausgeführt –, in der Tiefe der Fissura longitudinalis unmittelbar oberhalb des Corpus callosum von frontal nach okzipital verläuft; funktionell ist er dem limbischen System zuzu-

2.6 Das Gehirn

rechnen, weist aber einen sechsschichtigen Aufbau auf und gehört damit zum Neokortex. Seine Funktion besteht möglicherweise in der affektiven Bewertung von Eindrücken; von den Thalamuskernen der Schmerzbahn projizieren Fasern nicht nur in die Körperfühlssphäre des Gyrus postcentralis (wo Lokalisation des Schmerzes stattfindet), sondern auch in den Gyrus cinguli, wo dem Schmerz seine Qualität als unangenehm zugeschrieben wird. Läsionen des Gyrus cinguli, etwa nach einem psychochirurgischen Eingriff, haben anscheinend die Folge, daß der Schmerz zwar als Reiz noch wahrgenommen, nicht mehr aber als quälend empfunden wird; allerdings wird man Bestätigungen dieses interessanten Befundes abwarten müssen. Dazu paßt, daß der Gyrus cinguli, wie in 2.6.10 angedeutet, in einen neuronalen Funktionskreis eingebettet ist, der u.a. Thalamus und Nucleus caudatus umfaßt und dessen Aktivität für die Entstehung quälender Zwangsvorstellungen verantwortlich scheint. Unterbrechung dieser Verbindungen beseitigt zwar nicht die Vorstellungen an sich, nimmt ihnen aber den unerträglichen Charakter (s. 12.4).

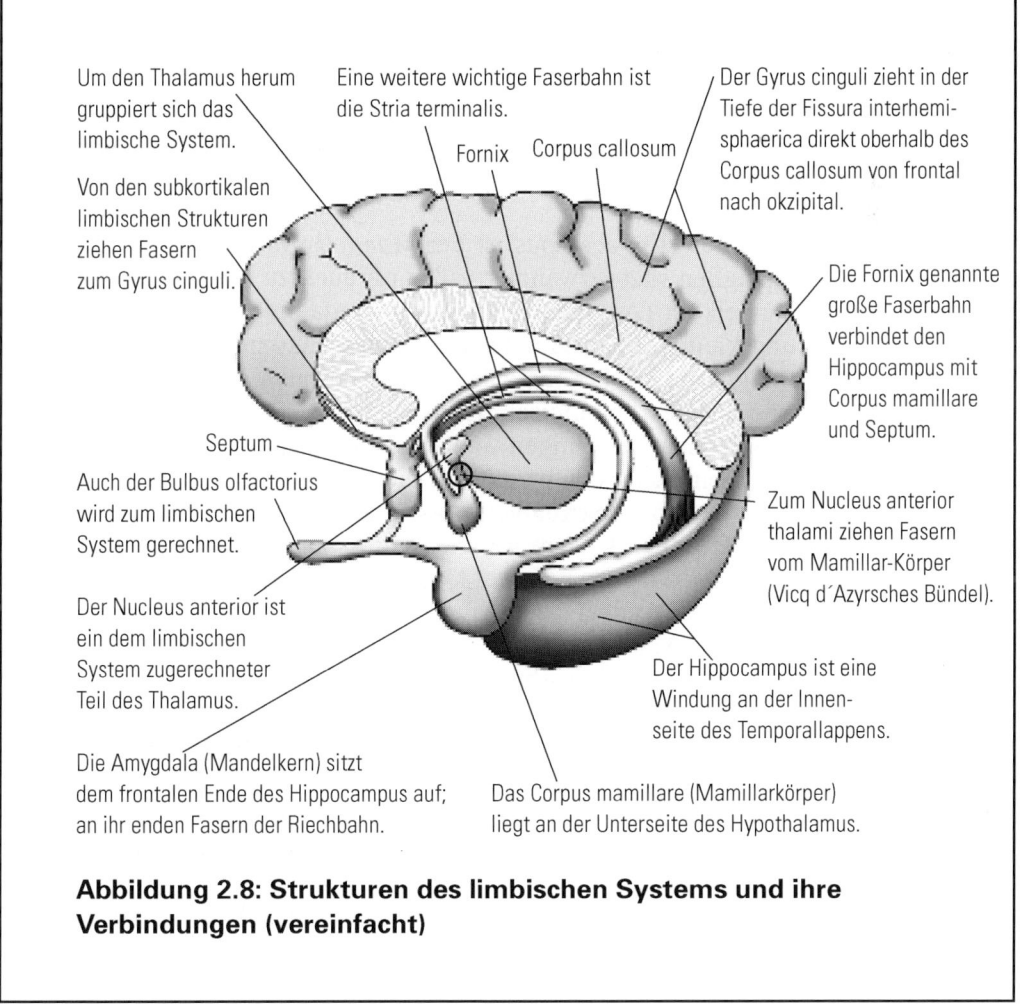

Abbildung 2.8: Strukturen des limbischen Systems und ihre Verbindungen (vereinfacht)

Das okzipitale Ende des Gyrus cinguli steht mit dem *Hippocampus* (*Seepferdchen*) in Verbindung, einer S-förmig gekrümmten Windung, welche die alten Anatomen an dieses Tier erinnerte; der nur nach Auseinanderziehen des Temporallappens sichtbare, auf dessen medialer Seite liegende Hippocampus ist eine Hirnwindung, die im Gegensatz zum sechsschichtigen Neokortex nur drei Schichten aufweist (Palaeokortex). Seine Funktion ist noch weitgehend unverstanden; neben eventueller Bedeutung für die Regulation von Emotion und Motivation spielt er wahrscheinlich eine sehr wichtige Rolle bei der Speicherung von Gedächtnisinhalten (s. 8.3).

Entfernt man Hippocampusteile, wie es zuweilen bei Tumoren oder schweren Epilepsien notwendig sein kann, können vor der Operation erworbene Inhalte abgerufen werden, nicht aber neue Eindrücke für länger gespeichert werden. Bei der Alzheimer-Erkrankung, deren Symptomatik wenigstens initial v.a. durch einen Verlust der Speicherfähigkeit gekennzeichnet ist („sich nichts mehr merken können"), ist insbesondere im Hippocampus eine starke Neuronendegeneration zu beobachten.

Vom eigentlichen Hippocampus ist die umfassendere Hippocampusregion zu unterscheiden, zu der u.a. auch Gyrus dentatus, Parahippocampus und Gyrus paraterminalis gerechnet werden; diese hinsichtlich ihrer Lage nur schwer zu beschreibenden, in ihrer Funktion weitgehend unklaren Strukturen seien hier nur der Vollständigkeit halber erwähnt.

Vom Hippocampus zieht eine *Fornix* (lat. Gewölbe) genannte Faserbahn nach frontal zu dem bereits erwähnten *Mamillarkörper* einerseits, zur *Septumregion* andererseits; die Funktion letzterer, in der Medianebene kaudal des Corpus callosum gelegenen Struktur ist unklar.

Dem frontalen Ende des Hippocampus ist der *Mandelkern* aufgelagert, der nahe Thalamus und Basalganglien sitzt (erwähntermaßen oft auch zu den letzteren gerechnet wird). Dieser Mandelkern (Amygdala, Corpus amygdaloideum) ist in Wirklichkeit eine Ansammlung kleinerer Kerne unterschiedlicher Funktion. Zum einen wird angenommen, daß Aktivierung der Amygdala Angstreaktionen auslöst (ihre Zerstörung entsprechend furchtloses, biologisch unzweckmäßiges Verhalten nach sich zieht). Zum anderen scheinen bei einigen Säugetierspezies gewisse Amygdalateile das Sexualverhalten zu hemmen; so führt Läsion dieser Teile im Tierexperiment zu exzessivem und unangemessenem Sexualverhalten – dies allerdings nur bei männlichen Tieren; auch bei Menschen soll im Rahmen von Erkrankungen der Amygdala Hypersexualität auftreten (s. dazu auch Kap. 11); schließlich enden in dieser Struktur Fasern der Riechbahn. Die Amygdala steht u.a. nach okzipital mit dem Hippocampus, nach frontal mit Septum und Mamillarkörper in Verbindung.

Nicht einheitlich wird der basale (orbitale) Teil des Frontallappens, welcher der Riechbahn unmittelbar benachbart ist, zum limbischen System gerechnet. Immerhin führen Erkrankungen dieser Region zu affektiven Auffälligkeiten; Zerstörungen von Faserverbindungen zum orbitalen Kortex (die heute wohl völlig obsolet gewordene frontale Leukotomie) resultiert in einer gewissen affektiven Gleichgültigkeit gegenüber früher als sehr quälend empfundenen Reizen. Jener erwähnte Neuronenkreis, dessen Überaktivität als biologische Grundlage von unangenehmen Zwangsvorstellungen angesehen wird, umfaßt neben Nucleus caudatus, Thalamus und Gyrus cinguli die orbitofrontale Region.

Wenig ist in der älteren Literatur über den paarigen Nucleus accumbens zu finden, der v.a. in den letzten Jahren ins Interesse gerückt ist. Es handelt sich um ein kleines Kerngebiet nahe der Basalganglien, welches funktionell nach der oben gegebenen Definition dem limbischen System zugerechnet werden müßte. In den Nucl. accumbens projizieren dopaminerge Fasern, die vom ventralen Tegmentum des Mittelhirns kommen. Reizung dieser Axone mit der Folge von verstärkter Dopaminausschüttung an den Synapsen im Nucl. accumbens führt offenbar zu einem lustvollen, angenehmen Zustand; man sieht dies daran, daß Tiere, die durch implantierte Elektroden diese Fasern elektrisch stimulieren können, dies oft bis zur Erschöpfung wiederholen. Natürlicherweise werden diese Axone zur Feuerung dadurch angeregt, daß sich an entsprechende Rezeptoren im Mittelhirn Transmitter anlagern; die euphorisierende Wirkung vieler Drogen scheint darauf zu beruhen, daß sie direkt oder indirekt diese Fasern im Tegmentum aktivieren (s. dazu ausführlich 13.2.1).

2.7 Rückenmarksnerven

Rückenmarks- oder *Spinalnerven* sind dadurch gekennzeichnet, daß sie im Gegensatz zu Hirnnerven aus dem *Rückenmark austreten* (bzw. dorthin *eintreten*). Sie enthalten stets efferente (motorische) und afferente (sensible oder somatosensorische) Fasern, sind also – im Gegensatz zu einigen Hirnnerven – immer *gemischt*. Die efferenten Fasern entspringen im *Vorderhorn*, jener ventralen Säule der grauen Substanz, welche die Medulla spinalis von kranial nach kaudal durchzieht. Sie verlassen das Rückenmark in der sogenannten *Vorderwurzel* (Radix ventralis; nicht zu verwechseln mit dem Vorderhorn) und steigen dann geringfügig teils auf, teils ab, um sich schließlich untereinander und mit den sensiblen Fasern zu einem der 31 paarigen Rückenmarksnerven zu vereinigen. Die afferenten Fasern des gemischten Rückenmarksnerven kommen von den Sinnesrezeptoren der Peripherie (etwa der Haut, der Muskulatur, der Gelenke), trennen sich von den efferenten Axonen und treten in der Hinterwurzel (Radix posterior) ins Rückenmark ein, wo sie zum Teil umgeschaltet werden, zum Teil direkt nach kranial ziehen. Im Bereich der Hinterwurzel befindet sich das *Spinalganglion*, eine kleine Verdickung, die die Zellkörper der sensiblen Axone enthält.

Im Gegensatz zu den multipolaren motorischen Neuronen, die mit ihren Zellkörpern im wesentlichen das Vorderhorn bilden (deren Dendriten Verbindung mit Fasern des Rückenmarks aufnehmen und deren Axon die efferente Faser der Vorderwurzel ist), handelt es sich bei den sensiblen um pseudounipolare Neurone. Am Zellkörper findet sich ein einziger Fortsatz, der sich bald verzweigt, und zwar in die von den peripheren Rezeptoren her Erregung führende Faser und eine kürzere, die ins Rückenmark eintritt.

Im Bereich des Thorakal- und Lumbalmarks kommen zu den motorischen, zur Skelettmuskulatur ziehenden und den afferenten sensiblen Fasern noch *efferentvegetative* des *sympathischen Nervensystems* dazu. Sie beginnen an den kleinen Seitenhörnern der grauen Rückenmarkssubstanz, verlassen das Rückenmark mit der Vorderwurzel und ziehen kurz mit dem gemischten Nerven.

Nach der Vereinigung von Vorder- und Hinterwurzel noch innerhalb des Durasackes (s. 2.9) durchbricht der gemischte Spinalnerv diese Hülle und zieht durch das entsprechende Zwischenwirbelloch in die Peripherie. Die vegetativ-sympathischen Fasern zweigen bald nach Austritt aus dem Zwischenwirbelloch zu den Ganglien des parallel zur Wirbelsäule liegenden Grenzstranges ab, wo sie großteils auf ein neues Neuron umgeschaltet werden; dieses schließt sich wieder dem gemischten Spinalnerven an (s. 4.2.3).

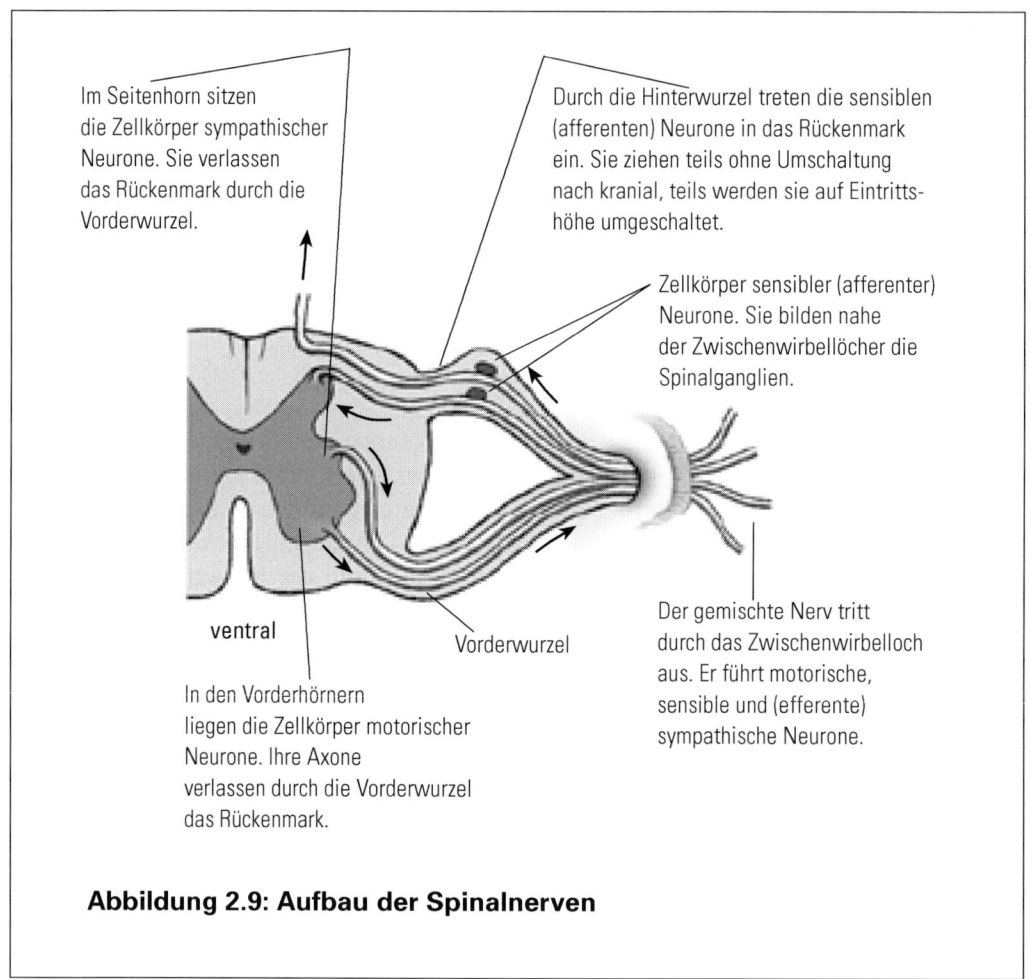

Abbildung 2.9: Aufbau der Spinalnerven

Da das *Rückenmark langsamer* als die *Wirbelsäule wächst*, wird es im Laufe der Entwicklung im Wirbelkanal nach oben gezogen; zu Beginn des Embryonalstadiums ist sein kaudales Ende noch im Sakralbereich, bei Geburt etwa in Höhe des 3. Lumbalwirbels; beim Erwachsenen kommt es etwa auf Höhe des 1.-2. Lendenwirbels zu liegen. Die Spinalnerven, die ihren Austrittspunkt im Zwischenwirbelloch natürlich beibehalten, *ziehen* daher *nach kaudal*, die unteren in stärkerem Maße als die im oberen Bereich der Medulla spinalis. Die kaudalen Rückenmarksnerven verlaufen deshalb fast senkrecht im Wirbelkanal nach unten und bilden ein anschaulich mit Cauda equina (Pferdeschwanz) bezeichnetes Bündel noch innerhalb des Duralsackes; hier ist der Ort, wo relativ problemlos eine Lumbalpunktion durchgeführt werden kann, ohne Gefahr, das Rückenmark zu verletzen.

2.8 Hirnnerven

Insgesamt gibt es in der Regel 31-32 Spinalnervenpaare und zwar 8 Zervikal-, 12 Thorakal-, 5 Lumbal-, 5 Sakralnerven und schließlich 1-2 Steißbeinnerven. Der 1. Zervikalnerv tritt in der Öffnung zwischen Schädel und 1. Halswirbel (Atlas) aus, der 8. unterhalb des 7. Halswirbels; ab dann wird der Nerv immer nach jenem Wirbel benannt, unterhalb dessen er den Wirbelkanal verläßt. Den einzelnen Spinalnerven lassen sich nach ihrem Ursprung eindeutig Rückenmarkssegmente zuordnen, die v.a. bei der Beschreibung von Läsionen eine wichtige Bedeutung haben. Zu beachten ist allerdings, daß aufgrund der genannten Unterschiede im Wachstum von Wirbelkanal und Rückenmark die Lage der Wirbel nicht mit der der Segmente übereinstimmt; auf Höhe des 12. Thorakalwirbels liegt beispielsweise ein Lumbalsegment des Rückenmarks, kaudal des 2. Lendenwirbels gar kein Rückenmarkssegment mehr.

2.8 Hirnnerven

Die 12 Paare von Hirnnerven (Nn. craniales, bezeichnet mit römischen Ziffern) innervieren mit der Ausnahme von N. X im wesentlichen Gesichts- und Halsbereich; sie treten im Gegensatz zu den Spinalnerven direkt aus dem Hirn aus – wobei man bei N. I und N. II, eventuell auch bei N. XI, strenggenommen den Sachverhalt etwas anders formulieren müßte. Anders als die Spinalnerven, deren efferente Fasern mit ihren Zellkörpern eine nicht eindeutig abgegrenzte Region des Vorderhorns einnehmen, haben die *motorischen Fasern* der Hirnnerven ihren Ursprung in einzelnen *Kernen*. Auch an diese treten, wie an die motorischen Vorderhornzellen des Rückenmarks, Axone aus motorischen Hirnregionen heran; so gibt beispielsweise die Pyramidenbahn in ihrem Verlauf Fasern zu Kernen der Nn. oculomotorius, trochlearis und abducens ab, welche die Augenmuskeln innervieren. Auch die Fasern der afferenten Hirnnerven enden in Kernen; dem Spinalganglion entsprechen periphere Ganglien sensorischer Hirnnerven (etwa das Ganglion Gasseri des sensiblen 2. Astes von N. V). Einige Hirnnerven führen zudem vegetative, dem parasympathischen Nervensystem zuzuordnende Fasern (so die Nn. III, VII, IX und insbesondere der N. vagus = N. X). Deren Kerne entsprechen damit in funktioneller Hinsicht etwa dem Seitenhorn des Rückenmarks (der Ausgangsregion sympathischer Neurone). Der Großteil der Hirnnerven ist *gemischt* und hat damit *mehrere Kerne*. Die von diesen ausgehenden oder auf sie zuführenden Fasern verbinden sich mit Axonen anderer Kerne zu den jeweiligen Hirnnerven. Wie die Spinalnerven darf man sich also die Hirnnerven typischerweise nicht als homogene Strukturen vorstellen. Die einzelnen Hirnnerven lassen sich knapp etwa wie folgt charakterisieren:

Der N. I (N. olfactorius = Riechnerv) hat einen komplizierten Verlauf: Ausgangspunkt sind die *Riechzellen* der Nasenschleimhaut; von dort gelangen kurze Fasern zur Umschaltung in den Bulbus olfactorius, einer frontalen Auftreibung des Tractus olfactorius; dieser Tractus olfactorius, deutlich sichtbar an der Unterseite des Stirnlappens in Richtung Endhirn verlaufend, ist eigentlich eine Ausstülpung des Gehirns, wird aber nicht ganz korrekt als Hirnnerv aufgefaßt und eben N. olfactorius genannt. Seine Fasern enden nach Umschaltung an Strukturen des „Riechhirns", so am Corpus amygdaloideum, von wo aus Axone u.a. in die Großhirnrinde ziehen. Interessanterweise kreuzen – im Gegensatz zu den anderen sensorischen Bahnen – von den Fasern der Riechbahn nur wenige zur Gegenseite.

N. II (N. opticus = Sehnerv) nimmt seinen Ausgangspunkt von *Sinneszellen der Netzhaut*; die nasalen (medial gelegenen) Fasern kreuzen im Chiasma opticum des Zwischenhirns zur Gegenseite, während die temporalen (lateralen) ungekreuzt weiterlaufen; nach Abgabe von Kollateralen an die Colliculi superiores des Tectums und Umschaltung im Corpus geniculatum laterale des Thalamus enden die Axone schließlich am primären Sehzentrum des Okzipitallappens. Folge der partiellen Kreuzung ist, daß die linke Gesichtsfeldhälfte in der rechten Hemisphäre, die rechte in der linken repräsentiert ist (s. auch 9.4).

N. III (N. oculomotorius), N. IV (N. trochlearis) und N. VI (A. abducens) innervieren die *Augenmuskulatur* und sind – von eventuellen Afferenzen aus Dehnungsrezeptoren der Augenmuskeln abgesehen – *rein motorisch*; eine Ausnahme macht N. III, der zusätzlich *parasympathische* Fasern zur Muskulatur der Pupille führt.

N V. (N. trigeminus = Drillingsnerv, so genannt, weil er sich in drei große Äste aufspaltet) innerviert v.a. *sensibel* das Gesicht, Teile des Schädels sowie Mundhöhle mit Zähnen; daneben finden sich *motorische Fasern*, u.a. zur Kaumuskulatur.

Die sogenannte idiopathische, nicht auf ein anderes Grundleiden zurückzuführende Trigeminusneuralgie ist typischerweise durch blitzartig einschießende Schmerzen im Versorgungsgebiet dieses Nerven charakterisiert, zumeist im Bereich des 2. Astes (N. maxillaris), d.h. in der Oberkiefergegend; das reaktive Zucken der Muskulatur über den Schmerzpunkten hat der Krankheit auch den Namen Tic douloureux eingebracht. Getriggert werden können die Schmerzen häufig durch Berührung; viele Patienten sprechen und essen deshalb kaum noch. Nach Phasen mit häufigen Schmerzattacken können beschwerdefreie Intervalle auftreten. Mittlerweile haben sich erfreulicherweise die medikamentösen Behandlungsmöglichkeiten sehr gebessert; man versucht es zumeist erst mit dem Antikonvulsivum Carbamazepin (Tegretal, Timonil), alternativ mit anderen Medikamenten ähnlichen Typs. Früher mußten auch nicht selten neurochirurgische Eingriffe vorgenommen werden, insbesondere die Koagulation des Ganglion Gasseri, einer dem Spinalganglion der Hinterwurzel entsprechenden Verdickung des zweiten Trigeminusastes nahe seinem Eintritt in den Hirnstamm.

N. VII (N. facialis; von lat. facies = Gesicht) führt hauptsächlich *motorische Fasern zur mimischen Muskulatur*; bei den u.a. nicht selten durch Aufenthalt im Windzug ausgelösten peripheren Facialisparesen kommt es zu schlaffen Lähmungen im Gesichtsbereich (z.B. hängendes Oberlid, schlaffe Backen). Weiter verlaufen im N. VII sensorische Fasern aus den Geschmacksrezeptoren im vorderen Bereich der Zunge. Schließlich führt er auch parasympathische Fasern zur Tränendrüse und den Speicheldrüsen des Mundbodens (wohingegen die Ohrspeicheldrüse von parasympathischen Fasern des N. IX versorgt wird).

Der N. VIII (N. vestibulocochlearis oder N. statoacusticus) führt zum einen Informationen aus dem *Gleichgewichtsorgan* (Vestibularorgan) und bildet zum anderen mit seiner Pars cochlearis (cochlea = Gehörschnecke) den ersten Teil der *Hörbahn*. Die Pars vestibularis beginnt an den Bogengängen des Labyrinths und endet an verschiedenen Kernen des Hirnstamms im Bereich der Brücke; von dort ziehen Fasern u.a. zum Kleinhirn. Die Pars cochlearis, die an den Hörzellen des Cortischen Organs im Innenohr beginnt, vereinigt sich bald mit der Pars vestibularis zum N. vestibulocochlearis und läuft zu zwei Endkernen im Brückenbereich. Von dort ziehen weitere Fasern teils gekreuzt, teils ungekreuzt über die Colliculi inferiores des Tectums und das Corpus geniculatum mediale des Thalamus zur primären Hörrinde des Temporallappens.

Der 9. Hirnnerv (N. glossopharygeus; von griech.: glotta oder glossa = Zunge und pharynx = Schlund) führt *motorische Fasern* zu *Zunge* und *Schlund*; er enthält außerdem Axone, die von den Geschmackspapillen des hinteren Zungenbereichs ausgehen sowie parasympathische Fasern zur Parotis (Ohrspeicheldrüse).

Der Vagusnerv (N. X) führt vornehmlich *parasympathische Fasern* zu den *Organen* von *Brust- und Bauchraum* (s. dazu 4.2.4). Neben zahlreichen sensiblen Axonen laufen in ihm auch Fasern, die die quergestreifte (d.h. willkürlich gesteuerte) Muskulatur u.a. des Kehlkopfs versorgen; Läsion dieses N. laryngeus recurrens (Recurrensparese), wie sie zuweilen nach Operationen im Halsbereich auftritt, führt zur Heiserkeit und Stimmstörungen.

N. XI, der N. accessorius, hat nur *motorische Fasern* und innerviert *Muskeln des Halses*.

Der 12. Hirnnerv (N. hypoglossus) führt Fasern zur *Zungenmuskulatur*.

2.9 Hirn- und Rückenmarkshäute; Liquorräume und Liquor cerebrospinalis

Gehirn- und Rückenmark sind – zusätzlich zu ihrem knöchernen Schutz durch Schädel und Wirbelkanal – von *drei Häuten* (*Meningen*; Singular: Meninx) umgeben. Die innerste, sehr durchlässige Haut liegt dem Rückenmark und Gehirn dicht an, zieht sich auch in seine Vertiefungen und umhüllt die austretenden Nerven ein Stück weit. Sie wird *Pia mater* genannt (weiche Hirnhaut, wörtlich: fromme Mutter); der eigenartige Name ist Resultat eines mittelalterlichen Übersetzungsfehlers aus dem Arabischen. Die nach außen nächste Haut hat wegen ihres spinnwebartigen Aussehens die Bezeichnung *Spinnwebhaut* oder *Arachnoidea* erhalten (von griech. arachne = Spinne). Der Spalt zwischen Arachnoidea und Pia ist im Bereich des Rückenmarks vergleichsweise groß, v.a. in seinem kaudalen Abschnitt, hat aber auch an anderen Stellen Aussackungen (Zisternen) und wird *Subarachnoidalraum* (*Cavum subarachnoidale*) genannt; in ihm befindet sich der *Liquor cerebrospinalis*. Die äußerste wird die *harte Hirnhaut* (*Dura mater*) genannt; von einigen Einbuchtungen abgesehen, nämlich der in der Medianebene apikal verlaufenden Falx cerebri und dem sich von okzipital zwischen Hinterhauptslappen und Kleinhirn einschiebenden Tentorium cerebelli, liegt sie der Schädelinnenwand dicht an – von den Wirbeln ist sie durch das Cavum epidurale getrennt; sie umhüllt das ganze Zentralnervensystem inklusive seiner beiden inneren Häute (sogenannter *Durasack*). Die Arachnoidea ist von der Dura mater nur durch einen kleinen Spalt (Cavum *subdurale* = Subduralraum) getrennt und bildet eine zweite geschlossene Hülle, die in der Form mit dem Durasack übereinstimmt; dieser doppelwandige von Arachnoidea und Dura mater gebildete Sack wird nur von den Hirn- und Rückenmarksnerven an einzelnen Stellen durchbrochen (s. Abb. 2.10).

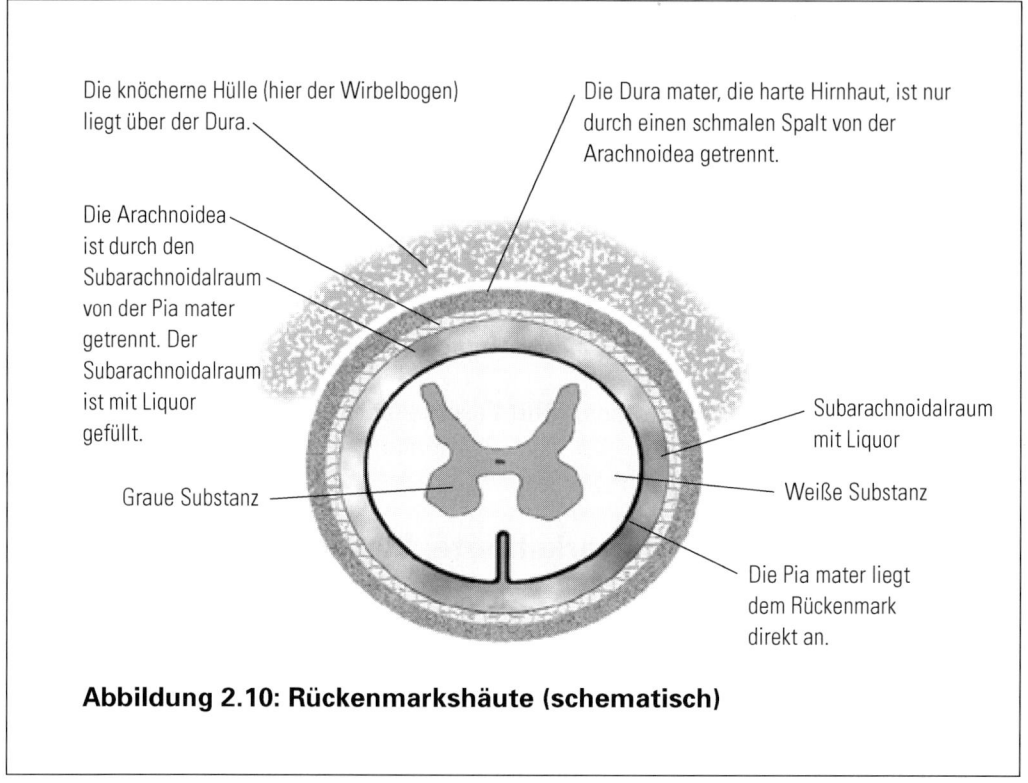

Abbildung 2.10: Rückenmarkshäute (schematisch)

Der im Subarachnoidalraum befindliche *Liquor cerebrospinalis* umgibt also das Zentralnervensystem und trennt es vom Durasack und den knöchernen Wänden. Diese Dämpfungsfunktion ist von wesentlicher Bedeutung; bei Verlust von Liquor, z.B. nach Lumbalpunktionen, sind Kopfbewegungen ausgesprochen schmerzhaft. Der Subarachnoidalraum wird auch *äußerer Liquorraum* genannt.

Den *inneren Liquorraum* bilden die *Ventrikel* (*Hirnkammern*) und der *Zentralkanal* im Rückenmark; innerer und äußerer Liquorraum stehen dorsal des Hirnstamms in Verbindung. *1. und 2. Ventrikel* (*Seitenventrikel*) sind Hohlräume in der weißen Substanz des Endhirns; sie erstrecken sich, zipflig ausgebuchtet, v.a. in fronto-okzipitaler Richtung und sind am besten in einem Horizontalschnitt oberhalb des Zwischenhirns zu sehen. Sie sind durch die *Foramina interventricularia* mit dem *3. Ventrikel* verbunden. Diese im Zwischenhirn lokalisierte Hirnkammer ist kompliziert um die beiden Thalamuslappen angeordnet und vom Corpus callosum überdeckt.

Vom 3. Ventrikel zieht der das Mesencephalon durchbohrende *Aquaeductus cerebri* in den *4. Ventrikel*. Dieser liegt zwischen Pons und Cerebellum und setzt sich nach kaudal in den Zentralkanal fort, der in der Mitte der grauen Rückenmarkssubstanz liegt und bei vielen Menschen nicht mehr Liquor führt (obliteriert ist). An der dorsalen Seite steht der 4. Ventrikel durch die Apertura mediana (Foramen Magendii) und die nicht immer vorhandenen, seitlich gelegenen Aperturae laterales ventriculi quarti (Foramina Luschkae) mit dem Subarachnoidalraum in Verbindung.

2.9 Hirn- und Rückenmarkshäute

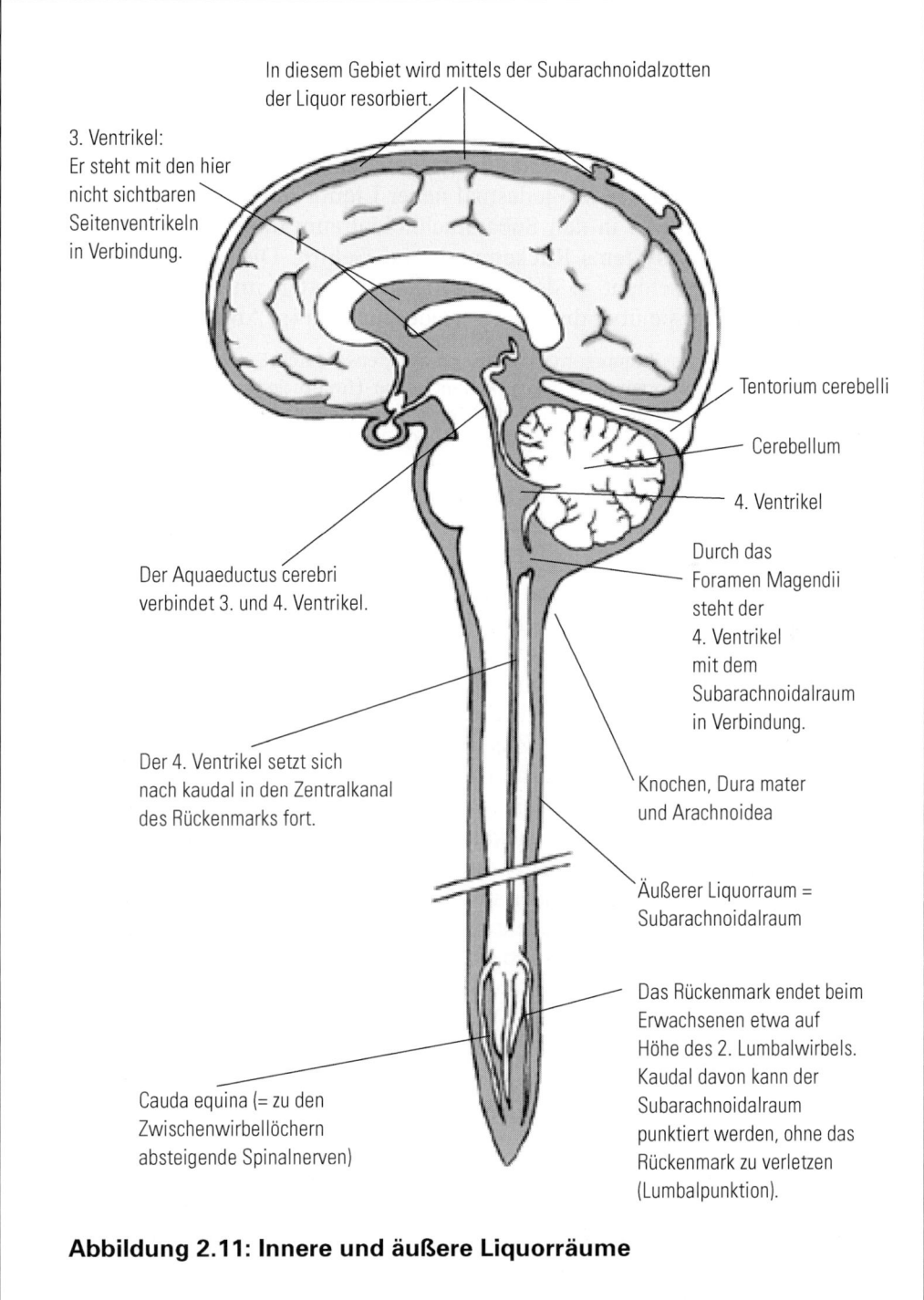

Abbildung 2.11: **Innere und äußere Liquorräume**

Die gesamte Liquormenge im ZNS beträgt ungefähr 150 ml und wird etwa viermal am Tag vollständig erneuert. Die Zerebrospinalflüssigkeit wird in den zottig ausgestülpten Plexus chorioidei (Adergeflechten) aller vier Ventrikel aus Blut gebildet – wegen ihrem den Chorionzotten der Placenta ähnlichen Aussehen haben die Plexus chorioidei übrigens ihren Namen erhalten. Der in den Seitenventrikeln gebildete Liquor fließt zunächst über die Foramina interventricularia in den 3. und über den Aquädukt in den 4. Ventrikel, wo jedesmal neuer Liquor hinzukommt. Vom 4. Ventrikel gelangt er schließlich in den Subararachnoidalraum und umspült mittels eines raffinierten Zirkulationssystems Rückenmark und Gehirn. Die Resorption der Zerebrospinalflüssigkeit geschieht in den Subarachnoidalzotten im apikalen Schädelbereich; von dort gelangt sie über die Venen wieder ins Blut (s. Abb. 2.11).

Bei Abflußbehinderungen des Liquors im Erwachsenenalter, etwa durch Entzündungen oder Tumoren, die den Aquädukt oder die Foramina beengen, kommt es zur Hirndrucksymptomatik. Geschieht diese Behinderung zu einer Zeit, wo der Schädel noch dehnbar ist, entwickelt sich ein Hydrocephalus (Wasserkopf, von griech. hydor = Wasser und kephale = Kopf); dieser zeigt sich oft schon nach der Geburt und beruht auf einer ätiologisch nicht immer zu klärenden Stenose (Verengung) der Liquorräume. Therapeutisch ist es heute möglich, mittels eines Shunts die Zerebrospinalflüssigkeit unter Umgehung der Engstelle direkt in die Venen zu leiten und damit eine sehr viel bessere intellektuelle Entwicklung zu ermöglichen.

Wie ausgeführt, bestehen Gehirn und Rückenmark aus Neuronen und Gliazellen, die von interstitieller Flüssigkeit umgeben sind. Über diese von den Kapillaren (Haargefäßen; s. 2.10) durchzogene Flüssigkeit erfolgt der Austausch mit dem Blut; erwähntermaßen sind die Kapillarwände im ZNS dichter als im Rest des Körpers (Blut-Hirnschranke, s. 1.5). Die Gehirn und Rückenmark umgebende Pia mater ist fein und weitgehend durchlässig, so daß die Zusammensetzung der interstitiellen Flüssigkeit und des Liquors praktisch übereinstimmt (deshalb auch Blut-Liquor-Schranke als Synonym für Blut-Hirn-Schranke). Dies kann man sich therapeutisch insofern zunutze machen, als in den Liquor (intrathekal) eingebrachte Stoffe unter Umgehung der Blut-Hirn-Schranke direkt an die Zellen im Gehirn gelangen; dies spielt insbesondere eine Rolle bei der antibakteriellen oder antiviralen Behandlung.

Diagnostisch von erheblicher Bedeutung ist die *Liquorpunktion*, zumeist im Lumbalbereich unterhalb des 2. Lendenwirbels, seltener subokzipital durch Anstechen der Cisterna cerebellomedullaris, einer dicht kaudal des Hinterhauptlochs gelegenen Erweiterung des Subarachnoidalraums. Während bei subduralen Hämatomen (also Blutungen zwischen Dura und Arachnoidea) der Liquor farblich oft nicht verändert ist, findet sich bei Ventrikel- und Subarachnoidalblutungen eine deutlich rote Verfärbung. Im Falle von Infektionen des ZNS, speziell der Meningen, können im Liquor zahlreiche weiße Blutkörperchen und vermehrtes Eiweiß, teilweise auch die Erreger nachgewiesen werden; bei der Multiplen Sklerose finden sich diagnostisch sehr aufschlußreiche Immunglobuline. Weiter wird die Liquorkonzentration von Transmittermetaboliten (etwa des Serotoninabbauprodukts 5-Hydroxyindolessigsäure) als Maß für entsprechende Konzentration um die Synapsen aufgefaßt; dies ist allerdings nicht ganz unumstritten, insbesondere wenn, wie üblich, der Liquor im Lumbalbereich entnommen wird, also weit von der eigentlich betrachteten Region im Gehirn entfernt.

2.10 Die Gefäßversorgung des Gehirns

Aus der Hauptschlagader, der Aorta, entspringt die linke Arteria carotis communis direkt, die rechte indirekt aus dem Truncus brachiocephalicus; beide ziehen seitlich des Kehlkopfes nach oben und versorgen inneren und äußeren Schädel. Sie spalten sich dann in die A. carotis externa für das Gesicht sowie die A. carotis interna. Letztere zieht ins Schädelinnere und gibt dort zwei Hauptäste ab (A. cerebri anterior und A. cerebri media), die im wesentlichen die vordere und mittlere Region der Hemisphären versorgen (s. Abb. 2.12).

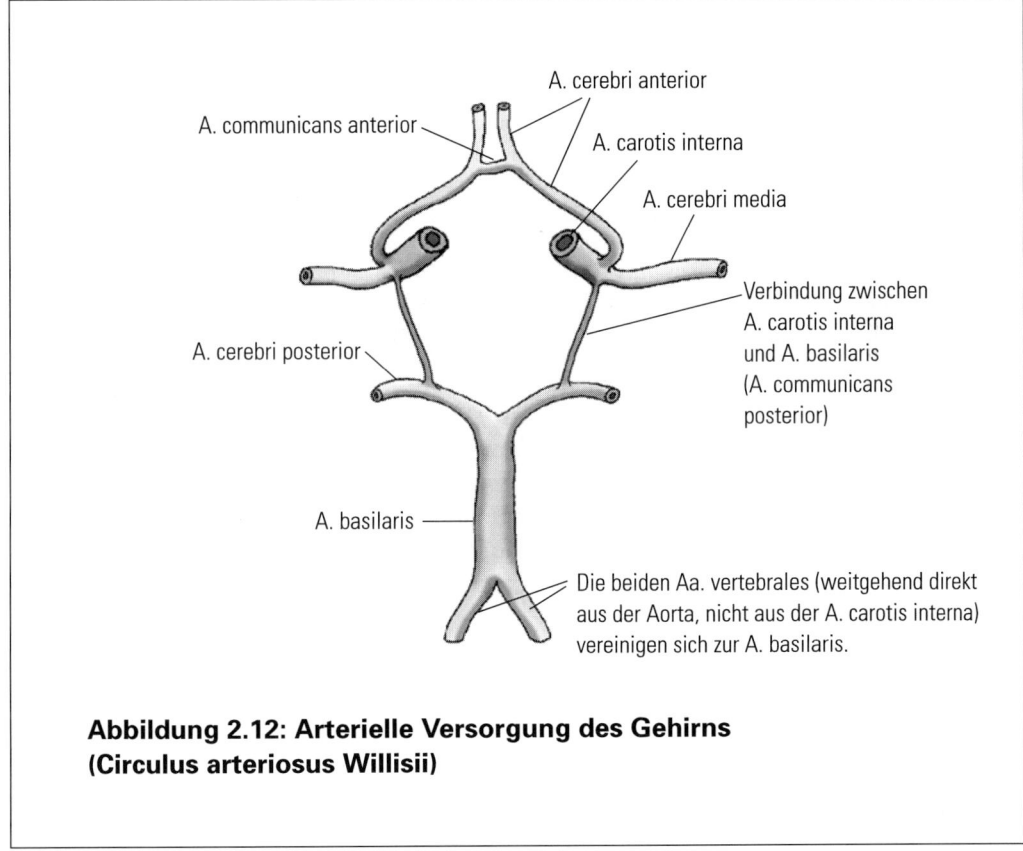

Abbildung 2.12: Arterielle Versorgung des Gehirns (Circulus arteriosus Willisii)

Ebenfalls (ziemlich) direkt aus der Aorta und nicht aus den beiden Arteriae carotis communes entspringt die rechte und linke Vertebralisarterie (A. vertebralis dextra und A. vertebralis sinistra), die längs des Rückenmarks nach kranial ziehen und sich auf Höhe der Brücke zur unpaaren A. basilaris vereinigen; diese versorgt mit verschiedenen Ästen (u.a. A. cerebri posterior) v.a. das Gebiet des okzipitalen Kortex, des Hirnstamms und des Kleinhirns. Wichtig ist, daß zwischen den Ästen der A. vertebralis und denen der A. carotis interna Verbindungsäste (Anastomosen) existieren: Die beiden Arteriae cerebri anteriores sind durch die kurze A. communicans anterior verbunden, während die A. carotis interna beidseits mit der A. cerebri posterior durch die linke und rechte A. communicans posterior in Verbindung steht. Dieses im Subarachnoidalraum der Hirnbasis gelegene Arteriennetz wird *Circulus arteriosus cerebri* oder *Circulus arteriosus Willisii* genannt. Im Normalfall mischen sich die diversen Blutströme nur wenig; ist aber eine der Arterien blockiert, kann eine gewisse Menge Blut aus den anderen Arterien über die Verbindungsäste fließen und so die Engstelle umgangen werden. Dies ist insofern von Bedeutung, als das Hirn aus verschiedenen Gründen mehr als andere Organe auf ununterbrochenen Blutfluß angewiesen ist und schon nach kurzer Zeit der Unterversorgung irreversible Schäden auftreten.

Verengungen der Hirnarterien sind v.a. in höherem Alter nicht selten und häufig Folge von Bluthochdruck, Rauchen und gestörtem Fettstoffwechsel. Neben vorübergehenden (transitorischen) zerebralen Ischämien (Blutunterversorgungen) gibt es anhaltendere akute Durchblutungsstörungen, die meist durch einen Blutpfropfen in den ohnehin schon verengten Gefäßen hervorgerufen werden; bildet sich der verschließende Pfropfen an Ort und Stelle, spricht man von Thrombose, wird er von anderer Stelle eingeschwemmt, von Embolie. Es entwickeln sich dann die Symptome des „Schlaganfalls", beispielsweise einseitige Lähmungen, Sprachstörungen, Bewußtlosigkeit. Nicht selten gehen Symptome wie Kopfschmerzen oder leichtere neurologische Ausfälle voraus, die man unbedingt beachten sollte; im Falle einer akuten zerebralen Ischämie ist sofortige Behandlung angezeigt. Ähnliche Symptomatik wie diese Gefäßverschlüsse können Blutungen im Gehirn machen, an die man besonders bei jüngeren Personen denken sollte (z.B. schwere Kopfschmerzen, Halbseitenlähmung, Bewußtseinsstörungen).

Von den Arterien zweigen die kleineren *Arteriolen* ab, die schließlich in die *Kapillaren* (Haargefäße von lat. capilla = Haar) übergehen, in denen der Austausch mit dem Gewebe bzw. mit dem interstitiellen Raum stattfindet. Das Blut sammelt sich anschließend in kleineren *Venen* und fließt dann in eine Anzahl von *Sammelvenen (Sinus durae matris)*, welche zwischen Dura und Schädelknochen verlaufen (genauer: zwischen zwei Blättern der Dura). Diese münden schließlich in die linke und rechte *Vena jugularis interna*, die nahe den Arteriae carotis communes liegen und das venöse Blut über die obere Hohlvene (Vena cava superior) in den rechten Herzvorhof transportieren.

3 Bildung, Leitung und Übertragung von Erregung in der Nervenzelle

3.1 Vorbemerkung; Überblick

In Neuronen können elektrische Prozesse entstehen (Erregungsbildung), sich ausbreiten (Erregungsleitung) und schließlich auf ein weiteres Neuron oder andere Zellen übergehen (Erregungsübertragung); diese Vorgänge sind die Grundlagen der Informationsübertragung im Nervensystem. Anders als sonst häufig zu finden, seien hier zuerst die Vorgänge bei der *Übertragung* zwischen zwei Neuronen dargestellt; erst danach wird besprochen, wie die *Erregung* überhaupt *zustande kommt*.

Gelangt Erregung (d. h. ein Aktionspotential) am Ende eines Axons an, werden dort Stoffe (Transmitter) freigesetzt, die an der Kontaktstelle zu einem weiteren Neuron (der Synapse) über einen schmalen Spalt diffundieren; in diesem zweiten, postsynaptischen Neuron verändern sie nach Anlagerung an Rezeptoren die elektrischen Eigenschaften der Membran. Mechanismus ist dabei Öffnung von Kanälen, deren Weite durch die Rezeptoren gesteuert wird und durch die geladene Teilchen (Ionen) aus- oder einströmen können. Diese unter den zahlreichen Synapsen eines Neurons entstehenden elektrischen Potentiale wandern zu einem bestimmten Punkt des postsynaptischen Axons (dem Axonhügel) und werden dort verrechnet; unter gewissen Umständen bildet sich ein Aktionspotential (ähnlich dem im präsynaptischen Neuron) aus, welches nun seinerseits ans Ende des Axons wandert und an neuen Synapsen jene Effekte hervorruft, denen es seine eigene Entstehung verdankt.

Vor einem Eingehen in die Details der synaptischen Übertragung sind zunächst einige (teils wiederholende) Hinweise auf den Bau von Synapsen erforderlich, Ausführungen zu Verteilungen von Ionen in und um das Neuron, zudem Bemerkungen zu elektrischen Prozessen an der Membran.

3.2 Synaptische Übertragung und die Ausbildung postsynaptischer Potentiale

3.2.1 Vorbemerkungen

Elektrische Erregung in einer Nervenzelle kann entstehen, wenn das Neuron von einem Sinnesrezeptor (Sensor) seinen Ausgang nimmt – nicht zu verwechseln mit den hier im weiteren ausschließlich besprochenen synaptischen Rezeptoren. Mechanischer Reiz dieses Sinnesrezeptors, beispielsweise eines auf Druck ansprechenden Sensors in der Haut, führt im angeschlossenen Neuron zu elektrischen Vorgängen (s. dazu ausführlich 6.2). Erregung in einer Nervenzelle kann aber auch – und das ist der einfachere und biopsychologisch relevantere Fall – dadurch zustande kommen, daß das Neuron von einer vorgeschalteten, bereits erregten Nervenzelle diese übertragen bekommt; genauer gesagt, wird dabei nicht die Erregung selbst übertragen, sondern Stoffe, die im zu erregenden Neuron elektrische Vorgänge auslösen. Nur dieser Fall interessiert hier; man gehe also davon aus, daß – auf noch zu besprechenden Wegen – in einer Nervenzelle bereits elektrische Vorgänge ablaufen. Wie diese Erregung auf ein zweites Neuron überspringt, ist Gegenstand dieses Abschnitts. Auf welche Weise diese überspringende Erregung in der postsynaptischen Zelle einen neuen Erregungsprozeß auslöst (das Aktionspotential) und wie sich dieses ausbreitet, wird in den folgenden Abschnitten 3.3 und 3.4 behandelt.

3.2.2   Bau von Synapsen; elektrische und chemische Synapsen

Man betrachte für das Weitere der Einfachheit halber nur multipolare Neurone mit einer Anzahl kürzerer Fortsätze (Dendriten) und einem langen Axon (s. auch 1.3); die Erregung läuft dort in Form eines sogenannten Aktionspotentials (kurzfristige lokale Positivierung des Zellinneren) vom Zellkörper weg entlang des Axons. Letzteres spaltet sich an seinem Ende zumeist in zahllose Fortsätze auf; diese bilden kleine Auftreibungen (Endknöpfchen), welche mit Dendriten (oder auch direkt mit dem Körper oder dem Axon) des nächsten Neurons in Kontakt treten. Diese Kontaktstellen werden *Synapsen* genannt (von griech. syn = mit und haptein = berühren); eine adäquate deutsche Übersetzung dafür fehlt. Das zuerst erregte Neuron wird als *präsynaptisches* bezeichnet, das mit dessen Endknöpfchen in Kontakt tretende, zweite Neuron als *postsynaptisches*, ihre Membranen werden entsprechend *prä-* und *postsynaptische Membran* genannt (letztere wird direkt unter der Synapse auch als subsynaptische bezeichnet). Zwischen ihnen liegt der *synaptische Spalt*.

Bei den *elektrischen Synapsen* ist dieser Spalt sehr schmal, d.h. es berühren sich prä- und postsynaptische Membran mehr oder weniger, so daß die Erregung auf die postsynaptische Nervenzelle direkt überspringen kann. Elektrische Synapsen sind v.a. bei Wirbellosen zu finden, kommen aber auch im Nervensystem des Menschen vor; ihre Bedeutung für das Verständnis biopsychologischer Phänomene ist noch unklar.

Bei den *chemischen Synapsen* ist der Spalt deutlich breiter; er wird durch Stoffe überbrückt, die durch ein Aktionspotential in den Endknöpfchen der präsynaptischen Zelle freigesetzt werden, an die postsynaptische Membran diffundieren und dort mit bestimmten Eiweißen in (lockere) Verbindung treten; daraus resultieren Veränderungen der postsynaptischen Membran, die wiederum unter gewissen Umständen und auf komplizierten Wegen zu einem Aktionspotential der postsynaptischen Zelle führen können. Die von der präsynaptischen Nervenzelle ausgeschütteten Stoffe nennt man *Neurotransmitter* oder einfach *Transmitter*, seltener Botenstoffe (lat. transmittere = übertragen). Die Eiweißmoleküle der postsynaptischen Membran, an welchen die Transmitter „andocken", heißen *Rezeptoren* oder auch *Bindungsstellen* (von lat. recipe-

3.2 Synaptische Übertragung

re = empfangen). Stoffe, die an einen Rezeptor binden und zu den rezeptortypischen Veränderungen führen, werden *Liganden* genannt (von lat. ligare = binden). Natürliche (endogene) Liganden sind die Transmitter; daneben gibt es noch zahlreiche Stoffe (Rauschdrogen, Gifte, therapeutisch genutzte Pharmaka), die als exogene Liganden fungieren.

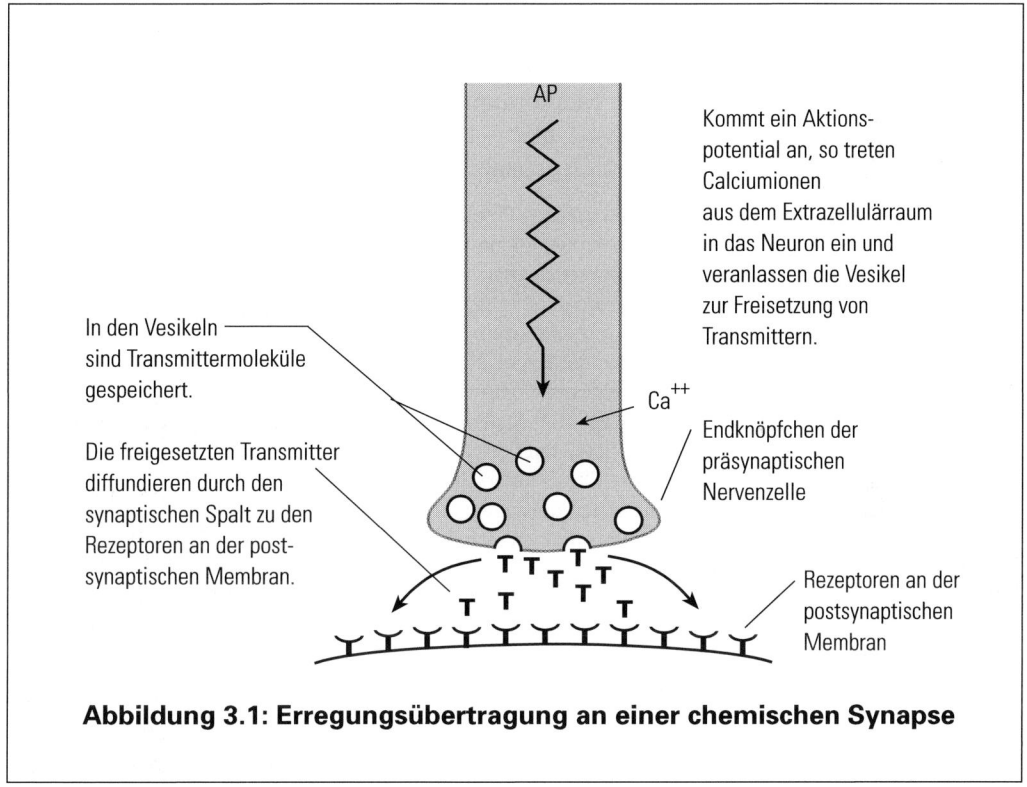

Abbildung 3.1: Erregungsübertragung an einer chemischen Synapse

Ob jeder Transmitter notwendig einen Rezeptor braucht, um seine Wirkung an der postsynaptischen Membran zu entfalten, ist noch nicht eindeutig geklärt. Denkbar wäre auch prinzipiell, daß der Transmitter an einem beliebigen Punkt der Membran deren Eigenschaften verändert. In der Tat sind dazu eine ganze Reihe von Stoffen in der Lage; die Wirkungen des Ethylalkohols dürften großteils nicht durch Bindung an Rezeptoren vermittelt sein, sondern direkt zu Membranveränderungen nahe der Berührungsstelle führen.

Die Effekte von Rezeptorbesetzung sind elektrisch-chemischer Natur, nämlich Veränderung von Ladungsverhältnissen der postsynaptischen Membran durch Verschiebung elektrisch geladener Teilchen (Ionen). Dazu sind einige Ausführungen zur Verteilung von Ionen im Bereich der Nervenzellmembran erforderlich.

3.2.3 Zusammensetzung des Intra- und Extrazellulärraums; das Ruhepotential

Führt man eine Elektrodenspitze eines Spannungsmessers in das Innere eines Neurons und plaziert die andere in den extrazellulären Raum, ist eine Spannung oder Potentialdifferenz festzustellen, wobei der Intrazellulärraum gegenüber dem extrazellulären negativ geladen ist. Setzt man konventionsgemäß das Potential des Extrazellulärraums gleich Null, so ist die angezeigte Spannung identisch mit dem Potential im Intrazellulärraum; dieses wird Membranpotential genannt und beträgt bei nicht erregten Nervenzellen etwa -70 mV (1 mV = 1 Millivolt = ein tausendstel Volt). Man bezeichnet es als Ruhepotential (im Gegensatz zu Potentialen während Erregung).

Jedem beliebigen Körper läßt sich ein elektrisches Potential zuordnen; unterscheiden sich zwei Körper in ihrem Potential (liegt also zwischen ihnen eine Spannung), kann nach Schaffung einer entsprechenden Verbindung solange elektrischer Strom zwischen den Körpern fließen, bis sich die Potentialdifferenz ausgeglichen hat, die Spannung also 0 geworden ist.

Die Spitzen der Elektroden, welche in Nervenzellen gestochen werden, müssen natürlich extrem dünn sein (sogenannte Mikroelektroden). In der Regel studiert man sehr dicke Axone, beispielsweise das „Riesenaxon" einer bestimmten Tintenfischart, welches immerhin einen Durchmesser von einem halben Millimeter hat. Die hier angegebenen -70 mV für das Ruhepotential beziehen sich auf dieses Axon. An anderen Axonen mißt man teilweise größere, teilweise kleinere Potentiale; insofern finden sich auch andere Werte in der Literatur angegeben. Diese unterschiedlichen Zahlen sind nicht ohne Bedeutung; davon hängt nämlich u.a. ab, für welche Ionen ein sogenanntes Gleichgewichtspotential vorliegt und für welche nicht (s. unten). Diesbezüglich unterscheiden sich die Angaben ebenfalls in den Lehrbüchern.

Das Ruhemembranpotential kommt durch unterschiedliche Verteilung von Ionenarten im Intra- und Extrazellulärraum zustande, die wiederum zu winzigen Verschiebungen geladener Teilchen zwischen den beiden Räumen führt (s. Abb. 3.2).

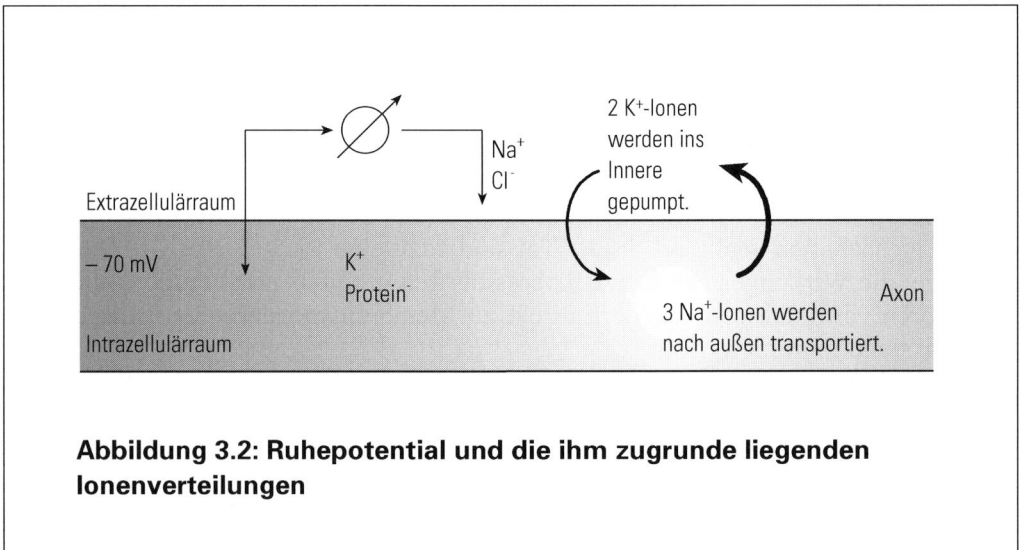

Abbildung 3.2: Ruhepotential und die ihm zugrunde liegenden Ionenverteilungen

3.2 Synaptische Übertragung

Im Extrazellulärraum befinden sich vornehmlich positive Natriumionen (Na^+) und negativ geladene Chloridionen (Cl^-); man kann dies leicht daraus herleiten, daß sich die Einzeller einst im Meer befunden haben und bei ihrem Zusammenschluß zu mehrzelligen Lebewesen einfach ihren Extrazellulärraum als interstitiellen Raum mitgenommen haben. Innerhalb der Nervenzelle finden sich vornehmlich positive Kaliumionen (K^+) und negative Proteinionen (Proteinanionen, häufig mit A^- bezeichnet).

Negativ geladene Ionen werden auch als Anionen bezeichnet, weil sie im elektrischen Feld zur positiven Elektrode, der Anode, wandern, positiv geladene als Kationen (Wanderung zur negativen Kathode). Die hier genannten Ionen sind natürlich keineswegs die einzigen, sondern nur jene, deren Konzentrationen und Bewegungen für das Membranpotential und seine Veränderungen unmittelbar relevant sind. Von Bedeutung sind in diesem Kontext auch die vornehmlich extrazellulär vorhandenen, zweifach positiv geladenen Calciumionen (Ca^{++}), deren Einströmen u.a. für die Freisetzung von Transmittern sowie die postsynaptischen Veränderungen durch bestimmte Transmitter verantwortlich ist.

Die unterschiedlichen Ionenkonzentrationen in Intra- und Extrazellulärraum führen zu winzigen Bewegungen, die insgesamt an der Ionenverteilung nur zu kaum meßbaren Veränderungen führen, aber die Negativierung des Zellinneren gegenüber dem Außenraum hervorrufen. Dabei wirken zwei Arten von Kräften, die *Diffusionskraft* einerseits, die *elektrostatische Kraft* andererseits. Weiter bedingen die verschieden großen *Durchlässigkeiten* der Membran für die Ionenarten, daß die genannten Kräfte sehr unterschiedliche Effekte auf die Wanderung der einzelnen Ionen haben; schließlich ist auch ein aktiver, energieverbrauchender Prozeß an der Aufrechterhaltung und Wiederherstellung des Membranpotentials beteiligt, die Tätigkeit der *Natrium-Kalium-Pumpe*.

Die *Diffusionskraft* (in der Literatur zuweilen nicht ganz korrekt als osmotische Kraft oder osmotischer Druck bezeichnet), treibt Teilchen, sich von Regionen großer Konzentration in solche geringerer Konzentration zu bewegen, das Konzentrationsgefälle also auszugleichen. Die Diffusionskraft drängt damit Na^+ und Cl^- in Richtung Zellinneres, K^+ und die Proteinionen aus dem Intrazellulär- in den Extrazellulärraum. Gleiche Ladungen stoßen sich bekanntlich ab, ungleiche ziehen sich an; die entsprechenden Kräfte nennt man *elektrostatische*; somit werden positiv geladene Ionen vom negativen Intrazellulärraum angezogen, negativ geladene von ihm abgestoßen.

Auf die negativen, ausschließlich im Intrazellulärraum zu findenden Proteinanionen wirken also Diffusionsdruck und elektrostatische Kraft in gleichem Sinne, versuchen sie also aus dem Zellinneren zu drängen; daß dies nicht geschieht, liegt daran, daß die Zellmembran für die großen *Proteine undurchlässig* (nicht *permeabel*) ist. Die v.a. im Intrazellulärraum vorhandenen K^+-Ionen tendieren einerseits durch die Diffusionskraft nach außen, werden andererseits jedoch durch die Anziehung der negativen intrazellulären Ladungen zurückgehalten (bzw. von außen wieder zurückgezogen). Die Permeabilität für Kalium ist hoch, so daß – anders als bei Proteinionen – sich weitgehend, wenn auch nicht vollständig, ein *Gleichgewicht* einstellt: Die durch die Diffusion in den Extrazellulärraum gedrängten Ionen entsprechen zahlenmäßig ungefähr jenen, die von außen aufgrund elektrostatischer Anziehung zurückdrängen (dazu genauer unten). Auf die Natriumionen wirken elektrostatische und Diffusionskraft in gleichem Sinne: Sie werden vom Extrazellulärraum nach innen gezogen; dem steht die niedrige Permeabilität gegenüber: Obwohl das Natriumion mit einem Atomgewicht von 23 kleiner ist als das Kaliumion (Atomgewicht 40), bildet es zusammen mit angelagerten H_2O-Molekülen einen größeren Komplex, der – von kurzzeitigen Änderungen der Membranpermeabilität abgesehen – nur schlecht die Zellwand passieren kann; zudem werden die eingedrungenen Natriumionen durch die *Natrium-Kalium-Pumpe* wieder nach *außen befördert*. Auf die vorwiegend extrazellulär zu findenden, vergleichsweise permeablen Chloridionen wirkt die Diffusionskraft in Richtung des Zellinneren, während die elektrostatische Kraft sie außen hält bzw. nach außen zurückdrängt. Für Chlorid liegt auf diese Weise beinahe ein Gleichgewicht vor: Die Zahl der Ionen, die nach innen drängen, entspricht etwa jener, die gleichzeitig wieder nach außen befördert werden; das Membranpotential ist ungefähr ein Chloridgleichgewichtspotential. Letzteres ist allerdings, abhängig von der Zellart, geringfügig negativer: Beim Membranpotential von -70 mV müßten mehr Chloridionen von außen in die Zelle einströmen, was durch die nicht perfekte Permeabilität verhindert wird.

Das Gleichgewichtspotential (also jene Membranladung, bei welcher der Nettofluß aufgrund Diffusions- und elektrostatischer Kraft gleich 0 ist), läßt sich für die einzelnen Ionenarten mittels der Nernstschen Gleichung berechnen; in diese gehen neben verschiedenen Konstanten die Ladungszahl des betreffenden Ions sowie der Logarithmus des Quotienten aus extra- und intrazellulärer Konzentration ein. Während das für Chlorid berechnete Gleichgewichtspotential etwa dem Membranpotential von -70 mV entspricht (geringfügig negativer liegt), würde sich für Natrium ein positives Gleichgewichtpotential berechnen; erst bei einem Wert von + 70 mV würde die elektrostatische Kraft die Diffusionskraft ins Zellinnere kompensieren. Für Kalium ist das Gleichgewichtspotential noch negativer als das Ruhepotential; erst bei etwa – 90 mV würde der Nettofluß der K^+-Ionen 0 sein. Beim Ruhepotential von -70 mV strömen somit mehr Kaliumionen durch die Diffusionskraft nach außen als durch die elektrostatische Anziehung nach innen. Um die augenblickliche Verteilung aufrechtzuerhalten, müssen also durch einen aktiven, energieverbrauchenden Prozeß zusätzlich Kaliumionen in die Zelle transportiert werden; dies geschieht mittels der Natrium-Kalium-Pumpe, die zum einen eingedrungenes Natrium wieder in den Extrazellulärraum befördert, zum anderen Kalium nach innen holt (s. Abb. 3.2).

Ionenkanäle: Die genannten Ionen treten nicht an beliebigen Stellen durch die Zellmembran, sondern durch dafür vorgesehene Poren (Ionenkanäle), deren Öffnungsgrad zwischen den einzelnen Ionenarten erheblich variiert und auch über die Zeit schwankt. Beim unerregten Neuron ist für Natrium die Permeabilität gering, sind die Kanäle also weitgehend geschlossen – wobei trotzdem ein gewisses Einströmen von Natriumionen festzustellen ist. Natriumkanäle können sich schlagartig öffnen, was v.a. dann der Fall ist, wenn das Membranpotential bereits etwas weniger negativ als sonst ist; man spricht deshalb von *spannungsabhängigen Natriumkanälen*. Ein Teil der Natriumkanäle wird zudem von Rezeptoren kontrolliert; ihre Besetzung durch Transmitter führt zu kurzzeitiger Öffnung, damit zu Einströmen von Natrium aufgrund von elektrostatischer und Diffusionskraft, folglich zu Verringerung des Membranpotentials (*Depolarisation*). Gleiches gilt für die Calciumkanäle, die ebenfalls wenigstens teilweise in der Nähe von Rezeptoren sitzen; binden sich an letztere geeignete Transmitter, kommt es zur Erhöhung der Permeabilität für das (vornehmlich extrazellulär liegende) Calcium und damit ebenfalls zur Depolarisation.

Besetzung von Rezeptoren, die Chloridkanäle kontrollieren (etwa des GABA-Rezeptors, s. unten), führt zu deren Öffnung und damit zu Einströmen von Chlorid (insbesondere wenn sich durch andere Einflüsse das Membranpotential bereits etwas vermindert hat); es resultiert somit eine Negativierung, eine *Hyperpolarisation* (bzw. eine Aufhebung von Depolarisation), was mit reduzierter Erregbarkeit des Neurons verbunden ist. Einen ähnlichen Effekt hat die weitere Öffnung der bereits eher weitgestellten Kaliumkanäle; diese Ionen strömen, der Diffusionskraft gehorchend, in den extrazellulären Raum und negativieren das Membranpotential.

Die Natrium-Kalium-Pumpe: Sie sorgt dafür, daß eingedrungenes Natrium wieder nach außen befördert wird und umgekehrt Kalium – entgegen der Diffusionskraft – in die Zelle gelangt; dabei werden drei Na^+-Ionen gegen zwei K^+-Ionen ausgetauscht. Dieser Prozeß erfordert Energie in Form von ATP-Verbrauch (daher die Bezeichnung Natrium-Kalium-ATPase als synonym für Natrium-Kalium-Pumpe); fände dieser Vorgang nicht statt, würde zunehmend Natrium in den Intrazellulärraum gelangen und sich so das Membranpotential dem Wert 0 annähern.

Daß Natriumionen auch bei der unerregten Nervenzelle eintreten, kann man dadurch zeigen, daß man ein Axon in eine Kochsalzlösung mit radioaktiv markiertem Na^+ legt: Nach einiger Zeit läßt sich – bei unverändertem Membranpotential – auch im Inneren des Axons Radioaktivität nachweisen; Natrium muß also vom Extrazellulärraum eingedrungen sein und damit intrazelluläres Natrium im Gegenzug die Zelle verlassen haben. Es läßt sich auch demonstrieren, daß die Natrium-Kalium-Pumpe Energie benötigt: Blockiert man die Energieproduktion des Neurons, so vermindert sich auf lange Sicht das Membranpotential.

3.2.4 Die Effekte von Rezeptorbesetzung; postsynaptische Potentiale

Die aus den Endknöpfchen der präsynaptischen Zelle ausgeschütteten Transmitter gelangen durch den synaptischen Spalt zu Rezeptoren der postsynaptischen Membran, die auf diesen Transmitter „ansprechen"; die von den Rezeptoren kontrollierten Ionenkanäle der postsynaptischen Membran öffnen sich kurzfristig, so daß es zu einer ebenfalls zeitlich begrenzten Änderung des Membranpotentials an dieser Stelle kommt. Wirkt der besetzte Rezeptor auf Na^+- oder Ca^{++}-Kanäle, resultiert ein Einstrom positiver Ionen und damit Verminderung des negativen Membranpotentials (Depolarisation); das entstehende Potential nennt man *exzitatorisches postsynaptisches Potential* (EPSP; lat. excitare = erregen), den entsprechenden dafür verantwortlichen Rezeptor erregend. Kontrolliert hingegen der Rezeptor K^+-Kanäle, so verlassen Kaliumionen den Intrazellulärraum und es kommt zu einer weiteren Negativierung (Hyperpolarisation). Eine Hyperpolarisation resultiert auch, wenn Chloridionen dem Konzentrationsgefälle folgend einströmen; dies ist dann der Fall, wenn der besetzte Rezeptor den Öffnungsgrad von Chloridkanälen bestimmt (wie im Falle der GABA-Rezeptoren). Da eine Negativierung der Zellmembran diese für Erregungen unempfindlicher macht, heißt das entstehende Potential *inhibitorisches postsynaptisches Potential* (IPSP; lat. inhibere = verhindern); der entsprechende Rezeptor wird hemmend genannt (s. Abb. 3.3).

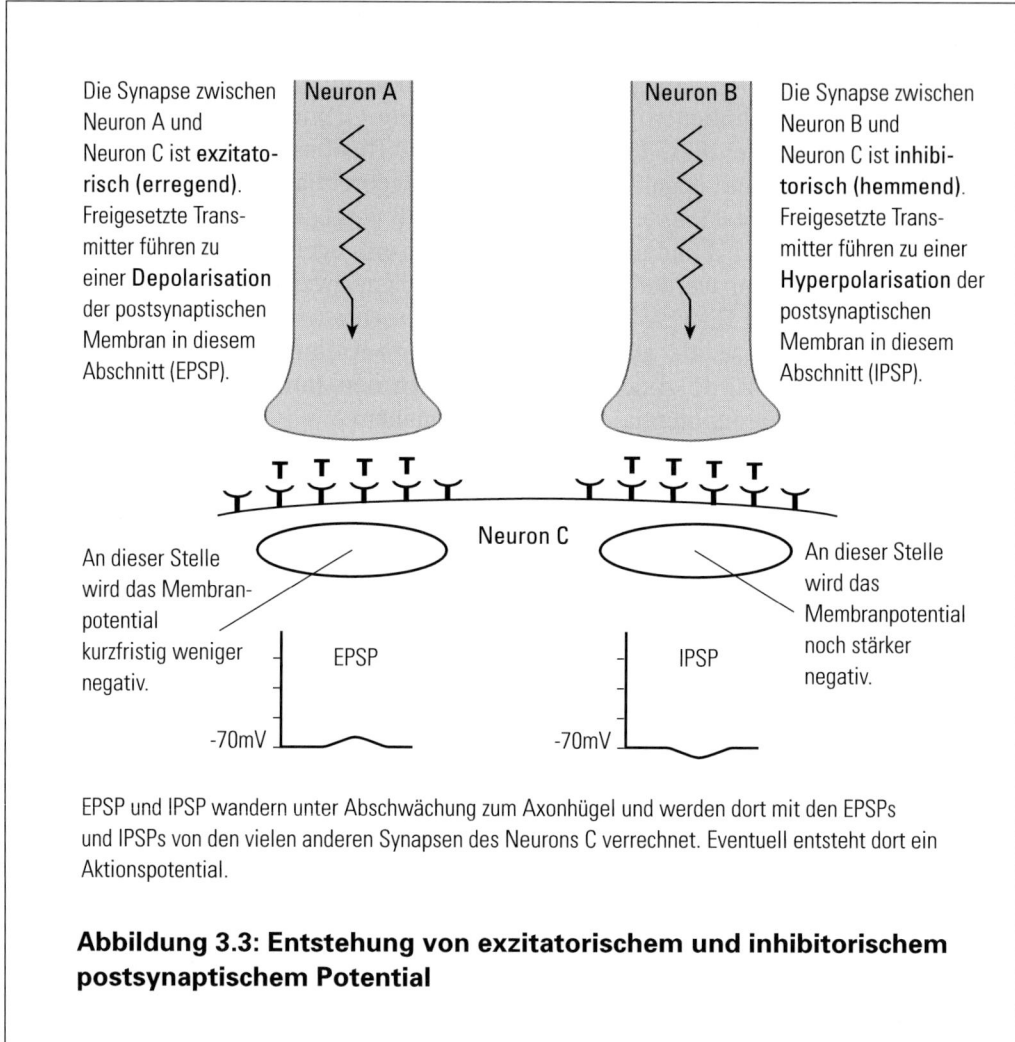

Abbildung 3.3: Entstehung von exzitatorischem und inhibitorischem postsynaptischem Potential

Es ist also von der Synapse bzw. der Art der dort lokalisierten Rezeptoren abhängig, ob die Transmitterausschüttung der präsynaptischen Zelle zu gesteigerter oder verminderter Erregbarkeit des postsynaptischen Neurons führt. Da verschiedene Typen von Rezeptoren auf ein und denselben Neurotransmitter ansprechen – vom Dopaminrezeptor sind beispielsweise augenblicklich fünf Subtypen bekannt –, ist es möglich, daß derselbe Transmitter an einem Neuron ein EPSP, an einem anderen ein IPSP auslöst. Es ist deshalb im Grunde nicht korrekt, von erregenden und hemmenden Transmittern zu sprechen. Man spricht besser von erregenden (bzw. hemmenden) Rezeptoren oder gebräuchlicher: von erregenden (bzw. hemmenden) Synapsen. Offenbar treffen jedoch bestimmte Botenstoffe ausschließlich auf erregende Rezeptoren (etwa Glutamat), andere – wie GABA – immer auf hemmende, so daß dieser Sprachgebrauch in einzelnen Fällen korrekt sein kann.

3.2 Synaptische Übertragung   79

Depolarisation an einer der unzähligen Synapsen des postsynaptischen Neurons ist noch nicht mit dessen globaler Erregung gleichzusetzen. Die postsynaptischen Potentiale (exzitatorische wie inhibitorische) sämtlicher Synapsen an Dendriten und Neuronenkörper werden zum sogenannten *Axonhügel* geleitet und dort laufend miteinander verrechnet; erst wenn eine genügend große, d.h. eine kritische Schwelle überschreitende Depolarisation resultiert, kommt es zu einer „großen", längs des Axons weitergeleiteten Erregung, dem Aktionspotential (s. 3.3).

3.2.5   Arten von Rezeptoren

Erregende und hemmende Rezeptoren: Diese Begriffe waren bereits eingeführt worden: Man nennt einen Rezeptor erregend, wenn seine Besetzung zu einem EPSP führt; erregende Rezeptoren sind entsprechend solche, die Weitstellung von Natrium- und Calciumkanälen bewirken. Besetzung eines hemmenden Rezeptors mit geeignetem Transmitter führt hingegen zu einem IPSP; solche Rezeptoren öffnen typischerweise Kalium- oder Chloridkanäle.

Ionenkanal- und G-Protein-gebundene Rezeptoren: Alle Rezeptoren *kontrollieren den Öffnungsgrad von Ionenkanälen*, bestimmen also Ein- oder Ausstrom bestimmter Ionenarten und damit das Membranpotential der unmittelbaren Umgebung. Bei den *Ionenkanal-gekoppelten Rezeptoren* geschieht die Öffnung des Kanals *direkt*, bei den *G-Protein-gekoppelten* indirekt unter Bildung chemischer Verbindungen (second messengers, u.a. von G-Proteinen).

Von den beiden Formen sind Ionenkanal-gekoppelte Rezeptoren die selteneren. Zu ihnen gehört u.a. einer der beiden Subtypen des GABA-Rezeptors. Dieser sogenannte $GABA_A$-Rezeptor umgibt zusammen mit anderen Proteinen einen Chloridkanal; Besetzung durch GABA führt unmittelbar zu Weitstellung des Kanals und damit zum Einströmen von Chloridionen mit der Folge einer Hyperpolarisation (zu diesem sogenannten $GABA_A$-Benzodiazepinrezeptor-Komplex und zur Bedeutung der anderen Proteine s. 3.2.10). Auch die Bindungsstellen für andere Aminosäuretransmitter wie Glutamat und Glycin gehören offenbar großteils zu diesem einfacheren Typ; gleichfalls direkt an einen Natriumkanal gekoppelt ist der nikotinische Acetylcholinrezeptor.

Häufiger im ZNS sind die *G-Protein-* oder *second-messenger-gekoppelten Rezeptoren*. Die Besetzung des Rezeptors durch den passenden Transmitter führt hier zunächst zur Abspaltung (allgemeiner: Aktivierung) eines Rezeptoreiweißes, des sogenannten *G-Proteins* (von denen es zahlreiche Subtypen gibt); dieses kann nun im einfachsten Fall als second messenger – im Unterschied zum first messenger, dem Transmitter – den Ionenkanal öffnen oder aber weitere chemische Prozesse in Gang setzen: Angestoßen durch das G-Protein läuft eine Kette von Reaktionen ab („second messenger-Kaskade"), deren letztes Produkt schließlich mit dem Ionenkanal in Kontakt tritt und ihn öffnet. Man nennt diesen Vorgang auch *nachgeschaltete Signaltransduktion* (von lat. transducere = vermitteln, übersetzen): Das von der präsynaptischen Zelle ausgehende eigentliche Signal, die Freisetzung des Transmitters, führt erst nach einem vermittelnden chemischen Prozeß zur Öffnung von Ionenkanälen und so zur Veränderung des postsynaptischen Potentials.

Ein gründlich erforschter G-Protein-gekoppelter Rezeptor ist der D_2-Rezeptor für Dopamin: Er besteht aus über 400 Aminosäuren, die sich in Gestalt einer Kette mehrfach durch die Zellmembran nach außen und zurück in den Intrazellulärraum winden. Der Kontakt mit dem Transmitter erfolgt an einem der extrazellulären Abschnitte der Aminosäurekette, die Reaktion mit dem G-Protein an einem der inneren.

Etwas genauer läßt sich die Kanalöffnung durch second messengers so darstellen: Besetzung des Rezeptors mit Transmitter führt dazu, daß das G-Protein mit einem Guanintriphosphat-Molekül (GTP, daher auch der Name G-Protein = *G*uanylnukleotid-regulatorisches Protein) eine Verbindung eingeht, die ihrerseits das Enzym Adenylylzyklase (Adenylatzyklase) aktiviert; dieses sorgt dafür, daß ATP (Adenosintriphosphat) in cAMP (zyklisches Adenosinmonophosphat) umgewandelt wird; letzteres aktiviert ein weiteres Enzym (Proteinkinase), welches zu Öffnung eines Ionenkanals führt. Beendigung dieses Vorgangs geschieht mittels des Enzyms Phosphodiesterase; dessen Blockierung führt zur Verlängerung der Transmitterwirkung, wirkt also agonistisch (s. auch 3.2.13).

Neben diesen stimulatorischen G-Proteinen, G_s genannt, gibt es auch inhibitorische (G_i), welche die Adenylylzyklase hemmen und mehr oder weniger entgegengesetzte Effekte hervorrufen. Dieser verwirrende Sachverhalt sei hier nicht weiter ausgeführt; man merke nur, daß verschiedene Subtypen eines Rezeptors unterschiedliche G-Proteine aktivieren können (D_1- und D_5-Rezeptoren für Dopamin G_s, die anderen Dopaminrezeptoren G_i).

Second-messenger-Moleküle beeinflussen anscheinend nicht nur auf Umwegen den Öffnungsgrad der Ionenkanäle, sondern diffundieren gleichzeitig zu anderen Organellen des Neurons (inklusive des Kerns) und wirken dort auf chemische Vorgänge (u.a. die sogenannte Genexpression, s. auch 1.2.2 und 14.2); im Gegensatz zu den rasch verpuffenden Effekten von Transmittern an Ionenkanal-gekoppelten Rezeptoren kann Bindung an G-Protein-gebundene Rezeptoren somit zu längerfristigen Zellveränderungen führen. Es ist zudem einsichtig, daß man in den chemischen Prozeß der nachgeschalteten Signaltransduktion leicht pharmakologisch eingreifen kann; beispielsweise scheinen die zur Prophylaxe affektiver Episoden eingesetzten Lithiumsalze u.a. dadurch zu wirken, daß sie gewisse Vorgänge der Signaltransduktion hemmen und das postsynaptische Neuron damit unempfindlicher machen. G-Proteine kommen noch einmal zur Sprache, wenn die Mechanismen der Hormonwirkung erklärt werden; dort wird manches detaillierter dargestellt (s. 4.3).

Post- und präsynaptische Rezeptoren: Die erste Gruppe war bereits eingeführt worden: Es sind jene Bindungstellen an der postsynaptischen Membran, deren Besetzung durch den geeigneten Transmitter zu Veränderung des Membranpotentials und damit unter gewissen Bedingungen zum Aktionspotential führt. *Präsynaptische Rezeptoren* sitzen hingegen an der Membran des den Transmitter freisetzenden Neurons und sprechen ebenfalls auf ihn an; deshalb werden sie auch als *präsynaptische Autorezeptoren* bezeichnet (von griech. autos = selbst). Ihr Sinn ist, der präsynaptischen Zelle Rückmeldung über die Ausschüttung des Transmitters zu geben und diese entsprechend zu regulieren. Befinden sich große Mengen von Transmittermolekülen im synaptischen Spalt, so werden viele der präsynaptischen Autorezeptoren besetzt und die Zelle drosselt daraufhin Produktion oder Ausschüttung. Blockiert man pharmakologisch präsynaptische Autorezeptoren, so können sich weniger Neurotransmitter dort anlagern; das präsynaptische Neuron geht damit von einem Transmittermangel aus und erhöht seine Freisetzung. Alle bekannten präsynaptischen Autorezeptoren sind G-Protein-gebunden.

Pharmakologisch definierte Subtypen von Rezeptoren: Rezeptoren haben i.a. genau einen natürlichen Liganden, eben den Transmitter; dieser bewirkt Öffnung der durch den Rezeptor kontrollierten Ionenkanäle. Allerdings gibt es offenbar von jeder dieser spezifischen Bindungsstellen mehrere Subtypen: Sie sprechen alle auf den Transmitter an, lassen sich aber (zumeist aufgrund pharmakologischer Befunde) unterscheiden. So kennt man beispielsweise von den *Acetylcholinrezeptoren zwei Subtypen*: Die *nikotinergen* sprechen neben Acetylcholin auch auf Nikotin an, d.h. dieser Stoff kann sich anlagern und postsynaptisch ähnliche Effekte hervorrufen wie Besetzung mit Acetylcholin; Muskarin, das Gift des Fliegenpilzes (Amanita muscaria), hätte an diesen nikotinergen Acetylcholinrezeptoren hingen keinen Effekt. Die zweite Gruppe der Acetylcholinbindungsstellen, die *muskarinergen*, lassen sich auch durch Muskarin stimulieren, während Nikotin an ihnen keine Wirkung hervorruft.

Auch unterschiedlich starke *Blockade* (Besetzung ohne Wirkung) durch bestimmte Pharmaka kann eine Differenzierung von Rezeptoren für ein und denselben Transmitter leisten. So lassen sich nicht alle Dopaminrezeptoren wirksam durch die klassischen Neuroleptika (z.B. Haloperidol) blockieren, sondern v.a. jene, die man als D_2-Rezeptoren bezeichnet; insgesamt ließen sich bis jetzt fünf Dopaminrezeptoren finden, die sich nicht nur pharmakologisch, sondern auch in anderer Hinsicht unterscheiden (etwa Verteilung im ZNS, postsynaptische und präsynaptische Lokalisation, Aktivierung unterschiedlicher Typen von G-Proteinen).

Allgemein ist anzunehmen, daß nur jeweils ein Rezeptorsubtyp einem ausschüttenden Endknöpfchen gegenübersteht; einige Subtypen kommen v.a. präsynaptisch, andere hauptsächlich postsynaptisch vor. Subtypen sind außerdem häufig unterschiedlich verteilt (etwa D_2-Rezeptoren für Dopamin v.a. in den Basalganglien, D_4-Rezeptoren eher in Kortex oder limbischem System, nikotinerge Acetylcholinrezeptoren in den vegetativen Ganglien und an den motorischen Endplatten, muskarinerge an den parasympathisch innervierten Organen).

3.2.6 Präsynaptische Hemmung

Die *postsynaptische Hemmung* ist bereits eingeführt worden: An einer hemmenden Synapse des postsynaptischen Neurons entsteht ein inhibitorisches Potential (IPSP), welches der Wirkung exzitatorischer postsynaptischer Potentiale entgegengerichtet ist. Bei der präsynaptischen Hemmung findet diese bereits am präsynaptischen, zuerst erregten und die Transmitter ausschüttenden Neuron statt – im weiteren Neuron A genannt – und zwar nahe seines Endknöpfchens. In dessen unmittelbarer Umgebung setzt ein von einem weiteren Axon (von Neuron B) stammendes Endknöpfchen an (sogenannte axo-axonale Synapse). Diese Synapse ist erregend; Übertragung führt daher zu einer Depolarisation an Neuron A. Durch diese Depolarisation wird die Wirkung eines ankommenden Aktionspotentials abgeschwächt und somit die Transmitterausschüttung an das postsynaptische Neuron C vermindert. Erregung von Neuron B hindert also Neuron A an der Transmitterausschüttung und reduziert – falls es sich um eine erregende Synapse zwischen A und C handelt – die Wahrscheinlichkeit der Entstehung eines APs in Neuron C (s. Abb. 3.4).

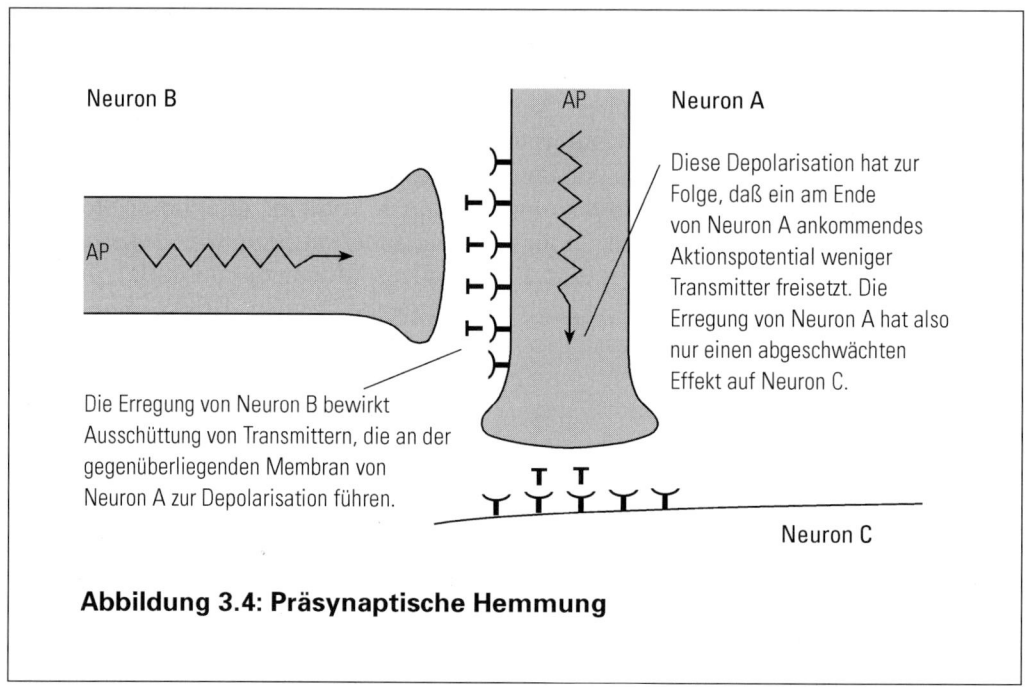

Abbildung 3.4: Präsynaptische Hemmung

Der hier geschilderte Mechanismus ist nicht die einzige Möglichkeit der präsynaptischen Hemmung: Auch eine hemmende Synapse zwischen B und A könnte ähnliche Wirkung haben, allerdings mittels anderer Mechanismen. In jedem Fall wird jedoch bei präsynaptischer Hemmung der Calciumeinstrom gebremst. Ebenso existiert das Gegenstück, die präsynaptische Bahnung. In diesem Falle würde Neuron B eine Hyperpolarisation nahe des Endknöpfchens von Neuron A hervorrufen, damit die Transmitterausschüttung aus A fördern. Präsynaptische Hemmung und Bahnung spielen eine wichtige Rolle bei der Aktivierung agonistischer und der Hemmung antagonistischer Muskeln im Bewegungsapparat (s. auch Kap. 7).

3.2.7 Allgemeines zu Produktion, Ausschüttung und Inaktivierung von Transmittern

Mit der Ausnahme von Aminosäuretransmittern, die teils unverändert aus dem interstitiellen Raum aufgenommen werden, werden die Botenstoffe im Neuron selbst synthetisiert; für die hochmolekularen Neurotransmitter wie die endogenen Opioide geschieht dies im Körper des Neurons, von wo sie durch axonalen Transport in die Endknöpfchen gelangen. Die übrigen Transmitter werden – eventuell mit der Ausnahme von Dopamin – v.a. in den Endknöpfchen gebildet. Die fertigen Botenstoffe werden im Bereich der Endknöpfchen in *Vesikeln* (lat. vesicula = Bläschen) eingelagert, die durch Abspaltungen der Zellmembran gebildet werden; ein Vesikel enthält

3.2 Synaptische Übertragung

z.B. 2.000–5.000 Acetylcholinmoleküle (Schwartz 1991b). Ankommende Aktionspotentiale stoßen die Vesikel in Richtung des synaptischen Spaltes, wo sie mit der Zellmembran verschmelzen, sich öffnen und ihren Inhalt in den Spalt ergießen (Exozytose, zuweilen anschaulich als Emeiozytose = „Zellerbrechen" bezeichnet); vermittelnder Mechanismus ist der Einstrom von Calciumionen aus dem Extrazellulärraum, der durch eintreffende Aktionspotentiale in Gang gesetzt wird.

Im wesentlichen gilt, daß ein Neuron nur eine Art von Transmitter synthetisiert und freisetzt. Dies ist insofern einzuschränken, daß zuweilen neben einem niedrigmolekularen Transmitter noch ein weiterer hochmolekularer, etwa ein Peptidtransmitter, ausgeschüttet wird; man spricht hier von einem *Kotransmitter*; das Vorhandensein mehrerer Transmitter im selben Neuron wird als *Koexistenz* bezeichnet. Ein Neuron verwendet aber offenbar immer nur einen niedrigmolekularen Transmitter, also entweder Dopamin oder Serotonin oder Acetylcholin usw., so daß man sie eindeutig nach den von ihnen benutzten (niedrigmolekularen) Transmittern klassifizieren kann; man spricht demgemäß von dopaminergen (serotonergen oder cholinergen) Neuronen.

Von den in den synaptischen Spalt gelangten Transmittern verbindet sich ein Teil kurzfristig mit den Rezeptoren, führt direkt oder indirekt zur Öffnung von Ionenkanälen und diffundiert in den Spalt zurück; von dort treten sie eventuell abermals in Kontakt mit den Rezeptoren oder werden inaktiviert. Man muß sich von der naheliegenden Vorstellung freimachen, daß die Neurotransmitter von den Rezeptoren ein für allemal gebunden, gewissermaßen „verschluckt" werden; kurzer, reversibler Kontakt mit der Bindungsstelle genügt, um Information zu übertragen. Die Konfiguration des Transmitters (allgemeiner: des Liganden) muß dabei so sein, daß er sich an einen Abschnitt des Rezeptors anlagern und seine Wirkung entfalten kann (nach dem „Schlüssel-Schloß-Prinzip"). Manche Substanzen können zwar den Rezeptor besetzen (damit Transmittermoleküle von ihm fernhalten), nicht aber Öffnung von Ionenkanälen veranlassen (sogenannte *Rezeptorenblocker*). Bekanntestes Beispiel aus der Psychopharmakologie sind die *Dopaminrezeptoren blockierenden Neuroleptika*. Ihre Wirkung ist der des Dopamin entgegengesetzt bzw. hebt sie auf; sie werden daher als Dopamin*antagonisten* („Widersacher") bezeichnet. Manche Substanzen binden an den Rezeptor und üben an ihm ähnliche Wirkung wie die zugehörigen Transmitter aus, sind also weitere Liganden; man nennt solche Substanzen *Agonisten*. Nikotin ist beispielsweise ein Acetylcholinagonist (wirkt cholinagonistisch) an den nikotinergen Acetylcholinrezeptoren; ebenfalls (partielle) Agonisten sind die exogenen Opioide (z.B. Morphin) an den Rezeptoren für endogene Opioide (s. 3.7.9 und 13.5).

Um eine Dauererregung von postsynaptischen Rezeptoren durch ein einziges Aktionspotential des präsynaptischen Neurons zu vermeiden, müssen die ausgeschütteten Transmitter rasch aus dem synaptischen Spalt *entfernt* werden. Dies geschieht im einfachsten Fall, wie bei den Aminosäuretransmittern, durch Diffusion in den umgebenden interstitiellen Raum und Aufnahme durch Gliazellen, kann aber auch durch Zerlegung mittels Enzymen im synaptischen Spalt vor sich gehen (wie bei Acetylcholin und wahrscheinlich den Neuropeptidtransmittern); eine weitere Form der Inaktivierung findet sich bei den Monoamintransmittern: Wiederaufnahme in die präsynaptische Zelle (Reuptake) und dort entweder erneute Einlagerung in die Vesikel oder weiterer Abbau.

3.2.8 Einteilung der Transmitter

Mittlerweile sind eine Vielzahl von Neurotransmittern bekannt, von denen bis jetzt aber nur wenige Hauptgruppen größere Beachtung erfahren haben und eingehender studiert wurden. Allgemein unterscheidet man *hochmolekulare* Transmitter, die durch Synthese mehrerer Einzelmoleküle entstehen und die nur aus einem Molekül bestehenden *niedrigmolekularen* Transmitter; wie in 3.2.7 erwähnt, kann in einem Neuron ein hoch- und ein niedrigmolekularer Transmitter zugleich vorkommen, nicht aber wohl zwei hochmolekulare oder zwei niedrigmolekulare Botenstoffe.

Zur ersten Gruppe gehören – neben Lipiden und Nukleosiden – v.a. die aus mehr oder weniger zahlreichen Aminosäuren in Form von Peptidbindungen zusammengefügten *Peptidtransmitter*. Die am besten untersuchte Untergruppe der Peptidtransmitter sind die *endogenen Opioide*; ein weiterer Peptidtransmitter ist die Substanz P, ein Stoff, der bei der Übertragung an Schaltstellen der „Schmerzbahn" eine bedeutsame Rolle spielen dürfte.

Von den niedermolekularen Transmittern sind die wichtigsten Untergruppen die *Monoamine* oder – biogenen Amine – (Serotonin, Dopamin, Noradrenalin, Adrenalin), die *Aminosäuretransmitter* (Glutamat, Glycin, GABA) und das chemisch eine eigene Gruppe bildende *Acetylcholin*. Diese Gruppen sollen etwas ausführlicher hinsichtlich Bildung, zugehörigen Rezeptoren und Inaktivierung besprochen werden.

Stärkeres Interesse in der letzten Zeit haben auch lösliche Gase mit Transmitterfunktion erfahren, so Stickoxid und Kohlenmonoxid. Ihre biopsychologische Bedeutung ist zu wenig klar, um ausführlicher auf diese Stoffklasse einzugehen. NO hat offenbar eine wichtige Bedeutung für die Kontrolle des Gefäßwiderstandes (Greger 2000).

Als weiterer Transmitter sei kurz noch das Polypeptid Cholecystokinin genannt, welches außerdem in der Darmschleimhaut gebildet wird und Hormonfunktion hat, nämlich die Gallenblase zur Kontraktion anregt. Im ZNS finden sich zahlreiche Cholecystokininrezeptoren; ihre Aktivierung kann bei der Auslösung von Panikattacken eine Rolle spielen (Abelson u. Nesse 1994); auch werden hypothalamische Cholecystokininrezeptoren mit der Regulation des Eßverhaltens in Verbindung gebracht (s. 10.2.3).

3.2.9 Endogene Opioide

Struktur und Synthese: Es handelt sich um eine Gruppe körpereigener Peptide, die ähnliche Wirkung entfalten wie das Hauptalkaloid des Opiums, das Morphin. Einige dieser Stoffe sind offenbar Hormone, die in diversen Drüsen (insbesondere in der Hypophyse) gebildet werden und auf dem Blutweg zu ihren Wirkungsorten gelangen. Andere spielen offenbar die Rolle von Transmittern und zwar u.a. an Neuronen der Schmerzbahn; auch an anderen Stellen im ZNS sind hohe Dichten von Rezeptoren für endogene Opioide nachgewiesen worden.

Gebildet werden die als Transmitter fungierenden endogenen Opioide in den Körpern der Neuronen aus Aminosäuren, die durch Peptidbindungen aneinandergefügt werden; dabei verbindet sich die Carboxylgruppe (COOH) einer Aminosäure mit der Aminogruppe (NH_2) der nächsten unter Abspaltung von H_2O (s. auch 1.2.2). Im Neuronenkörper geschieht wohl auch die Verpackung in Vesikel, die längs des Axons zu den Endknöpfchen transportiert werden (Schwartz 1991a).

Im einzelnen unterscheidet man drei Gruppen endogener Opioide, die Enkephaline, die Dynorphine und die Endorphine; es handelt sich stets um Oligopeptide, also um Verbindungen weniger Aminosäuren. Die Enkephaline sind ausgesprochen kurzkettig, enthalten nur etwa fünf Aminosäuren, während die Endorphine länger sind, nämlich aus etwa 30 Aminosäuren bestehen. Welche dieser Stoffe Hormonfunktion haben und welche als Neurotransmitter fungieren, ist noch keineswegs klar, wie überhaupt der tatsächliche Erkenntnisstand zu den „Endorphinen" sehr viel geringer ist als v.a. in populärwissenschaftlichen Darstellungen suggeriert. Auch der Terminus „Endorphine" (endogene Morphine) als Synonym für endogene Opioide ist mißverständlich; Endorphine sind nur eine von drei Untergruppen dieser endogenen Opioide. Ebensowenig ist die Bezeichnung endogene Opiate korrekt, weil diese Substanzen mit den Inhaltsstoffen des Opiums keine chemischen Gemeinsamkeiten aufweisen; sie ist aber unmißverständlich und klanglich angenehmer.

Rezeptoren: Endknöpfchen von Neuronen, die endogene Opioide ausschütten, finden sich an verschiedenen Stellen des ZNS, z.B. in der Substantia gelatinosa der grauen Rückenmarkssubstanz, in der u.a. die ersten Neurone der Schmerzbahn enden (s. 6.6). Reich an Opiatrezeptoren ist außerdem das Mittelhirn (von dem Fasern zum Nucleus accumbens ausgehen; s. 13.2.1 zum dopaminergen mesotelencephalen Belohnungssystem sowie 2.6.5), die Formatio reticularis der Medulla oblongata (mit Atem- und Hustenzentrum) sowie diverse Regionen des Zwischen- und des Endhirns. Die exogenen Opioide wie Morphin, Heroin oder Methadon besetzen Rezeptoren für endogene Opiate und wirken dort mit gewissen Einschränkungen agonistisch. Aus der Lage der Opiatrezeptoren lassen sich die Wirkungen dieser suchtbildenden psychotropen Substanzen herleiten, u.a. Analgesie (Hemmung der Schmerzempfindung), Euphorisierung und v.a. in höheren Dosen Atemdepression.

Genauer lassen sich drei Typen von Opiatrezeptoren unterscheiden, die mit δ, κ und μ bezeichnet werden; bei den hauptsächlich in Hirnstamm und Thalamus lokalisierten μ-Rezeptoren gibt es wieder zwei, μ_1 und μ_2 genannte Unterformen. Besetzung von μ_1-Bindungsstellen soll zur Analgesie und Euphorisierung führen, die von μ_2-Rezeptoren zur Atemdepression. Die vornehmlich im Rückenmark lokalisierten κ-Rezeptoren sollen ebenso für Analgesie zuständig sein, gleichfalls die in Rückenmark und Hirnstamm zu findenden δ-Rezeptoren (Simon 1997 sowie Bonnet u. Gastpar 1999). Ziel ist es, auf lange Sicht Substanzen zu entwickeln, die durch isolierte Wirkung auf bestimmte Typen von Opioidrezeptoren nur analgetische, aber keine euphorisierende Wirkung haben und damit nicht suchterzeugend wirken.

Inaktivierung: Sie geschieht bei den Peptidtransmittern hauptsächlich durch Zerlegung im synaptischen Spalt, möglicherweise zusätzlich durch Diffusion aus dem Bereich der Synapse.

3.2.10 Aminosäuren als Transmitter

Überblick; Synthese: Hier sind neben Glycin und Asparaginsäure (Aspartat) v.a. Glutaminsäure (Glutamat) und gamma-Aminobuttersäure (engl. gamma-amino butyric acid = GABA) zu nennen, die teils direkt mit der Nahrung aufgenommen werden, teils aus Vorstufen in den Endknöpfchen synthetisiert werden.

Das mit der Nahrung anfallende Glycin wird direkt vom Neuron aufgenommen oder aus der Aminosäure Serin gebildet, Glutamat (Glutaminsäure) aus der Aminosäure Glutamin oder aus alpha-Ketoglutarsäure (Ketoglutarat), einem Produkt des Zitronensäurezyklus. GABA ist im Gegensatz zu den anderen Aminosäuretransmittern eine gamma-Aminosäure; die NH_2-Gruppe befindet sich hier nicht, wie bei den alpha-Aminosäuren, an dem der Carboxylgruppe unmittelbar benachbarten C-Atom, sondern erst am überübernächsten (in gamma-Stellung zur Carboxylgruppe). GABA entsteht aus dem zwei Carboxylgruppen enthaltenden Glutamat und zwar durch Abspaltung jener Carboxylgruppe, die der Aminogruppe am nächsten liegt; die Aminogruppe steht dann in gamma-Stellung zur verbleibenden Carboxylgruppe.

```
   NH₂ O                O  H  H NH₂ O             NH₂ H  H  O
    |  ‖                ‖  |  |  |  ‖              |  |  |  ‖
  H-C-C-O-H           O⁻-C-C-C-C-C-OH            H-C-C-C-C-O-H
    |                       |  |  |                 |  |  |
    H                       H  H  H                 H  H  H

  Glycin                 Glutamat                   GABA
```

Rezeptoren: Glutamat ist nach gegenwärtigem Erkenntnisstand ein ausschließlich *erregender Transmitter*, d.h. Besetzung seiner Rezeptoren führt zur Depolarisation. Vom Glutamatrezeptor existieren mehrere teils G-Protein-, teils Ionenkanal-gekoppelte Unterformen. Am genauesten studiert ist der NMDA-Rezeptor, der auch durch N-Methyl-D-Aspartat (NMDA) zu aktivieren ist; seine Besetzung durch Glutamat oder NMDA führt zu einem Einstrom von Calciumionen in den Intrazellulärraum (Kandel u. Schwartz 1991). Die sedierende Wirkung von Ethanol (Ethylalkohol) dürfte u.a. durch Blockade des NMDA-Rezeptors zustande kommen. Da das glutamaterge System an der Reifung von Neuronen beteiligt ist, führt Alkoholabusus bei Schwangeren häufig zu Entwicklungsstörungen, im Extremfall zur alkoholischen Embryopathie (s. 13.4.2).

GABA ist der wichtigste hemmende Transmitter im ZNS. Man unterscheidet zwei Typen von GABA-Bindungsstellen, den weniger gut untersuchten, G-Protein-gebundenen $GABA_B$-Rezeptor und den $GABA_A$-Rezeptor, der biopsychologisch von erheblichem Interesse ist und in seiner Struktur weitgehend aufgeklärt werden konnte. Es handelt sich um einen *Ionenkanal-gekoppelten Rezeptor*, der einen Chloridkanal kontrolliert. Um diesen Kanal sind fünf Proteineinheiten angeordnet; zwei sind Rezeptoren für GABA, deren Besetzung mit diesem Liganden zur Öffnung des Kanals, zum Einströmen von Chloridionen und damit zur Hyperpolarisation führt. An zwei weitere Rezeptoren können *Benzodiazepine*, also Beruhigungsmittel wie beispielsweise Diazepam (Valium), binden und Wirkung ausüben; man nennt sie deswegen *Benzodiazepinrezeptoren*. Die Liganden der fünften Proteineinheit sind noch nicht sicher bekannt; man vermutet, daß dort u.a. die früher häufig als Schlafmittel eingesetzten Barbiturate andocken können, eventuell auch Alkohol. Man nennt das ganze Gebilde auch den $GABA_A$-Benzodiazepinrezeptor-Komplex.

Besetzung der Benzodiazepinrezeptoren durch Benzodiazepine bzw. endogene Liganden führt nicht direkt zur Öffnung des Kanals; lediglich wird die Wirkung von GABA verstärkt (womit die geringe Toxizität der Benzodiazepine zu erklären wäre). Liganden der fünften Proteineinheit bewirken hingegen offenbar direkt Öffnung des Chloridkanals. Für diese Benzodiazepinrezeptoren vermutet man naheliegenderweise natürliche Liganden, also körpereigene Stoffe, die diese Rezeptoren aktivieren können. Die Suche danach ist – anders als bei den Opioidrezeptoren, für die Liganden in Form der endogenen Opioide gefunden wurden – bis jetzt nur bedingt erfolgreich verlaufen. Für den fünften Rezeptor des Komplexes kennt man keine endogenen Liganden und ist sich auch hinsichtlich exogener Liganden noch nicht sicher (möglicherweise Barbiturate, eventuell Meprobamat und Alkohol).

Inaktivierung: Diese dürfte bei den Aminosäuretransmittern im wesentlich durch Diffusion aus dem synaptischen Spalt und Aufnahme durch umgebende Gliazellen geschehen.

3.2.11 Monoamintransmitter

Struktur und Synthese: Monoamintransmitter besitzen eine Aminogruppe, ähneln in dieser Hinsicht also den Aminosäuren; im Gegensatz zu letzteren fehlt ihnen jedoch die Carboxylgruppe. Monoamine werden aus Aminosäuren u.a. durch Decarboxylierung (Abspaltung der Carboxylgruppe) synthetisiert, und zwar entweder – wie Serotonin – aus L-Tryptophan oder – wie Dopamin, Noradrenalin und Adrenalin – aus L-Tyrosin. Serotonin wird als *Indolamin* den anderen Monotransmittern, den *Katecholaminen* (Dopamin, Noradrenalin und Adrenalin), gegenübergestellt.

Die Syntheseschritte sind für Serotonin im einzelnen: Das als essentielle Aminosäure mit der Nahrung aufgenommene, liquorgängige L-Tryptophan wird zunächst durch Hydroxylierung (Austausch eines H-Atoms gegen ein OH-Molekül) in L-5-Hydroxytryptophan umgewandelt; durch Decarboxylierung (Abspaltung der Carboxylgruppe) entsteht 5-Hydroxytryptamin (5-HT) oder Serotonin; in der Literatur ist 5-HT eine gängige Abkürzung für Serotonin, Serotoninrezeptoren werden üblicherweise als 5-HT-Rezeptoren bezeichnet.

Die Katecholamine leiten sich von L-Tyrosin ab, welches mit der Nahrung aufgenommen oder durch Umwandlung der essentiellen Aminosäure L-Phenylalanin entsteht. Durch einen ersten Schritt, eine Hydroxylierung, wird aus L-Tyrosin L-Dopa gebildet, durch Abspaltung der Carboxylgruppe daraus Dopamin. Dieses fungiert in dopaminergen Neuronen als Transmitter; in noradrenergen Nervenzellen findet eine weitere Hydroxylierung zu Noradrenalin statt. In den im ZNS seltenen Neuronen, die Adrenalin als Transmitter benutzen, wird das Noradrenalin zu Adrenalin methyliert, d.h. eines der H-Atome der Aminogruppe durch eine Methylgruppe (-CH_3) ersetzt.

Die Synthese der Monoamintransmitter erfolgt im wesentlichen in den Endknöpfchen, die von Dopamin möglicherweise großteils im Zellkörper, von wo die Transmitter durch axonalen Transport in die Endknöpfchen befördert werden.

Die keine Carboxylgruppe besitzenden Monoamine sind nicht liquorgängig. Liegt ein Mangel an Transmittern vor, wie etwa von Dopamin bei der Parkinson-Krankheit, kann dieser Stoff nicht direkt substituiert werden. Aus bis jetzt nicht bekannten Gründen fördert Gabe von L-Tyrosin nicht wesentlich die Dopaminproduktion; hingegen läßt sich dies durch Verabreichung des nächsten Syntheseprodukts erreichen, des L-Dopa, welches als modifizierte Aminosäure gut die Blut-Hirn-Schranke passiert. Anregung der Serotoninproduktion, wie u.a. zur Behandlung von Depressionen und Schlafstörungen sinnvoll erscheint, läßt sich entweder durch Gabe von L-Tryptophan und von L-5-Hydroxytryptophan erreichen (sogenannte Aminpräkursoren = „Aminvorläufer").

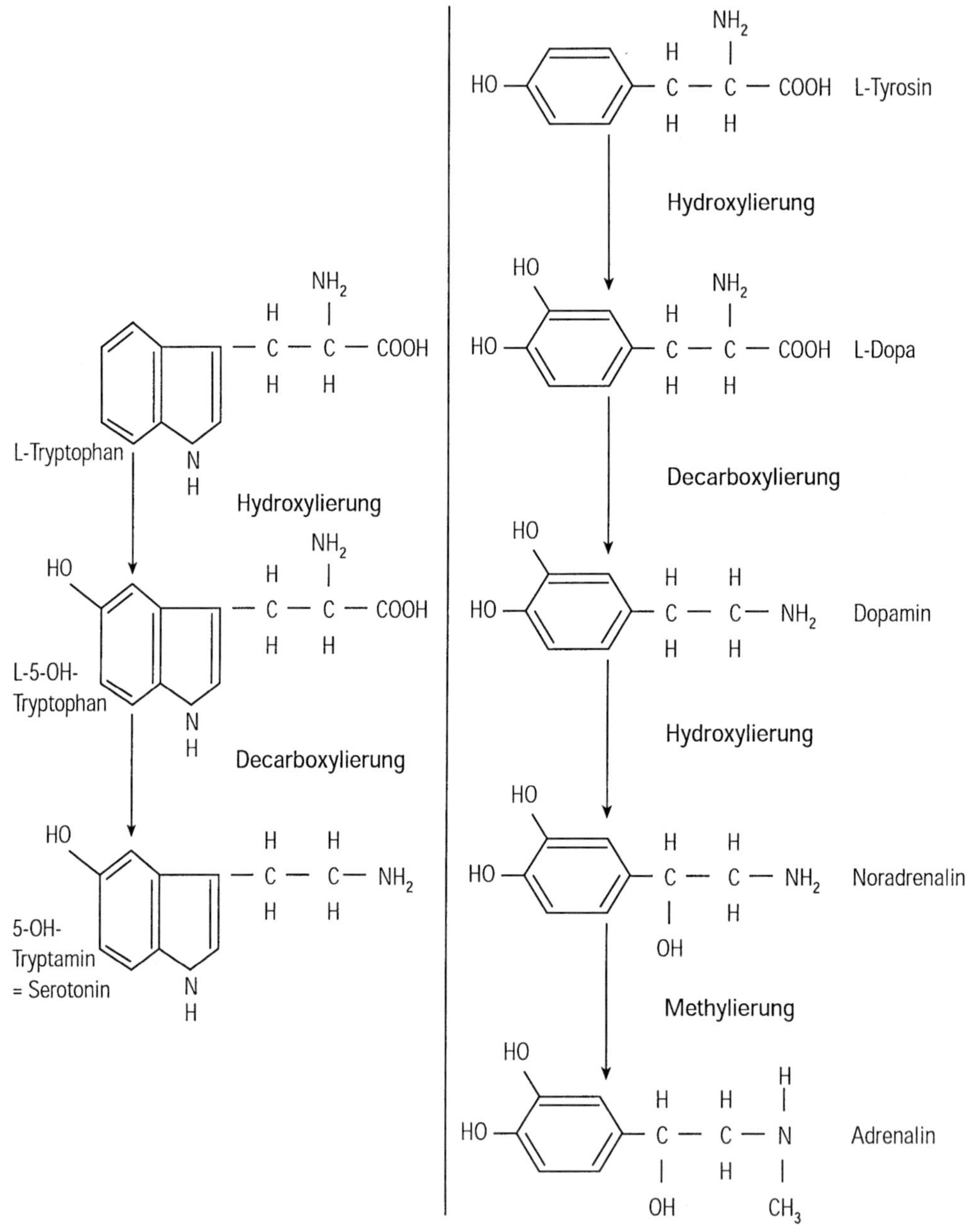

Schema 3.1: Biosynthese der Monoamintransmitter

3.2 Synaptische Übertragung

Rezeptoren: Für Serotonin gibt es eine Vielzahl von Bindungsstellen, deren Bedeutung nur teilweise bekannt ist. Man unterscheidet gegenwärtig vom Serotoninrezeptor sieben große, mit 5-HT_1 bis 5-HT_7 bezeichnete Formen, wobei vom 5-HT_1-Rezeptor noch einmal vier, vom 5-HT_2-Rezeptor drei Subtypen differenziert werden konnten. Sie unterscheiden sich sowohl pharmakologisch wie molekularbiologisch zum Teil erheblich: So ist etwa der 5-HT_3-Rezeptor im Gegensatz zu den restlichen Serotoninbindungsstellen Ionenkanal-gekoppelt. Mit der Ausnahme des 5-HT_{1A}-Rezeptors liegen alle 5-HT_1-Rezeptoren wohl ausschließlich präsynaptisch; ihre Blockade wirkt deshalb serotoninagonistisch, ihre Stimulation durch exogene Liganden serotoninantagonistisch (nach Benkert u. Hippius 1996, S. 18 f.).

Von Dopaminrezeptor kennt man fünf verschiedene Typen (mit D_1 bis D_5 bezeichnet). Sie unterscheiden sich sowohl pharmakologisch wie molekularbiologisch: So wird etwa der D_2-Rezeptor wirksam durch die *klassischen Neuroleptika* wie Haloperidol blockiert, während beispielsweise D_4-Rezeptoren offenbar eher durch *atypische Neuroleptika* wie Clozapin blockierbar sind. Weiter stimuliert Besetzung der Dopaminbindungsstellen verschiedene G-Proteine mit unterschiedlichen Wirkungen auf das postsynaptische Membranpotential. Für die Behandlung mit Neuroleptika ist zudem wichtig, daß die Rezeptortypen unterschiedliche Lokalisation aufweisen, die des Typs D_2 u.a. hohe Dichte im Striatum haben, während die D_4-Bindungsstellen hauptsächlich in Teilen des limbischen Systems und weniger im Bereich der Basalganglien zu finden sind. Bei Blockade der D_2-Rezeptoren mit klassischen Neuroleptika sind deswegen eher extrapyramidal-motorische Nebenwirkungen zu erwarten als beim Einsatz atypischer Neuroleptika, die vornehmlich die D_4-Rezeptoren blockieren.

Sehr komplizierte Verhältnisse finden sich auch bei den Noradrenalinrezeptoren. Man unterscheidet α- und β-Rezeptoren, wobei die ersteren in die Subtypen α_1 und α_2 eingeteilt werden, von denen jeder noch mehrere Unterformen besitzt; auch von den β-Rezeptoren werden mindestens zwei Formen unterschieden (β_1 und β_2). α_2-Rezeptoren sind offenbar vorwiegend präsynaptisch lokalisiert, so daß ihre Stimulation, etwa mittels Clonidin, antagonistische (z.B. blutdrucksenkende) Effekte hat. Da Noradrenalin ebenso Hormon des Nebennierenmarks ist, finden sich seine Rezeptoren nicht nur an Synapsen, sondern auch frei an vegetativen Organen, wo sie durch Katecholamine aus der Blutbahn besetzt werden können. Einige dieser Noradrenalinrezeptoren sprechen auch auf das ebenfalls im Nebennierenmark produzierte Adrenalin an. Ansonsten ist über die Bindungsstellen des im ZNS kaum vorkommenden Adrenalin wenig bekannt.

Inaktivierung: Sie geschieht bei den Monoamintransmittern im wesentlichen durch *Wiederaufnahme in die präsynaptische Zelle* (*Reuptake*); dies ist für die pharmakologische Beeinflussung der Neurotransmission sowie für das Verständnis der Wirkung einiger Rauschdrogen von erheblicher Bedeutung. Der Reuptake-Vorgang vollzieht sich mittels sogenannter *Transporter-* oder *Carrierproteine*, die an einem bestimmten Abschnitt ihrer Aminosäurekette die Transmittermoleküle binden und in die Zelle zurückschleußen. Blockiert man diese Bindungsstelle für Monoamine (Reuptake-Hemmung), so bleiben die Transmitter länger im synaptischen Spalt und können stärker auf die postsynaptischen Rezeptoren wirken; es handelt sich somit um einen agonistischen Effekt. Darauf basiert z.B. hauptsächlich die Wirkung der zur Depressionsbehandlung eingesetzten trizyklischen Antidepressiva (etwa Amitriptylin, Imipramin), die zumeist die Wiederaufnahme sowohl von Noradrenalin als auch Serotonin hemmen; das ebenfalls eine trizyklische Struktur aufweisende Clomipramin blockiert hingegen fast ausschließlich das Reuptake von Serotonin. Noch spezifischer auf diesen Transmitter wirken die selektiven Serotonin-Wiederaufnahmehemmer (SSRI = selektive Serotonin-Reuptake-Inhibitoren), die nicht nur zur Behandlung von Depressionen, sondern u.a. auch von Zwangsstörungen eingesetzt werden.

Auf Reuptake-Hemmung beruht auch im wesentlichen der antriebssteigernde und euphorisierende Effekt von Kokain, welches v.a. die Wiederaufnahme von Noradrenalin und Dopamin in die präsynaptische Zelle verhindert. Auch die psychostimulatorischen Amphetamine hemmen die Wiederaufnahme von Monoaminen – neben ihrer hauptsächlichen Wirkung, nämlich Verstärkung der präsynaptischen Ausschüttung (s. auch 3.2.13 sowie 13.6.1).

Die aufgenommenen Monoamine werden großteils wieder in Vesikel eingebaut und bei den nächsten Aktionspotentialen erneut in den synaptischen Spalt entlassen. Ist ihre Konzentration hoch, geschieht weitergehende Inaktivierung in Form eines Abbaus in der präsynaptischen Zelle, welcher v.a. vom Enzym *Monoaminoxidase (MAO)* katalysiert wird. Über mehrere Zwischenschritte entsteht dabei aus Serotonin 5-Hydroxyindolessigsäure (5-hydroxyindoleacetic acid = 5-HIAA, eine auch in der deutschen Literatur gebräuchliche Abkürzung). Abbauprodukt von Dopamin ist Homovanillinsäure, während MHPG (3-Methoxy-4-hydroxy-phenylglycol) das von Noradrenalin ist. Diese Metaboliten lassen sich im Liquor, teils auch im Blut und im Urin nachweisen; ihre Konzentration wird – nicht unumstritten – als Maß des synaptischen Abbaus und der an den Synapsen verfügbaren Transmittermengen betrachtet.

Hemmung der Monoaminoxidase führt zu höherer präsynaptischer Konzentration und damit zu verstärkter Ausschüttung der Monoamintransmitter, wirkt also agonistisch. *MAO-Hemmer* werden deshalb zur Depressionsbehandlung eingesetzt, in letzter Zeit häufiger, nachdem es gelungen ist, durch Entwicklung selektiver und reversibler MAO-Hemmer Nebenwirkungen gering zu halten.

3.2.12 Acetylcholin

Struktur und Synthese: Dieser wichtige Transmitter besitzt strukturell wenig Ähnlichkeiten mit den übrigen Neurotransmittern und bilden deshalb eine eigene Gruppe. Er wird mittels des Enzyms Cholinacetyltransferase aus Cholin und aktivierter Essigsäure (Acetyl-CoA) synthetisiert; letztere Substanz fällt laufend aus dem Stoffwechsel an, Cholin wird mit der Nahrung aufgenommen.

```
    H  O      H H  CH₃
    |  ||     | |  |+
 H-C-C-O-C-C-N-CH₃      Acetylcholin
    |        | |  |
    H        H H  CH₃
```

Rezeptoren: Wie in 3.2.5 ausgeführt, unterscheidet man zwei Typen von Bindungsstellen für Acetylcholin, nämlich *nikotinerge* (oder *nikotinische*) und *muskarinerge (muskarinische)*. Im ZNS kommen beide Typen vor; nikotinische Acetylcholinrezeptoren finden sich zudem an den *vegetativen Ganglien* sowohl des sympathischen wie des parasympathischen Nervensystems, daneben an den *motorischen Endplatten* (den Synapsen von motorischen Axonen und Muskelzellen); muskarinische Rezeptoren sitzen an den Verbindungen *vegetativer Organe* mit den *postganglionären Neuronen des Parasympathikus* (s. auch 4.2.3 und 4.2.4). Anregung cholinerger Neurone hat deshalb eine Vielzahl von Wirkungen; neben Effekten u.a. auf Gedächtnisleistungen, Stimmung und Schlaf sind hier v.a. vegetative Reaktionen zu nennen.

Inaktivierung: Sie geschieht im synaptischen Spalt durch das Enzym *Acetylcholinesterase* (oder kürzer: *Cholinesterase*), das Acetylcholin wieder in seine Ausgangsprodukte zerlegt. Hemmung dieses Enzyms wirkt daher cholinagonistisch; Cholinesterasehemmer werden seit einiger Zeit in der Behandlung der Alzheimer-Krankheit eingesetzt, bei der Acetylcholinmangel an den Synapsen angenommen wird.

3.2.13 Pharmakologische Beeinflussung der synaptischen Übertragung

Wie aus den vorangegangenen Abschnitten ersichtlich, kann dies auf unterschiedliche Weise geschehen; die diversen Möglichkeiten seien hier noch einmal etwas systematischer dargestellt und ergänzt.

Stimulation der Produktion: Diese geschieht am einfachsten dadurch, daß man liquorgängige Ausgangsprodukte des Transmitters (Präkursoren) verabreicht. Das wohl bekannteste Beispiel ist die Gabe von L-Dopa zur Vermehrung der synaptischen Dopaminkonzentration, weiter Verabreichung von L-Tryptophan oder L-5-Hydroxytryptophan zur Anregung der Serotoninsynthese. Zuweilen ist die Gabe von Präkursoren nicht wirksam; so beeinflußt erhöhtes L-Tyrosinangebot (des Vorläufers von L-Dopa und damit von Dopamin und Noradrenalin) die Produktion der Katecholamintransmitter kaum. Auch Verabreichung des Acetylcholinausgangsprodukts Cholin hat offenbar – wenigstens bei Alzheimer-Patienten – wenig Einfluß auf die Symptomatik; möglicherweise liegt hier ein Mangel an Cholinacetyltransferase vor, so daß das erhöhte Cholinangebot nicht bewältigt werden kann.

Hemmung der Produktion: Dies läßt sich im Prinzip durch eine Diät erreichen, die extrem arm an dem jeweiligen Transmitterpräkursor ist. So soll – nicht unumstritten – tryptophanarme Kost über Verminderung der Serotoninproduktion zu depressiver Symptomatik führen bzw. schon vorhandene Depressionen verschlimmern (Young et al. 1985; Delgado et al. 1990).

Hemmung der Produktion ist zudem durch Blockade der die Synthese kontrollierenden Enzyme zu erreichen; so führt im Tierversuch α-Methyltyrosin zu einer Abnahme von Noradrenalin im Gehirn und zu Verhaltensänderungen (s. Schildkraut 1965); möglicherweise bewirkt zudem Stimulierung der präsynaptischen Autorezeptoren nicht nur Hemmung der Ausschüttung, sondern auch verminderte Produktion von Transmittern, etwa von Noradrenalin (s. Benkert u. Hippius 1996, S. 16 ff.).

Beeinflussung der Speicherung: Da sich die Transmitter vor der Freisetzung in den Vesikeln befinden, beeinflußt eine Störung der Speicherfähigkeit die synaptische Übertragung negativ. Das wohl bekannteste Beispiel dafür ist die blutdrucksenkende Wirkung von Reserpin: Diese Substanz macht die Wände der Vesikel in den präsynaptischen Endknöpfchen porös, so daß Noradrenalinmoleküle ins Zytoplasma austreten und dort durch MAO abgebaut werden. Eine biopsychologisch interessante Nebenwirkung ist die „reserpininduzierte Depression"; sie führte u.a. zur Hypothese, daß depressiven Zuständen ein Noradrenalinmangel zugrunde liegen könnte.

Stimulation der Ausschüttung: Auf diesem Prinzip basieren diverse psychotrope Substanzen. So scheinen die psychostimulatorischen und euphorisierenden Amphetamine hauptsächlich dadurch zu wirken, daß sie die *Entleerung der Vesikel in den synaptischen Spalt beschleunigen*. Als Wirkmechanismus von MDMA („Ecstasy") wird u.a. Förderung der Serotoninausschüttung diskutiert (Schmoldt 1999, s. auch 13.8.3). Die Freisetzung ist auch dadurch zu stimulieren, daß man die *präsynaptischen Autorezeptoren blockiert*. Die präsynaptische Zelle geht dann von einer verminderten Transmitterkonzentration im Spalt aus, produziert und schüttet daher mehr Botenstoffe aus. Blockade präsynaptischer Autorezeptoren ist eines von mehreren Wirkprinzipien der trizyklischen Antidepressiva (neben der Reuptake-Hemmung).

Hemmung der Ausschüttung: Dieser Mechanismus ist Grundlage der *präsynaptischen Hemmung* (s. 3.2.6). Auch durch *Stimulation präsynaptischer Autorezeptoren*, wie es etwa Clonidin an den präsynaptischen α_2-Rezeptoren für Noradrenalin leistet, läßt sich dieser Effekt erzielen. Die Wirkung ist dabei so, wie wenn zahlreiche Transmittermoleküle im Spalt diese Autorezeptoren besetzten: Die präsynaptische Zelle drosselt daraufhin Produktion und Freisetzung. Auch einige Gifte wirken über Verhinderung der präsynaptischen Ausschüttung von Transmittern, so das zuweilen im Rahmen von „Fleischvergiftungen" (Botulismus) aufgenommene Botulinustoxin, welches die Freisetzung von Acetylcholin hemmt.

Verstärkung der Transmittereffekte am Rezeptor: Sie kann auf diverse Arten geschehen. Am einfachsten ist es, einen *zweiten Liganden* anzubieten. Dies ist etwa das Prinzip der Nikotinwirkung, indem die Substanz – zusätzlich zu Acetylcholin – nikotinische Acetylcholinrezeptoren besetzt und stimuliert. Auch die Wirkung von Barbituraten (und möglicherweise Alkohol) am $GABA_A$-Benzodiazepinrezeptorkomplex ist durch die Besetzung einer dem GABA-Rezeptor benachbarten und in ähnlicher Weise die Chloridkanäle kontrollierenden Bindungsstelle zurückzuführen. Eine weitere Möglichkeit, die Transmitterwirkung am Rezeptor zu verstärken, ist die *Erhöhung seiner Empfindlichkeit* (Sensitivierung). Auf diesem Prinzip beruht die Wirkung der Benzodiazepine am $GABA_A$-Benzodiazepinkomplex: Besetzung von Benzodiazepinrezeptoren führt zur Verstärkung der GABA-Wirkung.

Schwächung der Transmitterwirkung am Rezeptor: Dies läßt sich z.B. dadurch erreichen, daß man die Zahl der mit Transmittermolekülen in Kontakt tretenden Rezeptoren reduziert; am direktesten geschieht dies durch *Blockade* (Anlagerung einer Substanz, die mit den Rezeptoren eine Bindung eingeht, aber keinen Einfluß auf die Ionenkanäle ausübt). Bekanntestes Beispiel sind dazu die *Dopaminrezeptoren blockierenden Neuroleptika*; wichtige pharmakologische Bedeutung hat auch *Atropin* als *Blocker der muskarinergen Acetylcholinrezeptoren.*

Verstärkung der nachgeschalteten Signaltransduktion: Greift man in die Prozesse ein, durch die second messengers nach Besetzung eines G-Protein-gekoppelten Rezeptors die Öffnung von Ionenkanälen bewirken, ergeben sich weitere Möglichkeiten der Einflußnahme. So läßt sich etwa die *Phosphodiesterase blockieren*, jenes Enzym, welches die second messenger-Wirkung beendet. Als Phosphodiesterasehemmer wirkt u.a. Koffein, das die Effekte der nachgeschalteten Signaltransduktion verlängert, also einen agonistischen Effekt an verschiedenen Transmittersystemen hat. Blockade der Phosphodiesterase ist auch der Wirkmechanismus des Potenzmittels Sildenafil (Viagra), durch das die Blutzufuhr in die Schwellkörper des Penis länger anhält (s. auch 11.2.2).

Hemmung der nachgeschalteten Signaltransduktion: In die komplizierten Prozesse der Bildung von second messengers läßt sich auch hemmend eingreifen; dies ist wohl das wichtigste Wirkprinzip der zur *Prophylaxe affektiver Episoden* eingesetzten *Lithiumsalze*. Auch die sich nach einiger Zeit des Konsums von psychotropen Substanzen häufig einstellende Toleranz beruht in vielen Fällen auf der Abschwächung von Transmitterwirkung. So vertragen Opioidabhängige häufig Dosen von Heroin oder Methadon, die für Normalpersonen tödlich wären. Es liegt nahe, hier Verminderung der Zahl oder Empfindlichkeit von Rezeptoren anzunehmen oder eine Hemmung der nachgeschalteten Signaltransduktion zu vermuten (s. dazu 13.2).

Verhinderung der Inaktivierung: Dieser agonistische Effekt ist Wirkprinzip vieler Medikamente und Rauschdrogen. *Blockierung* des Enzyms Acetylcholinesterase führt zum *Anstieg* der Acetylcholinkonzentration im synaptischen Spalt, was u.a. zur Behandlung der Alzheimer-Krankheit benutzt wird. Ein gängiges Prinzip vieler Psychopharmaka (etwa der trizyklischen Antidepressiva) und Rauschdrogen (Kokain, in geringerem Maße auch von Amphetaminen) ist die *Hemmung des Monoamin-Reuptakes* durch Blockierung der an den Transporterproteinen für die Transmittermoleküle vorgesehenen Bindungsstellen. Schließlich kann auch der weitere *Abbau der Monoamine im präsynaptischen Neuron* nach Reuptake gebremst werden; dies ist das Wirkprinzip der u.a. zur Depressionsbehandlung eingesetzten *MAO-Hemmer*.

Beschleunigung der Inaktivierung: Dieser antagonistische Effekt scheint praktisch keine Bedeutung zu haben; man könnte eventuell die oben besprochene reserpininduzierte Freisetzung von Noradrenalin ins Zytoplasma und den dort erfolgenden Abbau durch MAO als Beispiel dafür anführen.

3.3 Entstehung des Aktionspotentials

Die laufend unter den zahllosen Synapsen der postsynaptischen Membran entstehenden exzitatorischen und inhibitorischen Potentiale wandern zum *Axonhügel* an der Grenze zwischen Neuronenkörper und Axon. Dies geschieht unter Abschwächung; somit haben Potentiale von Synapsen nahe des Axonhügels auf das weitere Geschehen größeren Einfluß als entferntere. Am Axonhügel werden die eintreffenden Potentiale verrechnet, d.h. sie überlagern sich zu einem *Summenpotential*; exzitatorische postsynaptische Potentiale werden durch inhibitorische geschwächt. Neben dieser *räumlichen Summation* der Potentiale verschiedener Synapsen gibt es eine *zeitliche*: Feuert ein präsynaptisches Neuron dicht hintereinander, so ist das zuerst postsynaptisch auftretende Potential noch nicht abgeebbt, wenn sich das zweite ausbildet; durch Überlagerung entsteht ein größeres Potential (welches einen wichtigen Summanden bei der räumlichen Summation abgibt). Das als Summe am Axonhügel auftretende Potential schwankt über die Zeit, meist von –70mV nahe dem Ruhepotential. Liegt es zu einem Zeitpunkt unter einem kritischen Wert, der je nach Neuronentypus etwa –60 mV betragen dürfte, erfolgt keine Reaktion; ein Potential von beispielsweise –62 mV, immerhin eine durch zahlreiche exzitatorische Potentiale hervorgerufene Abweichung von circa 8 mV vom Ruhepotential, verpufft gewissermaßen. Wird aber zu einem Zeitpunkt – und sei es nur gering und für einen kurzen Augenblick – diese kritische Schwelle überschritten, entsteht ein Aktionspotential, eine zeitlich begrenzte Positivierung, die sich am Axonhügel ausbildet und sich längs des Axons fortbewegt.

Studium des Ruhepotentials, der kritischen Schwelle und des Aktionspotentials erfolgt meist an einem isolierten Axon, z.B. dem eines Tintenfisches. Neben den im Intra- und Extrazellulärraum positionierten, mit einem Spannungsmesser verbundenen Meßelektroden kann durch eine weitere, mit einer Batterie verknüpfte und in das Axon eingeführte Elektrode dessen Potential systematisch verändert werden. Erzeugt man eine kurzzeitige Hyperpolarisation, verschiebt das Ruhepotential also noch weiter ins Negative, so bildet sich diese künstliche Erregung in Kürze zurück. Dasselbe gilt, wenn man das Axon depolarisiert, aber dabei nicht den Grenzwert von -60 mV überschreitet; die Depolarisation klingt folgenlos ab. Anders ist der Fall, wenn man die Depolarisation so groß werden läßt, daß der kritische Wert überschritten wird. Dann entsteht die kurzzeitige Positivierung, ein Anstieg des Potentials bis auf etwa +20 mV; dabei ist es belanglos, ob die kritische Schwelle minimal oder deutlich überschritten wurde, das resultierende Aktionspotential ist immer gleich. Es bildet sich nach dem *Alles- oder Nichts-Prinzip*.

Die Entstehung des Aktionspotentials kommt dadurch zustande, daß sich – falls die kritische Schwelle überschritten wird – schlagartig bestimmte *Natriumkanäle öffnen* (s. Abb. 3.5); da deren Öffnungsgrad vom augenblicklichen Potential abhängt, werden diese *spannungsabhängige Natriumkanäle* genannt. Sowohl der elektrostatischen wie der Diffusionskraft folgend, strömen Na^+-Ionen aus dem Extrazellulärraum ins Zellinnere, solange bis ein Potential von etwa +20mV bis +50 mV (wiederum abhängig von der Zellart) erreicht ist. Dazu müssen angesichts des hohen elektrostatischen Potentials eines einzigen Ions letztlich nur wenige Natriumionen in die Zelle dringen; an den *Konzentrationsverhältnissen* (Natrium überwiegend extra-, kaum intrazellulär) ändert sich selbst am Ort des Aktionspotentials *so gut wie nichts*. Zeitversetzt öffnen sich dann die *Kaliumkanäle* und K^+-Ionen verlassen, dem Konzentrationsgefälle folgend und durch die zunehmende Positivierung der Zelle aufgrund des Natriumeinstroms nach außen getrieben, den Intrazellulärraum. Von Bedeutung ist, daß sich die Kaliumkanäle erst verzögert öffnen und der Kaliumausstrom nach dem Natriumeinstrom einsetzt; würde beides zur gleichen Zeit ablaufen, käme es lediglich zu einem Ionenaustausch (Natrium gegen Kalium) ohne wesentliche Änderung des Membranpotentials. Das bald nach dem Natriumeinstrom einsetzende Austreten von Kalium hat jedoch zur Folge, daß die Positivierung gebremst wird (das Natriumgleichgewichtspotential von +70 mV nicht erreicht wird). Haben sich die Natriumkanäle wieder geschlossen, bleiben die für Kalium weiter offen, so daß die Zelle wieder innen negativ wird. Es resultiert sogar kurzfristig eine Negativierung über das Ruhepotential hinaus, nämlich etwa bis zum

3.3 Entstehung des Aktionspotentials

Kaliumgleichgewichtspotential von -90 mV. Erst nach einigen weiteren Millisekunden ist mittels der *Natrium-Kalium-Pumpe* wieder das Ruhepotential hergestellt. Insgesamt hat ein *sehr kleiner Austausch* von Natrium- und Kaliumionen stattgefunden, der an den grundlegenden Konzentrationsverhältnissen (Kalium hauptsächlich innen, Natrium überwiegend außen) praktisch nichts ändert; restlos den alten Zustand stellt wieder die Natrium-Kalium-Pumpe her. Selbst wenn man diese durch Dinitrophenol blockiert, lassen sich weiter abertausende Aktionspotentiale auslösen; erst dann haben sich die Konzentrationsunterschiede so stark ausgeglichen, daß dies nicht mehr möglich ist.

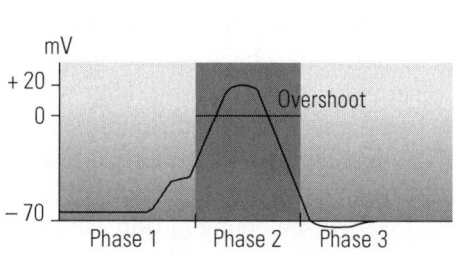

Steigt das Membranpotential über einen kritischen Wert an (hier etwa -60mV), so öffnen sich schlagartig die Natriumkanäle und das Zellinnere wird durch die einströmenden Natriumionen zunehmend positiv.

Die zeitverzögerte Öffnung der Kaliumkanäle hat zur Folge, daß das Zellinnere nur mäßig positiv wird und sich das Membranpotential zurückbildet. Etwa in der Mitte von Phase 2 haben sich die Natriumkanäle wieder geschlossen.

In Phase 3 strömt allein Kalium durch die nun offenen Kanäle aus und es kommt zur Negativierung über das Ruhepotential hinaus. Am Ende von Phase 3 schließen sich auch die Kaliumkanäle und die Natrium-Kalium-Pumpe stellt den alten Zustand wieder her.

Abbildung 3.5: Das Aktionspotential

Das ganze Aktionspotential dauert – abhängig vom Neuronentyp – etwa 4 msec (Millisekunden). In den ersten 1–2 Millisekunden ist das Neuron *absolut refraktär*, d. h. durch noch so große Depolarisationen nicht erregbar; danach bis zur Herstellung des Ruhepotentials *relativ refraktär*, nur durch größere Depolarisationen als sonst nötig zu erregen. Aus der absoluten Refraktärzeit läßt sich die maximale Feuerungsrate des Neurons berechnen; Entstehung eines APs im Abstand von höchstens zwei Millisekunden entspricht einer Frequenz von circa 500 Hertz oder mehr.

Daß bei maximaler Öffnung von Natriumkanälen nicht noch ein weiteres AP entstehen kann, leuchtet unmittelbar ein. Hat sich hingegen die Positivierung zurückgebildet oder ist das Membranpotential als Nachschwankung hyperpolarisiert, kann erneutes Öffnen der Natriumkanäle dies wieder unterbrechen, ist also der Refraktärzustand nur relativ.

Diese Refraktärzeit hat verschiedene Konsequenzen: Zum einen bestimmt sie die maximale Feuerungsrate des Neurons, zum anderen sorgt sie dafür, daß sich das AP vom Axonhügel nur in Richtung Endknöpfchen ausbreitet, daß die Erregung auf halbem Wege im Axon nicht wieder umkehrt (s. 3.4).

3.4 Die Ausbreitung des Aktionspotentials

Um die Erregung auf die nächste Nervenzelle oder einen Effektor (z.B. eine Muskelzelle) zu übertragen, muß das am Axonhügel entstandene AP zu den Endknöpfchen wandern; das geschieht an unmyelinisierten und myelinisierten (markhaltigen) Axonen unterschiedlich. Man betrachte zunächst den Fall des unmyelinisierten Axons, dessen Membran überall mit dem Extrazellulärraum Kontakt hat (s. Abb. 3.6).

Am Axonhügel selbst kommt es durch das Aktionspotential kurzfristig zu einer positiven Ladung des Zellinneren. Dies hat auch Einfluß auf die unmittelbare Umgebung: Aufgrund elektrostatischer Anziehung wandern negative Ionen von dort in den augenblicklich positiven Membranabschnitt; in dessen Umgebung findet also eine Depolarisation statt, welche die kritische Schwelle überschreitet; Folge ist die Ausbildung eines neuen Aktionspotentials an einem Neuronenabschnitt. Hier wiederholt sich der Vorgang: Zur augenblicklich erregten Partie des Neurons diffundieren negative Ionen vom endknöpfchenwärts gelegenen Nachbarabschnitt, womit sich dieser depolarisiert, usw. Daß die Erregung nicht zurück zum Axonhügel wandert, liegt am Refraktärzustand des gerade erregten Membranabschnitts: Ionenverschiebungen dort sind nicht stark genug, um ein erneutes Aktionspotential auszulösen. Ist dieser Membranabschnitt wieder erregbar, ist das Aktionspotential bereits zu weit in Richtung Endknöpfchen vorgedrungen. Diese kontinuierliche Erregungsausbreitung geht vergleichsweise langsam vor sich (etwa 1 m pro Sekunde), da der Aufbau immer neuer Aktionspotentiale Zeit erfordert.

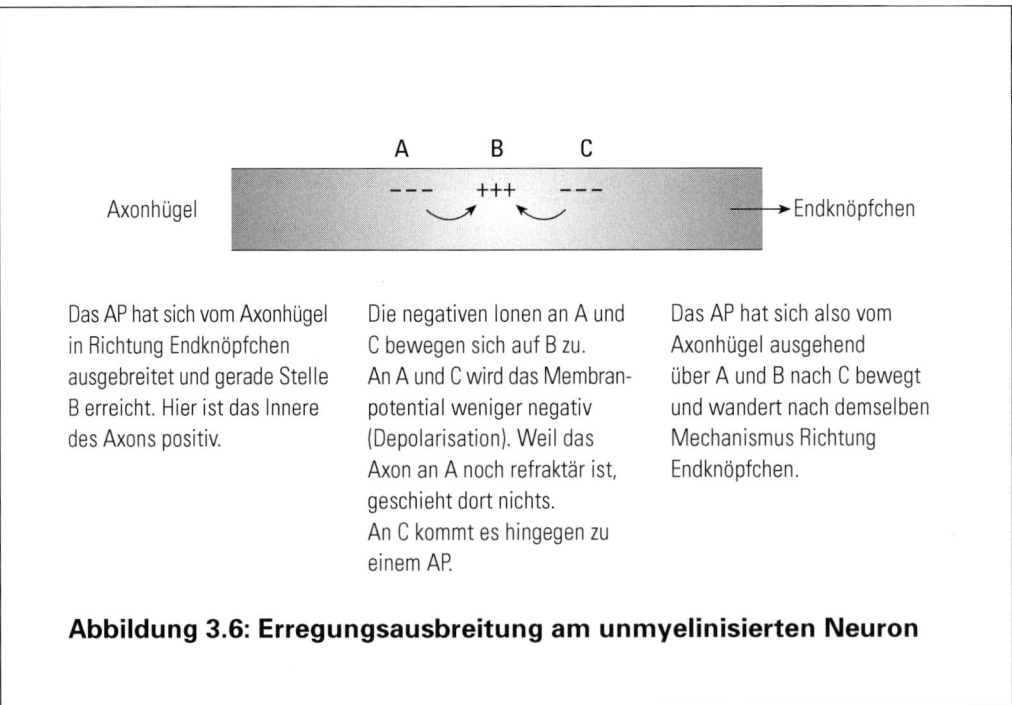

Abbildung 3.6: Erregungsausbreitung am unmyelinisierten Neuron

3.4 Die Ausbreitung des Aktionspotentials

Sehr viel *rascher* geschieht die Erregungsausbreitung am *myelinisierten Axon*. Dieses ist, wie in 1.4 beschrieben, von einer *isolierenden Myelinschicht* umgeben, die jeweils etwa im Abstand von 1 mm kurz unterbrochen ist (*Ranviersche Schnürringe*); nur dort steht die Membran des Axons in Verbindung mit dem Extrazellulärraum und nur dort können jene Austauschprozesse stattfinden, die Grundlage des Aktionspotentials sind. Die intrazelluläre Positivierung unter dem Aktionspotential führt hier – dank der Isolierung des Neurons durch die Myelinschicht – zu weiterreichenden Ionenverschiebungen, die noch am nächsten Schnürring groß genug sind, um die kritische Schwelle zu überschreiten und Ausbildung eines APs zu veranlassen. Das Aktionspotential springt hier also von einem Ranvierschen Ring zum anderen. Diese Form der Erregungsausbreitung wird saltatorisch genannt (von lat. saltare = springen). Sie ist bis zu 100mal so schnell wie die kontinuierliche Erregungsleitung. Die meisten Axone, insbesondere die motorischen und sensorischen des somatischen Nervensystems, sind myelinisiert; Verlust der Myelinschicht, wie etwa bei der Multiplen Sklerose, führt deshalb zu verminderter Leitungsgeschwindigkeit, was diagnostisch oft von großer Bedeutung ist. Neben der größeren Leitungsgeschwindigkeit bieten myelinisierte Axone einen weiteren Vorteil: Da die APs und damit deren energieverbrauchende Rückbildung mittels der Natrium-Kalium-Pumpe dort viel seltener sind, arbeiten sie ökonomischer.

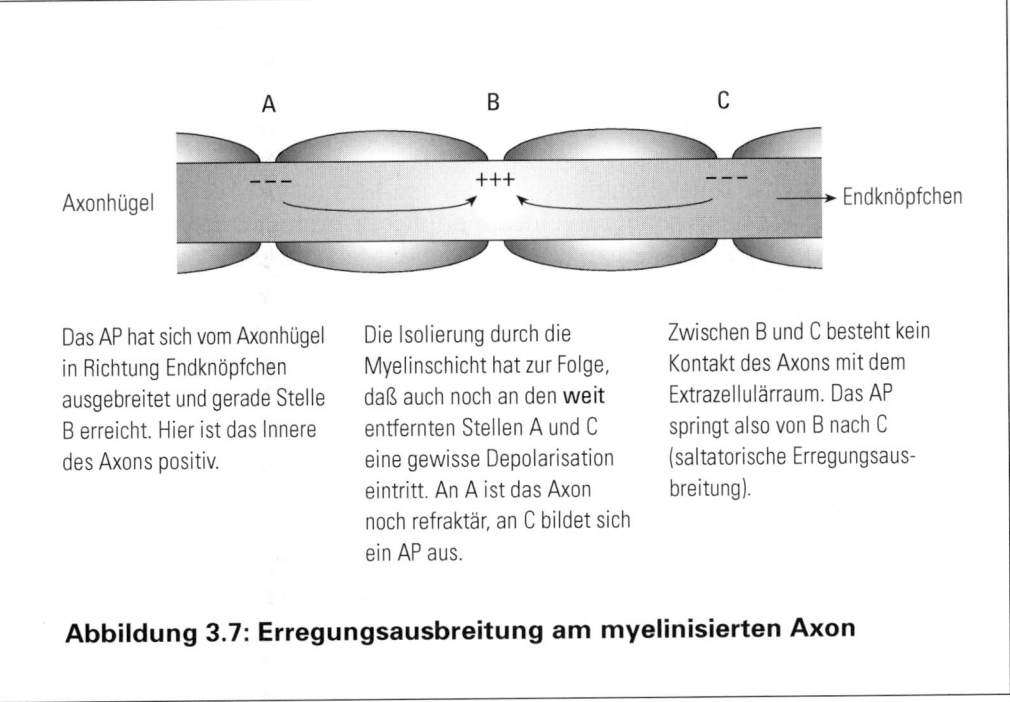

Das AP hat sich vom Axonhügel in Richtung Endknöpfchen ausgebreitet und gerade Stelle B erreicht. Hier ist das Innere des Axons positiv.

Die Isolierung durch die Myelinschicht hat zur Folge, daß auch noch an den **weit** entfernten Stellen A und C eine gewisse Depolarisation eintritt. An A ist das Axon noch refraktär, an C bildet sich ein AP aus.

Zwischen B und C besteht kein Kontakt des Axons mit dem Extrazellulärraum. Das AP springt also von B nach C (saltatorische Erregungsausbreitung).

Abbildung 3.7: Erregungsausbreitung am myelinisierten Axon

4 Vegetatives (autonomes) Nervensystem und endokrines System; Regulation innerer Organe

4.1 Vorbemerkungen; Überblick

Sowohl vegetatives (autonomes) Nervensystem als auch endokrines oder Hormonsystem regeln den *Ablauf innerer Vorgänge* (etwa Atmung, Verdauung) und wirken dabei u.a. auf die glatte Muskulatur (im Gegensatz zur quergestreiften Muskulatur des somatischen Nervensystems). Das *vegetative Nervensystem* leistet dies durch Impulse aus *Neuronen*, das *endokrine System* benutzt für die Übertragung *Botenstoffe (Hormone)*, die auf dem *Blutweg* zu ihren Wirkorten gelangen. Ansonsten bestehen enge Verbindungen zwischen beiden Systemen, die man häufig unter der Bezeichnung *neurohormonales* oder *neuroendokrines System* zusammenfaßt: Nicht nur werden die meisten inneren Organe sowohl vegetativ neuronal wie hormonell gesteuert; auch die übergeordneten Regulationszentren der beiden Systeme, v.a. Teile des Hypothalamus und der Formatio reticularis, sind dieselben oder hängen eng zusammen. Hinzu kommt, daß die Ausschüttung einer wichtigen endokrinen Drüse des Nebennierenmarks, direkt durch Fasern des Sympathikus, also des vegetativen Nervensystems, gesteuert wird.

Zunächst folgt eine Darstellung des vegetativen Nervensystems (4.2) sowohl mit seinen zentralen wie insbesondere seinen peripheren Anteilen (Sympathikus und Parasympathikus). Sodann werden allgemein die Mechanismen der hormonellen Übertragung und der Hormonwirkung beschrieben und endokrine Drüsen mit ihren Hormonen vorgestellt (4.3). Schließlich sollen wichtige Organsysteme (Herz-Kreislauf-System, Atemapparat, Verdauungssystem) in ihrer Anatomie und Physiologie besprochen werden (4.4 bis 4.6). Weitere vornehmlich neuroendokrin gesteuerte Systeme (etwa Niere, Fortpflanzungsapparat) kommen in späteren Kapiteln zur Darstellung.

4.2 Das vegetative (autonome) Nervensystem

4.2.1 Definitionen; Vorbemerkungen

Eher historisch bedingt als detailliert anatomisch-physiologisch begründbar unterscheidet man ein *somatisches Nervensystem* mit *Efferenzen in die Skelettmuskulatur* und *Afferenzen aus den Sinnesorganen* einerseits von einem *vegetativen* oder *autonomen Nervensystem* (abgekürzt VNS oder ANS) andererseits, welches innere Organe steuert und dazu von ihnen Informationen erhält; statt VNS spricht man auch vom viszeralen oder Eingeweidenervensystem (lat. viscera = Eingeweide). Im Gegensatz zum somatischen (animalen) Nervensystem, das die quergestreifte, willkürlich beeinflußbare Muskulatur des Bewegungsapparates versorgt, innerviert das vegetative (autonome) Nervensystem vornehmlich die glatte Muskulatur, etwa in Verdauungstrakt, Teilen der Atmungsorgane, Herz-Kreislauf-System, Fortpflanzungsorganen, Drüsen oder Sinnesorganen; auch andere Effektoren der inneren Organe (z.B. die Sekrete produzierenden Zellen, die hormonsezernierenden Zellen des Nebennierenmarks) werden von vegetativen Fasern erreicht und in ihrer Funktion gesteuert; wie erwähnt, sind die Beziehungen zwischen vegetativem und endokrinem System sehr eng. In gewisser Vereinfachung kann man sagen, daß das VNS zusammen mit dem Hormonsystem innere Vorgänge steuert, während das somatische Nervensystem die Auseinandersetzung mit der Umgebung regelt.

Diese Darstellung ist allerdings sehr schematisch und in Details nicht zutreffend: So wird etwa die Pupillenweite, welche die einfallende Lichtmenge aus der Außenwelt bestimmt, durch sympathische und parasympathische Fasern reguliert; auch die Ausschüttung von Duftstoffen, die u.a. der Sexualattraktion dienen, ist vegetativ gesteuert. Nicht völlig korrekt ist es zudem – wie häufig in Darstellungen zu finden und zur ersten Orientierung durchaus nützlich -, die vom somatischen Nervensystem gesteuerten Vorgänge als bewußt und willkürlich zu charakterisieren, die vom VNS regulierten als unbewußt und unwillkürlich. So kommen zahlreiche Reaktionen der quergestreiften, vom somatischen Nervensystem versorgten Muskulatur nicht zu Bewußtsein, etwa die zahlreichen, laufend stattfindenden Stellreflexe, mit denen eine stehende oder sitzende Person ihre Haltung beibehält. Auch sind keineswegs alle Reaktionen der quergestreiften Muskeln willkürlich zu beeinflussen: Die Muskeleigenreflexe, etwa der Patellarsehnenreflex, lassen sich selbst mit größter Anstrengung und Konzentration nicht unterdrücken. Umgekehrt können vom VNS gesteuerte Vorgänge durchaus bewußt werden, etwa der Herzschlag; dieser ist – zumindest von manchen Personen und in gewissem Ausmaß – willkürlich zu beeinflussen.

Beim VNS unterscheidet man *periphere* Anteile, nämlich jene Nervenfasern, die von alters her unter der Bezeichnung Sympathikus (Orthosympathikus) und Parasympathikus zusammengefaßt werden und *zentrale*, im Gehirn lokalisierte, die v.a. im Hirnstamm (v.a. Hypothalamus und Formatio reticularis) angenommen werden. Konventionell werden bei Darstellungen des VNS nur die peripheren Anteile berücksichtigt und dabei meist wiederum nur die efferenten Nerven; dabei gibt es ebenso afferente Fasern, die Informationen von Rezeptoren der inneren Organe (etwa den Barorezeptoren im Herz-Kreislauf-System) dem ZNS zuführen (viszerale Afferenzen) und auf die Efferenzen zurückwirken. Neben den peripheren Anteilen des VNS (sowohl efferenten wie afferenten) sollen hier auch zentrale vegetative Regulationsorgane angeführt und ihre Verbindungen zu den peripheren Nerven dargestellt werden.

4.2.2 Allgemeines zu Sympathikus und Parasympathikus

Schon die alten Anatomen kannten einen Sympathikusnerv, der v.a. die Eingeweide versorgte und eigentlich ein Nervengeflecht darstellte, zu dem als wichtigster Bestandteil der beidseits der Wirbelsäule liegende Grenzstrang (Truncus sympathicus) gehörte. Die Bezeichnung „sympathisch" (mitleidend, von griech. syn = mit und pathein = leiden) kam daher, weil man die von diesen Nerven versorgten Organe (etwa Tränendrüsen, Schweißdrüsen) als *mitleidend* bei körperlichen und seelischen Erschütterungen ansah. Während lange *sympathisches Nervensystem* oder *Sympathikus* als synonym für Eingeweidenervensystem gebraucht wurde, verwendet man diesen Begriff heute zur Kennzeichnung eines Subsystems des VNS, dem man mit dem sogenannten *Parasympathikus* ein zweites gegenüberstellt.

Unter *Sympathikus* oder *sympathischem Teil des VNS* oder *sympathischem Nervensystem* versteht man heute eine Anzahl von efferenten Neuronen, die vom Rückenmark über den Grenzstrang im wesentlichen zu vegetativen Organen, diversen exokrinen Drüsen und zu Teilen des Auges ziehen und deren Stimulation ähnliche Wirkung hat wie die Anregung durch Adrenalin. Als *Parasympathikus (parasympathischer Teil des VNS, parasympathisches VNS)* bezeichnet man Neurone, die, vom Hirnstamm oder aus dem Sakralmark ausgehend, ohne Kontakt zum Grenzstrang, innere Organe, Drüsen und Auge erreichen und deren Stimulation den Effekten des an muskarinergen Acetylcholinrezeptoren agonistisch wirkenden Pilocarpin entspricht. In beiden Systemen läßt sich ein *erstes (präganglionäres) Neuron* von einem *zweiten (postganglionären)* unterscheiden; beim Sympathikus ist das erste meist kurz und endet häufig im Grenzstrang, das zweite lang; hingegen sind die präganglionären Neurone des Parasympathikus lang und enden in unmittelbarer Umgebung der Effektorzellen, die postganglionären entsprechend sehr kurz. Die Wirkung von Sympathikus und Parasympathikus stellt man sich im Großen und Ganzen *antagonistisch* vor, wobei *sympathische Aktivierung ergotrop* wirken soll, zur Tätigkeit anregend, *parasympathische trophotrop*, zur Gewinnung und Speicherung von Energie stimulierend (von griech. ergein = arbeiten, trephein = ernähren, tropein = wirken auf). Diese Definition hat den Vorteil, die historische Entwicklung der Konzepte in etwa nachzuvollziehen und eine für den ersten Gebrauch anschauliche Vorstellung der beiden Subsysteme zu geben, ist aber in vieler Hinsicht unzulänglich.

Dies beginnt damit, daß die physiologische oder pharmakologische Differenzierung der beiden Untersysteme nicht einfach zu leisten ist. Beispielsweise ist der Transmitter, den die zu den Schweißdrüsen führenden Fasern benutzen, Acetylcholin (also mit ähnlicher Wirkung wie Pilocarpin), während man diese Neurone hinsichtlich ihres Ursprungs (im thorakalen und lumbalen Rückenmark) und Verlaufs (Umschaltung in den Grenzstrangganglien) eindeutig als sympathische klassifizieren kann. Ebenso innervieren (den Grenzstrang ohne Umschaltung passierende) sympathische Neurone das Nebennierenmark, das aber keine Rezeptoren für Adrenalin und Noradrenalin enthält und somit durch diese Stoffe nicht stimuliert werden kann. Auch die Charakterisierung der ausgelösten Reaktionen als antagonistisch trifft nur teilweise zu (etwa am Herz und am Verdauungskanal); hingegen ist an den Drüsen die Wirkung von Sympathikus und Parasympathikus oft ähnlich, werden nur chemisch unterschiedliche Sekretbildungen angeregt.

Vielfach wird neben einem sympathischen und parasympathischen Teil noch ein drittes Subsystem unterschieden, das intramurale Nervensystem (intramural = innerhalb der Wand gelegen, von lat. murus = Mauer). Man versteht darunter Nervengeflechte (Plexus) in den Wänden der Hohlorgane, die teils Fasern von Sympathikus und Parasympathikus erhalten, teils aber unabhängig von diesen Einflüssen die Organe regulieren. Am bekanntesten und am besten untersucht sind zwei intramurale Geflechte im Magen-Darm-Bereich, der Meissnersche Plexus (Plexus submucosus) und der Auerbachsche Plexus (Plexus myentericus); man findet deshalb auch statt des Begriffes intramurales Nervensystem die engere Bezeichnung Darmnervensystem. Es enthält miteinander verschaltete sensorische und motorische Neurone, die vornehmlich anhand des Füllungszustandes die Peristaltik des Magen-Darm-Traktes regeln.

4.2 Das vegetative Nervensystem

Die meisten inneren Organe und Drüsen werden sowohl von sympathischen wie parasympathischen Fasern innerviert. Ausnahme machen die *Schweißdrüsen*, zu denen ausschließlich sympathische Neuronen ziehen, weiter das *Nebennierenmark*, welches als *umgewandeltes sympathisches Ganglion* nur von präganglionären sympathischen Fasern erreicht wird. Mittlerweile ist auch gut gesichert – was lange zur Diskussion stand –, daß die *Gefäßmuskulatur* ausschließlich sympathisch innerviert ist.

4.2.3 Der sympathische Teil des VNS

Dieser besteht, geradezu definitionsgemäß, nur aus efferenten Fasern; afferente Fasern aus vegetativen Organen, die teils vereinigt mit den Sympathikusfasern verlaufen, werden nicht zu letzteren gerechnet, sondern bilden – zusammen mit afferenten Fasern in parasympathischen Nerven (wie dem N. vagus) Teil des *viszero-sensiblen Systems* (s. 4.2.5). Die Fasern des Sympathikus beginnen an Neuronen in der *grauen Substanz des Thorakal- und Lumbalmarks*, genauer: der Seitenhörner, Ausbuchtungen der grauen Rückenmarkssäule zwischen Vorder- und Hinterhorn, die speziell in diesen Rückenmarksabschnitten deutlicher hervortreten. Die Axone verlassen mit den Fasern der Motoneurone in den Vorderwurzeln das Rückenmark (s. 2.7) und verlaufen über eine kurze Strecke mit motorischen und sensiblen Fasern im gemischten Spinalnerven; sie zweigen aber nach Austritt aus dem Zwischenwirbelloch ab und ziehen zu einem der *Grenzstrangganglien*, in denen zumeist die Umschaltung von prä- auf postsynaptische Neurone geschieht (s. Abb. 4.1). Dieser *Grenzstrang* (Truncus sympathicus), der beidseits der Wirbelsäule vom Zervikal- bis in den Sakralbereich zieht, besteht aus den perlschnurartig aneinandergereihten Ganglien (Ansammlungen von Neuronenkörpern). Die meisten der präganglionären sympathischen Neurone *enden* dort und *bilden Synapsen* mit dem zweiten, dem postganglionären Neuron. Ein kleinerer Teil *durchquert ohne Umschaltung* diesen Grenzstrang und endet in einzelnen, nicht paarig vorliegenden Ganglien, in denen das zweite Neuron beginnt; das wichtigste dieser unpaaren Ganglien ist das Ganglion coeliacum im Bauchraum.

Ein sehr spezielles Bauchganglion ist das *Nebennierenmark*; es stellt eine Ansammlung umgewandelter postganglionärer Neurone dar, welche Transmitter nicht an den Synapsen zu Effektorzellen ausschütten, sondern Adrenalin und Noradrenalin ins Blut freisetzen, mit dem sie an zahlreiche Wirkungsorte gelangen und dort passende Rezeptoren finden. Die Sympathikusfasern, die am Nebennierenmark enden, sind also *präganglionäre Neurone*, die den Grenzstrang ohne Umschaltung durchbrechen.

Nicht zu den unpaaren, sondern zu denen des Grenzstranges gehören die großen Halsganglien, die durch Verschmelzung mehrerer Ganglien entstanden sind. Die Ganglien des Grenzstranges weisen Verbindungen miteinander dadurch auf, daß manche Neurone die Ganglien ohne Umschaltung durchziehen, auf- oder absteigen und erst an anderer Stelle ihr postganglionäres Neuron treffen; dieser Auf- oder Abstieg resultiert allein schon daraus, daß die präganglionären Neurone dem Thorakal- und Lumbalmark entspringen, die Ganglien des Grenzstrangs aber nach oben bis auf Höhe der kranialen Zervikalwirbel reichen, nach unten bis in den Sakralbereich. Auffällig ist weiter beim Sympathikus die etwa 20mal so hohe Zahl postganglionärer Neurone; präganglionäre Axone verzweigen sich in viele Kollateralen, die nach kranial oder kaudal ziehen und dort umgeschaltet werden.

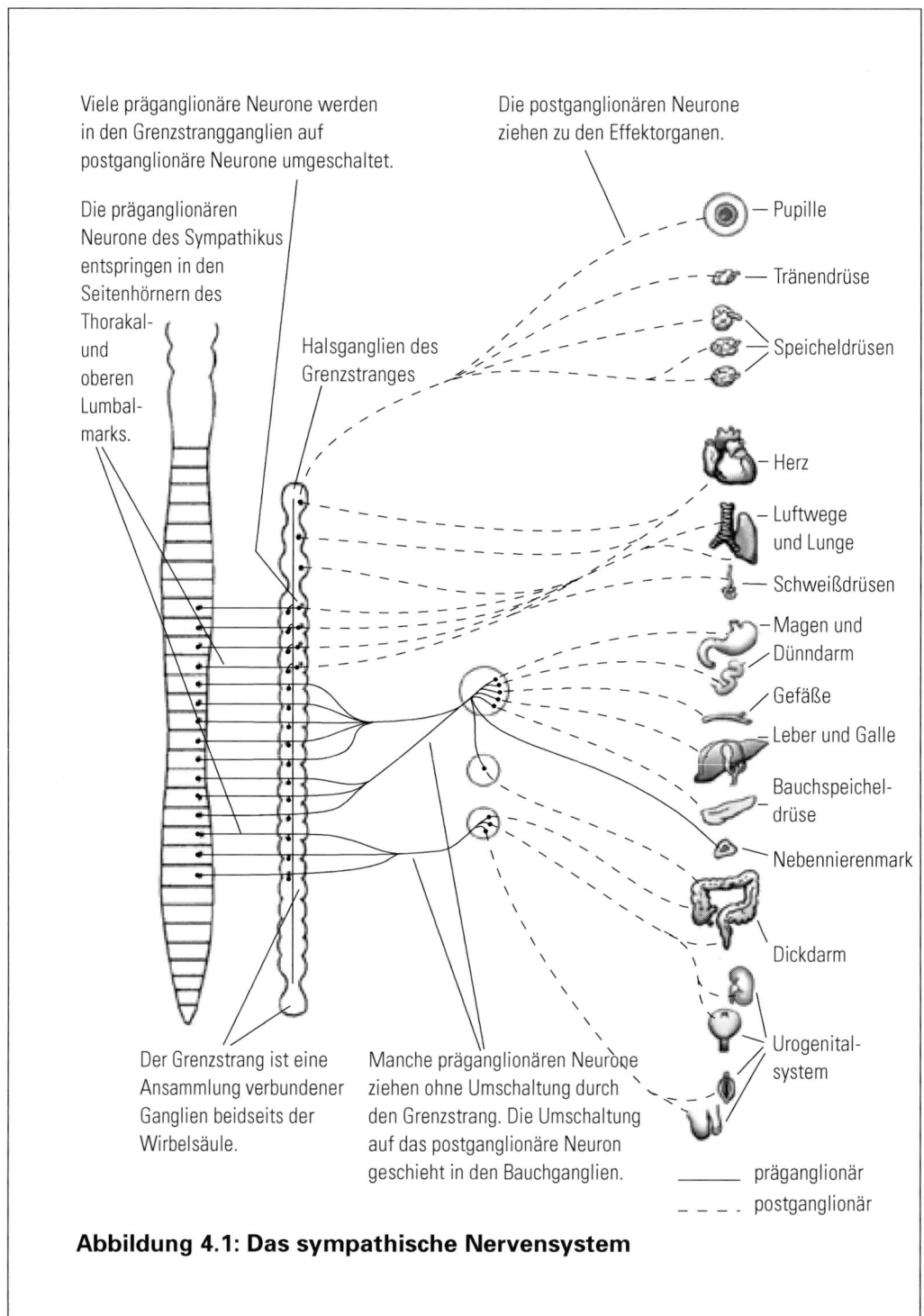

Abbildung 4.1: Das sympathische Nervensystem

4.2 Das vegetative Nervensystem

Der Verlauf der postganglionären Neurone zu den Effektororganen ist kompliziert: Manche schließen sich wieder dem gemischten Nerv an, den die präganglionären Neurone zur Umschaltung im Grenzstrang verlassen hatten, andere ziehen geflechtartig längs gewisser Gefäße an ihre Bestimmungsorte; weitere Fasern bilden eigenständige Eingeweidenerven (Nn. splanchnici). Es sei jetzt schon darauf hingewiesen, daß in den sympathischen Nerven nicht nur die (definitionsgemäß efferenten) Neurone des Sympathicus verlaufen, sondern auch Fasern, die Informationen von diversen Sinnesrezeptoren (z.B. von Nozizeptoren = „Schmerzrezeptoren") dem Rückenmark zuführen (viszerale Afferenzen; s. 4.2.5).

Der *Transmitter* bei der *Umschaltung vom prä- auf das postganglionäre Neuron* ist im sympathischen Nervensystem – ebenso wie im parasympathischen – Acetylcholin, die am *postganglionären Neuron sitzenden Rezeptoren* sind daher *Acetylcholinrezeptoren* und zwar *nikotinerge*. Durch Nikotin, das problemlos in die Ganglien gelangt, wird die Feuerungsrate der postganglionären Neurone erhöht, also (auch) das sympathische Nervensystem angeregt.

Der *Überträgerstoff vom postganglionären Neuron zum Effektororgan* ist beim Sympathikus (in aller Regel) *Noradrenalin*. Die zugehörigen Rezeptoren lassen sich in vier Unterformen einteilen, nämlich α-Rezeptoren (α_1 und α_2) und β-Rezeptoren mit den Subtypen β_1 und β_2. α_2-Bindungsstellen sitzen vornehmlich präsynaptisch, so daß ihre Stimulation (etwa durch das α_2-mimetische Clonidin) noradrenalinantagonistisch wirkt. Besetzung anderer Noradrenalinrezeptoren durch geeignete Liganden hat eine Reihe von Wirkungen, die u.a. von der Art des Effektororgans und der dort lokalisierten Rezeptorsubtypen abhängen. Stimulation der an der glatten Gefäßmuskulatur lokalisierten α_1-Rezeptoren durch Noradrenalin wirkt kontrahierend, während Besetzung von β_2-Rezeptoren an glatter Muskulatur von Gefäßen und Bronchien – wo Noradrenalin übrigens nur schwach wirkt – eher gegenteiligen Effekt hat. Stimulation der am Herzen sitzenden β_1-Rezeptoren durch Noradrenalin oder einen anderen Liganden führt zur Zunahme der Schlagfrequenz und der Kontraktionskraft.

Die Synapsen im VNS, insbesondere die noradrenergen, unterscheiden sich im Bau etwas von jenen im ZNS und an den motorischen Endplatten: Während dort erst an den äußersten Enden, den Endknöpfchen, Transmittermoleküle ausgeschüttet werden und die gegenüberliegende postsynaptische Membran erreichen, haben die postganglionären marklosen Nervenfasern des Sympathikus hintereinandergeschaltet kleine Verdickungen („Varikositäten"), an denen durchlaufende Impulse zur Freisetzung von Noradrenalin führen. Ein Axon läuft an verschiedenen Zellen bzw. mehreren subsynaptischen Abschnitten derselben Zelle vorbei und gibt jeder davon Transmitter ab.

Auch die Inaktivierung von Noradrenalin ist etwas anders als im ZNS: 70% der Transmittermoleküle werden zwar auch hier durch Reuptake aus dem Spalt entfernt; daneben kann Noradrenalin aber ins Blut abdiffundieren sowie von den Zellen des Effektororgans aufgenommen und abgebaut werden.

Rezeptoren für Noradrenalin befinden sich nicht nur an den noradrenergen Synapsen von postganglionären Neuronen und Effektorzellen, sondern auch an anderen Stellen des Effektororgans. Sie werden durch Noradrenalin (und Adrenalin) stimuliert, welche Hormone nach Freisetzung durch das Nebennierenmark auf dem Blutweg u.a. glatte Muskelzellen und Drüsenzellen erreichen (s. auch 4.3.6). *Anregung des Sympathikus* führt so auf *verschiedenen Wegen* zu vegetativen Veränderungen: zum einen *direkt* über sympathische Neurone, zum anderen über das *sympathisch innervierte Nebennierenmark*, welches die *Hormone Adrenalin* und *Noradrenalin* freisetzt. Entsprechend ist Adrenalin natürlicher Ligand gewisser Noradrenalinrezeptoren (speziell der β-, weniger der α-Rezeptoren).

Während das Nebennierenmark als sympathisches Ganglion von cholinergen Fasern erreicht wird (dementsprechend nikotinerge Acetylcholinrezeptoren besitzt), somit keine echte Ausnahme bildet, ist letzteres für die Schweißdrüsen der Fall: Die an ihnen endenden postganglionären Neurone benutzen als Transmitter nicht Noradrenalin, sondern *Acetylcholin*. Die Rezeptoren an den Drüsenzellen sind entsprechend *cholinerg* und zwar *muskarinisch*; somit kann Atropin die Schweißproduktion reduzieren (s. dazu 4.2.7).

4.2.4 Der parasympathische Teil des VNS

Die Fasern des *parasympathischen Teils* entspringen hauptsächlich in Kernen des Hirnstamms, einige auch im Sakralmark. Die Axone der kranialen Partie laufen in vier der 12 Hirnnerven zu den Ganglien in der Nähe des Effektororgans. So ziehen parasympathische Axone mit dem N. III (N. oculomotorius) zum Ganglion ciliare, von wo postganglionäre Neurone die Muskulatur der Pupille erreichen. Fasern zur Tränendrüse und zu den Speicheldrüsen (genauer: zu den vorgeschalteten Ganglien) verlaufen zusammen mit anderen efferenten und afferenten Axonen des somatischen Nervensystems im N. VII (N.facialis) und N. IX (N. glossopharyngeus). Fast ein rein vegetativer Nerv ist N. X (N. vagus), der außer sensiblen Axonen und einigen Fasern zur Kehlkopfmuskulatur hauptsächlich parasympathische Axone zu ihren Umschaltstellen in Brust- und Bauchraum führt; anders als beim Sympathikus und bei den parasympathischen Kopfganglien sind diese Synapsen nicht in Ganglien organisiert, sondern liegen diffus in unmittelbarer Umgebung der Effektororgane, teils schon in deren Wandbereich; dementsprechend sind die postganglionären Neurone extrem kurz. Von Fasern des Vagus versorgt werden u.a. das Herz, die Bronchien und die Verdauungsorgane (mit Ausnahme der letzten Dickdarmabschnitte). Die aus dem Sakralmark entspringenden parasympathischen Neurone ziehen als N. pelvinus (auch N. pelvicus = Beckennerv, von lat. pelvis = Becken) mit vielen Ästen zu unterem Dickdarm (genauer: zu Rektum, Colon sigmoideum und Colon descendens) sowie zu Niere, Harnblase und Genitalien; die Umschaltung erfolgt wiederum unmittelbar vor Erreichen des Effektororgans (s. Abb. 4.2).

Wie in den sympathischen Ganglien geschieht die *Übertragung vom prä- auf das postganglionäre Neuron* im *Parasympathikus* mittels *Acetylcholin*; die Rezeptoren sind *nikotinerg*. Transmitter vom *postganglionären Neuron auf das Effektororgan* ist im *parasympathischen Teil des VNS* ebenfalls *Acetylcholin*, die entsprechenden Bindungsstellen jedoch – anders als in den Ganglien – *muskarinerg*. Dies bedeutet, daß sich durch Nikotin sowohl Sympathikus wie Parasympathikus stimulieren lassen, durch Atropin (einen Blocker an muskarinergen Acetylcholinrezeptoren) jedoch nur parasympathische Effekte aufheben lassen – von der Blockade der sympathisch-cholinerg innervierten Schweißdrüsen abgesehen (s. auch 4.2.7).

4.2 Das vegetative Nervensystem

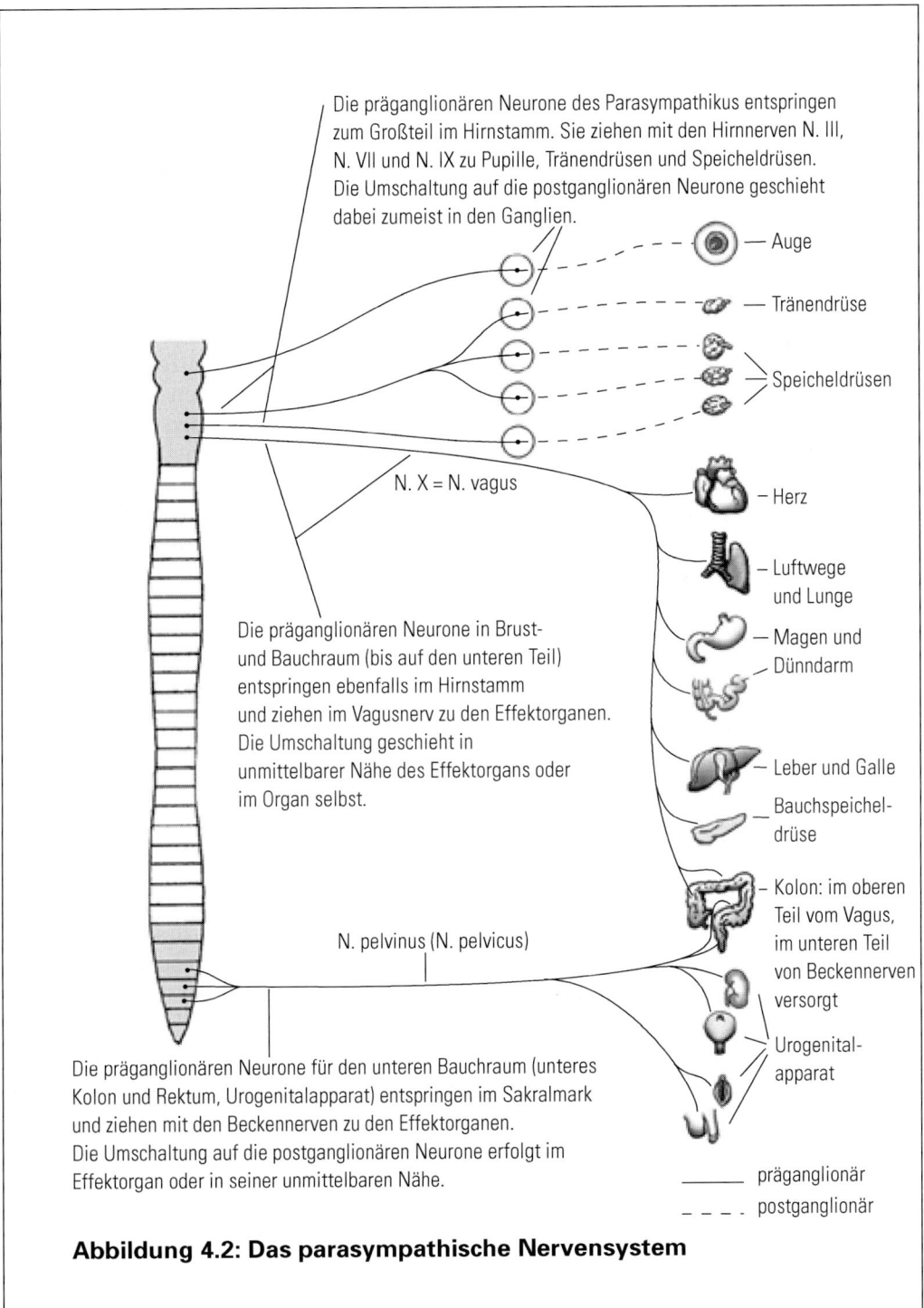

Abbildung 4.2: Das parasympathische Nervensystem

4.2.5 Viszerale Sensibilität

Definitionsgemäß umfassen die beiden Teile des vegetativen Nervensystem (Sympathikus und Parasympathikus) nur *efferente* Neurone, während man die zumeist in denselben Nerven verlaufenden Afferenzen aus den inneren Organen gesondert aufführt und nicht selten in der Darstellung vernachlässigt. Dabei besitzen die Eingeweide zahlreiche Sinnesrezeptoren, beispielsweise für Gewebsschädigung (Nozizeption, „Schmerz"), diverse chemische Veränderungen oder Druck. Diese Informationen werden zu Rückenmark und Hirnstamm geleitet, dort mit efferenten vegetativen Fasern im Sinne eines Reflexbogens verschaltet; Erregung dieser viszeralen Sensoren führt deshalb häufig unmittelbar zu Aktivierung efferenter Neurone und damit zu sympathischen oder parasympathischen Gegenreaktionen; diese afferenten Nerven aus den Eingeweiden sind zudem mit Motoneuronen des somatischen Nervensystems verschaltet, so daß es bei ihrer Stimulierung zu Reaktionen etwa der quergestreiften Muskulatur kommen kann („Abwehrspannung" durch Verkrampfung der Bauchmuskeln bei Schmerzreizen an inneren Organen). Schließlich werden Informationen von den inneren Organen auch ins ZNS weitergeleitet, so daß dort auf höherer Ebene Regulationsmechanismen in Gang gesetzt werden und einige der Reize, etwa starke Schmerzen, kortikal registriert werden und zu Bewußtsein kommen können.

Bezüglich dieser viszeralen Afferenzen ist längst noch nicht alles geklärt – manche Darstellungen sind auch ausgesprochen unbestimmt gehalten. Gesichert ist, daß der überwiegende Teil der im Vagusnerv verlaufenden Axone afferent sind, ebenso ein erheblicher Prozentsatz der in den sympathischen Eingeweidenerven (den Nn. splanchnici) lokalisierten Neurone. Unklar ist aber, ob diese unterschiedlichen afferenten Nerven aus ein und demselben Organ für verschiedene Sinnesmodalitäten zuständig sind (z.B. für Schmerz die einen, Druckempfindungen die anderen).

Diese Hypothese einer Modalitätsspezifität wird v.a. in neueren Darstellungen vertreten: So sollen die Afferenzen aus den viszeralen Nozizeptoren („Schmerzrezeptoren") generell nur in Neuronen geleitet werden, die zusammen mit efferenten sympathischen Fasern in den Nn. splanchnici verlaufen und im Rückenmark enden, nicht aber in den afferenten Fasern des Vagus zum ZNS gelangen. In der älteren Literatur findet sich hingegen bevorzugt die Auffassung, daß Impulse von den Nozizeptoren des Brust- und oberen Bauchraums über die Nn. splanchnici dem Rückenmark zugeführt werden, die von Nozizeptoren des Halsbereiches mit Vagusfasern zum Hirnstamm ziehen, Schmerzimpulse aus dem unteren Bauchraum mittels afferenter Fasern des (parasympathischen) N. pelvinus ins Sakralmark gelangen.

Daß es sich hier keineswegs nur um ein rein akademisches Problem handelt, ergibt sich aus der Tatsache, daß die afferenten Neurone mit benachbarten efferenten zu einem Reflexbogen verschaltet sind. Nach der zweiten Theorie würden Schmerzen, die ihren Ursprung im Hals- und Beckenbereich haben, zu parasympathischer Aktivierung führen, solche aus der Bauchregion genau gegenteilige physiologische Reaktionen hervorrufen. Gemäß der anderen Auffassung würden Schmerzreize, wo auch immer in den Eingeweiden lokalisiert, generell von sympathischer Aktivierung begleitet sein.

4.2.6 Der vegetative Reflexbogen; zentrale Steuerung vegetativer Reaktionen

Die elementarsten Reaktionen im VNS sind *Reflexmechanismen* innerhalb des Darmnervensystems (allgemeiner: des intramuralen Nervensystems): Wanddehnung in Verdauungsorganen führt über direkte neuronale Verschaltung im Organ selbst zu gesteigerter Motilität. Auf einer höheren Organisationsstufe angeordnet und deshalb auch komplexer sind Reflexe, die auf Verschaltung afferenter und efferenter Neurone in Rückenmark oder Hirnstamm basieren. Beispiel dafür ist die mechanisch erzeugte Peniserektion: Reizung von Sinnesrezeptoren an der Eichel (etwa durch Druck) erhöht die Feuerungsrate afferenter Neurone ins Sakralmark, die über Interneurone mit parasympathischen Fasern in Ästen der Nn. pelvini in Verbindung stehen (Nn. erigentes); deren Aktivierung führt zum Bluteinstrom und zur Schwellung des Gliedes (s. dazu genauer 11.2).

Vielleicht noch einleuchtendere Beispiele stellen die Entleerungsreflexe von Hohlorganen dar, weil hier der rein viszerale Charakter der Afferenzen deutlicher ist. Füllung der Harnblase führt zur Reizung von Dehnungsrezeptoren, von denen afferente Fasern ins Sakralmark laufen und dort mit efferenten parasympathischen Neuronen verschaltet sind; ihre Aktivierung führt zur Kontraktion der Blasenmuskulatur und daher zur Entleerung. Nach einer längeren Phase des spinalen Schocks funktioniert dieser Reflex auch bei Querschnittsgelähmten, ist also auf segmentaler Ebene im Rückenmark organisiert; anders formuliert: Eintretende und austretende steuernde Neurone liegen auf derselben Höhe und sind damit von darüberliegenden Läsionen in ihrer Funktion nicht oder nur teilweise beeinträchtigt. Gleichzeitig läßt sich an diesem Beispiel gut die supraspinale Kontrolle der vegetativen Reflexe demonstrieren: Bei Personen mit intaktem Rückenmark läßt sich dieser Blasenentleerungsreflex bekanntlich meist bis zu einem geeigneten Zeitpunkt unterdrücken.

Auf diese spinalen Reflexe wirken höhere Zentren ein (etwa bei der Steuerung der Blasenentleerung, wie im obigen Beispiel). Diese Zentren werden in *Hypothalamus* und tiefer gelegenen Regionen des *Hirnstamms* angenommen, auf die wiederum wenigstens teilweise kortikale Einflüsse wirken. Über Einzelheiten der übergeordneten vegetativen Regulation und die beteiligten Bahnen lassen sich augenblicklich allerdings nur wenige gesicherte Aussagen machen.

Das sogenannte *Kreislaufzentrum* liegt in der Medulla oblongata und erhält Afferenzen u.a. von Druckrezeptoren in Arterien (Barorezeptoren) und im Herzen sowie von Sensoren für die chemische Zusammensetzung des Blutes; die entsprechenden Fasern laufen v.a. im Vagusnerven zum Hirnstamm. Efferente parasympathische Neurone ziehen im Vagus zum Herzen und wirken dort dämpfend (Verringerung von Frequenz und Auswurfvolumen). Daneben gibt es deszendierende (absteigende) Bahnen, die präganglionäre sympathische Neurone im Rückenmark aktivieren; auf diesem Wege kommt es direkt über efferente Fasern zu Gefäßen und Herz, indirekt über Stimulation des Nebennierenmarks zu Erhöhung von Pulsfrequenz und Blutdruck (s. auch 4.4).

Weiter liegt im Hirnstamm das *Atemzentrum*, welches von Chemorezeptoren Informationen über Sauerstoff- und CO_2-Gehalt des Blutes empfängt und efferente

Fasern u.a. zu Zwerchfell, Brustmuskulatur und Bronchien entsendet (s. auch 4.5). In der Medulla oblongata gibt es auch ein „Brechzentrum", das Afferenzen von der Schleimhaut des oberen Verdauungstraktes sowie der Area postrema erhält, einer Region des Hirnstamm, in welcher die Blut-Liquor-Schranke ungewöhnlich durchlässig ist und wo deshalb toxische Stoffe im Blut gut registriert werden können; über efferente somatische und vegetative Fasern sorgt dieses Brechzentrum dafür, daß durch Anspannung der Bauchmuskulatur der Mageninhalt entleert wird, während gleichzeitig Verschluß des Kehlkopfes Aspiration des Erbrochenen verhindert.

Ein höheres vegetatives Zentrum stellt auch der *Hypothalamus* dar (genauer: einzelne Kerne des sehr heterogenen Organes). Hier werden u.a. Nahrungs- und Flüssigkeitsaufnahme gesteuert (s. Kap. 10). Auch die Regulation der Körpertemperatur ist Aufgabe des Hypothalamus, was v.a. – mittels efferenter sympathischer Neurone – durch Veränderung der Hautdurchblutung und der Schweißsekretion geschieht. Neben den diversen Bahnen, die, von Medulla oblongata und Pons ausgehend, die präganglionären Neurone des Sympathikus im thorakalen und lumbalen Rückenmark erreichen, läßt sich eine vom Hypothalamus nach kaudal in diese Regionen ziehende Bahn nachweisen.

4.2.7 Pharmakologische Beeinflussung vegetativer Reaktionen

Sie kann durch Angriff an den *Ganglien* einerseits, durch Wirkungen auf die zahlreichen Subtypen von Rezeptoren am *Erfolgsorgan* andererseits geschehen. Dabei muß man zwischen Beeinflussung des sympathischen und des parasympathischen Nervensystems sowie agonistischen und antagonistischen Effekten unterscheiden. Da sich die Übertragung wiederum auf vielfältige Art beeinflussen läßt, etwa Förderung der Ausschüttung des endogenen Liganden, Angebot weiterer (exogener) Liganden, Besetzung präsynaptischer Autorezeptoren, Eingriff in die nachgeschaltete Signaltransduktion, zudem Stimulation der diversen noradrenergen und cholinergen Rezeptoren unterschiedlichste Effekte haben kann, ergeben sich komplizierte Verhältnisse, die hier vereinfacht dargestellt werden sollen.

Verstärkung der ganglionären Übertragung: Übertragerstoff sowohl in sympathischen wie parasympathischen Ganglien ist Acetylcholin, die zugehörigen Rezeptoren nikotinerg. *Nikotin* ist deswegen – in niedrigen Dosen – *Agonist* von Acetylcholin an diesen Ganglien und führt sowohl zu sympathischen wie parasympathischen Reaktionen, die sich teilweise aufheben. Jedoch überwiegen im kardiovaskulären System – wenigstens bei Gewohnheitsrauchern – die sympathischen Wirkungen, so daß als Nettoeffekt Erhöhung der Pulsfrequenz und des Blutdrucks zu beobachten ist; im Verdauungssystem kommen eher parasympathische Effekte zum Tragen (Anregung der Verdauungstätigkeit, erhöhte Magensäuresekretion).

Blockade der ganglionären Übertragung: Ganglienblockierung wird u.a. durch *hohe Dosen von Nikotin* erreicht, welches über zu starke Depolarisation die postsynaptische Membran unempfindlich macht. Auch andere Substanzen blockieren die ganglionären Acetylcholinrezeptoren, ohne Wirkung auszuüben. Ihr Einsatz liegt v.a. in der Behandlung kardiovaskulärer Störungen; auf Nebenwirkungen im parasympathischen System, v.a. Herabsetzung des Tonus der glatten Muskulatur im Verdauungstrakt, ist hier zu achten.

Verstärkung der Übertragung vom postganglionären sympathischen Neuron zum Effektororgan: Die natürlichen Liganden der (nor)adrenergen Rezeptoren, nämlich Adrenalin (aus dem Nebennierenmark) und Noradrenalin (aus Nebennierenmark und aus den postganglionären sympathischen Neuronen), wirken unterschiedlich auf die diversen Subtypen von Bindungsstellen. Noradrenalin stimuliert besonders stark α-Rezeptoren und führt damit v.a. an den Blutgefäßen zu Verengung; außerdem wirkt es auf die $β_1$-Rezeptoren am Herzen und erhöht dort Schlagfrequenz und Kontraktionskraft, während seine Effekte auf $β_2$-Rezeptoren gering sind (s. auch 4.3.6). Adrenalin stimuliert in etwa gleichem Maße alle drei Subtypen von Bindungsstellen; manche der Wirkungen, etwa die Stimulation der vasokonstriktorischen $α_1$-Rezeptoren und der vasodilatorischen $β_2$-Rezeptoren, heben sich damit auf; über die $β_1$-Rezeptoren am Herzen hat es dort einen fördernden Effekt wie Noradrenalin (s. oben), während an den Bronchien durch Besetzung der $β_2$-Rezeptoren eher eine Erweiterung resultiert (die durch Stimulation der bronchokonstriktorischen $α_1$-Rezeptoren nicht ganz aufgehoben wird). Beide Stoffe werden auch therapeutisch eingesetzt, z.B. Noradrenalin wegen seiner vasokonstriktorischen Eigenschaften zur Behandlung des Blutdruckabfalls im Schock.

Stoffe, die ähnliche Wirkungen wie Sympathikusaktivierung hervorrufen, sogenannte *Sympathomimetika* (von griech. mimema = Nachahmung), stimulieren oft diverse Rezeptorsubtypen und haben damit wenig spezifische, im einzelnen nicht vorhersagbare Effekte; man strebt deshalb die Entwicklung selektiver Sympathomimetika an, die nur an einem der Rezeptortypen wirksam sind. α-Mimetika, die v.a. $α_1$-Rezeptoren stimulieren, führen zu Gefäßverengung und werden deshalb gegen niedrigen Blutdruck eingesetzt, bewirken zudem – ebenfalls über Vasokonstriktion – Abschwellung der Nasenschleimhaut.

$β_1$-Mimetika führen zu Erhöhung der Pulsfrequenz (kommen deshalb zuweilen bei pathologischer Verlangsamung des Herzschlages zur Anwendung), während selektive Stimulatoren der $β_2$-Rezeptoren wegen ihrer bronchodilatorischen (die kleinen Bronchien erweiternden) Wirkung v.a. zur Behandlung von Asthmaanfällen eingesetzt werden; da sie bis zu einem gewissen Grade auch die $β_1$-Bindungsstellen aktivieren, können Nebenwirkungen im kardiovaskulären System, insbesondere Herzrhythmusstörungen, auftreten und haben bei nicht korrekter Selbstbehandlung mit Dosieraerosolen wiederholt zu Todesfällen geführt.

Während die oben beschriebenen sympathomimetischen Pharmaka zumeist exogene Liganden der einzelnen Rezeptortypen darstellen, beruhen weitere Sympathomimetika auf anderen Prinzipien: So führen etwa die Amphetaminderivate zu vermehrter Ausschüttung von Dopamin und Noradrenalin, so daß neben psychischen Effekten (Euphorisierung, Antriebssteigerung) mit starken vegetativ-sympathischen Nebenwirkungen (Pulsbeschleunigung, Blutdruckerhöhung) gerechnet werden muß. Sympathomimetisch mit ähnlichen vegetativen Effekten wie die Amphetamine wirkt auch Kokain, welches Reuptake von Monoaminen und damit von Noradrenalin hemmt. Der Wirkmechanismus des den Sympathikus aktivierenden Koffeins beruht mutmaßlich u.a. auf Hemmung der Phosphodiesterase, wodurch die Effekte der Besetzung (nor)adrenerger Rezeptoren verlängert werden (s. auch 3.2.13 sowie 13.6).

Hemmung der Übertragung vom postganglionären sympathischen Neuron auf das Effektororgan: Dies ist der Wirkmechanismus der meisten die Sympathikusaktivität dämpfenden Stoffe (sogenannte Sympatholytika, von griech. lysis = Auflösung). Auch hier bemüht man sich, Substanzen zu entwickeln, die selektiv an einem der verschiedenen Rezeptortypen angreifen. Selektive α_1-Blocker verhindern die Kontraktion glatter Gefäßmuskulatur und werden deshalb u.U. als Mittel gegen hohen Blutdruck eingesetzt. Therapeutische Bedeutung besitzen auch selektiv die β_1-Rezeptoren blockierende Substanzen (Betablocker), welche die Herzaktivität dämpfen, insbesondere unphysiologische Erhöhung der Pulsfrequenz verhindern. Da sie trotz aller Kardioselektivität in gewissem Maße auch β_2-Bindungsstellen blockieren, kann es – insbesondere bei prädisponierten Personen – unter dieser Behandlung zu stärkerer Bronchokonstriktion bis hin zu Asthmaanfällen kommen.

Diese Betablocker haben eine weitere interessante Wirkung, nämlich einen sedierend-anxiolytischen Effekt. Sie beruhigen also, schaffen eine gewisse affektive Distanz, reduzieren Angstgefühle, tun dies aber, indem sie – anders als die typischen Beruhigungsmittel, die Benzodiazepine – i.a. nicht müde machen und auch kognitive Leistungen nicht beeinträchtigen. Sie werden deshalb von manchen Personen unter Streßbedingungen genommen, wo gleichzeitig hohe Aufmerksamkeit gefordert ist, z.B. von Künstlern vor Auftritten. Wegen möglicher Nebenwirkungen, von denen oben nur die wichtigste genannt worden ist, muß dies aber genau abgewogen werden und darf nicht ohne eingehendere ärztliche Konsultation erfolgen. Wie es zu dieser sedierenden Wirkung kommt, ist augenblicklich unklar. Nachweislich wird die Herzaktivität gedämpft; ob die Wahrnehmung der gemäßigten vegetativen Reaktionen an sich beruhigt oder ob Betablocker auch zentrale Effekte haben, steht in der Diskussion.

Neben diesen direkt über Blockade von Rezeptoren wirksamen Sympatholytika gibt es einige weitere, die ihre Wirkung indirekt entfalten. Dazu gehört das schon in 3.2.13 erwähnte Reserpin, das die Speicherfähigkeit der Vesikel beeinträchtigt, so daß mit den ankommenden Aktionspotentialen weniger Noradrenalin freigesetzt wird. Weiter ist hier das α_2-Mimetikum Clonidin zu nennen, welches auf komplizierten Wegen (u.a. durch Besetzung der präsynaptischen α_2-Rezeptoren und folgender Dämpfung der Noradrenalinausschüttung) den Blutdruck senkt.

Verstärkung der Übertragung vom postganglionären parasympathischen Neuron zum Effektororgan: Exogene Liganden muskarinerger Acetycholinrezeptoren sind u.a. Carbachol und Pilocarpin, die bei bestimmten Formen von Grünem Star (Glaukom) zur Anwendung kommen. Weiter gehört dazu Arecolin, das Hauptalkaloid der v.a. in Süd- und Südostasien als Genußmittel verbreiteten Betelnuß; der beim Kauen freigesetzte Stoff ist liquorgängig und führt zu zentralnervösen Effekten (Euphorisierung, Entspannung), daneben zu Reaktionen, die Aktivierung des Parasympathikus entsprechen (Blutdrucksenkung, Verlangsamung der Pulsfrequenz).

Neben diesen *direkten Parasympathomimetika* gibt es *indirekte*, von denen v.a. die bereits in 3.2.13 besprochenen Acetylcholinesterasehemmer (Cholinesterasehemmer) zu nennen sind. Da Acetylcholin nicht nur Transmitter an muskarinergen Synapsen parasympathisch innervierter Organe ist, sondern u.a. auch an der motorischen Endplatte und im Zentralnervensystem vorkommt, entsprechen die Wirkungen der Cholinesterase keineswegs allein denen parasympathischer Aktivierung.

4.2 Das vegetative Nervensystem

Tabelle 4.1: Pharmakologische Beeinflussung des vegetativen Nervensystems (vereinfacht)

Angriffspunkt: Ganglien

Stimulierend: Nikotin (in niedrigen und mittleren Dosen); Effekte: Verstärkung sowohl sympathischer wie parasympathischer Reaktionen

Hemmend: Nikotin in hohen Dosen, andere Ganglienblocker; Effekte: Abschwächung sympathischer wie parasympathischer Reaktionen

Angriffspunkt: Synapse zwischen sympathischem postganglionärem Neuron und Effektororgan

Stimulierend: Direkte Stimulation durch endogene Liganden (Noradrenalin und Adrenalin) und andere direkte Sympathomimetika, indirekte Stimulation z.B. durch Förderung der Transmitterausschüttung (Amphetamine) oder Reuptake-Hemmung (Kokain); Effekte: variabel (abhängig von Beeinflussung des speziellen Rezeptortyps), häufig: Erhöhung von Pulsfrequenz und Blutdruck; Bronchialerweiterung

Hemmend: Selektive α_1-Blocker und β-Blocker; Effekte variabel, abhängig vom beeinflußten Rezeptortyp, häufig: Senkung von Pulsfrequenz und Blutdruck; Bronchokonstriktion

Angriffspunkt: Synapse zwischen parasympathischem postganglionärem Neuron und Effektororgan

Stimulierend: Direkte Stimulation durch exogene Liganden muskarinerger Acetylcholinrezeptoren (Carbachol, Pilocarpin, Arecolin), indirekte z.B. durch Cholinesterasehemmer; Effekte: Unter anderem Pupillenverengung, Senkung von Pulsfrequenz und Blutdruck

Hemmend: Blocker am muskarinergen Acetylcholinrezeptor (Atropin, Scopolamin); Effekte: Weitstellung der Pupillen; Erhöhung von Pulsfrequenz und Blutdruck; an den Schweißdrüsen: Hemmung der Schweißbildung

Hemmung der Übertragung vom postganglionären parasympathischen Neuron auf das Effektororgan: Das bekannteste *Parasympatholytikum* ist Atropin, ein Alkaloid der Gewöhnlichen Tollkirsche (Atropa belladonna), welches den Muskarinrezeptor blockiert; weiter gehört dazu Scopolamin, das ähnlich wie Atropin in Nachtschattengewächsen gefunden wird sowie diverse synthetische Parasympatholytika. Ihre Wirkung ist der von Parasympathikusaktivierung entgegengesetzt und resultiert daher vielfach in Reaktionen, die denen von Sympathikusstimulierung ähneln. So führt beispielsweise Atropingabe zu beschleunigtem Puls, Erweiterung der Bronchien, Dämpfung der Aktivität glatter Muskulatur im Magen-Darm-Trakt sowie Verminderung von Säureproduktion, Effekte, die teilweise therapeutisch genutzt werden. Am Auge bewirkt Atropin Weitstellung der Pupille (Mydriasis); v.a. in Italien während der Renaissancezeit pflegten sich Frauen den

Saft der Tollkirsche in die Augen zu träufeln, um durch die weit geöffneten Pupillen ihre Attraktivität zu steigern (ital. bella donna = schöne Frau, daher die Namen Belladonna-Extrakt und Atropa belladonna). Die Schweißdrüsen sind, wie erwähnt, sympathisch innerviert, wobei allerdings der Überträgerstoff vom postganglionären Neuron auf das Effektororgan Acetylcholin ist; die zugehörigen Rezeptoren sind muskarinerg. Folglich wirkt Atropin auch dort blockierend und führt zu verminderter Schweißproduktion.

Atropin und Scopolamin sind zusammen mit dem verwandten Hyoscyamin in einigen Nachtschattengewächsen vorhanden (etwa Tollkirsche, Alraune, Stechapfel, Engelstrompete), die von Naturvölkern und teilweise auch von westlichen Konsumenten zur Erzeugung von Rauschzuständen eingenommen werden. Neben Euphorisierung und Benommenheit können, v.a. in höheren Dosierungen, schwere Verwirrtheitszustände und Halluzinationen auftreten. Die körperlichen Begleiterscheinungen leiten sich aus den parasympatholytischen Effekten ab: Herzjagen, erhöhte Körpertemperatur, geweitete Pupillen (s. dazu auch Köhler 2000, S. 173 ff.).

4.3 Das Hormonsystem

4.3.1 Allgemeines; Überblick

Das *endokrine* oder *Hormonsystem* hat mit dem Nervensystem zahlreiche Gemeinsamkeiten: Beide dienen der Übermittelung von Signalen; im Nervensystem geschieht dies durch Ausschüttung von Neurotransmittern, die durch den synaptischen Spalt zu ihrem Zielort (einem postsynaptischen Neuron oder einem Effektororgan) gelangen und dort an Rezeptoren andocken. Im endokrinen („nach innen ausschüttenden", von griech. endo = innen und krinein = ausschütten) System werden Hormone freigesetzt, die in der Regel auf dem Blutweg ihre Wirkungsorte erreichen und dort ebenfalls bestimmte Rezeptoren besetzen. Auch die Mechanismen, mittels derer Rezeptorbesetzung zu Veränderung am Zielort führt, sind bis zu einem gewissen Grade dieselben: Sowohl bei den second-messenger-gekoppelten Rezeptoren des Nervensystems wie bei den Hormonrezeptoren führt Besetzung zu Aktivierung von G-Proteinen, die dann über mehr oder weniger zahlreiche Zwischenschritte (u.a. Aktivierung oder Hemmung von Adenylylzyklase, Bildung von cAMP) zu Veränderungen im Effektororgan führen. Enge Beziehung zwischen endokrinem und Nervensystem besteht weiter insofern, als manche Hormone auch als Neurotransmitter fungieren (z.B. Adrenalin und Noradrenalin, daneben Cholecystokinin und einige weitere Peptidtransmitter) und das Nebennierenmark sich als Ansammlung umgewandelter postsynaptischer Neurone (bzw. als umgewandeltes sympathisches Ganglion) erweist. Schließlich ist der Hypothalamus, das zentrale Steuerorgan des vegetativen Nervensystems, auch Hormondrüse, welche die Freisetzung vielfältiger Hormone aus einer anderen Hormondrüse, dem Hypophysenvorderlappen, steuert.

Als Drüse bezeichnet man ein Gewebe, welches Stoffe (Sekrete) produziert und freisetzt. Dabei unterscheidet man zum einen exokrine Drüsen, die ihr Sekret zunächst in Drüsengänge absondern und von da entweder nach außen (Schweiß-, Tränen-, Milchdrüsen) oder in innere Hohlräume abgeben (Speichel-

4.3 Das Hormonsystem

drüsen), zum anderen die endokrinen Drüsen; letztere schütten ihre Produkte entweder ins Blut aus oder ins umliegende Gewebe (Gewebshormone), von wo sie durch Diffusion zu ihren Zielorten gelangen.

Der nächste Abschnitt (4.3.2) liefert eine Einteilung der Hormone nach verschiedenen Kriterien und beschreibt Hormonrezeptoren sowie ihre Aktivierung; in den folgenden Abschnitten werden kurz die wichtigsten „großen" Hormondrüsen und die von ihnen freigesetzten Stoffe (die „klassischen Hormone") vorgestellt. Die letzten Abschnitte befassen sich mit weiteren hormonproduzierenden Drüsen sowie den Gewebshormonen (etwa Bradykinin, Histamin, Prostaglandinen).

4.3.2 Einteilung der Hormone

„Klassische" Hormone, „nicht-klassische" endokrine Hormone und Gewebshormone: Klassische Hormone sind jene, die man lange als die einzigen Formen von Hormonen überhaupt betrachtete: Sie werden von Hormondrüsen wie Hypothalamus, Hypophyse, Schilddrüse, Nebennierenrinde, Nebennierenmark oder endokrinem Pankreas gebildet und gelangen auf dem *Blutweg* an ihre – oft recht weit entfernten – Wirkorte (zur speziellen Eigenheit der Neurohypophysenhormone, s. 4.3.8). Dem stellt man seit einiger Zeit Stoffe gegenüber, die ebenfalls eine *endokrine Wirkung* haben, d.h. ihre Zielorte auf dem *Blutweg* erreichen, aber nicht von eigentlichen Hormondrüsen, sondern von hormonsezernierenden Zellen anderer Organe gebildet werden; dazu gehören beispielsweise das Erythropoetin aus der Niere oder die Magen-Darm-Hormone (etwa Gastrin und Cholecystokinin). Sie seien hier im weiteren als „nicht-klassische" endokrine Hormone bezeichnet; diese Wortneuschöpfung sollte gut die Gemeinsamkeiten und Unterschiede zu den altbekannten Hormonen hervorheben. Schließlich gibt es eine dritte Gruppe von Stoffen, die ebenfalls Botenfunktion ausüben, aber nicht endokrin, sondern *parakrin* wirksam sind, d.h. *nicht* auf dem *Blutweg*, sondern durch *Diffusion ins Gewebe* an ihre (sehr nahegelegenen) Zielorte gelangen. Sie werden von Zellen gebildet, die i.a. nicht primär der Hormonproduktion dienen; zu diesen *Gewebshormonen* werden u.a. die Prostaglandine, Histamin, Bradykinin und Angiotensin gerechnet.

Wie alle Einteilungen hat auch diese gewisse Schwächen. Strenggenommen ist der Hypothalamus nämlich keine Hormondrüse, sondern besitzt nur hormonproduzierende Zellen in seinem sonst anderen Funktionen dienendem Gewebe. Es wäre aber verwirrend, jene Hypothalamushormone, die man gern als Paradebeispiel der „klassischen" betrachtet, die Releasing- und Inhibiting-Hormone, plötzlich an anderer Stelle einzuordnen und zu referieren.

Einteilung der klassischen Hormone nach ihrer chemischen Struktur: Eine vergleichsweise einfache und klare Unterteilung der Hormone, die sich allerdings für das Verständnis ihrer Funktionen nur bedingt als nützlich erweist und nur klar für die klassischen Hormone durchgeführt werden kann, ist die nach der chemischen Struktur. Hier lassen sich *drei Klassen* unterscheiden: Die zahlenmäßig kleinste von ihnen umfaßt die aus *einer Aminosäure (nämlich L-Tyrosin) abgeleiteten Hormone*: Dazu gehören zum einen die Hormone des *Nebennierenmarks*, nämlich *Adrenalin* und *Nor-*

adrenalin, die zudem als Transmitter fungieren; sie werden über mehrere Schritte aus der Aminosäure L-Tyrosin synthetisiert (s. dazu 3.2.11). L-Tyrosin ist auch Ausgangsprodukt für zwei weitere Hormone dieser Klasse, nämlich die *Schilddrüsenhormone* Trijodthyronin (T_3) und Tetrajodthyronin (T_4; Thyroxin); dabei sind insbesondere einige Wasserstoffatome am Ringgerüst durch Jod ersetzt worden.

Die Hormone der zweiten Klasse, die *Steroidhormone*, leiten sich aus dem kompliziert aufgebauten *Cholesterinmolekül* (mit drei Sechserringen- und einem Fünferring) ab. Zu dieser Klasse gehören u.a. die *Mineralo-* und *Glukokortikoide* der *Nebennierenrinde* (Aldosteron, Kortisol, Kortison) sowie die teils in der Nebennierenrinde, teils in den Gonaden (Keimdrüsen) gebildeten *Sexualhormone* (z.B. Progesteron, Östradiol, Testosteron).

Zahlenmäßig die größte Klasse bilden die *Peptid- und Glykoproteinhormone*, zu denen u.a. die Hormone von *Hypothalamus, Hypophyse* und *Bauchspeicheldrüse* gehören. Die Peptidhormone bestehen aus mehr oder weniger vielen Aminosäuren, die mittels Peptidbindung miteinander verkettet sind (s. 1.2.2); Glykoproteine sind sehr lange Aminosäureketten, an die ein Zuckerrest gebunden ist.

Nicht in dieses einfache Schema fügen sich die Gewebshormone. Histamin ist wie das ebenso als Gewebshormon fungierende Serotonin aus einer Aminosäure abgeleitet, Bradykinin ist ein kurzkettiges Peptid, die Prostaglandine schließlich werden aus langkettigen Fettsäuren (beispielsweise der Arachidonsäure) synthetisiert.

Glandotrope und nicht-glandotrope Hormone: Diese Unterteilung ist wiederum nur sinnvoll für die klassischen Hormone. Glandotrope Hormone wirken auf *andere Hormondrüsen* und steuern dort die Produktion (von lat. glandula = Drüse und griech. trepein = wirken auf). Beispiel für ein glandotropes Hormon wäre das vom Hypophysenvorderlappen freigesetzte ACTH (adrenokortikotropes Hormon), welches auf dem Blutweg zur Nebennierenrinde gelangt und dort die Produktion der Glukokortikoide, Mineralokortikoide und bestimmter Geschlechtshormone stimuliert. Glandotrope Hormone sind weiter die Releasing- und Inhibiting-Faktoren des Hypothalamus, welche Produktion und Ausschüttung von Hormonen des Hypophysenvorderlappens anregen bzw. unterdrücken.

Nicht-glandotrope Hormone wirken *nicht* auf *endokrine Drüsenzellen*, sondern auf andere *Zellarten*; dazu gehören beispielsweise die Glukokortikoide, für die u.a. an Fettzellen Rezeptoren sitzen; Andockung dieser Nebennierenrindenhormone beeinflußt direkt den Stoffwechsel in der Fettzelle. Neben glandotropen Hormonen enthält der Hypophysenvorderlappen auch nicht-glandotrope Hormone. Die Hormone aller anderen endokrinen Drüsen (Hypothalamus ausgenommen) sind ebenfalls nicht-glandotrop.

4.3.3 Freisetzung von Hormonen; Hormonwirkung am Erfolgsorgan

Die Produktion und Ausschüttung von Hormonen geschieht in vielen Fällen durch Substanzen, die ins zuständige endokrine Organ gelangen und dort die Notwendigkeit der Hormonausschüttung melden; hat sich daraufhin die Stoffwechsellage in gewünschter Richtung verändert, so wird weniger dieser meldenden Substanz in die

4.3 Das Hormonsystem

Hormondrüse abgegeben und infolgedessen die Produktion gedrosselt (negative Rückkoppelung). So führt etwa erhöhter Glukosespiegel (Blutzuckerkonzentration) am endokrinen Pankreas, welches Glukoserezeptoren besitzt, zu Insulinausschüttung und damit über Anregung von Stoffwechselprozessen in der Leber zu Verminderung der Glukosekonzentration im Blut.

Andere Drüsen werden durch glandotrope Hormone ausschüttende, übergeordnete endokrine Organe zu Produktion angeregt, z.B. die Nebennierenrinde durch ACTH aus dem Hypophysenvorderlappen (welcher wiederum durch eine hierarchisch noch darüber stehende endokrine Drüse, den Hypothalamus, kontrolliert wird). Die freigesetzten Hormone wirken im Sinne negativer Rückkoppelung auf die ausschüttenden Organe zurück; so unterdrückt ein hoher Spiegel des Nebennierenrindenhormons Kortisol die ACTH-Ausschüttung aus dem Hypophysenvorderlappen (s. dazu 4.3.10 zur Achse Hypothalamus-Hypophyse-Nebennierenrinde). Weitere Hormone werden aufgrund von Nervenimpulsen freigesetzt, so Adrenalin und Noradrenalin aus dem Nebennierenmark durch Aktivierung sympathischer Neurone.

Zellen, die von Hormonen erreicht werden sollen, besitzen *Rezeptoren*, die spezifisch auf das jeweilige Hormon ansprechen. Die Rezeptoren für die Peptid- und Glykoproteinhormone wie für Adrenalin und Noradrenalin besitzen Abschnitte *außerhalb* der Zelle und ähneln als lange Aminosäureketten, die sich mehrfach in Schleifen durch die Zellmembran nach außen und wieder zurück ins Innere winden, den G-Protein-gekoppelten Rezeptoren an neuronalen Synapsen (s. 3.2.5); an das freie äußere Ende lagern sich vermutlich die Hormonmoleküle an. Die Bindungsstellen für Steroide und Schilddrüsenhormone sind hingegen *im Zellinneren* lokalisiert, so daß die Hormone erst die Membran durchdringen müssen, um an ihre Wirkorte zu gelangen.

Die komplizierten Vorgänge bei der Bindung von Peptid-, Glykoprotein- und Katecholaminhormonen an Rezeptoren der Zellaußenwand lassen sich vereinfacht etwa wie folgt wiedergeben: Im Zellinneren folgt eine Abspaltung von G-Proteinen, die – abhängig von der Rezeptorart – entweder stimulierend (G_s) oder hemmend (G_i) wirken können. Das an stimulierenden Rezeptoren abgespaltene G_s aktiviert das Enzym Adenylylzyklase (Adenylatzyklase), welches die Bildung von cAMP fördert; dieses ist nun der eigentliche second-messenger, der über komplizierte Zwischenschritte (Aktivierung von Proteinkinasen, Phosphorylierung von Proteinen) schließlich die Antwort der Zelle auf das Hormon ermöglicht. cAMP wird durch Phosphodiesterase abgebaut und damit die Zellantwort beendet; Hemmung der Phosphodiesterase, beispielsweise durch Koffein, verlängert deshalb die Wirkung von manchen Hormonen (und von Neurotransmittern an einigen G-Protein-gekoppelten Rezeptoren). Trifft ein Hormon hingegen auf einen dafür empfänglichen hemmenden Rezeptor, hemmt das abgespaltene G_i-Protein die Adenylylzyklase, so daß die Produktion von cAMP vermindert wird.

Bei den lipidlöslichen und damit die Zellmembran problemlos passierenden Steroid- und den Schilddrüsenhormonen sitzen die entsprechenden Rezeptoren *intrazellulär*. Der Rezeptor für Steroide ist ein Eiweiß, welches sich mit dem eingedrungenen Hormonmolekül zu einem Komplex verbindet. Dieser tritt in den Zellkern über und verstärkt dort die Transskription an einzelnen Abschnitten der DNA (also einzelnen Genen), was wiederum zu verstärkter Synthese bestimmter Eiweiße an den Ribosomen des Zytoplasmas führt (s. 1.2.2). Dabei scheint der Hormon-Rezeptor-Komplex gewisse, die Transskription blockierende Repressorgene zu inaktivieren. Die Steroidhormone, die in Vorgänge im Kern der Zielzelle eingreifen, führen im Gegensatz zu den über cAMP-Aktivierung wirksamen Peptidhormonen somit zu tiefergreifenden und dauerhafteren Veränderungen, ebenso die direkt in den Zellkern eindringenden Schilddrüsenhormone.

Die in 1.2.2 aufgeworfene Frage, woher eine Zelle weiß, welche der vielen DNA-Abschnitte ihr allein Vorlage für die Bildung von Polypeptiden und damit Enzymen sein sollen, könnte damit eine Lösung erfahren: Die Art der in der Zelle zu findenden Hormonrezeptoren legt fest, in welchen Abschnitten ihrer DNA, also an welchen Strukturgenen, die Blockade durch Repressorgene aufgehoben werden kann und welche Syntheseprozesse daher in ihr nur ablaufen können (sogenannte Genexpression).

4.3.4 Hormone der Bauchspeicheldrüse und die Regulation des Blutzuckerspiegels

Die *Bauchspeicheldrüse (Pankreas)* hat zu einem größeren Teil exokrine Funktion, bildet nämlich Verdauungsenzyme, die in den Dünndarm abgeben werden (s. 4.6.4). Sie enthält jedoch in den sogenannten Langerhansschen Inseln auch hormonproduzierende Zellen. Die häufigeren B-Zellen produzieren das den Blutzucker senkende *Insulin*. Wichtigster Reiz für Bildung und Freisetzung dieses Polypeptids ist erhöhte Glukosekonzentration im Blut. Insulin führt u.a. in Leber und Muskel zu vermehrter Speicherung von Zucker in Form von Glykogen. In den A-Zellen der Langerhansschen Inseln wird *Glukagon* gebildet, welches bei erniedrigtem Blutzucker ausgeschüttet wird und durch Stimulation des Glykogenabbaus in der Leber sowie durch Anregung der Glukosebildung, beispielsweise aus Aminosäuren, die Zuckerkonzentration im Blut erhöht.

In diesen hier vereinfacht dargestellten Vorgang greifen noch andere Hormone ein, so v.a. das von der Nebennierenrinde sezernierte Glukokortikoid Kortisol; es fördert u.a. den Umbau von Aminosäuren in Glukose und erhöht damit den Blutzuckerspiegel. Auch Adrenalin spielt hier eine Rolle, welches bei erniedrigter Blutglukosekonzentration freigesetzt wird und die Sekretion von Glukagon und Kortisol fördert, die von Insulin hemmt.

Die Zuckerkrankheit (Diabetes mellitus) ist durch erhöhte Konzentration von Glukose im Blut charakterisiert, welche wiederum Gefäße und andere Gewebe schädigt. Beim sogenannten Typ I-Diabetes liegt ein absoluter Insulinmangel vor, beim Typ II-Diabetes ein Mangel an intakten Insulinrezeptoren (beispielsweise bei Übergewicht). Auch hohe Konzentrationen von Kortisol, sei es bei Erkrankungen der Nebennierenrinde, sei es durch hohe externe (medikamentöse) Zufuhr, führt zur Erhöhung des Blutzukkerspiegels („Steroiddiabetes").

4.3.5 Schilddrüse und Nebenschilddrüsen (Epithelkörperchen)

Die *Schilddrüse (Glandula thyreoidea)* besteht aus zwei Lappen, die beidseits der Luftröhre an der Halsvorderseite etwas unterhalb des Kehlkopfes lokalisiert sind und meist durch ein schmales Querstück verbunden werden. Die *Nebenschilddrüsen (Glandulae parathyreoideae)* oder *Epithelkörperchen* sind Ansammlungen hormonproduzierender Zellen; meist finden sich deren vier, die typischerweise außerhalb des

4.3 Das Hormonsystem

Gewebes der Schilddrüse auf beiden Seiten an deren oberem und unterem Pol liegen. Die Epithelkörperchen sezernieren das auf den Calciumstoffwechsel wirkende *Parathormon*, während das zu ihm antagonistische Hormon *Calcitonin* – neben Trijod- und Tetrajodthyronin – in der Schilddrüse produziert wird (und zwar in den ins eigentliche Schilddrüsengewebe eingestreuten C-Zellen).

Die *Schilddrüsenhormone Trijodthyronin (T_3) und Tetrajodthyronin (T_4, Thyroxin)* werden in den Follikeln der Schilddrüse (kugelförmigen Zusammenschlüssen von Zellen) aus der Aminosäure L-Tyrosin gebildet, wobei u.a. eine Anlagerung von drei bzw. vier Jodidionen erfolgt; bei Jodmangel, wie insbesondere früher in manchen Gegenden nicht selten, kommt es zu Synthesestörungen (s. unten). Die Hormonproduktion wird durch TSH aus dem Hypophysenvorderlappen gefördert, u.a. wohl durch Stimulierung der Jodidaufnahme; TSH, welches wiederum von TRH des Hypothalamus abhängig ist, fördert auch die Freisetzung der Schilddrüsenhormone. Nachdem ein Großteil von T_4 in das wirksamere T_3 verwandelt wurde, gelangen die Schilddrüsenhormone in diverse Zielorgane und wirken nach Eindringen in die Zelle auf die DNA und die Proteinsynthese. Wesentlicher Effekt ist eine Erhöhung des O_2-Verbrauchs und eine Steigerung des Grundumsatzes, was wohl wenigstens teilweise indirekt durch Erhöhung der Wirksamkeit anderer Hormone geschieht. Bei *Schilddrüsenunterfunktion (Hypothyreose)*, etwa durch Jodmangel oder nach Entfernung von Schilddrüsenteilen ohne ausreichende Substitution, kommt es u.a. zu einer *allgemeinen Verlangsamung* (auch auf mentalem Gebiet) und zu depressiver Symptomatik. *Gesteigerte Schilddrüsenfunktion (Hyperthyreose)* führt zu *erhöhtem Energieumsatz*, Gewichtsabnahme, Pulsbeschleunigung, Nervosität, vereinzelt auch zu manischer Symptomatik. Nicht selten nehmen Patientinnen mit Bulimia nervosa Schilddrüsenhormone zur Gewichtsreduktion, eine sicher nicht empfehlenswerte Maßnahme.

Tritt diese Hypothreose bereits in früher Kindheit auf, kommt es zum Kretinismus, einem Zurückbleiben von Wachstum und geistiger Entwicklung. Besonders früher war häufig ein Jodmangel dafür verantwortlich (Folge jodarmen Kochsalzkonsums); es gibt jedoch auch andere Ursachen, beispielsweise Erkrankungen der Hypophyse.

Das häufige Auftreten depressiver Symptomatik bei hypothyreoten Störungen führte zur Annahme, daß Depressionen auf Dysregulationen im System Hypothalamus-Hypophyse-Schilddrüse zurückgehen könnten; auffällig bei zahlreichen depressiv Gestörten ist ein mangelndes Ansprechen der Hypophyse auf das stimulierende TRH des Hypothalamus. Zuweilen wird auch erfolgreich versucht, durch zusätzliche Gabe von Schilddrüsenhormonen die Wirksamkeit antidepressiver Behandlung zu erhöhen (Aronson et al. 1996; für weitere Literatur s. Köhler 1999b). Jedoch dürften die weitaus meisten depressiv Erkrankten euthyreot sein, weisen also keine Störung in der Ausschüttung von T_3/T_4 auf.

Ein anderer Typus von Schilddrüsenzellen, die *parafollikulären* oder *C-Zellen*, produzieren *Calcitonin (Thyrocalcitonin)*, welches den *Einbau von Calcium* in die *Knochen fördert* und damit den *Calciumspiegel* im Blut *senkt*. Gegenspieler ist das in den Nebenschilddrüsen (Glandulae parathyreoideae, Epithelkörperchen) gebildete *Parathormon* (auch Parathyrin genannt), das die Calciumfreisetzung aus den Knochen sowie seine Resorption in Darm und Niere steigert und so zu einer Erhöhung des Calciumspiegels im Blut führt. Werden im Rahmen von Schilddrüsenoperationen Epithelkörperchen entfernt, kommt es zum Absinken der Calciumkonzentration im Blutserum (u.a. mit der Folge erhöhter muskulärer Erregbarkeit = Tetanie). Vermehrte Aktivität der Epithelkörperchen (primärer Hyperparathyreoidismus) führt hingegen zu erhöhtem

Calciumspiegel, Nierensteinen, Verkalkungen des Nierengewebes und Knochenveränderungen; hier müssen zumeist Epithelkörperchen operativ entfernt werden.

Erst in den letzten Jahren hat man die Bedeutung von Calcitriol für den Calciumstoffwechsel erkannt. Das vom Cholesterin abgeleitete und daher steroidähnliche Hormon wird über verschiedene Zwischenschritte unter Einfluß von UV-Licht in der Haut, der Leber sowie schließlich der Niere gebildet; in normaler Konzentration fördert es die Calciumresorption aus dem Darm und gleichzeitig die Einlagerung dieser Ionen in die Knochen, dabei in komplizierter Weise mit Parathormon und Calcitonin interagierend. Mangel dieses Hormons, beispielsweise durch ungenügende UV-Exposition, führt zu Störungen der Skelettmineralisierung (beispielsweise Rachitis).

4.3.6 Nebennierenmark

Die *Nebennieren* (Glandulae suprarenales; von lat. supra = oberhalb, renes = Nieren) sitzen den beiden Nieren kappenartig auf und bestehen aus zwei funktionell sehr unterschiedlichen Teilen, die jedoch beides endokrine Drüsen darstellen: Das innen gelegene *Mark (Medulla)* wird von einer *Rinde (Kortex)* umgeben, in dem die Kortikoide oder Kortikosteroide, u.a. Kortisol und Kortison, produziert werden (s. 4.3.7). Im Mark findet hingegen die Bildung der *Katecholaminhormone Adrenalin* und *Noradrenalin* statt.

Adrenalin leitet sich von lat. ad renes = „bei den Nieren" her; zuweilen, v.a. in der anglo-amerikanischen Literatur, findet man auch die Bezeichnungen Epinephrin und Norepinephrin (von griech. epi = auf und nephron = Niere). Katechol ist eine andere Bezeichnung für Hydroxyphenyl, das Grundgerüst von Tyrosin und damit von Noradrenalin und Adrenalin.

Die Synthese der auch als Transmitter fungierenden Stoffe wurde bereits genauer in 3.2.11 beschrieben: Ausgangspunkt ist die Aminosäure L-Tyrosin, die durch Hydroxylierung und Decarboxylierung zunächst in Dopamin umgewandelt wird; dieses geht durch erneute Hydroxylierung in Noradrenalin und weiter durch Methylierung in Adrenalin über. Das den letzten Schritt katalysierende Enzym findet sich mehr oder weniger ausschließlich im Nebennierenmark (NNM); als Transmitter im ZNS spielt Adrenalin – im Gegensatz zu Noradrenalin – wohl bestenfalls eine untergeordnete Rolle. Die Ausschüttung der Katecholamine geschieht in sogenannten Alarmsituationen, allgemeiner: unter aktivierenden Bedingungen (wie körperlicher Arbeit, Hitze, Kälte, Schmerz, Angst, Ärger) und zwar durch Nervenimpulse aus den das NNM innervierenden präganglionären Neuronen (s. 4.2.3). Die dort lokalisierten Acetylcholinrezeptoren sind nikotinerg; einige der zahlreichen Nikotinwirkungen, insbesondere die kardiovaskulären Effekte sowie die Auswirkungen auf den Stoffwechsel (Freisetzung von Fetten, die sich dann an den Gefäßwänden ablagern können), sind über Aktivierung des NNM zu erklären (s. auch 13.7).

Die freigesetzten Katecholaminhormone erreichen auf dem Blutweg ihre Erfolgsorgane, dabei auch solche, die vermutlich nicht oder nicht ausreichend von postganglionären sympathischen Fasern versorgt werden; zudem gelangt Adrenalin an die varikösen Auftreibungen noradrenerger Neurone (s. 4.2.3) und induziert dort eine stärkere Noradrenalinausschüttung. Dies alles führt zur *Aktivierung des Herz-Kreislauf-Systems*, zur *Freisetzung von Energiereserven* und zur *Dämpfung von Ma-*

4.3 Das Hormonsystem

gen-Darm-Tätigkeit, schafft also optimale Bedingungen für eine Auseinandersetzung mit diesen Alarmsituationen. Im Einzelnen bedingt die Erregung von α_1-Rezeptoren an der glatten Gefäßmuskulatur durch Noradrenalin und Adrenalin eine Vasokonstriktion im Bereich der inneren Organe, während die Stimulation von β_2-Rezeptoren durch Adrenalin an den Gefäßen der Skelettmuskulatur dort für erhöhte Durchblutung sorgt; die Besetzung von β_1-Rezeptoren am Herzen sowohl durch Noradrenalin wie Adrenalin bringt eine Steigerung des Pulsfrequenz und der pro Zeiteinheit ausgeworfenen Blutmenge mit sich. An den Bronchien resultiert eine Erweiterung (Dilatation aufgrund der Adrenalinwirkung an β_2-Rezeptoren, welche die gleichzeitige Aktivierung der konstriktorischen α_1-Bindungsstellen mehr als kompensiert). An den Fettzellen kommt es zur Freisetzung von Fettsäuren aus Vorräten (Lipolyse), in der Leber zur Mobilisierung von Glukose aus der Speicherform Glykogen (Glykogenolyse). Beide Stoffe stehen damit zur Energiegewinnung zur Verfügung.

Folgen kann es haben, wenn durch eine Alarmreaktion oder durch andere Faktoren (etwa Nikotinzufuhr) zwar Fette freigesetzt werden, diese aber nicht unmittelbar zur Verbrennung kommen; sie können sich an den Gefäßwänden ablagern und zur Arteriosklerose (Arterienverkalkung) führen. Auch ansonsten sind diese körperlichen Streßreaktionen, zu denen neben der Katecholaminfreisetzung und der Aktivierung sympathischer Neurone Ausschüttung von Kortisol aus der Nebennierenrinde kommt (s. 4.3.7), besonders dann schädlich, wenn am Ende nicht tatsächlich die energieverbrauchende Auseinandersetzung mit dem Stressor und seine Beseitigung steht. Es sei aber angemerkt, daß die beliebten Spekulationen über „Streß" und seine Folgen teilweise auf wenig sicherem empirischen Hintergrund erfolgen.

4.3.7 Nebennierenrinde

Aufbau; Überblick: Die das Nebennierenmark umhüllende Nebennierenrinde (NNR) läßt sich aufgrund des Feinaufbaus in *drei Schichten* unterteilen, die verschiedenartige Hormone produzieren. In der äußersten Schicht, der Zona glomerulosa, werden die *Mineralokortikoide* mit ihrem Hauptvertreter Aldosteron gebildet, in der säulenförmig aufgebauten, mittleren Zona fasciculata die *Glukokortikoide* (v.a. Kortisol und Kortison), in der netzförmig strukturierten Zona reticularis, der innersten Schicht, im wesentlichen einige *Androgene* (männliche Sexualhormone). Der lateinische Name für Rinde (auch die Nebennierenrinde) ist Cortex, die in der NNR gebildeten Hormone heißen deshalb *Kortikoide*; da sie alle Steroidstruktur besitzen, findet man auch den Namen *Kortikosteroide*. Ausgangspunkt für die Synthese der Steroide (neben den Kortikosteroiden der Hormone der Eierstöcke und der Hoden) ist Cholesterin (engl. Cholesterol), das mit der Nahrung aufgenommen wird.

Bekanntlich lagert sich Cholesterin an den Gefäßwänden an, kann dort zur Arteriosklerose führen, womit das Risiko für Herzinfarkt oder Verschluß von Hirngefäßen deutlich erhöht ist. Senkt man das Serumcholesterin, so reduziert sich das Risiko für die genannten Krankheiten beträchtlich. Dabei ist andererseits zu bedenken, daß Cholesterin nach dem Gesagten zum Aufbau von Hormonen benötigt wird, und es liegen mittlerweile Hinweise vor, daß cholesterinsenkende Mittel auch nachteilige Wirkung haben. In diese Diskussion soll hier nicht eingegriffen werden; angemerkt sei nur die Bedeutung von Cholesterin als Ausgangsprodukt der Steroidsynthese.

Mineralokortikoide, deren wichtigster Vertreter das *Aldosteron* der Zona glomerulosa ist, bewirken die *Rückresorption von Na^+-Ionen* in der Niere und erhöhen damit Blutvolumen und Blutdruck (s. 4.4); Aldosteronantagonisten werden deshalb als Medikamente zur Behandlung des Bluthochdrucks eingesetzt. Biopsychologisch von größerer Bedeutung sind die von der mittleren Schicht, der Zona fasciculata, gebildeten *Glukokortikoide,* zu denen insbesondere *Kortisol* und *Kortison* gehören.

Kortison und Kortisol (Hydrokortison) unterscheiden sich chemisch nur geringfügig: Beides sind C_{21}-Kortikosteroide, wobei an einem C-Atom bei Kortison ein doppelt gebundenes Sauerstoffatom sitzt, bei Kortisol statt dessen eine OH-Gruppe und ein H-Atom. Während in der Umgangssprache Kortison als das Streßhormon schlechthin aufgefaßt wird, wird Kortisol in sehr viel größeren Mengen von der NNR freigesetzt und ist deshalb hinsichtlich seiner Effekte bedeutsamer. Auch die zahlreichen Kortisonpräparate, etwa „Kortisontabletten" oder „Kortisonsalben", enthalten seltener Kortison als Kortisol (Hydrokortison), zumeist aber synthetische Glukokortikoide wie Dexamethason oder Betamethason.

Die Ausschüttung der Glukokortikoide ins Blut wird vom *Hypophysenvorderlappen* gesteuert, und zwar über Freisetzung von ACTH (adrenokortikotropes Hormon; adrenokortikal = die Nebennierenrinde betreffend; adrenokortikotrop = auf die NNR wirkend). Dabei besteht insofern eine wechselseitige Beeinflussung, als der Plasmaspiegel der Glukokortikoide (v.a. der von Kortisol) wieder die hypophysäre Freisetzung von ACTH hemmt; es liegt hier also ein *negativer Rückkoppelungsmechanismus* vor, über den die Glukokortikoidausschüttung unter Normalbedingungen relativ konstant gehalten wird. Dies ist jedoch insofern einzuschränken, als der Kortisolspiegel typische Tagesschwankungen zeigt (mit einem Maximum in den frühen Morgenstunden und Minimum etwa um Mitternacht); dieser Rhythmus ist Folge entsprechender Veränderungen der ACTH-Ausschüttung, welche wiederum anhand von „Zeitgebern" durch den Hypothalamus (mittels CRH) veranlaßt werden (s. auch 4.3.10). Zwischenzeitliche, mehr oder weniger lang anhaltende Erhöhungen der ACTH- und Glukokortikoidfreisetzung finden sich auch aufgrund von „Streßreizen": Offenbar steigern die unter solchen Umständen vermehrt ins Blut abgegebenen Katecholamine des NNM die ACTH-Freisetzung in der Hypophyse.

Die Wirkungen der Glukokortikoide sind vielfältig und beschränken sich keineswegs auf die im Namen ausgedrückten Wirkungen auf den Zuckerstoffwechsel. Glukokortikoidrezeptoren finden sich in zahlreichen Organen, so etwa in der glatten Muskulatur, im Gehirn, in Leber- und Fettzellen, in der Magenschleimhaut, in Teilen des Immunsystems; man erinnere sich im übrigen daran, daß die Rezeptoren für Steroidhormone nicht an der Zellaußenwand, sondern *intra*zellulär sitzen.

Kortisol, der Hauptvertreter der (endogenen) Glukokortikoide, führt zu *Erhöhung des Blutzuckerspiegels* und zwar u.a. durch Umwandlung von Aminosäuren, wozu erhöhter Eiweißabbau notwendig ist (sogenannte katabole Wirkung der Glukokortikoide); an Gefäßen und Herz werden im wesentlichen die Effekte der Katecholamine verstärkt. Am Magen scheint die Wirkung des Kortisols nicht so sehr in einer Steigerung der Magensäureproduktion zu bestehen, sondern in einer Verringerung der Widerstandskraft der Schleimhaut gegen Säureeinflüsse. Deswegen finden sich bei exogener, medikamentöser Zufuhr von Glukokortikosteroiden ebenso wie bei streßbedingter erhöhter Kortisolsekretion *Beeinträchtigungen im Magen-Darm-System* bis hin zum „Streßulcus", im Extremfall mit Durchbruch der Magenwände. Weiter wirken Glukokortikoide über komplizierte, hier nicht darzustellende Mechanismen *entzündungshemmend, Immunreaktionen unter-*

drückend und *antiallergisch*; externe Zufuhr dieser hochwirksamen Substanzen (zumeist labormäßig hergestellten Stoffen, die ein Wirkspektrum wie natürliche Glukokortikosteroide aufweisen) geschieht daher beispielsweise bei Asthmaanfällen, Autoimmunkrankheiten, schweren allergischen Reaktionen oder Gelenkentzündungen.

Auch auf Prozesse im Gehirn und psychische Vorgänge nehmen Glukokortikoide Einflüsse, die aber im einzelnen noch nicht gut verstanden sind. Nachgewiesen sind EEG-Veränderungen in Abhängigkeit vom Kortisolspiegel. Affektive Störungen im Zusammenhang mit verminderter oder vermehrter Kortisolausschüttung kommen vor, sind jedoch in der Richtung nicht eindeutig: Sowohl bei Ausfall wie bei Überaktivität der Nebennierenrinde kommen depressive Störungen vor, bei anderen Patienten unter gleichen Bedingungen aber manische; externe Glukokortikoidzufuhr führt häufiger zur Depression, kann aber auch euphorische Zustände auslösen (s. dazu Köhler 1999b, S. 17 und die dort referierte Literatur; zu Störungen der Regulation im System Hypothalamus-Hypophyse-Nebennierenrinde bei depressiv Gestörten s. 4.3.10 sowie 12.3.2).

Als Cushing-Syndrom (Hyperkortisolismus) bezeichnet man die durch langfristig erhöhte Glukokortikoidmengen im Körper hervorgerufenen Veränderungen. Dafür gibt es zahlreiche Ursachen; nicht selten ist es durch einen ACTH-sezernierenden Tumor der Hypophyse hervorgerufen (Morbus Cushing), häufig liegt jahrelange Medikation mit Glukokortikoiden, etwa bei schwerem Asthma bronchiale, zugrunde. Bei den Betroffenen fällt ein typischer Körperbau auf: Infolge der katabolen Wirkung der Glukokortikoide finden sich schwache Muskulatur und dünne Haut, während sich gleichzeitig in Bauch, Hals und Gesicht Fett angesammelt hat; da Glukokortikoide in hohen Dosen, ähnlich wie Mineralokortikoide, eine Zurückhaltung von Wasser im Körper bewirken, wird die runde Gesichtsform noch verstärkt („Vollmondgesicht"). Aufgrund verschiedener Faktoren (u.a. des gesteigerten Proteinabbaus mit Störung der Knochenneubildung) kommt es zur Entkalkung von Knochen (Osteoporose) mit erhöhter Frakturneigung. Meist liegen Bluthochdruck sowie Diabetes mellitus („Zuckerkrankheit") vor. Psychische Veränderungen kommen vor, zumeist affektive Störungen (sowohl depressive wie manische Syndrome).

In der innersten Schicht, der NNR, der Zona fasciculata, werden vornehmlich *Androgene* („männliche" Sexualhormone) gebildet, die wegen ihrer anabolen, also den Eiweißaufbau fördernden Wirkung auch Bedeutung als Dopingmittel im Sport haben. Diese in ihrer Bedeutung teilweise noch unklaren NNR-Androgene sollen in Zusammenhang mit den Sexualhormonen besprochen werden (s. 4.3.11 sowie Kap. 11).

4.3.8 Hypophyse

Allgemeines: Die aus *zwei funktionell* und *genetisch unterschiedlichen Anteilen* (*Adenohypophyse* oder *Hypophysenvorderlappen* einerseits, *Neurohypophyse* oder *Hypophysenhinterlappen* andererseits) zusammengesetzte *Hypophyse* (Hirnanhangsdrüse, engl. pituitary gland) liegt im Zwischenhirn ventrobasal des Hypothalamus; sie ist gut im Mediansagittalschnitt als längliche Ausstülpung an der Basis des oberen Hirnstamms zu erkennen. Den Hypophysenhinterlappen erreichen *Neurone* aus dem *Hypothalamus*. Der Hypophysenvorderlappen steht durch ein Netz von Blutgefäßen (*Pfortadersystem*) mit dem *Hypothalamus* in Verbindung; auf diesem Weg gelangen Releasing- und Inhibiting-Hormone vom Hypothalamus in die ihm untergeordnete Hypophyse.

Hypophysenhinterlappen (HHL, Neurohypophyse): Dieser kleinere, dorsal gelegene Anteil der Hypophyse entläßt zwei Hormone ins Blut, die aber nicht dort, sondern in

Neuronenkörpern des Hypothalamus (vermutlich im Nucleus supraopticus und im Nucleus paraventricularis) gebildet werden und durch axonalen Transport in den Hypophysenhinterlappen gelangen. Es handelt sich dabei zum einen um *Oxytozin* (auch Ocytozin geschrieben), welches auf die Gebärmutter wirkt und die Wehen verstärkt, neben anderen Faktoren sie vielleicht auch auslöst (von griech. tokos = Geburt); außerdem fördert es die Austreibung (nicht die Bildung) der Milch aus den Drüsengängen der Mammae. Die Funktion dieses Hormones beim Mann und bei der Frau außerhalb der Phasen um den Gebärvorgang ist unklar; vermutet wurde ein stimulatorischer Einfluß auf die sexuelle Appetenz bei beiden Geschlechtern; nach anderen Auffassungen soll Oxytozin den Transport der Spermien zu den Eierstöcken fördern. Das zweite in der Neurohypophyse freigesetzte Hormon ist *Adiuretin* (*ADH* oder antidiuretisches Hormon, v.a. in der älteren Literatur auch Vasopressin genannt), welches die Wasserausscheidung in der Niere hemmt; die Ausschüttung wird durch Impulse aus Hypothalamusneuronen reguliert, die ihrerseits wiederum Informationen von Osmorezeptoren (Registratoren für den osmotischen Druck des Blutes) erhalten. Da ADH nicht nur auf die Osmolarität der extrazellulären Flüssigkeit, sondern auch auf ihre Menge wirkt, kommt es bei Ausschüttung des Hormons zu Volumenvermehrung und damit zu Blutdruckerhöhung (daher der Name Vasopressin; s. auch 10.3).

Das durch ADH-Mangel bedingte Krankheitsbild wird Diabetes insipidus genannt; Ursache sind Erkrankungen von Hypothalamus oder Hypophyse, zuweilen auch Operationsfolgen in diesen Regionen. Symptome sind massive Urinausscheidung (Polyurie), welche mit stark erhöhter Flüssigkeitsaufnahme (Polydipsie) einhergeht. Auch die diuretische (ausschwemmende) Wirkung von Alkohol dürfte auf einer Hemmung der ADH-Freisetzung beruhen; wahrscheinlich ist dies die Ursache des nach stärkerem Alkoholkonsum auftretenden Durstgefühles („Brand").

Hypophysenvorderlappen (HVL, Adenohypophyse): In diesem Teil werden nach augenblicklichem Erkenntnisstand – nicht unbestritten – sieben Hormone produziert und freigesetzt, wobei vier davon (ACTH, TSH, FSH und LH) *glandotrope* Hormone sind, d.h. wiederum andere Hormondrüsen beeinflussen (nämlich Nebennierenrinde, Schilddrüse, Hoden und Eierstöcke). Prolaktin, welches auf die (exokrine) Milchdrüse wirkt, das Wachstumshormon (STH, Somatotropin) sowie das (in seiner Bedeutung für den menschlichen Organismus unklare) die Melanozyten stimulierende MSH sind nicht-glandotrop. Zudem scheint die Adenohypophyse gewisse Peptide mit morphinartiger Wirkung zu produzieren, z.B. das β-Endorphin. Produktion und Ausschüttung der meisten HVL-Hormone wird durch fördernde, bei manchen außerdem durch hemmende Hormone aus dem Hypothalamus beeinflußt (Releasing- und Inhibiting-Hormone; s. auch 4.3.9 und 4.3.10). Diese Hypothalamushormone werden in Kerngebieten, u.a. im Nucleus infundibularis, gebildet und gelangen durch axonalen Transport an kleine Venen der Adenohypophyse (Portalvenen), die dort ein venöses Netz bilden und die Hormone ins umgebende Gewebe entlassen.

Prolaktin wirkt, wie der Name sagt (von lat. lac = Milch), auf die Milchproduktion in den Brustdrüsen. Normalerweise wird die Bildung und Sekretion von Prolaktin in der Adenohypophyse durch ein Inhibiting-Hormon des Hypothalamus (PIH = Prolactin-Inhibiting-Hormon) verhindert; dieses ist aller Wahrscheinlichkeit nach Dopamin. Die Blockade von Dopaminrezeptoren durch Neuroleptika führt deshalb, neben den extrapyramidal-motorischen Nebenwirkungen, häufig zur Aufhebung dieser Hemmung und damit bei Frauen auch außerhalb der Stillzeit zu Milchfluß (Galaktorrhö), bei Männern zum Wachstum der Brüste (Gynäkomastie), in seltenen Fällen sogar zur Galaktorrhö; außerdem zeigen sich Störungen der Sexualfunktionen. Die Förderung der Prolaktinsekretion (wohl durch eines oder mehrere Releasing-Hormone des Hypothalamus) ist noch nicht vollständig geklärt; wahrscheinlich regt das auch die TSH-Bildung fördernde TRH die Synthese und Ausschüttung von Prolaktin an.

Das *Wachstumshormon* (STH = somatotropes Hormon oder Somatotropin, von griech. soma = Körper, zuweilen auch GH = Growth Hormone genannt) ist v.a. in der Kindheit für eine normale körperliche Entwicklung von größter Bedeutung; es wirkt – vermittelt wohl über aus der Leber freigesetzte Stoffe (Somatomedine) – auf zahlreiche Körperzellen und fördert u.a. *Knochenwachstum* und *Eiweißsynthese*. Reguliert wird seine Freisetzung durch die Hypothalamushormone Growth Hormone-Releasing-Hormon (GHRH) (auch Somatoliberin bezeichnet) und Growth Hormone-Inhibiting-Hormon (GHIH) – letzteres mittlerweile zumeist Somatostatin (SIH) genannt –, die wiederum durch die Somatomedine der Leber beeinflußt werden.

Als Folge von Minderproduktion von Somatotropin im Kindesalter, etwa durch Hypophysentumoren, aber auch nach Entzündungen oder Schädel-Hirntraumen, kommt es zum hypophysären Zwergwuchs, bei dem neben kleinen, aber proportionierten Gliedmaßen zuweilen noch weitere Zeichen der hypophysären Insuffizienz gefunden werden. Die Therapie besteht in der regelmäßigen Gabe von Wachstumshormon, welches aus menschlichen Hypophysen, in letzter Zeit zunehmend häufiger auch aus den Hypophysen von Tieren gewonnen wird. Fehlen von STH bei Erwachsenen bleibt hingegen weitgehend folgenlos.

Das Gegenstück dazu ist ein durch vermehrte Ausschüttung von Wachstumshormon im Kindesalter hervorgerufener Riesenwuchs, meist als Folge hormonproduzierender Hypophysentumoren. Tritt die Störung später, nach Verschluß der Wachstumsfugen an den Knochen auf, resultiert Akromegalie, Vergrößerung v.a. von Händen, Füßen, Nase oder Kinn, außerdem extremes Wachstum von Weichteilorganen, u.a. des Herzens, was nicht selten unbehandelt zum Tode führt. Die Therapie besteht zumeist in operativer Entfernung oder Bestrahlung zugrundeliegender Tumoren.

Melanozytenstimulierendes Hormon (MSH, Melanotropin): Die Bedeutung des melanozytenstimulierenden Hormons MSH im menschlichen Organismus ist umstritten. Es läßt sich bei einigen Tierspezies nachweisen und kann auch beim Menschen unter bestimmten Bedingungen gefunden werden, etwa bei der Addison-Krankheit, einem Ausfall der Nebennierenrinde; hier kommt es aufgrund fehlender Suppression durch Glukokortikoide zu extrem starker Bildung von ACTH, wobei als Nebenprodukt MSH entsteht (typische Pigmentierung der Haut bei Addison-Krankheit). Ob dieses Hormon auch physiologisch auftritt und welche Funktion es hat, ist Gegenstand der Diskussion; MSH darf nicht mit dem – hinsichtlich seiner Funktion ebenfalls noch weitgehend unverstandenen – Melatonin der Epiphyse verwechselt werden (s. 4.3.12).

ACTH (adrenokortikotropes Hormon): Das auf alle drei Schichten der Nebennierenrinde wirkende adrenokortikotrope Hormon (ACTH) *fördert* dort die *Hormonproduktion* und *Ausschüttung* und wird seinerseits durch höhere Blutkonzentrationen von NNR-Hormonen, speziell Glukokortikoiden, in seiner *Freisetzung gehemmt*; es liegt somit ein Regelkreis vor, der durch die Wirkung von CRH (Corticotropin-Releasing-Hormon) aus dem Hypothalamus seinen Sollwert verstellen kann (s. 4.3.10); zudem führen akut Streßreize, vermittelt über Adrenalin, zu höherer ACTH-Ausschüttung.

TSH (Thyreoidea stimulierendes Hormon): Dieses zuweilen auch Thyr(e)otropin genannte Hormon fördert die Produktion und Freisetzung von T_3 und T_4 aus der Schilddrüse (s. 4.3.5), deren Blutspiegel ihrerseits auf die TSH-Ausschüttung rückwirken. In diesen Regelkreis greift zudem TRH (Thyreotropin-Releasing-Hormon) aus dem Hypothalamus ein.

Die anderen glandotropen Hypophysenhormone, die Gonadotropine FSH (follikelstimulierendes Hormon) und LH (luteinisierendes Hormon), sollen ausführlicher in Abschnitt 4.3.11 besprochen werden, weil das Verständnis ihrer Wirkung Kenntnisse von Aufbau und Funktion der Keimdrüsen voraussetzt. Zunächst nur soviel, daß sowohl FSH als auch LH bei beiden Geschlechtern gebildet werden und sowohl Hoden als auch Eierstöcke erreichen; ihre Aufgabe innerhalb ihrer Zielorgane ist deutlich unterschiedlich. Die Freisetzung der Gonadotropine wird vermutlich durch nur einen einzigen Gonadotropin-Releasing-Faktor des Hypothalamus (GnRH) stimuliert.

Tabelle 4.2: Hormone des Hypophysenvorderlappens

Nicht-glandotrope Hormone		
Name(n)	**Wirkung (vereinfacht)**	**steuernde Hypothalamushormone**
Prolaktin	Steigerung der Milchproduktion	hemmend: PIH (= Dopamin); fördernd: TRH
Wachstumshormon = Somatotropin (STH) = Growth Hormone (GH)	Knochenwachstum, Eiweißsynthese	fördernd: GHRH (= Growth Hormone-Releasing-Hormon); hemmend: GHIH (= Growth Hormone-Inhibiting-Hormon) = Somatostatin
melanozytenstimulierendes Hormon (MSH, Melanotropin)	beim Menschen unklar	?
Glandotrope Hormone		
Name(n)	**Wirkung (vereinfacht)**	**steuernde Hypothalamushormone**
ACTH (adrenokortikotropes Hormon)	stimuliert Hormonbildung in NNR	fördernd: CRH (Corticotropin-Releasing-Hormon)
TSH (Thyreoidea stimulierendes Hormon), Thyrotropin	stimuliert Hormonbildung in der Schilddrüse	fördernd: TRH (Releasing-Hormon für TSH)
FSH (Follikel stimulierendes Hormon) und LH (luteinisierendes Hormon)	fördern Prozesse in Hoden und Ovar	fördernd: GnRH (Gonadotropin-Releasing-Hormon)

4.3.9 Hypothalamus

Der an der Basis des Zwischenhirns gelegene, aus zahlreichen Kernen unterschiedlicher Funktion zusammengesetzte Hypothalamus ist *oberste regulierende Instanz* der meisten *vegetativen Vorgänge*. Durch deszendierende Axone zu den Körpern präganglionärer sympathischer Neurone im Rückenmark kann er den *Sympathikus aktivieren* (seine Beziehungen zum parasympathischen Teil des VNS sind weniger klar). Durch *Releasing-Hormone* beeinflußt der Hypothalamus zudem die *Freisetzung glandotroper Hormone in der Adenohypophyse* und wirkt damit indirekt auf wichtige Hormondrüsen (Schilddrüse, Nebennierenrinde, Keimdrüsen); durch weitere *Releasing-* und *Inhibiting-Hormone* reguliert er die Freisetzung des in gewissen Entwicklungsphasen sehr wichtigen Wachstumshormons aus dem Hypophysenvorderlappen sowie die des (in seiner Funktion weniger gut verstandenen) Prolaktins; schließlich produziert er ADH (antidiuretisches Hormon, Vasopressin) sowie Oxytocin, die er über die Neurohypophyse freisetzt (s. 4.3.8).

Sämtliche Hypothalamushormone sind Peptide und werden in Neuronen gebildet: die in 4.3.8 bereits besprochenen ADH und Oxytocin im Nucleus supraopticus und Nucleus paraventricularis, von wo sie in Nervenfasern durch axonalen Transport in die Neurohypophyse gelangen und dort in das direkt zum restlichen Körper ziehende Blut freigesetzt werden. Die Synthese der auf den Hypophysenvorderlappen wirkenden Hypothalamushormone (eben der Releasing- und Inhibiting-Hormone) geschieht in anderen hypothalamischen Kernen (Nucl. ventromedialis, Nucl. dorsomedialis und Nucl. infundibularis); sie werden im Axon zum Pfortadersystem des Hypophysenvorderlappens gebracht und dort entlassen, gelangen also ins Hypophysengewebe; dort stimulieren (bzw. hemmen) sie die Freisetzung glandotroper und nichtglandotroper Hormone.

Mittlerweile geht man davon aus, daß es für die *glandotropen* Hypophysenhormone (ACTH, TSH, FSH und LH) *nur Releasing*-Hormone gibt (für FSH und LH gemeinsam nur eines, meist GnRH genannt), während für die *anderen HVL-Hormone* (Prolaktin, Wachstumshormon = STH = GH) sowie das in Diskussion stehende melanozytenstimulierende Hormon sowohl ein *Releasing-* wie ein *Inhibiting-Hormon* im Hypothalamus gebildet und freigesetzt wird (s. auch Tabelle 4.2).

Daß man bezüglich der Hypothalamushormone noch ausgesprochene Kenntnislücken hat, liegt u.a. daran, daß sie in extrem geringer Menge gebildet werden und deshalb schwer zu isolieren und zu untersuchen sind. So sollen etwa die Entdecker des Thyreotropin-Releasing-Hormons dafür über eine Million Schweinehypothalami benötigt haben (nach Pinel 1997, S. 287).

4.3.10 Die Achsen-Hypothalamus-Hypophyse-Nebennierenrinde und Hypothalamus-Hypophyse-Schilddrüse

Wegen der großen Bedeutung der in diesen Systemen ablaufenden Regulationsvorgänge (auch für das Verständnis pathologischer Vorgänge) sollen diese, zum Großteil in Wiederholung von zuvor Gesagtem, noch einmal gesondert dargestellt werden.

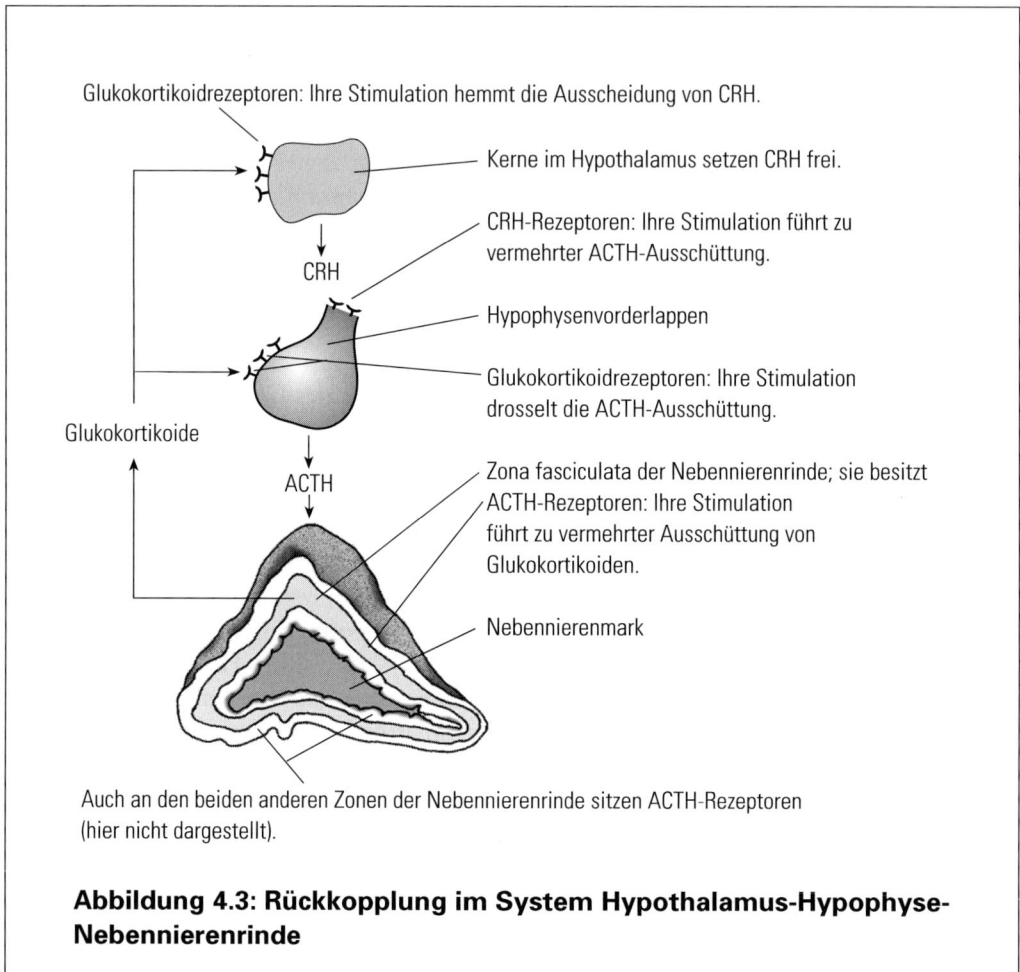

Abbildung 4.3: Rückkopplung im System Hypothalamus-Hypophyse-Nebennierenrinde

Bildung und Freisetzung von *Hormonen der Nebennierenrinde* (NNR) wird durch *ACTH* aus dem *Hypophysenvorderlappen* stimuliert; in der NNR, und zwar in allen drei Schichten, befinden sich entsprechend Rezeptoren für ACTH. Die Konzentration der NNR-Hormone im Blut, besonders die des Glukokortikoids Kortisol, wirkt im Sinne einer *negativen Rückkoppelung hemmend* auf die ACTH-Ausschüttung aus der Hypophyse (die entsprechend Glukokortikoidrezeptoren besitzen muß), so daß in diesem Regelkreis zunächst die NNR-Hormonkonzentration (und ACTH-Konzentration) einigermaßen konstant gehalten werden (auf einen bestimmten Sollwert eingestellt sind). In diesen Regelkreis greift der Hypothalamus ein und bewirkt über CRH (Corticotropin-Releasing-Hormon) eine Sollwertverstellung; z.B. zeigt die ACTH- und damit auch die Kortisolkonzentration charakteristische Tagesschwankungen, die vom Hypothalamus über zeitlich variierende CRH-Ausschüttungen gesteuert sind; im HVL gibt es neben den Glukokortikoid- also auch CRH-Rezeptoren. Dabei wirkt das Endhormon, hier Kortisol, auf Hypophyse und den Hypothalamus

4.3 Das Hormonsystem

zurück. Beide besitzen somit Glukokortikoidrezeptoren, bei deren Besetzung sowohl ACTH- wie CRH-Freisetzung gedrosselt werden. Hingegen scheint keine Rückkoppelung zwischen ACTH und CRH zu bestehen; im Hypothalamus befinden sich (im Gegensatz zur NNR) offenbar keine ACTH-Rezeptoren.

Fügt man dem Organismus über längere Zeit Glukokortikoide zu, beispielsweise zur Behandlung von schwerem Asthma bronchiale, wird im Sinne einer negativen Rückkoppelung die ACTH-Produktion des HVL gedrosselt (in wohl geringerem Maße auch die CRH-Synthese und Ausschüttung im Hypothalamus); Folge kann eine Atrophie der NNR sein, die offensichtlich ohne Anregung durch ACTH nicht nur nicht sezerniert, sondern regelrecht verkümmert. Setzt man die Glukokortikoidmedikamente plötzlich ab, so entsteht ein Mangel u.a. an Kortisol, welches von der atrophischen NNR trotz der Dauerstimulation durch ACTH nicht ausreichend gebildet werden kann. Insofern ist es sinnvoll, nach längerer Gabe externer Glukokortikoide synthetisches ACTH (parental) zu verabreichen und zu überprüfen, ob der Kortisolspiegel genügend ansteigt, sich die NNR also noch stimulieren läßt; wenn nicht, muß die Dosis langsam reduziert werden oder Substitution mit Kortisol für gewisse Zeit erfolgen.

Es gibt zahlreiche Hinweise, daß bei *depressiv Erkrankten* eine Dysregulation im System Hypothalamus-Hypophyse-NNR vorliegt. Nicht nur finden sich während depressiver Episoden in vielen Fällen erhöhte Konzentrationen von Kortisol in Blut oder Urin; häufig fallen auch bestimmte Suppressions- und Stimulationstests pathologisch aus. Man schließt dabei allgemein auf eine Regulationsstörung im genannten System, die man in Einzelheiten aber noch nicht genauer eingrenzen kann und deren Bedeutung bei Depressionen (Ursache oder Folge oder Begleitsymptomatik?) keineswegs klar ist.

Beim Dexamethason-Suppressionstest wird das externe Glukokortikoid Dexamethason verabreicht, woraufhin es bei Gesunden durch Unterdrückung der ACTH-Ausschüttung zu einem Abfall des Blutkortisolspiegels kommt; bei vielen, aber keineswegs allen Depressiven (übrigens auch bei Personen mit anderen psychischen Störungen) fällt dieser Test negativ aus, sinkt also der Kortisolspiegel nicht ab. Ursache könnte mangelnde Ansprechbarkeit der Glukokortikoidrezeptoren im Hypophysenvorderlappen sein; diskutiert wird auch eine generelle Überstimulation der Hypophyse durch hypothalamische und limbische Strukturen, aufgrund welcher die suppressive Wirkung der Glukokortikoide nicht zum Tragen kommt (s. dazu auch 12.3.2 sowie Köhler 1999b, S. 52 ff. und die dort angeführte Literatur).

Seltener wird der CRH-Test bei Depressiven angewandt, der dort ebenfalls häufig pathologisch ausfällt: Bei ihnen bleibt der ACTH-Anstieg nach Gabe des hypothalamischen Releasing-Hormons aus; eventuell sind die hypophysären ACTH-Rezeptoren unempfindlich oder durch die erhöhte Plasmakortisolkonzentration die ACTH-Ausschüttung erniedrigt. Wieweit diese verschiedenen Hypothesen zum pathologischen Ausfall des Dexamethasonsuppressions- und des CRH-Stimulationstests zusammenpassen, sei hier nicht diskutiert.

Auch die *Achse Hypothalamus-Hypophyse-Schilddrüse* ist Bestandteil eines Regelsystems, wobei v.a. die Konzentration des Schilddrüsenhormons T_3 im Blut die Ausschüttung des stimulierenden hypophysären TSH unterdrückt; in diesen Regelkreis greift TRH aus dem Hypothalamus ein, welches die TSH-Freisetzung im HVL stimuliert und vermutlich durch T_3 und TSH gehemmt wird.

Auch hier lassen sich mit Kenntnis des Regelkreises viele klinische Phänomene besser verstehen, etwa der Mechanismus der Strumabildung. Kommt es aufgrund von

Jodmangel, wie v.a. früher in vielen Alpenregionen nicht selten, zur Mangelproduktion von Schilddrüsenhormonen, wird u.a. die TSH-Ausschüttung im HVL stimuliert und es beginnt ein Wachstum der Schilddrüse (Struma oder Kropf); kann die vergrößerte Drüse ihre Sekretionsleistung erfüllen, handelt es sich um eine euthyreote Struma, die auch dann bestehen bleibt, wenn kein Jodmangel mehr vorliegt. Ist trotzdem die Produktion von T_3 und T_4 eingeschränkt, liegt eine hypothyreote Struma vor (die auch andere Ursachen als Jodmangel haben kann).

Auch Störungen im System Hypothalamus-Hypophyse-Schilddrüse werden zuweilen bei Depressiven angenommen. Wie erwähnt, lassen sich bei manchen Erkrankten die Wirkungen antidepressiver Therapie durch zusätzliche Gabe von Schilddrüsenhormonen verstärken; gleichwohl scheinen die meisten depressiven Patienten euthyreot zu sein.

Nicht selten fällt bei Depressiven der TRH-Test negativ aus, d.h. Gabe des hypothalamischen Releasing-Hormons führt bei ihnen, zumindest während depressiver Episoden, nicht zum üblichen Anstieg der TSH-Konzentration im Blut. Die Spezifität dieses Tests, der auch bei Personen mit anderen psychischen Störungen negativ ausfällt und umgekehrt häufig bei Depressiven normale Befunde liefert, ist umstritten; zudem ist unklar, was ihm zugrunde liegt (eventuell könnte dies auf mangelnde Ansprechbarkeit hypophysärer TRH-Rezeptoren zurückzuführen sein).

4.3.11 Keimdrüsen und Sexualhormone

Überblick: Als *Keimdrüsen* bezeichnet man beim Mann die beiden *Hoden*, bei der Frau die beiden *Eierstöcke*. Im Hoden werden vornehmlich *Androgene*, „männliche" Geschlechtshormone produziert, insbesondere das *Testosteron*; in geringen Mengen entstehen dort aber auch „weibliche" Sexualhormone. In den Eierstöcken bzw. in den in den Eierstöcken gelegenen Follikeln ist es umgekehrt: Hier werden v.a. *Östrogene* (etwa Östradiol) und *Gestagene* (z.B. Progesteron) („weibliche" Sexualhormone) gebildet, sehr viel weniger Androgene. Eine weitere Produktionsstätte von Sexualhormonen und zwar vornehmlich von Androgenen ist die innerste Schicht der *Nebennierenrinde*, die Zona reticularis.

Diese Sexualhormone haben zahlreiche Wirkungen; beispielsweise beeinflußt Testosteron wie andere Androgene in spezifischer Weise das Verhalten (steigert etwa die Aggressivität), fördert die Ausbildung von sekundären Geschlechtsmerkmalen, führt außerdem zum Muskelaufbau (anabole Wirkung). Östradiol beeinflußt das Wachstum der Uterusschleimhaut während der Menstruationsphasen, wirkt u.a. aber auch auf den Fettstoffwechsel, die Knochenbildung und auf Verhalten; der in der zweiten Phase des Menstruationszyklus aus dem Follikel gebildete Gelbkörper produziert Progesteron, welches temporäre Veränderungen an den Geschlechtsorganen hervorruft, ansonsten aber wenig auf extragenitale Organe wirkt (von Rückkoppelungsprozessen mit den steuernden Hormondrüsen der Hypophyse und des Hypothalamus abgesehen).

Die Reifung des *Follikels* in den Eierstöcken wird durch *FSH (follikelstimulierendes Hormon)* angeregt, in der zweiten, der Lutealphase, welche nach dem Platzen des Follikels und dem Eisprung einsetzt, durch das *luteinisierende Hormon LH*. Diese sogenannten *Gonadotropine* FSH und LH werden in der *Adenohypophyse* gebildet, ihre Produktion wird durch *GnRH*, das *Gonadotropin-Releasing-Hormon* aus dem Hypothalamus, angeregt.

Im Folgenden sollen hauptsächlich die Wirkungen der Sexualhormone bei Erwachsenen dargestellt werden; ihre Bedeutung in der Embryonalzeit und in den Jahren bis zum Abschluß der Pubertät werden genauer in dem Kapitel über Sexualität und Fortpflanzung behandelt (s. Kap. 11).

Sexualhormone beim Mann: Der Hoden (lat. testis = Zeuge) dient zum einen der *Bildung der Spermien* und ist zum anderen *Keimdrüse*, produziert und sezerniert insbesondere das Steroid *Testosteron*. Die Spermienbildung wird v.a. durch FSH aus der Hypophyse angeregt. Produktion von Testosteron findet in kleinen Zellnestern, den sogenannten *Leydigschen Zwischenzellen*, statt. Ausgangspunkt der Synthese ist Cholesterin, zur Produktion stimuliert werden die Leydigschen Zwischenzellen durch das Hypophysenhormon LH (luteinisierendes Hormon). In geringen Mengen wird Testosteron, neben einigen anderen Androgenen, auch in der innersten Schicht der Nebennierenrinde, der Zona reticularis, gebildet; im übrigen werden in Hoden und NNR des Mannes geringgradig Östrogene produziert, die aber i.a. keine wesentliche physiologische Wirkung haben.

Testosteron ist das wichtigste Androgen (von griech. aner, Genitiv: andros = Mann), also besonders bedeutsam für die Ausbildung männlicher Körperformen und für männlich erachteter Verhaltensweisen. Androgene entfalten ihre Wirkungen speziell während der Pubertät: Durch sie kommt es in dieser Zeit v.a. zur Längen- und Dickenzunahme des Penis, zum Wachstum innerer Geschlechtsorgane (Samenblasen, Prostata), zur Vergrößerung von Kehlkopf und Stimmbändern (Stimmbruch), zum Bartwuchs und zu bestimmten Formen der Schambehaarung (s. 11.9); außerdem verstärken sie durch ihre anabole (eiweißbildende) Wirkung das Größenwachstum, das sie aber zu gegebener Zeit durch Verschluß der Wachstumsfugen (Epiphysenfugen) beenden. In der Zeit nach der Pubertät steigert Testosteron (mit anderen Androgenen) die Libido, regt (zusammen mit FSH) die Samenproduktion an, und führt zu vermehrt aggressivem, speziell sexuell-aggressivem Verhalten.

Wieder liegt ein Regelkreis vor: LH aus der Hypophyse regt die Testosteronbildung an. Dieses hat neben den beschriebenen Wirkungen vermutlich einen Effekt auf die hypophysäre LH-Ausschüttung im Sinne einer negativen Rückkoppelung. Die Freisetzung von LH und FSH wird wiederum von einem (vermutlichen gemeinsamen) Gonadotropin-Releasing-Hormon (GnRH) stimuliert; anders als bei der Frau, wo die Ausschüttung von FSH und LH zyklischen Schwankungen unterliegt, geschieht sie beim Mann weitgehend gleichmäßig.

Entfernung der beiden Hoden, wie es selten bei Hodenkrebs, häufiger zur Unterbindung der Androgenproduktion bei Prostatakarzinomen sowie in manchen Ländern bei der Behandlung von Sexualstraftätern geschieht, manchmal auch Unfallfolge ist, wirkt sich beim erwachsenen Mann häufig, aber keineswegs immer und v.a. nicht gleich, in Form von Impotenz aus; die Libido ist meist deutlich reduziert. Ähnliche Effekte hat die „chemische Kastration" mittels des Antiandrogens Cyproteronacetat (Androcur), welches die Testosteronwirkung herabsetzt. Kastration vor oder während der Pubertät führt zu ausbleibendem Stimmbruch (früher als sogenannte „Sopranisierung" bei Singknaben nicht unüblich) und wegen fehlenden Verschlusses der Wachstumsfugen zu Riesenwuchs. Bei Tieren führt Hodenentfernung neben Nachlassen des Geschlechtstriebes v.a. zu einer deutlichen Verminderung der Aggressivität (man denke diesbezüglich an die Unterschiede zwischen Ochsen und Stieren).

Hypogonadismus, die Unfähigkeit des Hodens, Testosteron und/oder Spermien zu produzieren, kann sekundär bei Störungen der hypothalamischen oder hypophysären Hormonsekretion auftreten, weiter u.a. beim Klinefeltersyndrom (Karyotyp XXY) oder beim Kryptorchismus (Ausbleiben des entwicklungsgeschichtlich vorgesehenen Abstiegs des Hodens aus der Bauchhöhle).

Als interessante Störung bei Männern sei noch das Androgen-Insensitivitätssyndrom genannt (früher als testikuläre Feminisierung bezeichnet), bei welchen die Körperzellen durch Fehlen geeigneter Rezeptoren nicht auf Testosteron und andere Androgene ansprechen; Folge ist ein weibliches Aussehen bereits bei Geburt, das sich im Laufe der Pubertät noch verstärkt.

Überproduktion von Androgenen, sei es durch konstitutionelle Faktoren, Tumoren im Zwischenhirn, ZNS-Infektionen, Tumoren im Hodenbereich oder eine Überaktivität der NNR, führt bei Kindern zur vorzeitigen Pubertät (Pubertas praecox, u.U. auch zur Pseudopubertas praecox mit fehlender Spermienbildung).

Weibliche Sexualhormone: In den Eierstöcken vergrößert sich am Beginn jedes Menstruationszyklus einer der vielen, jeweils eine Eizelle umschließenden Follikel. Er bricht am 14. Zyklustag auf (*Eisprung* oder *Ovulation*, zuweilen auch *Follikelsprung* genannt) und entläßt die Eizelle in den Eileiter, von wo sie in Richtung Gebärmutter wandert. Der aufgeplatzte Follikel bleibt im Ovar zurück und heißt ab dann *Corpus luteum (Gelbkörper)*; er produziert *Östrogene* und v.a. *Gestagene* wie das *Progesteron*. Tritt Befruchtung der Eizelle ein, bleibt das Corpus luteum bestehen; sonst bildet es sich zum Zyklusende zurück.

Bei den weiblichen Sexualhormonen unterscheidet man zwei große Gruppen, die *Östrogene* und die *Gestagene*; bei beiden handelt es sich um aus dem Cholesterin abgeleitete *Steroidhormone*. Die Östrogene mit dem wichtigsten Vertreter *Östradiol* und den schwächeren Östrion und Östriol werden v.a. in den Follikeln in der Zyklusphase bis zur Ovulation (der sogenannten Follikelphase) gebildet; sie stimulieren einerseits den Eisprung und bereiten andererseits die Scheide und den Muttermund auf das Eindringen der Spermien vor, zudem den Uterus durch Aufbau einer Schleimhaut (Endometrium) auf die Einnistung der befruchteten Eizelle. Die Follikelreifung und die Östradiolproduktion im Follikel werden v.a. durch FSH, das follikelstimulierende Hormon der Hypophyse, angeregt; die Östradiolkonzentration im Blut erreicht ihr Maximum zur Zeit des Eisprunges.

Die Bildung der Gestagene mit ihrem wichtigsten Vertreter *Progesteron* geschieht im Corpus luteum unter der Stimulation durch LH (luteinisierendes Hormon), welches ebenfalls vom HVL produziert wird. In dieser zweiten, der Gelbkörperphase, erreicht das in der Follikelphase kaum nachweisbare Progesteron hohe Konzentrationen im Blut. Unter Progesteroneinfluß wird die Uterusschleimhaut weiter zur Aufnahme und Einnistung der befruchteten Eizelle vorbereitet. Bleibt die Befruchtung aus, kommt es durch komplizierte Gegenregelungsmechanismen, die auch das hypothalamische GnRH betreffen, zur Rückbildung des Gelbkörpers und zur raschen Abstoßung der gebildeten Uterusschleimhaut (Monatsblutung).

In der ersten Zyklus-, der Follikelphase, ist die Ausschüttung von LH aus der Hypophyse niedrig und Progesteronbildung im Ovar findet so gut wie nicht statt. Das vom HVL freigesetzte FSH stimuliert die Reifung des Follikels, welches seinerseits Östrogene bildet. Zunehmender Anstieg von Östrogenen im Blut gegen Ende der Follikelphase führt nun zu verstärkter LH-Produktion im HVL, was die Ovulation hervorruft; das von da ab im Gelbkörper gebildete Progesteron bewirkt (zusammen mit Östradiol) Hemmung von FSH- und LH-Bildung in der Hypophyse; damit wird Reifen weiterer Follikel verhindert. Welchen Effekt das GnRH aus dem Hypothalamus dabei ausübt, ist nicht in Einzelheiten verstanden.

4.3 Das Hormonsystem

Auch das bereits in 4.3.8 behandelte Prolaktin greift in diese Regulationen ein: Während der zweiten Zyklusphase kommt es (indirekt über Aufhebung von Hemmungen) zu vermehrter Ausschüttung aus dem HVL, welches auf die Milchbildung wirkt und auf die Situation nach einer eventuellen Schwangerschaft vorbereiten soll. Umgekehrt wirkt die während der Stillzeit noch zusätzlich vermehrte Prolaktinbildung auf Hypophyse und Ovar und reduziert die Wahrscheinlichkeit erneuter Befruchtung.

Die Östrogene, die v.a. im Ovar, in geringeren Mengen auch in der NNR gebildet werden, wirken hauptsächlich auf die weiblichen Geschlechtsorgane im Sinne reversibler Veränderungen während des Menstruationszyklus. Sie haben weiter Bedeutung für die Ausbildung sekundärer Geschlechtsorgane, allerdings diesbezüglich sehr viel geringere als das Testosteron beim Mann; man sieht es daran, daß die Östrogene im wesentlichen erst mit Einsetzen des Menstruationszyklus gebildet werden, Brustwachstum und Herausbildung weiblicher Körperformen schon früher einsetzen.

Offenbar verhält es sich so, daß die weibliche Körperform die „natürliche" darstellt und sich auch ohne Östrogeneinfluß heranbildet; Voraussetzung ist allerdings, daß nicht hohe Androgenkonzentrationen diesen Vorgang hemmen. Dies ist u.a. daraus zu ersehen, daß beim Klinefelter-Syndrom, einer numerischen Chromosomenaberration mit gestörtem Hodenwachstum und daher reduzierter Testosteronbildung, trotz fehlenden Östrogens sich eine Vergrößerung der Brust einstellt (Gynäkomastie). Auch beim erwähnten Androgen-Insensitivitätssyndrom (der testikulären Feminisierung) kommt es nicht durch übermäßige Östrogenproduktion, sondern durch ein mangelndes Ansprechen von Rezeptoren auf das in normalen Mengen gebildete Testosteron zu einem weiblichen Aussehen bei männlichen Personen.

Die Ausbildung weiblicher Körpermerkmale unterdrückende Wirkung der Androgene läßt sich verschiedentlich demonstrieren, etwa an Athletinnen (früher nicht selten aus Ländern des Ostblocks), die zum Aufbau der Muskulatur anabole Androgene erhalten haben. Neben oft wenig weiblichem Aussehen fällt nicht selten eine ausgesprochen tiefe Stimme auf. Illustrativ ist in dieser Hinsicht auch das adrenogenitale Syndrom, heute meist als kongenitale virilisierende adrenale Hyperplasie bezeichnet (kongenital = angeboren, virilisierend = vermännlichend von lat. vir = Mann, adrenal = die NNR betreffend, Hyperplasie = übermäßig große Ausbildung). Dabei kommt es durch einen Enzymdefekt zu Bildung eines Androgens statt Kortisol. Durch das Fehlen von Kortisol wird die Hypophyse zu verstärkter ACTH-Ausschüttung stimuliert, das nun die Bildung weiterer Androgene in der NNR anregt; Resultat sind ausgesprochen männliche Charakteristika weiblicher Personen (s. etwa Friedman u. Downey 1993).

Neben ihrer Wirkung auf die Geschlechtsorgane im Laufe des Menstruationszyklus haben die Östrogene weitere Effekte. Am relevantesten ist wohl – über Veränderungen des Cholesterinstoffwechsels und der Fließeigenschaften des Blutes – eine Verhinderung von Arteriosklerose (Arterienverkalkung), insbesondere an den Koronarien (Herzkranzgefäßen); Frauen vor der Menopause erleiden wesentlich seltener Herzinfarkte als gleichaltrige Männer. Deshalb wird von verschiedener Seite befürwortet, Frauen nach der Menopause extern Östrogene zuzuführen, umso mehr, als damit auch Prophylaxe gegen Osteoporose (Knochenentkalkung) und Alzheimer-Krankheit möglich scheint; dem steht entgegen, daß unter Östrogeneinnahme das Risiko für die Entwicklung von Brustkrebs erhöht sein könnte. Die Diskussion über den Nutzen von Östrogentherapie in der Menopause ist noch nicht abgeschlossen.

4.3.12 Weitere hormonproduzierende Gewebe

Endokrine Anteile der Niere: Die Niere dient im wesentlichen der Ausscheidung, übernimmt aber außerdem endokrine Aufgaben: Im sogenannten juxtaglomerulären

Apparat wird das für die Blutdruckregulation wichtige *Renin* gebildet (s. 4.4.3), in anderen Zellen *Erythropoetin*, welches die Bildung von Erythrozyten (roten Blutkörperchen) im Knochenmark anregt. Dieses in sehr viel geringeren Mengen auch von der Leber sezernierte Hormon wird v.a. durch den Reiz von O_2-Mangel ausgeschüttet, O_2-Überschuß hemmt seine Freisetzung.

Epiphyse: Die *Epiphyse* oder *Zirbeldrüse* ist ein unpaares Organ im dorsalen Zwischenhirn, über dessen Funktion beim Menschen nach wie vor weitgehend Unklarheit besteht. In der Zirbeldrüse wird in gewisser Konzentration *Melatonin* gefunden, das aus Serotonin gebildet wird; Melatonin bewirkt bei einigen niedrigen Wirbeltieren (und auch bei diesen vielleicht nur in frühen Entwicklungsstadien) eine Aufhellung der Haut, ist also möglicherweise Antagonist des die Melanozyten stimulierenden Hormones MSH (s. 4.3.8). Beim Menschen wird Melatonin – sehr unbestimmt – mit der Regulation des Schlaf-Wach-Rhythmus in Verbindung gebracht; in den letzten Jahren wurden vermehrt, speziell in den USA, Melatoninpräparate auf den Markt gebracht, mit deren Hilfe die Zeitverschiebung (etwa bei Langstreckenflügen, sogenanntes jet-lag) leichter überwunden werden soll. Über die diesbezügliche Wirksamkeit liegt bis jetzt wenig Gesichertes vor, ebensowenig über Nebenwirkungen.

Thymus („Thymusdrüse"): Dieses hinter dem Brustbein lokalisierte, in der Kindheit noch sehr große, später weitgehend atrophierte Organ wird häufig als endokrine Drüse aufgeführt, obwohl dort gebildete Hormone noch nicht sicher nachgewiesen werden konnten. Die Thymusdrüse wirkt im wesentlichen auf Lymphozyten, hat also Bedeutung für (sogenannte zelluläre) Immunreaktionen; ob dies durch freigesetzte Stoffe mit Hormoncharakter oder auf andere Weise geschieht, ist noch nicht geklärt und kann hier auch nicht genauer diskutiert werden.

Magen-Darm-Trakt: Hier werden ebenso Hormone gebildet, die endokrin wirken, also auf dem Blutweg an ihre (meist in unmittelbarer Nähe liegenden) Wirkungsorte gelangen. Ihr Zielgebiet liegt entweder im sezernierenden Organ selbst (etwa bei dem vom Magen freigesetzten *Gastrin*) oder in einem Nachbarorgan desselben Systems; so führt etwa das aus dem Dünndarm ausgeschüttete *Sekretin* in der Bauchspeicheldrüse zu vermehrter Freisetzung von Verdauungssäften.

Ein weiteres, im Magen-Darm-Trakt und in den D-Zellen der Langerhansschen Inseln im Pankreas gebildetes Hormon ist *Somatostatin*, welches auch im Hypothalamus gefunden wurde und die Bildung des Wachstumshormons oder Somatotropin (STH) in der Adenohypophyse hemmt; dort wird es deshalb häufig als SIH (Somatotropin-inhibierendes Hormon) bezeichnet. Im Magen-Darm-Trakt (dort zumeist Somatostatin genannt) wirkt es auf die endokrine und exokrine Sekretion; im Pankreas modifiziert es die Effekte von Insulin und Glukagon.

4.3.13 Gewebshormone

Im Gegensatz zu den *endokrinen Hormonen*, die in spezifischen Drüsen gebildet werden und auf dem *Blutweg* zu ihrem oft weit entfernten Zielorgan gelangen, entstehen *Gewebshormone* in diversen Geweben ohne spezifischen Drüsencharakter und erreichen durch *Diffusion im Interstitium (unter Umgehung des Blutweges)* ihre zumeist in unmittelbarer Nähe lokalisierten Empfängerzellen (sogenannte *parakrine Wirkung*). So führt etwa die Verbindung eines körperfremd empfundenen Stoffes (eines Antigens) mit einem gebildeten Abwehrstoff (Antikörper) zur Freisetzung von *Histamin* aus Mastzellen, das in die Umgebung diffundiert und u.a. an Gefäßen zu Erweiterung und Ödembildung, an Schleimhäuten zur Sekretion oder an Nervenendigungen zur Reizung führt (Grundkomponenten der allergischen Reaktion). Weitere bekannte Gewebshormone sind die *Prostaglandine*, die ursprünglich in der Prostata entdeckt wurden (daher der Name), mittlerweile aber auch in anderen Geweben nachgewiesen werden konnten. Die zahlreichen Subtypen von Prostaglandinen schützen u.a. die Magenschleimhaut gegen Säureeinflüsse, fördern die Verklumpung von Blutplättchen (Thrombozytenaggregation) und machen nozizeptive Nervenendigungen („Schmerzrezeptoren") empfindlicher für Reize. Stoffe wie Acetylsalicylsäure (Aspirin), welche die Bildung von Prostaglandinen erschweren (Prostaglandinsynthesehemmer), haben daher einen analgetischen (schmerzstillenden) Effekt und wirken als Thrombozytenaggregationshemmer („blutverdünnend"); sie heben aber auch die hemmenden Effekte von Prostaglandinen am Magen auf, wirken so aggressiv auf die Schleimhaut. Ziel ist es, Substanzen zu entwickeln, die möglichst selektiv die Synthese einzelner der zahlreichen Unterformen von Prostaglandinen beeinflussen.

4.4 Das Herz-Kreislauf-System

4.4.1 Allgemeines zur Funktion; Anatomie

Das Herz-Kreislauf-System dient der adäquaten Versorgung der Organe mit Blut, u.a. um ihnen den notwendigen Sauerstoff zu liefern. Dabei muß gesichert sein, daß jedes Organ eine gewisse Mindestmenge an Blut erhält, vorübergehend stärker aktive Organe in dieser Zeit besser mit Blut versorgt werden und daß schließlich dabei die Pumpleistung des Herzens nie unnötig erhöht wird; außerdem führt erhöhter Blutdruck langfristig zu Schäden u.a. der Gefäßwände, so daß diese Größe sinnvollerweise jenen Minimalwert annimmt, bei dem gerade noch die genannten Aufgaben erfüllt werden können. Entsprechend besteht die Kreislaufregulation hauptsächlich darin, die *Herzleistung bei Bedarf zu erhöhen, durch gleichzeitige Umverteilung der Blutmengen in die einzelnen Organe aber die Anforderungen an das Herz und den Druck auf die Arterienwände minimal zu halten*. Diese Ziele werden durch Veränderung der *Auswurfleistung* des Herzens einerseits, von *Gefäßweiten* andererseits erreicht. Dabei wirken u.a. das vegetative Nervensystem, diverse endokrine Drüsen und schließlich lokale Faktoren in den Gefäßen der einzelnen Organe mit; die komplizierten Regulationsmechanismen, die noch nicht in allen Einzelheiten verstanden werden, können hier nur unter gewisser Vereinfachung dargestellt werden.

Das von der Lunge kommende, mit Sauerstoff angereicherte Blut gelangt aus dem linken Vorhof in die linke Herzkammer, von wo es durch Kontraktionen der Herzmuskulatur in die Hauptschlagader (Aorta) ausgeworfen wird. Die pro Minute ausgeschüttete Blutmenge, das sogenannte *Herzzeitvolumen (HZV)*, hängt einerseits von der *Schlagfrequenz* (Pulsfrequenz, Herzfrequenz) ab, andererseits von der pro Schlag ausgeworfenen Menge, dem *Schlagvolumen*. Von der Aorta gehen teils direkt, teils indirekt die Arterien zu den einzelnen Organen ab, die unter weiterer Verzweigung in kleinere Arterien (Arteriolen) übergehen; diese enthalten in ihrer Wand *glatte Muskulatur*, die auf verschiedene Reize hin sich kontrahieren oder erschlaffen kann, somit den Gefäßdurchmesser und die durchströmende Blutmenge beeinflußt. Von den Arteriolen gehen schließlich die kleinen Haargefäße (Kapillaren; von lat. capilla = Haar) ab, die engmaschig die Organe durchziehen. In diesen Kapillaren findet der Austausch mit der Umgebung statt: So diffundiert u.a. *Sauerstoff* ins Interstitium und von da ins Gewebe, während umgekehrt *Kohlendioxid*, Konzentrationsunterschieden folgend, aus dem interstitiellen Raum ins Blut übertritt. Ebenso werden energiereiche Verbindungen, Stoffwechselprodukte oder Hormone teils vom Blut ins Gewebe, teils in umgekehrter Richtung abgegeben (abhängig vom jeweiligen Organ). Das Blut aus den Kapillaren sammelt sich in kleinen Venen (Venolen), von denen es in größere Venen und schließlich in die beiden großen Hohlvenen (Venae cavae) fließt, die im rechten Vorhof enden. Von dort gelangt das mittlerweile sauerstoffarme, kohlendioxidreiche Blut in die rechte Herzkammer, die es in die zur Lunge ziehenden großen Pulmonalarterien auswirft; nach Anreicherung mit Sauerstoff an den Alveolen der Lunge erreicht es über die Pulmonalvenen schließlich den linken Vorhof (kleiner oder Lungenkreislauf im Gegensatz zum großen oder Körperkreislauf).

Die Gefäße sind sämtlich von einer Innenschicht aus Endothelzellen ausgekleidet; ansonsten variieren sie deutlich im Aufbau. Die Aorta und die größeren Arterien besitzen eine hauptsächlich aus elastischem Gewebe, kaum aus Muskulatur gebildete Wand. Hingegen besteht die Wand der Arteriolen neben dem Endothel im wesentlichen aus glatter Muskulatur, die mit reichlich α- und β-Rezeptoren besetzt ist; entsprechend läßt sich ihr Durchmesser deutlich verändern. Die Kapillarwände werden – abgesehen von einem Muskelring am Eingang – ausschließlich durch die Endothelschicht gebildet; deshalb findet der Austausch mit dem Interstitium so gut wie nur dort statt. Venolen und Venen besitzen ebenfalls nur eine dünne Wand; jedoch befinden sich in den Venenwänden auch mit Rezeptoren besetzte glatte Muskelzellen, so daß ihr Durchmesser und damit der venöse Rückstrom durch sympathische Nervenfasern verändert werden kann; dazu liegt aber wenig Gesichertes vor.

4.4.2 Aktionsphasen des Herzens; systolischer und diastolischer Blutdruck

Die Tätigkeit des Herzens läßt sich in zwei Phasen untergliedern: die *Systole* mit dem *Auswurf des Blutes aus den Kammern* und die *Diastole*, in der sich die *Kammern wieder füllen*. Trivialerweise ist der Druck des Blutes auf die Gefäßwände der Arterien (arterieller Blutdruck) während der Systole höher (s. 4.4.3).

Genauer unterteilt man die Systole noch einmal in eine Anspannungsphase, in der die Muskelfasern zur Verkürzung ansetzen (dabei durch Schließen der Klappen zwischen Vorhöfen und Kammern ein Rückstrom verhindert wird) und eine eigentliche Austreibungsphase, in der sich die Klappen zu den großen Arterien (Aorta und Lungenarterien) hin öffnen und das Blut ausgeworfen wird. Die Diastole beginnt mit einer auf die Kontraktion folgenden Erschlaffung der Kammermuskulatur und setzt sich mit der Füllung der Kammern durch Blut aus den Vorhöfen fort.

Dieser Herzzyklus mit seinen zwei (bzw. vier) aufeinanderfolgenden Phasen läuft etwa 70mal pro Minute ab. Die dazu notwendige Kontraktion der Vorhöfe und die anschließende der Kammern ist ein Prozeß, der im wesentlichen vom Herz selbst ausgeht und durch nervale und humorale Einflüsse modifiziert werden kann. Auch ein denerviertes Herz schlägt weiter (*Herzautonomie*).

Das Herz besitzt nämlich *Schrittmacher*, die in bestimmten Abständen Erregung der Herzmuskulatur (und damit Kontraktion) veranlassen. Der eigentliche oder physiologische Schrittmacher ist dabei eine Ansammlung von spezialisierten Zellen der rechten Vorhofmuskulatur, der *Sinusknoten*. Sie bilden spontan etwa 70mal pro Minute Depolarisationen aus, die sich auf die Vorhöfe ausbreiten und diese zur Kontraktion veranlassen (Grundlage der P-Welle im EKG; s. 5.3.3). Von dort zieht die Erregung zum zwischen Vorhöfen (Atrien) und Kammern (Ventrikeln) gelegenen Atrioventrikularknoten (AV-Knoten), der sie über das His-Bündel und sich verzweigende Fasern zur Arbeitsmuskulatur der Kammern leitet. Die Erregung der Muskelzellen dort (QRS-Komplex im EKG) führt zur Kontraktion der Kammern und zum Auswurf des Blutes. Wenn die Kammermuskulatur erschlafft ist, findet im Sinusknoten bereits die nächste Welle von Depolarisationen statt, die Kontraktion der Vorhöfe und Kammerfüllung nach sich zieht.

Auf die Erregungsbildung und Erregungsleitung können *efferente vegetative Nerven* Einfluß nehmen. *Aktivierung sympathischer Neurone* erhöht über Stimulierung von β_1-Rezeptoren die Häufigkeit der Depolarisationen im Sinusknoten und steigert damit die *Schlagfrequenz*, beschleunigt außerdem die *Überleitung* im AV-Knoten; entgegengesetzten Effekt hat die Aktivierung der im Vagusnerv zum Herz ziehenden parasympathischen Fasern.

4.4.3 Regelung des Blutdrucks

Als *Blutdruck* bezeichnet man den Druck, welchen das Blut auf die Gefäßwände ausübt. Im *arteriellen Schenkel* des großen Kreislaufsystems findet sich ein sehr viel *höherer Blutdruck* als im *venösen* (etwa 100 mm Hg Mitteldruck in der Aorta im Gegensatz zu etwa 2–4 mm Hg in den Hohlvenen); dieser Blutdruckabfall ist Folge eines hohen Widerstandes in den Arteriolen und Kapillaren. Während der Systole ist der arterielle Blutdruck deutlich *höher* als während der *Diastole* (nämlich etwa 130 mm Hg gegenüber 80 mm Hg); der arterielle Mitteldruck beträgt damit, wie schon erwähnt, circa 100 mm Hg.

Der große Kreislauf entspricht in seinem Aufbau einem Stromkreis, der Blutdruck dabei der Spannung U, das Herz der Spannungsquelle, die pro Zeiteinheit die Gefäße durchströmende Blutmenge dem elektrischen Strom I, der Gefäßwiderstand dem elektrischen Widerstand R. Die von der Aorta bzw. ihren Ästen abgehenden Gefäßsysteme der einzelnen Organe mit Arterie, Arteriolen, Kapillaren, Venolen und Venen stellen parallel geschaltete Widerstände dar. Nachdem in der Aorta und ihren großen Ästen der Druckverlust gering ist, der Druck in den großen Venen sich nahe 0 bewegt, ist der Druckabfall über jedem der Organgefäßsysteme weitgehend gleich; die *durchströmende Blutmenge* ist damit *indirekt proportional* dem jeweiligen, v.a. durch die Arteriolen und Kapillaren bestimmten *Gefäßwiderstand*. Dieser ist abhängig von *lokalen Faktoren*, besonders der Menge der im Gewebe gebildeten (sauren) Stoffwechselprodukte, von der Aktivität der versorgenden *sympathischen Nervenfasern*, daneben vom Verhältnis der *konstriktorischen* α_1-*Rezeptoren* und der *vasodilatatorisch wirkenden* β_2-*Bindungsstellen*. Zudem spielt die Aktivität des *Nebennierenmarks* und die damit im Blut zirkulierende Menge von *Adrenalin* und *Noradrenalin* eine Rolle; diese wirkt nicht nur auf Pulsfrequenz und Schlagvolumen (also auf die Auswurfleistung des Herzens und den Blutdruck), sondern über Stimulation von α_1- und β_2-Rezeptoren auch auf den Widerstand speziell der Arteriolen.

Überwiegend α-Rezeptoren finden sich an den Gefäßen von Haut und Niere, d.h. hier wirkt Katecholaminausschüttung aus dem Nebennierenmark im wesentlichen konstriktorisch. Anders ist es an den Gefäßen der Skelettmuskulatur, des Herzens und der Leber, an denen vorwiegend β_2-Rezeptoren sitzen: Werden Adrenalin und Noradrenalin freigesetzt, so resultiert dort i.a. Vasodilatation und verstärkte Durchblutung.

Die Gefäßmuskulatur steht i.a. aufgrund von Impulsen vasokonstriktorischer sympathischer Fasern in einem gewissen Spannungszustand; die Gefäße, insbesondere die Kapillaren und Arteriolen, sind also nicht maximal geöffnet. Kommt es in einem Organ zu vermehrter Arbeit und damit zu erhöhtem Sauerstoffverbrauch, so erweitern sich die zuführenden Gefäße. Zum einen führt O_2-Mangel nämlich generell zu einer lokalen Vasodilatation, zum anderen fallen bei vermehrter Arbeit ohne ausreichende Sauerstoffversorgung in erhöhter Konzentration saure Stoffwechselprodukte an (etwa H^+-Ionen), die über Vasodilatation zu besserer Blutzufuhr und zugleich zu rascherer Entfernung der anfallenden Metaboliten führen. Eine wichtige Rolle spielt hier neben anderen Gewebshormonen wie Prostaglandinen, Bradykinin und Histamin wahrscheinlich auch das stark vasodilatatorisch wirkende Stickstoffmonoxid (NO), welches ebenfalls bei bestimmten Reizen aus dem Endothel freigesetzt wird.

Durch die Verringerung des Gefäßwiderstands in einem Organ mit vermehrter Aktivität (beispielsweise einer Muskelgruppe) kommt es zum Abfall des Blutdrucks im gesamten Körperkreislauf, woraus eine reduzierte Durchblutung der restlichen Organe resultiert. Ist diese nur gering verändert, hat das kaum Auswirkungen; ist hingegen der Blutdruck so stark vermindert, daß Mangelversorgung einzelner Organe droht, muß er erhöht werden. Es setzen dann komplexe *Regulationsvorgänge* ein, die von höhergelegenen Hirnstrukturen (dem „Kreislaufzentrum" in der Medulla oblongata) gesteuert werden.

Informationen erhält dieses Zentrum über afferente Neurone, die hauptsächlich mit dem N. X (N. vagus) verlaufen und u.a. von den Druckrezeptoren (Barorezeptoren, Pressorezeptoren) in Aorta und Halsschlagader (A. carotis) kommen. Sinkt der Blutdruck ab und werden daher diese in den Gefäßwänden lokalisierten Barorezeptoren weniger gedehnt, resultiert schwächeres Feuern der afferenten Fasern im Kreislaufzentrum. Folge ist verstärkte Aktivität sympathischer Neurone zu Gefäßen und Herz; durch Konstriktion von Arteriolen (Reizung von α-Rezeptoren) und erhöhte Auswurfleistung des Herzens (Stimulation von β_1-Rezeptoren) resultiert somit eine Blutdrucksteigerung.

Im wesentlichen scheint dabei an den Arteriolen der vasokonstriktorische Effekt der Stimulation von α_1-Rezeptoren gegenüber der Dilatation nach Besetzung von

4.4 Das Herz-Kreislauf-System

β_2-Bindungsstellen zu überwiegen. An den zeitweilig besonders beanspruchten Organen wird die Konstriktion durch die gefäßerweiternde Wirkung des O_2-Mangels und der erhöhten Konzentration saurer Stoffwechselprodukte aufgehoben; an den anderen Organen verengen sich zwar die Gefäße (vergrößert sich der Widerstand), durch den erhöhten Blutdruck (u.a. aufgrund vermehrten Auswurfs aus der linken Herzkammer) bleibt die durchströmende Blutmenge nach dem Ohmschen Gesetz jedoch in etwa gleich.

Entgegengesetzte Reaktionen setzen bei einer Erhöhung des arteriellen Blutdrucks ein: Verstärkte Feuerung der von den Barorezeptoren abgehenden Neurone führt zur Aktivitätsreduktion jener sympathischen Neurone, welche die Gefäßmuskulatur in einem dauernden Konstriktionszustand halten; Folge ist Dilatation und Verminderung des peripheren Widerstands. Zugleich wird über Aktivierung parasympathischer Fasern, die im Vagusnerv laufen, Pulsfrequenz und Schlagvolumen reduziert. Der ganze Vorgang wird *Barorezeptorreflex* genannt, zuweilen auch Karotissinusreflex (nach dem an der Gabel der A. carotis, dem Karotissinus, gelegenen, durch den Karotissinusnerven mit dem Kreislaufzentrum verbundenen wichtigen Barorezeptor).

Zusätzlich wirken die vom *Nebennierenmark* freigesetzten Katecholamine auf das Herz-Kreislauf-System und so auf den Blutdruck. Allerdings dürften diese langsamen Vorgänge kaum eine Rolle bei der kurzfristigen Blutdruckregulation spielen. Vielmehr führt ihre Ausschüttung – neben der metabolischen Vorbereitung auf eine Auseinandersetzung mit der Umwelt (Bereitstellung von Glukose und freien Fettsäuren) – v.a. zu optimaler kardiovaskulärer Bereitschaft für kritische Situationen. Sie bewirken über Stimulation von β_1-Rezeptoren am Herzen Erhöhung von Auswurfvolumen und Schlagfrequenz. An den Gefäßen kommt es einerseits zur Konstriktion (Besetzung von α_1-Rezeptoren durch Noradrenalin und Adrenalin), andererseits – v.a. an den Gefäßen der Skelett- und Herzmuskulatur – zur Dilatation (Stimulation von β_2-Rezeptoren durch Adrenalin). Insgesamt resultiert Erhöhung des systolischen Blutdrucks, während der diastolische Wert sich wenig ändert.

Die aufgeführten Mechanismen der Blutdruckregulation sind keineswegs vollständig. So gibt es u.a. eine myogene (von der Gefäßmuskulatur ausgehende) Autoregulation: Bei blutdruckbedingter Gefäßerweiterung kommt es in einigen Organen, z.B. in Niere und Gehirn, zur Kontraktion der Gefäßwand.

Eine wichtige Rolle für die Blutdruckregelung (und speziell für die Entstehung von Bluthochdruck) spielt weiter der Renin-Angiotensin-Mechanismus: Das hauptsächlich von der Niere gebildete Renin führt Angiotensinogen in Angiotensin I über, welches wiederum durch das Angiotensin-Converting-Enzym in das stark blutdrucksteigernde Angiotensin II verwandelt wird; Angiotensin II wirkt zum einen direkt vasokonstriktorisch auf die Arteriolen, stimuliert zum anderen das Kreislaufzentrum und fördert die Na^+-Rückresorption in der Niere (s. auch 10.3). Aktivierung des Renin-Angiotensin-Systems erfolgt physiologischerweise bei erniedrigtem Blutdruck oder vermindertem Plasmavolumen. Fehlregelung dieses Systems ist möglicherweise eine Ursache für Hypertonie (Bluthochdruck); zur Behandlung setzt man deshalb nicht selten Substanzen ein, die die Umwandlung von Angiotensin I in Angiotensin II durch das Angiotensin-Converting-Enzym hemmen (ACE-Hemmer).

Neben dem Renin-Angiotensin-System beeinflussen weitere Faktoren die Urinausscheidung und damit die längerfristige Regulation des Blutdrucks. Die u.a. von ADH und Aldosteron gesteuerte Natriumrückresorption in der Niere führt zu vermehrtem Plasmavolumen und über verstärkte Füllung der Gefäße zu erhöhtem Blutdruck; Substanzen, die diese Rückresorption von Natrium hemmen (Diuretika), werden deshalb zur Behandlung von Bluthochdruck eingesetzt.

4.5 Der Atmungsapparat

4.5.1 Allgemeines; anatomische Grundlagen

Die (äußere) Atmung dient – neben der Wärmeregulation – v.a. dem *Gasaustausch*, also der Anreicherung des Blutes mit Sauerstoff und der Entfernung von Kohlendioxid. Dies geschieht in den *Alveolen*, bläschenförmigen Ausstülpungen des Lungengewebes, die eine ausgedehnte Kontaktfläche zwischen Blut und Atemluft schaffen. Die Atemluft gelangt dorthin über die Atemwege, das sauerstoffarme, kohlendioxidreiche Blut kommt aus der rechten Herzkammer über die Lungenarterien und ihre Äste.

Die Atemwege bilden Nase, Schlund, Kehlkopf und Luftröhre; in ihnen wird die Atemluft der Körpertemperatur angepaßt und von Schadstoffen weitgehend befreit (weitere Filterung geschieht in den Bronchien und Bronchiolen). Die Trachea teilt sich in zwei große Äste (Hauptbronchien), die in die Lunge einmünden und sich in immer kleinere Bronchien und Bronchiolen verzweigen (s. Abb. 4.4); an ihren Enden führen Verbindungsgänge in die Alveolarsäckchen mit den Alveolen (dünnwandige Bläschen von weniger als 1 mm Durchmesser). Die Alveolarwände bilden zur Vergrößerung der Oberfläche Ausstülpungen nach innen (Septen). Sie sind von Kapillaren umgeben, in denen sauerstoffarmes und kohlendioxidreiches Blut aus dem rechten Herzen mit der Alveolarluft in Austausch treten kann; dieser Gasaustausch geschieht durch Diffusion, indem O_2, dem Diffusionsgradienten folgend, ins Blut gelangt, CO_2 dieses verläßt.

Im Rahmen obstruktiver Lungenkrankheiten wie Asthma bronchiale oder chronischer Bronchitis, bei denen die Ausatmung erschwert ist, können durch den erhöhten intraalveolären Druck die Alveolarsepten verschwinden, womit sich die Austauschoberfläche bei gleichzeitiger Vergrößerung der Alveolarvolumina deutlich verringert (Lungenemphysem). Folge ist ungenügende Sauerstoffsättigung des Blutes (Zyanose oder „Blausucht", erkenntlich an bläulicher Verfärbung der Lippen und der Fingernägel), zudem Mehrbelastung des Herzens, welches durch erhöhtes Herzzeitvolumen mehr Blut zu den verbleibenden Austauschflächen führt; auf lange Sicht kann es dadurch zum Nachlassen der Herzleistung kommen (Rechtsherzinsuffizienz mit Ödemen = Wasseransammlungen im Knöchelbereich).

Während die Wände der Luftröhre und Hauptbronchien aus Knorpel gebaut und starr sind, bestehen die der kleineren Bronchien und der Bronchiolen v.a. aus glatter Muskulatur; entsprechend kann ihr Durchmesser verändert werden. Die glatte Bronchialmuskulatur wird sowohl von sympathischen wie parasympathischen Neuronen versorgt. Erregung von α_1-Rezeptoren durch noradrenerge Neurone führt zur Bronchokonstriktion; anscheinend überwiegen jedoch bronchodilatorisch wirkende β_2-Bindungsstellen, deren Besetzung durch Noradrenalin (aus postsynaptischen sympathischen Fasern und aus dem Nebennierenmark) und durch Adrenalin (vom Nebennierenmark ins Blut freigesetzt) eine Bronchialerweiterung veranlaßt. Dem Adrenalin verwandte, vornehmlich β_2-Rezeptoren stimulierende Substanzen (β_2-Sympathomimetika) werden deshalb zur Bronchodilatation, z.B. bei Asthma bronchiale, eingesetzt. Die Bronchialmuskulatur wird zudem von parasympathischen Neuronen im Vagusnerv erreicht. Ihre Aktivierung führt zur Bronchokonstriktion; entsprechend wirkt Stimulation muskarinerger Rezeptoren, z.B. durch Carbachol, bronchokonstriktorisch, Blockade durch Atropin bronchialerweiternd.

4.5 Der Atmungsapparat

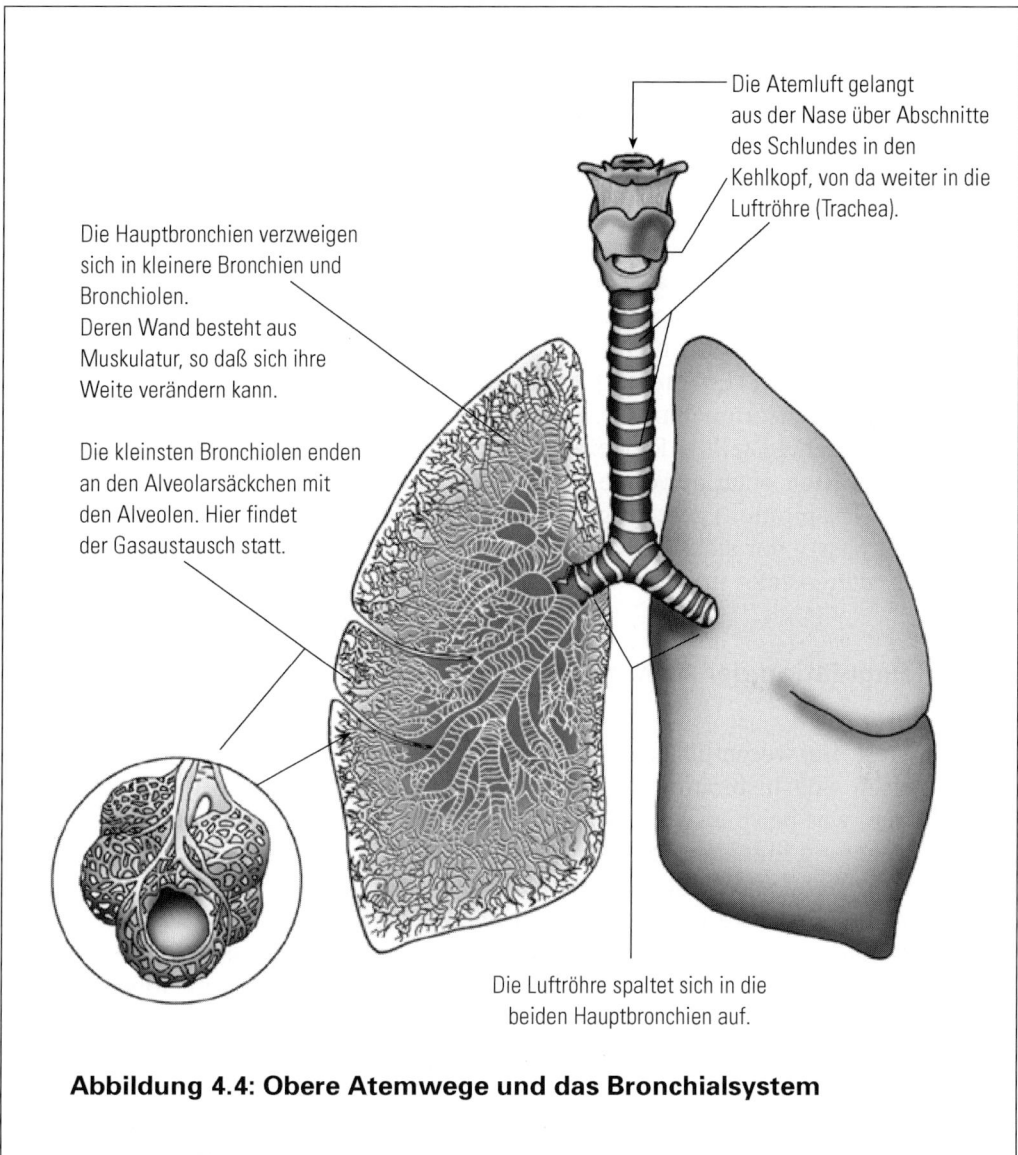

Die Atemluft gelangt aus der Nase über Abschnitte des Schlundes in den Kehlkopf, von da weiter in die Luftröhre (Trachea).

Die Hauptbronchien verzweigen sich in kleinere Bronchien und Bronchiolen. Deren Wand besteht aus Muskulatur, so daß sich ihre Weite verändern kann.

Die kleinsten Bronchiolen enden an den Alveolarsäckchen mit den Alveolen. Hier findet der Gasaustausch statt.

Die Luftröhre spaltet sich in die beiden Hauptbronchien auf.

Abbildung 4.4: Obere Atemwege und das Bronchialsystem

Die Atemwege sind mit einer *Schleimhaut* ausgekleidet. Der dort produzierte Schleim dient hauptsächlich der Reinigung der Atemluft: Kleine Fortsätze (Zilien) bewegen fortlaufend den Schleim mit den dort haften bleibenden Partikeln in Richtung Schlund, wo er verschluckt wird. Aktivierung parasympathischer Neurone zu den schleimbildenden Zellen steigert deren Sekretionsleistung.

Eine bekannte Atemwegserkrankung ist das Asthma bronchiale, das i.a. anfallsartig auftritt. Oft unvermutet kommt es zu Atemnot mit Erschwerung der Ausatmung und typischen pfeifenden, keuchenden Geräuschen. Dieser reversiblen Obstruktion liegen im wesentlichen drei Vorgänge zugrunde: Zum einen kontrahiert sich die glatte Muskulatur von kleinen Bronchien und Bronchiolen, zum anderen schwillt die Schleimhaut an; Folge ist eine deutliche Verengung im Durchmesser der unteren Atemwege. Hinzu kommt übermäßige Schleimproduktion. Über die Entstehung dieser Veränderungen ist noch einiges unklar. Vergleichsweise sicher handelt es sich um entzündliche Veränderungen bei einer Überempfindlichkeit des Bronchialsystems. Mit Abstand am häufigsten dürften dem Geschehen allergische Reaktionen, etwa gegen Hausstaub, Pollen oder Tierhaare, zugrunde liegen; auch Infektionen als Ursache kommen in Frage. Psychische Faktoren spielen sicher teilweise bei Entstehung und Aufrechterhaltung der Krankheit mit; ob es ein rein „psychogenes" Asthma gibt, ist sehr umstritten (s. dazu Köhler 1995a).

Die Lunge liegt mit ihren beiden Flügeln im Brustkorb und ist über die zwei Blätter des Brustfells (Pleura) mit der Brustwand verbunden; nach kaudal, zum Bauchraum hin, wird die Lunge durch das Zwerchfell abgegrenzt. Erweitert sich der Brustkorb und wird das Zwerchfell nach unten gezogen, dehnt sich das Lungengewebe und aufgrund des entstehenden Unterdrucks füllen sich die Alveolen mit Luft.

Bei der Inspiration (Einatmung) heben sich, hauptsächlich als Folge von Kontraktion kleiner Zwischenrippenmuskeln (Mm. intercostales externi), die bei Exspiration schräg nach unten gestellten Rippen und der Brustkorb erweitert sich; zudem kontrahiert sich das nach oben gewölbte Zwerchfell und zieht die Lunge nach unten. Die Ausatmung (Exspiration) geht aufgrund der Zugkräfte des gedehnten Lungengewebes weitgehend passiv vor sich, wird aber zusätzlich durch weitere Zwischenrippenmuskeln (Mm. intercostales interni) unterstützt.

4.5.2 Regulation der Atmung

Sie geschieht im wesentlichen durch das *Atemzentrum* in der *Medulla oblongata*; zudem lassen sich Inspiration und Exspiration willkürlich von kortikalen Regionen beeinflussen, was beispielsweise bei der Hyperventilation (s. unten) eine Rolle spielt. Auch Aktivierung limbischer Strukturen beeinflußt die Atmung, so daß insbesondere erhöhte Atemfrequenz Indikator situativ gesteigerter Emotionalität sein kann. Da über die Atmung weitere vegetative Funktionen beeinflußbar sind, etwa die Frequenz des Herzschlages, zudem die Bronchialweite bis zu einem gewissen Grade von psychischen Faktoren abhängig ist, schließlich die Atmung bzw. die mit ihrer Hilfe gebildete Stimme expressiven Charakter hat (Schluchzen, Stöhnen), bildet das respiratorische System (Atemorgane und kontrollierende zentralnervöse Strukturen) eine wichtige psychosomatische Schnittstelle; leider ist diesbezüglich unser Kenntnisstand sehr viel bescheidener als v.a. in populärwissenschaftlichen Darstellungen suggeriert (s. ausführlich Köhler 1995a, S. 132 ff.).

Die Atmung dient erwähntermaßen der Aufnahme von O_2 und der Abgabe von CO_2 und wird deshalb v.a. anhand der Konzentrationen dieser Gase im Blut (ihrer Partialdrucke) geregelt. Die die Atemmuskeln innervierenden Nervenfasern gehen von den Vorderhörnern des unteren Hals- und oberen Brustmarks ab. In diese Bereiche ziehen Neurone vom Atemzentrum; ein Teil dieser Nerven steuert die Einatmung und nimmt deshalb Kontakt mit Fasern zur inspiratorischen Muskulatur auf. Das „Inspirationszentrum" der Medulla oblongata feuert rhythmisch etwa 15mal pro Minute; dabei werden einerseits die inspiratorischen Nerven des Rückenmarks erregt, andererseits exspiratorische Neurone gehemmt. *Dehnungsrezeptoren* in der Lunge melden über afferente, im N. vagus verlaufende Fasern dem Atemzentrum den Grad der Brustraumerweiterung zurück und hemmen die Aktivität inspiratorischer Neurone. Deshalb ist normalerweise die Tiefe der Inspiration keineswegs maximal; sie kann durch willkürliche Beeinflussung der Atemmuskulatur deutlich verstärkt werden. Abwechselnd mit den inspiratorischen Neuronengruppen der Medulla feuern exspiratorische.

Tiefe und Frequenz dieser unwillkürlichen Atemtätigkeit werden durch die Partialdrucke von O_2 und CO_2 im Blut reguliert, vornehmlich durch den CO_2-Partialdruck. Zur Registrierung existieren *Chemorezeptoren* an der Aorta und der A. carotis (Glomus aorticum und Glomus caroticum, letzteres nicht zu verwechseln mit dem ebenfalls in der A. carotis gelegenen Barorezeptor). Abfall der Sauerstoffkonzentration im Blut oder Anstieg des CO_2-Partialdrucks (bzw. die damit verbundene Konzentrationserhöhung der Wasserstoffionen) führt zu erhöhter Aktivität der afferenten (in N. IX und N. X verlaufenden) Neurone und zu stärkerer Feuerung im Atemzentrum. In der Medulla liegen zudem Chemosensoren, die auf Anstieg der CO_2-Konzentration im Liquor (bzw. einen pH-Abfall, d.h. Anstieg der Wasserstoffionen) reagieren und ebenfalls das Atemzentrum aktivieren. Noch weitere Faktoren nehmen Einfluß: So wird u.a. vermehrte Muskelarbeit direkt über Dehnungsrezeptoren in Muskeln dem Atemzentrum gemeldet, welches verstärkte Atmung veranlaßt, bevor noch durch den vermehrten Energieverbrauch die O_2-Konzentration absinkt und die von CO_2 ansteigt. Auch die Körpertemperatur wird durch die Atmung geregelt; so führt Fieber über Reizung von diversen Sinnesrezeptoren zur Aktivierung des Atemzentrums. Erwähnt sei schließlich noch, daß die Atmung anderen Vorgängen (etwa Sprechen, Singen, Husten) angepaßt werden muß, und daß die diese Vorgänge steuernden Zentren daher ebenfalls Verbindungen zu den zuständigen Arealen in der Medulla oblongata aufweisen müssen.

Hyperventilation ist eine über die Erfordernisse des Stoffwechsels hinausgehende Atmung; es kommt zu Anreicherung von O_2 im Blut und einer pathophysiologisch bedeutsamen Verminderung des CO_2-Partialdrucks. Dadurch verringert sich die Wasserstoffionenkonzentration (respiratorische Alkalose) und im weiteren über hier nicht darzustellende Mechanismen die Ca^{++}-Konzentration. Folge ist erhöhte muskuläre Erregbarkeit, die sich u.a. durch Verkrampfungen der Hände, Kribbeln speziell im Mundbereich, Schwindel und Herzjagen bemerkbar macht; diese Symptomatik wird als Hyperventilationstetanie oder allgemeiner als Hyperventilationssyndrom bezeichnet. Sie ist zuweilen Folge organischer Erkrankungen, tritt aber besonders häufig im Rahmen des „nervösen Atemsyndroms" auf. Dieses ist gekennzeichnet (neben den Symptomen des relativen Calciummangels) durch Lufthunger, diffuse Beschwerden in der Herzgegend sowie häufig durch Angst bis hin zur Panik. Verständlicherweise erzeugt die Wahrnehmung dieser Veränderungen ihrerseits Angst und führt zu Verstärkung der Atmung. Die Therapie besteht oft in vermehrter Rückatmung von CO_2, etwa durch Atmen in die vorgehaltene Hand oder in eine Tüte.

4.6 Verdauungssystem

4.6.1 Überblick; anatomische Grundlagen

Durch die Verdauung wird die Nahrung so aufbereitet, daß die in ihr enthaltenen lebenswichtigen Stoffe in den Körper aufgenommen werden können; nicht benötigte Bestandteile werden durch den Stuhl (Fäzes) ausgeschieden. Die Verdauung beginnt bereits im Mund durch Zerkleinerung der Nahrung (Kauen) und erste Zersetzung durch Enzyme im Speichel; sie setzt sich nach Transport der zerkauten Nahrung durch Teile des Schlundes und durch die Speiseröhre im Magen fort; die dazu nötigen Enzyme produziert der Magen selbst, zudem u.a. Salzsäure. An den Magen schließt sich das kurze, bogenförmig verlaufende Duodenum an (Zwölffingerdarm). Dort sind v.a. Säfte aus Leber und Pankreas (Bauchspeicheldrüse) wirksam; die Gallenflüssigkeit wird in der Leber gebildet und gelangt, teils nach Zwischenspeicherung in der Gallenblase, durch den Gallengang (Ductus choledochus) ins Duodenum; an derselben Stelle mündet zumeist auch der Gang der Bauchspeicheldrüse ein, die sich quer durch den Bauchraum zieht und mit ihrem vorderen Ende, dem Kopf, in der vom Duodenum gebildeten Schlinge liegt (s. auch Abb. 4.5). An den kurzen Zwölffingerdarm schließen sich lange Dünndarmschlingen an (Jejunum und Ileum); dort werden hauptsächlich Nahrungsbestandteile resorbiert. Der Dünndarm mündet in den Dickdarm (Kolon), der bogenförmig von rechts unten im Becken hinauf in den Bauchraum und dann ins linke Becken und zum After zieht. Im Kolon, v.a. seinen oberen Teilen, wird der Speisebrei eingedickt, dabei auch die mit den Gallen- und Pankreassäften ausgeschütteten Elektrolyte und Wassermoleküle rückresorbiert. Vor der Entleerung (Defäkation) wird der eingedickte Speisebrei in den unteren Dickdarmabschnitten gespeichert.

Der *Aufbau des Verdauungsystems* ist – von gewissen lokalen Besonderheiten abgesehen – vom Ösophagus abwärts vergleichsweise ähnlich in den verschiedenen Abschnitten: Die innerste, dem Lumen zugewandte Schicht ist die *Schleimhaut (Mukosa)*, unter der die *Submukosa* liegt; diese enthält u.a. eine dünne Schicht von Muskelzellen (Lamina muscularis mucosae). Weiter nach außen beginnt die eigentliche *Muskelschicht*, deren Zellen innen vornehmlich quer (Ringmuskelschicht), außen longitudinal angeordnet sind (Längsmuskelschicht). In Submukosa und Muskelschicht befinden sich zwei *Neuronengeflechte* (Plexus submucosus Meissner und Plexus myentericus Auerbach); in diesem Bereich enden postganglionäre sympathische und parasympathische Neurone. Davon unabhängig regulieren die genannten Nervengeflechte selbst die Darmmotorik, besitzen also eine gewisse *Autonomie*; ihre Aktivität wird aber von höheren Zentren über sympathische und parasympathische Fasern modifiziert. Vom Magen an nach distal wird die Muskelwand des Verdauungstraktes von einer weiteren Schicht umgeben, der bindegewebigen *Serosa*; sie setzt sich in das Mesenterium fort, welches die Verdauungsorgane an der Bauchwand befestigt und zudem u.a. Gefäße führt.

Die aus Thorakal- und Lumbalmark zu den Verdauungsorganen ziehenden *sympathischen Neurone* durchbrechen meist den Grenzstrang und werden erst im Ganglion coeliacum umgeschaltet. Ihre Aktivierung wirkt i.a. *hemmend* auf die Verdauung (Entspannung der Muskulatur, verminderte Sekretion). Die *parasympathischen* Fasern für den *oberen Verdauungstrakt* (bis zu den ersten Abschnitten des Kolons) verlaufen im *Vagusnerv*; die die *unteren Kolonabschnitte* versorgenden parasympathischen Neurone entspringen im Sakralmark und ziehen mit den Beckennerven. Ihre Aktivierung bewirkt i.a. *verstärkte Kontraktion* der *Magen-Darm-Muskulatur* sowie *gesteigerte Ausschüttung* und *erhöhte Konzentration von Verdauungssäften*.

4.6 Das Verdauungssystem

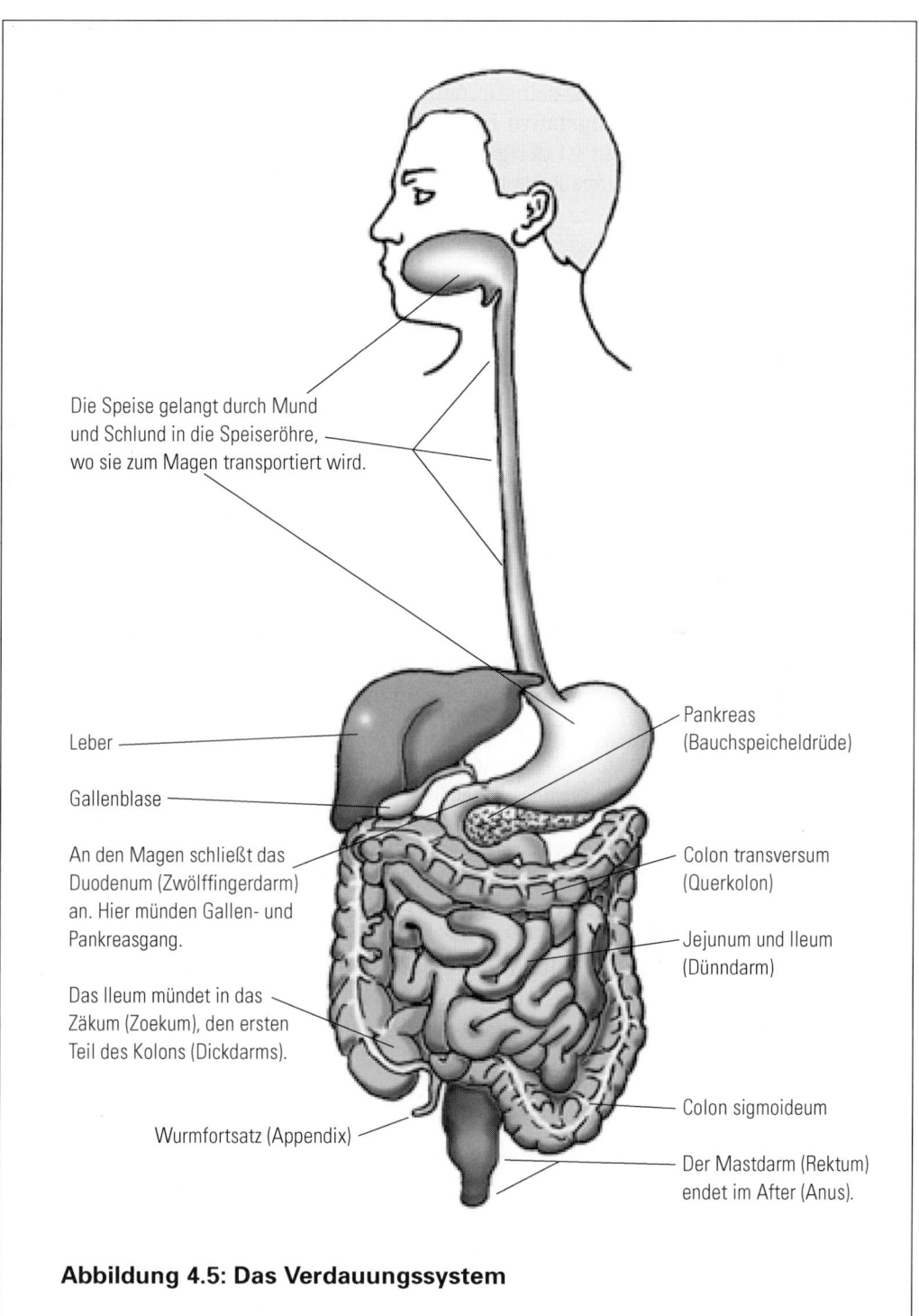

Abbildung 4.5: Das Verdauungssystem

In der Magen- und Darmwand liegen u.a. Chemo- und Mechanorezeptoren, deren Stimulation zu *peripheren Reflexen* führt (mit afferentem und efferentem Schenkel innerhalb der Darmmuskulatur selbst); daneben existieren afferente Neurone ins ZNS, so daß über efferente vegetative Fasern auch *höher organisierte Reflexe* ablaufen können. Ein Beispiel dafür ist der gastrokolische Reflex (gaster = Magen; colon = Dickdarm): Füllung des Magens kann reflektorisch die Stuhlentleerung anregen (s. auch 4.6.6).

4.6.2 Mund, Schlund, Ösophagus

Im *Mund* wird die aufgenommene Nahrung *mechanisch zerkleinert*, daneben durch Vermischung mit *Speichel* flüssiger und gleitfähiger, damit geeigneter für den weiteren Transport gemacht; zu geringen Teilen findet bereits durch die in der Speichelflüssigkeit vorhandene Amylase eine chemische Zerlegung von Stärkemolekülen (einer Speicherform von Zucker) statt. Der Speichel wird hauptsächlich von drei paarigen Drüsen produziert (Glandula parotis = Ohrspeicheldrüse, Glandula submandibularis und Glandula sublingualis). Durch *parasympathische* Neurone (für die Parotis aus N. IX, für die anderen aus N. VII) wird die Bildung eines *dünnflüssigen Speichels* angeregt; Aktivierung *sympathischer* Neurone, die über das große Grenzstrangganglion im Halsbereich (Ganglion cervicale superius) v.a. die Glandula submandibularis erreichen, führt zur Produktion *zähflüssigen, an Gleitstoffstoffen (Muzinen) reichen Speichels*.

Bekanntlich bedarf es – Gegenstand u.a. der berühmten Pawlowschen Versuche – nicht unbedingt des adäquaten Reizes von Nahrung im Mund, um die Speichelsekretion anzuregen. Sie kann sich allein aufgrund von Erwartung einstellen (weniger mentalistisch ausgedrückt: bei der Wahrnehmung von Reizen, die mit Nahrungsaufnahme assoziiert sind). Die bei der klassischen Konditionierung dieses Prozesses beteiligten Strukturen und Mechanismen sind keineswegs in Einzelheiten bekannt; vermutlich werden bereits bestehende, aber wenig benutzte Verbindungen zwischen sensorischen Strukturen (in den Untersuchungen Pawlows vornehmlich des auditorischen Systems) und efferenten Fasern zu den Speicheldrüsen aktiviert.

Aus dem Mund gelangt die aufbereitete Speise über den mittleren und unteren *Schlundbereich* in die *Speiseröhre* und von dort in den *Magen*. Der obere Teil des Schlundes (Nasopharynx) steht mit der Nasenhöhle in Verbindung und leitet die Luft weiter in Richtung des ventral des unteren Schlundabschnittes gelegenen Kehlkopfs. Im Bereich des mittleren Schlundes *kreuzen* daher *Verdauungstrakt* und *Atemwege*; der komplizierte *Schluckvorgang* sorgt dafür, daß Speise nicht in die Luftröhre gelangt und umgekehrt i.a. keine Atemluft in den Magen dringt.

Der erste Teil des Schluckakts ist willkürlich: Durch die Zunge wird die Nahrung nach dorsal gegen den weichen Gaumen gedrückt. Der weitere, unwillkürlich-reflektorische Vorgang läßt sich vereinfacht etwa so wiedergeben: Der Nasenraum wird gegen den Schlund abgeschlossen, der Atem angehalten, der Kehlkopfdeckel verschließt fest den Kehlkopf; dabei wird der Bissen durch den erschlafften Muskelring des unteren Rachenabschnitts in die Speiseröhre geschoben; eine nun einsetzende nach unten wandernde Kontraktion befördert ihn in Richtung Magen. Die Aktivität der im oberen Ösophagusdrittel quergestreiften Muskulatur wird durch den Vagusnerv gesteuert; die afferenten Neurone verlaufen ebenfalls mit dem N. vagus; das den Schluckvorgang regulierende höhere Zentrum sitzt in der Medulla oblongata.

4.6 Das Verdauungssystem

Der Weitertransport im unteren Ösophagusbereich erfolgt durch Kontraktionen der glatten Muskulatur, die allein aufgrund der Dehnung durch die Nahrung einsetzen und unabhängig von zentralnervöser Stimulation, also autonom, verlaufen.

Üblicherweise gerät die Atemluft nicht in den Verdauungskanal. Bei manchen Personen kann dies allerdings durchaus vorkommen; man spricht dann von Aerophagie („Luftfressen"). Geschluckte Luft kann durch die Speiseröhre wieder nach oben befördert werden (Rülpsen), teils gelangt sie in tiefere Darmabschnitte, vermischt sich dort mit physiologischen Darmgasen und kann zu unangenehmen Blähungen führen.

4.6.3 Magen

Im *Magen* beginnt die eigentliche *chemische Zerlegung der Nahrung* durch die Enzyme im Magensaft; dabei spielen zudem mechanische Faktoren eine Rolle, indem die Kontraktionen der Magenmuskulatur den Inhalt nicht nur in Richtung Duodenum befördern, sondern auch durchmischen und kneten.

In der Magenschleimhaut befinden sich zahlreiche *Drüsenzellen*: In den Hauptzellen wird *Pepsinogen* produziert, welches durch die in den Belegzellen des unteren Magenabschnitts, des Antrums, gebildete *Salzsäure* in *Pepsin* verwandelt wird; Pepsin *spaltet Proteine in Aminosäuren*. In einer dritten Zellart, den Nebenzellen, wird *Schleim* gebildet, der u.a. eine Selbstverdauung der Magenschleimhaut verhindert.

Auf die Magensaftproduktion nehmen verschiedene Faktoren in gewisser zeitlicher Staffelung Einfluß. In einer ersten Phase, die zuweilen als „kephale" bezeichnet wird (griech. kephale = Kopf), geschieht die Sekretion *antizipatorisch*, ausgelöst durch Anwesenheit von Speise im Mund. Die efferenten Fasern dieses Reflexes sind parasympathische, im Vagusnerv verlaufende Neurone; die Afferenzen nehmen ihren Ursprung nicht nur von Geschmacksfasern im Mund und von Geruchsrezeptoren; auch optische Reize können Magensekretion auslösen.

Weiter wird die Sekretion gesteigert, wenn Speisebrei in tiefer gelegene Magenteile (Antrum) gelangt; *mechanische Dehnung* der Antrumwand oder *chemische Faktoren* (z.B. Anwesenheit von Peptiden) veranlassen die Freisetzung von *Gastrin* (von lat. gaster = Magen), das auf dem Blutweg die oberen Abschnitte des Magens erreicht und dort die Freisetzung von Magensaft stimuliert. Schließlich kann die Magensaftproduktion *rückwirkend* von einem *tieferen Abschnitt des Verdauungstraktes*, nämlich vom Duodenum aus, gesteuert werden („intestinale" Phase): Der dort eintreffende Speisebrei veranlaßt – abhängig von seiner Zusammensetzung – mittels noch nicht genau bekannter (bzw. nur sehr umständlich darzustellender) Mechanismen weitere Produktion von Magensäure; umgekehrt scheint unter gewissen Bedingungen (z.B. Anwesenheit saurer Produkte) diese gehemmt zu werden.

Neben den genannten gibt es weitere Einflüsse auf die Magensäureproduktion, die damit auch die Wahrscheinlichkeit für die Ausbildung eines Magen- bzw. Zwölffingerdarmgeschwürs (s. 4.6.4) bestimmen. So erhöhen etwa Alkohol oder Röststoffe (wie in Kaffee), wohl über die Freisetzung von Gastrin, die Bildung von Magensäure. Ob und in welcher Form psychische Zustände auf die Magensäuresekretion Einfluß nehmen, ist nicht geklärt; daß Ärger oder Zorn diese steigern, Angst und Trauer sie hemmen können, wie zuweilen zu lesen ist, ist kaum belegt. Unklar ist auch, wie „Streß" auf die Produktion von

Magensäure wirkt; eine Verminderung wurde in mindestens ebenso vielen Untersuchungen gefunden wie eine Erhöhung (s. dazu Köhler 1995a, S. 165 ff. und die dort referierte Literatur).

Andere Faktoren beeinflussen die Widerstandskraft der Magenschleimhaut gegen Säureeinflüsse; beispielsweise wird diese durch Glukokortikoide (Kortison, Kortisol, synthetische Stoffe dieser Klasse) herabgesetzt, ebenso durch bestimmte Prostaglandinsynthesehemmer (etwa manche Rheumamittel oder Acetylsalicylsäure = Aspirin; zu den Prostaglandinen s. 4.3.13).

Der Magen besitzt eine durch innere Schrittmacher hervorgerufene *Spontanmotilität*, die modifiziert werden kann. Aktivierung parasympathischer, im Vagus verlaufender Neurone steigert sie im Regelfall, während sympathische Fasern hemmend wirken. Auf komplizierte Weise beeinflussen Füllungsgrad und spezifischer Inhalt von Magen und Duodenum die Aktivität der Magenmuskulatur. Unklar ist wiederum, wie sich psychische Belastung auf die Magenmotorik auswirkt. Gewisse Hinweise gibt es, daß sie sich unter diesen Umständen vermindert, die Passagezeiten der Nahrung also länger werden; dies stimmt gut mit der Tatsache überein, daß Sympathikusaktivierung hemmend auf die Verdauung wirkt.

4.6.4 Zwölffingerdarm (Duodenum); Kohlehydrat-, Eiweiß- und Fettverdauung

Das *Duodenum* (*Zwölffingerdarm*, so genannt, weil etwa zwei Handbreit lang) wird durch den *Pylorus* („Pförtner"), eine ringförmige Verdickung der Muskelwand, vom Magen getrennt; dieser öffnet sich erst dann, wenn der Speisebrei vom Magen genügend aufbereitet ist, insbesondere nicht mehr aus größeren Teilen besteht. Das Duodenum setzt zunächst die Richtung des distalen Magens fort, macht aber bald eine scharfe Biegung nach links unten; in dieser Schlinge liegt der rechte Teil der *Bauchspeicheldrüse* (der Pankreaskopf). Dort mündet auch der Pankreasgang in Form einer Erhebung ins Lumen des Duodenums (Papilla duodeni major oder Papilla Vateri).

Der *Pankreassaft* ist leicht *alkalisch*, kann mit seinen HCO_3^-(Bicarbonat)-Ionen den sauren ins Duodenum gelangenden Speisebrei *neutralisieren* und enthält zudem *Enzyme für die Verdauung von Zucker, Eiweiß und Fetten*. Die α-Amylase spaltet längerkettige Speicherformen von Zucker (Stärke, Glykogen) in kleinere Moleküle; die zur Fettverdauung wichtige Lipase zerlegt Triglyceride, eine wichtige tierische Speicherform energiereicher Fettsäuren; (sie werden z.B. in großen Mengen mit fettem Fleisch in der Nahrung aufgenommen; s. auch 1.2.2). Von den Enzymen für die Eiweißspaltung seien nur Trypsin und Chymotrypsin genannt, die vom Pankreas als inaktive Vorformen (Trypsinogen und Chymotrypsinogen) sezerniert werden und im Zwölffingerdarm ihre Umformung erfahren. *Gesteuert* wird die *Pankreassekretion* durch den *N. vagus*, v.a. aber durch *Hormone* aus der *Duodenalschleimhaut*, nämlich durch Sekretin und Cholecystokinin (welches sich als identisch mit dem Hormon Pankreozymin erwiesen hat). Sekretin, das besonders bei hohem Fett- und Säuregehalt des Speisebreis freigesetzt wird, gelangt auf dem Blutweg ins Pankreas und fördert dort v.a. die Menge der Sekretion und die Anreichung mit säurebindenden HCO_3^--Ionen; Reiz für die Freisetzung von Cholecystokinin ist fettreicher Speisebrei; dieses Hormon erhöht die Konzentration der Enzyme im Pankreassaft.

4.6 Das Verdauungssystem

Der Ductus pancreaticus teilt sich die Mündung in der Papilla Vateri zumeist mit dem *Gallengang*. Dieser geht aus zwei größeren Gängen der Leber hervor, vereinigt sich mit dem von der Gallenblase kommenden Ductus cysticus und wird ab dieser Vereinigung Ductus choledochus genannt. Die unter der Leber gelegene *Gallenblase* ist ein reines *Speicherorgan*: Sie erhält die Galle durch Rückfluß aus dem Ductus cysticus, dickt diese ein und scheidet sie bei Bedarf, v.a. nach fetten Mahlzeiten, über Ductus cysticus und Ductus choledochus ins Duodenum aus (s. Abb. 4.6).

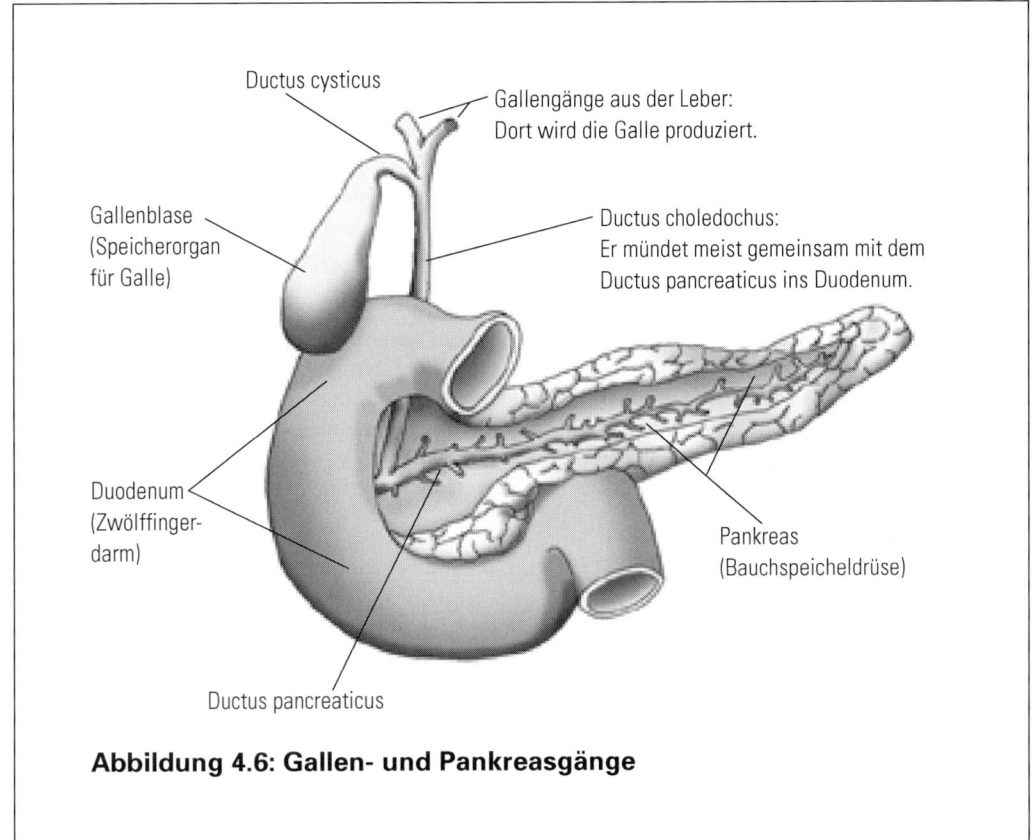

Abbildung 4.6: Gallen- und Pankreasgänge

Die *Gallenflüssigkeit* wird in der *Leber* gebildet und enthält neben den für die Fettverdauung notwendigen Gallensäuren (Gallensalzen) diverse Stoffe, die über den Stuhl ausgeschieden werden sollen, u.a. verschiedene Medikamente. Ein wichtiger Bestandteil der Galle ist das beim Abbau des Blutfarbstoffes Hämoglobin anfallende Bilirubin; Abbauprodukte des Bilirubin sind u.a. für die dunkle Färbung des Stuhles verantwortlich.

Durch die Eindickung in der Gallenblase bilden sich leicht Steine, die schmerzhaft das Gewebe reizen und die Gallengänge, etwa den Ductus choledochus, blockieren können. Aufgrund der fehlenden Bilirubinausscheidung durch die Galle häuft sich dieser Stoff in Blut und anderen Geweben an und färbt sie gelb (Verschlußikterus); da nun vermehrt Bilirubin durch den Urin ausgeschieden wird, nimmt dieser eine braune Färbung an; umgekehrt kann die Fäzes mangels Bilirubin ihre charakteristische Farbe verlieren. Verschlußikterus kann auch bei Tumoren im Pankreaskopf auftreten, wenn der Abfluß in der Papilla Vateri verhindert ist. Daneben gibt es intrahepatische Ikterusformen, etwa im Rahmen einer infektiösen oder alkoholischen Hepatitis (Leberentzündung); hier können aufgrund von Leberzellschädigung die komplizierten Transport- und Ausscheidungsvorgänge für Bilirubin nicht mehr geleistet werden.

Die Bildung von Gallenflüssigkeit in der Leber wird durch verschiedene Faktoren gefördert, etwa durch Vagusreizung oder das aus dem Duodenum abgegebene Sekretin. Ausschüttung aus der Gallenblase durch Kontraktion ihrer Wandmuskulatur erfolgt u.a. durch Cholecystokinin, welches wiederum von der Duodenalschleimhaut bei Anwesenheit fettreicher Speisen freigesetzt wird.

Die Schleimhaut des Zwölffingerdarms ist wie die des restlichen Dünndarms durch Falten und Ausstülpungen in ihrer Oberfläche deutlich vergrößert, um gute Resorption zu ermöglichen (s. 4.6.5). Im Duodenum finden sich u.a. die schleimproduzierenden Brunnerschen Drüsen, deren Sekret die Schleimhaut vor dem aggressiven, sauren Speisebrei schützen soll, der erst im Bereich der Papilla Vateri und distal davon durch die alkalischen Pankreassäfte hinreichend neutralisiert werden kann. Trotz dieses Schleimschutzes wird der erste Abschnitt des Zwölffingerdarms, der Bulbus duodeni, nicht selten geschädigt.

Als Ulcus pepticum (peptisches Geschwür) bezeichnet man tiefer eindringende (d.h. die Lamina muscularis mucosae durchbrechende), zumeist scharf abgegrenzte gutartige Geschwüre in jenen Teilen des Verdauungstraktes, die mit dem Magensaft in Berührung kommen; dies sind insbesondere die unteren Teile des Magens sowie der obere Teil des Zwölffingerdarms, der Bulbus duodeni. Letztere Lokalisation ist die weitaus häufigere; die meisten Personen mit „Magengeschwüren" haben tatsächlich Zwölffingerdarmgeschwüre. Bei diesen ist typischerweise die Säuresekretion erhöht – bei den Magengeschwüren sind die Verhältnisse weniger klar. Die eigentliche Ursache der verstärkten Säureproduktion bzw. der mangelnden Widerstandskraft der Schleimhaut war lange unklar und hat zu zahlreichen psychosomatischen Entstehungstheorien, v.a. von psychoanalytischer Seite, Anlaß gegeben (für einen Überblick und eine kritische Bewertung s. Köhler 1995a, S. 172 ff.). Mittlerweile ist mit dem häufig zu erbringenden Nachweis des Erregers Helicobacter pylori in der Schleimhaut Erkrankter ein wichtiger ursächlicher Faktor gefunden worden; Beseitigung von Helicobacter führt vielfach zur Dauerheilung. Jedoch sind keineswegs alle Ulcusfälle damit hinreichend erklärt, so daß für weitere Theorien durchaus Raum bleibt.

Die *chemische Zerlegung* von *Kohlehydraten*, v.a. der Speicherform Stärke, beginnt bereits im Mund durch dort gebildete Amylase, wird teils im Magen fortgesetzt, um dann im langen Dünndarm durch die Amylase des Pankreas und einige Dünndarmenzyme zu Ende zu kommen; Endprodukte sind leicht resorbierbare (korrekter: absorbierbare) *Monosaccharide*, beispielsweise *Glukose*. Die *Verdauung von Eiweiß* setzt im Magen durch Pepsin in Verbindung mit Salzsäure ein und wird im alkalischen Milieu des Dünndarms mittels der Pankreasenzyme Trypsin und Chymotrypsin weitergeführt; am Ende liegen *einzelne Aminosäuren* und ebenfalls gut absorbierbare sehr *kurze Peptide* vor.

Die *Fettverdauung* ist am kompliziertesten; wegen der schlechten Wasserlöslichkeit von Fetten genügt es nicht, diese zu spalten; sie müssen zudem in resorbierbare Komplexe (Mizellen) eingearbeitet werden, was mittels der Gallensäuren (Gallensalze) aus der Leber geschieht.

Im Einzelnen stellen sich die Vorgänge etwa so dar: Die Fettverdauung beginnt bereits im Magen durch ein im Mund gebildetes Enzym (Zungengrundlipase), geschieht aber hauptsächlich im Dünndarm durch Pankreaslipasen. Die Triglyceride, die mit Abstand wichtigsten Fettlieferanten in der Nahrung, sind

4.6 Das Verdauungssystem   149

Ester des dreiwertigen Alkohols Glyzerin mit mehr oder weniger langkettigen Fettsäuren (Kohlenwasserstoffketten mit einer COOH = Carboxylgruppe; s. auch 1.2.1). Durch Spaltung von zwei der drei Esterbindungen entstehen zwei freie Fettsäuren und ein Monoglyzeridmolekül. Kurze freie Fettsäuren sind wegen ihrer polaren Struktur (also aufgrund von Ladungsunterschieden innerhalb des Moleküls) vergleichsweise gut wasserlöslich und können ohne weitere Aufbereitung resorbiert werden. Langkettige Fettsäuren und Monoglyzeride bilden zusammen mit den (aus Cholesterin in der Leber gebildeten) Gallensäuren Anhäufungen von Molekülen (Mizellen). Polare Moleküle, insbesondere die Gallensäuren (Gallensalze), liegen dabei außen, der wäßrigen Umgebung des Darmlumens zugewandt, unpolare Strukturen wie langkettige Fettsäuren im Inneren der kugelförmigen Gebilde. Andere Fette, beispielsweise Cholesterin und die fettlöslichen Vitamine A, D, E und K werden ebenfalls in diese Mizellen eingebettet; die Mizellen werden im wesentlichen von den Zellen der Jejunumschleimhaut resorbiert, wobei die Gallensalze im Darmlumen verbleiben und erst im Ileum aufgenommen und in die Leber zurücktransportiert werden (sogenannter enterohepatischer Kreislauf).

4.6.5 Jejenum, Ileum; Pfortadersystem; Resorption der verdauten Nahrungsbestandteile

Die an das Duodenum anschließenden Teile des Dünndarms, *Jejunum* und *Ileum*, sind zusammen über zwei Meter lang (nach anderen Angaben bis zu vier Meter) und bilden zahlreiche Schlingen im Bauchraum; befestigt werden sie an der Bauchhinterwand durch das Mesenterium (Gekröse), eine Fortsetzung der die Darmwand umgebenden äußersten Schicht, der Serosa (s. auch 4.6.1). Auch im Jejunum (weniger im Ileum) findet noch Verdauung statt, teils durch in der Darmschleimhaut gebildete Enzyme selbst, vornehmlich aber durch Pankreasenzyme, die den Speisebrei auf seiner weiteren Wanderung begleiten. Hauptsächlich jedoch dienen diese langen Darmabschnitte mit ihrer großen inneren Oberfläche der *Resorption* der aufbereiteten Nahrungsbestandteile sowie anderer mit den Verdauungssäften ins Darmlumen abgegebener Stoffe (H_2O, Elektrolyte, Gallensalze); treffender, aber umgangssprachlich ungebräuchlicher ist im übrigen die Bezeichnung Absorption für die Aufnahme von Nahrungsbestandteilen aus dem Darmlumen, während Resorption die Wiederaufnahme dorthin ausgeschütteter Substanzen (etwa von Wasser oder Elektrolyten) bezeichnet. Die Darmbewegungen verlaufen weitgehend unabhängig von der äußeren Innervation (*autonom*). *Sympathische Fasern hemmen die Darmmotorik, parasympathische fördern sie.*

Die Kapillaren des Magendarmsystem münden in kleinere und größere Venen, welche jedoch – im Gegensatz zum restlichen Venensystem – nicht in die zum Herz führenden großen Hohlvenen einmünden, sondern in die *Vena portae (Pfortader)*, die in die Leber eintritt und ihr die im Darm absorbierten Stoffe zuführt. Über die Lebervenen gelangt dieses Blut (weitgehend befreit von mit dem Pfortaderblut transportierten Substanzen) schließlich in die untere Hohlvene und den Körperkreislauf (damit auch in andere Organe).

Viele aus dem Magen-Darm-Trakt resorbierte Stoffe werden damit schon in der Leber abgefangen (First-pass-Effekt) und können nicht oder nur in beschränkter Menge an ihre Wirkungsorte gelangen. Das gilt beispielsweise für Alkohol, der, sofern in geringer Menge anfallend, zu nicht unbeträchtlichem Anteil in der Leber bereits beim ersten Passieren abgebaut wird; bei langsamem Trinken (oder langsamerer Resorption bei gefülltem Magen-Darm nach reichlicher Mahlzeit) gelangt daher weniger ins Gehirn (s. dazu genauer Köhler 2000, S. 35 f.). Einem First-pass-Effekt unterliegen auch viele Opiate, die deswegen häufig intravenös zugeführt oder geraucht werden. Dies gilt nicht für Methadon, welches ohne wesentlichen Wirkverlust oral eingenommen werden kann und sich deshalb gut für eine Substitutionstherapie eignet (s. auch 13.5.1).

Das Pfortadersystem weist einige Anastomosen (Kurzschlüsse) mit den Hohlvenen auf, z.B. über Venen, die vor der Leber abgehen, längs der Speiseröhre ziehen und in die V. cava superior einmünden. Bei Pfortaderstau (etwa im Rahmen von Leberzirrhose bei chronischem Alkoholabusus) werden diese Verbindungen ausgebaut. Folge sind u.a. verdickte Venen längs der Speiseröhre (Ösophagusvarizen), die zerreißen können (früher und auch heute noch nicht selten Todesursache von Alkoholikern).

Die Resorption (Absorption) der aufbereiteten Nahrungsbestandteile geschieht – wie bereits erwähnt – im wesentlichen in den eine große Oberfläche bietenden Dünndarmteilen und wird noch im Kolon fortgesetzt. Auch proximal findet bereits eine gewisse Resorption statt: Beispielsweise können durch die Mundschleimhaut manche Medikamente, bestimmte Zucker und in gewisser Menge hochprozentiger Alkohol aufgenommen werden; Alkoholresorption findet auch teilweise im Magen statt (hauptsächlich jedoch im Dünndarm).

Kohlehydrate werden nur in Form von Monosacchariden (Glukose, Galaktose, Fruktose) in die Darmzellen aufgenommen und ins Blut weitergegeben. Disaccharide wie beispielsweise Laktose (Milchzucker) müssen vorher gespalten werden, letztere durch das Enzym Laktase. Bei dem nicht seltenen, in manchen Regionen der Erde sogar ausgesprochen verbreiteten Laktasemangel (Laktoseintoleranz) kommt es zu Durchfällen (u.a. hält Laktose aus osmotischen Gründen Wasser im Darmlumen zurück, das dann ausgeschieden wird); Therapie ist die Vermeidung von Milch und vieler milchhaltiger Produkte (sofern diese nicht, wie Joghurt, selbst Laktase enthalten und deswegen häufig vertragen werden).

Die durch Spaltung von Proteinen entstehenden Aminosäuren werden mittels eines aktiven Prozesses aus dem Darmlumen in die Schleimhautzellen aufgenommen und von da ins Blut weitergegeben; die Mechanismen sind dabei für basische, saure und neutrale Aminosäuren verschieden; auch manche sehr kurzkettige Peptide (Di- und Tripeptide) können resorbiert werden.

Am kompliziertesten ist die Absorption von Fetten: Die nach Spaltung von Triglyceriden im Darmlumen entstehenden kurzkettigen Fettsäuren werden aufgrund ihrer polaren Struktur in die Schleimhautzellen (Mukosazellen) aufgenommen und gelangen von dort problemlos wegen ihrer guten Wasserlöslichkeit ins Pfortaderblut. Längerkettige Fettsäuren und Monoglyzeride, die mit den Mizellen in die Mucosazellen eindringen, müssen dort wieder zu Triglyceriden zusammengefügt werden, welche sich für den weiteren Transport (ebenso wie Cholesterinester und fettlösliche Vitamine) mit Lipoproteinen zu sogenannten Chylomikronen verbinden; diese erreichen über die Darmlymphe (und damit teilweise unter Umgehung der Leber) das Blutplasma und im weiteren die Organe, wo die Fettsäuren abgespalten und unter Energiegewinnung zerlegt werden.

Eine wichtige Bedeutung haben Jejunum und Ileum auch für die Absorption des mit der Nahrung aufgenommenen Wassers und noch mehr für die Resorption jener Flüssigkeitsmengen, welche v.a. in Speichel, Magensaft, Galle, Pankreas- und Dünndarmsaft ins Darmlumen abgeben wurden (etwa 6 Liter pro Tag). Dabei folgt das

Wasser im wesentlichen den mittels komplizierter Mechanismen in die Mukosazellen aufgenommenen Na^+- und Cl^--Ionen nach. Auch andere Elektrolyte müssen aus dem Darmlumen resorbiert werden (etwa Ca^{++}, K^+, HCO_3^-); bei Durchfällen kann es daher zu erheblichen Elektrolytverlusten kommen.

Als Malassimilation bezeichnet man gestörte Nahrungsaufnahme im Dünndarm. Sie kann durch Maldigestion (gestörte Verdauung, etwa bei Enzymmangel oder Störung der Gallesekretion) oder Malabsorption (Störung des Transports in die Dünndarmschleimhaut) zustande kommen. Symptome sind u.a. Durchfälle, Gewichtsverlust und Mangelzustände, etwa Fehlen von Vitaminen. Von den vielen möglichen Ursachen seien nur Infektionen, Medikamenteneffekte, Strahlenschäden, Enzymmangel (beispielsweise bei Pankreasinsuffizienz, nach Magenoperationen, bei Laktoseintoleranz) oder allergische Erkrankungen genannt (etwa bei der Sprue oder Zöliakie, bei der sich als Reaktion auf das Weizenprodukt Gluten die Dünndarmschleimhaut verändert).

4.6.6 Dickdarm; Darmentleerung

Der erste Teil des Kolons (Dickdarms), in den der untere Abschnitt des Dünndarms (das terminale Ileum) einmündet, ist relativ kurz und wird Coecum (Zäkum) genannt (der eigentliche „Blinddarm", von lat. caecus = blind). An ihm hängt die kleine Appendix („Wurmfortsatz"), die man umgangssprachlich, aber nach dem oben Gesagten nicht korrekt, als Blinddarm bezeichnet. Das Zäkum setzt sich in das Colon ascendens fort; dieses läuft längs der rechten Bauchwand nach oben und geht in das quer von rechts nach links ziehende Colon transversum über; an dieses schließt sich das an der linken Bauchwand nach kaudal verlaufende Colon descendens an (s. Abb. 4.5). Im linken unteren Becken beginnt das S-förmig verlaufende Colon sigmoideum (Sigma); der letzte Teil des Darmes, der Mastdarm oder Rektum (von lat. rectus = gerade), ist vergleichsweise kurz und endet am Anus (After).

Der Dickdarm dient als Speicher für den Darminhalt, wobei gleichzeitig, v.a. in den oberen Abschnitten, Wasser und Elektrolyte resorbiert werden und damit eine erhebliche Eindickung erreicht wird. Neben Mischbewegungen finden sich sogenannte Massenbewegungen, indem mehrfach täglich der Darminhalt größere Strecken in Richtung Anus transportiert wird; ausgelöst werden diese Massenbewegungen nicht zuletzt durch Nahrungsaufnahme (sogenannter gastrokolischer Reflex; s. 4.6.1).

Der Darmausgang ist normalerweise durch die Hervorwölbungen der inneren Hämorrhoiden sowie durch willkürliche und unwillkürliche Ringmuskulatur verschlossen. Sammelt sich Stuhl im oberen Rektumabschnitt an, so werden Dehnungsrezeptoren in der Wand gereizt und es entsteht Stuhldrang. Wird ihm nachgegeben, so lockern sich die den Darmausgang verschließenden Ringmuskeln; die sich kontrahierende Längsmuskulatur des Rektum preßt mit Unterstützung ringförmiger Rektummuskeln und erhöhten Druckes im Bauchraum die Fäzes nach außen.

Dieser Vorgang ist i.a. willkürlich, kann aber auch ablaufen, wenn etwa aufgrund einer Rückenmarksläsion die motorischen Neuronen zum Enddarm nicht mehr vom Gehirn aus aktiviert werden können. Die Kontraktion beruht dann auf Reflexen, die über das Sakralmark laufen; es liegt eine Stuhlinkontinenz vor. Ist das Sakralmark zerstört, fällt auch dieser Reflex aus; die Stuhlentleerung geht dann mehr oder weniger kontinuierlich aufgrund von Aktivierung innerhalb der Darmmuskulatur vor sich.

5 Biopsychologische Methoden

5.1 Vorbemerkungen; Überblick

Die in der Biopsychologie eingesetzten Forschungsmethoden sind zahlreich; u.a. gehören dazu neuropsychologische Tests, Nachweis bestimmter Verhaltensweisen bei Tieren, pharmakologische Provokations- und Suppressionsmethoden; diese spezifischen Verfahren werden gegebenfalls in den einschlägigen Kapiteln dargestellt. Die hier behandelten, häufiger eingesetzten und eher übergreifenden Methoden lassen sich – unter Inkaufnahme gewisser Überschneidungen – grob etwa in *fünf Kategorien* unterteilen. Dazu gehören zunächst die *bildgebenden Verfahren* wie Röntgenaufnahme, Computertomographie (CT), Kernspintomographie, Positronenemissionstomographie (PET); sie liefern eine Darstellung des Gehirns, oft nur seiner Strukturen, zuweilen aber auch der sich in ihnen abspielenden Prozesse; letzteres leisten v.a. die Positronenemissionstomographie und die auf ähnlichen Prinzipien basierende Single Photon Emission Computerized Tomography (SPECT), daneben neuere Entwicklungen der Kernspintomographie (die sogenannte funktionelle Kernspintomographie). Diese Verfahren werden v.a. in der neurologischen Diagnostik eingesetzt und sind teilweise speziell für diese entwickelt worden; mit ihrer Hilfe können jedoch auch Fragestellungen der biopsychologischen Grundlagenforschung bearbeitet werden.

In die zweite Gruppe gehören *psychophysiologische Messungen,* bei denen die Veränderungen einer physiologischen Variable (beispielsweise der Pulsfrequenz oder der Hautleitfähigkeit) in Abhängigkeit von psychischen Gegebenheiten untersucht werden. Mit Ausnahme des Elektroenzephalographie, welche die Schwankungen von Hirnpotentialen mißt und auch zum neurologischen Untersuchungsinventar gehört (etwa bei der Diagnostik epileptischer Anfälle), ist die psychophysiologische Forschung eher grundlagenorientiert, untersucht beispielsweise den Ablauf des Schlafes.

Eine weitere Gruppe bilden die *invasiven Verfahren,* bei denen bestimmte nervöse Strukturen stimuliert, blockiert oder zerstört werden. Diese Methoden kommen im Feldversuch auch beim Menschen zur Anwendung, beispielsweise im Rahmen von Hirnoperationen. Zumeist sind dies jedoch Verfahren, die v.a. in Tierversuchen praktiziert werden.

Als vierte Kategorie sind *neurochemische Studien* zu nennen; beim lebenden Menschen sind diese i.a. nicht oder nur gering invasiv (Blutentnahme, Liquorpunktion), während man bei Tieren häufig sehr viel stärker in das körperliche Geschehen eingreift (beispielsweise durch Implantation von Mikropipetten zur Registrierung lokaler neurochemischer Veränderungen); viele der neurochemischen Untersuchungen finden post mortem am isolierten Gewebe statt.

Schließlich seien noch kurz einige *neuroanatomische Untersuchungsmethoden* genannt, die teilweise schon in den anderen Abschnitten erwähnt worden waren. Mit ihnen wird am Gewebematerial die Lokalisation und Gestalt von Strukturen bestimmt; durch entsprechende Vorbehandlung, beispielsweise durch dem noch lebenden Tier verabreichte Substanzen, kann oft Genaueres über die Funktion einzelner Hirnteile gesagt werden.

Die wichtigsten Verfahren sollen im Folgenden kurz skizziert werden, wobei auf die Wiedergabe technischer Details verzichtet wurde; diesbezüglich sei u.a. auf Lehrbücher der neurologischen Diagnostik, der Psychophysiologie oder der Physiologischen Psychologie verwiesen.

5.2 Bildgebende Verfahren

5.2.1 Röntgenaufnahmen mit und ohne Kontrastmittel

Gewöhnliche Röntgenaufnahmen des Gehirns liefern i.a. kaum Erkenntnisse, da die Hirnstrukturen selbst wenig Kontrast bieten und diesbezüglich auch sehr homogen sind. Zuweilen kann eine verkalkte Epiphyse sichtbar sein und bei eventueller Verschiebung aus der Mittellinie auf einen raumfordernden Prozeß hindeuten; in der Regel jedoch läßt sich aus Röntgenbildern ohne vorherige Gabe von Kontrastmittel wenig ersehen.

Früher war es üblich, durch Einspritzung von Kontrastmittel in die Liquorräume die Hirnventrikel (s. 2.9) darzustellen und aus ihren Deformationen oder Verlagerungen Schlüsse zu ziehen (Ventrikulographie); dieses Verfahren ist angesichts der guten Auflösung der weniger invasiven Computertomographie oder der Kernspintomographie weitgehend verlassen worden. Zur Anwendung kommt hingegen weiterhin die Kontrastmitteldarstellung der Hirngefäße (*Angiographie*, von griech. angeion = Gefäß und graphein = schreiben, zeichnen). Dabei wird mit einem Katheter Kontrastmittel in die A. carotis eingebracht; dabei stellen sich gut die einzelnen Hirnarterien mit ihren Verästelungen dar; damit lassen sich beispielsweise Verengungen oder Aussackungen (Aneurysmen) nachweisen; gewöhnliche CT-Untersuchungen oder Kernspintomographie ohne Kontrastmittel liefern diese Informationen i.a. nicht mit derselben Verläßlichkeit.

5.2.2 Computertomographie und Kernspintomographie

Bei der *Computertomographie* (CT oder CAT = computerisierte axiale Tomographie) werden Röntgenstrahlen durch den Schädel geschickt und mittels eines gegenüberliegenden Detektors deren Absorption im Gewebe ermittelt. Da in jeder Ebene viele Aufnahmen, jeweils aus einem veränderten Winkel, gemacht und die absorbierten Strahlenmengen mit einem Computer verrechnet werden, können einzelne Strukturen sehr viel genauer als bei gewöhnlichen Röntgenaufnahmen dargestellt werden. Man untersucht nacheinander einzelne horizontale, ungefähr 2 cm dicke Schichten, so daß schließlich etwa acht Horizontalschnitte durch das Gehirn vorliegen (daher auch der Name Tomographie, von griech. tomos = Abschnitt und graphein = zeichnen).

Dabei liegt der Kopf (bzw. ein anderes zu untersuchendes Organ) des Patienten in der Mitte einer Röhre, an deren Wand eine Röntgenquelle und gegenüber ein Detektor sitzt. Ist eine Aufnahme gemacht, dreht sich die Röhre um 3 Winkelgrade weiter, wonach sich der Vorgang wiederholt. Ist das Gehirn in dieser Schicht von allen Winkeln durchleuchtet, bewegt sich die Röhre etwa 2 cm nach oben und in der neuen Horizontalebene wird, wieder unter Drehen der Röhre, die Prozedur erneut durchgeführt.

Der Auflösungsgrad (also die Größe noch zu unterscheidender Strukturen) ist deutlich höher als bei gewöhnlichen Röntgenaufnahmen, jedoch niedriger als bei der Kernspintomographie; zudem ist die Strahlenbelastung durch die zahlreichen Röntgenaufnahmen hoch. Immerhin eignet sich das Verfahren zum Nachweis tumorbedingter Veränderungen, Blutungen oder sonstiger Gewebsschäden gewisser Größe und ist relativ preiswert. Allerdings gelingt ausschließlich die Darstellung morphologischer, nicht funktioneller Veränderungen (also nicht der Nachweis spezifischer Aktivierung einzelner Areale); zudem lassen sich nur Horizontalschnitte anfertigen.

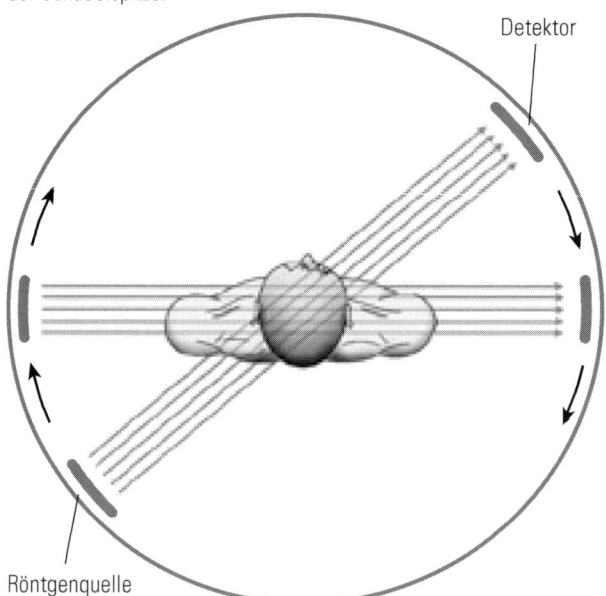

Abbildung 5.1: Prinzip der Computertomographie

Von der Meßanordnung ähnlich ist die *Kernspintomographie* oder *Magnetresonanztomographie* (MRT, im angloamerikanischen Sprachgebrauch MRI = magnetic resonance imaging). Auch hier bewegt sich – bei horizontalen Schichtaufnahmen – eine Röhre mit Strahlungsquelle und Detektor, gedreht um wenige Winkelgrade, um den Kopf (bzw. den zu untersuchenden Körperteil). Anstelle von Röntgenstrahlen wird ein starkes *Magnetfeld* erzeugt, das Wasserstoffatome im Gewebe zum Schwingen bringt; das Ausmaß der Schwingung wird durch die Ablenkung von Radiowellen gemessen, welche am Detektor registriert wird. Die induzierte Schwingung (und damit die Stärke der Ablenkung) hängt von der Dichte des Gewebes ab; durch Verrechnung der registrierten Ablenkungen ergibt sich ein sehr genaues Bild der Gehirnstruktur; die einzelnen Teile treten ähnlich gut hervor wie in einem fixierten anatomischen Präparat (Martin et al. 1991). Neben dem *hohen Auflösungsvermögen* ist die *geringe Strahlenbelastung* von Vorteil; hinzu kommt, daß man nicht nur Horizontalschnitte anfertigen kann (wie bei der Computertomographie), sondern auch Darstellungen in Sagittal- und Frontalebenen erhält. Nachteil des Verfahrens sind seine hohen Kosten. Mit der gewöhnlichen Kernspintomographie können (wie beim CT) nur strukturelle, nicht aber funktionelle Veränderungen sichtbar gemacht werden.

5.2.3 Bildgebende Verfahren zum Nachweis funktioneller Veränderungen

Oft weniger in der klinisch-neurologischen Diagnostik zum Nachweis pathologischer Veränderungen, sondern v.a. im Bereich der biopsychologischen Grundlagenforschung ist es von großem Interesse, nur vorübergehende funktionelle Besonderheiten zu studieren (beispielsweise die sukzessive Aktivierung von Hirnarealen beim Lösen von Aufgaben). Hierzu eignet sich besonders die *Positronenemissionstomographie (PET)*; in den letzten Jahren haben hierbei auch zunehmend die PET-Variante SPECT sowie die funktionelle Kernspintomographie Bedeutung erlangt.

Bei der Positronenemissionstomographie (PET) führt man dem Körper radioaktiv markierte, hier speziell Positronen aussendende Substanzen zu, deren Stoffwechsel im Gehirn durch die ausgesandten radioaktiven Strahlen sichtbar gemacht und in ihren zeitlichen Veränderungen registriert werden kann. So kann man etwa den Glukoseverbrauch (damit die Aktivität) einzelner Hirnareale erfassen: Mit einem radioaktiven Fluorisotop markierte Desoxyglukose (eine der Glukose verwandte Substanz) sammelt sich in jenen Hirngebieten an, die augenblicklich stark stoffwechselaktiv sind und so erhöhten Zuckerverbrauch haben; da Desoxyglukose langsam abgebaut und eliminiert wird, zeigt sich über diesen Regionen über längere Zeit radioaktive Strahlung. Ein Aufnahmegerät, ähnlich dem wie bei Computertomographie, registriert diese und verrechnet sie zu zweidimensionalen Darstellungen des Gehirns in horizontalen Schnittebenen; besonders aktive Teile treten deutlicher hervor. Dabei läßt sich gut verfolgen, wie diese beanspruchten Areale über die Zeit wechseln, z.B. beim Lesen einer Aufgabe zuerst das Sehzentrum im Okzipitallappen, dann frontale Hirnpartien aktiviert werden. Allerdings ist das *räumliche* und *zeitliche Auflösungsvermögen* des Verfahrens begrenzt; es können lediglich recht grobe Lokalisierungen aktivierter Areale vorgenommen werden; zudem lassen sich nur langsamere Veränderungen hinreichend genau studieren.

Auf der Emission von Positronen beruhen auch oft Rezeptorbindungsstudien, etwa zur Feststellung einer zahlenmäßigen Veränderung von Monoaminrezeptoren bei Schizophrenie oder Depression. Radioaktiv markiert wird dabei ein Stoff, der an den untersuchten Rezeptor gut bindet, z.B. das Neuroleptikum Haloperidol zum Studium des D_2-Rezeptors für Dopamin. Erhöhte Anlagerung in bestimmten Arealen würde für eine Vermehrung dieser Bindungsstellen sprechen. Solche Untersuchungen können prinzipiell bei lebenden Personen durchgeführt werden, sind aber nicht allzu genau, da das die Substanz aufnehmende Areal meist klein ist und die ohnehin geringe Strahlung auf ihrem Weg durch Hirngewebe und Schädel weiter geschwächt wird. Genauer, aber in anderer Hinsicht auch weniger aussagekräftig sind daher Studien am Hirngewebe Verstorbener. Die in der biopsychologischen Grundlagenforschung durchgeführten Tierstudien zu Rezeptorlokalisationen werden so gut wie ausschließlich am aufbereiteten Gewebe toter Tiere vorgenommen. Die Gewebe untersucht man allerdings meist nicht mit einem PET-Gerät, sondern benutzt autoradiographische Methoden: Nach bestimmter Behandlung machen sich in Gewebsschnitten radioaktive Teilchen als Schwärzungen bemerkbar (s. auch 5.5.2).

Auf demselben Prinzip wie PET basiert die *Single Photon Emission Computerized Tomography (SPECT)*, welche v.a. eine Erhebung des lokalen Blutflusses gestattet: Dabei wird eine radioaktiv, z.B. mit einem Tc-Isotop markierte Substanz intravenös zugeführt und die von ihr aus den verschiedenen Hirnregionen emittierte Strahlung gemessen. Auch nach Einatmung radioaktiver Edelgasisotope (z.B. von Xenon), die über die Lunge ins Blut gelangen, zeigen sich durch die von ihnen emittierten Strahlen besonders gut durchblutete Hirnareale.

Ohne Zufuhr von Stoffen gelingt es, mittels einer Variante der Kernspintomographie, der *funktionellen Magnetresonanztomographie (fMRT)*, funktionelle Veränderungen im ZNS nachzuweisen. Das Verfahren basiert – vereinfacht ausgedrückt – auf der Tatsache, daß erhöhte Sauerstoffzufuhr (wohl über Veränderung des eisenhaltigen Blutfarbstoffs Hämoglobin) magnetische Eigenschaften der betreffenden Hirnareale ändert. Der Vorteil gegenüber dem PET-Verfahren liegt u.a. in der besseren räumlichen und zeitlichen Auflösung (s. ausführlich Raichle 1998).

5.3 Psychophysiologische Methoden

5.3.1 Elektroenzephalographie (EEG-Untersuchungen)

Bei der *Elektroenzephalographie* leitet man die *hirnelektrische Aktivität*, genauer: elektrische Potentiale (Spannungsschwankungen) über verschiedenen Stellen des Schädels ab und schließt daraus auf entsprechende elektrische Vorgänge im Gehirn. Man setzt dazu mehrere Elektroden auf und mißt entweder die Potentialdifferenzen zwischen jeweils zwei aktiven (auf der Schädelkalotte gelegenen) Elektroden (bipolare Ableitung) oder die zwischen aktiven Stellen und einem elektrisch inaktiven Referenzpunkt (z.B. einer Elektrode am Ohrläppchen; uni- oder monopolare Ableitung).

5.3 Psychophysiologische Methoden

Was dabei abgeleitet wird, sind nicht „Hirnströme", sondern Spannungen (Potentialdifferenzen) zwischen zwei Punkten der Schädeloberfläche. Die Ausschläge, die man beispielsweise mittels Aufzeichnungsgeräten (Polygraphen) auf sich bewegendem Papier aufzeichnet, sind also Spannungsschwankungen, deren Größe in Mikrovolt (μV) angegeben wird.

Diese Spannungsschwankungen entsprechen, wie unten genauer ausgeführt, vermutlich elektrischen Vorgängen im Kortex. Die Möglichkeiten, beim Menschen auch Potentiale aus tiefer gelegenen Regionen abzuleiten, etwa vom Hirnstamm, sind augenblicklich noch beschränkt. In Tierversuchen plaziert man die Elektroden i.a. im Gehirn selbst, kann also genauer die Spannungsquellen lokalisieren.

Als *Spontan-EEG* werden die Aufzeichnungen bezeichnet, die man erhält, wenn man bei der Untersuchung keine spezifischen Stimuli präsentiert und zur Darstellung der Reaktionen im EEG nicht spezielle Auswertetechniken einsetzt. Davon sind die *evozierten Potentiale* zu unterscheiden, die auf punktuelle Reize hin auftreten und nur mittels aufwendiger Analyseverfahren sichtbar gemacht werden können.

Dieses Spontan-EEG ist bei gesunden Probanden gekennzeichnet durch i.a. über längere Zeiträume hinsichtlich Amplitude (Ausschlagshöhe) und Frequenz relativ konstante Wellen, die bei Steigerung oder Nachlassen der Aktivierung in höher- oder niedrigerfrequente Wellen übergehen. Anhand der Frequenz pflegt man meist vier Wellentypen (Frequenzbänder) zu unterscheiden: Die delta-Wellen (δ-Wellen) haben hohe Amplitude (um die 100 μV) und sind niedrigfrequent (etwa 0,5 – 3 Hz; 1 Hz = 1 Schwingung pro Sekunde). Sie treten bei gesunden Erwachsenen nur während tiefen Schlafs auf; ihr Vorkommen im Wachzustand wird dort – anders als bei Kindern – als pathologisch angesehen. Theta-Wellen (θ-Wellen) weisen niedrigere Amplitude auf und sind höherfrequent (etwa 4–7 Hz); sie sind typischerweise v.a. während des Einschlafens und in weniger tiefen Schlafstadien zu beobachten. Alpha-Wellen (α-Wellen) mit einer Frequenz von 8–13 Hz und noch geringerer Amplitude finden sich v.a. im entspannten Wachzustand bei geschlossenen Augen und Abwesenheit intensiverer Reize. Werden die Augen geöffnet (oder andere Reize präsentiert), so verschwindet der alpha-Rhythmus und es treten sehr niedrig-amplitudige, vergleichsweise unregelmäßige (desynchronisierte) Wellen hoher Frequenz auf (von 14 bis etwa 30 Hz); diese werden beta-Wellen (β-Wellen) genannt, das abrupte Verschwinden des alpha-Frequenzbandes durch Öffnen der Augen als Alpha-Blockade bezeichnet. Zuweilen, nicht durchgängig, findet man in der Literatur ein γ-Frequenzband aufgeführt; die Frequenzen dieser gamma-Wellen liegen über 30 Hz, ihre Amplitude ist extrem klein.

Tabelle 5.1 Frequenzbänder im EEG

Name	Frequenz	Zugehöriger Aktivierungszustand
δ-Wellen	0,5–3 Hz	beim Erwachsenen nur im tiefen Schlaf
θ-Wellen	4–7 Hz	vornehmlich beim Einschlafen oder im leichten Schlaf
α-Wellen	8–13 Hz	entspannter Wachzustand in Abwesenheit äußerer Reize
β-Wellen	14–30 Hz	aktivierter Wachzustand

Abgesehen von wenigen andersartigen Wellen in den Phasen des Einschlafens (eingeschobene hohe Spitzen = K-Komplexe sowie kurzes spindelförmiges Ansteigen und Abfallen der Amplitude aufeinanderfolgender Wellen = Schlafspindeln) besteht das EEG Gesunder im wesentlichen aus den genannten, vom Aktivierungszustand abhängigen Wellenformen. Bei Personen mit Anfallsleiden finden sich – zumeist auch außerhalb der Anfälle, provozierbar durch Hyperventilation – eingestreute hohe Wellen und Zacken (spikes and waves); im Anfall besteht die EEG-Aktivität mehr oder weniger ausschließlich aus spikes and waves (generalisiert, also in allen Ableitungen, wie beispielsweise bei den Grand-mal-Epilepsien oder fokal = herdförmig über bestimmten Hirnarealen bei den partiellen Anfällen).

Welche Hirnprozesse der Spontanaktivität im EEG zugrunde liegen, ist trotz eingehender Forschung noch nicht völlig geklärt. Mit gewisser Sicherheit dürften es nicht die sehr kurzen Aktionspotentiale sein; wahrscheinlicher sind als Ursache rhythmische Schwankungen vieler inhibitorischer und v.a. exzitatorischer postsynaptischer Potentiale in den Zellen des Kortex (insbesondere an den Dendriten der Pyramidenzellen). Die Frequenz der Wellen wird offenbar großteils von tiefer gelegenen Schrittmachern determiniert, speziell Thalamus und Formatio reticularis.

In der biopsychologischen Forschung wird das Spontan-EEG v.a. zum Studium des Schlafes eingesetzt, der sich anhand der auftretenden Frequenzbänder in vier Stadien einteilen läßt; diese werden im Laufe der Nacht mehrfach durchlaufen (s. 10.4).

Bei der Magnetenzephalographie (MEG), einem erst in jüngerer Zeit entwickelten und in der biopsychologischen Forschung noch keineswegs standardmäßig eingesetzten Verfahren, wird die magnetische Aktivität des Gehirnes bestimmt; diese hängt direkt mit der elektrischen Hirnaktivität zusammen und läßt daher dem Spontan-EEG vergleichbare Rhythmen erkennen. Da die magnetischen Wellen kaum absorbiert werden, ist die Registrierung tiefer liegender Aktivität möglich; zudem läßt sich in Kombination mit elektroenzephalographischen Aufzeichnungen die Quelle von Hirnaktivität recht gut lokalisieren (nach Birbaumer u. Schmidt 1999, S. 501).

Für viele biopsychologische Fragestellungen (und oft auch in der neurologischen Diagnostik) aufschlußreicher als das Spontan-EEG ist das Studium der *evozierten Potentiale*: Auf punktuelle Reize treten sogenannte ereigniskorrelierte Potentiale auf, die als winzige Schwankungen der Spontanaktivität überlagert sind und ohne spezielle Provokationsmethoden und Analyseverfahren nicht zu studieren sind. Man gibt dazu in regelmäßigen Abständen Reize vor, macht dabei laufend EEG-Aufzeichnungen und verrechnet die Abschnitte unmittelbar nach Reizdarbietung (s. unten). Die so sichtbar gemachten EEG-Veränderungen nennt man evozierte Potentiale; diese sind damit eine Sonderform ereigniskorrelierter Potentiale, nämlich solche, die im Labor durch bestimmte Verfahren induziert werden können.

Zur Erzeugung sensorisch evozierter Potentiale wird unter laufender EEG-Ableitung ein Stimulus (ein Klickton, ein Lichtreiz) meist mehrere hunderte Male präsentiert. Das auftretende ereigniskorrelierte Potential, dessen Amplitude etwa nur ein Zehntel der Amplitude des Spontan-EEGs beträgt, ist dabei i.a. nicht sichtbar (geht im „Rauschen" der Spontanaktivität unter). Legt man aber in einer Computeranalyse die dem sensorischen Reiz folgenden EEG-Abschnitte übereinander und mittelt die Signale („averaging"), so heben sich die reizunabhängigen Spontanausschläge auf, während das

5.3 Psychophysiologische Methoden

stets gleiche ereigniskorrelierte Potential bei zunehmender Zahl der Mittelungsprozesse immer deutlicher sichtbar wird. Ein solches sensorisch (z.B. akustisch) evoziertes Potential hat eine Amplitude von höchstens 10 µV und dauert etwa 0,5 Sekunden; es weist eine typische Form auf: Wenige Millisekunden nach dem Reiz zeigen sich Schwankungen sehr geringer Amplitude, sodann tritt eine kurze Positivierung auf (P_1, im EEG durch eine Abweichung nach *unten* gekennzeichnet), darauf eine Negativierung (N_1, häufig N_{100} genannt, weil sie nach ungefähr 100 Millisekunden beginnt), schließlich nach weiteren Ausschlägen eine deutliche Positivierung (P_3); diese wird, weil etwa nach 300 Millisekunden auftretend, oft als P_{300}-Welle bezeichnet (nach Vossel u. Zimmer 1998, S. 84).

Die P_{300}-, in geringerem Maße auch die N_{100}-Welle, wird als Korrelat der Reizverarbeitung betrachtet und deshalb bei zahlreichen Störungen untersucht. Die Latenz bis zum Beginn der P_{300}-Welle optisch evozierter Potentiale ist beispielsweise bei Personen mit Multipler Sklerose als Folge der Demyelinisierung und der verzögerten Nervenleitung oft verlängert; auch im Rahmen von Störungen der Aufmerksamkeit und der Informationsverarbeitung (etwa bei bestimmten Schizophrenieformen, bei Hyperaktivitäts-Aufmerksamkeitsstörungen) zeigen sich Abnormitäten in diesem Bereich; bei Zwangspatienten findet sich häufig Verminderung der Latenzzeit, Zeichen wohl kortikaler Überaktivität (s. beispielsweise Towey et al. 1990).

Nach häufig in der Literatur vertretener Auffassung zeigen die frühen Komponenten sensorisch evozierter Potentiale eher die physikalische Seite der Reizverarbeitung an (Aufnahme und Weiterleitung), die späten, speziell die P_{300}-Welle, hingegen das subjektive Erleben des Stimulus (etwa seine Bedeutung). Ob sich dies so bestätigen läßt, bleibt abzuwarten; in jedem Fall tritt bei verzögerter Reizleitung auch die kognitive Bewertung eines Stimulus verspätet auf.

Was den evozierten Potentialen hirnelektrisch zugrunde liegt, ist letztlich nicht geklärt. Es spricht einiges dafür, daß es sich bei den späten Komponenten um synchrone Veränderungen postsynaptischer Potentiale im Kortexbereich handelt; hingegen sollen die früh nach Reizdarbietung auftretenden Wellen elektrischen Vorgängen im Bereich der sensorischen Kerne des Hirnstammes entsprechen. Generell sei darauf hingewiesen, daß die Darstellungen evozierter Potentiale in der Literatur sehr unterschiedlich ausfallen; dies gilt nicht nur für Erklärungsmodelle der Phänomene, sondern setzt bereits – sehr viel elementarer – auf der deskriptiven Ebene an, etwa bei der zeitlichen Einordnung und Bezeichnung der Komponenten (s. oben).

Neben den sensorisch evozierten unterscheidet man weitere ereigniskorrelierte Potentiale, z.B. motorisch evozierte. Diese einige Sekunden vor einer Willkürbewegung zu registrierenden Potentiale treten v.a. über jenem Kortexbereich auf, der die Bewegung veranlaßt und sind im wesentlichen durch eine zunehmende Negativierung gekennzeichnet (sogenanntes Bereitschaftspotential), solange bis als Korrelat der motorischen Reaktion eine Folge von positiven und negativen Ausschlägen auftritt.

5.3.2 Elektromyographie (Registrierung der elektrischen Muskelaktivität, EMG-Aufzeichnungen)

Mit dem EMG (Elektromyogramm) zeichnet man nicht die Muskelspannung direkt auf, sondern die *elektrische Aktivität* über Muskelpartien; diese spiegelt jedoch das Ausmaß ihrer Kontraktion gut wider. Auslöser der Muskelverkürzung sind die längs der einzelnen Muskelfasern entlanglaufenden Depolarisationen (Aktionspotentiale, ähnlich jenen in der Nervenfaser; s. auch 3.3 und 7.2). Die damit verbundenen Verschiebungen der Ionen im Extrazellulärraum führen zu Veränderungen elektrischer Felder, die sich bis zur Muskeloberfläche fortsetzen und mittels zweier in Muskellängsrichtung mit gewissem Abstand angebrachter Elektroden abgegriffen werden können. Während einer Depolarisation zeigt sich zunächst eine Negativierung unter der in Ausbreitungsrichtung ersten Elektrode, wenig später nahe der zweiten; es resultiert somit ein *biphasisches Signal*. Die Frequenz dieser Wellen hängt von der Feuerungsrate der Muskelzellen ab, ihre Amplitude von der Zahl der aktivierten Muskelfasern. Es hat sich bewährt, diese Signale (nach Gleichrichtung) über gewisse Zeiträume zu integrieren; die ermittelte Größe wächst daher sowohl mit der Zahl aktivierter Fasern als auch dem Ausmaß ihrer Aktivierung und ist, wie erwähnt, ein gutes indirektes Maß für die Muskelspannung.

Das EMG zeigt zum einen an, wie aktiviert eine Person ist (d.h. wieweit sie von einem generellen Entspannungzustand entfernt ist) und wird deshalb nicht selten als unspezifischer Aktivierungsindikator eingesetzt. Bedeutsamer ist wohl der Einsatz des EMGs, um die Aktivität der mimischen Gesichtsmuskulatur zu studieren und damit Rückschlüsse auf affektive Zustände zu schließen. Weiter kommt es häufig zur Anwendung, um im Rahmen von Entspannungstherapien den Versuchspersonen den Grad der muskulären Entspannung rückzumelden (EMG-Biofeedback beispielsweise bei Kopfschmerzen vom Spannungstyp oder bei muskulär bedingten Rückenbeschwerden; s. dazu etwa Köhler 1995a).

5.3.3 EKG (Elektrokardiogramm)

Die Erregung der Herzmuskelzellen (Grundlage ihrer Kontraktionen) breitet sich vom physiologischen Schrittmacher, dem Sinusknoten, über den Vorhof aus, sammelt sich wieder im AV-Knoten und gelangt nach Passieren des dünnen His-Bündels mit seinen zwei Schenkeln in die Kammermuskulatur (s. dazu 4.4.2). Die Erregungen größerer Muskelteile erzeugen elektrische Felder, die sich zur Körperoberfläche hin ausbreiten und dort mit Elektroden aufgefangen werden können; die Aufzeichnungen dieser rhythmischen Veränderungen des elektrischen Feldes mit ihren Wellen, Zakken und isoelektrischen Linien bezeichnet man als *Elektrokardiogramm* (EKG).

Für psychophysiologische Aufzeichnungen befestigt man üblicherweise zwei Elektroden an den Handgelenken, eine weitere am linken Fußgelenk, während die zuweilen am rechten Fußgelenk angebrachte Elektrode mit der Erde verbunden ist. Gemessen werden meist die Potentialdifferenzen zwischen jeweils zwei aktiven Elektroden: die zwischen den Armelektroden wird als Ableitung I bezeichnet, die zwischen rechtem Arm und linkem Bein als Ableitung II, schließlich die zwischen linkem Arm und linkem Bein als Ableitung III (Standardableitungen nach Einthoven). Da die Herzachse typischerweise in etwa parallel zur Verbindung zwischen rechtem Arm und linkem Bein liegt, sind die Ausschläge i. a. in Ableitung II i.a. am größten und eignen sich am besten für die Auswertung.

Neben diesen bipolaren Ableitungen gibt es auch unipolare von verschiedenen Punkten der Brustwand in Bezug zu einer indifferenten Elektrode (sogenannte Brustwandableitungen), daneben unipolare Extremitätenableitungen (Goldberger-Ableitungen). Sie werden – zusammen mit den oben dargestellten Ableitungen nach Einthoven – v.a. in der kardiologischen Diagnostik eingesetzt.

5.3 Psychophysiologische Methoden

Der erste der Ausschläge wird als P-Welle bezeichnet. Ihr entspricht die Depolarisation der Vorhöfe; sie kann beispielsweise bei Herzfehlern mit vermehrter Vorhofbelastung (z.B. Mitralstenose) in ihrer Form verändert sein. Die folgende isoelektrische Linie kommt dadurch zustande, daß die Vorhofmuskulatur gleichmäßig erregt ist (also keine Potentialdifferenzen aufweist) und die Depolarisationen der Kammermuskulatur noch nicht eingesetzt haben; der Durchgang der Erregung durch den AV-Knoten und das His-Bündel zeigt sich nicht als Veränderung des elektrischen Feldes. Bei Verzögerung der Überleitung (sogenannter AV-Block 1. Grades) ist diese isoelektrische Linie, die PQ-Strecke, verlängert. Der anschließende QRS-Komplex (mit der typischerweise deutlich positiven, nach oben zeigenden R-Zacke) ist Ausdruck der Kammerdepolarisation. Die folgende isoelektrische Linie (ST-Strecke) zeigt an, daß die Kammermuskulatur gleichmäßig erregt ist (die Rückbildungswelle der Vorhoferregung ist im QRS-Komplex verborgen); im frühen Stadium von Herzinfarkten ist häufig eine Hebung der ST-Strecke zu sehen. Die letzte Welle, die T-Welle, ist elektrisches Zeichen der Kammerrepolarisation.

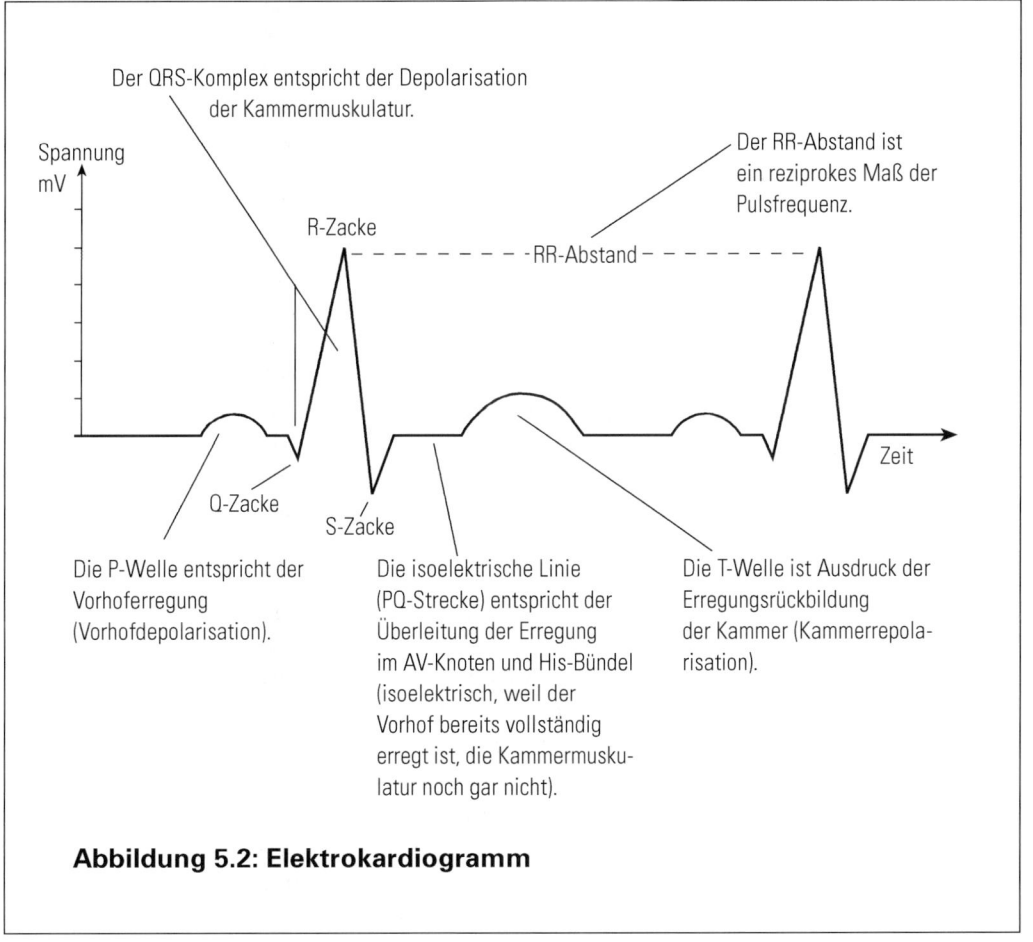

Abbildung 5.2: Elektrokardiogramm

In der psychophysiologischen Forschung findet v.a. der Abstand der R-Zacken, das RR-Intervall, als reziprokes Maß der Herzrate oder Pulsfrequenz („Herzfrequenz") Interesse. Dieses RR-Intervall ist nicht gleich immer lang, sondern schwankt, v.a. bei jüngeren Personen, mit dem Atemrhythmus (*respiratorische Sinusarrhythmie* mit kürzeren RR-Intervallen, also höherer Pulsfrequenz, während der Einatmung). Ausgeprägte respiratorische Sinusarrhythmie gilt als Indikator für *Vagotonie*, d.h. erhöhter parasympathischer Grundaktivierung; während psychophysiologischer Untersuchungen wird daher nicht selten dieser Parameter (zumeist als Differenz zwischen längstem und kürzestem RR-Intervall während eines Atemzyklus) zusätzlich zur Pulsfrequenz erhoben. Auch die *Herzratenvariabilität*, die Schwankungen der RR-Intervalle über längere Abschnitte (in die nicht allein die respiratorische Sinusarrhythmie eingeht) kann von Interesse sein, weil sie sich typischerweise vermindert, wenn erhöhte Aufmerksamkeit gefordert ist. Weiter wird häufiger die T-Wellen-Amplitude bestimmt, da Abflachung der T-Welle erhöhte sympathische Aktivität anzeigen soll.

5.3.4 Blutdruck; Pulswellengeschwindigkeit; peripheres Blutvolumen

Der Blutdruck, also der Druck, den das strömende Blut auf die Gefäßwände ausübt, nimmt im arteriellen Schenkel des Kreislaufsystems deutlich höhere Werte während der Auswurfphase des Herzens als während der Füllungsphase an (s. 4.4); man unterscheidet deshalb einen systolischen Blutdruck (Normwert etwa 120 mm Hg) von einem diastolischen Blutwert (Normwert circa 80 mm Hg) und bestimmt – auch in der Psychophysiologie – häufig beide Werte. Exakt können diese Größen nur invasiv (blutig) mittels eines in die Arterie eingeführten Katheders gemessen werden; i.a. genügt, erst recht für psychophysiologische Fragestellungen, eine unblutige Messung mit dem von dem italienischen Kinderarzt Riva-Rocci bereits Ende des 19. Jahrhunderts entwickelten Verfahren (Sphygmomanometrie oder *Blutdruckmessung nach Riva-Rocci*, abgekürzt mit RR).

Dabei komprimiert eine um den Oberarm gelegte, aufblasbare Manschette die Armarterie. Der Manschettendruck wird i. a. durch die Höhe einer Quecksilbersäule angezeigt (daher auch die Angaben der Blutdruckwerte in mm Hg). Solange der Manschettendruck höher ist als der systolische Blutdruck, bleibt die Arterie dauernd komprimiert und ein in der Ellenbeuge angelegtes Stethoskop (Hörrohr) registriert keinerlei Töne. Wird der Druck bis knapp unter den systolischen Blutdruck abgelassen, ist die Arterie während des Herzzyklus intermittierend geöffnet und geschlossen, was in Form sogenannter Korotkow-Geräusche zu hören ist. Unterschreitet der Manschettendruck auch den diastolischen Blutdruck, so ist die Armarterie dauernd ganz offen und es sind keine Geräusche mehr zu vernehmen. Die Höhe der Quecksilbersäule bei erstem Auftreten der Korotkow-Gräusche gibt also den systolischen Wert an (z.B. 120 mm Hg), beim Verschwinden der Geräusche den diastolischen (z.B. 80 mm Hg); man schreibt das Meßergebnis in der Form RR 120/80 mm Hg.

Das für die klinische Praxis sehr nützliche Verfahren weist für psychophysiologische Untersuchungen einige Nachteile auf: Zum einen kann man den Blutdruck nur

5.3 Psychophysiologische Methoden

etwa mit einer Fehlerbreite von 5 mm Hg genau bestimmen, was für Verlaufsmessungen innerhalb eines Experiments häufig unzureichend ist, außerdem dauert der Vorgang selbst eine gewisse Zeit; außerdem dürfen Messungen nicht dicht aufeinanderfolgen, da sich die druckbedingte Arteriendeformation erst nach einigen Minuten zurückbildet; schließlich ist zu bedenken, daß der Vorgang von den Versuchspersonen bemerkt wird, ihre Aufmerksamkeit beanspruchen und damit eventuell per se den Blutdruck steigern kann.

Man ist deshalb dabei, Verfahren zu entwickeln, die eine nichtinvasive, kontinuierliche Blutdruckmessung gestatten und für die Probanden nicht belastend sind. Von den verschiedenen Meßmöglichkeiten sei nur kurz die FINAPRES-Methode genannt (finger arterial pressure), die man augenblicklich als die am weitesten entwickelte betrachten kann. Dabei wird um einen Finger eine kleine Manschette gelegt, die durch einen Regulationsmechanismus den Durchmesser der Fingerarterie konstant hält. Bei steigendem Blutdruck muß dazu mehr Gegendruck von der Manschette aufgewendet werden, bei sinkendem weniger. Die Variation des Manschettendrucks bildet somit die Blutdruckschwankungen der untersuchten Person ab; das Verfahren ist gut geeignet, die Blutdruckverläufe innerhalb einer Person verläßlich zu erfassen (was in psychophysiologischen Untersuchungen oft ausreichend ist), nicht aber verschiedene Probanden hinsichtlich ihrer Blutdruckwerte zu vergleichen.

Eine indirekte Messung des Blutdrucks gestattet bis zu einem gewissen Grade auch die Erfassung der *Pulswellengeschwindigkeit*. Als Pulswelle bezeichnet man die sich längs der Arterienwände ausbreitende, durch den Blutauswurf aus dem Herzen hervorgerufene Gefäßdehnung. Ihre Ausbreitungsgeschwindigkeit hängt von verschiedenen Faktoren ab, so u.a. der Elastizität und Dicke der Gefäßwände, zudem vom mittleren Blutdruck. Nimmt man die ersten Faktoren plausiblerweise als konstante Größen über einen kürzeren Zeitraum an, hängen Pulswellengeschwindigkeit und Blutdruck direkt zusammen. Empirisch ist gut belegt, daß diese beiden Variablen kovariieren, also bei den einzelnen Personen sich über die Zeit gleichsinnig verändern; unklar ist hingegen, ob der Zusammenhang ein linearer ist, also die Zeitverläufe parallel sind. Augenblicklich scheint die Auffassung zu herrschen, daß sich beide Variable prinzipiell gleich unter Aktivierungsbedingungen verändern, aber die Erhebung des einen Parameters nicht die des anderen ersetzen kann (s. dazu auch die Diskussion in Schandry 1989, S. 65).

Zur Erfassung der Pulswellengeschwindigkeit werden zumeist zwei schwingende Kristalle enthaltende Druckaufnehmer an verschiedenen Stellen ein- und derselben Arterie plaziert; dabei wird die Zeit bestimmt, welche die Pulswelle benötigt, um diese Distanz zu überwinden. Diese sogenannte Transitzeit ist indirekt proportional der Pulswellengeschwindigkeit. Eine Schwierigkeit liegt u.a. darin, daß zuweilen fälschlich Signale registriert werden, die nicht von der durchlaufenden Pulswelle ausgehen, sondern von Bewegungen der Versuchsperson.

Wie an den Phänomenen des Errötens und Erbleichens zu erkennen, ist der *Durchblutungszustand* einzelner Körperteile ein guter Indikator emotionaler Zustände; zudem kann es unter speziellen psychophysiologischen Fragestellungen von Interesse sein, lokale Durchblutungsverhältnisse zu studieren, etwa die der Genitalien in der Sexualforschung oder die Veränderungen der Schläfenarterie bei Migränikern in der psychosomatischen Grundlagenforschung. Die Messung der peripheren Durchblutung nennt man *Plethysmographie* (von griech. plethein = anschwellen und graphein = aufzeichnen); sie kann mit der gängigen Methodik nur indirekt geschehen.

Neben dem aufwendigen und wenig verbreiteten Impedanzverfahren gibt es zwei weitere Methoden. Bei *volumetrischen Verfahren* wird ein Finger, zuweilen auch der ganze Arm, in ein mit Luft oder Flüssigkeit gefülltes Gefäß gebracht; die Druckveränderungen innerhalb dieses starren Gefäßes werden registriert und als Folge der sich ändernden Gefäßweite im umfaßten Körperteil betrachtet. (Bei der Penis-Plethysmographie ist verständlicherweise diese Vorgehensweise weniger geeignet; man legt meist einen dünnen Gurt um, dessen Dehnung in elektrische Signale umgewandelt wird.) Leichter anzuwenden sind *photoelektrische Verfahren*; sie basieren auf dem Prinzip, daß gut durchblutetes Gewebe aufgrund von Streuung an Blutpartikeln, insbesondere Erythrozyten, rotes bis infrarotes Licht stärker absorbiert. Mittels einer Lichtquelle und eines Aufnehmers (beide klein und leicht anzubringen) mißt man die Menge des durchgelassenen (bzw. bei anderer Anordnung: des reflektierten) Lichts (zu Einzelheiten s. Schandry 1989, S. 168 ff.).

5.3.5 Elektrodermale Aktivität (EDA)

Die Haut (griech. derma) besitzt diverse elektrische Eigenschaften: Zum einen finden auf ihr Ladungsverschiebungen statt (Grundlage der hier nicht besprochenen Hautpotentiale), zum anderen leitet sie sehr variabel über die Zeit elektrischen Strom. Diese *elektrische Leitfähigkeit der Haut* (skin conductance) ist eine leicht zu messende und sehr aussagekräftige psychophysiologische Variable.

Während man früher den Hautwiderstand bestimmte (Einheit Ohm) und sein Absinken als Indikator emotionaler Aktivierung ansah (ein Sprachgebrauch, der sich weiter besonders in der populärwissenschaftlichen Literatur findet), erfaßt man aus guten Gründen heutzutage die reziproke Größe, die Hautleitfähigkeit. Ihre Einheit ist Siemens, abgekürzt S (1 S = 1 Ohm^{-1}); 1 S ist ein sehr hoher Wert für die Leitfähigkeit; die der Haut bewegt sich im Bereich von millionstel Siemens (μS).

Als psychogalvanische Reaktion bezeichnete man früher (etwa C.G. Jung in seinen Assoziationsstudien) die kleine, auf einen kurzen Stimulus folgende Veränderung der Hautleitfähigkeit. Auch dieser Begriff wird heute in der einschlägigen Literatur nicht mehr gebraucht; vielmehr verwendet man dafür die Bezeichnung skin conductance reaction (SCR; s. unten).

Zur Messung der Hautleitfähigkeit legt man zwei mit einer schwachen Stromquelle verbundene Elektroden dicht nebeneinander auf die Haut und zwar i.a. an der sehr dicht mit Schweißdrüsen versorgten Handfläche (beispielsweise an zwei benachbarte Finger, nebeneinander an den Daumenballen oder an den Kleinfingerballen); damit liegt ein geschlossener Stromkreis vor, in welchem die Haut einen kleinen Abschnitt bildet. Bei konstant gehaltener Spannung ist die im Kreis gemessene Stromstärke proportional der Hautleitfähigkeit.

Die unabhängig von äußeren (punktuellen) Reizen meßbare Hautleitfähigkeit (in etwa der Spontanaktivität im EEG entsprechend) wird als *Hautleitfähigkeitsniveau* (*skin conductance level = SCL*) gezeichnet. Sie nimmt in Ruhe etwa Werte zwischen 5 und 10 μS an, wobei diesbezüglich erhebliche Unterschiede zwischen Personen bestehen. Unter Aktivierungsbedingungen (z.B. beim Lösen von Aufgaben) steigt SCL oft auf das Vielfache an, bleibt unter denselben Bedingungen lange ähnlich hoch und geht auch nach Aufhören des aktivierenden Reizes nur mäßig schnell auf das

Ausgangsniveau zurück; es ist deshalb ein Maß eher länger andauernder Aktivierung (ein sogenanntes tonisches Maß). Auf punktuelle Reize hin (z.B. Töne, Hören einzelner Worte) finden sich – mit gewisser Latenz auftretend – kleine Veränderungen der Hautleitfähigkeit, die als winzige einphasische Schwankungen dem langsam veränderlichen SCL aufgesetzt sind. Sie haben die Form von Wellen mit vergleichsweise raschem Anstieg auf den Maximalwert und etwas verzögertem Abfall bis zur Ausgangslinie; Nachschwankungen in die andere Richtung treten nicht auf. Ihre Amplitude bewegt sich zumeist zwischen 0,01–0,1 µS; der ganze Vorgang ist in etwa 5 Sekunden abgeschlossen. Man nennt eine solche kurzfristige (phasische) Veränderung *skin conductance reaction* (*SCR*, in früherer Terminologie PGR = psychogalvanische Reaktion); solche SCRs entsprechen somit den ereigniskorrelierten Potentialen im EEG. Ihre Amplitude und Dauer ist interindividuell sehr unterschiedlich; Personen mit niedrigem SCL haben zumeist auch kleine SCRs. Innerhalb einer Person ist ihre Ausprägung von der Intensität und psychischen Bedeutsamkeit des Reizes abhängig; bei den meisten Versuchspersonen verringert sich die SCR-Amplitude rasch, wenn man denselben Reiz wiederholt hintereinander darbietet (Habituation).

Von diesen durch spezifische Reize ausgelösten SCRs sind die sogenannten Spontanfluktuationen zu unterscheiden, kleine Schwankungen im Hautleitfähigkeitsniveau, die offenbar unabhängig von bestimmten äußeren Reizen auftreten. Unter Ruhebedingungen finden sich pro Minute etwa fünf solcher Spontanfluktuationen, unter Aktivierung doppelt so viel oder mehr. Die Zahl der Spontanfluktuationen pro Minute wird deshalb vielfach neben SCL als weiteres tonisches Aktivierungsmaß eingesetzt.

Um das Zustandekommen der Hautleitfähigkeit und ihrer Veränderungen verständlicher zu machen, ist eine kurze Einführung in den Bau der Haut und der Schweißdrüsen hilfreich. Die Haut (lat. cutis, griech. derma) setzt sich (Subcutis eingerechnet) aus drei Schichten zusammen. Die oberste Schicht, die Epidermis (Oberhaut) besteht wiederum aus fünf Lagen von Epithelzellen, die sich im Reifungsgrad unterscheiden und von unten (dem Stratum germinosum, der Keimschicht) langsam nach oben wachsen; die Zellen der obersten Schicht (des Stratum corneum) sind abgestorben (kernlos) und bilden die Hornhaut. Unterhalb der Epidermis liegt die bindegewebige, faserreiche Lederhaut (Corium, Dermis), noch tiefer die Unterhaut (Subcutis), welche die Haut mit anderem Gewebe, etwa der Muskulatur, verbindet. In ihr sind individuell unterschiedliche Mengen von Fett gespeichert (subkutanes Fettgewebe).

In der Subcutis sitzen auch die knäuelförmig aufgerollten unteren sekretorischen Teile der *Schweißdrüsen*. Das dort gebildete Produkt, im wesentlichen verdünnte Kochsalzlösung mit einigen auszuscheidenden Stoffen, steigt im geraden, das Corium und die Epidermis durchziehenden Schweißdrüsengang zu den Poren der Hautoberfläche; dies wird im wesentlichen durch rhythmische Kontraktionen der den Schweißdrüsengang umgebenden Muskelzellen bewirkt. Nach gegenwärtigem Erkenntnisstand sind die Schweißdrüsen ausschließlich *sympathisch* durch postganglionäre Neurone aus dem Grenzstrang versorgt, wobei der *Übertragerstoff Acetylcholin* ist; die an den Schweißdrüsen sitzenden Rezeptoren sind muskarinerg, können also durch Atropin blockiert werden (s. auch 4.2.7). Die höchste Schweißdrüsendichte findet sich an Hand- und Fußsohle, während sie am Rumpf deutlich geringer ist.

Das Zustandekommen der Hautleitfähigkeit und ihrer Veränderungen ist trotz intensiver Forschung noch nicht sicher geklärt. Daß die Schweißdrüsen dabei eine wesentliche Rolle spielen, steht außer Frage: Die Hautleitfähigkeit ist dort am größten, wo diese am dichtesten liegen (also an Hand- und Fußinnenfläche); pharmakologische Blockade der Schweißdrüsen führt zu Ausbleiben elektrodermaler Aktivität. Dabei ist es sicher nicht allein der die Hautoberfläche bedeckende Schweiß, welcher die aktivierungsbedingte Steigerung der Hautleitfähigkeit hervorruft, denn diese setzt schon ein, bevor der Schweiß die Oberfläche erreicht. Anzunehmen ist, daß bereits vorher elektrische Ströme von der einen Elektrode durch die gefüllten Schweißdrüsengänge in die gut leitende Subcutis fließen und von dort über dieselben Wege nach oben zur Gegenelektrode gelangen, zudem daß die Epidermis sich bereits von unten aus den Schweißdrüsengängen befeuchtet und ihre Leitfähigkeit damit erhöht; schließlich werden noch wenig klar definierte Membranprozesse in den Gängen für die elektrodermale Aktivität verantwortlich gemacht (s. zu dieser Diskussion auch Schandry 1989, S. 188 ff. sowie Vossel u. Zimmer 1998, S. 49 ff.).

5.3.6 Weitere psychophysiologische Parameter

Atmung: Auch die Atemfrequenz wird in psychophysiologischen Studien erhoben; hauptsächlich, um atmungsbedingte Artefakte zu kontrollieren, weniger weil man sich aus ihrer Veränderungen wichtige psychophysiologische Schlüsse erwartet; die Registrierung erfolgt mittels eines Atemgürtels, der mechanische Signale (Dehnung) in elektrische verwandelt oder durch Temperaturfühler, die über Wärmeunterschiede der ein- und ausgeatmeten Luft die Häufigkeit der In- und Exspirationen anzeigen.

Temperatur: Daß sich unter Aktivierungsbedingungen die Körpertemperatur erhöht, ist vergleichsweise gut nachgewiesen. Problematisch ist jedoch die störungsfreie und die Probanden nicht beeinträchtigende Messung dieser Größe. Da man sich von ihrem Studium kaum Aufschlüsse erwartet, die über die Informationen aus anderen Parametern hinausgehen, scheint man sie eher selten in psychophysiologischen Experimenten zu erheben.

Pupillenreaktion: Aktivierung sympathischer Fasern führt zur Pupillenerweiterung, die parasympathischer (im N. oculomotorius verlaufender) Neurone zur Verengung. Bei Erregung (positiver wie negativer Natur) erweitert sich die Pupille; trotz dieser psychophysiologischen Bedeutung hat sich die Pupillometrie nie als gebräuchliches Verfahren etablieren können, da das Instrumentarium teuer und die Messung aufwendig ist.

Augenbewegungen: Bestimmung der Frequenz von Augenbewegungen liefert speziell in der Schlafforschung wichtige Erkenntnisse. In den sogenannten REM (rapid eye movement)-Phasen des Schlafes finden sich im EEG Zeichen erhöhter Aktivierung (hohe Frequenzen), typischerweise gesteigerte peripher-physiologische Erregung und eben schnelle Augenbewegungen; es gibt gute Hinweise, daß v.a. in den REM-Phasen geträumt wird (s. 10.4). Registrierung der Augenbewegungen ist auch u.a. im Rahmen der Leseforschung notwendig; zudem werden sie bei Erhebung evozierter Potentiale kontrolliert, um eventuelle Artefakte auszuschließen.

Bei der Aufzeichnung der Augenbewegungen, der Elektrookulographie (lat. oculus = Auge), macht man sich zunutze, daß der Augapfel ein Dipol ist, nämlich der vordere Teil, die Hornhaut, gegenüber der hinten gelegenen Netzhaut geringfügig positiv geladen ist. Bei Bewegung erzeugt dieser Dipol elektrische Felder, die mit geeigneten Elektroden abgegriffen werden können. Das Elektrookulogramm (EOG) zeigt typischerweise sowohl horizontale Augenbewegungen (mittels innen und außen seitlich der Augen plazierter Elektroden) als auch vertikale (Elektrodenfixierung ober- und unterhalb der Augen) an.

Man könnte einige weitere psychophysiologische Aktivierungsparameter aufführen, z.B. die Frequenz des Fingerzitterns (Mikrovibrationen, Tremorfrequenz) oder die Häufigkeit des Lidschlags, zudem biochemische Variablen (etwa die Konzentrationen von Adrenalin und Noradrenalin im Blut, die von Kortisol in Blut, Urin oder Speichel). In der respiratorischen Psychophysiologie, insbesondere beim Studium psychophysiologischer Besonderheiten von Asthmakranken, werden meist In- und Exspirationsvolumen, maximale Ausatemgeschwindigkeit (peak expiratory flow rate), zunehmend häufiger auch der nicht einfach zu erfassende, jedoch in vieler Hinsicht aussagekräftigste Parameter, nämlich der Atemwegswiderstand, erhoben.

5.4 Läsions- und Stimulationsverfahren

5.4.1 Vorbemerkungen; Überblick

Systematisch durchgeführte *Läsionen* von *zentralnervösen Strukturen* bleibt den tierexperimentellen Studien vorbehalten. (Manche Autoren vertreten allerdings die Ansicht, daß in den frühen Phasen der Psychochirurgie dergleichen weitgehend unreflektiert, eher probatorisch auch an Menschen praktiziert wurde.) Läsionen am menschlichen Gehirn lassen sich ebenfalls studieren, etwa nach Unfällen. Sie liefern zum einen nützlichere Erkenntnisse als Tierexperimente, weil unmittelbar die Auswirkungen auf menschliches Verhalten studiert werden können; zum anderen sind sie aber schwierig zu interpretieren, da oft nicht der Zustand vor der Läsion bekannt war, zudem die Schädigungen häufig mehrere Strukturen betreffen und schließlich das genaue Ausmaß der Läsion exakt zumeist erst in post-mortem-Untersuchungen erfaßt werden kann. Aufschlußreicher ist häufig das Studium der Folgen von Hirnoperationen, da hier das präoperative Verhalten zumeist genau protokolliert wurde und zudem Art und Ausmaß des Eingriffs bekannt sind; allerdings ergeben sich auch hier interpretative Schwierigkeiten insofern, als oft pathologische Verhaltensweisen vor dem Eingriff vorgelegen haben, ihn vielfach erst notwendig machten.

Äußerst wichtige Erkenntnisse über Gedächtnisprozesse und die dabei beteiligten Strukturen lieferte beispielsweise der Fall des Patienten H.M., dem im Alter von 27 Jahren wegen schwerer epileptischer Anfälle beidseitig die medialen Teile der Temporallappen entfernt werden mußten. Während dadurch die Intelligenz des Patienten nur gering beeinträchtigt wurde und seine Erinnerungen an Ereignisse vor der Operation weitgehend erhalten blieben, zeigte er eine ausgeprägte anterograde Amnesie, war also nicht mehr in der Lage, sich neue Eindrücke zu merken. Intensive Untersuchungen mit zahlreichen Tests zeigten, daß bestimmte Lernfähigkeiten dabei deutlich weniger als andere beeinträchtigt waren (s. 8.3).

Auch die systematische *elektrische Stimulation* von *Hirnregionen* wird im wesentlichen in Tierexperimenten durchgeführt. Reizung bestimmter Hirnareale geschieht jedoch auch im Rahmen von Hirnoperationen bei Menschen, wenn die Funktion von Strukturen im operativen Bereich überprüft werden muß. Im Weiteren werden zunächst Läsionsmethoden, dann Stimulationsverfahren bei Tieren beschrieben und einige daraus abgeleitete Erkenntnisse vorgestellt. Sofern aus Beobachtungen an Menschen gewisse Feststellungen möglich sind, werden sie kurz angedeutet.

5.4.2 Läsionsmethoden

Um Hirnteile bei Tieren zu zerstören oder zu stimulieren, eröffnet man i.a. nicht großflächig den Schädel, sondern führt die Instrumente durch Bohrlöcher ein (*stereotaktische Operationen*). Dabei wird ein stereotaktischer Atlas benutzt, in dem die Hirnstrukturen der untersuchten Spezies in einer Art Koordinatensystem angegeben sind; bei Ratten dient als Bezugspunkt oft das Bregma, eine Stelle der Schädeloberfläche, wo mehrere Knochennähte zusammenstoßen. Nach Fixieren des Schädels und Auffinden des Bregmas sucht man anhand der Angaben im stereotaktischen Atlas die Stelle für das Bohrloch aus und führt das Instrument entsprechend tief ein.

Auch beim Menschen werden stereotaktische Operationen durchgeführt, etwa bei den seltenen psychochirgischen Eingriffen oder bei Gewebsläsionen zur Behandlung der Parkinson-Krankheit; dabei stützt man sich allerdings nicht (oder nicht nur) auf anatomische Atlanten, sondern hat das Operationsareal vorher mittels bildgebender Verfahren genau festgelegt, führt zudem das Instrument unter Röntgenkontrolle ein. Mit solchen stereotaktischen Verfahren ist es somit möglich, ohne größere Eröffnung des Schädels, nur durch kleine Bohrlöcher, Eingriffe im Gehirn vorzunehmen.

Zerstörung mittels eingeführter Instrumente kann auf verschiedene Art geschehen. Fasern durchtrennt man zumeist mittels eines eingeführten winzigen Schneideinstruments, zur Zerstörung von Kerngebieten eignet sich die Koagulation mit hochfrequenten Wellen, Kortexgewebe läßt sich unter Erhalt der darunter liegenden weißen Substanz am besten durch Absaugen entfernen (Aspirationsmethode). Eine reversible Funktionsblockade gelingt durch Unterkühlung des Gewebes mit eingeführter Sonde (sogenannte kryogene Blockade; für Details s. Pinel 1997, S. 119 ff.).

Ziel solcher Läsionen ist es v.a., die resultierenden Ausfallerscheinungen zu studieren und damit Hinweise auf die Funktion der zerstörten Areale bzw. Verbindungen zu erhalten. So wurde beispielsweise aus Tierexperimenten u.a. die Hypothese abgeleitet, daß bestimmte Hypothalamusareale stimulierend auf das männliche Sexualverhalten wirken; entsprechend wurde, v.a. in den 60er und 70er Jahren, bei Personen mit schwer deviantem Sexualverhalten diese Region zerstört (einen Überblick über solche Eingriffe an deutschen Kliniken geben Schmidt u. Schorsch 1981). Von der Übertragbarkeit tierexperimenteller Befunde auf den Humanbereich ganz abgesehen, gilt generell, daß die Ergebnisse aus Läsionsstudien nicht immer leicht zu interpretieren sind; zumeist sind trotz feinster Methodik die gesetzten Zerstörungen noch immer recht ausgedehnt, was beim Studium kleiner, aus zahlreichen Kernen verschiedener Funktion zusammengesetzter Strukturen wie z.B. Hypothalamus oder Amygdala leicht zu falschen Schlußfolgerungen führen kann.

5.4 Läsions- und Stimulationsverfahren

Gezielte Zerstörung von Kerngebieten oder Durchtrennung von Faserverbindungen geschieht auch bei den in Deutschland heute sehr seltenen, in anderen Ländern, wie beispielsweise den USA, nicht ganz so zurückhaltend vorgenommenen psychochirurgischen Eingriffen. Während man früher in Form der präfrontalen Leukotomie und der transorbitalen Lobotomie recht ausgedehnte Läsionen setzte, dabei insbesondere zahlreiche in das Frontalhirn ziehende Faserverbindungen zerstörte, sind die heutigen psychochirurgischen Eingriffe lokal sehr viel begrenzter und mit geringerer Schädigung benachbarter Areale verbunden. Bei der im Falle schwerer, therapieresistenter Zwangsstörungen zuweilen zum Einsatz kommenden Cingulotomie werden beidseitig Anteile des vorderen Gyrus cinguli thermisch zerstört, bei der Subkaudatumtraktomie Faserverbindungen, die vom Stirnhirn zum Nucleus caudatus ziehen (s. auch 12.4.4); Kombination beider Verfahren soll die besten Resultate bringen.

Eine reversible Blockade zentralnervöser Strukturen, die im Rahmen hirnchirurgischer Eingriffe zuweilen auch bei Menschen vorgenommen wird, ist der Wada- oder Natriumamytal-Test. Hier wird mittels eines in die Arteria carotis eingebrachten und unterschiedlich weit vorgeschobenen Katheters Natriumamytal eingespritzt, das die von der jeweiligen Arterie versorgten Regionen erreicht und vorübergehend in ihrer Funktion lahmlegt. Beispielsweise läßt sich anhand auftretender oder ausbleibender Sprachausfälle feststellen, welche der beiden Hemisphären die sprachdominante ist.

Neben diesen oben geschilderten *mechanischen Läsionsmethoden*, die bestimmte Gebiete unabhängig von ihren Funktionen zerstören, gibt es chemische, deren Wirkung selektiv Gewebe bestimmter funktioneller Eigenschaften trifft. So lassen sich etwa durch Einbringen von 6-Hydroxydopamin durch Mikropipetten ausschließlich dopaminerge und noradrenerge Neurone zerstören, deren Axonenden nahe der Pipettenspitze liegen; dieses dem Neurotransmitter Dopamin strukturell ähnliche Zellgift wird nämlich durch Reuptake ins präsynaptische Neuron aufgenommen und zerstört es in seiner Gesamtheit. Am obduzierten Tier läßt sich dann feststellen, wo die dopaminergen und noradrenergen Bahnen zur betrachteten Region ihren Ausgang nehmen. Andere Toxine, beispielsweise Kainatsäure, werden nur von den Neuronenkörpern aufgenommen; zerstört werden also Neurone, die vom Injektionsort ausgehen.

5.4.3 Stimulationsmethoden

Zur Anregung bestimmter Areale werden zumeist mittels stereotaktischer Eingriffe Elektroden eingebracht, die mit Strom beschickt werden können und gesteigerte Feuerung in den um die Elektrodenspitze lokalisierten Neuronen hervorrufen.

Die wohl interessantesten und zu weitreichenden Erkenntnissen führenden Stimulationsversuche wurden in Form der intrakraniellen Selbststimulation durchgeführt. Dabei können Versuchstiere durch Hebeldruck selbst die Elektroden mit Strom beschicken und damit bestimmte Hirnstrukturen reizen. Es wurde festgestellt, daß das autostimulatorische Verhalten besonders dann intensiv ist, wenn die Elektrodenspitzen Bahnen erreichen, die vom ventralen Tegmentum des Mittelhirns in den Nucleus accumbens ziehen, ein kleines, lateral des Thalamus lokalisiertes Kerngebiet. Man nimmt daher an, daß Aktivierung dieser Neurone einen verstärkenden Charakter hat (deutlicher, wenn auch mentalistisch formuliert: eine Art Lustgefühl erzeugt). Auf dem Hintergrund solcher Befunde untersuchte man die Wirkmechanismen selbst applizierter Drogen (z.B. von Heroin oder Nikotin); sie scheinen ebenfalls direkt oder indirekt durch Besetzung von Rezeptoren im Mittelhirn diese Bahnen zu aktivieren (s. dazu 13.2.1).

5.5 Methoden zur Untersuchung neurochemischer Vorgänge

5.5.1 Bestimmung von Transmittern und ihren Metaboliten

Im Kontext der in den letzten Jahrzehnten zunehmend Interesse gewinnenden neurochemischen Theorien psychischer Störungen (etwa Dopaminhypothese der Schizophrenie, Monoaminhypothesen affektiver Störungen, der Opioidhypothese des frühkindlichen Autismus) hat die Erfassung neurochemischer Vorgänge im Gehirn besonderen Stellenwert in der biopsychologischen, insbesondere biologisch-psychiatrischen Forschung. Die meisten einschlägigen Studien sind daher Untersuchungen am Menschen.

Mit den herkömmlichen Methoden ist es jedoch schwer, augenblicklich geradezu unmöglich, die neurochemischen Vorgänge in den Transmittersystemen beim Menschen direkt zu studieren. Die speziell interessierenden Monoamintransmitter (Dopamin, Noradrenalin und Serotonin) passieren nicht die Blut-Hirn-Schranke, sondern werden erst im ZNS aus liquorgängigen Ausgangsprodukten synthetisiert. Insofern gibt es wenig Sinn, ihre Konzentrationen im Blutplasma zu bestimmen. Auch der Liquor, wie er durch Punktion aus dem Subarachnoidalraum im Lumbalbereich entnommen werden kann, enthält so gut wie keine Monoamintransmitter; diese werden in den Neuronen synthetisiert, in den synaptischen Spalt freigesetzt und danach zurück in die ausschüttende Zelle transportiert, verlassen also nicht die unmittelbare Umgebung der zentralnervösen Synapsen. Hingegen sind ihre Abbauprodukte (Homovanillinsäure als Metabolit von Dopamin, MHPG von Noradrenalin, 5-HIAA von Serotonin) im durch Lumbalpunktion gewonnenen Liquor, teilweise auch im Blutplasma und im Urin, nachweisbar. Aus erhöhter Konzentration dieser Metaboliten in den genannten Flüssigkeiten schließt man auf vermehrten Abbau der Transmitter im Bereich der Synapsen und daher auf gesteigerte synaptische Ausschüttung (s. dazu 3.2.7). Ob dieser Schluß prinzipiell berechtigt ist und ob die Konzentrationen der Transmittermetaboliten im lumbalen Liquor auch die Verhältnisse in den weit entfernten Synapsen widerspiegeln, ist nicht sicher geklärt.

Direkte Bestimmung der Transmitterkonzentrationen im Bereich der zentralnervösen Synapsen ist augenblicklich – ähnlich wie die Bestimmung der Rezeptordichte – nur post mortem im Hirngewebe möglich; Befunde über Konzentration etwa von Serotonin und Noradrenalin bei Depressiven sind daher v.a. aus Untersuchungen von Selbstmordopfern erhalten worden.

Im Tierversuch gewinnt man direkte Informationen über Transmitterkonzentrationen im Gehirn mittels *Mikrodialyse*: Eine dünne Pipette mit winziger Öffnung wird in die zu untersuchenden Areale eingeführt; durch eine semipermeable (d.h. nur in einer Richtung passierbare) Membran gelangt interstitielle (extrazelluläre) Flüssigkeit in die Pipette; in direkt angeschlossenen Analyseapparaten können Veränderungen von Substanzkonzentrationen bestimmt werden. So konnte etwa mittels Mikrodialyse nachgewiesen werden, daß Reizung der vom Mittelhirn zum Nucleus accumbens ziehenden Bahnen zu erhöhter Dopaminausschüttung an ihren Enden führt (s. 13.2.1).

5.5.2 Lokalisation und Quantifizierung von Rezeptoren und Neuronentypen

Neben der Menge der präsynaptisch freigesetzten Neurotransmitter interessiert vielfach sogar noch mehr die *Anzahl der einschlägigen Rezeptoren der postsynaptischen Membran*; es gibt gute Hinweise, daß bei der produktiven Form der Schizophrenie (der sogenannten Typ I-Schizophrenie) weniger die Ausschüttung von Dopamin gesteigert ist, sondern sich die Zahl der postsynaptischen Rezeptoren vermehrt hat. Desgleichen sind die lange favorisierten Monoaminmangelhypothesen depressiver Störungen wohl dahingehend zu modifizieren, daß vornehmlich eine Vermehrung oder Überempfindlichkeit postsynaptischer Rezeptoren für Serotonin und Noradrenalin vorliegt (s. 12.3 sowie ausführlich Köhler 1999b, S. 64 ff.).

Die Beziehungen zwischen der Menge präsynaptisch freigesetzter Transmitter und der Anzahl dazu passender postsynaptischer Rezeptoren ist ziemlich kompliziert. Auf keinen Fall gilt die Aussage: je mehr Transmitter, desto mehr Rezeptoren. Im Gegenteil dürfte sich häufig zur Kompensation vermehrten Transmitterangebots die Zahl oder Empfindlichkeit postsynaptischer Bindungsstellen reduzieren und umgekehrt bei verminderter Rezeptorzahl sich die präsynaptische Ausschüttung erhöhen. Diese Sachverhalte machen es schwierig, neurochemische Befunde eindeutig in eine pathogenetische Kausalkette einzuordnen.

In Abschnitt 5.2.3 war unter dem Stichwort Rezeptorbindungsstudien bereits darauf hingewiesen worden, daß sich nach Zufuhr radioaktiv markierter Liganden mittels der PET-Methode die Dichte und Lokalisation von Rezeptoren nachweisen läßt. Aufgrund der geringen Anzahl von Bindungsstellen und der schwachen ausgesandten Strahlung ist angesichts der starken Absorption dies bei Lebenden nur mit Einschränkungen möglich oder wenig aussagekräftig; zumeist untersucht man deshalb die Rezeptordichte im aufbereiteten Gewebe (z.B. in Gehirnen von Suizidopfern, im ZNS getöteter Tiere). So kann man etwa dem homogenisierten Gewebe für den Rezeptor spezifische, radioaktive Liganden zufügen (z.B. ein radioaktiv markiertes klassisches Neuroleptikum für Dopaminbindungsstellen des Typs D_2). Die nach Entfernung der überschüssigen Liganden nachweisbare Radioaktivität im Gewebe ist ein Maß für die Menge der dort vorhandenen D_2-Rezeptoren.

Andere Verfahren sind die *autoradiographischen*: Sie basieren auf der Tatsache, daß radioaktive Strahlen in Photoemulsionen (womit man auch die üblichen in der Photographie verwendeten Filme beschichtet) sichtbare Veränderungen hervorrufen; ein damit bestrichener Gewebeschnitt zeigt unter Behandlung Schwärzung in jenen Teilen, von denen Radioaktivität ausgeht. Man verabreicht einem lebenden Tier radioaktiv markierte Liganden eines bestimmten Rezeptortyps, tötet es nach einiger Zeit und fertigt Hirnschnitte an (s. 5.6); behandelt man diese mit Photoemulsion, so weist starke Schwärzung auf Areale hoher Rezeptordichte hin.

Ein weiteres Verfahren sei kurz erwähnt. Bei den immunzytochemischen Methoden macht man sich zunutze, daß die Rezeptoren Proteine (Eiweiße) sind und daß man gegen diese Antikörper entwickeln kann. Letztere verbinden sich mit dem Rezeptor (dem Antigen) zu Antigen-Antikörper-Komplexen. Injiziert man dem noch lebenden Tier Antikörper, die entweder mit einem Farbstoff oder mit radioaktiven

Substanzen markiert werden, so können nach der Tötung die Rezeptoren durch ausgesandte Strahlen oder im Gewebeschnitt durch die Färbung erkannt werden.

Eine Variante dieses Verfahrens – die allerdings nicht die Häufigkeit von Rezeptoren, sondern von Neuronen bestimmt – ist die Injektion markierter Antikörper, welche gegen die Transmitter synthetisierenden Enzyme gerichtet sind; letztere sind bekanntlich ebenfalls immer Eiweiße (s. 1.2.2). Werden beispielsweise Antikörper gegen Tyrosinhydroxylase (das L-Tyrosin in L-Dopa umwandelnde Enzym) injiziert, lagern sich in allen Tyrosinhydroxylase benötigenden Neuronen (also dopaminergen, noradrenergen und adrenergen) die im Gewebeschnitt leicht zu erkennenden Antigen-Antikörper-Komplexe ein (verändert nach Pinel 1997, S. 124).

Ebenfalls der Identifizierung von Neuronentypen dient die in-situ-Hybridisierung (in situ = in natürlicher Lage, Umgebung). Damit versucht man herauszufinden, welche Nervenzellen ein bestimmtes Neuropeptid aufbauen und freisetzen; Voraussetzung ist allerdings Kenntnis der Nukleotidsequenz des die Synthese determinierenden Gens. Abschriften dieses Nukleotidkodes befinden sich bekanntlich als m-RNA im Zytoplasma jener Neurone, die den fraglichen Transmitter benötigen und synthetisieren (aber auch nur in diesen Neuronen; s. dazu 1.2.2). Mit Kenntnis der Nukleotidsequenz kann man nun eine zur m-RNA komplementäre weitere RNA herstellen und radioaktiv markieren; diese lagert sich der m-RNA an, geht mit ihr eine sogenannte Hybrid-Bindung ein. Radioaktive Strahlung wird daher nur von den das untersuchte Neuropeptid freisetzenden Neuronen ausgehen.

5.6 Neuroanatomische Techniken

5.6.1 Vorbemerkungen; Fixierung, Schnitte, Färbungen

Neuroanatomische Techniken waren teils schon dargestellt worden, speziell in Abschnitt 5.5.2; hier seien noch einige Ergänzungen vorgenommen. In der (mikroskopischen) Neuroanatomie studiert man mittels gewöhnlicher oder mittels Elektronenmikroskopie die Struktur von Nervengewebe; dieses wurde in manchen Fällen lebenden Körpern entnommen (Biopsien), häufiger handelt es sich um Leichengewebe. In jedem Fall muß es zunächst fixiert werden, um Zerstörungsprozesse durch autolytische Enzyme oder Erreger aufzuhalten; dies geschieht zumeist mit Formalin (Formaldehyd), welche Substanz zugleich das Gewebe härtet und die Strukturen erhält. Mit einem Mikrotom, einem präzise arbeitenden Schneideinstrument, wird das Untersuchungsmaterial in Scheiben zerlegt, die weniger als Bruchteile von Millimetern dick sind und daher im Mikroskop genügend Licht durchlassen; zuvor empfiehlt es sich, das Gewebe anzufrieren oder auf andere Art (z.B. durch Einlegen in Paraffinlösung) schnittfähig zu machen. Zudem muß das Gewebe in der Regel *gefärbt* werden, um einzelne Elemente besser erkennen zu lassen. Verschiedene Färbetechniken machen dabei unterschiedliche Gewebebestandteile sichtbar. So zeigen sich in der Nissl-Färbung deutlich Neuronenkörper, während in der Golgi-Färbung v.a. Membranen hervortreten; letztere stellt damit auch gut Dendriten und Axone dar. Andere Färbemethoden sind spezifisch für Neurone, die bestimmte Transmitter benutzen, etwa Noradrenalin; so läßt sich mit dieser Technik – wenn auch ziemlich grob – das noradrenerge System mit seinen Neuronen darstellen.

5.6.2 Tracing-Methoden

Mit Hilfe der oben geschilderten Färbetechniken lassen sich zwar Ansammlungen von Neuronenkörpern erkennen, nicht aber, welche Verbindungen zwischen ihnen existieren, mit anderen Worten: welche Fasersysteme und welche Systeme von Neuronenkörpern in dieser indifferent scheinenden Struktur funktionelle Einheiten bilden. Solche *funktionellen Beziehungen* sind bis zu einem gewissen Grade mit *Tracing-Methoden* zu erkennen (engl. to trace = nachspüren, verfolgen). Diese können etwa zeigen, welche der Nuclei miteinander verbunden sind und welche anatomische Gestalt und Lokalisation diese verbindenden Bahnen haben.

Eine sehr bekannte Tracing-Methode ist die *Aminosäuren-Autoradiographie* (Autoradiographie: Methode, im histologischen Schnitt radioaktive Stellen sichtbar zu machen; s. 5.5.2). Will man beispielsweise wissen, zu welchen anderen Kernen der Mandelkern (Amygdala) Fasern aussendet, so injiziert man in seine Umgebung radioaktiv markierte Aminosäuren. Diese werden von den Zellkörpern der Amygdala aufgenommen, mit weiteren Aminosäuren zu Proteinen verbunden und die Produkte längs der Axone zu den Endknöpfchen, also in die von den Fasern erreichten Hirnstrukturen transportiert. Tötet man das so behandelte Tier einige Tage später und bestreicht die Hirnschnitte mit Photoemulsion, so zeigen sich die radioaktiven Proteine in den Zielgebieten als dunkle Punkte.

Ein zweites Tracing-Verfahren basiert auf dem Prinzip, daß *Meerrettich-Peroxydase* (engl. horseradish peroxidase = HRP) bestimmte Moleküle spaltet und sie in unlösliche Salze verwandelt. Anders als die Aminosäuren bei der oben geschilderten Aminosäuren-Autoradiographie, die in den Zellkörper gelangen und im Axon zu den Endknöpfchen transportiert werden, bewegt sich die Meerrettich-Peroxydase in umgekehrter Richtung: Sie wird von den Endknöpfchen aufgenommen und durch axonalen Transport in den Neuronenkörper gebracht; die Körper der Nervenzellen enthalten, wenn das Tier einige Tage nach Behandlung getötet wird, die durch HRP erzeugten unlöslichen Salze. Will man also feststellen, *von welchen Gebieten* Neuronen zum Mandelkern *ziehen*, muß man in die Umgebung der Amygdala Meerrettich-Peroxydase injizieren – will man wissen, wo *von der Amygdala ausgehende Neurone enden*, injiziert man dort die radioaktiv markierten Aminosäuren.

5.6.3 Die 2-Desoxyglukosetechnik

Sie war im Prinzip schon im Abschnitt über Positronenemissionstomographie (5.2.3) dargestellt worden: Radioaktiv markierte Desoxyglukose reichert sich in besonders stoffwechselaktiven Hirnregionen an, die entsprechend im PET deutlich hervortreten. In Tierversuchen benutzt man eine autoradiographische Variante dieses Verfahrens, um aktivierte Hirnteile darzustellen: Man injiziert dem Tier diese Substanz und präsentiert ihm beispielsweise optische Reize. Nach Tötung werden Gewebsschnitte mit Photoemulsion bestrichen; die während des Versuchs aktivierten optischen Zentren stellen sich geschwärzt dar.

6 Das somatosensorische System

6.1 Definitionen; Überblick

Sensorische Systeme dienen der Aufnahme, Weiterleitung und Verarbeitung von *Reizen* (genauer: *Sinnesreizen*; lat. sensus = Sinn). Das visuelle System etwa reagiert auf Lichtwellen, setzt sie in der Netzhaut in Nervenimpulse um, die in den Fasern der Sehbahn u.a. zu Zellen im Kortex gelangen; die dort hervorgerufene kortikale Aktivität ist dann das biologische Korrelat des dem objektiven Reiz entsprechenden subjektiven visuellen Eindrucks. Die Orte der Reizaufnahme werden *Sinnesorgane* genannt. Neben dem Auge gehören u.a. dazu das Ohr, das in der Zunge lokalisierte Geschmacksorgan oder das Riechorgan der Nase; nicht lokal begrenzte Sinnesorgane bildend, sondern diffus über den Körper verteilt sind die somatosensorischen Organe, d.h. diverse Vorrichtungen für die Reizaufnahme in der Haut, den Gelenken, der Muskulatur, den Eingeweiden. Wichtiger Teil der Sinnesorgane sind die *Sensoren* oder *Sinnesrezeptoren*, die den physikalischen Reiz (etwa auftretende Lichtwellen, Schallwellen) in elektrische Signale umwandeln. Ein Sinnesorgan besteht zudem meist aus weiteren Elementen, die dafür sorgen, daß die Reize in geeigneter Menge und Form an die Sensoren gelangen (z.B. Linse im Auge, Trommelfell im Ohr).

Gruppen gleichartiger Sinneseindrücke werden als *Modalitäten* (etwa synonym: Sinne) bezeichnet. So sind z.B. Gesicht-, Gehör-, Geschmack- oder Temperatursinn Modalitäten; sie nehmen i.a. Ausgang von verschiedenen Sinnesorganen (bzw. Sensortypen), benutzen unterschiedliche Leitungsbahnen und enden zumeist in unterschiedlichen kortikalen Arealen. Die Einteilung der Sinnesmodalitäten (Sinne) wird nicht einheitlich vorgenommen. Für das Folgende scheint eine Unterscheidung zwischen „speziellen" Sinnen (u.a. Gesicht-, Gehör- und Geschmackssinn) einerseits, Haut-, Muskel- und viszeralen Sinnen (Eingeweidesinnen) andererseits zweckmäßig. Unter dem Begriff *Somatosensorik* (etwa synonym: Sensibilität; zuweilen auch somatoviszerale Sensibilität) werden üblicherweise Hautsinne (oft als Oberflächensensibilität bezeichnet), Muskel- und Gelenksinne (Tiefensensibilität) sowie viszerale Sinne (viszerale Sensibilität) zusammengefaßt.

Das wegen seiner klinischen Relevanz hier allein, dafür vergleichsweise ausführlich besprochene somatosensorische oder sensible System dient – wörtlich verstanden – der Verarbeitung von Reizen, die vom Körper selbst ausgehen (griech. soma = Körper, lat. sensus = Sinn). Dazu gehören nach dem oben Gesagten verschiedene Modalitäten, nämlich *Tiefensensibilität* (Sinneseindrücke vom Dehnungszustand der Muskulatur, Spannung der Sehnen, von der Stellung der Gelenke), *Temperatursinn*, *„Schmerzsinn"* und *Tastsinn* (mit den Submodalitäten Druck-, Berührungs- und Vibrationssinn). Die entsprechenden Sensoren liegen in der Haut, Muskeln, Sehnen, Gelenken sowie in bestimmten Regionen innerer Organe.

Diese Definition ist unscharf, wohl sogar unbrauchbar. Die registrierten Reize kommen nämlich (ähnlich wie die Lichtwellen für die Rezeptoren der Netzhaut) auch für das somatosensorische System häufig von außen (etwa in Form von Druck, den Gegenstände mit ihrem Gewicht ausüben). Somatosensorische Modalitäten wären daher strenggenommen nur Tiefensensibilität und – mit Einschränkungen – Schmerzsinn. Definiert man umfassender als Somatosensorik Empfindungen, die von Sensoren des Körpers (nicht von den Sinnesorganen im Kopf) ausgehen, so ist dies zwar exakter, aber terminologisch unglücklich und wenig anschaulich.

Im Folgenden werden zunächst allgemeine Ausführungen zu Aufbau und Funktionsweisen des somatosensorischen Systems gemacht (6.2), sodann die einzelnen Modalitäten mit den zugehörigen Sinnessystemen genauer vorgestellt, wobei am ausführlichsten der Schmerzsinn besprochen wird.

6.2 Allgemeines zum somatosensorischen System

Wie in den anderen sensorischen Systemen werden im somatosensorischen *Sinnesrezeptoren* oder *Sensoren* benötigt, um die physikalischen Reize in Neuronenaktivität überzuführen. Den verschiedenen Modalitäten des somatosensorischen Systems entsprechend sind diese i.a. von unterschiedlichem Typus und sprechen auf unterschiedliche Reize an (die sogenannten adäquaten Reize). Die *Sensoren für Tiefensensibilität* sitzen in Muskeln, Sehnen und Gelenken, die *Thermorezeptoren* oder *Thermosensoren* sind freie Nervenendigungen in der Haut und Schleimhaut. Die für den Tastsinn mit seinen Submodalitäten zuständigen *Mechanorezeptoren* sind ebenfalls in der Haut lokalisiert; manche von ihnen registrieren die Intensität von Druckreizen, andere sprechen nur auf Veränderungen, nicht aber konstanten Druck an (also nur auf Berührung), für eine weitere Gruppe ist der adäquate Reiz die Vibration, d.h. dauernde Druckschwankungen (s. genauer 6.3).

Die *Nozizeptoren* (von lat. noxa = Schaden, nocere = schädigen) registrieren Gewebsschädigungen; diese freien Nervenendigungen werden teils durch thermische, teils mechanische, teils durch bestimmte, bei Gewebszerstörung freiwerdende Stoffe, zuweilen durch alle diese Reize stimuliert; man bezeichnet sie, strenggenommen nicht korrekt, aber anschaulich, häufig als „Schmerzrezeptoren". Diese Nozizeptoren sitzen nicht nur in der Haut, sondern auch an vielen anderen Stellen des Körpers, etwa in den Organen von Brust- und Bauchraum.

Im Bereich der inneren Organe befinden sich noch weitere Typen von Sensoren, z.B. in den Gefäßwänden die Barorezeptoren für Blutdruck sowie die Chemorezeptoren für die Konzentrationen von O_2 und CO_2. Reizung dieser Rezeptoren kommt nicht ins Bewußtsein, sondern führt, gesteuert von subkortikalen Strukturen wie Medulla oblongata, reflektorisch zu Veränderungen im Versorgungsbereich des vegetativen Nervensystems; man verwendet deshalb dafür auch nicht die Bezeichnung „Sinne". Diese Reflexe wurden in den entsprechenden Abschnitten von Kapitel 4 behandelt; lediglich der *viszerale Schmerz* ist Gegenstand dieses Kapitels.

Die Sinnesrezeptoren des somatosensorischen Systems gehen ohne synaptische Zwischenschaltung in eine Nervenzelle über („1. Neuron" oder Neuron 1. Ordnung oder primär-afferentes Neuron); sie sind also direkte Bestandteile dieses Neurons, zuweilen, wie im Falle der Nozizeptoren, nichts anderes als seine freiliegenden Endigungen. Wird der Sinnesrezeptor durch einen adäquaten Reiz (beispielsweise Dehnung bei den Sensoren für Tiefensensibilität) stimuliert, kommt es im Sensor zur Ausbildung eines Sensorpotentials und im angeschlossenen Neuron zur Entstehung von Aktionspotentialen; je stärker der Sinnesrezeptor gereizt wird, desto höher ist die Frequenz dieser Aktionspotentiale.

Das 1. Neuron zieht in rein sensiblen oder gemischten Nerven zum Rückenmark, wo es durch die Hinterwurzel eintritt; im Bereich der Hinterwurzel, also innerhalb des Durasacks, bilden die Zellkörper der in diesem Rückenmarkssegment eintreffenden sensiblen Neurone das jeweilige *Spinalganglion*.

Die sensiblen Nervenzellen sind anders gebaut als die multipolaren motorischen Neurone: Es handelt sich um bipolar erscheinende, jedoch in Wirklichkeit unipolare (besser: pseudounipolare) Neurone. Vom Zellkörper geht ein einziger Fortsatz ab, der sich bald in einen ins Rückenmark ziehenden und einen vom Sensor kommenden Fortsatz verzweigt; vereinfacht formuliert, läuft eine einzige Faser vom Sinnesrezeptor zum Rückenmark, von der eine Abzweigung zum Neuronenkörper führt. Während die Körper der motorischen Neuronen die graue Substanz des Vorderhorns bilden, liegen die Körper der sensiblen Neurone nicht im Hinterhorn, sondern außerhalb des Rückenmarks (nämlich in den Spinalganglien).

Dies gilt ebenso für die sensiblen somatischen Neurone (von Haut, Muskulatur, Gelenken) wie für die sensiblen vegetativen Nervenfasern (von den Eingeweiden); letztere verlaufen zusammen mit efferenten vegetativen Nervenfasern in Eingeweidenerven (z.B. den sympathische Fasern führenden Nn. splanchnici oder im N. vagus). Die von einem Rückenmarkssegment bzw. einem Spinalnerv sensibel versorgten Hautareale nennt man Dermatome. Typischerweise überlappen sich Dermatome; die von einem Hautareal ausgehenden sensiblen Neurone treten also nicht durch ein- und dieselbe Hinterwurzel ein. Isolierte Läsion einer Hinterwurzel führt daher nicht zu einem völligen Ausfall der Sensibilität, sondern nur zu ihrer Verminderung.

Das 1. Neuron *endet* vielfach *unmittelbar nach Eintritt ins Rückenmark* (etwa im Falle der von den Nozizeptoren, Thermosensoren und bestimmten Mechanorezeptoren ausgehenden Nervenfasern); dort geschieht die Umschaltung auf das 2. Neuron (Neuron 2. Ordnung, sekundär-afferentes Neuron), welches zur Gegenseite zieht, in der weißen Rückenmarkssubstanz (genauer: in den Vorderseitensträngen) nach kranial läuft und im *Thalamus*, v.a. in einem Komplex ventrobasal gelegener Kerne, endet. Von diesen Thalamuskernen laufen weitere Fasern (Neurone 3. Ordnung, tertiärafferente Neurone) zur Körperfühlsphäre im Gyrus postcentralis. Nach ihrem Verlauf bezeichnet man die Gesamtheit dieser Fasern als *Vorderseitenstrangsystem* oder *anterolaterales-spinothalamisches* System (dazu auch 6.3 sowie Abb. 6.1).

Die Neuronen der übrigen somatosensorischen Modalitäten (der Tiefensensibilität, bestimmter Formen des Tastsinns, insbesondere feinerer Empfindungen) nehmen einen anderen Verlauf: Das 1. Neuron *zieht ohne Unterbrechung* und *ohne die Seite zu wechseln* (ipsilateral) nach seinem Eintritt ins Rückenmark in den Hintersträngen nach kranial und endet erst in *Kernen der Medulla oblongata* (den sogenannten *Hinterstrangkernen*). Das von dort ausgehende 2. Neuron kreuzt in der medialen Schleifenbahn (Leminiscus medialis) auf die Gegenseite und gelangt ebenfalls zu Thalamuskernen (auch hier wieder hauptsächlich zu den ventrobasal gelegenen); das 3. Neuron zieht von dort in den somatosensorischen Kortex im Gyrus postcentralis des Parietallappens. Man spricht hier auch vom *Hinterstrangsystem* oder *Hinterstrang-Leminiscus-System* (s. ausführlicher 6.3).

6.2 Allgemeines zum somatosensorischen System

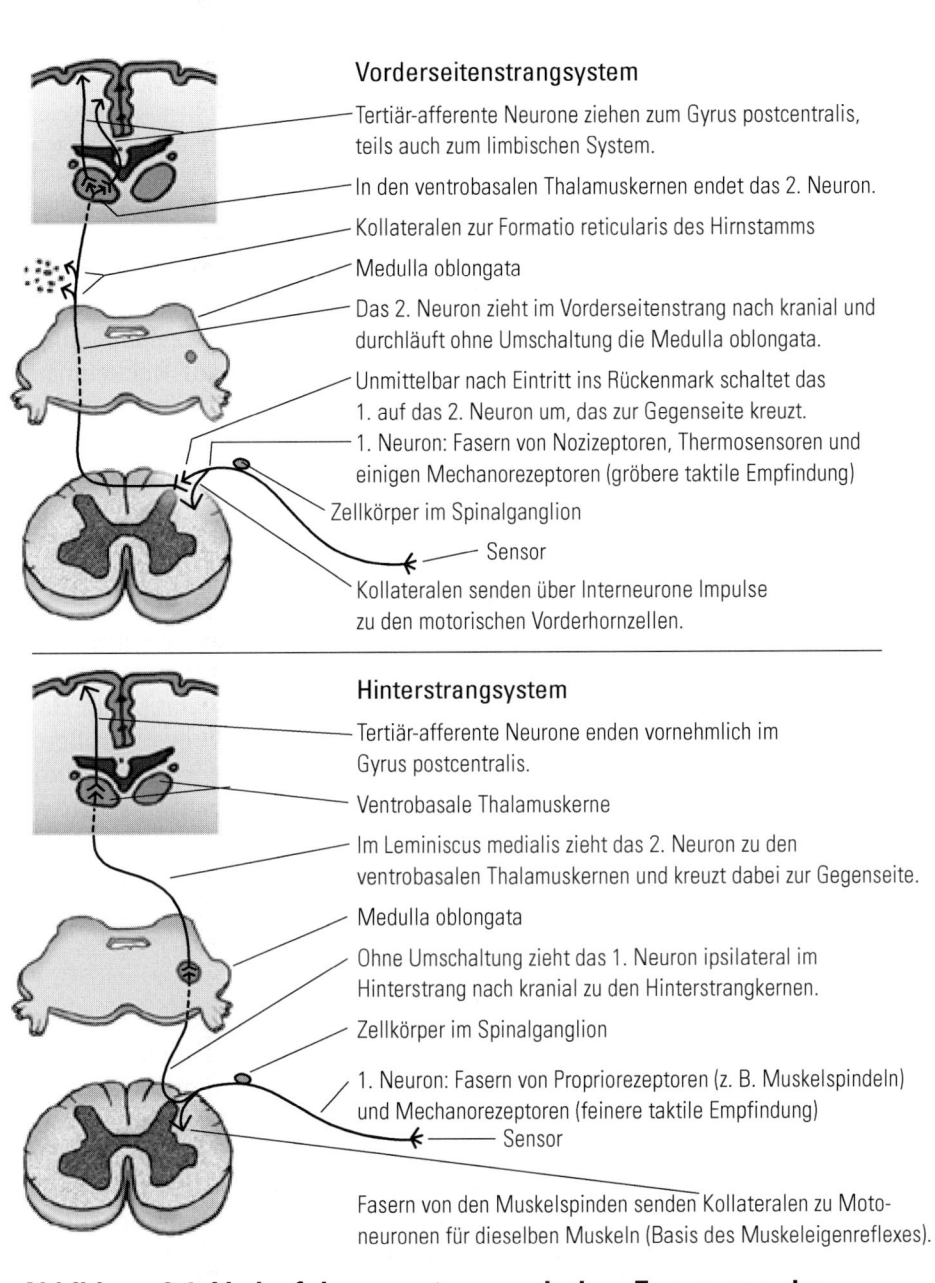

Vorderseitenstrangsystem
- Tertiär-afferente Neurone ziehen zum Gyrus postcentralis, teils auch zum limbischen System.
- In den ventrobasalen Thalamuskernen endet das 2. Neuron.
- Kollateralen zur Formatio reticularis des Hirnstamms
- Medulla oblongata
- Das 2. Neuron zieht im Vorderseitenstrang nach kranial und durchläuft ohne Umschaltung die Medulla oblongata.
- Unmittelbar nach Eintritt ins Rückenmark schaltet das 1. auf das 2. Neuron um, das zur Gegenseite kreuzt.
- 1. Neuron: Fasern von Nozizeptoren, Thermosensoren und einigen Mechanorezeptoren (gröbere taktile Empfindung)
- Zellkörper im Spinalganglion
- Sensor
- Kollateralen senden über Interneurone Impulse zu den motorischen Vorderhornzellen.

Hinterstrangsystem
- Tertiär-afferente Neurone enden vornehmlich im Gyrus postcentralis.
- Ventrobasale Thalamuskerne
- Im Leminiscus medialis zieht das 2. Neuron zu den ventrobasalen Thalamuskernen und kreuzt dabei zur Gegenseite.
- Medulla oblongata
- Ohne Umschaltung zieht das 1. Neuron ipsilateral im Hinterstrang nach kranial zu den Hinterstrangkernen.
- Zellkörper im Spinalganglion
- 1. Neuron: Fasern von Propriorezeptoren (z. B. Muskelspindeln) und Mechanorezeptoren (feinere taktile Empfindung)
- Sensor
- Fasern von den Muskelspinden senden Kollateralen zu Motoneuronen für dieselben Muskeln (Basis des Muskeleigenreflexes).

Abbildung 6.1: Verlauf der somatosensorischen Fasern von den Sensoren zum Kortex (ohne Berücksichtigung der sensiblen Fasern aus dem Kopfbereich)

Die den Gyrus postcentralis weitgehend einnehmende Kortexregion wird primär-somatosensorischer Kortex (oder SI) genannt; er erhält Afferenzen von den somatosensorischen Thalamuskernen. Kaudal davon existiert ein kleineres, zum Teil in der Tiefe der Fissura lateralis lokalisiertes Gebiet (sekundär-somatosensorischer Kortex oder SII); es empfängt wiederum Afferenzen aus SI, vielleicht auch von der anderen Hemisphäre; seine Funktion ist noch unklar. Okzipital von SI und SII liegt, größere Teile des Parietallappens einnehmend, der somatosensorische Assoziationskortex. Die früher vertretene Auffassung, im primär-somatosensorischen Kortex würden einzelne Empfindungen entstehen, im somatosensorischen Assoziationskortex diese zu komplexeren Eindrücken (etwa Gestalten) zusammengefügt, läßt sich nicht aufrechterhalten. Tatsächlich führt, entgegen der Erwartung, Läsion des primär-somatosensorischen Kortex nicht unbedingt zu ausgeprägten Sensibilitätsstörungen, die des Assoziationskortex keineswegs stets zur Unfähigkeit, aus Einzelempfindungen Zusammenhänge abzuleiten.

Durch die wiederholte Umschaltung bis zum Erreichen der Kortexareale kommt es zu deutlicher Informationsreduktion; viele Reize werden gleich auf Rückenmarksebene beantwortet und gelangen nicht in supraspinale Zentren. Beim Umschalten der zahlreichen 1. Neurone auf die weniger häufigen 2. Neurone liegt Konvergenz vor, d.h. mehrere enden an ein- und demselben (was u.a. wohl für den „übertragenen" Schmerz verantwortlich ist; s. 6.6.4). Schließlich werden in den Thalamuskernen die eingehenden Informationen stark gefiltert; nur was diese passieren kann, gelangt in kortikale Areale und kann bewußt werden (Thalamus als „Tor zum Bewußtsein").

Der primär-somatosensorische Kortex ist *somatotopisch* organisiert, d.h. jeder Körperregion ist ein bestimmtes Areal zugeordnet. Dabei entspricht seine Größe nicht direkt der der repräsentierten Körperpartie, sondern der *Zahl der dort lokalisierten Sensoren*: So hat etwa der kleine Daumen deren sehr viele, während an Bauch und Rücken nur wenige sitzen; entsprechend ist der Daumen auf einem größeren Areal repräsentiert als der ungleich ausgedehntere Rumpf (sogenannter *somatosensorischer Homunculus* mit überdimensionierten Händen, Füßen und Lippen).

Die Dichte der Sensoren auf der Haut wird mittels der räumlichen taktilen Empfindungsschwellen (simultanen Raumschwellen) bestimmt: Das ist jene Distanz, die zwei gleichzeitig, etwa mit einem Stechzirkel gesetzte Reize haben müssen, um gerade noch als unterschiedlich lokalisiert wahrgenommen zu werden. Diese Empfindungsschwelle ist beispielsweise an der Fingerspitze mit wenigen Millimetern sehr klein, am Rücken um ein Vielfaches größer.

In SI enden also Fasern verschiedener Modalitäten (Schmerz, Temperatursinn, Berührung usw.), jedoch in verschiedenen Säulen von Nervenzellen (Modulen), die weitgehend gleichmäßig verteilt sind. Läsion eines begrenzten kortikalen Areals führt also zur Herabsetzung sämtlicher somatosensorischen Empfindungen in der dort repräsentierten Körperregion.

Da die sensiblen Bahnen in ihrem Verlauf kreuzen, ist die linke Körperhälfte im rechten Gyrus postcentralis, die rechte Hälfte im linken repräsentiert. Schädigungen im Gyrus postcentralis führen daher zu Sensibilitätsausfällen der gegenüberliegenden Körperhälfte (kontralateral). Bei Läsionen im Rückenmark sind die Verhältnisse komplizierter: Die sensiblen Bahnen kreuzen teils schon auf Eintrittshöhe zur Gegenseite, teils ziehen sie ipsilateral von den Sensoren direkt zur Medulla oblongata und wechseln erst dann die Seite; daher sind in den Körperregionen, die von Fasern unterhalb des geschädigten Rückenmarksareals versorgt werden, die sensiblen Ausfälle teils auf der Seite der Läsion (ipsilateral), teils auf der gegenüberliegenden (kontralateral) zu beobachten (*dissoziierte Empfindungsstörung* im Rahmen eines Brown-Séquard-Syndroms bei halbseitiger Läsion des Rückenmarks).

Die von den Sinnesrezeptoren ausgehenden Impulse werden nicht nur zu Thalamus und Großhirn geleitet, sondern gelangen auch zu *motorischen Nervenfasern*; somit kann reflektorisch bereits auf Rückenmarksebene eine motorische Reaktion eingeleitet werden, beispielsweise die Kontraktion eines gerade gedehnten Muskels oder eine Fluchtreaktion zur Vermeidung weiterer Schmerzreize (mono- und polysynaptische Reflexe; s. 7.3). Die im Vorderstrang verlaufenden Fasern für Schmerz und Temperatur geben zudem Kollateralen in die Formatio reticularis des Hirnstamms ab, über die autonome und weitere motorische Reaktionen eingeleitet werden, zudem möglicherweise Strukturen des limbischen Systems Information erhalten.

6.3 Tastsinn

Beim Tastsinn unterscheidet man drei verschiedene Modalitäten, nämlich *Druck*, *Berührung* und *Vibration*. Die diversen Sensoren des Tastsinns (Mechanorezeptoren oder Mechanosensoren), welche in der Haut und im subkutanen Gewebe (v.a. der Handfläche) lokalisiert sind, reagieren entsprechend auf unterschiedliche Reize. Reine *Druckrezeptoren* feuern um so mehr, je größer die auf die Haut wirkende Kraft pro Flächeneinheit ist; sie registrieren ausschließlich die *Intensität* eines Druckreizes, nicht seinen zeitlichen Verlauf (im Gegensatz zu den Berührungs- und Vibrationssensoren). Drucksensoren adaptieren nur langsam, so daß der Reiz auch nach längerem Einwirken noch wahrgenommen wird. Zu dieser Klasse von Mechanorezeptoren gehören u.a. die Ruffini-Kolben (Ruffini-Körperchen), spindelförmige, mit einer myelinisierten Nervenfaser verbundene Auftreibungen. Auch die Merkel-Zellen reagieren im wesentlichen nur auf die Intensität des mechanischen Reizes.

Im Gegensatz zu den langsam adaptierenden Druckrezeptoren adaptieren die *Berührungsrezeptoren* rasch: Sie feuern also nicht bei Dauerdruck, sondern nur während *Druckänderungen*. Zu dieser Gruppe gehören die Meissner-Körperchen, zudem die Haarfollikelsensoren, die auf Verbiegungen der Haare reagieren; auch die hauptsächlich als Druckrezeptoren fungierenden Merkel-Zellen haben zusätzlich die Eigenschaft von Berührungssensoren. Die dritte Kategorie von Mechanorezeptoren, die *Vibrationssensoren*, reagieren auf *schnelle Druckschwankungen* (genauer: auf die Änderung der Druckänderung, sind also Beschleunigungssensoren); dazu gehören v.a. die Pacini-Körperchen in der Subcutis; Vibrationen niedrigerer Frequenz werden auch mit den vornehmlich auf Berührung reagierenden Meissner-Zellen registriert.

Der Großteil der von den Mechanorezeptoren ausgehenden Neurone – v.a. jene für Feinempfindungen – zieht nach Erreichen des Rückenmarks im Hinterstrangsystem ohne Umschaltung zu Kerngebieten der Medulla oblongata. Die von dort ausgehenden 2. Neurone laufen in der medialen Schleifenbahn (Leminiscus medialis; lat. leminiscus = Schleife), kreuzen in der Decussatio leminiscorum des Hirnstamms und enden an den (lateralen) Ventrobasalkernen des Thalamus. Die dort beginnenden

3. Neurone (tertiär-afferente Neurone) erreichen schließlich den somatosensorischen Kortex im Gyrus postcentralis. Ein anderer Teil der Neurone von den Mechanosensoren wird bereits nach Erreichen des Rückenmarks umgeschaltet; das 2. Neuron kreuzt unmittelbar danach auf die Gegenseite und zieht im Vorderseitenstrang direkt zum Thalamus; das dort ausgehende 3. Neuron endet ebenfalls im Gyrus postcentralis.

Nach dem Verlauf unterscheidet man – wie schon in 6.2 angedeutet – dabei zwei große Subsysteme: das Hinterstrang-Leminiskus-System, dessen Fasern erst rostral der Medulla oblongata die Gegenseite erreichen und das anterolateral-spinothalamische System, dessen Fasern bereits im jeweiligen Rückenmarkssegment kreuzen und hauptsächlich als Tractus spinothalamicus im Vorderseitenstrang ohne weitere Umschaltung zum Thalamus gelangen. Über das Hinterstrang-Leminiskus-System erreichen auch die Informationen von Muskeln, Sehnen und Gelenken (also von den Propriozeptoren, den Sensoren für Tiefensensibilität) das Gehirn, während die von den Temperaturfühlern und Nozizeptoren ausgehenden Bahnen im anterolateral-spinothalamischen System verlaufen. Da die Fasern von den Mechanorezeptoren zwei verschiedene Wege zum Gehirn einschlagen, resultiert bei einseitiger Läsion des Rückenmarks kein vollständiger Ausfall des Tastsinns, sondern nur eine (beidseitige) Einschränkung.

Die von den Mechanorezeptoren des Gesichts ausgehenden Fasern laufen im N. trigeminus und enden im langgestreckten Trigeminuskern der Medulla oblongata. Das dort beginnende 2. Neuron kreuzt in der medialen Schleifenbahn (Leminiscus medialis) zur Gegenseite und erreicht die (medialen) ventrobasalen Thalamuskerne; das 3. Neuron endet wieder im primär-somatosensorischen Kortex.

6.4 Tiefensensibilität

Unter der Bezeichnung *Tiefensensibilität* oder *Propriozeption* (von lat. proprius = eigen) werden i.a. Empfindungen zusammengefaßt, die von Sensoren in Muskeln, Sehnen und Gelenken ausgehen. Reizung der genannten Sensoren (der Propriozeptoren) führt vielfach nur zu Reflexen auf Rückenmarksebene oder zu Regulationen mittels des Kleinhirns; lediglich ein kleiner Teil der dort registrierten Veränderungen gelangt zu Bewußtsein.

In den Muskeln liegen parallel zu den Muskelfasern die *Muskelspindeln*; die sie spiralförmig umwickelnden Nervenendigungen sind Sensoren, welche sowohl das Ausmaß der Muskeldehnung als auch ihre Veränderung registrieren. Die *Golgi-Sehnenorgane* befinden sich in den Sehnen und werden durch deren Anspannung zum Feuern veranlaßt. Die *Gelenkrezeptoren* schließlich erzeugen bei einer Ablenkung der Gelenkteile aus ihrer Normalstellung Potentiale; zusätzlich reagieren sie auf die Geschwindigkeit dieser Winkelveränderung.

Muskelspindeln reagieren vornehmlich auf Veränderung der Muskellänge. Sie haben nicht nur afferente Fasern zum Rückenmark, sondern werden zusätzlich von efferenten versorgt (den sogenannten γ-Motoneuronen); auf diese Weise kann die Empfindlichkeit nachreguliert und wechselnden Dehnungsgraden der Muskulatur angepaßt werden (s. auch 7.3). Hingegen messen die in den Sehnen lokalisierten Golgiorgane die Muskelspannung. Die verschiedenen Arten von Gelenkrezeptoren sitzen hauptsächlich in der das Gelenk umgebenden Kapsel. Muß man diese im Rahmen von Gelenkoperationen entfernen, so sind Stellung einzelner Körperteile und ihre Veränderung nur mehr eingeschränkt wahrnehmbar. Die verbleibenden diesbezüglichen Empfindungen resultieren v.a. aus Impulsen von den Muskelspindeln.

Die von den genannten Propriozeptoren ausgehenden Nervenfasern (die 1. Neurone) treten über die Hinterwurzel ins Rückenmark ein und ziehen ipsilateral in den Hintersträngen ohne Umschaltung in die Hinterstrangkerne der Medulla oblongata. Von dort laufen weitere Neurone zum Kleinhirn, welches die Stellung des Körpers im Raum kontrolliert und deswegen Information u.a. über den Dehnungszustand der Muskulatur benötigt (s. 7.4.4). Wenige Neurone ziehen von der Medulla oblongata über die mediale Schleifenbahn auch zum Thalamus und schalten dort auf ein 3. Neuron zum somatosensorischen Kortex um; nur ein sehr geringer Anteil der Impulse von den Muskelspindeln und Sehnenorganen gelangt offensichtlich in die Körperfühlsphäre des Gyrus postcentralis. Bewußtseinsfähige Informationen über die Stellung des Körpers im Raum kommen weniger von den genannten Propriosensoren als vielmehr vom Gleichgewichtsorgan des Innenohres.

Nach Eintritt ins Rückenmark zweigen vom 1. Neuron der propriozeptiven Bahnen Kollateralen ab und schalten ohne Zwischenverbindungen und im selben Segment auf Motoneurone (motorische Nervenzellen) im Vorderhorn um; dieser monosynaptische, einfachst gebaute Reflexbogen mit Fasern von den Propriozeptoren als afferentem, mit Motoneuronen zum selben Muskel als efferentem Schenkel ist die anatomische Basis der zur Aufrechterhaltung der Körperstellung notwendigen Muskeleigenreflexe (s. 7.3).

6.5 Temperatursinn

Die Rezeptoren des Temperatursinns, die *Thermosensoren*, sind vermutlich freie Nervenendigungen, die in der Haut, v.a. aber in der Schleimhaut des Mundbereiches lokalisiert sind. Dabei konnte man sowohl Kalt- wie Warmsensoren nachweisen. Die von den *Kaltsensoren (Kaltrezeptoren)* erzeugten Aktionspotentiale treten bei Temperaturen unter 36 Grad auf und nehmen stark an Frequenz zu, je niedriger die Temperatur ist; die *Warmsensoren* beginnen ab etwa 36 Grad zu feuern und steigern diese Rate erheblich mit zunehmender Temperatur. In einem Temperaturbereich zwischen etwa 20 und 40 Grad feuern beide Sensortypen nur gering und hauptsächlich dann, wenn sich die Temperatur in der einen oder anderen Richtung verändert; konstant temperiertes Wasser im genannten Temperaturbereich, der sogenannten *Indifferenzzone*, wird kaum mehr als Wärme- oder Kältereiz wahrgenommen. Bei niedrigeren oder höheren Temperaturen feuern die entsprechenden Sensoren jedoch unter gleichbleibenden Bedingungen, adaptieren nur mäßig; große Hitzen und Kälten mit der Gefahr der Gewebsschädigung werden auch nach längerer Zeit als solche wahrgenommen. Für höhere Temperaturen (ab etwa 45 Grad) gibt es eigene *Hitzesensoren*, deren Reizung nicht nur Hitze-, sondern auch Schmerzempfindung hervorruft, die also zur großen Gruppe der Nozizeptoren (s. 6.6) gehören; entsprechend gibt es einen „Kälteschmerz". Interessanterweise können die Hitzerezeptoren im Mundbereich auch durch scharfe Gewürze stimuliert werden; ein gebräuchliches englisches Wort zur Bezeichnung einer scharfen Speise ist bekanntlich „hot".

Die von den Thermosensoren ausgehenden Neurone enden bereits nach dem Eintritt ins Rückenmark und bilden Synapsen mit anderen Neuronen, welche sofort zur Gegenseite kreuzen und über den Vorderseitenstrang den Thalamus erreichen; von dort zieht ein 3. Neuron zum Gyrus postcentralis. Aufgrund der tiefen Kreuzung der Bahnen führt einseitige Läsion des Rückenmarks zum Ausfall des Temperatursinnes auf der gegenüberliegenden (kontralateralen) Körperhälfte.

6.6 Schmerzsinn (Nozizeption)

6.6.1 Terminologische Vorbemerkungen

Während man früher im Ausdruck etwas nachlässig war und von Schmerzrezeptoren und Schmerzbahnen sprach, hat sich heute eine einwandfreiere, jedoch etwas umständlichere und zunächst noch ungewohnte Terminologie durchgesetzt. Schmerz ist eine Empfindung und kein Reiz; worauf die „Schmerzrezeptoren" in der Haut und den Eingeweiden reagieren, sind bereits eingetretene oder unmittelbar drohende Gewebsschäden (Noxen, von lat. noxa = Schaden und nocere = schädigen). Man spricht deshalb besser von *Nozizeptoren* oder *Nozisensoren*; der Vorgang der Reizaufnahme durch diese Sensoren, die Weiterleitung und Verarbeitung der Signale werden als *Nozizeption* bezeichnet, die dabei beteiligten Strukturen als *nozizeptives System*. Diese Nozizeption ist ein komplizierter und noch keineswegs in allen Einzelheiten verstandener Vorgang, wird auch in der Literatur nicht immer klar dargestellt.

6.6.2 Nozizeptoren

Nozisensoren (Nozizeptoren, „Schmerzrezeptoren") sind nach gegenwärtigem Erkenntnisstand ausschließlich *frei liegende*, aufgesplitterte und aufgetriebene *Enden von Neuronen*; der zugehörige Körper liegt entweder in den Spinalganglien der Hinterwurzel oder im Falle der Nozizeptoren des Gesichts im entsprechenden Ganglion des Trigeminusnervs. Das den Nozizeptoren entgegengesetzte Ende befindet sich in der grauen Rückenmarkssubstanz bzw. in sensiblen Trigeminuskernen. Es handelt sich dabei also um uni- bzw. pseudounipolare Neurone, deren Körper in einer Abzweigung von der langen Nervenfaser ausgeht.

Im Gegensatz zu den meisten anderen Sinnesrezeptoren sind die Mehrzahl der Nozisensoren *multimodal* (*polymodal*), reagieren also auf unterschiedliche Reize, beispielsweise *thermischer, mechanischer* und v.a. wohl *chemischer* Natur; seltener sind streng reizspezifische (*unimodale*) Nozizeptoren, so etwa die in 6.5 erwähnten, zum nozizeptiven System gehörigen Hitzesensoren. Welche chemischen Verbindungen die Nozizeptoren stimulieren, ist noch nicht in Details geklärt; wahrscheinlich sind es Stoffe, die bei Gewebszerstörung frei werden, beispielsweise Kaliumionen, Histamin, Serotonin oder die bei Zersetzung von Eiweiß entstehenden Kinine (etwa

6.6 Schmerzsinn

Bradykinin). Andere Kinine scheinen zwar nicht direkt Nozizeptoren zu stimulieren und damit zu vermehrten Aktionspotentialen der angeschlossenen sensiblen Nervenfaser zu führen, wohl aber die Nozisensoren empfindlicher für auftreffende Reize zu machen (sie zu sensibilisieren); sensibilisierenden Effekt weisen neben ihrer direkten Stimulation der Nozisensoren auch offenbar Bradykinin und Histamin auf. Ähnliche Wirkung haben einige *Prostaglandine*, also Gewebshormone, die bei Schädigung freigesetzt werden. So kommt es, daß die Schmerzempfindlichkeit beispielsweise in einem entzündeten Hautareal (etwa nach Sonnenbrand) erhöht ist (Hyperalgesie = gesteigerte Schmerzempfindlichkeit; von griech. algos = Schmerz). Entsprechend setzen Substanzen, welche die Bildung von Prostaglandinen erschweren (sogenannte Prostaglandinsynthesehemmer, etwa Acetylsalicylsäure = Aspirin) die Schmerzempfindlichkeit herab und wirken damit analgetisch (schmerzstillend).

Neben der Sensibilisierung der Nozizeptoren gibt es offenbar eine Desensibilisierung, eine Herabsetzung ihrer Empfindlichkeit. Indirekt desensibilisierend (durch Verhinderung der Sensibilisierung) wirken die Prostaglandinsynthesehemmer, direkt möglicherweise die endogenen und exogenen Opioide; neben ihrer gut nachgewiesenen zentralen Wirkung bei der Hemmung der Schmerzübertragung (s. 6.6.3) hätten die „Opiate" somit periphere Effekte (in gewisser Hinsicht vergleichbar dem des Aspirins).

Zu dieser Sensibilisierung der Nozizeptoren kommt möglicherweise als Folge länger anhaltender Schmerzreize eine Sensibilisierung im Hinterhorn des Rückenmarks, welche zuweilen nicht oder nur schwer umkehrbar ist und vielleicht eine der Ursachen des chronischen Schmerzes nach Beseitigung der Noxe darstellt.

Umgekehrt setzen die durch Gewebsprodukte sensibilisierten Nozizeptoren Stoffe frei (darunter wahrscheinlich die für das Schmerzgeschehen sehr wichtige Substanz P, ein Neuropeptid), welche auf die umliegenden Gefäße erweiternd wirken und in ihnen Entzündungen hervorrufen (sogenannte neurogene Entzündung; Ursache der Rötung und Schmerzempfindlichkeit in der Umgebung der Läsion). Biologischer Sinn dieser Prozesse dürfte die Förderung der Heilung im beschädigten Gebiet sein.

Eine enge, wenngleich in Einzelheiten noch nicht geklärte Beziehung besteht zwischen Schmerz und der ebenfalls sehr unangenehmen Juckempfindung. Möglicherweise handelt es sich um dieselben Rezeptoren. Jucken läßt sich durch diverse Manipulationen auslösen, wobei die Ausschüttung von Histamin und seine Diffusion zu den Sensoren im oberen Haut- und Schleimhautbereich ziemlich sicher einer der wichtigsten vermittelnden Mechanismen ist; allerdings rufen auch andere Stoffe Juckempfindungen hervor, u.a. die bei der Eiweißzersetzung entstehenden Kinine. Die am Zustandekommen der Juckempfindung beteiligten Bahnen im Rückenmark scheinen dieselben wie bei der Nozizeption zu sein.

Anzumerken ist, daß die Nozisensoren anders als die meisten Sinnesrezeptoren bei Dauerreizung *nicht* oder nur geringfügig *adaptieren*; so können Zahnschmerzen tagelang anhalten. Eine Dämpfung der Schmerzempfindung ist jedoch dadurch möglich, daß die Weiterleitung der Aktionspotentiale beim Übergang zwischen den weiteren Neuronen der aufsteigenden „Schmerzbahn" gehemmt wird; dies leisten unter bestimmten Umständen die Fasern des absteigenden nozizeptiven Systems (s. 6.6.3).

Die von den unimodalen Nozisensoren ausgehenden Neurone sind wahrscheinlich ausnahmslos myelinisiert (sogenannte Aδ-Fasern) und leiten daher rasch, während von den multimodalen, v.a. durch chemische Reize erregbaren Sensoren marklose, nur langsam leitende C-Fasern ausgehen. Verletzt man sich (beispielsweise durch Anstoßen), verspürt man sofort einen ersten „hellen", gut lokalisierbaren und nach

Aufhören des Reizes rasch abklingenden Schmerz (den „schnellen Schmerz"), dessen Impulse von spezifisch auf mechanische Reize reagierenden, Aδ-Fasern besitzenden Nozisensoren kommen; der zweite, später einsetzende, länger anhaltende und dumpfe Schmerz (der „langsame Schmerz") ist hingegen durch Stimulation multimodaler Nozisensoren mit C-Fasern zurückzuführen und dürfte v.a. durch chemische Stoffe aus dem verletzten Gewebe hervorgerufen sein.

Werden nozizeptive Fasern in ihrem Verlauf geschädigt, so kann dies sehr starken Schmerz hervorrufen; dieser wird dann so empfunden, als ginge die Reizung von den Nozizeptoren der Peripherie aus (etwa Beinschmerzen nach Bandscheibenvorfall mit Kompression der sensiblen Fasern).

Auf diesen Mechanismus ist zumindest teilweise der Phantomschmerz nach Gliedamputationen zurückzuführen. Narbengewebe kann auf die durchtrennten nozizeptiven Fasern drücken, was offenbar dort Aktionspotentiale auslöst; so wäre zu erklären, daß beispielsweise ein längst nicht mehr vorhandener Unterschenkel heftig schmerzt; entsprechend kann auch Lokalanästhesie Linderung bringen. Daneben scheinen zentrale Vorgänge eine Rolle zu spielen, denn Durchtrennung des Vorderseitenstranges, also der Schmerzbahnen im Rückenmark, kann zwar sonstige Schmerzen deutlich lindern, häufig aber nicht den Phantomschmerz; insgesamt besteht hier noch erheblicher Klärungsbedarf.

6.6.3 Nozizeptive Bahnen („Schmerzbahnen")

Die von den Nozisensoren ausgehenden Fasern gelangen mit sensiblen oder gemischten Nerven über die Hinterwurzel ins Rückenmark und enden unmittelbar nach Eintritt in der grauen Rückenmarkssubstanz (s. Abb. 6.2); die nozizeptiven Fasern vom Gesicht laufen in den Ästen des N. trigeminus zum Hirnstamm. Die durch Verzweigungen der Endpartie gebildeten zahlreichen Äste werden auf diverse Neurone umgeschaltet, beispielsweise indirekt auf motorische Nervenzellen, so daß bereits auf Rückenmarksebene Fluchtreaktionen ausgelöst werden (polysynaptischer Fluchtreflex, s. 7.3.). Weiter werden Synapsen mit dem *2. Neuron der aufsteigenden Schmerzbahn* gebildet; dieses kreuzt sofort zur Gegenseite und gelangt im Tractus spinothalamicus des Vorderseitenstranges zum Thalamus. An diesem 2. Neuron enden sowohl Fasern aus der Peripherie als auch von Nozisensoren in den Eingeweiden (Grundlage des „übertragenen Schmerzes"; s. 6.6.4).

Interessanterweise treten benachbarte Fasern einer anderen somatosensorischen Modalität, beispielsweise von Mechanorezeptoren ausgehend, mit den Neuronen der Schmerzbahn in Verbindung und hemmen durch ihre Aktivierung die Ausbildung oder Weiterleitung von Aktionspotentialen. Es handelt sich dabei um einen Sonderfall der sogenannten lateralen Hemmung, die insbesondere zwischen Neuronen derselben Modalität auftritt und eine Kontrastierung, also besseres Hervortreten der gereizten Zone, bewirken soll. Stimuliert man Mechanorezeptoren, übt also etwa Druck in Nähe des schmerzenden Areals aus, kann sich die Schmerzempfindung abschwächen (rationale Basis der sogenannten Akupressur).

Diese frühe Kreuzung hat zur Folge, daß bei einseitigen Rückenmarksläsionen die *Schmerzempfindung* (ebenso wie die Temperaturempfindung) auf der *kontralateralen Körperhälfte* ausfällt. Die 2. Neurone der aufsteigenden Schmerzbahn enden in Kernen der ventrobasalen Thalamusregion. Von dort gehen Fasern zum somatosensorischen Kortex aus. Andere ziehen zum limbischen System, insbesondere wohl zum Gyrus cinguli; dort erhält gewissermaßen der Schmerz seine *affektive Komponente*,

6.6 Schmerzsinn

während im somatosensorischen Kortex vornehmlich eine *Lokalisation des schmerzerzeugenden Reizes* vorgenommen wird.

Früher wurde zuweilen bei schweren, therapieresistenten Schmerzzuständen eine frontale Lobotomie durchgeführt, also Fasern durchtrennt, die vom Hirnstamm, speziell vom Thalamus, ins Stirnhirn (und wohl auch in den frontalen Gyrus cinguli) ziehen. Erhalten blieb eine uneingeschränkte sensorische Diskrimination, also die Fähigkeit zur exakten Lokalisierung der Schmerzquelle. Hingegen war der subjektiv-unangenehme Charakter des Schmerzes verschwunden.

Neben diesen *aufsteigenden* Schmerzbahnen konnte auch die Existenz *absteigender (deszendierender) schmerzhemmender* Bahnen nachgewiesen werden, welche die Schmerzleitung der aufsteigenden Bahnen unterdrücken können. Über Einzelheiten der absteigenden Bahnen ist noch vieles unklar. Wichtiges Ursprungsgebiet dieser deszendierenden Neurone sind, neben anderen Kernen der Formatio reticularis, die *Raphe-Kerne* der Medulla oblongata (insbesondere wohl der Nucleus raphe magnus), die aber wieder von höhergelegenen Zentren aktiviert werden. Dazu gehört die graue Substanz um den *Aquaeductus cerebri* (*periaquäduktales Grau* oder *zentrales Höhlengrau*; s. 2.6.5); diese Region des Mittelhirns ist reich an Opiatrezeptoren. Das zentrale Höhlengrau dürfte seinerseits wieder von höheren Zentren, etwa Hypothalamus, Thalamus und Kortex kontrolliert werden. Die von den Raphe-Kernen ausgehenden Neurone gelangen (möglicherweise in den Hintersträngen) zu den Umschaltstellen von 1. und 2. Neuron im Rückenmark, auf die sie, wahrscheinlich über Interneurone, wirken. Dabei wird die Übertragung von 1. auf 2. Neuron gehemmt, wobei *endogene Opioide* (speziell Enkephalin) als hemmende Transmitter zu fungieren scheinen; uneinheitlich sind die Angaben darüber, ob es sich um postsynaptische oder präsynaptische Hemmung handelt; letzteres ist das Wahrscheinlichere.

Stimuliert man das zentrale Höhlengrau elektrisch oder injiziert man Morphin in diese Region, so resultiert Schmerzunempfindlichkeit (Analgesie). Es ist plausibel, daß systemisch (etwa parenteral) verabreichtes Morphin ebenfalls dort angreift. Andererseits hebt Zerstörung deszendierender Bahnen die morphinbedingte Analgesie nicht völlig auf, so daß man auch eine direkte Anlagerung des Stoffes an Opiatrezeptoren im Hinterhorn annehmen muß. Injiziert man Morphin in den Periduralraum – beispielsweise bei schweren Schmerzzuständen von Tumorkranken mittels eines Dauerkatheters –, so gelangt die Substanz durch Diffusion ins Rückenmark und wirkt dort analgetisch.

Über die Transmitter in den Schmerzbahnen besteht nur bedingt Klarheit. Wichtigster Überträgerstoff sowohl vom 1. auf das 2. Neuron als auch an höheren Umschaltstellen scheint Glutamat zu sein; als Kotransmitter (s. 3.2.7) dienen wahrscheinlich diverse Neuropeptide, u.a. Substanz P. Andere Neuropeptide, speziell die endogenen Opiode, wirken hingegen hemmend auf die Weiterleitung. Sie dürften aus Interneuronen freigesetzt werden, die ebenfalls am 2. Neuron – vielleicht auch am 1. – enden und ihrerseits von den absteigenden schmerzhemmenden Bahnen aktiviert werden. Die aus den Raphe-Kernen der Medulla oblongata deszendierenden, mit den Interneuronen in Kontakt tretenden Fasern benutzen als Transmitter Serotonin, andere vom Hirnstamm absteigende hemmende Neurone Dopamin oder Noradrenalin. Bei der Stimulierung der Raphe-Kerne durch Fasern aus dem periaquäduktalen Grau soll der erregende Peptidtransmitter Neurotensin die Übertragung vermitteln (s. Carlson 1991, S. 228 f.).

Die analgetische Wirkung exogener Opiate (etwa von Morphin oder synthetischen Opioiden) setzt wenigstens teilweise an der Umschaltstelle zwischen 1. und 2. Neuron an, indem die Rezeptoren für die schwachen endogenen Opioide von diesen stärkeren Substanzen besetzt werden. Weitere Angriffspunkte für exogene Opioide sind jedoch sehr wahrscheinlich insbesondere die zahlreichen Opiatrezeptoren des periaquäduktalen Graus; Anlagerung von Morphin oder vergleichbaren Stoffen würde dann auf Neurone wirken, die von dort zu den Nuclei raphe ziehen und in weiterer Folge auf deszendierende Nervenfasern und Interneurone zu den Synapsen zwischen 1. und 2. Neuron. Ob Opioide noch an anderen Stellen des nozizeptiven Systems angreifen, etwa im Thalamus, vielleicht auch an den Nozisensoren selbst, ist unklar.

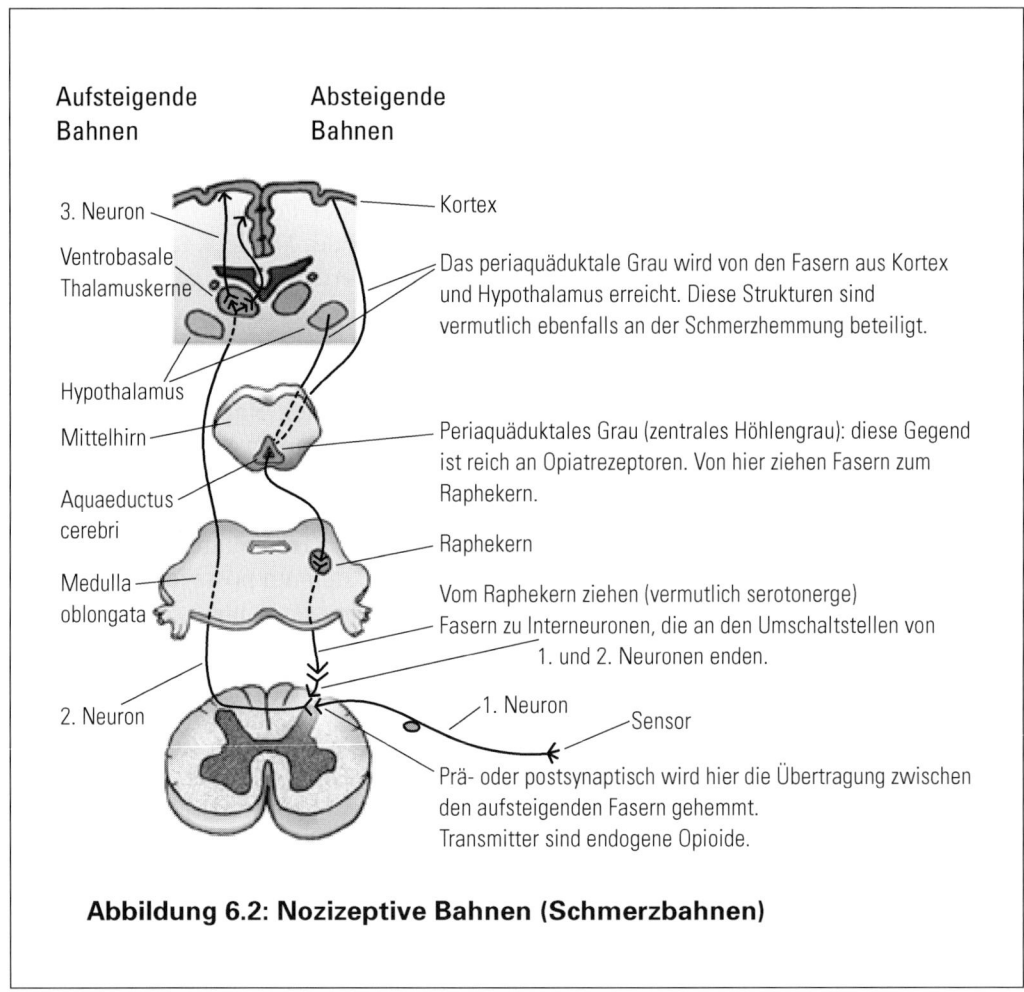

Abbildung 6.2: Nozizeptive Bahnen (Schmerzbahnen)

Weitgehend ungeklärt ist noch, unter welchen Umständen und mittels welcher Mechanismen die absteigenden Schmerzbahnen aktiviert werden. Daß es rein reflektorisch über erhöhte Impulse aufsteigender Neurone geschieht, ist eher unwahrscheinlich, da sonst Schmerzen nicht tagelang unverändert anhalten könnten. Es ist plausibel, daß die deszendierenden Bahnen vornehmlich dann ihre hemmende Funktion ausüben, wenn Schmerzen nicht durch Flucht vermieden werden können (etwa beim Gebärvorgang, während einer biologisch sinnvollen oder unausweichlichen Kampfhandlung); dies könnte von höheren Zentren aus (etwa Kortex, Thalamus, Hypothalamus) geschehen.

6.6.4 Viszeraler Schmerz

Auch die Eingeweide (lat. viscera) enthalten Nozizeptoren, allerdings in deutlich *geringer Zahl* als die Haut; dies hat zur Folge, daß viszeraler Schmerz häufig *nicht genau lokalisiert* werden kann.

Eine Ausnahme stellt offenbar die Leber dar, in der keine Nozisensoren nachgewiesen werden konnten; daher machen sich Erkrankungen dieses Organs oft erst durch begleitende Kapselreizung (etwa als Folge von Dehnung) schmerzhaft bemerkbar. Ebenfalls weitgehend schmerzunempfindlich ist das Gehirn, während beispielsweise die umgebenden Hüllen, die Meningen, gut mit Nozisensoren versorgt sind. Häufig führen Hirnerkrankungen erst dann zu Schmerzen, wenn in irgendeiner Weise auch die Hirnhäute betroffen sind. Ein einziges Gebiet innerhalb des Gehirnes ist schmerzempfindlich, nämlich der Thalamus, an dessen Kernen die nozizeptiven Bahnen ihre letzte Umschaltung erfahren. Bei Thalamusschädigungen, etwa im Rahmen von Durchblutungsstörungen, kann es vorkommen, daß leichte Reizungen der Peripherie zu starken Schmerzen führen (sogenanntes Thalamussyndrom).

Die Nozisensoren innerer Organe werden durch verschiedene Reize stimuliert. So können etwa Hohlorgane wie Magen und Darm auf Dehnung schmerzhaft reagieren; insbesondere sind es aber Entzündungen, die – wohl zusätzlich über die Freisetzung von Prostaglandinen mit Sensibilisierung der Nozizeptoren – häufig Schmerzen im Bauchbereich verursachen. Hingegen scheinen kaum Rezeptoren vorhanden, die auf Druck oder hohe Temperatur reagieren und zu Schmerzempfindungen führen; so sollen sich nach Eröffnung der anästhesierten Bauchwand ohne weitere Narkose Eingriffe wie Zerschneiden oder Verkochen der Eingeweide vornehmen lassen.

Die nozizeptiven Fasern aus dem Bauchraum verlaufen nach gegenwärtigem Erkenntnisstand weitgehend mit den sympathischen Nerven und enden daher in den Hinterhörnern der grauen Substanz des Thorakal- und Lumbalmarks. Hingegen erreichen die entsprechenden Fasern von Speiseröhre, Schlund und Kehlkopf mit den parasympathische Neurone führenden N. X (N. vagus) und N. IX (N. glossopharyngeus) den Hirnstamm. Schmerzimpulse aus den Beckenorganen werden in Beckennerven zum Sakralmark geleitet.

Diese enge räumliche Nähe zu den efferenten vegetativen Neuronen hat zur Folge, daß schmerzhafte Reizung der Eingeweide sehr häufig von vegetativen Reaktionen wie Schwitzen, Blutdruck- und Pulsveränderungen begleitet ist; bei Reizung von Nozisensoren der Haut ist dies in geringerem Maße der Fall. Nicht gesichert ist, über welchen Mechanismus die reflektorische Verspannung der Bauchmuskulatur bei Entzündungen im Bauchraum zustande kommt („Abwehrspannung"). Der biologische Sinn ist klar: Durch diese Verhärtung sollen die schmerzenden und auf geringste Stimuli stark reagierenden Organe vor mechanischen Reizen geschützt werden.

Die nozizeptiven Fasern aus den Eingeweiden werden – wie auch die übrigen nozizeptiven Fasern – im Hinterhorn des Rückenmarks auf Neurone umgeschaltet, die nach Kreuzung zur Gegenseite im Vorderseitenstrang zum Thalamus gelangen. Da die von den Nozizeptoren des gesamten Körpers kommenden 1. Neurone sehr viel zahlreicher sind als die im dünnen Tractus spinothalamicus verlaufenden 2. Neurone, treffen viele Fasern auf ein und dasselbe 2. Neuron, darunter auch solche von Eingeweiden einerseits, der Hautregion andererseits (*Konvergenz*). Dies ist wahrscheinlich die Hauptursache für den „übertragenen Schmerz": Reizung von Nozizeptoren innerer Organe wird häufig als Schmerz eines bestimmten Hautareals wahrgenommen (in der dem inneren Organ zugeordneten sogenannten *Headschen Zone*). Man nimmt an, daß der Körper im Laufe der Jahre die Erfahrung gemacht hat, daß in aufsteigenden Schmerzbahnen ankommende Impulse in aller Regel ihren Ursprung in der Peripherie haben und auch jetzt eine solche Zuordnung vornimmt. Die bekannteste Headsche Zone ist die Haut der Innenseite des linken Armes, in der vom Herz ausgehende nozizeptive Reize schmerzhafte Empfindungen hervorrufen können (z.B. im Rahmen eines Infarktes). Weiteres Beispiel ist eine Hautregion der rechten Bauchwand, die bei Erkrankungen der Gallenblase schmerzt, außerdem Schmerzen im Oberschenkelbereich bei Irritation von Beckenorganen.

Für die Zuordnung von inneren Organen und Headschen Zonen gilt die Dermatomregel: Der übertragene Schmerz tritt meist in der Struktur auf, die in der Embryonalentwicklung aus demselben Segment wie das Organ hervorgegangen sind. Beispielsweise liegt das Zwerchfell in einem frühen Entwicklungsstadium im Halsbereich und wandert erst später nach kaudal; entsprechend führen Reizungen des Zwerchfells häufig zu Schmerzen im Schulterbereich.

Umstritten ist, ob die Konvergenz der Neurone allein die Erscheinungen des übertragenen Schmerzes erklären kann. Daneben wird die Hypothese vertreten, daß erhöhte Feuerung aus Eingeweidenerven im Rückenmark die Übertragung von Impulsen der Hautfasern erleichtert (Bahnung); damit würden sonst nicht weitergeleitete banale Reize aus der Peripherie plötzlich ungewohnt intensiv empfunden.

Neben den entwicklungsgeschichtlich bedingten anatomischen Grundlagen scheinen für den übertragenen Schmerz auch Lernvorgänge eine nicht unbedeutende Rolle zu spielen. So werden nach einer Bauchoperation Schmerzen aus den Eingeweiden nicht selten in die Operationsnarbe projiziert; Affektionen der Kieferhöhle sollen zuweilen schmerzhaft in jenen Zähnen verspürt werden, die früher oft Ausgangspunkt von Zahnschmerzen waren.

6.6.5 Chronischer Schmerz, Schmerztherapie

Biopsychologisch von größerer Bedeutung als der im wesentlichen in den obigen Ausführungen behandelte akute Schmerz ist der chronische, der oft über Jahre anhält oder in gewissen Abständen wiederkehrt. Vieles soweit Gesagte gilt nur bedingt für diese chronische Form; insbesondere ist die Beziehung zwischen Schmerzreiz, der objektiven Noxe, und dem subjektiven Schmerzerleben hier oft wenig eindeutig. Bei vielen Patienten mit stark beeinträchtigenden Schmerzen (etwa im Bereich der Gelenke oder der Muskulatur) finden sich kaum sichtbare Veränderungen und wenn, dann solche, die bei anderen schmerzfreien Personen in ähnlichem Ausmaß gefunden werden; offenbar sind hier Lernprozesse von Bedeutung.

Für die Entstehung chronischer Schmerzen spielt nämlich das sogenannte *Schmerzgedächtnis* eine wichtige Rolle. Es gibt gute Hinweise, daß durch schmerzhafte Dauerreizung Synapsen aktiviert werden (beispielsweise im Hinterhorn), die dann ihre Aktivität behalten; somit können anfangs nicht adäquat behandelte Schmerzzustände zur Sensibilisierung gegenüber schwachen Reizen führen und trotz Beseitigung der Noxe die Schmerzempfindung persistieren. Unter dieser Prämisse wäre die Strategie vieler Personen, möglichst auf Schmerzmittel zu verzichten, ausgesprochen kritisch zu hinterfragen.

Die *medikamentöse Schmerztherapie* geschieht vielfach mit den *einfachen (nicht opioidhaltigen) Schmerzmitteln* wie Acetylsalicylsäure oder Paracetamol; diese verhindern u.a. die Bildung der die Nozizeptoren sensibilisierenden, im Rahmen von

6.6 Schmerzsinn

Entzündungsprozessen freigesetzten Prostaglandine (fungieren als *Prostaglandinsynthesehemmer*); neben dem peripheren Angriffspunkt dieser Analgetika werden mittlerweile auch zentrale diskutiert. Vornehmlich zentral, d.h. insbesondere im Rückenmark und Hirnstamm wirken die *Opiate* (genauer: *Opioide*), die an Rezeptoren für endogene Opioide binden und damit direkt oder indirekt die Impulsübertragung zwischen Neuronen der „Schmerzbahn" hemmen; möglicherweise greifen sie zusätzlich in der Peripherie durch Besetzung dort lokalisierter Opiatrezeptoren an (s. 6.6.2). Die Wirkungen der Schmerzmittel verstärkend, wahrscheinlich sogar direkt analgetisch sind einige *Antidepressiva*; diese v.a. die Wiederaufnahme von Serotonin und Noradrenalin erschwerenden Substanzen dürften auch die Transmitterwirkung der absteigenden schmerzhemmenden Bahnen steigern.

Die Wirkung *physikalischer Schmerzbehandlung* teils mit Wärme, in anderen Fällen genau durch das Gegenteil, nämlich Kälte, ist in ihren Mechanismen noch nicht befriedigend geklärt. Möglicherweise spielt manchmal eine durch Wärme zu beseitigende Gefäßverengung eine Rolle bei der Schmerzentstehung, andererseits scheint auch (durch Kältereize zu reduzierende) Weitstellung von Gefäßen die Nozizeptoren zu reizen.

Bei den *Blockadeverfahren* werden Lokalanästhetika – oft auch andere Stoffe, etwa Analgetika vom Opiattyp – in die Umgebung von Neuronen gespritzt, im einfachsten Fall in die Haut nahe der Nozizeptoren; bei der Nervenblockade, die im Falle schwerer Neuralgien durchgeführt wird, erfolgt die Injektion nahe dem Nerven selbst oder der meist knapp außerhalb der Zwischenwirbellöcher gelegenen großen Nervengeflechte (Plexus); bei der Sympathikusblockade wird das Medikament an sympathische Ganglien gebracht, bei der Periduralblockade in den Bereich der harten Hirnhaut (Dura), bei der Spinalblockade intrathekal, also in den Liquorraum (s. dazu ausführlich Jage 1993).

Die *transkutane elektrische Nervenstimulation* basiert u.a. auf der Tatsache, daß erhöhte Feuerung sensibler Nerven (beispielsweise von den Druckrezeptoren ausgehender Nerven) die Weiterleitung vom 1. zum 2. Neuron der nozizeptiven Bahnen erschwert; diese Reizung der Nerven durch auf die Hautoberfläche gesetzte Elektroden wird bei zahlreichen Schmerzen, etwa im Rücken- und Wirbelbereich, eingesetzt. Auf einer solchen „afferenten Hemmung" beruht möglicherweise der Effekt der Akupunktur; für diese, in ihrer Wirksamkeit nach wie vor kontrovers diskutierte Methode werden aber auch andere Wirkmodelle diskutiert.

Chirurgische Schmerztherapie ist gewissermaßen die „ultima ratio", die bei schwersten, sonst nicht behandelbaren Schmerzen, etwa Tumoren im Endstadium, eingesetzt wird. Hier wäre z.B. die *Chordotomie*, die Durchtrennung der die aufsteigenden Schmerzbahnen enthaltenden Vorderseitenstränge zu nennen, bei viszeralen Schmerzen die *Sympathektomie*, die Entfernung schmerzführender, mit den Sympathikusfasern verlaufender afferenter Neurone. Die *frontale Lobotomie*, die Durchtrennung von Fasern vom Thalamus ins Stirnhirn, war schon in 6.6.3 erwähnt worden; sie schafft eine affektive Distanzierung von den wahrgenommenen Schmerzreizen. Ähnlichen Effekt bei geringeren Persönlichkeitsveränderungen hat die Durchtrennung von Fasern aus dem Gyrus cinguli (Cingulotomie).

Psychophysiologische Schmerztherapien (beispielsweise EMG-Biofeedback) versuchen u.a., den Circulus vitiosus (Teufelskreis) zu durchbrechen, der sich durch schmerzbedingte Muskelspannung und damit Erzeugung weiterer Schmerzreize bildet (für Genaueres s. Birbaumer u. Schmidt 1999, S. 366 f.).

7 Das motorische System

7.1 Vorbemerkungen; Überblick

Das motorische (genauer: skelettmotorische) System dient im wesentlichen der Veränderung der Außenwelt und der Bewegung in dieser. Dies geschieht durch (prinzipiell) willkürlich steuerbare Kontraktionen der quergestreiften, v.a. am knöchernen Skelett ansetzenden Muskulatur. Für die koordinierte und sinnvolle Muskelbewegung sind Afferenzen, v.a. von den Propriozeptoren in Sehnen und Muskeln, unerläßlich; viele sprechen deshalb auch vom sensomotorischen System.

Wie so oft, sind solche Abgrenzungen teilweise etwas willkürlich und dienen v.a. der Gliederung des zu vermittelnden Stoffes in übersichtliche Kapitel. Quergestreifte Muskulatur sitzt auch im oberen Verdauungstrakt, wird erst im Ösophagus nach kaudal von glatter Muskulatur abgelöst; sie kontrolliert also den Eingang zu einem System, das ansonsten vegetativ gesteuert wird (die letzten Partien, die quergestreiften Schließmuskeln im Afterbereich, wiederum ausgenommen). Auch die quergestreifte, prinzipiell willkürlich beeinflußbare Atemmuskulatur (Rippenmuskeln, Zwerchfell) kontrahiert sich normalerweise unwillkürlich, gesteuert von Neuronen, die aus dem Atemzentrum zu motorischen Nervenzellen im Vorderhorn des kranialen Rückenmarks ziehen (s. 4.5). Es ist auch nicht richtig, daß alle Kontraktionen der quergestreiften Muskulatur willkürlich zu beeinflussen sind: Beispielsweise entziehen sich die reflektorischen Kontraktionen (etwa beim Patellarsehnenreflex) der willentlichen Steuerung.

Zunächst werden Aufbau und Arbeitsweise der quergestreiften Muskulatur besprochen (7.2); in Abschnitt 7.3 kommen die motorische und sensible Innervation der Muskeln sowie die einfachsten Muskelaktionen, die monosynaptischen und die komplizierteren polysynaptischen Reflexe, zur Darstellung. Ein nächster Abschnitt schildert (teils das in Kapitel 2 Angeführte wiederholend) jene zentralnervösen Strukturen mit ihren Verbindungen, die bei der Kontrolle der Motorik eine Rolle spielen (7.4); schließlich wird versucht, die komplizierte, in Einzelheiten noch unvollständig bekannte Steuerung der Motorik unter Vereinfachungen darzustellen (7.5).

7.2 Aufbau und Funktion von (quergestreiften) Muskelzellen und Muskeln

7.2.1 Begrifflichkeiten: Muskelfaser, motorische Einheit, Muskel

Das motorische System besitzt als kleinste Einheit die *Muskelzelle* (*Muskelfaser*), welche die Fähigkeit zur Veränderung ihrer Länge (Kontraktion) besitzt. Muskelfasern im anatomischen Sinne sind also sehr dünn (Durchmesser bestenfalls ein Zehntel

7.2 Aufbau und Funktion von Muskelzellen und Muskeln

Millimeter); die sichtbaren, umgangssprachlich Muskelfasern genannten Gebilde von oft mehreren Millimetern Durchmesser sind Faserbündel – ebenso wie die sichtbaren „Nervenfasern" Bündel von Neuronen sind. Hingegen können Muskelfasern beträchtliche Länge haben, nämlich bis ungefähr 20 cm (längere Muskeln, etwa der gerade Bauchmuskel, sind durch „Schaltsehnen", an denen Muskelfasern enden und neue beginnen, in Abschnitte unterteilt).

Mehrere, von ein und demselben Neuron innervierte, daher sich gleichzeitig kontrahierende Muskelzellen bilden mit dem sie versorgenden Neuron eine *„motorische Einheit"*. Das versorgende Motoneuron (das sogenannte α-Motoneuron) entspringt dem Vorderhorn des Rückenmarks (bzw. motorischen Hirnnervenkernen) und wird mit anderen Motoneuronen (oft auch mit sensiblen Nervenfasern) zu größeren Nerven zusammengefaßt. Diese verzweigen sich in ihrem Verlauf und entsenden schließlich eine Vielzahl kleiner, nur wenige Motoneuronen enthaltender Nervenäste in die Muskulatur. So versorgt der Fasern aus verschiedenen Rückenmarkssegmenten führende N. femoralis beispielsweise motorisch große Teile der Oberschenkelmuskulatur, u.a. den unten erwähnten Musculus quadriceps femoris; derselbe Nerv enthält aber auch sensible Fasern, etwa von den Dehnungsrezeptoren im genannten Muskel (s. unten).

Ein Muskel besteht wiederum aus einer mehr oder weniger großen (meist sehr großen) Zahl in etwa parallel verlaufender Muskelfasern, deren gemeinsame Kontraktion zu einer Veränderung führt, im einfachsten Fall zur Beugung oder Streckung in einem Gelenk. Oft nicht mit bloßem Auge zu erkennen, ist zwischen Muskelende und Knochen eine Sehne eingeschoben; bekannte und leicht aufzufindende Sehnen sind die am Fersenbein ansetzende Achillessehne und die Patellarsehne an der ventralen Seite des Kniegelenks.

In die große Muskelmasse (die sogenannte *extrafusale Arbeitsmuskulatur*) sind zahlreiche etwa 0,5 cm lange Muskelspindeln eingefügt (bei großen Muskeln mehrere hundert); diese bestehen in ihrem Inneren aus (wenigen) sogenannten *intrafusalen* Muskelfasern, die parallel zu denen der Arbeitsmuskulatur liegen. Muskelspindeln sind Propriozeptoren, registrieren Veränderungen im Muskel; von diesen ziehen afferente Neurone (vorwiegend sogenannte Ia-Fasern) zum Rückenmark bzw. zu den sensiblen Hirnnervenkernen; Reizung der Muskelspindel, nämlich ihre *Dehnung*, veranlaßt diese Ia-Fasern zum Feuern (s. 6.4). Die Muskelspindeln sind ihrerseits durch efferente Fasern (γ-Motoneurone) mit dem Vorderhorn des Rückenmarks verbunden und können deshalb in ihrer Länge verändert werden (s. 7.3). Auf *Spannung* reagierende Propriozeptoren (Sehnenrezeptoren oder Golgi-Organe) sitzen am Übergang zwischen Muskeln und Sehnen, wohl ähnlich zahlreich wie die Spindeln im Muskel; die von ihnen ausgehenden Ib-Fasern ziehen ebenfalls über die Hinterwurzel ins Rückenmark.

Der große, aus vier Partien mit verschiedenen Ursprüngen zusammengesetzte, weitgehend die Oberschenkelmuskulatur bildende Musculus quadriceps femoris setzt mit einer gemeinsamen Sehne an der Vorderseite des Unterschenkels an; in diese Sehne ist (als sogenanntes Sesambein) die Kniescheibe (Patella) eingelagert; sie heißt deshalb auch Patellarsehne. Kontraktion des M. quadriceps femoris bewirkt Streckung im Kniegelenk. Während dieses Vorganges läßt sich gut die Verkürzung und Verhärtung des Muskels am eigenen Körper studieren.

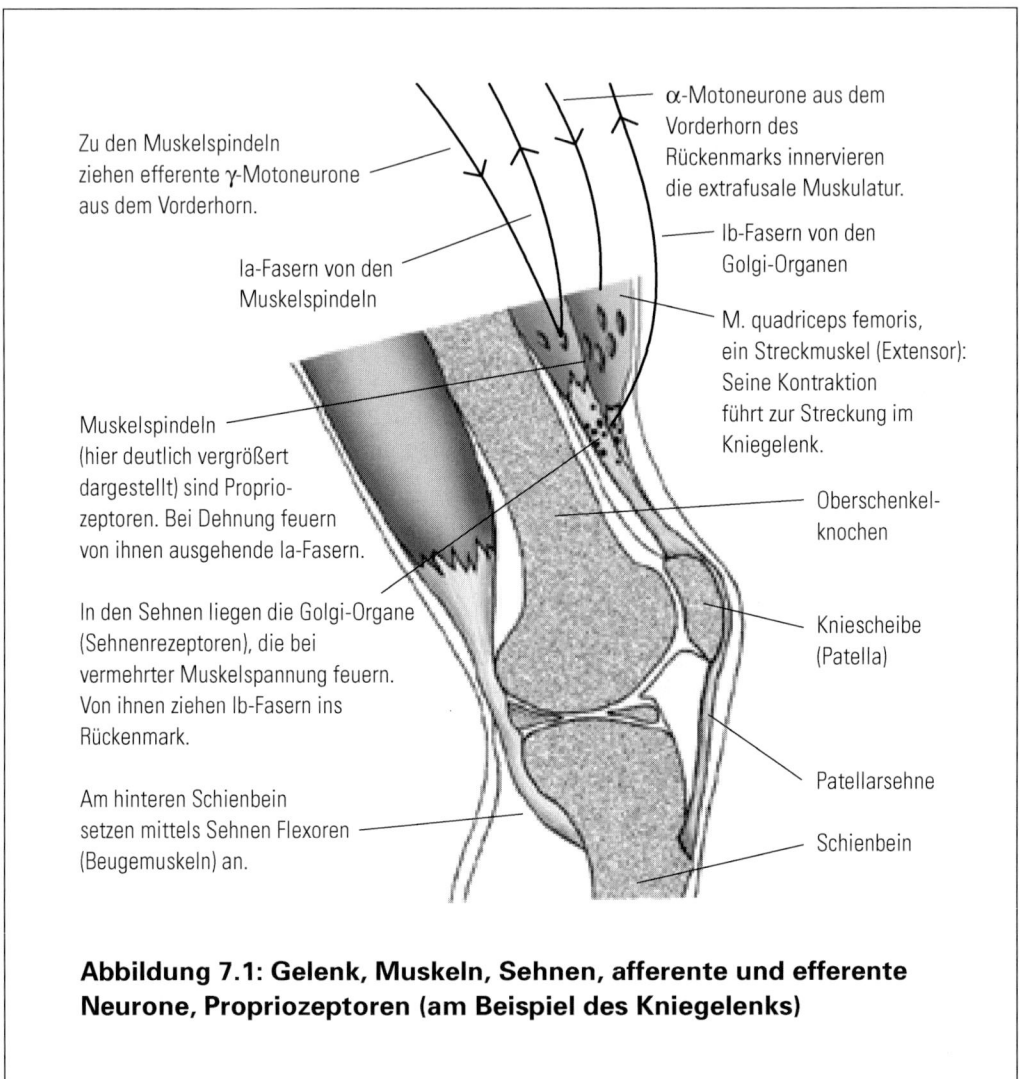

Abbildung 7.1: Gelenk, Muskeln, Sehnen, afferente und efferente Neurone, Propriozeptoren (am Beispiel des Kniegelenks)

Die Größe der motorischen Einheiten schwankt erheblich zwischen den einzelnen Muskeln; in den äußeren Augenmuskeln werden beispielsweise nur fünf Fasern von einem Neuron versorgt, an anderen Muskeln sind es über 1000. Durch die Zahl der aktivierten motorischen Einheiten läßt sich das Ausmaß der Kontraktion regulieren (zudem durch die Feuerungsrate der Motoneuronen); an Muskeln mit vielen motorischen Einheiten (eben z.B. den äußeren Augenmuskeln) sind also wesentlich feiner gestufte Kontraktionen möglich.

7.2.2 Aufbau und Funktion der Skelettmuskelzelle

Die teilweise recht lange, jedoch sehr dünne schlauchförmige Muskelzelle ist von einer Membran (*Sarkolemm*) umgeben und enthält u.a. zytoplasmatische Flüssigkeit, mehrere Zellkerne, zahlreiche Zellorganellen (beispielsweise Mitochondrien) sowie einige hundert, parallel zur Faserrichtung liegende *Myofibrillen*. Diese sind wiederum durch proteinhaltige Scheiben (Z-Scheiben) im Abstand von wenigen µ, also tausendstel Millimetern, in einzelne Abschnitte, sogenannte *Sarkomere*, geteilt (von griech. sarx, Genitiv: sarkos = Fleisch, meris = Teil). Abertausende, hintereinander angereihte Sarkomere bilden also eine Myofibrille, von denen wiederum einige hundert, nebeneinander liegend, die Muskelzelle weitgehend ausfüllen. An den beiden Seiten der Z-Scheiben sind jeweils über 1000 dünne Proteinfäden befestigt; diese *Aktinfilamente* verlaufen in Faserrichtung auf die Mitte des Sarkomers zu, erreichen diese aber nicht ganz. Zwischen die von beiden Z-Scheiben ausgehenden Aktinfilamente schieben sich im Mittelbereich des Sarkomers weitere (aus einzelnen Proteinketten zusammengefügte) Eiweißfäden, die *Myosinfilamente*. Geht man von einer Z-Scheibe aus beispielsweise nach rechts, so trifft man also auf eine erste Zone nur mit Aktinfilamenten, dann auf eine zweite, in der sich Aktin- und Myosinfilamente überlappen; die Mittelzone besteht nur aus Myosinfilamenten, in dem nach rechts anschließenden Sarkomerabschnitt liegen wie in Zone 2 Aktin- und Myosinfilamente nebeneinander, die letzte, von der Z-Scheibe begrenzte Zone enthält wiederum nur Aktinfäden. Die ausschließlich Aktin enthaltenden Zonen zeigen sich im Mikroskop als helle Streifen, während die anderen, mit dem dickeren Myosin gefüllten Sarkomerteile sich dunkler darstellen: daher die Bezeichnung „quergestreifte Muskulatur". Wird durch Depolarisationen des Sarkolemms unter der motorischen Endplatte (der neuromuskulären Synapse; s. 7.2.3) ein Aktionspotential erzeugt, breitet sich dieses – ähnlich wie innerhalb einer unmyelinisierten Nervenfaser – aus und gelangt durch Einstülpungen des Sarkolemms in unmittelbare Nähe der Myofibrillen. Aus Speichern werden dabei Calciumionen freigesetzt, die einen komplizierten, energieverbrauchenden chemischen Vorgang auslösen; Resultat ist, daß sich in den einzelnen Sarkomeren die Aktin- und Myosinfilamente – ohne ihre Länge zu verändern – ineinander schieben („Filamentgleiten"), sich somit die Sarkomere und mit ihnen die Muskelfasern verkürzen. Ein einzelnes Aktionspotential führt nur zu einem geringen Ineinanderschieben der Filamente; eine ganze Salve von ihnen kann aber zur Folge haben, daß sich die Aktinfilamente von beiden Z-Scheiben des Sarkomers schließlich überlappen, die Myosinfilamente an die Z-Scheiben anstoßen und somit der Muskel maximal, d.h auf etwa 50% seiner Ausgangslänge, verkürzt wird.

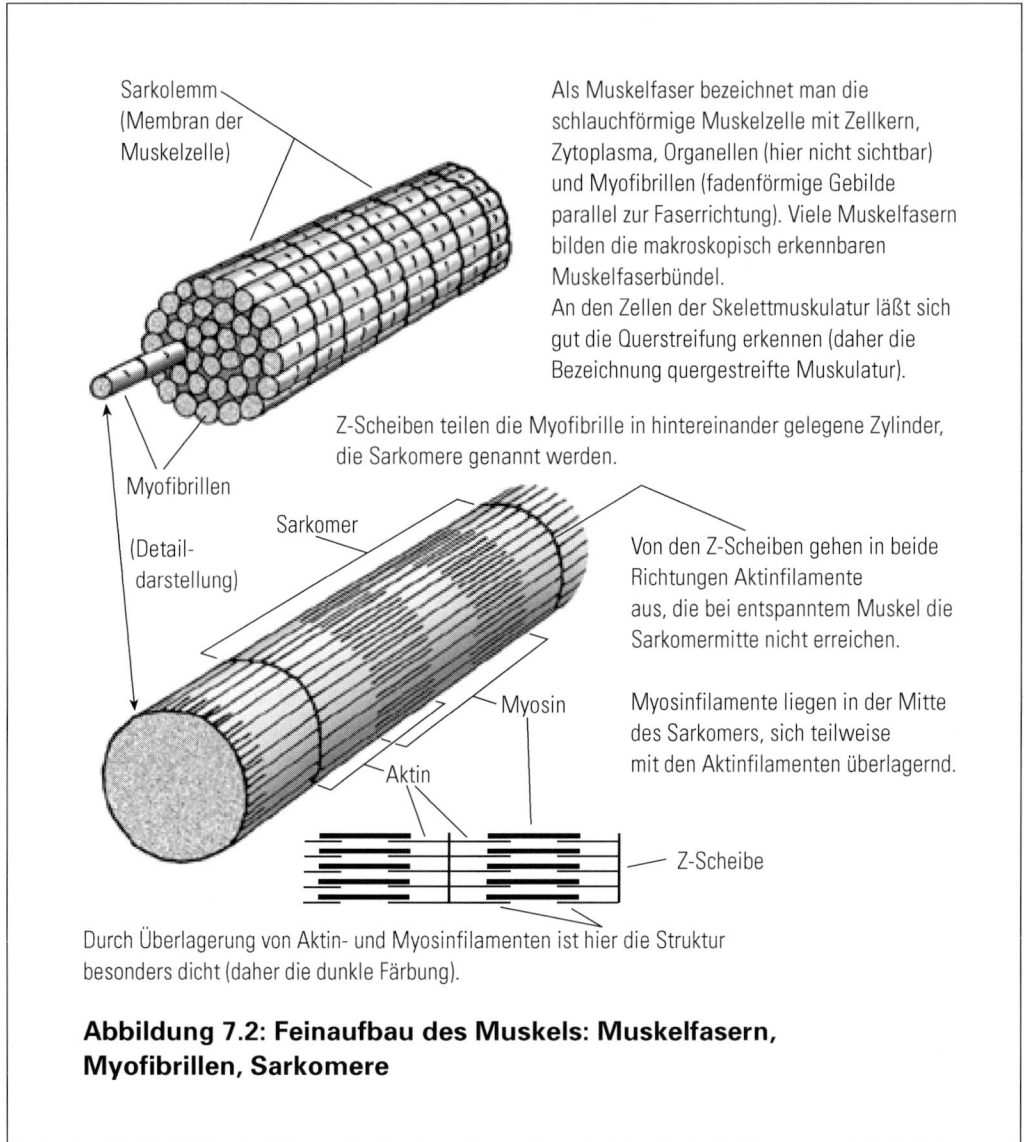

Abbildung 7.2: Feinaufbau des Muskels: Muskelfasern, Myofibrillen, Sarkomere

7.2.3 Die neuromuskuläre Synapse (motorische Endplatte)

Die Synapse zwischen Motoneuron und Muskelzelle (die *motorische Endplatte*) ist prinziell nicht anders gebaut als Synapsen zwischen Neuronen. Allerdings ist die Kontaktfläche hier durch Einstülpungen der Muskelmembran (des Sarkolemms) sehr vergrößert; an den Faltstellen sitzen die postsynaptischen Rezeptoren. An der quergestreiften Muskulatur sind dies immer *nikotinerge Acetylcholinrezeptoren* – im Gegensatz zur glatten Muskulatur, die muskarinerge Acetylcholinrezeptoren oder Noradrenalinrezeptoren besitzt (s. 4.2). Entsprechend befinden sich in den Vesikeln des Motoneurons Acetylcholinmoleküle.

Besetzung der Rezeptoren führt über Einstrom von Natriumionen zur Depolarisation der postsynaptischen Membran in Synapsennähe; das bei genügender Depolarisation entstehende Aktionspotential breitet sich über das gesamte Sarkolemm und seine Einstülpungen aus und führt mittels Einstrom von Calciumionen zur Verkürzung der Myofibrillen (und damit der Muskelfaser; s. dazu 7.2.2). Im synaptischen Spalt befindet sich das Enzym *Acetylcholinesterase*, welches Acetylcholin in Cholin und Essigsäure zerlegt und damit inaktiviert. Acetylcholinesterasehemmer verstärken daher die neuromuskuläre Übertragung, speziell dann, wenn sie bereits eingeschränkt ist. Dosiert man diese Stoffe zu hoch oder werden sie Personen mit normal funktionierenden motorischen Endplatten verabreicht, kann es durch Dauerdepolarisation zur Muskellähmung kommen.

Eine Erkrankung der motorischen Endplatte ist die Myasthenia gravis pseudoparalytica. Sie ist initial gekennzeichnet durch abnorme Ermüdung einzelner Muskeln (z.B. der Lidheber, der äußeren Augenmuskeln), die sich aber nach kurzer Ruhe, oft binnen Minuten, wieder erholen. In einem beträchtlichen Teil der Fälle kommt es zu Spontanremissionen, mittlerweile eher selten ist ein tödlicher Ausgang. Zugrunde liegt dem Geschehen eine Verminderung von Acetylcholinrezeptoren (bzw. der angegliederten Ionenkanäle) an den motorischen Endplatten, die wiederum durch Antikörper aus dem (zumeist veränderten) Thymus hervorgerufen wird; es handelt sich also um eine Autoimmunerkrankung (für eine etwas differenziertere Darstellung s. Rowland 1996). Zur Behandlung setzt man neben Immunsuppressiva und Kortikosteroiden u.a. Acetylcholinesterasehemmer ein, die die Verfügbarkeit von Acetylcholin im synaptischen Spalt erhöhen. Mittel der Wahl, speziell bei jüngeren Leuten, ist die Entfernung des die Autoantikörper produzierenden Thymusgewebes (Thymektomie), speziell wenn eine Geschwulst dieses Organs (Thymom) vorliegt (s. dazu ausführlicher Sieb et al. 2000).

In die Vorgänge der neuromuskulären Übertragung läßt sich pharmakologisch und toxikologisch leicht eingreifen. Etwa hemmt das beim Botulismus (etwas ungenau: Wurstvergiftung) gebildete, sehr wirksame Nervengift die Acetylcholinfreisetzung an der motorischen Endplatte; es kommt zu Muskelschwäche, Sehstörungen, unbehandelt oft zum Tod durch Atemlähmung. Curare, das Pfeilgift südamerikanischer Indianer, blockiert die Acetylcholinrezeptoren an der motorischen Endplatte und führt daher zu rascher Lähmung der gesamten quergestreiften Muskulatur. Ein im Curaregemisch enthaltener Stoff, das d-Tubocurarin, wird in der Narkosemedizin zur vorübergehenden Ausschaltung skelettmotorischer Reaktionen verwendet; zentralnervös ist es nicht wirksam. Seine Wirkung kann durch Gabe von Cholinesterasehemmern wie Neostigmin rasch aufgehoben werden; die dadurch vermehrt zur Verfügung stehenden Acetylcholinmoleküle verdrängen (kompetitiv) d-Tubocurarin von den Rezeptoren.

7.3 Sensible und motorische Innervation der Skelettmuskulatur; mono- und polysynaptische Reflexe

Vieles ist dazu bereits in den vorigen Abschnitten ausgeführt worden und muß hier nur ergänzt werden; die thematisch eigentlich in diesen Abschnitt passenden Ausführungen zur neuromuskulären Übertragung sind aus didaktischen Gründen schon in 7.2.2 gemacht worden.

Um die Muskelspindeln windet sich mehrfach ringförmig das Ende einer markhaltigen Nervenfaser (Ia-Faser genannt), die bei Dehnung des Muskels zu feuern beginnt. Weitere Sensoren sind die in den Sehnen am Übergang zur Muskulatur lokalisierten Golgi-Sehnenorgane, von denen Ib-Fasern ausgehen (s. auch Abb. 7.1). Dabei scheinen die Muskelspindeln vornehmlich Veränderungen der Länge, die Golgi-Organe speziell der Spannung zu registrieren. Die Ia- und Ib-Fasern ziehen mit sensiblen Nerven ins Rückenmark und laufen dort ipsilateral weiter zu den Hinterstrangkernen der Medulla oblongata; von den Hinterstrangkernen ziehen neue Neurone unter Kreuzung auf die Gegenseite zum Thalamus, ein drittes Neuron von dort zum primärsomatosensorischen Kortex des Parietallappens (s. dazu 6.4). Außerdem erreichen Informationen von den Dehnungsrezeptoren Gebiete des Kleinhirns. Nach Eintritt ins Rückenmark gehen von den Ia-Fasern Abzweigungen weg (Kollateralen), die auf Eintrittshöhe im Rückenmark an jenen α-Motoneuronen enden, die denselben Muskel efferent versorgen; die afferente Ia-Faser, ihre Schaltstelle auf das Motoneuron und die efferente Faser bilden zusammen mit dem Dehnungssensor und den Faserverzweigungen der zugehörigen motorischen Einheit das anatomische Substrat des monosynaptischen Muskeldehnungsreflexes (s. unten).

Von den efferenten Neuronen zum Muskel sind die α-Motoneurone, deren Axone zu den *extrafusalen Fasern* (also denen der Arbeitsmuskulatur) ziehen, schon genannt worden; ihre Körper liegen im motorischen Vorderhorn des Rückenmarks oder in motorischen Hirnnervenkernen. Ebenfalls vom Vorderhorn (bzw. den motorischen Hirnnervenkernen) gehen die dünneren γ-*Motoneurone* aus, die mit endplattenähnlichen synaptischen Verbindungen an den *Fasern der Muskelspindeln* enden. Durch sie wird die Länge der Muskelspindel und damit ihre Dehnungsempfindlichkeit reguliert.

Unter einem *Reflex* versteht man eine – unter konstanten Bedingungen – immer gleich ablaufende, willkürlich nicht zu beeinflussende Reaktion auf einen bestimmten Reiz. Die dabei ablaufenden Vorgänge werden mit Hilfe eines *Reflexbogens* dargestellt. Er besteht aus fünf Elementen, nämlich: 1) dem den Reiz registrierenden Sensor, 2) einer Struktur, welche die Information vom Sensor weiterleitet (afferenter Schenkel, kürzer, aber mißverständlicher auch Afferenz genannt) 3) einer koordinierenden oder Schaltstelle, die Information aus dem afferenten Schenkel empfängt und mehr oder weniger stark umändert, 4) dem efferenten Schenkel oder der Efferenz, welche die Information von der Schaltstelle zu 5) dem Effektor leitet, durch den die Reaktion zustande kommt.

Am schwierigsten ist es, den Begriff der Schaltstelle zu definieren und im konkreten Fall anzugeben, wie sie beschaffen ist. Sie liegt zumeist, aber keineswegs immer, im ZNS. Für viele vegetative Reflexe, etwa die Kontraktion der Darmmuskulatur nach Dehnung der Darmwand, liegen afferenter und efferenter Schenkel, ebenso die Schaltstelle, im Bauch- oder Brustraum in unmittelbarer Nähe von Sensor und Effektor (beim erwähnten Reflex direkt in der Darmwand).

Reflexe laufen nicht immer gleich ab, sondern nur dann, wenn sich die Ausgangsbedingungen nicht ändern. Insofern prüfen Neurologen Reflexe sehr genau, um auf etwaige Veränderungen dieser Ausgangsbedingungen (beispielsweise schlechtere Leitung im afferenten oder efferenten Schenkel, störende Einflüsse auf die Schaltstelle) schließen zu können.

Die einfachste Form eines Reflexes ist der *monosynaptische*, bei dem zwischen afferentem und efferentem Schenkel nur eine Synapse liegt. Zu diesen monosynaptischen

Reflexen gehören die Muskeleigen- oder Muskeldehnungsreflexe, beispielsweise der Patellarsehnen- und der Achillessehnenreflex (die aber strenggenommen Muskel- und nicht Sehnenreflexe sind). Klopft man an einem locker herabhängenden oder leicht gebeugten Unterschenkel auf die Sehne unterhalb der Kniescheibe (die Patellarsehne), so kontrahiert sich die dort ansetzende extensorische Oberschenkelmuskulatur (der M. quadriceps femoris) und der Unterschenkel wird mehr oder wenig heftig nach vorn oben bewegt, das Kniegelenk also gestreckt (Extension). Sensor ist hier eine Muskelspindel, der afferente Schenkel die von ihr ausgehende Ia-Faser, efferenter Schenkel das Axon des α-Motoneurons zu Muskelfasern des M. quadriceps femoris, Effektor die Muskelfasern der zum Motoneuron gehörigen motorischen Einheit. (Tatsächlich werden natürlich viele Muskelspindeln gedehnt, somit zahlreiche afferente und efferente Nervenfasern erregt und diverse motorische Einheiten aktiviert; man stellt den Reflex jedoch immer exemplarisch an einer Neuronenverbindung dar.) Die Schaltstelle – welche Aktionspotentiale im afferenten Schenkel in solche des efferenten Schenkels überführt – wäre hier somit die Synapse zwischen Ia-Faser und α-Motoneuron sowie jener Teil des Neurons, der die efferente Faser aktiviert, also der Neuronenkörper. Beim Achillessehnenreflex wird eine Muskelspindel am dorsalen Unterschenkel gedehnt und auf geschilderte Weise die Arbeitsmuskulatur zur Kontraktion veranlaßt; leichter Schlag auf diese Sehne beugt den Fuß nach unten und hinten (Plantarflexion). Da Sensor und Effektor im selben Muskel sitzen, also Veränderung des Muskels von ihm selbst kompensiert wird, spricht man vom *Muskeleigenreflex* (zu den Fremdreflexen, s. unten). Dieser Mechanismus dient der Beibehaltung oder Wiedererlangung der ursprünglichen Stellung: Wird durch irgendeine Körperbewegung, etwa Abrutschen, ein Muskel gedehnt, versucht er, durch Kontraktion wieder den alten Zustand herzustellen.

Eine Abschwächung dieser Reflexe findet sich bei Leitungsstörungen in afferentem oder efferentem Schenkel, etwa aufgrund einer mechanischen Läsion oder toxischen Schädigung (z.B. bei alkoholischer Polyneuropathie). Ebenso können diese Reflexe pathologisch gesteigert sein, etwa bei Veränderungen im Rückenmark (vermutlich als Resultat des Wegfalls hemmender absteigender Neurone; s. unten).

Die oben gegebene Schilderung ist insofern unvollständig, als andere Verbindungen dieses neuronalen Funktionsbogens noch nicht genannt wurden. Zunächst ist zu ergänzen, daß die Ia-Fasern von den Muskelspindeln nicht nur zu den homonymen, also zum gleichen Muskel führenden Motoneuronen ziehen (und diese wie oben beschrieben aktivieren), sondern auch über ein Interneuron zu den antagonistischen Muskeln. So haben Fasern von den Muskelspindeln des extensorisch wirkenden M. quadriceps femoris über Interneurone Kontakt mit Motoneuronen zu den dorsalen Muskeln des Oberschenkels, die an der Rückseite der Unterschenkelknochen ansetzen und deshalb Beugung (Flexion) im Kniegelenk hervorrufen. Diese flektorischen Muskeln werden durch die Ia-Fasern von den Extensoren gehemmt (reziproke antagonistische Hemmung). Damit soll verhindert werden, daß die durch Kontraktion der Streckmuskeln gedehnten Beuger sich ihrerseits reflektorisch kontrahieren, wobei dann zwei antagonistisch wirkende Muskeln gleichzeitig gegensinnig auf dasselbe Gelenk wirken würden.

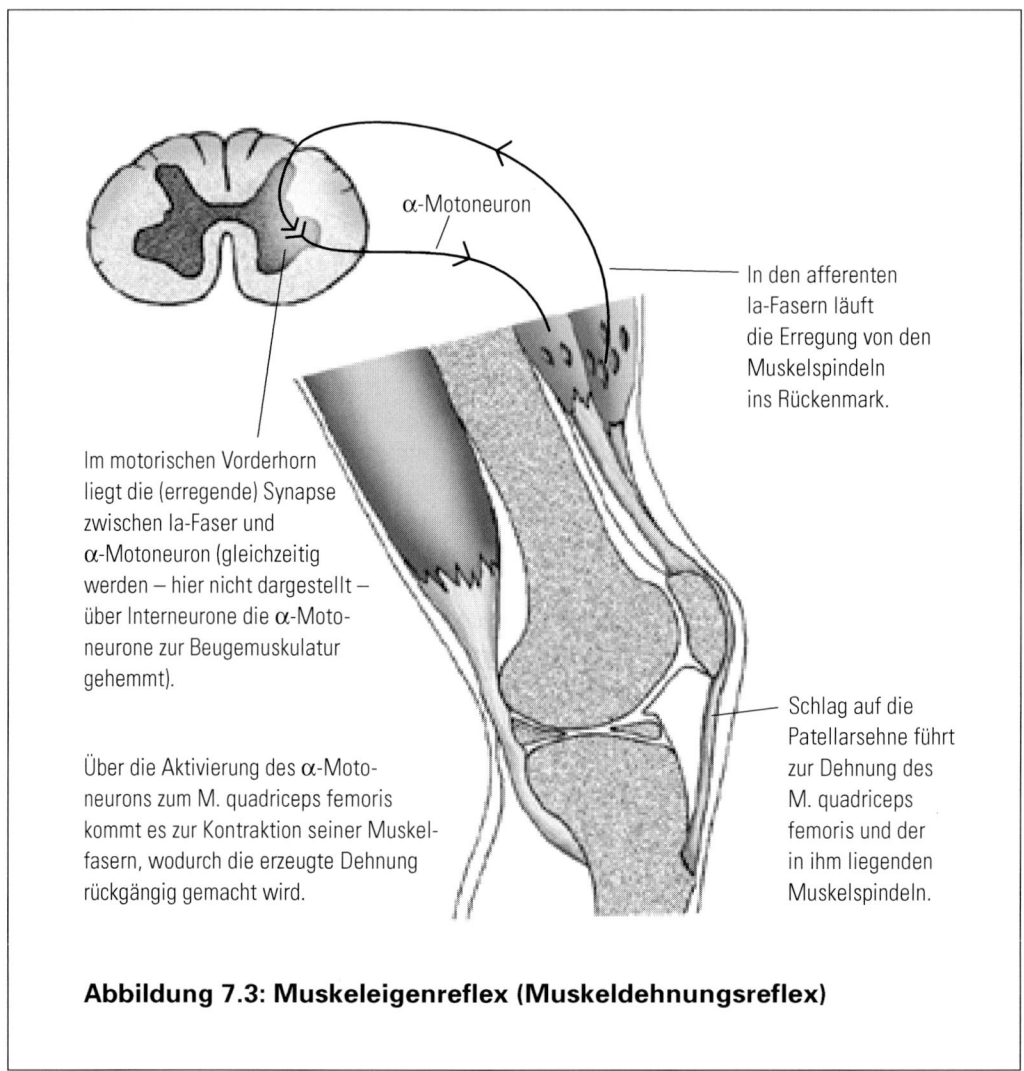

Abbildung 7.3: Muskeleigenreflex (Muskeldehnungsreflex)

Der Sachverhalt wird dadurch kompliziert, daß die Golgi-Sehnenorgane durch den Schlag auf die Sehne ebenfalls gereizt werden; die resultierende Aktivierung der von ihnen ausgehenden Ib-Fasern aktiviert nun aber nicht – wie man annehmen könnte – die homonyme Muskulatur, sondern die Antagonisten (während die homonyme Muskulatur sogar gehemmt wird). Diese komplizierten, über Interneurone vermittelten und offenbar verzögert eintretenden Prozesse dienen dazu, die Reflexreaktion rechtzeitig zu beenden. Man muß sich dazu in Erinnerung rufen, daß Muskelspindeln und Sehnenorgane unterschiedliche Reize registrieren; während erstere durch Längenveränderung aktiviert werden, geschieht dies bei den letzteren durch Spannung, die während des Kontraktionsvorganges zunimmt (s. dazu genauer Ghez u. Gordon 1996b). Zu dieser Hemmung der Reflexantwort durch Aktivierung von Ib-Fasern kommt, daß durch die Kontraktion des Muskels die Dehnung der Muskelspindeln geringer wird und deshalb die Feuerungsrate der Ia-Fasern im Sinne einer negativen Rückkoppelung nachläßt. Als dritter Mechanismus ist die rekurrente oder Renshaw-Hemmung zu nennen, indem die aktivierten α-Motoneurone ihre Aktivität über rücklaufende Schleifen (Kollateralen) selbst hemmen.

7.3 Sensible und motorische Innervation der Skelettmuskulatur

Die γ-Motoneurone werden vermutlich v.a. durch Impulse von höheren Zentren aktiviert. Ihre Feuerung macht die Muskelspindeln empfindlicher und verstärkt damit die Wirkung der α-Motoneurone; zudem ist Kontraktion der durch die γ-Motoneurone innervierten intrafusalen Muskulatur notwendig, um bei Kontraktion der extrafusalen Muskelfasern die Länge der Muskelspindeln entsprechend anzupassen und damit ihre Empfindlichkeit aufrecht zu erhalten. Während die Rolle der γ-Motoneurone bei Reflexen also vergleichsweise gut verstanden wird, ist ihre Bedeutung für die Regulation der Willkürmotorik noch weitgehend unklar (s. dazu auch Ghez u. Gordon 1996b).

Weiter ist von Bedeutung, daß die Reflexe von höheren Zentren teilweise gehemmt werden. Einige der absteigenden Rückenmarksbahnen aktivieren die Extensoren und hemmen die Flexoren, bei anderen ist es genau umgekehrt; insgesamt scheinen dabei die hemmenden Komponenten zu überwiegen. Bei Rückenmarksläsionen, z.B. nach einem Unfall, tritt nämlich mit gewisser Verzögerung typischerweise neben Spastik eine Hyperreflexie (Steigerung der Reflexe) ein; unterschiedliche Stärke der beidseitigen Muskeleigenreflexe deutet auf einseitige Läsionen von Rückenmark oder höher gelegener motorischer Zentren hin.

Polysynaptische Reflexe sind dadurch definiert, daß zwischen afferentem und efferentem Schenkel zwei oder mehr Synapsen liegen. Die beim (monosynaptischen) Muskeleigenreflex zusätzlich auftretende reziproke antagonistische Hemmung durch Interneurone war bereits als eine Form eines polysynaptischen Reflexes eingeführt worden. Polysynaptisch sind generell die *Fremdreflexe*, bei denen Sensor und Effektor nicht im selben Organ liegen. Als einige der zahlreichen Beispiele könnte man den Hustenreflex anführen (Reiz im Hals führt zur Reaktion der Muskulatur des Brustkorbs) oder den Saugreflex (Berührung der Mundschleimhaut setzt saugende Bewegungen der Wangenmuskulatur in Gang); als vegetativer Fremdreflex war bereits der gastrokolische Reflex genannt worden: Füllung des Magens führt zur Darmentleerung (s. 4.6). Hinzu kommen die Flucht- oder Schutzreflexe (s. unten). Da mehrere synaptische Übertragungen erfolgen und zudem in der Regel längere Strekken in den Neuronen durchlaufen werden, ist die Latenz deutlich größer als bei monosynaptischen Reflexen.

Ein Fluchtreflex, der Beuge- oder Flexorreflex, läßt sich beispielsweise durch schmerzhafte Reizung der Fußsohle auslösen: Ipsilateral, d.h. am selben Bein kommt es zu einer reflektorischen Beugung in allen Gelenken (z.B. Anziehen des Oberschenkels im Hüftgelenk, Anziehen des Unterschenkels im Kniegelenk), damit zu einer Entfernung der Fußsohle von der Schmerzquelle. Am anderen Bein (kontralateral) werden hingegen die Gelenke gestreckt (gekreuzter Streck- oder Extensorreflex). Der Sinn ist, schnelles Verlassen der schädlichen Region zu ermöglichen. Am ipsilateralen Arm tritt zudem Streckung, am kontralateralen Arm Beugung der Gelenke auf (doppelt gekreuzter Streckreflex).

Sensoren sind die Nozizeptoren der Fußsohle (im gewählten Beispiel der rechten); die davon ausgehenden nozizeptiven Fasern ziehen in Beinnerven zum Rückenmark. Über erregende (teilweise nach kranial ziehende) Interneurone aktivieren sie dabei die Beugemuskulatur der rechten unteren Extremität, die Strecker der linken oberen; hingegen werden über hemmende Interneurone die Streckmuskeln des rechten Beines, die Beugemuskeln des linken Armes gehemmt. Zudem gelangen sekundärafferente nozizeptive Fasern nach Kreuzung zur Gegenseite in den Thalamus und von da tertiär-afferente in den linken Gyrus postcentralis.

Dieser Flexorreflex wird in der Neurologie dadurch geprüft, daß man mit einem spitzen Gegenstand die Fußsohle bestreicht; auf derselben Seite kommt es dann zur Beugung der Zehen und Dorsalflexion des Fußes, zudem – bei starkem Reiz – auch zur Flexion in Knie- und Hüftgelenk. Steigerung dieses Reflexes spricht für Läsion des Rückenmarks, da die Fremdreflexe ebenfalls normalerweise von höheren Zentren gehemmt werden. Als pathologische Variante, in ihrer Entstehung noch nicht eindeutig geklärt, kann dabei der Babinski-Reflex auftreten: Die Großzehe wird dabei nicht gebeugt, sondern dorsalflektiert (also nach oben gebogen), die anderen Zehen gespreizt. Auftreten dieses Babinskireflexes deutet auf Schädigung der Pyramidenbahn (s. 7.4.2) hin.

7.4 Zentralnervöse motorische Strukturen

7.4.1 Motorische Kortexareale

Hier wird zunächst manches wiederholt, was überblickshaft schon in Kapitel 2 dargestellt worden ist; dabei werden aber wichtige Ergänzungen angebracht und zudem müssen einige dort der Didaktik zuliebe gemachte Vereinfachungen rückgängig gemacht werden.

Von den kortikalen motorischen Zentren ist der primär-motorische Kortex (auch MI abgekürzt, oft in der Literatur mit motorischem Kortex gleichgesetzt) am längsten bekannt und am besten untersucht (auch am besten verstanden). Er entspricht dem Brodmann-Areal 4 und nimmt im wesentlichen den (frontal des Sulcus centralis gelegenen) Gyrus praecentralis ein, reicht aber auch etwas über die Mantelkante hinaus, also in die medialen, dem Betrachter nicht zugewandten, in der Tiefe der Fissura interhemisphaerica gelegenen Kortexabschnitte. Wie der primär-somatosensorische Kortex (s. 6.2) ist der primär-motorische Kortex somatotopisch gegliedert: Einzelnen Körperarealen entsprechen bestimmte kortikale Regionen. Auch hier ist die Größe des repräsentierenden Feldes der Hirnrinde von der Innervierung der Körperregion abhängig. Motorisch dicht versorgte Regionen, wo also die motorischen Einheiten nur aus wenigen Muskelfasern bestehen (etwa Gesicht, Hand), nehmen im Vergleich zu Körperteilen wie Rumpf oder Bein mit großen und deshalb zahlenmäßig geringen motorischen Einheiten in MI ausgedehnte Flächen ein; der motorische Homunculus ist daher wie der somatosensorische stark verzerrt.

Die somatotopische Gliederung des primär-motorischen Kortex beim Menschen kennt man im wesentlichen aus Reizungen während Operationen am offenen Schädel; elektrische Stimulation einzelner Regionen führt zu lokalisierten Muskelbewegungen der kontralateralen Seite (Folge der Kreuzung motorischer Fasern in ihrem Verlauf). Genauer sind die Verhältnisse in Tierexperimenten zu studieren: Der „motorische Homunculus" von Äffchen niedrig entwickelter Spezies, der motorische Semiusculus, ist weniger verzerrt; insbesondere ist der Rumpf etwa seiner Oberfläche entsprechend kortikal repräsentiert, die hinteren Extremitäten ähnlich groß wie die vorderen (im Gegensatz zum motorischen Homunculus, bei dem die Hand ein größeres Kortexareal besetzt als Rumpf und Bein zusammen). Läsion des primär-motorischen Kortex führt allerdings – wie man eigentlich erwarten würde – nicht zu Lähmungen, sondern im Tierversuch zumeist nur zu vergleichsweise diskreten motorischen Einschränkungen im Sinne einer gewissen Ungeschicklichkeit.

Ein zweites, kleineres motorisches Feld, das supplementär-motorische Areal (abgekürzt als MII, zuweilen in der Literatur als sekundär-motorischer Kortex bezeichnet, im wesentlichen identisch mit dem medialen Brodmann-Areal 6), schließt nach rostral an den primär-motorischen Kortex an und reicht in die Tiefe der Fissura interhemisphaerica; auch es ist somatotopisch organisiert. Neben primär- und supplementär-motorischem Kortex (MI und MII) existieren weitere kortikale Areale, die für die Motorik von Bedeutung sind und in der Literatur häufig – aber in Widerspruch zu anderer terminologischer Festlegung – als motorische Assoziationsfelder bezeichnet werden. Eines davon wird als prämotorisches Areal (manchmal als prämotorischer Kortex) bezeichnet; es liegt frontal des Gyrus praecentralis unterhalb von MII (laterales Brodmann-Areal 6). Dem in Kupfermann (1996) vorgeschlagenen Sprachgebrauch folgend wird im weiteren supplementär-motorisches Areal (MII) und prämotorisches Areal als *prämotorischer Kortex* zusammengefaßt; synonym wird sekundär-motorischer Kortex verwendet. Als präfrontaler Assoziationskortex sei das rostral davon im lateralen Frontallappen gelegene, große kortikale Areal bezeichnet.

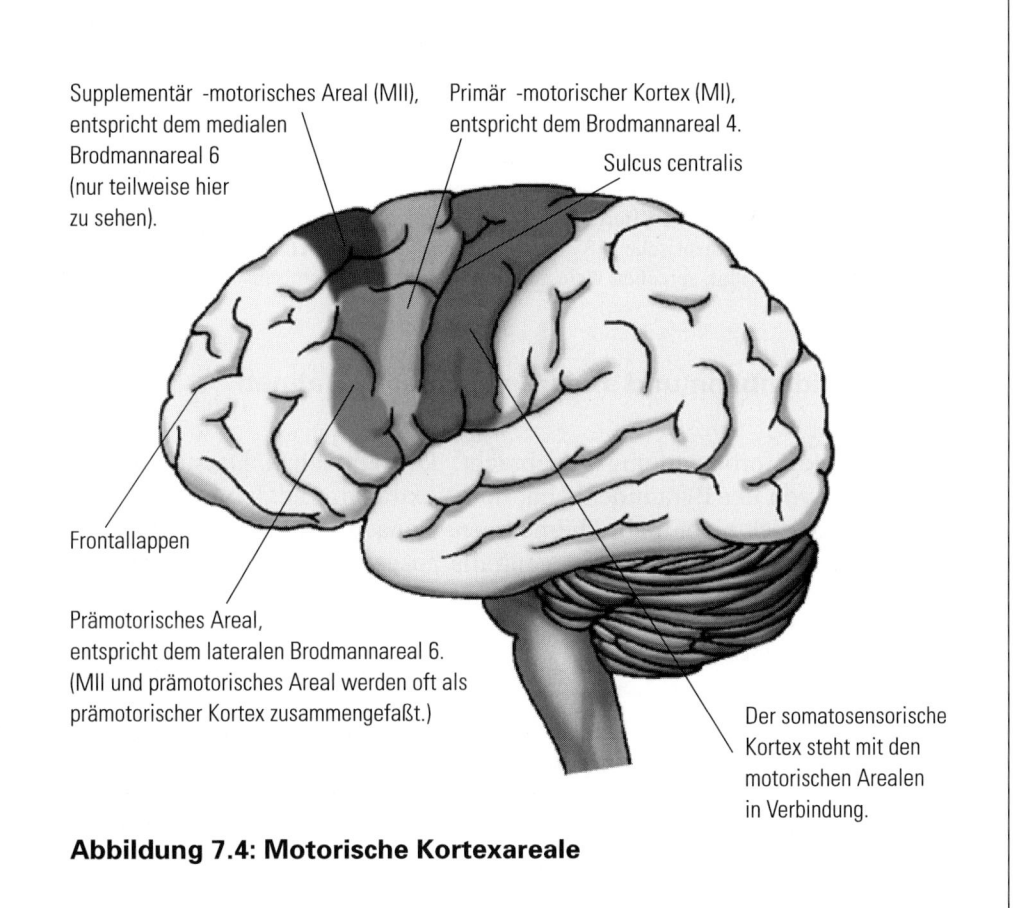

Abbildung 7.4: Motorische Kortexareale

Der bezüglich der kortikalen motorischen Areale relativ dürftige Wissensstand macht sich durch unterschiedliche Darstellungen in den diversen Lehrbüchern und häufig wenig präzise Ausdrucksweise bemerkbar. Auch die Terminologie ist variabel: Manche Autoren bezeichnen den ganzen Frontallappen rostral des Gyrus praecentralis als prämotorischen Kortex, manche setzen sekundär-motorischen Kortex und supplementär-motorisches Areal (MII) gleich, andere fassen supplementär-motorisches Areal und prämotorischen Kortex (den sie mit prämotorischem Areal gleichsetzen) zum sekundär-motorischen Kortex zusammen. In diesem Zusammenhang noch einmal die hier benutzte Terminologie: Dem primär-motorischen Kortex wird der sekundär-motorische Kortex oder prämotorische Kortex gegenübergestellt (umfassend das supplementär-motorische Areal und das prämotorische Areal); alle rostral davon gelegenen motorischen Assoziationsfelder werden als präfrontaler Kortex bezeichnet.

Die motorischen Kortexareale erhalten Afferenzen u.a. vom primär-somatosensorischen Kortex (SI) des Gyrus postcentralis (damit indirekt aus der Körperperipherie); biologischer Sinn dürfte u.a. darin liegen, daß dem motorischen Kortex unmittelbare Rückmeldung über die von ihm veranlaßten Veränderungen gegeben wird. Weiter kommen über motorische Thalamuskerne Afferenzen von den Basalganglien und vom Kleinhirn. Die kortikalen motorischen Areale senden Fasern zu den Motoneuronen der Hirnnervenkerne und der Vorderhörner des Rückenmarks (dies teilweise über Interneurone), außerdem zu motorischen Zentren des Hirnstamms; zudem sind die motorischen Kortexareale beider Hemisphären miteinander verbunden.

Der Sachverhalt ist noch sehr viel komplizierter als hier dargestellt: Nicht nur erhalten, wie dargestellt, die Areale MI und MII zudem sensible Afferenzen (wohl vom primär-somatosensorischen Kortex) und werden deshalb auch als motosensorische Kortexareale (MsI und MsII) bezeichnet; die in 6.2 eingeführten somatosensorischen Areale SMI und SMII (primär- und sekundär-somatosensorischer Kortex) entsenden offenbar auch motorische Efferenzen ins Rückenmark, so daß die didaktisch hilfreiche Unterscheidung zwischen somatosensorischem System einerseits, motorischem andererseits praktisch nicht mehr zu halten ist; wie erwähnt, sprechen viele Autoren deshalb auch vom sensomotorischen System.

7.4.2 Pyramidenbahn und andere motorische Bahnen

Hier scheint eine Vorbemerkung angebracht: Die einfachen Darstellungen in der älteren Literatur von der Pyramidenbahn, dem „extrapyramidalen System" und ihren Funktionen lassen sich nicht mehr übernehmen. Danach sollte die *Pyramidenbahn* als homogener Faserzug vom Gyrus praecentralis ausgehen und im wesentlichen nach Kreuzung in der Medulla oblongata ohne weitere Umschaltung (oder bestenfalls über kurze Interneurone im Rückenmark) Axone zu den Motoneuronen führen. Ein zweites Bahnensystem sollte seinen Ursprung ebenfalls im Gyrus praecentralis haben und auf anderem Wege, unter Umschaltung in Kernen des Hirnstamms, schließlich die Motoneuronen erreichen. Diese Fasern faßte man – weil nicht in der Pyramidenbahn verlaufend – als auch *extrapyramidale Bahnen* zusammen (von lat. extra = außerhalb); zusammen mit den zu ihrer Umschaltung dienenden Kernen (und einigen anderen damit verbundenen Strukturen) wurden sie als „extrapyramidales System" bezeichnet. Die Pyramidenbahn sollte v.a. Impulse der Willkürmotorik zu den Motoneuronen leiten, während man das extrapyramidale System zuständig für unwillkürliche und Mitbewegungen hielt. Als extrapyramidale Störungen bezeichnete man (in der Neurologie teilweise noch heute) Symptome, die aus Läsionen extrapyramidaler

7.4 Zentralnervöse motorische Strukturen

Strukturen (etwa der Substantia nigra, der Basalganglien) resultieren und v.a. durch Veränderungen der Mitbewegungen charakterisiert sind (z.B. das mit deutlich reduzierten Mitbewegungen einhergehende Parkinsonsyndrom).

Davon ist wenig übriggeblieben: Die Begriffe extrapyramidale Bahnen und extrapyramidales System tauchen in Lehrbüchern so gut wie gar nicht mehr auf und auch der Begriff Pyramidenbahn scheint langsam aus der Wissenschaftssprache zu verschwinden (obwohl dieses Bahnensystem prinzipiell anatomisch gut abgrenzbar ist); insbesondere ist aber die Zuordnung von Willkürmotorik zu dem einen System, von unwillkürlicher zu dem anderen längst nicht mehr zu halten.

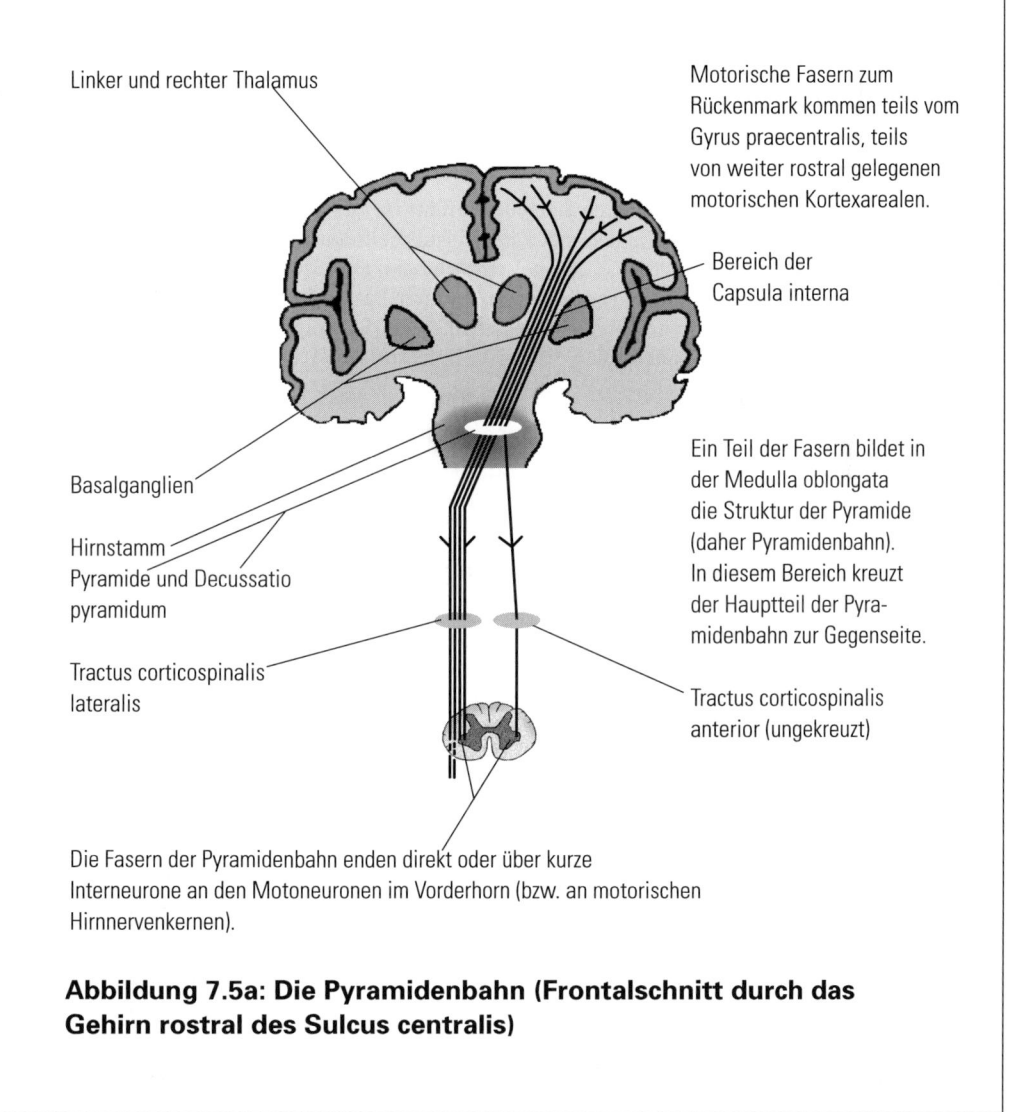

Abbildung 7.5a: Die Pyramidenbahn (Frontalschnitt durch das Gehirn rostral des Sulcus centralis)

Die vom Kortex ausgehenden motorischen Fasern kommen zu etwa 30% von den sogenannten Pyramidenzellen oder Betzschen Zellen des Gyrus praecentralis, daneben von anderen motorischen Arealen (dem prämotorischem Kortex), vielleicht auch von SMI des Gyrus postcentralis. Der Hauptanteil davon zieht zwischen Thalamus und Teilen der Basalganglien (im Bereich der sogenannten Capsula interna) in die Medulla oblongata und bildet in dieser Region eine pyramidenförmige Struktur, die ihr den Namen Pyramidenbahn eingebracht hat. Diese Pyramidenbahn kreuzt dort großteils in der Decussatio pyramidum zur Gegenseite, um dann den *Tractus corticospinalis lateralis* im Vorderseitenstrang des Rückenmarks zu bilden; seine Fasern enden teils direkt, teils indirekt über kurze Interneurone an den motorischen Vorderhornzellen. Nur ein kleiner Anteil verläuft ipsilateral nach kaudal (Tractus corticospinalis anterior) und endet ebenfalls mittelbar oder unmittelbar an Motoneuronen; die meisten dieser Fasern kreuzen zuvor noch zur Gegenseite. Sowohl die gekreuzten als auch die ungekreuzten genannten Fasern *durchziehen also den Hirnstamm ohne Umschaltung*. In ihrem Verlauf geben sie Neurone zu den motorischen Hirnnervenkernen ab (s. Abb. 7.5).

Zerstörung der Pyramidenbahn bei höheren Säugetieren führt im wesentlichen nicht zu Lähmungen (wie man an sich erwarten würde); bei Hunden und Katzen sind die motorischen Einschränkungen sehr gering, bei Affen tritt lediglich eine gewisse Muskelschwäche ein. Das Studium der Funktion der Pyramidenbahn beim Menschen ist besonders schwierig, da bei ihrer Läsion in aller Regel weitere motorische Fasern (die sogenannten extrapyramidalen) betroffen sind. Bei Schädigungen im Bereich der Capsula interna (etwa durch Blutungen) findet sich typischerweise motorische Lähmung der gegenüberliegenden Körperseite.

Andere Axone von den motorischen Kortexarealen ziehen zunächst großteils ebenfalls in der Capsula interna, laufen aber außerhalb der Pyramide und der Decussatio pyramidum nach kaudal. Ein Teil wird im Nucleus ruber des Mittelhirns umgeschaltet und gelangt unter Seitenwechsel im Tractus rubrospinalis zu den motorischen Vorderhornzellen. Weitere, nicht in der Pyramidenbahn verlaufende Axone erfahren ihre Umschaltung in anderen Strukturen des Hirnstamms, nämlich im Tectum des Mittelhirns, in der Formatio reticularis, in den Vestibulariskernen; sie erreichen teils gekreuzt, teils ungekreuzt ebenfalls die Motoneuronen des Rückenmarks sowie motorische Hirnnervenkerne. Diese nach kaudal ziehenden Bahnen werden als Tractus bulbospinalis zusammengefaßt (bzw. als Tractus corticobulbospinalis, wenn der gesamte Verlauf vom Kortex ins Rückenmark gemeint sein soll).

Faßt man zusammen, so laufen die Fasern vom motorischen Kortex großteils ohne Unterbrechung im Hirnstamm zu den motorischen Vorderhornzellen bzw. Hirnnervenkernen der Gegenseite; sie bilden die Pyramidenbahn und ihren wichtigsten kaudalen Teil, den Tractus corticospinalis lateralis. Andere Fasern erfahren zunächst eine Umschaltung im Hirnstamm (im Nucleus ruber die eine Gruppe, in diversen sonstigen bulbären Kernen die andere); diese hintereinandergeschalteten Neurone bilden – da nicht in der Pyramidenbahn verlaufend – im wesentlichen das, was in der älteren Literatur als extrapyramidale Bahnen bezeichnet wurde. Wie schon erwähnt, läßt sich diese Unterscheidung zwar topographisch-anatomisch in gewissem Sinne rechtfertigen; unter funktionellen Aspekten war jedoch die Trennung zwischen Pyramidenbahn und extrapyramidalen Bahnen weitgehend unzweckmäßig (s. auch 7.5).

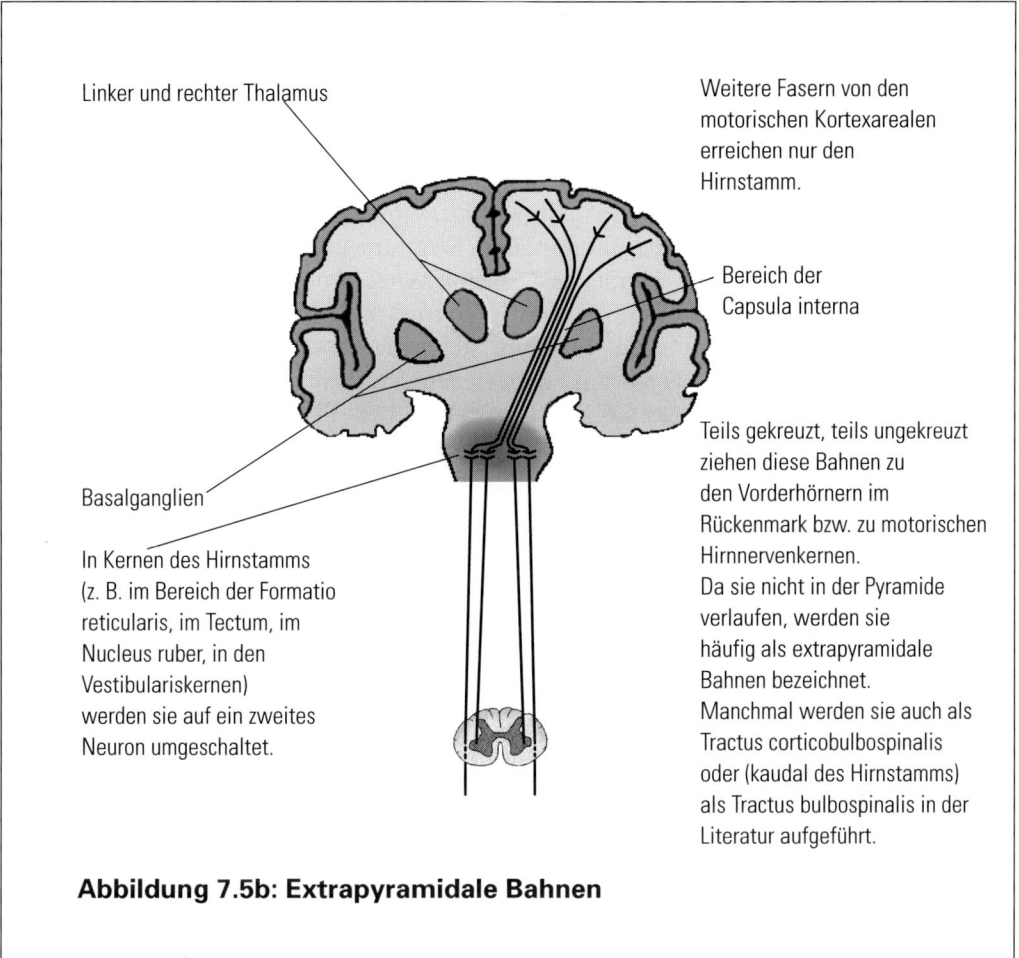

Abbildung 7.5b: Extrapyramidale Bahnen

7.4.3 Subkortikale motorische Kerngebiete

Von diesen sind Nucleus ruber, diverse Kerne des Tectums und der Formatio reticularis sowie die Vestibulariskerne bereits genannt worden. Ihre wesentliche Bedeutung liegt darin, daß deszendierende Fasern von motorischen Kortexarealen in ihnen enden und neue Fasern beginnen, die schließlich die Motoneuronen in Hirnnervenkernen und Vorderhörnern des Rückenmarks erreichen.

Die Basalganglien, Kerngebiete des Telencephalons im wesentlichen lateral des Thalamus (s. auch 2.6.10), haben eine wichtige Bedeutung für die Regulation motorischer Abläufe. Sie lassen sich einteilen in Pallidum (Globus pallidus) einerseits, Striatum (Nucleus caudatus und Putamen) andererseits; von den Substrukturen des Striatums hat offenbar insbesondere das Putamen wichtige motorische Funktionen (während im Augenblick die Bedeutung des Nucleus caudatus eher in der Bewertung sensorischer Informationen gesehen wird; s. dazu 2.6.10 und 12.4.3). Dabei wirken Globus pallidus (Pallidum) und Striatum (spezifischer: Putamen) antagonistisch: Aktivierung des Striatums hemmt über GABAerge Fasern das Pallidum.

Die Regulation motorischer Abläufe wird augenblicklich mit einer kreisförmigen Struktur in Verbindung gebracht, die hauptsächlich Striatum (speziell Putamen), Pallidum, Thalamus sowie motorischen Kortex umfaßt und von anderen Hirnregionen, v.a. der Substantia nigra, Impulse erhält (s. Abb. 7.6). Unter gewisser Vereinfachung stellt sich der Sachverhalt etwa so dar: Das Striatum erhält einerseits aktivierende Zuflüsse aus der Substantia nigra des Mittelhirns (s. unten) und wird andererseits durch Axone von kortikalen motorischen Feldern erregt. Vom Striatum gehen hemmende, GABAerge Fasern zum Pallidum ab, von diesem ebenfalls hemmende, GABAerge Neurone zum Thalamus. Aktivierung des Striatums führt (über Hemmung hemmender Bahnen) somit zur Stimulation des Thalamus. Dieser wiederum sendet erregende Fasern in motorische Kortexareale. Es liegt somit eine Schleife vor: Impulse von motorischen kortikalen Zentren gelangen nach Passieren mehrerer Stationen an den Ausgangspunkt der deszendierenden motorischen Bahnen; offenbar werden dabei die kortikalen Impulse auf ihre „Realisierbarkeit" im Rahmen bestehender Bewegungsprogramme überprüft. Diese Basalganglien erhalten nach gegenwärtigem Erkenntnisstand keine Afferenzen aus dem Rückenmark und entsenden auch keine Fasern zu Motoneuronen; ihre motorische Bedeutung liegt in ihrer Einbettung in den erwähnten Regelkreis.

Ein weiteres motorisches Kerngebiet ist in komplizierter Weise in diese Schleife eingebunden, nämlich die *Substantia nigra* des Mittelhirns. Sie empfängt wohl keine direkten Impulse aus dem motorischen Kortex, sondern v.a. über die Basalganglien. Die Substantia nigra entsendet ihrerseits dopaminerge Neurone ins Striatum, deren kontinuierliche Aktivierung notwendig ist, um das erwähnte Regelsystem Motorischer Kortex – Striatum – Pallidum – Thalamus – motorischer Kortex funktionsfähig zu halten. Störung der dopaminergen Übertragung in das Striatum führt daher zu motorischen Symptomen im Sinne einer Bewegungsarmut und Verlangsamung.

Dies ist beispielsweise der Fall bei der Parkinson-Krankheit, die teils genetisch determiniert sein dürfte, aber auch aufgrund äußerer Faktoren entstehen kann. Bei ihr kommt es zu Degeneration der Substantia nigra und damit zum Versiegen der dopaminergen Aktivierung des Striatums. Ähnliche Symptomatik tritt auch dann auf, wenn zwar die Neurone der Substantia nigra feuern, aber die Dopaminrezeptoren des Striatums blockiert sind, z.B. im Rahmen einer Neuroleptikatherapie (neuroleptisch induziertes Parkinsonoid). Schließlich kann auch das Striatum als Folge einer Entzündung des Gehirns in seiner Funktion eingeschränkt sein (postenzephalitischer Parkinson).

Bei der Parkinson-Krankheit versucht man, durch Gabe des Dopaminvorläufers L-Dopa die dopaminerge Übertragung von Neuronen der Substantia nigra ins Striatum zu erhöhen. Bei den ebenfalls zuweilen hier zur Anwendung kommenden stereotaktischen Eingriffen werden zumeist Teile des Pallidums zerstört, womit die hemmenden Einflüsse auf den Thalamus wegfallen; damit wird praktisch der frühere Zustand wiederhergestellt, in dem das intakte und ausreichend stimulierte Striatum das Pallidum hemmen konnte.

7.4 Zentralnervöse motorische Strukturen

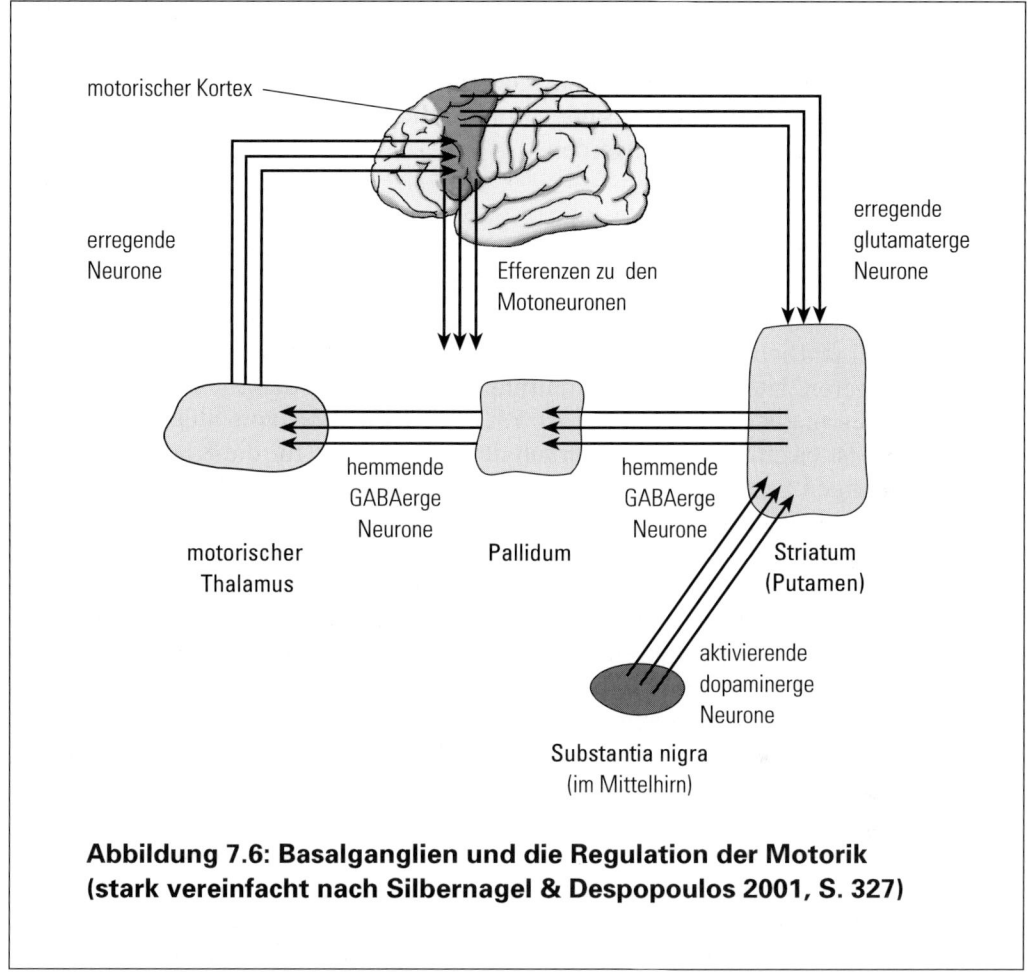

Abbildung 7.6: Basalganglien und die Regulation der Motorik (stark vereinfacht nach Silbernagel & Despopoulos 2001, S. 327)

Tatsächlich sind die Sachverhalte wesentlich komplizierter: Vom Pallidum sind zwei Subregionen zu unterscheiden, die von verschiedenen, aus dem Striatum kommenden Fasern erreicht werden und wiederum unterschiedliche Arten von Axonen in den Thalamus senden. Auch die Substantia nigra besitzt Substrukturen: Eine erregt über die dopaminergen Neuronen zum Striatum motorische Thalamusanteile, die andere hemmt sie über GABAerge Neurone (s. dazu genauer Ghez u. Gordon 1996d). Letztlich ist vieles nur unzureichend geklärt, insbesondere die Pathophysiologie der extrapyramidalen Störungen. Als Nebenwirkung der Neuroleptikatherapie wird beispielsweise nicht nur das Parkinsonsyndrom beschrieben; ebenso können schon bald nach Behandlungsbeginn sogenannte Frühdyskinesien einsetzen, Krämpfe und überschießende Bewegungen speziell der Gesichts-, Augen- und Zungenmuskulatur.

Weiter kann bei chronischen Veränderungen im Striatum auch eine geradezu dem Parkinsonsyndrom entgegengesetzte Bewegungsstörung auftreten, nämlich unwillkürlich einschießende Bewegungen bei herabgesetztem Muskeltonus (Chorea). Eine solche Symptomatik findet sich beispielsweise bei der Chorea Huntington, einer autosomal-dominanten erblichen Krankheit.

Der Thalamus ist somit ebenfalls in die motorische Regulation eingebunden, allerdings nur mit einzelnen seiner Kerne; andere Thalamuskerne haben die Aufgabe, den sensorischen Input (vom Auge, Ohr, Rezeptoren des somatosensorischen Systems) zu kontrollieren (s. 2.6.6 und 6.2); es ist noch einmal zu betonen, daß der Thalamus kein einheitliches Organ, sondern ein Konglomerat verschiedener Kerne darstellt. Insgesamt wirkt Stimulation des motorischen Thalamus erregend auf kortikale motorische Areale; er kann nach dem oben Gesagten vom Pallidum aus gehemmt, vom Striatum (indirekt via Pallidum) stimuliert werden.

7.4.4 Kleinhirn

Das dorsal des Hirnstamms gelegene Kleinhirn (Cerebellum) läßt sich in einen entwicklungsgeschichtlich älteren, unpaar in der Medianebene medial gelegenen Teil und einen jüngeren, lateralen (die Kleinhirnhemisphären) gliedern.

Aufgabe des medianen Kleinhirns ist v.a. die Regulation von Stütz- und Haltemotorik; auch ist es zusammen mit Kernen des Hirnstamms für die Koordination der Augenbewegungen zuständig. Fasern von den Propriozeptoren der Muskeln und Sehnen, vom Gleichgewichtsorgan und vom visuellen System geben Kollateralen zum medianen Kleinhirn ab (liefern „Afferenzkopien"); zudem erhält es „Efferenzkopien" von Impulsen des motorischen Kortex zur Skelettmuskulatur. Die vom medianen Kleinhirn ausgehenden Fasern gelangen zu motorischen Kernen in Rückenmark und Hirnstamm, z.B. zu Nucleus ruber und besonders zu den Vestibulariskernen. Letztere empfangen Informationen aus dem Gleichgewichtsorgan, zudem aus den motorischen Zentren im Kortex; von den Vestibulariskernen laufen Bahnen zu den Motoneuronen im Rückenmark (zur Regulation von Stütz- und Gangmotorik), zudem zu den Kernen der Augenmuskelnerven (Koordination der Augenbewegungen). Bei Läsionen des medianen Kleinhirns finden sich daher Störungen des Gleichgewichts, Ataxien (unkoordinierte überschießende Bewegungen, v.a. im Rumpf-und Beinbereich) sowie Störungen der Augenbewegungen (pathologische Nystagmusformen).

Die Kleinhemisphären (also die lateralen, entwicklungsgeschichtlich jüngeren Teile des Cerebellums) sind an der Erstellung und Ausführung von „Bewegungsprogrammen" beteiligt, sorgen somit – in Zusammenarbeit mit den Basalganglien – für koordinierte Abläufe diverser Einzelbewegungen (beispielsweise einen plazierten, den Torwart zudem durch Antäuschen ins falsche Eck lockenden Elfmeterschuß). Dazu erhält das laterale Kleinhirn zahlreiche Afferenzen aus dem motorischen Kortex und zwar v.a. von jenen Arealen, die mit der Planung von Bewegungen befaßt sind. Die ausgehenden Fasern ziehen offenbar nicht (oder zumindest nicht ausschließlich) zu motorischen Kernen im Hirnstamm, sondern über den Thalamus zurück an den motorischen Kortex. Es liegt somit ein ähnlicher Kreis vor wie in 7.4.3 beschrieben (dort: motorischer Kortex – Basalganglien – Thalamus – motorischer Kortex, hier: motorischer Kortex – laterales Cerebellum – Thalamus – motorischer Kortex).

Bei Läsionen der Kleinhirnhemisphären kommt es deshalb zu Beeinträchtigung von komplexeren Bewegungsabläufen, etwa beim rasch abwechslenden Einsatz von Agonisten und Antagonisten (Diadochokinese). Eine solche Dysdiadochokinese äußert sich etwa in der Unfähigkeit, in rascher Abwechslung den Handteller nach oben und unten zu drehen, oder Bewegungen mittels antagonistischer Muskeln rasch abzubremsen. Zudem läßt sich oft ein Intentionstremor beobachten (bei der Ausführung von Bewegungen sich zunehmend verstärkendes Zittern, im Gegensatz zum Ruhetremor bei Parkinsonpatienten), weiter eine mühsame, verwaschene Sprache (Dysarthrie).

7.5 Regulation der Motorik

7.5.1 Überblick

Teils in Wiederholung von Gesagtem sollen nun systematischer die einzelnen Komponenten der Motorik und ihre Regulation besprochen werden. Die *Stützmotorik* dient der Aufrechterhaltung der Körperstellung, gegebenenfalls unter neuen Bedingungen. So bewirken die stützmotorischen Reaktionen zum einen die Erhaltung des status quo (etwa beim Strammstehen), könnten somit auch als Haltemotorik bezeichnet werden, andererseits garantieren sie aber normalerweise die Beibehaltung des Standes während bestimmter Bewegungen; wenn etwa ein Tennisspieler seinen Oberkörper beim Schlag nach vorne wirft, hat die Stützmotorik dafür zu sorgen, daß die unteren Partien dies kompensieren und den Körper im Gleichgewicht halten. Insofern ist jede zielmotorische Aktion von zahllosen stützmotorischen begleitet.

Veränderung des Körpers im Raum bzw. der Umgebung durch den Körper ist die Aufgabe der *Zielmotorik*; anders als die Stützmotorik, welche weitestgehend durch spinale und subkortikale Strukturen reguliert wird (beispielsweise durch die Muskeleigenreflexe mit Verschaltung im Rückenmark), wird die Zielmotorik – von den Stellreflexen und einfachen Fluchtreflexen abgesehen – durch kortikale Zentren gesteuert, die dazu jedoch die Mithilfe subkortikaler Strukturen (der Basalganglien, der motorischen Thalamuskerne, der motorischen Kerne des Hirnstamms) und die des Kleinhirns benötigen; zudem machen stützmotorische Aktionen eine ungestörte Ausführung der Zielbewegungen erst möglich.

Häufig unterscheidet man zwischen Halte- und Stellreflexen: Erstere dienen der Aufrechterhaltung des bestehenden Zustandes, die zweite Gruppe versucht, einen gerade verloren gegangenen Zustand wieder herzustellen; sie sind somit in irgendeiner Form zwischen Stütz- und Zielmotorik einzuordnen, werden aber zumeist eher als stützmotorische Aktionen eingeführt. Stellreflexe sind nur unter Kontrolle des Mittelhirns möglich, Haltereflexe funktionieren auch dann, wenn die Verbindungen zum Mittelhirn unterbrochen sind (s. 7.5.2).

7.5.2 Stützmotorik

Zahlreiche Aktionen der Stützmotorik werden auf *Rückenmarksebene* in Form einfacher *monosynaptischer Reflexe* ausgeführt. Auch viele komplexere polysynaptische Reflexe werden ausschließlich durch spinale Verschaltungen ermöglicht, wobei die beteiligten Axone zumeist auf- oder absteigen, dabei aber das Rückenmark nicht verlassen. Auf diese Reflexe nehmen jedoch bereits höher gelegene zentralnervöse Strukturen Einfluß und zwar über Fasern, die von motorischen Kernen im Hirnstamm, sicher auch von kortikalen Regionen, nach kaudal laufen. So sind bei Läsionen des Rückenmarks erwähntermaßen viele Reflexe pathologisch verändert (s. etwa 7.3 zum Babinski-Reflex).

Noch komplexere stützmotorische Aktionen (etwa die Aufrechterhaltung des Gleichgewichts auf schwankendem Boden) werden von *motorischen Zentren des*

Hirnstammes aus gesteuert, so durch Nucleus ruber, Vestibulariskerne, Teile der Formatio reticularis. Dazu sind diverse Afferenzen von den Sinnesorganen, etwa vom Auge und v.a. vom Gleichgewichtsorgan notwendig, daneben von Propriosensoren im Halsbereich. Diese Stellreflexe werden zudem durch Afferenzen von weiteren zentralnervösen Strukturen beeinflußt, so u.a. vom Kleinhirn. Auch genügt es nicht, allein den Tonus der Skelettmuskulatur den wechselnden Verhältnissen anzupassen; ebenso müssen die Augen entsprechend mitbewegt werden.

Durchtrennt man im Tierversuch den Hirnstamm rostral des Mesencephalons, läßt aber die Afferenzen und die Verbindungsfasern zum Kleinhirn intakt (sogenanntes „Mittelhirntier"), so ist die Stützmotorik nicht nennenswert beeinträchtigt. Das Tier kann sich nicht nur aufrecht halten, sondern nach Veränderung der Lage in die ursprüngliche Körperstellung zurückkehren, sich sogar aus liegender Position aufrichten (intakte Stellreflexe). Wird der trennende Schnitt kaudal des Mittelhirnes angesetzt, so zeigt dieses „dezerebrierte Tier" eine deutliche Erhöhung des Extensorentonus (Dezerebrations- oder Enthirnungsstarre); es ist weiterhin in der Lage, aufrecht zu stehen, jedoch nicht mehr, sich zu stellen; bei Verlust der Stellreflexe sind also die Haltereflexe weitgehend intakt geblieben. Durchtrennung des Rückenmarks führt zunächst zu einer schlaffen, in der Folge jedoch zu einer spastischen Lähmung (Erhöhung des Muskeltonus und Steigerung der Muskeleigenreflexe bei Unfähigkeit zu willkürlich-motorischen Bewegungen); sowohl Halte- wie Stellreflexe sind verloren gegangen.

7.5.3 Zielmotorik

Die willkürlichen zielmotorischen Aktionen sind noch weitaus komplexer und in der Regel nur bei Intaktheit motorischer Zentren im Kortex, diverser subkortikaler Regionen (insbesondere von motorischem Thalamus und Basalganglien) und des Kleinhirns zu leisten.

Der Anstoß für eine Handlung geht (in keineswegs genau verstandener Weise) von kortikalen, wohl hauptsächlich frontal gelegenen Arealen aus, wobei für die Entstehung solcher Motivationen auch limbische Strukturen eine große Rolle spielen dürften. Die Planung der Handlung erfolgt vermutlich im prämotorischen und präfrontalen Kortex, wobei Informationen aus anderen kortikalen Regionen, insbesondere dem Sehzentrum, einfließen müssen.

Früher wurde in der Literatur häufiger die Auffassung vertreten, Einzelbewegungen wären Folge der Aktivierung des primär-motorischen Kortex, während im prämotorischen Kortex Bewegungssequenzen (Handlungen) initiiert würden. Entsprechend sollte bei Läsionen der erstgenannten Struktur die Ausführung von Bewegungen überhaupt unmöglich sein (also letztlich Lähmungen vorliegen), im Falle von Schäden im motorischen Assoziationskortex bei intakter Motorik nicht mehr die Durchführung sinnvoller Handlungen gelingen (Apraxien).

Diese Auffassungen sind teilweise zu revidieren. Tatsächlich führt isolierte Schädigung des primär-motorischen Kortex im Tierversuch erwähntermaßen nur zu geringen motorischen Einschränkungen im Sinne gewisser Ungeschicklichkeit. Beim Menschen sind diese Sachverhalte schwer zu studieren, da bei Krankheiten oder Unfällen höchst selten dieses Areal allein geschädigt ist; jedoch dürfte Ähnliches auch hier gelten. Man erinnere sich, daß sowohl Fasern der Pyramidenbahn wie extrapyramidaler Bahnen nicht nur vom primär-motorischen Kortex, sondern auch von anderen motorischen Arealen ausgehen.

Die Unfähigkeit, Handlungen auszuführen (Apraxie), ist im Rahmen von zerebralen Durchblutungsstörungen nicht selten. Tatsächlich sind dabei häufig (jedoch keineswegs immer) motorische Assoziationsareale betroffen; aber auch Läsion anderer Strukturen (etwa der Parietallappen oder des Corpus

7.5 Regulation der Motorik

callosum) kann vergleichbare Symptomatik nach sich ziehen. Generell gibt es sehr unterschiedliche Formen von Apraxien mit offenbar verschiedener Pathogenese. Zudem scheinen solche Störungen im wesentlichen nur dann aufzutreten, wenn die sprachdominante Hemisphäre (also im Regelfall die linke) in Mitleidenschaft gezogen ist. Die Sachverhalte sind also wieder einmal recht kompliziert.

Das unter Mithilfe diverser motorischer und sonstiger assoziativer Zentren erstellte Bewegungsprogramm setzt sich nun nicht direkt in Impulse absteigender Fasern vom primär-motorischen Kortex und anderer kortikaler motorischer Areale zu den Motoneuronen um, sondern durchläuft offenbar zum einen die bereits zuvor erwähnte Schleife: kortikale motorische Areale – Basalganglien – motorische Thalamuskerne – kortikale motorische Areale, zum anderen die Schleife: kortikale motorische Areale – laterales Kleinhirn – motorische Thalamuskerne – kortikale motorische Areale.

Um den sehr uneinheitlichen Angaben in der Literatur Rechnung zu tragen, wurde hier der weite Begriff kortikale motorische Areale gewählt, wobei absichtlich nicht genauer zwischen primär-motorischem und sekundär-motorischem (prämotorischem) Kortex unterschieden wurde. Möglicherweise gelangen die von den Basalganglien über den motorischen Thalamus einlaufenden Afferenzen ausschließlich zum prämotorischen Kortex, der erst den primär-motorischen Kortex im Gyrus praecentralis aktiviert. Auch die Einbindung des Kleinhirns ist wohl komplizierter als hier dargestellt (mögliche zusätzliche Verbindungen zu Rückenmark und Hirnstamm).

Wie diese beiden Schleifen zusammenhängen, scheint nicht eindeutig geklärt und kann in diesem Rahmen nicht diskutiert werden. Unklar ist, ob jede im motorischen Assoziationskortex geplante Bewegungssequenz beide Schleifen durchlaufen muß, bis es schließlich zur Aktivierung der Motoneurone kommt oder ob bestimmte Bewegungen eher in dem einen, andere vornehmlich im zweiten ihre Überprüfung und Korrektur erfahren. Möglicherweise kontrollieren die Basalganglien eher langsame motorische Aktionen, während das Cerebellum für die Kontrolle von schnellen und insbesondere rasch wechselnden, von antagonistischen Muskeln durchgeführten Bewegungen zuständig ist. Eine andere Auffassung ist z.B. bei Ghez u. Gordon (1996d) genauer dargelegt: Diese sieht die Bedeutung des Cerebellums – welches erwähntermaßen unmittelbar Informationen aus der Peripherie erhält und direkte Efferenzen zu Motoneuronen besitzt – eher in der Regulation von Einzelbewegungen; die Basalganglien, die keine direkten afferenten und efferenten Verbindungen mit dem Rückenmark aufweisen – dafür aber stärker als das Kleinhirn mit kortikalen Arealen Kontakt haben – sollten hingegen v.a. am Planen und Ausführen komplexer Handlungen beteiligt sein.

8 Lernen und Gedächtnis

8.1 Vorbemerkungen; Überblick

Trotz der sehr engen Beziehungen zwischen Lernen und Gedächtnis stehen die entsprechenden Abschnitte dieses Kapitels vergleichsweise unverbunden nebeneinander. Das liegt im wesentlichen daran, daß die Studien zu den biologischen Grundlagen des Lernens überwiegend einfach aufgebaute Versuche an ziemlich primitiven Tieren (etwa der Meeresschnecke Aplysia) sind, während man Kenntnisse über die biologischen Äquivalente des Gedächtnisses hauptsächlich aus Felduntersuchungen am Menschen sowie durch Experimente an einigen Primatenspezies und Ratten erlangt hat.

Der nächste Abschnitt (8.2) behandelt die biologischen Grundlagen einfacher Lernprozesse bei niedrigen Tieren (Sensitivierung, Habituation, klassische Konditionierung), der folgende (8.3) geht schwerpunktmäßig auf Gedächtnisprozesse höherer Säugetiere, speziell des Menschen, ein und enthält einen etwas ausführlicheren Abschnitt über Gedächtnisstörungen (Amnesien).

8.2 Lernen

8.2.1 Vorbemerkungen; Definitionen

Im hier gesetzten engen Rahmen kann weder eine ausführliche Definition von Lernen gegeben werden noch soll der Versuch gemacht werden, die möglichen Arten von Lernen zu charakterisieren und gegenüberzustellen. Es scheint auch nicht erforderlich, denn man beginnt gerade, die biologischen Grundlagen einfachsten Reiz-Reaktions-Lernens zu verstehen und auf dieses sollen sich die folgenden Ausführungen beschränken.

Auf bestimmte Reize treten Reaktionen vielfach reflektorisch auf, etwa der einfache monosynaptische Muskeleigenreflex oder der Fluchtreflex bei schmerzhafter Reizung der Fußsohle (s. 7.3). Die genannten Reiz-Reaktions-Verbindungen sind *angeboren* und durch die Existenz von gut funktionierenden Verschaltungen zwischen sensorischen und motorischen Neuronen zu erklären, etwa beim Muskeleigenreflex zwischen den afferenten Nervenzellen von Muskelspindeln und efferenten Axonen zu den Fasern desselben Muskels. Auch vegetative Reflexe sind großteils angeboren, so die auf die Anwesenheit von Speise im Mund erfolgende Speichelsekretion (bekanntlich Ausgangspunkt der Pawlowschen Versuche). Bei anderen, sehr viel komplexeren Reizen und Reaktionen, beispielsweise der Flucht eines Tieres bei Anblick eines Feindes, ist es keineswegs immer leicht zu entscheiden, ob es sich um eine angeborene Reiz-Reaktions-Verbindung oder eine spätere Erwerbung handelt. Weitere Reiz-Reaktions-Verbindungen sind unzweifelhaft im Laufe des Lebens gelernt, beispielsweise der Tritt auf die Bremse bei Anblick einer auf Rot geschalteten Ampel. Auch hier führt die Aktivierung sensorischer Neurone, vermutlich über eine Vielzahl von Verschaltungen, die wiederum von anderen Neuronen (z.B. aus dem Kortex) gebahnt oder gehemmt werden, zur Aktivierung von Motoneuronen.

Auf welchem Wege sich Verbindungen wie die oben genannte aufbauen, ist unbekannt. Eine Möglichkeit des Aufbaus einer Reiz-Reaktions-Verbindung stellt die *klassische Konditionierung* dar und über ihre anatomischen und neurochemischen Grundlagen ist man dabei, sich gewisse Klarheit zu verschaffen.

Neben Lernen durch Aufbau neuer Assoziationen zwischen zeitlich gekoppelten Reizen (dem *assoziativen Lernen*) kann Verhaltensänderung in der Schwächung oder Stärkung bereits bestehender assoziativer Verbindungen bestehen (Varianten *nichtassoziativen Lernens*). Beispiele dafür sind *Habituation* und *Sensitivierung*; da sie auch an primitiven Organismen vergleichsweise leicht zu studieren sind, ist über ihre biologische Grundlagen mehr bekannt.

8.2.2 Neuronale Grundlagen von Habituation, Sensitivierung und klassischer Konditionierung

Definitionen; Überblick: Habituation, die allmähliche *Abschwächung einer Reaktion bei wiederholter Darbietung des Reizes*, ist eine wichtige Form des Lernens und eine Ursache der Gewöhnung (etwa indem sich Waldtiere bald an vorüberfahrende Eisenbahnzüge gewöhnen). Das Gegenteil ist die Verstärkung einer zuvor mäßigen oder schwachen Reaktion auf den gleichen Reiz. Sie kann beispielsweise dann auftreten, wenn auf den Reiz eine angenehme Konsequenz folgt oder eine unangenehme Konsequenz ausbleibt (Prinzip des operanten Lernens). Auch auf andere Art, z.B. durch vorangehende Einwirkung eines starken Stimulus, läßt sich eine solche Sensitivierung herbeiführen (Sensitivierung im strengen Sinne, der allein im weiteren betrachtete Fall).

Ausgangspunkt der *klassischen Konditionierung* ist die Existenz einer festen (üblicherweise angeborenen) Reiz-Reaktions-Verbindung: Ein bestimmter Reiz (der *unkonditionierte Stimulus* = UCS) ist reflexhaft von einer Reaktion (der *unkonditionierten Reaktion* = UCR) gefolgt, etwa bei den Pawlowschen Versuchen die Anwesenheit von Speise im Mund (UCS) von einer Speichelsekretion (UCR). Präsentiert man einen anderen Reiz, beispielsweise einen Ton, wiederholt vor dem UCS, erhält dieser neue Reiz die Eigenschaft eines *konditionierten Stimulus* (CS): Auf ihn folgt eine Reaktion (CR = konditionierte Reaktion), die der UCR qualitativ gleich ist, allerdings typischerweise eine größere Latenz besitzt und schwächer ist. Im genannten Beispiel löst also nach erfolgter klassischer Konditionierung der Ton als CS allein (mit gewisser Verzögerung) eine etwas schwächere Speichelsekretion (CR) aus. Zu beachten ist allerdings, daß die konditionierte Reiz-Reaktions-Verbindung nach gewisser Zeit verloren geht (*Löschung* oder *Extinktion*), sofern nicht zwischendrin UCS und CS wieder gepaart präsentiert werden (Bekräftigung). In jedem Fall wurde, wenn auch eventuell nur für kürzere Zeit, eine neue Verknüpfung zwischen einem Reiz und einer Reaktion hergestellt.

Daß dieser reichlich künstliche, v.a. im Labor praktizierbare klassische Konditionierungsvorgang wesentliche Relevanz für das natürliche Lernen besitzt, muß bezweifelt werden. Versuche, neurotisches Verhalten über klassische Fehlkonditionierung zu erklären (das lange von verschiedenen Seiten propagierte Genesemodell von Phobien) dürfen getrost als gescheitert angesehen werden; die Herstellung einer assoziativen Verbindung zwischen phobischem Objekt und der Angstreaktion muß in aller Regel anders erklärt werden. Gleichwohl besitzt die klassische Konditionierung für die biopsychologische Forschung eine wesentliche Bedeutung, da sie nachweislich ein Weg ist, auch bei niedrigen Organismen Reiz-Reaktions-Verbindungen aufzubauen und deren neurophysiologische Grundlagen zu studieren.

Das einfachste biologische Modell geht davon aus, daß *bereits bestehende schwache synaptische Verbindungen* zwischen Neuronen vom Sinnesrezeptor für CS (also im gegebenen Beispiel aus dem Hörorgan) und Effektorneuronen (vegetativen Fasern zu Speicheldrüsen) *ausgebaut werden*; dies soll dadurch geschehen, daß gleichzeitig mit der Aktivierung des Neurons aus dem Hörorgan die vegetativen Fasern durch Reizung zugehöriger afferenter Neurone (hier von den Geschmackspapillen der Zunge) zum Feuern gebracht werden. Auch der unbedingte Reflex ist i.a. bereits polysynaptisch, also zwischen afferentem Neuron von den Geschmackspapillen und efferenter Faser zu den Speicheldrüsen mindestens ein weiteres Neuron eingeschoben; da die Latenz zwischen CS und CR länger ist, muß man noch von einer größeren Anzahl vermittelnder Neurone ausgehen.

Habituation, Sensitivierung sowie ansatzweise klassische Konditionierung lassen sich an primitiven Organismen mit nur wenigen Neuronen und Reiz-Reaktions-Möglichkeiten erzeugen und in ihren biologischen Grundlagen genauer studieren. Berühmt geworden sind hier besonders die Untersuchungen der Arbeitsgruppe um Kandel an der *Meeresschnecke Aplysia* (für eine Zusammenfassung s. Kandel 1996d; s. auch Krasne u. Glanzman 1995 für einen Überblick weiterer entsprechender Studien an wenig entwickelten Tierarten).

Habituation und Sensitivierung bei Aplysia: Die kalifornische Meeresschnecke (*Aplysia californica*) ist ein einfach gebautes wirbelloses Tier mit lediglich etwa 20.000 Neuronen und einer geringen Vielfalt von Sinnesrezeptoren und motorischen Organen, so daß insgesamt nur wenig Reiz-Reaktions-Verbindungen auftreten. Dazu gehören u.a. Abwehrreflexe: Berührt man die Kieme (das Atmungsorgan), den Syphon (einen hohlen, fleischigen Auswuchs zum Ausstoß von Wasser und Abfallprodukten) oder den Schwanz, so werden diese Teile eingezogen. Berührung des Syphons führt nicht nur zur Retraktion dieses Organs, sondern auch zum Einzug der Kieme (im weiteren *Kiemenrückziehreflex* oder *Kiemenretraktionsreflex* genannt). Die neuronale Verschaltung dieses Reflexbogens ist bekannt: Die sensorischen Neurone nehmen ihren Ausgang von Sinnesrezeptoren im Syphon und enden direkt an Motoneuronen zur Kieme – es handelt sich hier also um einen monosynaptischen Fremdreflex; Transmitter an diesen Synapsen ist Glutamat. Kollateralen der sensorischen Neuronen haben zudem Kontakt mit inhibitorischen und exzitatorischen Interneuronen, die ebenfalls am Motoneuron zur Kieme enden (s. Abb. 8.1).

8.2 Lernen

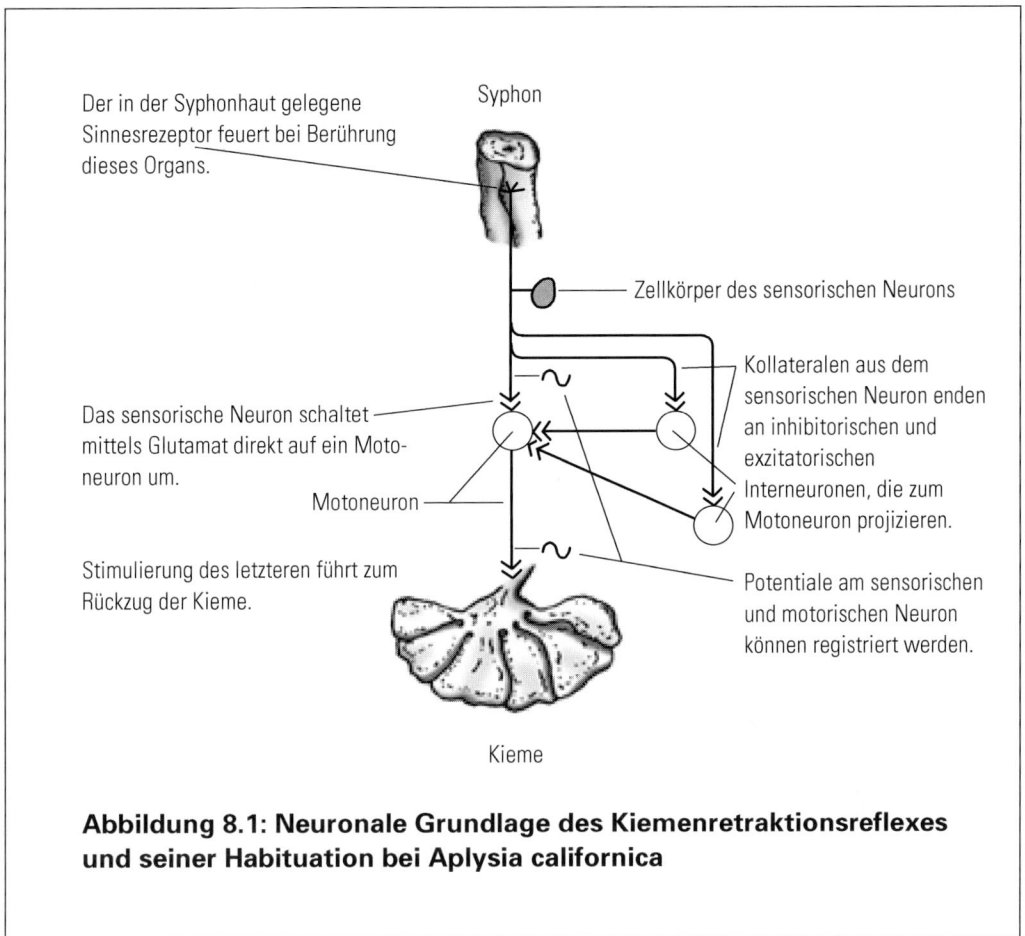

Abbildung 8.1: Neuronale Grundlage des Kiemenretraktionsreflexes und seiner Habituation bei Aplysia californica

An diesem Kiemenretraktionsreflex läßt sich *Habituation* beobachten und zwar sowohl *kurzfristig* wie *langfristig*: Wird in geringen zeitlichen Abständen der Syphon berührt, fällt die Kiemenretraktion zunehmend schwächer aus, um schließlich nach einiger Zeit ganz zu verschwinden. Da die in der sensorischen Zelle abgeleiteten Potentiale auch nach vielfachen Reizungen ihre Größe und Anzahl beibehalten, handelt es sich *nicht* um *Veränderungen am Sinnesrezeptor des Syphons*. Es läßt sich nachweisen, daß vielmehr die *synaptische Übertragung* auf das Motoneuron bzw. die Interneurone *schwächer* wird und zwar im wesentlichen als Folge verminderter Glutamatausschüttung aus dem sensorischen Neuron; diese resultiert möglicherweise wiederum daraus, daß nach mehreren am Ende des Neurons ankommenden Aktionspotentialen nur mehr geringer Calciumeinstrom resultiert. Diese kurzfristige, durch verminderte Transmitterausschüttung zu erklärende Habituation geht (zunächst) verloren, wenn für eine gewisse Zeit die Reizungen ausgesetzt werden. Führt man nun in größeren Abständen mehrere solcher Trainingssitzungen durch, so ergibt sich auch ein langfristiges, über mindestens eine Woche anhaltendes Ausbleiben der

Kiemenretraktion. Somit finden bei dieser langfristigen Habituation Veränderungen statt, welche über eine kurze „Erschöpfung" des Calciumeinstroms und der Transmitterfreisetzung hinausgehen, aber noch nicht in Einzelheiten bekannt sind; nachgewiesen ist eine *zahlenmäßige Verringerung der Synapsen* zwischen sensorischen und motorischen Neuronen (Kandel 1996d).

Auch das Gegenstück zur Habituation, die *Sensitivierung*, d.h. eine verstärkte Reaktion auf den gleichbleibenden Reiz, läßt sich bei Aplysia nachweisen. Das gelingt dadurch, daß man am Schwanz einen kräftigen elektrischen Schock verabreicht; anschließende Berührungen des Syphons lösen stärkere Kiemenretraktion aus als vor dieser Behandlung (s. auch Castellucci u. Kandel 1976). Diese Sensitivierung nach einmaligem Schock hält mehrere Minuten an (*Kurzzeitsensitivierung*). Verteilt man die elektrischen Schläge am Schwanz über einige Tage, so läßt sich noch über mehrere Wochen ein stärkerer Kiemenrückziehreflex nachweisen (*Langzeitsensitivierung*).

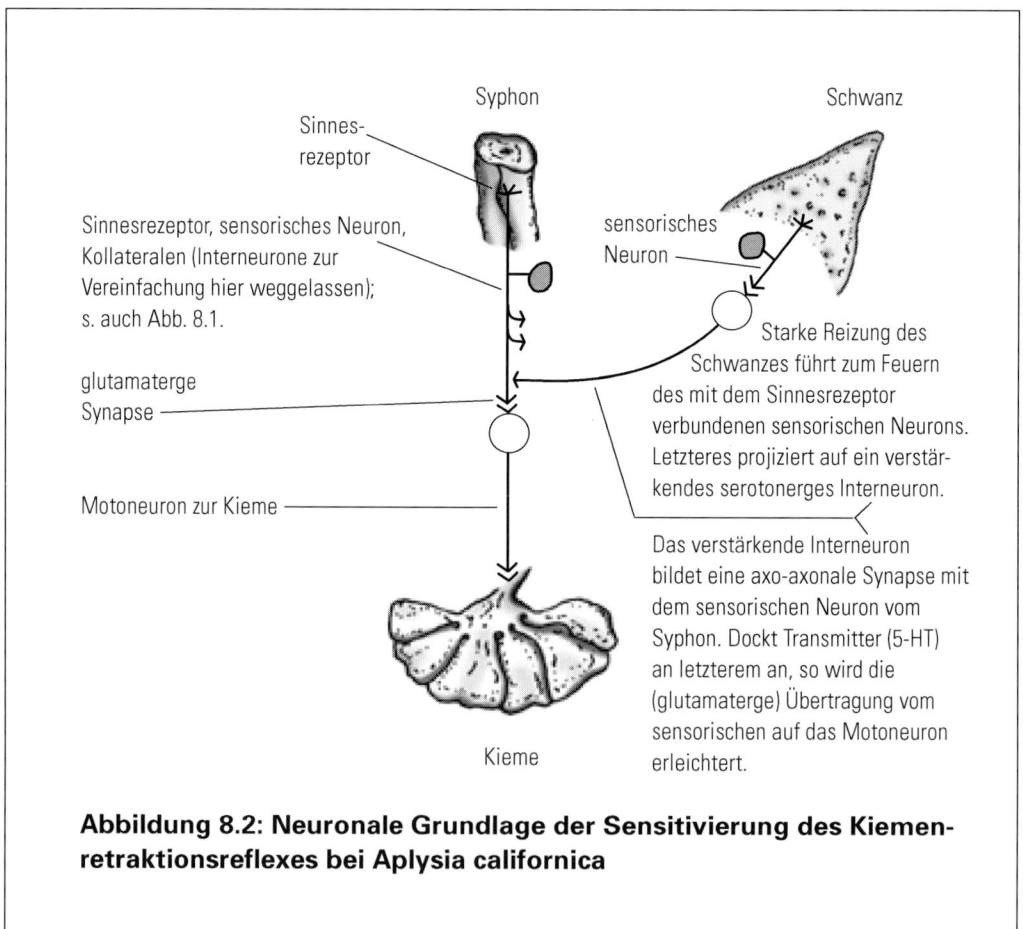

Abbildung 8.2: Neuronale Grundlage der Sensitivierung des Kiemenretraktionsreflexes bei Aplysia californica

Da noch ein weiteres Neuron beteiligt ist, nämlich das vom Schwanz ausgehende sensorische, ist die neuronale Verschaltung bei der Sensitivierung komplizierter als

8.2 Lernen

bei der Habituation. Vereinfacht dargestellt, aktiviert die von einem Sensor des Schwanzes ausgehende Nervenzelle ein Interneuron, welches wiederum nahe eines Endknöpfchens des Neurons vom Syphon ansetzt, mit ihm vor der Synapse zum Motoneuron eine axo-axonale Synapse bildet (Abb. 8.2). Somit sind die Voraussetzungen für *präsynaptische Hemmung* bzw. *Bahnung (Verstärkung)* gegeben (s. 3.2.6). In diesem Fall handelt es sich um eine *Bahnung*: Das durch den starken Reiz am Schwanz indirekt aktivierte Interneuron setzt (vermutlich) Serotoninmoleküle frei, welche an G-Protein-gekoppelten Rezeptoren der Endknöpfchen (des Syphonneurons) andocken und dort über komplizierte Zwischenschritte (Aktivierung der Adenylylzyklase, Bildung von cAMP, Aktivierung der cAMP-abhängigen Proteinkinase, Veränderung der räumlichen Konfiguration von Kaliumkanälen, Erschwerung der Repolarisation) die Dauer von Aktionspotentialen verlängern, welche – vom Syphonsensor ausgehend – die Synapse zum Motoneuron erreichen. Resultat ist erhöhter Einstrom von Calciumionen, die schließlich eine größere Transmitterausschüttung als sonst aus dem Syphonneuron bewirken. Dieser Effekt scheint – Folge der eher trägen second-messenger-Prozesse bei Stimulierung G-Protein-gekoppelter Rezeptoren – eine gewisse Zeit anzuhalten, so daß auch noch die Transmitterausschüttung von Aktionspotentialen erhöht ist, die erst Minuten später durch Syphonreizung erzeugt werden. Dieselbe Wirkung läßt sich übrigens direkt durch Einbringung von Serotonin in Synapsennähe – anstelle des schmerzhaften Reizes des Schwanzes – erzeugen.

Während für die *kurzfristige Sensitivierung* des Kiemenretraktionsreflexes bei Aplysia californica plausible Entstehungsmodelle vorliegen, ist die *Langzeitsensitivierung* bei wiederholter Reizung des Schwanzes schwerer zu erklären. Offensichtlich resultieren *Veränderungen der Proteinproduktion* in den beteiligten Neuronen, denn Proteinsynthesehemmer blockieren diese Langzeitsensitivierung (Castellucci et al. 1989). Man nimmt an, daß die durch Besetzung des Serotoninrezeptors indirekt aktivierte cAMP-abhängige Proteinkinase nicht nur unmittelbar die Konfiguration von Kaliumkanälen verändert, sondern im Falle häufigerer Stimulierung des Serotoninrezeptors (durch Schmerzreize am Schwanz oder durch Zufuhr von Serotonin) auch in den Zellkern eindringt und an der DNA längerfristig die Synthese gewisser Proteine anregt, welche ihrerseits auf die Konfiguration der Kaliumkanäle Einfluß nehmen und zu erhöhtem Calciumeinstrom führen; somit hätten von den Syphonsensoren ausgehende Aktionspotentiale stärkere Transmitterausschüttung zur Folge. Zudem scheint Langzeitsensitivierung nicht nur die Effizienz synaptischer Übertragung zu verbessern, sondern auch die Zahl der Synapsen zu erhöhen (dargestellt nach Kandel 1996d).

Klassische Konditionierung bei Aplysia: Der Kiemenretraktionsreflex bei Aplysia kann auch *klassisch konditioniert* werden (s. Abb. 8.3). Im Gegensatz zur Sensitivierung, bei der ein starker Reiz (Elektroschock am Schwanz) unspezifisch die Feuerungsrate in vielen neuronalen Verschaltungen erhöht – unabhängig, ob diese zur Zeit des Elektroschocks aktiviert waren –, setzt die klassische Konditionierung eine genaue *zeitliche Abstimmung verschiedener Stimuli* voraus; es handelt sich dabei um eine Form des *assoziativen Lernens*.

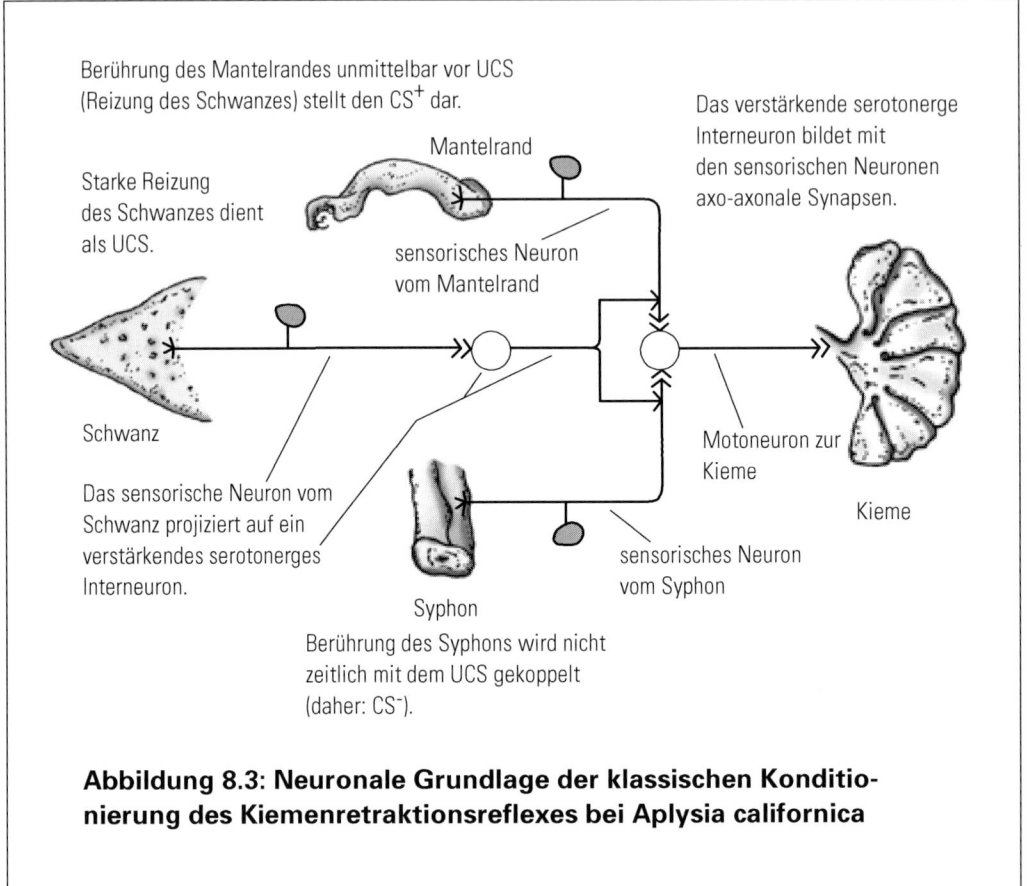

Abbildung 8.3: Neuronale Grundlage der klassischen Konditionierung des Kiemenretraktionsreflexes bei Aplysia californica

Im typischen Versuch wird dabei der sogenannte Mantelrand der Meeresschnecke (ein Teil der Haut nahe der Kieme) leicht berührt und Bruchteile von Sekunden danach ein Elektroschock am Schwanz verabreicht (was unkonditioniert zum Rückzug der Kieme führt). Nach genügend häufiger Wiederholung dieser Prozedur wird die Kieme bereits bei Berührung des Mantelrandes eingezogen; letzterer Reiz hat also die Qualität eines konditionierten Stimulus erhalten (CS, hier genauer zur Unterscheidung im folgenden mit CS^+ bezeichnet). Wird hingegen Berührung des Syphons (CS^-) nicht mit Elektroschock am Schwanz gepaart, so führt diese nicht im weiteren zu einem deutlichen Rückzug der Kieme. (Es ist natürlich auch hier eine Sensitivierung eingetreten, deren Effekt jedoch klein ist gegenüber jenem, welcher bei zeitlicher Koordinierung von CS^+ und UCS erreicht werden kann).

Die beteiligten Neurone sind die gleichen wie bei der oben geschilderten Sensitivierung, wobei allerdings die aktivierte Bahn im gewählten Beispiel nicht vom Syphon, sondern vom Mantelrand ausgeht; es wäre selbstverständlich ebenso möglich, die Syphonberührung zum CS^+, die des Mantelrandes zum CS^- zu machen. Neu ist, daß die vorangehende Aktivierung des sensorischen Neurons vom Mantelrand in Kombination mit dem Elektroschock sehr viel stärkere Effekte zeitigt als die unkoor-

8.2 Lernen

dinierte Sensitivierung, die präsynaptische Verstärkung am Mantelkantenneuron durch Feuern des Axons vom Schwanz also hier besonders ausgeprägt ist. Im Gegensatz zur *Sensitivierung*, wo Serotoninrezeptoren eines *unerregten sensorischen Neurons* besetzt werden, ist das sensorische Neuron vom Mantelrand bei der Andockung von Serotonin *gerade erregt* und enthält deshalb *mehr Calciumionen* als sonst. Diese greifen nun verstärkend in die Vorgänge der nachgeschalteten Signaltransduktion ein, insbesondere in die Bildung von cAMP und der cAMP-abhängigen Proteinkinase; somit erfolgt eine stärkere Repolarisationshemmung und daher auf oben beschriebenem Wege eine erhöhte Transmitterfreisetzung in Richtung auf das Kiemen-Motoneuron (s. Abb. 8.4); aufgrund der Trägheit der nachgeschalteten Signaltransduktionsprozesse führen auch nachfolgende Reizungen des CS^+-Neurons noch zu stärkerer synaptischer Übertragung auf das Motoneuron (für ein anderes Modell, welches die Veränderungen bei der klassischen Konditionierung im postsynaptischen Motoneuron annimmt, s. Glanzman 1995). Wiederholte Paarung von UCS und CS^+ würde dann wie bei der einfachen Sensitivierung zum *Eindringen von Proteinkinase in den Zellkern* und zur weiteren *Stimulierung der Proteinsynthese* führen.

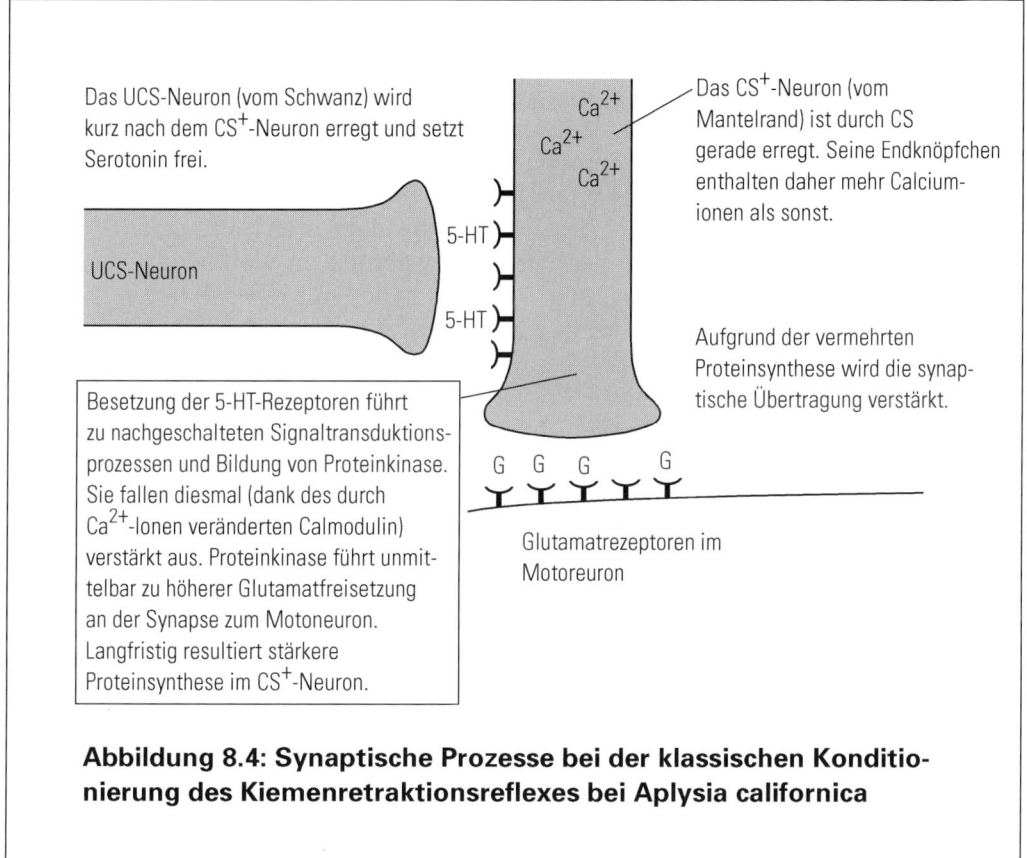

Abbildung 8.4: Synaptische Prozesse bei der klassischen Konditionierung des Kiemenretraktionsreflexes bei Aplysia californica

Im Einzelnen stellt man sich die Signaltransduktion im bereits erregten sensorischen Neuron vom Mantelrand (dem CS^+-Neuron) so vor: Serotonin, freigesetzt aus dem UCS-Neuron (vom Schwanz) führt im CS^+-Neuron zur Abspaltung von G-Proteinen und zur Aktivierung der Adenylylzyklase. Dieser Schritt fällt besonders wirkungsvoll aus, wenn an das Enzym Adenylylzyklase das sogenannte Calmodulin gebunden ist; letzteres ist dazu aber nur in der Lage, wenn es vorher durch Calciumionen seine Konfiguration verändert hat. Die ausgeprägt aktivierte Adenylylzyklase wandelt dann mehr ATP in cAMP um, dieses aktiviert mehr cAMP-abhängige Proteinkinase und diese wiederum erschwert die Repolarisation mehr als bei der einfachen Sensitivierung. Das verlängerte Aktionspotential führt dann auf oben beschriebenen Wegen zu erhöhtem Calciumeinstrom und damit stärkerer Transmitterfreisetzung.

Die Bedeutung des cAMP-Systems für die geschilderten Prozesse ergibt sich auch aus Studien mit der Taufliege Drosophila. Bei Mutanten, die Störungen im cAMP-System aufweisen, gelingt nämlich weder Sensitivierung noch klassische Konditionierung (verkürzt und vereinfacht nach Kandel 1996d).

8.3 Gedächtnis

8.3.1 Begrifflichkeiten; Vorbemerkungen

Vereinfacht und möglicherweise im Ausdruck etwas nachlässig, aber für die weiteren Überlegungen sicher ausreichend, läßt sich das Gedächtnis in drei Teilleistungen zerlegen, nämlich 1) die Speicherung von Eindrücken, 2) ihre Aufbewahrung in geeigneter Form (als sogenannte Engramme) und 3) ihre Reproduktion zu einem sinnvollen Zeitpunkt („Abruf"). Bei der Speicherung handelt es sich um einen Vorgang der „Ablage"; um Verwechselung mit der Aufbewahrung zu verhindern, scheint es sinnvoller, den Begriff „Einspeicherung" (in etwa synonym: Konsolidierung) zu gebrauchen. Für Reproduktion oder Abruf wird in der Literatur auch Ekphorierung oder Ekphorie verwendet (von griech. ek = heraus, pherein = bringen).

Daß es sich hier um verschiedene Vorgänge handelt, die isoliert gestört sein können und die deshalb vermutlich unterschiedliche biologische Grundlagen haben, ist beispielsweise an *Konsolidierungsstörungen* zu sehen, welche im Anschluß an Hirnoperationen, im Rahmen alkoholischer Amnesien (Korsakow-Syndrom) oder bei Demenzen (etwa der Alzheimer-Krankheit) auftreten können. Dabei sind die Betroffenen oft nicht in der Lage, neue Eindrücke für mehr als wenige Minuten zu behalten, haben aber meist keine Schwierigkeiten, sich an vor langer Zeit Vorgefallenes zu erinnern (z.B. Jugenderlebnisse). Umgekehrt ist jedem das Phänomen bekannt, bei normal funktionierendem Gedächtnis (insbesondere erhaltener Fähigkeit zur Einspeicherung) Gedächtnisinhalte nicht reproduzieren zu können (z.B. Eigennamen); oft gelingt dies unter anderen Bedingungen, so daß man nicht einen Verlust des Engramms, sondern eine Störung des Abrufs (der Ekphorierung) annehmen muß.

Häufig ist es keineswegs einfach zu entscheiden, ob ein Eindruck aus dem Gedächtnis verschwunden ist oder nur nicht ekphoriert werden kann. Freud hat die sehr interessante These vertreten, daß wichtige Eindrücke überhaupt nicht ausgelöscht werden, sondern nur zeitweilig dem bewußtseinsfähigen Denken unzugänglich sind (Verdrängung). Diese These ist gedächtnispsychologisch keineswegs widerlegt, allerdings auch nie in methodisch einwandfreier Weise nachgewiesen.

8.3 Gedächtnis

Störungen der Gedächtnisleistung werden als *Amnesien* bezeichnet (griech. mnesis = Gedächtnis; die Vorsilbe a, das sogenannte α-privativum, drückt das Nicht-Vorhandensein aus). Konsolidierungsstörungen äußern sich in Form *anterograder Amnesie* (lat. anterograd = nach vorne schreitend), Störungen der Aufbewahrung bzw. der Reproduktion als *retrograde Amnesie* (retrograd = rückwärtsschreitend); darunter wird die Unfähigkeit verstanden, sich an das während eines gewissen Zeitraums Vorgefallene zu erinnern. Beide Bezeichnungen geben v.a. dann Sinn, wenn Gedächtnisstörungen im Zusammenhang mit einem punktuellen Ereignis (etwa einem Sturz mit Gehirnerschütterung) beschrieben werden. In diesem Fall besteht für eine gewisse Zeit danach eine anterograde Amnesie (also die Unfähigkeit, Eindrücke zu speichern), für ein bestimmtes Zeitintervall vor dem Unfall retrograde Amnesie: Die letzten Minuten oder gar Stunden vor dem Ereignis werden nicht erinnert, ebensowenig der Sturz selbst; die Erinnerung kehrt häufig anterograd zurück, bis schließlich nur die letzten Eindrücke vor dem Unfall unzugänglich bleiben. Weniger hilfreich sind die Begriffe jedoch zur Beschreibung langsam einsetzender Gedächtnisstörungen, etwa im Rahmen progredienter Demenzen; dabei ist zumeist nicht mehr zu unterscheiden, ob ein Eindruck gar nicht mehr gespeichert werden konnte (anterograde Amnesie) oder nach Speicherung wieder verloren gegangen ist (retrograde Amnesie).

Es hat sich als sinnvoll erwiesen, ein *Kurzzeit- oder Immediatgedächtnis* von einem *Langzeitgedächtnis* zu unterscheiden. Im ersten Fall liegt zwischen Erhalt einer Information (etwa Lesen einer Telefonnummer) und ihrer Verwertung (Wählen dieser Nummer) nur kurze Zeit (Sekunden bis Minuten), im anderen Fall ein oft viel größeres Intervall. Es gibt gute Gründe anzunehmen, daß diesen beiden Gedächtnisleistungen verschiedene Mechanismen zugrundeliegen. Bei vielen Amnesien, etwa der alkoholischen oder Korsakow-Amnesie, ist das Immediatgedächtnis nicht gestört; Tests, die kurzfristiges Behalten von Zahlen- oder Wortreihen erfassen, fallen hier in der Regel nicht pathologisch aus, während auch wichtige Eindrücke kaum über wenige Minuten hinaus haften bleiben. Möglicherweise erfahren die Eindrücke im Kurzzeitgedächtnis keine Niederschrift; die Konsolidierung oder Einspeicherung würde dann dem Übergang vom Kurzzeit- ins Langzeitgedächtnis entsprechen.

Weiter lassen sich Unterscheidungen nach den *Gedächtnisinhalten* vornehmen. Die in diesem Kontext Wichtigste ist die zwischen *explizitem* oder *deklarativem* Gedächtnis einerseits, *implizitem* oder *prozeduralem* andererseits. Aus dem deklarativen Gedächtnis werden Inhalte bewußt und verbal abgerufen, beispielsweise die Elemente einer zuvor eingeprägten Wortliste; im prozeduralen Gedächtnis sind Inhalte gespeichert, die i.a. nicht verbal wiedergegeben werden, etwa motorische Fähigkeiten. Bei einigen Amnesien ist das explizite Gedächtnis sehr viel mehr als das implizite beeinträchtigt; so könnten beispielsweise bestimmte handwerkliche Fähigkeiten gelernt werden, während die Trainingssituation selbst nicht mehr erinnert wird.

Biopsychologisch ergeben sich nach dem oben Gesagten u.a. folgende Fragen: 1. Welche Hirnstrukturen sind für die Einspeicherung verantwortlich und welche Prozesse spielen sich dabei ab? Wie läßt sich mit biologischen Eingriffen diese Einspeicherung verhindern und wie verbessern? 2. Wo im Gehirn und in welcher Form werden die eingespeicherten Eindrücke aufbewahrt? 3. Welche Strukturen und welche Mechanismen sind an der Reproduktion dieser Eindrücke beteiligt?

Es ist gleich vorauszuschicken, daß diese zwar naiv gestellten, aber in ihrer Schlichtheit gewisse Berechtigung aufweisenden Fragen augenblicklich nur unzureichend beantwortet werden können. Entsprechend werden die Ausführungen dazu auch eher kurz ausfallen; es macht wenig Sinn, Befunde unverbunden aneinanderzureihen, die möglicherweise andere Erkenntnisse bringen, aber zur Beantwortung dieser zentralen Fragestellungen wenig beitragen (für Weiteres zu den biologischen Grundlagen des Gedächtnisses s. beispielsweise Zola-Morgan u. Squire 1993 oder Markowitsch 1998, insbesondere zur Pathophysiologie des Gedächtnisses auch Markowitsch 1999).

8.3.2 Konsolidierung

Rolle des Hippocampus und anderer zentralnervöser Strukturen: Ein wichtiges anatomisches Substrat, welches an dem Vorgang der Einspeicherung beteiligt ist, ist der *Hippocampus*. Das ergibt sich insbesondere aus Beobachtungen von Amnesien bei Schädigungen oder Fehlen dieser Struktur (hier speziell am Fall des berühmten Patienten H.M.), zudem aus Studien mit bildgebenden Verfahren während Konsolidierungsprozessen; schließlich weisen Läsionsversuche an Tieren in diese Richtung.

Der Hippocampus (griech. Seepferdchen, auch als Ammonshorn = Cornu ammonis = CA bezeichnet) ist, wie in 2.6.11 ausgeführt, ein Teil des Kortex mit nur dreischichtigem Aufbau, der funktionell dem limbischen System zugerechnet wird. Er liegt, in einer Lateralansicht nicht zu erkennen, an der medialen, der Fissura Sylvii (Fissura lateralis) zugewandten Seite des Temporallappens und hat eine etwa S-förmige Struktur. Zur weiteren Hippocampusregion oder -formation werden u.a. der entorhinale Kortex (das „Riechhirn" im engeren Sinn), der Gyrus parahippocampalis und der Gyrus dentatus gerechnet.

Der berühmte Patient H.M., dessen Fall die Gedächtnisforschung ausgesprochen angeregt und einen Paradigmenwechsel wieder zurück zu lokalisatorischen Ansätzen begründet hat, mußte sich wegen schwerer epileptischer Anfälle im Alter von 27 Jahren einer Operation unterziehen, bei der die medialen Temporallappen beidseits, also u.a. die Hippocampi (daneben aber die Amygdalae) entfernt wurden. Der Patient wurde vielfach untersucht und der Fall in zahlreichen Publikationen behandelt; ausführlichere Darstellungen der Befunde geben u.a. Carlson (1991, S. 461 ff.; 2001, S. 470 ff.), Kupfermann u. Kandel (1996), Rosenzweig et al. (1996, S. 612 ff.) sowie Pinel (1997, S. 368 ff.). Während sich keine Einschränkung der Intelligenz zeigte, wies H.M. eine *retrograde Amnesie* auf, die circa einen Zeitraum von zwei Jahren vor der Operation umfaßte, daneben eine *ausgeprägte anterograde Amnesie*: Der Patient konnte praktisch keine neuen Eindrücke sammeln, sein Sprachschatz blieb auf dem Stand etwa zur Zeit der Operation stehen: Mit seither neu hinzugekommenen Begriffen wie „Blumenkind" lernte er nie etwas anzufangen. Wortlisten konnte er nicht länger als für wenige Minuten behalten, machte hingegen bei einigen nonverbalen Aufgaben gewisse Lernfortschritte; u.a. verbesserten sich seine zeichnerischen Fähigkeiten und auch eine klassische Konditionierung konnte erworben und für längere Zeit aufrechterhalten werden. An die Untersuchungen konnte er sich wenig später nicht mehr im geringsten erinnern. Als wesentliche Ergebnisse ließen sich festhalten, daß das Kurzzeitgedächtnis nicht gelitten hatte, ebensowenig die Aufbewahrung und der Abruf älterer Gedächtnisinhalte, hingegen Einspeichern in das deklarative Langzeitgedächtnis (weniger in das prozedurale) fast unmöglich geworden war. Untersuchungen an einem weiteren Fall mit enger lokalisierten Einschränkungen zeigten, daß Störung der Konsolidierung schon bei isolierter Läsion des Hippocampus (spezifischer: einer Subregion CA1) auftritt.

Die Bedeutung des Hippocampus für die Einspeicherung zeigen weiter PET-Studien an gesunden Probanden, bei denen sich während Konsolidierungsprozessen Aktivierung der linken Hippocampusregion fand (zur Literatur s. Markowitsch 1999, S. 68). Läsionsversuche an Tieren ergaben zudem, daß nach Zerstörung der Hippocampi die Merkfähigkeit für räumliche Zusammenhänge reduziert war.

Interessanterweise finden sich bei den zahlreichen Patienten mit *alkoholbedingten amnestischen Störungen* im Sinne eines *Korsakow-Syndroms* (u.a. mit deutlichen anterograden Amnesien) im wesentlichen keine ausgeprägten Schäden der Hippocampusregion, sondern v.a. des *medialen Zwischenhirns*, speziell bestimmter Thalamuskerne, eventuell auch der Mamillarkörper (s. dazu Zola-Morgan u. Squire 1993). Ob hierbei Verbindungen zum oder vom Hippocampus zerstört sind oder ob diese dienzephalen Strukturen per se an der Konsolidierung beteiligt sind, scheint nicht geklärt. Umstritten ist auch, welche Bedeutung der Nucleus basalis Meynert (ein Kerngebiet des basalen Vorderhirns, das zahlreiche cholinerge Neurone in den Kortex entsendet) für die Einspeicherung hat; bei Patienten mit Alzheimer-Krankheit wurden wiederholt Schädigungen dieser Region beschrieben (s. auch 8.3.4). Ob eventuell Teile des Neokortex an der Konsolidierung von (deklarativen) Informationen beteiligt sein könnten, wird diskutiert (s. dazu Markowitsch 1999, S. 63 f.).

Tabelle 8.1: An der Einspeicherung (Konsolidierung) vermutlich beteiligte Hirnstrukturen

Hirnstruktur	zugehörige Befunde
Hippocampus (insbesondere wohl Subregion CA1)	anterograde Amnesien nach Entfernung des Hippocampus (s. Patient H.M.) PET-Studien zeigen erhöhte Aktivierung der Region bei Konsolidierungsprozessen nach Zerstörung bei Tieren Störung der Merkfähigkeit für räumliche Zusammenhänge
mediales Zwischenhirn (bestimmte Thalamuskerne) Corpora mamillaria	häufig Schädigung im Rahmen alkoholbedingter Amnesien festgestellt
Nucleus basalis Meynert	noch unklar; Schädigungen dieser Region bei Alzheimer-Krankheit?
neokortikale Areale	noch unklar

Mechanismen der Einspeicherung: Dazu liegt letztlich wenig Gesichertes vor. Offenbar dauert der Prozeß selbst eine gewisse Zeit und ist dabei leicht zu stören. Dafür spricht die retrograde Amnesie, die bei Schädel-Hirn-Traumen, Epilepsien und auch im Rahmen von Elektrokrampftherapie beobachtet wird; in Tierversuchen ließ sich zeigen, daß Elektrokrampfbehandlung Lernvorgänge unterbinden kann, wenn sie kurz nach der Lernübung verabreicht wird (Pinel 1969).

An der *Einspeicherung* scheinen zwei Transmittersysteme in besonderem Maße beteiligt zu sein, nämlich das *cholinerge* und das *glutamaterge*. Beispielsweise beeinträchtigt Scopolamin, welches die muskarinergen Acetylcholinrezeptoren blockiert (s. 4.2.7), das Speichern neuer Information, während die Reproduktion älterer Gedächtnisinhalte dadurch nicht gestört wird (Drachman u. Leavitt 1974). Weiter ließ sich zeigen, daß das die Muskarinrezeptoren stimulierende Arecolin Auswendiglernen einer Wortliste erleichtert (Sitaram et al. 1978). Auch der Gedächtnisleistungen fördernde Effekt von Nikotin dürfte mit großer Sicherheit auf Anregung von Acetylcholinrezeptoren zurückzuführen sein (s. etwa Zarrindast et al. 1996 sowie die bei Köhler 2000, S. 178 f. angeführte Literatur).

Daneben spielen glutamaterge Neurone bei Konsolidierungsvorgängen eine große Rolle. So sind die amnestischen Lücken bei reichlichem und raschem Alkoholgenuß („Black-outs", „Filmrisse") möglicherweise auf die Blockade von NMDA-Rezeptoren für Glutamat im Hippocampus zurückzuführen (Diamond u. Gordon 1997; zur Bedeutung des NMDA-Rezeptors bei der Langzeitpotenzierung s. unten).

Die Enkodierung besteht nach gängigen Modellvorstellungen in der *Verstärkung synaptischer Verbindungen*. Ein Engramm hätte dann, vereinfachend-anschaulich ausgedrückt, die Gestalt von Nervenzellverbänden, die durch gut funktionierende Synapsen miteinander in Verbindung stehen, so daß eine Erregung besonders leicht diese Neuronenpfade durchlaufen kann. Die Optimierung zuvor schwacher oder nur mittelgradig aktiver synaptischer Verbindungen geschieht nach dieser Modellvorstellung dadurch, daß die betreffenden neuronalen Bahnen im Kurzzeitgedächtnis wiederholt durchlaufen werden (sogenannte Reverberation) und so ihre Synapsen verändern, eine zunächst nur funktionelle Aktivierung also morphologische Veränderungen nach sich zieht.

Daß so etwas prinzipiell möglich ist, zeigt das Phänomen der *Langzeitpotenzierung* (long-term potentiation): Reizt man (schwach) mittels einer eingebrachten Elektrode im Tierversuch bestimmte Nervenbündel der Hippocampusregion, so läßt sich am Ende dieser Bahnen eine Potentialveränderung messen, die sich als Summe der exzitatorischen postsynaptischen Potentiale (EPSPs) ergibt und Indikator für die Stärke der synaptischen Übertragung in dieser Region ist. Wird nach gewisser Zeit dieser Vorgang wiederholt, so hat sich das abgeleitete EPSP-Summenpotential – erwartungsgemäß – nicht verändert. Anders ist die Situation, wenn man eine einmalige salvenartige Stimulierung durch die eingesetzte Elektrode vornimmt (oder wenigstens in kurzen Abständen hintereinander eine gewisse Anzahl von Einzelreizen setzt). Anschließend führt nämlich ein Einzelreiz im selben Neuronenbündel zu einem sehr viel stärkeren EPSP-Summenpotential. Diese Verstärkung der Reizübertragung durch massierte Stimulation der betreffenden Bahn wird als Langzeitpotenzierung (engl. long-term potentiation, von lat. potentius = stärker). Interessanterweise wirkt die starke Stimulierung nicht nur auf die Synapsen am Ende der stimulierten Neuronen selbst, sondern stärkt auch die synaptische Übertragung von Nachbarneuronen, sofern diese gleichzeitig mit oder in kurzem Abstand nach der massierten Stimulierung angeregt werden. Auf diese Weise könnte auch die klassische Konditionierung erklärt werden (neben der in 8.2.2 beschriebenen präsynaptischen Bahnung).

Zu den Mechanismen der Langzeitpotenzierung existieren interessante und plausible Modelle: Danach kommt es durch die salvenartige Stimulierung der präsynaptischen Neurone zu massivem Einstrom von Calciumionen in die postsynaptische Zelle; diese wirken wiederum so auf deren Proteinstoffwechsel, daß die subsynaptischen Membranabschnitte ihre Struktur verändern und sich die Kontaktflächen mit den gegenüberliegenden Endknöpfchen vergrößern, somit an der Synapse die Übertragung verbessert wird. Besondere Bedeutung hat dabei der Calciumkanäle kontrollierende NMDA-Rezeptor für Glutamat (s. 3.2.10), der in großen Mengen in Arealen der Hippocampusregion gefunden wird. Seine Besetzung führt zu Calciumeinstrom, welcher zum einen eine postsynaptische Depolarisation (ein EPSP) herbeiführt, zum anderen nach dem Gesagten morphologische Veränderungen der subsynaptischen Membran bewirken kann. Blockade von NMDA-Rezeptoren verhindert die Langzeitpotenzierung (verkürzt und vereinfacht dargestellt nach Carlson 1991, S. 494 ff.; für Genaueres s. Kandel 1996d). Dazu würde auch der oben erwähnte Befund passen, daß der ebenfalls den NMDA-Rezeptor blockierende Ethylalkohol, rasch und in größeren Mengen genossen, die Speicherfähigkeit beeinflußt („Filmrisse", s. oben).

Die besondere Rolle der NMDA-Rezeptoren bei der Langzeitpotenzierung läßt sich auch theoretisch ableiten: Diese kann nur stattfinden, wenn prä- und postsynaptisches Neuron gleichzeitig erregt werden, ersteres also feuert, wenn letzteres sich im Zustand der Depolarisation befindet (in Tierexperimenten durch salvenartige Stimulierung zu erreichen). Diese Bedingung ist besonders leicht an glutamatergen Synapsen mit NMDA-Rezeptoren zu erfüllen (s. dazu ausführlich Kandel 1996d).

8.3.3 Aufbewahrung und Abruf von Gedächtnisinhalten

Wo die Ablagerung geschieht (die Engramme gespeichert sind), ist noch weitgehend unklar. Mit ziemlicher Sicherheit ist es nicht im Hippocampus – wenigstens nicht auf Dauer –, da der Patient H.M. nach Entfernung dieser Hirnteile nach wie vor über vor genügend lange vor der Operation Abgespeichertes verfügen konnte. Denkbar wäre allerdings, daß zumindest vorübergehend die Gedächtnisinhalte im Hippocampus gespeichert sind, um dann allmählich in andere Hirnregionen übertragen zu werden (s. dazu auch Kupfermann u. Kandel 1996). Möglicherweise geschieht die Ablagerung überhaupt nicht in bestimmten Hirnstrukturen, sondern diffus über den ganzen Neocortex verteilt, wobei an der Ablagerung prozeduraler Inhalte (etwa motorischer Bewegungsabläufe) auch Basalganglien und Kleinhirn beteiligt sein könnten.

Etwas mehr läßt sich zu den am Abruf von Gedächtnisinhalten beteiligten Hirnstrukturen sagen. Es gibt Hinweise, daß der an der Einspeicherung beteiligte Hippocampus hier ebenfalls eine gewisse Rolle spielt, denn PET-Untersuchungen zeigten eine Aktivierung dieser Areale während Abrufvorgängen, dies aber nicht durchgehend; es besteht hier erheblicher Klärungsbedarf. Daß der Hippocampus auf jeden Fall für die Ekphorierung aus dem Altgedächtnis nicht unerläßlich ist, zeigt der Patient H.M., der problemlos über früher Erworbenes verfügen konnte. Es ist anzunehmen, daß an den Abrufvorgängen auch neokortikale Strukturen beteiligt sind, wobei je nach Inhalt wohl verschiedene Hirnteile (besonders Frontal- und Temporallappen) aktiviert werden. Möglicherweise besteht eine gewisse Hemisphärenspezialisierung insofern, als (abstrakte) Wissensinhalte eher linkshemisphärisch, biographisch belangvolle Eindrücke (Elemente des „episodischen Gedächtnisses") mehr von der anderen Hirnhälfte abgerufen werden; es ist aber definitiv zu früh, solche Annahmen als einigermaßen gesichert zu betrachten (zur Hemisphärenspezialisierung s. auch 9.4).

8.3.4 Amnesien

Definitionen: Störungen des Gedächtnisses werden ab einem gewissen Schweregrad als *Amnesien* bezeichnet. Diese können verschiedene Ursachen haben, weshalb es unmißverständlicher ist, von einem *amnestischen Syndrom* zu sprechen. Dieses Syndrom ist üblicherweise gekennzeichnet durch eine anterograde Amnesie, also die Unfähigkeit zum Speichern neuer Eindrücke, häufig auch durch retrograde Amnesien; v.a. scheint es dabei Schwierigkeiten zu machen, sich Ereignisse in korrekter zeitlicher Reihenfolge zurückzurufen. Beim reinen amnestischen Syndrom sind die sonstigen kognitiven Fähigkeiten (z.B. Informationsverarbeitung, logisches Denkvermögen) nicht eingeschränkt. Das *dementielle Syndrom* hingegen, wie es beispielsweise im Rahmen der Alzheimer-Krankheit auftritt, ist gekennzeichnet sowohl durch Gedächtnisstörungen (initial v.a. Wortfindungsschwierigkeiten und anterograde Amnesien) als auch durch Verlust weiterer intellektueller Fähigkeiten.

Amnestisches Syndrom bei chronischem Alkoholmißbrauch: Dieses speziell in der älteren Literatur häufig als *Korsakow-Syndrom* bezeichnete Störungsbild ist im wesentlichen durch die genannten Gedächtnisausfälle ohne sonstige kognitive Einschränkungen gekennzeichnet; daneben gibt es seltener eine Alkoholdemenz, die aber klar vom Korsakow-Syndrom zu unterscheiden ist. Recht charakteristisch für Korsakow-Patienten sind Konfabulationen, das Ausfüllen von Erinnerungslücken durch mehr oder weniger einfallsreiche Erfindungen.

Typischerweise zeigen sich Schädigungen im *medialen Zwischenhirn*, nämlich des Mamillarkörpers und noch mehr des dorsomedialen Thalamuskerns. Diese Strukturen scheinen eine wichtige Funktion bei der zeitlichen Einordnung von Gegebenheiten zu haben; dazu paßt der häufige Befund eines gestörten Zeitrasters bei Korsakow-Patienten. Die Pathogenese ist noch keineswegs klar. Möglicherweise gehen die Schäden nur teilweise auf die direkte Neurotoxizität von Alkohol zurück, daneben wohl auf einen bei Alkoholikern häufigen Mangel an Vitamin B_1. Entsprechend werden therapeutisch Vitamine des B-Komplexes eingesetzt. Bei gleichzeitigem Verzicht auf Alkohol ist die Prognose nicht unbedingt schlecht; zumindest kann oft ein weiteres Fortschreiten der amnestischen Symptomatik verhindert werden.

Gedächtnisstörungen bei Mißbrauch anderer psychotroper Substanzen: In manchen Fällen wurden nach jahrelangem Konsum der beruhigenden und schlafinduzierenden Benzodiazepine und Barbiturate Gedächtnisstörungen beschrieben. Auch längerer Mißbrauch von Cannabis (Haschisch, Marihuana) führt – entgegen früheren Auffassungen – wahrscheinlich gehäuft zu intellektuellen Einschränkungen, die nicht zuletzt die Gedächtnisleistungen betreffen, vornehmlich wohl im Sinne von Konsolidierungsstörungen (für Einzelheiten s. Köhler 2000, S. 104 f. sowie S. 150 f.).

8.3 Gedächtnis

Amnestische Störungen bei Alzheimer-Krankheit: Neben den Gedächtnisstörungen ist diese Erkrankung durch weitere intellektuelle Einschränkungen gekennzeichnet. Zu Beginn findet sich neben Wortfindungsschwierigkeiten typischerweise eine anterograde Amnesie, wobei selbst starke Eindrücke vielfach restlos vergessen werden. Später kommen zunehmend Störungen des Altgedächtnisses hinzu, so daß schließlich oft engste Verwandte nicht mehr erkannt werden.

Die Hirnveränderungen, v.a. der Abbau von Neuronen und Synapsen, sind zumeist diffus im gesamten Kortex lokalisiert; ausgeprägtere Schädigungen finden sich häufig in der Hippocampusregion sowie im Nucleus basalis Meynert, einem an cholinergen Neuronen reichen subkortikalen Kerngebiet des Frontalhirns. Charakteristisch und beweisend für das Vorliegen einer Alzheimer-Krankheit sind die Alzheimerschen Neurofibrillen, Verklumpungen fibrillärer Strukturen in den Neuronen (s. 1.3); zudem finden sich gehäuft senile Plaques, pathologische Eiweißablagerungen zwischen den Zellen im ZNS. Die Bedeutung dieser Veränderungen ist unklar (Ausgangspunkt, Folge oder Begleiterscheinung des Krankheitsprozesses?). Weiter läßt sich eine reduzierte Menge v.a. des Transmitters Acetylcholin feststellen, die durch Mangel des synthetisierenden Enzyms Cholinacetyltransferase bedingt sein könnte (s. 3.2.12).

Die Ursache der Erkrankung ist unbekannt. Genetische Faktoren scheinen nur bei einer Unterform eine bedeutendere Rolle zu spielen; nach neueren Auffassungen könnte Schädel-Hirn-Traumen eine gewisse Bedeutung zukommen (s. dazu Köhler 1999a, S. 21 f. und die dort referierte Literatur). Generell ist der wichtigste Risikofaktor für die Ausbildung der Alzheimer-Krankheit aber ein höheres Lebensalter. Therapeutisch versucht man in den letzten Jahren, durch Verabreichung von Cholinesterasehemmern einzugreifen, wobei auf vegetative Nebenwirkungen zu achten ist. Es gibt Hinweise, daß sich durch diese Medikamente der Verlauf der ansonsten chronisch-progredienten Erkrankung günstig beeinflussen läßt.

Dementielle Syndrome (und mit ihnen amnestische Störungen) kommen auch bei vielen anderen Erkrankungen vor; Demenz ist also keinesfalls mit „Alzheimer" gleichzusetzen. Die wichtigste hiervon ist die vaskuläre Demenz bei Verengungen der Hirnarterien (Folge u.a. von Bluthochdruck, Diabetes mellitus, Fettstoffwechselstörungen, Rauchen). Weiter seien dementielle Syndrome bei der Parkinsonkrankheit, Huntington-Krankheit oder im Spätstadium der HIV-Erkrankung (AIDS-Demenz) genannt.

Transiente (transitorische) globale Amnesie (TGA): Bei diesem in den letzten Jahren ins Interesse gerückten Störungsbild handelt es sich um eine kurz (definitionsgemäß nicht länger als 24 Stunden) andauernde amnestische Störung, die reversibel ist und ohne wesentliche neurologische Begleitsymptomatik abläuft; dabei liegen sowohl eine retrograde sowie eine typischerweise deutlich ausgeprägte anterograde Amnesie vor. Betroffen sind fast ausschließlich Personen im höheren Lebensalter; Auslöser sind nicht selten emotionaler Streß und körperliche Belastungen. Über die Ursachen herrscht Unklarheit; angenommen wird v.a. eine vorübergehende Durchblutungsstörung v.a. des medialen Temporallappens. Die enge Beziehung zu den transitorischen ischämischen Attacken mit neurologischer Symptomatik ergibt sich u.a. daraus, daß für beide ähnliche Risikofaktoren vorliegen (Bluthochdruck, Fettstoffwechselstörungen, Rauchen); zudem haben Personen mit transienter globaler Amnesie in ihrer Vorgeschichte häufiger transitorische ischämische Attacken durchgemacht (zur Diskussion über die Ätiologie s. auch genauer Markowitsch 1999, S. 72 f.).

9 Denken und Sprache; Hemisphärenspezialisierung

9.1 Vorbemerkungen; Überblick; begriffliche Klärungen

Eine interessante und therapeutisch relevante biopsychologische Fragestellung ist die nach den anatomischen und physiologischen Grundlagen des Denkens – allgemeiner: kognitiver Fähigkeiten, also die Klärung, in welchen Hirnregionen mittels welcher neuronaler Prozesse sich etwa logisches Schließen oder schöpferisches Denken vollzieht und wie man in diese Vorgänge mit biologischen Mitteln fördernd eingreifen kann. Es ist gleich hier zu konstatieren, daß man von befriedigenden Antworten darauf weit entfernt ist, vielmehr hierüber eine heftige wissenschaftliche, oft sehr spezialisierte Diskussion im Gange ist. Im Rahmen eines einführenden Lehrbuchs ist es weder sinnvoll noch überhaupt zu leisten, diese Kontroverse wiederzugeben; Andeutungen müssen genügen (Abschnitt 9.2) und könnten anregen, sich eingehender in die kognitiv-neurowissenschaftliche Literatur zu vertiefen.

Gleichfalls nur bedingt gesichertes Wissen liegt zu den biologischen Grundlagen der Sprache vor (Abschnitt 9.3), hauptsächlich über die Lokalisation der an der Sprachbildung beteiligten Hirnregionen und die bei Läsion in diesen Gebieten zu erwartenden Störungen (Aphasien); dabei besteht weitgehend Konsens, daß die bis dato präsentierten, vergleichsweise einfachen Modelle (insbesondere das von Wernikke im 19. Jahrhundert präsentierte und etwa 100 Jahre später von Geschwind erweiterte) den komplizierten Sachverhalten nur bedingt gerecht werden.

An den Aphasien wird am deutlichsten, daß die Aufgaben nicht gleichmäßig auf die beiden Hirnhälften verteilt sind; typischerweise treten sehr viel ausgeprägtere Störungen der Sprache auf, wenn die linke Hirnhälfte geschädigt ist (etwa als Folge einer Minderdurchblutung). Es bietet sich deshalb an, in diesem Kapitel einige Befunde und Theorien zur Hemisphärenspezialisierung zu referieren (9.4).

9.2 Biologische Grundlagen des Denkens

9.2.1 Vorbemerkungen

Kognitive Fähigkeiten werden als besonders charakteristisches Kennzeichen des Menschen angesehen und mit der Zunahme des Gewichtes und der Oberfläche des Großhirns im Laufe seiner Entwicklung in Verbindung gebracht (s. auch Kap. 15).

9.2 Biologische Grundlagen des Denkens

Leider ist es beim Menschen sehr schwer, die biologischen Korrelate des Denkens zu untersuchen, da die an lebenden Personen einsetzbaren diagnostischen Verfahren (EEG, Magnetenzephalographie, Computertomographie, Kernspintomographie, PET, funktionelle Kernspintomographie) diesbezüglich nur bedingt Aufschlüsse liefern und Läsionsmethoden oder invasive Verfahren der Registrierung mentaler Aktivität, wie sie in Tierexperimenten zum Einsatz kommen, sich verbieten; man ist deshalb auf die Untersuchung Verstorbener angewiesen, daneben auf Beobachtungen der Beziehung zwischen Hirnläsionen einerseits und kognitiven Einschränkungen andererseits bei Kranken. Oft werden daher zusätzlich Befunde aus Tierstudien herangezogen, wobei gerade auf diesem Gebiet die diesbezügliche Vergleichbarkeit sehr in Diskussion steht. Angesichts dieser Schwierigkeiten erstaunt es nicht, daß, wie in 9.1 angemerkt, die gesicherten Erkenntnisse der kognitiven Neurowissenschaften relativ spärlich sind. Das wenige Bekannte trifft vornehmlich die kortikalen Lokalisationen kognitiver Leistungen, kaum die ihnen zugrunde liegenden neurophysiologischen Prozesse; insofern läßt sich lediglich zu ersteren Genaueres sagen.

9.2.2 Kortikale Assoziationsfelder und zugeordnete kognitive Leistungen

Grob läßt sich der Kortex in *primäre*, *sekundäre* und *Assoziationsfelder* einteilen. In den *primären sensorischen Feldern* enden Afferenzen von Sinnesorganen, so im primären visuellen Kortex des Okzipitallappens die Neuronen der Sehbahn, im primären auditorischen Kortex des Temporallappens die der Hörbahn, während in den primärsomatosensorischen Kortex im Gyrus postcentralis des Parietallappens die dritten Neurone der somatosensorischen Bahnen projizieren (Schmerz-, Tast-, Temperatursinn, Propriozeption; s. Kap. 6). Anschließend an die primär-sensorischen Rindenfelder finden sich übergeordnete (sekundäre) Kortexareale, die mit der Verarbeitung der in den primären kortikalen Feldern einlaufenden Informationen in Verbindung gebracht werden. Sie sind größer als die primär-sensorischen Areale: So nimmt der übergeordnete visuelle Kortex große Teile des Okzipital- und des Parietallappens ein (zudem des lateralen Lobus temporalis); der restliche seitliche Temporallappen hat im wesentlichen – von einigen Assoziationsfeldern abgesehen – die Funktion eines übergeordneten auditorischen Feldes. Der sekundär-somatosensorische Kortex zieht sich in der oberen (apikalen) Hälfte des Parietallappens weit nach okzipital. Neben dem primär-motorischen Kortex im Gyrus praecentralis gibt es sekundäre motorische Areale (zusammengefaßt als prämotorischer Kortex); dieser entsendet offenbar direkt Axone zu den Motoneuronen (v.a. über die Pyramidenbahn), projiziert zudem in den primär-somatosensorischen Kortex und steht in dichter assoziativer Verbindung mit dem noch weiter frontal gelegenen präfrontalen Kortex (zu den motorischen Kortexarealen und der diesbezüglichen terminologischen Uneinheitlichkeit s. 7.4.1).

Die nicht von primären und sekundären Arealen eingenommenen Kortexregionen werden als Assoziationsfelder bezeichnet (s. Abb. 9.1). Unter topographischen Gesichtspunkten unterscheidet man deren drei: 1. den großen präfrontalen Assoziationskortex, der sich frontal des prämotorischen Kortex über den ganzen lateralen

Stirnlappen erstreckt – die medialen und orbitalen Teile des Frontallappens werden hingegen großteils dem limbischen Assoziationskortex zugerechnet; 2. den zwischen den übergeordneten visuellen, auditorischen und somatosensorischen Feldern liegenden parietal-temporal-okzipitalen Assoziationskortex und schließlich 3. den limbischen Asoziationskortex; er umfaßt nicht nur die Hippocampusregion im medialen Temporallappen und den in der Tiefe der Fissura interhemispharica gelegenen Gyrus cinguli (s. 2.6.11), sondern u.a. auch den orbitalen (basalen) Frontallappen und den Temporalpol (dargestellt im wesentlichen nach Kupfermann 1996).

Im Gegensatz zu weniger entwickelten Säugetieren, bei denen die Kortexoberfläche größtenteils aus primären sensorischen und motorischen Arealen besteht, nehmen beim Menschen (auch schon bei Affen) übergeordnete (sekundäre) Areale und Assoziationsfelder deutlich mehr Raum ein und zudem ist der Kortex durch Wachstum des Großhirns und stärkerer Fältelung seiner Oberfläche viel ausgedehnter. Speziell ist es der Frontallappen, der im Laufe der Entwicklung an Größe zunimmt, so daß v.a. prämotorischer Kortex und präfrontaler Assoziationskortex beim Menschen ungewöhnliche Ausdehnung haben.

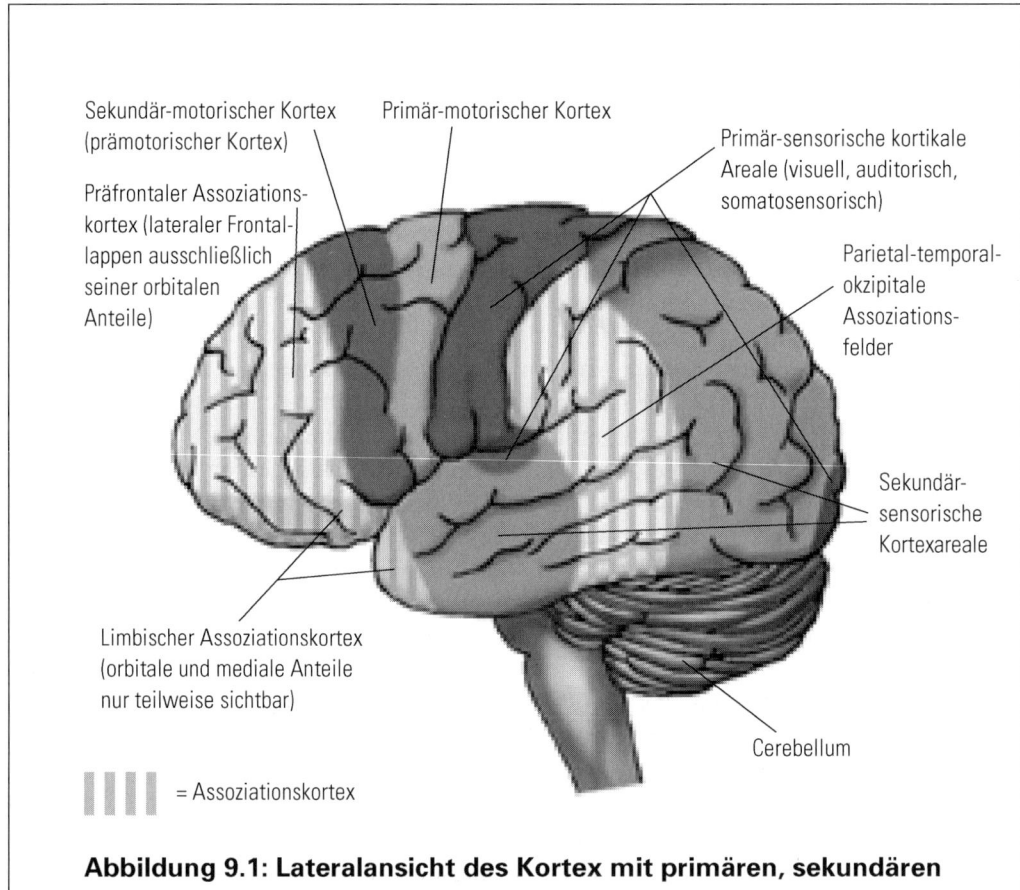

Abbildung 9.1: Lateralansicht des Kortex mit primären, sekundären und Assoziationsfeldern (modifiziert nach Kupfermann 1996)

9.2 Biologische Grundlagen des Denkens

Nach dem oben über die Entwicklung des Gehirns Gesagten ist es naheliegend, in den Assoziationsfeldern – dabei speziell dem präfrontalen – die morphologische Grundlage kognitiver Prozesse zu sehen. Der *präfrontale Assoziationskortex* steht über zahlreiche Fasern mit dem *prämotorischen Kortex* in Verbindung; beide erhalten zudem Afferenzen von sensorischen Rindenfeldern. Der prämotorische Kortex spielt offenbar eine wichtige Rolle bei der Vorbereitung von Bewegungsabläufen (s. 7.5). Ähnliche Funktion erfüllt der präfrontale Assoziationskortex; allgemeiner dient er der Planung von Handlungen und dem Lösen von Problemen – Freud hatte sehr treffend das Denken als Probehandeln charakterisiert. Dieser präfrontale Assoziationskortex wird – wie Messungen der Durchblutung oder PET-Untersuchungen ergeben – u.a. beim Bearbeiten von Aufgaben aktiviert, welche, wie z.B. der Wisconsin-Kartensortiertest, Gedächtnis und Kombinieren überprüfen. Bei Affen führt Läsion dieser Areale zu Beeinträchtigung v.a. motorischer Leistungen. Im präfrontalen Assoziationskortex des Menschen ist zudem auf der sprachdominanten Seite, also typischerweise der linken, das *Brocasche Sprachzentrum* lokalisiert, bei dessen Schädigung, beispielsweise als Folge akuter Minderdurchblutung, v.a. Einschränkungen der Sprachproduktion, weniger des Sprachverständnis, auftreten (sogenannte Brocasche oder motorische Aphasie; s. auch 9.3).

Bei Personen mit Typ-II-Schizophrenie (d.h. speziell mit Minussymptomatik wie Sprachverarmung, Antriebslosigkeit, sozialem Rückzug) soll der präfrontale Assoziationskortex weniger aktiv sein (s. auch 12.2.3); so zeigt sich bei ihnen z.B. bei Vorgabe des Wisconsin-Kartensortiertests eine geringere Steigerung der Durchblutung und schwächere Aktivität im PET als bei Gesunden (sogenannte Hypofrontalitätshypothese; s. Weinberger et al. 1986; s. Wolkin et al. 1992; Kahn u. Davis 1995). Dies ist allerdings in der Literatur nicht unumstritten, ebenso wie die zuweilen bei Schizophrenen beschriebenen Atrophien des Stirnlappens (s. dazu etwa Szymanski et al. 1991; Gur 1995 sowie Berman et al. 1995; zur Aktivität dopaminerger Neurone s. unten).

Die parietal-temporal-okzipitalen Assoziationsfelder sind an einer Anzahl unterschiedlicher kognitiver Leistungen beteiligt, wie sich nicht zuletzt aus der Beobachtung von Patienten mit Läsionen in diesen Arealen ergibt. Beispielsweise liegt dort, im Temporallappen an der Grenze zum Lobus parietalis, das Wernickeareal; bei Schädigungen dieser Region auf der sprachdominanten Hemisphäre kommt es häufig zu deutlicher Einschränkung des Sprachverständnisses (sogenannte sensorische oder Wernickesche Aphasie; s. auch 9.3). Im weiter apikal und okzipital gelegenen Gyrus angularis sollen auditorische Informationen mit Informationen aus anderen Sinnesorganen kombiniert werden (Kandel 1996a). Bei Schädigungen des Parietallappens, insbesondere der dominanten Hemisphäre, kommt es teilweise zu Störungen des Erkennens bei intakten sensorischen Systemen (Agnosien). Daneben wird das Erfassen räumlicher Zusammenhänge bzw. das räumliche Vorstellungsvermögen mit der Aktivität des hinteren Parietallappens (des posterior-parietalen Kortex) in Verbindung gebracht; bei Läsionen dieser Region auf der linken Hemisphäre findet sich zuweilen Astereognosie (oder Stereoagnosie), die Unfähigkeit, Formen mittels Ertasten zu erkennen, obwohl die Tastsinne selbst intakt sind (s. aber auch 9.4 zur Bedeutung der rechten Hemisphäre für das Erkennen räumlicher Zusammenhänge).

Schädigungen der posterioren Parietalregion der nicht-dominanten Hemisphäre (also zumeist der rechten) führen in aller Regel nicht zu Sprachstörungen, sondern zuweilen zum interessanten Störungsbild des „Neglects" (lat. neglegere = vernachlässigen): Dabei wird alles auf der anderen Seite (also typischerweise der linken) nicht erkannt und beachtet, insbesondere auch Partien des eigenen Körpers; so sollen die betroffenen Personen nicht in der Lage sein, diese Körperhälfte zu be- oder entkleiden oder zu waschen, sollen sogar die Existenz links lokalisierter Körperteile leugnen (Kandel u. Kupfermann 1996; Springer u. Deutsch 1998, S. 199 ff.). Beim Abzeichnen wird – bei intaktem visuellen System – nur das dargestellt, was in der rechten Gesichtsfeldhälfte liegt (sogenannter visueller Neglect).

Weiter scheint der posterior-parietale Kortex neben dem präfrontalen Assoziationskortex eine wichtige Bedeutung für die Aufmerksamkeit zu haben. Letzterer wird möglicherweise v.a. aktiv, wenn eine motorische Reaktion folgen soll, ersterer wohl speziell dann, wenn es sich nur um Beobachtung von Objekten handelt (zu weiteren Störungen bei Läsionen des Parietallappens s. Kolb u. Whishaw 1995, S. 265 ff.).

Die temporalen Anteile des limbischen Assoziationskortex, speziell die Hippocampusregion, haben eine besondere Bedeutung für die Einspeicherung von Gedächtnisinhalten und sind bereits genauer in 8.3.2 besprochen worden. Andere im Temporalhirn gelegene Kortexregionen spielen offensichtlich eine Rolle bei emotionalen Zuständen, insbesondere Angst; beispielsweise wurde über erhöhte Aktivität der Temporallappen im Rahmen von Panikattacken berichtet (Reiman et al. 1986). Die im basalen Frontalhirn gelegenen Areale des limbischen Assoziationskortex dürften zusammen mit anderen limbischen Strukturen an der Steuerung emotionalen Verhaltens beteiligt sein. Bei Schädigungen dieser Region tritt häufig Enthemmung, Taktlosigkeit und „Witzelsucht" auf (sogenanntes Orbitalhirnsyndrom im Gegensatz zum Stirnhirnsyndrom mit Apathie und Interesselosigkeit bei Läsionen der „konvexen", weiter apikal gelegenen frontalen Kortexregionen).

9.2.3 Neurochemische Grundlagen von Denkvorgängen; pharmakologische Beeinflussung kognitiver Leistungen

Hierzu kann, wie angedeutet, wenig Bestimmtes gesagt werden. Vergleichsweise sicher ist, daß dopaminerge Neurone wesentlich an kognitiven Prozessen beteiligt sind (möglicherweise speziell eine Rolle im Arbeitsgedächtnis spielen). Bei Schizophrenen mit Negativsymptomen soll, im Zusammenhang mit der erwähnten Hypofrontalität, verminderte Aktivität dopaminerger Neurone in dieser Region vorliegen (s. Davis et al. 1991) – während umgekehrt bei Personen mit Positivsymptomatik (Wahn, Halluzinationen) das dopaminerge System in limbischen Strukturen, z.B. im Hippocampus, als besonders aktiv angenommen wird (s. 12.2.3). Auch die Negativsymptomatik und die neuropsychologischen Einschränkungen im Rahmen der schizotypischen Persönlichkeitsstörung (Schizotypie) gehen nach Ansicht einiger Autoren mit Minderaktivität dopaminerger Neurone im Frontalhirn einher (Walker u. Gale 1995). Als Beleg dafür wird u.a. angesehen, daß Gabe von Amphetaminen, welche nachweislich die Dopaminkonzentration im synaptischen Spalt erhöhen, bei diesen Personen nicht nur die Negativsymptomatik, sondern auch die kognitiven Leistungseinschränkungen vermindert (Coccaro u. Siever 1995).

Eine wichtige Funktion bei kognitiven Prozessen dürfte daneben das cholinerge System haben, denn das bestimmte Acetylcholinrezeptoren anregende Nikotin verbessert möglicherweise kurzfristig nicht nur das Gedächtnis, sondern ebenso andere kognitive Leistungen (s. dazu Schmitz et al. 1997; Heishman 1998; s. auch 13.7.1). Allerdings ist es schwer auszuschließen, daß es sich dabei einfach um den Effekt einer unspezifischen Vigilanzsteigerung handelt.

Abgesehen von den fraglichen und durch zahlreiche schädliche Effekte erkauften kognitiven Wirkungen von Amphetaminen und Nikotin gibt es kaum Hinweise auf eine wirkungsvolle pharmakologische, therapeutisch nutzbare Beeinflussung kognitiver Leistungen. Die zur Behandlung entsprechender Defizite im Rahmen von Demenzen eingesetzen Nootropika (von griech. nous = Verstand, trepein = wirken auf) werden in ihrer Wirksamkeit reichlich kontrovers beurteilt. Dazu gehören insbesondere Piracetam (Normabrain, Nootrop), Pyritinol, die von Produkten des Getreideschimmelpilzes abgeleiteten Ergotalkaloide (Mutterkornalkaloide), Gingkopräparate sowie der Calciumantagonist Nimodipin. Abgesehen von ihrer nicht unbestrittenen Wirksamkeit besteht Uneinigkeit über die ihnen zugrundeliegenden Mechanismen. Als wichtigste werden diskutiert: Verbesserung der Glukoseverwertung im Gehirn, Durchblutungsförderung, Erhöhung der Menge energiereicher Verbindungen wie beispielsweise ATP, Dopaminagonismus (zu den nachweislich wirksameren und in ihren Mechanismen besser verstandenen Acetylcholinesterasehemmern bei der Alzheimer-Krankheit s. 8.3.4).

9.3 Sprache und Sprachstörungen

Die wesentlichen biopsychologischen Beiträge zum Verständnis der Sprache sind Versuche, die Sprachleistungen gewissen Hirnarealen zuzuordnen – ähnlich etwa wie man die Fähigkeit zur Bewegung einzelner Körperpartien im Gyrus praecentralis der kontralateralen Hirnhälfte annimmt. Diese lokalisatorischen Modelle, die v.a. auf die Arbeiten des französischen Neurologen Paul Broca (um 1860) und des deutschen Nervenarztes Carl Wernicke (um 1875) zurückgehen, werden – nachdem sie für eine Weile an Bedeutung verloren hatten – heute wieder stärker favorisiert, wenn auch ihre Voraussagen zu den Beziehungen zwischen Ort von Kortexschädigungen und Sprachausfällen oft nur sehr ungenau sind.

Einer der ersten Kritiker des Wernickeschen Lokalisationsmodells war Sigmund Freud in seiner 1891 erschienen Schrift „Zur Auffassung der Aphasien". Später kam man generell weitgehend ab von solchen lokalisatorischen Modellen zu Gunsten „ganzheitlicherer" Sprachkonzepte. Erst mit den Arbeiten von Geschwind in den 60er und 70er Jahren des 20. Jahrhunderts erfolgte eine von größeren wissenschaftlichen Kreisen getragene Rückkehr zu den alten Konzepten (zum Wernicke-Geschwind-Modell der Sprachbildung s. unten).

Die Schwierigkeit auf diesem Gebiet liegt darin begründet, daß man beim Menschen nicht experimentell Hirnläsionen setzen und ihre Auswirkungen auf das Sprachverhalten beobachten kann. Man ist daher v.a. auf Studien von Patienten mit den keineswegs seltenen, in der Regel durchblutungsbedingten Sprachausfällen (Aphasien) angewiesen; allerdings halten sich die Schädigungen naturgemäß nicht streng an einzelne Areale, sind zudem nicht nur kortikal lokalisiert, sondern betreffen ebenso die darunter liegende weiße Substanz. Daß bei solch unsicherer Befundlage die Theoriebildung besonders schwierig und leicht anfechtbar ist, erstaunt nicht.

Tierexperimente wären auf diesem Gebiet wenig hilfreich, da man zunächst einmal zu zeigen hätte, daß die sprachlichen Leistungen bei Tieren und Menschen vergleichbar sind. Zwar ist es unbestritten, daß sich Tiere mittels Symbolsystemen miteinander verständigen können – schon die „Bienensprache" kann hierzu angeführt werden; allerdings ist es sehr fraglich, ob selbst das bei Schimpansen zu beobachtende Operieren mit durchaus zahlreichen Symbolen in wesentlichen Punkten mit der menschlichen Sprache verglichen werden kann (s. dazu die sehr differenzierte Diskussion in Kandel 1996c).

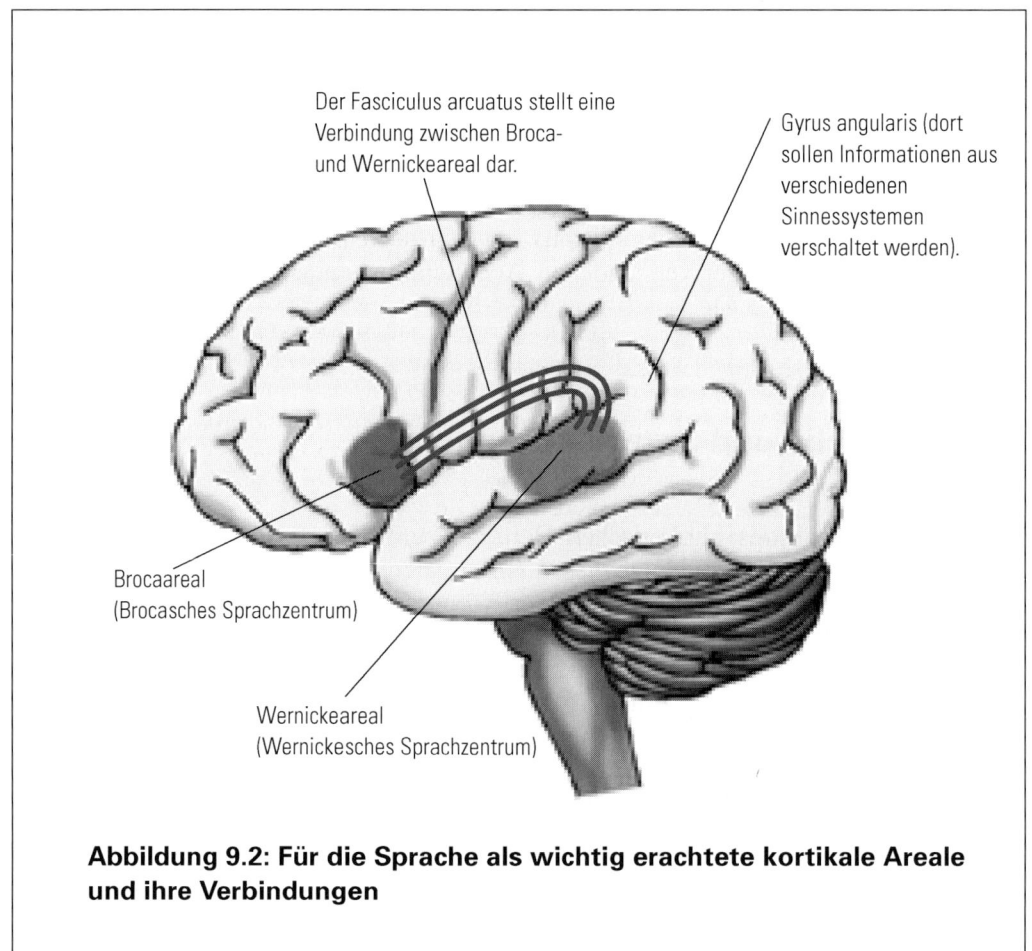

Abbildung 9.2: Für die Sprache als wichtig erachtete kortikale Areale und ihre Verbindungen

Man geht von zwei *Hauptsprachzentren* im menschlichen Kortex aus, dem *Brocaschen* und dem *Wernickeschen Areal* (s. Abb. 9.2). Das erstere wird – basierend auf frühen Studien Paul Brocas an Patienten mit motorisch-expressiven Sprachstörungen – im präfrontalen Kortex lokalisiert, basal und frontal des Gyrus praecentralis

9.3 Sprache und Sprachstörungen

(Brodmannareal 44, nach einigen Autoren Brodmannareal 45). Das Wernickesche Sprachzentrum (Brodmannareal 22) liegt, direkt okzipital an den primärauditorischen Kortex anschließend, im oberen Temporallappen; zwischen Brocaschem und Wernickeschem Sprachzentrum läßt sich eine *Verbindungsbahn* nachweisen, der *Fasciculus arcuatus* (so genannt wegen seiner bogenförmigen Gestalt, von lat. arcus = Bogen). Obwohl die angeführten Areale beidseits zu finden sind – wenn auch größenmäßig teilweise unterschiedlich (s. 9.4.1) – und sich zytoarchitektonisch zwischen den Hemisphären nicht unterscheiden, sind bei Rechtshändern in aller Regel (in über 90% der Fälle) nur linkes Broca- und Wernickeareal an der Sprachbildung beteiligt. Linkshemisphärische Schädigungen dieser Regionen (beispielsweise als Folge eines „Schlaganfalls") führen dort häufig zu Sprachstörungen (Aphasien), während Läsion dieser Areale auf der rechten Hirnhälfte nicht selten klinisch weitgehend folgenlos bleibt. Bei Rechtshändern ist also in aller Regel die linke Hemisphäre die „sprachdominante". Bei Linkshändern oder bei Personen, die mit beiden Händen ähnlich geschickt sind, liegen weniger eindeutige Verhältnisse vor: Bei diesen ist in etwa 70% der Fälle die linke, in 30% die rechte Hemisphäre sprachdominant.

Exakte Häufigkeiten lassen sich u.a. deshalb nicht angeben, weil man die Sprachdominanz einer Hemisphäre erst nach Ausfall der entsprechenden kortikalen Felder feststellen kann. Theoretisch wäre es möglich, mittels des in 5.4.2 erwähnten Wada-Tests (kurzzeitige Blockierung der Aktivität einer Hirnhälfte durch Injektion von Natriumamytal in die Carotisarterie) die sprachdominante Hemisphäre an einer repräsentativen Stichprobe Gesunder zu bestimmen; mit solchen invasiven Untersuchungen ist man jedoch sehr zurückhaltend. Man ist daher hauptsächlich auf entsprechende Untersuchungen angewiesen, wie sie v.a. vor neurochirurgischen Eingriffen vorgenommen werden und muß dabei möglicherweise mit gewissen Selektionseffekten rechnen.

Bei Kupfermann (1996) werden allerdings Zahlen präsentiert, die offenbar aus Zufallsstichproben Gesunder stammen: Danach ist bei 96% der Rechtshänder die linke Hemisphäre die sprachdominante, nur bei 4% die rechte. Bei Linkshändern liegt in 70% der Fälle die sprachdominante Hemisphäre links, in 15% eindeutig rechts. Bei 15% der Linkshänder wird die Sprache sowohl von der linken wie der rechten Hemisphäre kontrolliert; beim Natriumamytaltest zeigen sie weder bei Blockierung der linken noch der rechten Hemisphäre sprachliche Ausfälle.

Die rechte Hemisphäre ist im übrigen sicher nicht völlig bedeutungslos für die Wahrnehmung und Produktion von Sprache. Offensichtlich ist diese Hirnhälfte, deren Aktivität man generell mit musikalischen Fähigkeiten in Verbindung bringt (s. 9.4.3), auch am Zustandekommen der Satzmelodie mit ihren Hebungen und Senkungen (Prosodie) beteiligt, zudem wohl am Entschlüsseln des Sinngehalts aus der Prosodie gehörter Sätze. Bei rechtshemisphärischen Schäden scheinen diese Fähigkeiten eingeschränkt zu sein (Weintraub et al. 1981).

Im idealtypischen Fall führt isolierte Schädigung des Brocaschen Areals der sprachdominanten Hemisphäre zu einer *motorisch-expressiven Sprachstörung* bei weitgehend erhaltenem Sprachverständnis (sogenannte *motorische* oder *Brocasche Aphasie*). Die Betroffenen haben Schwierigkeiten, sich sprachlich auszudrücken; zwar kann die intendierte Botschaft vermittelt werden, aber in grammatikalisch stark vereinfachten Sätzen, die hauptsächlich aus aneinandergereihten Substantiven und einigen Verben in Infinitivform bestehen. Aufforderungen werden, sofern sie nicht zu kompliziert sind, verstanden und befolgt. Bei isolierter Läsion des *Wernickeschen Areals* der sprachdominanten Hemisphäre resultiert – zumindest im typischen, gemäß theoretischer Erwartungen verlaufenden Fall – eine erhebliche *Störung des Sprachverständnisses*, so daß selbst einfachste mündliche (und i.a. auch schriftliche) Aufforderungen nicht verstanden werden; die Sprache ist melodisch und rhythmisch, im Gegensatz zur mühsamen und reduzierten Sprache von Broca-Aphasikern; sie enthält jedoch häufig klangliche und inhaltliche Entstellungen (phonematische und semantische Paraphasien) und ist weitgehend sinnentleert, im Extremfall nur ein (mit tiefem Ernst und Bemühen) vorgebrachter Wortsalat. Diese Aphasieform wird *sensorische* oder *Wernickesche Aphasie* genannt. Bei größeren kortikalen Läsionen, die sowohl Broca- wie Wernickeareal umfassen, resultiert eine *globale Aphasie* mit Störung sowohl des Sprachverständnisses als auch der Sprachproduktion; häufig schränken sich die sprachlichen Äußerungen auf stereotype Wiederholungen ein, etwa „ach je, ach je" (recurring utterances). Im Rahmen globaler Aphasien finden sich oft weitere neurologische Ausfälle.

Interessanterweise sind an Taubstummen, die lediglich die amerikanische Gebärdensprache beherrschen, ebenfalls Aphasien beobachtet worden und zwar ausschließlich bei Schädigungen der linken Hirnhälfte. Auch hier finden sich Äquivalente zur Wernickeschen und Brocaschen Aphasie, indem in manchen Fällen das Verständnis der Zeichen, in anderen die Äußerungen beeinträchtigt sind (s. Kandel 1996c).

Eine eher theoretische Bedeutung hat die Leitungsaphasie, die als isoliertes klinisches Bild nur selten zu beobachten ist. Bei ihr ist das Sprachverständnis weitgehend intakt, jedoch die Spontansprache weniger flüssig mit gewissen Verwechslungen im Ausdruck; das Bezeichnen von Dingen oder Personen und das Wiederholen gehörter Worte sind stark beeinträchtigt (etwa Geschwind 1970; für Genaueres s. Kandel 1996c; dort auch eine differenziertere Darstellung der hier nur vereinfacht wiedergegebenen aphasischen Syndrome). Der Leitungsaphasie soll eine isolierte Schädigung des Fasciculus arcuatus, der Broca- und Wernickezentrum verbindenden Faserbahn, zugrunde liegen.

Die Aphasien sind als Störungen höherer Sprachfunktionen von den Sprech- oder Artikulationsstörungen (den Dysarthrien) abzugrenzen, wie sie etwa bei der Parkinsonschen Krankheit, Kleinhirnläsionen oder bei Erkrankungen im Hirnstamm auftreten, ebenso von den Dysphonien bei Schädigungen der Sprechwerkzeuge (Zustand nach Zungenresektion, Stimmbandlähmungen u.ä.). Dysarthrien können auch kortikale Ursachen haben, etwa Tumoren in motorischen Arealen, so daß die Charakterisierung von Aphasien als „kortikale Sprachstörungen", wenngleich i.a. anschaulich und treffend, im Grunde ungenau ist.

Aphasien gehen am häufigsten auf Durchblutungsstörungen mit Gewebeschäden zurück (zerebrale Ischämien, etwas ungenau als Schlaganfälle bezeichnet) und treten entsprechend v.a. im höheren Alter auf; meist handelt es sich um Verschlüsse der A. cerebri media, die im wesentlichen den lateralen Kortex versorgt. Schlaganfälle durch Ruptur von Gefäßen können schon bei jungen Leuten vorkommen und führen zuweilen zu ähnlichen Symptomen. Weitere Ursachen für Aphasien sind Tumoren oder Verletzungen; zahlenmäßig spielen sie im Vergleich zu zerebralen Ischämien eine untergeordnete Rolle.

Wie bereits angedeutet, ist die Beziehung zwischen Hirnläsion und Sprachausfällen keineswegs so eindeutig wie oben dargelegt und wie im Sinne theoretischer Modelle zu erwarten; häufig finden sich keine aphasischen Störungen bei Schädigungen der genannten Kortexareale und umgekehrt zuweilen Aphasien, ohne daß diese Gebiete direkt betroffen sind. Gerade diese inkonstante Zuordnung von Läsionsstelle und Symptomatik hat immer wieder zur Abkehr von lokalisatorischen Sprachmodellen geführt.

Angesichts der genannten Befunde hatte Wernicke in den 70er Jahren des 19. Jahrhunderts ein Modell der Sprachbildung im Gehirn formuliert: Danach sollten die rezeptiven Sprachfähigkeiten vornehmlich in dem nach ihm benannten Areal des posterioren Temporallappens „sitzen", die expressiven im Brocaschen Areal des Stirnhirns. Dieses Modell – lange mit der Zurückhaltung gegenüber lokalisatorischen Ansätze wenig beachtet – wurde etwa ein Jahrhundert später von dem Amerikaner Geschwind erweitert (*Wernicke-Geschwind-Modell*; s. etwa Geschwind 1979). Unter prinzipieller Beibehaltung der Wernickeschen Annahmen präzisiert dieses zusätzlich

9.3 Sprache und Sprachstörungen

die Rolle des akustischen und visuellen Systems bei der Sprachentstehung und entwickelt gleichzeitig eine Theorie der beim Lesen beteiligten kortikalen Prozesse.

In dieses Modell gehen neben Brocaschem und Wernickeschem Areal sowie dem sie verbindenden Fasciculus arcuatus noch weitere kortikale Regionen explizit ein, nämlich der auditorische Kortex im Temporallappen, der visuelle des Okzipitallappens sowie der Gyrus angularis, eine kortikale Region apikal und okzipital des Wernickeareals; dort sollen Informationen von verschiedenen Sinnessystemen, insbesondere zwischen visuellem und auditorischem, verschaltet werden.

Die geschilderten aphasischen Syndrome gehen typischerweise mit entsprechenden Einschränkungen im Lesen und Schreiben einher: So verstehen beispielsweise Personen mit Brocascher Aphasie in der Regel den Sinn gelesener Texte gut, können sich aber schriftlich nur ähnlich eingeschränkt ausdrücken wie mündlich. Daneben gibt es in eher seltenen Fällen isolierte erworbene Lese- und Schreibstörungen (Alexien und Agraphien). Wiederholt wurde bei solchen Patienten eine linkshemisphärische Schädigung des erwähnten Gyrus angularis gefunden. Gerade Alexien und Agraphien sind jedoch hinsichtlich ihrer biologischen Grundlagen höchst komplizierte Störungen, so daß man mit diesbezüglichen Theoriebildungen sehr zurückhaltend sein sollte (s. dazu ausführlich Carlson 1991, S. 557 ff.).

Vereinfacht dargestellt, erreichen nach dem Wernicke-Geschwind-Modell akustische Signale zunächst auditorische Felder, von dort – wohl indirekt über den Gyrus angularis – das Wernickeareal, wo sie hinsichtlich ihres sprachlichen Inhalts analysiert werden; schließlich erreichen die so verarbeiteten Signale – offenbar auch dann, wenn auf sie keine Antwort erfolgt – das Brocasche Areal (wo ihnen eine grammatische Struktur unterlegt wird und wo man das Gedächtnis für Wortartikulation annimmt). Hier wird die Antwort, die sprachliche Reaktion, vorbereitet und entsprechende Zellen im nahen primär-motorischen Kortex aktiviert. Visuelle Information (etwa die von Buchstaben ausgelösten neuronalen Signale) werden in den okzipitalen visuellen Zentren verarbeitet und gelangen danach zum Gyrus angularis, wo die visuelle in akustische Information umgewandelt wird; diese wird im Wernickezentrum auf ihren sprachlichen Gehalt analysiert und ein entsprechender Output in das Brocasche Areal weitergegeben.

Dieses Modell der Sprache wird von vielen Seiten als heuristisch fruchtbar anerkannt, aber auch scharf kritisiert (s. dazu deutlich Pinel 1997, S. 447 ff.). Als wesentlicher Kritikpunkt, welcher in ähnlicher Form bereits gegen Wernickes Auffassungen vorgebracht wurde, ergab sich die mangelnde Übereinstimmung zwischen Hirnschäden und den nach dem Wernicke-Geschwind-Modell zu erwartenden sprachlichen Ausfällen: So führen die auf das Brocasche oder das Wernickesche Areal beschränkten Läsionen (oder dort vorgenommene Entfernungen von Kortexgewebe) nur selten zu motorischen oder sensorischen Aphasien; diese treten, wenn überhaupt, bei Schädigungen größerer präfrontaler oder parieto-okzipito-temporaler Kortexregionen auf, oft erst dann, wenn gleichzeitig subkortikale Strukturen betroffen sind. Immerhin scheint sich zu bestätigen, daß Schäden in frontalen Arealen der sprachdominanten Hemisphäre eher zu expressiven, solche der parietalen und temporalen Anteile speziell zu rezeptiven Sprachstörungen führen (dargestellt nach Pinel 1997, S. 248 ff.). Auch kortikale elektrische Stimulation im Rahmen neurochirurgischer Eingriffe zeigt, daß Sprachstörungen nicht allein bei Reizung der angegebenen Zonen auftraten und deutliche Unterschiede zwischen Probanden sichtbar wurden (Ojemann 1983).

Unabhängig von der möglicherweise nicht zutreffenden topographischen Eingrenzung der funktionellen Felder scheinen einige inhaltliche Annahmen des Wernicke-Geschwind-Modells nicht haltbar zu sein: So soll optisch präsentierte sprachliche Information, z.B. ein geschriebenes Wort, nach erster Verarbeitung im visuellen Kortex nicht erst das Wernickesche Areal passieren, sondern direkt ins Brocazentrum gelangen, so daß man die Verschaltungen etwas anders annehmen muß. Modifikationen des Wernicke-Geschwind-Modells, wie sie beispielsweise bei Petersen et al. (1989) dargestellt sind, nehmen Rücksicht auf diese Befunde und ersetzen speziell die Begriffe Wernickesches Areal durch temporo-parietalen Kortex sowie Brocasches Areal durch linkes prämotorisches Feld, gehen zudem von einem geringfügig anderen Weg des Informationsflusses aus; wieweit diese letztlich wenig eingreifenden Verbesserungen das Modell empirisch tragfähiger machen, muß sich herausstellen.

9.4 Hemisphärenspezialisierung (Hemisphärenasymmetrie, Lateralisation)

9.4.1 Vorbemerkungen; anatomische Grundlagen; Methoden zur Untersuchung der Hemisphärenasymmetrie

Vorbemerkungen: Obwohl die beiden Hirnhälften morphologisch weitgehend symmetrisch aufgebaut sind, liegt eine sehr ausgeprägte *funktionelle Asymmetrie* vor. Am deutlichsten ist dies aus den Aphasien zu ersehen, die bei Schäden der linken Hemisphäre sehr häufig auftreten, während Läsionen entsprechender rechtshemisphärischer Areale oft klinisch kaum zu bemerken sind. Auch Apraxien (Unfähigkeit zu bestimmten Handlungen bei intaktem motorischen System und unbeeinträchtigten Einzelbewegungen) treten typischerweise nur bei linkshemisphärischen Läsionen auf. Mittlerweile konnte mit gänzlich anderen Verfahren diese Hemisphärenasymmetrie genauer beschrieben werden. Zunächst sollen hier – teilweise in Wiederholung von Ausführungen in Kapitel 2 – einige anatomische Grundlagen zu den Verbindungen der Hemisphären dargestellt und Befunde zur morphologischen Hemisphärenasymmetrie präsentiert werden; anschließend werden Methoden vorgestellt, mit denen man die unterschiedlichen Funktionen der Hirnhälften untersuchen kann.
Anatomische Grundlagen: Die im Prinzip völlig gleich aufgebauten Hirnhälften stehen durch zahlreiche Faserverbindungen in engem Kontakt, so daß Impulse rasch von der einen in die andere Hemisphäre gelangen können. Die subkortikalen Regionen der beiden Hirnhälften weisen individuell sehr variable Verbindungen auf, zudem sind die entsprechenden kortikalen Areale beider Seiten durch *Kommissurenfasern* dicht verbunden; zum großen Teil verlaufen diese durch den *Balken (Corpus callosum)*, welcher sich bogenförmig von frontal nach okzipital in der Tiefe der Fissura interhemisphaerica ausdehnt und die obere Bedeckung des 3. Ventrikels bildet. Daneben existieren noch zwei weitere Verbindungsstellen, die *Commissura anterior* und die anscheinend weniger bedeutsame *Commissura posterior*.

9.4 Hemisphärenspezialisierung

Allerdings scheinen Durchtrennungen des Corpus callosum und der Commissura anterior (Kommissurotomien, Split-Brain-Operationen), wie sie zuweilen bei Epileptikern durchgeführt werden, um ein Übergreifen der Anfälle auf die andere Hirnhälfte zu verhindern, keine wesentliche Änderung im Verhalten zu bewirken. Personen, bei denen somit die Kommunikation der Hirnhälften weitgehend oder so gut wie ganz ausgeschaltet sind, sind praktisch unauffällig. Um 1940 formulierte ein Neuropathologe daher ironisch, „die einzig sichere Aufgabe des Balkens" bestünde darin, „einem epileptischen Anfall zu helfen, sich von einer Seite auf die andere auszubreiten" (zitiert nach Kupfermann 1996).

Hinweise gibt es auf eine gewisse *morphologische Asymmetrie* des Gehirns. Die charakteristischste betrifft das *Planum temporale*, eine Region im Schläfenlappen, welche dem Wernickeschen Areal entspricht. Dieses ist in der linken Hemisphäre zumeist größer (Geschwind u. Levitsky 1968). Umgekehrt ist die direkt an das Planum temporale nach frontal anschließende Heschlsche Windung häufig auf der rechten Seite größer; sie entspricht etwa dem primären auditorischen Kortex. Kontrovers wird diskutiert, ob das sogenannte Operculum frontale, eine in der linken Hemisphäre dem Brocaschen Areal entsprechende Kortexregion ebenfalls in den beiden Hirnhälften (im Mittel) unterschiedlich groß ist.

Verfahren zur Erfassung der Lateralisation: Wichtige Hinweise auf die unterschiedlichen Aufgaben und Leistungen der beiden Hemisphären erhält man aus der Beobachtung von Einschränkungen nach einseitigen Hirnläsionen oder nach operativen Entfernungen von Gewebe einer Hemisphäre. Die Schwierigkeit liegt allerdings darin, daß diese Läsionen nicht in streng experimenteller Anordnung erzeugt werden, zudem oft nicht einmal genau das Ausmaß und die Lokalisation des Schadens festzustellen sind. Dennoch ist dieser Zugang zum Phänomen der Lateralisation historisch mit Abstand der wichtigste und hat auch heute noch gewisse Bedeutung.

Systematischer vorgehen läßt sich mittels des bereits mehrfach genannten Natriumamytal- oder Wada-Testes, bei dem durch Injektion von Natriumamytal, einem Barbiturat, in die A. carotis (Halsschlagader) eine Hemisphäre kurzzeitig ausgeschaltet werden kann; wie erwähnt, wird dieses Verfahren speziell vor neurochirurgischen Eingriffen eingesetzt, um die sprachdominante Hemisphäre zu bestimmen. Abgesehen von seinem deutlichen invasiven Charakter, welcher den routinemäßigen Einsatz v.a. bei gesunden Versuchspersonen stark einschränkt, hat das Verfahren den Nachteil, nur sehr ausgedehnte und grobe Ausschaltungen zu erzeugen.

Eine nichtinvasive Methode zum Studium der Lateralisation ist der dichotische Hörtest, bei dem man über Kopfhörer beiden Ohren unterschiedliche akustische Information bietet, die dann über stärkere und schnellere Verbindungen zunächst in die kontralaterale Hirnhälfte gelangt. Da die Hemisphären normalerweise ihre Informationen rasch austauschen, lassen sich bei gesunden Versuchspersonen aus den Ergebnissen des dichotischen Hörtests (etwa unterschiedlich starkes Behalten nonverbaler und verbaler Information nach Präsentation im einen oder anderen Ohr) nur bedingt Schlüsse über die Hemisphärenspezialisierung ziehen. Auf einem ähnlichen Prinzip basiert ein optischer Lateralisationstest: Fixiert die Versuchsperson geradeaus blickend einen Punkt, so gelangen Lichtreize von allem, was links von ihrer Schädelmitte liegt (also aus ihrem linken Gesichtsfeld), in die rechten Netzhauthälften der beiden Augen und aufgrund der Kreuzungsverhältnisse im Sehnerv damit ausschließlich in den visuellen Kortex der rechten Hemisphäre – entsprechend das im rechten Gesichtsfeld Erscheinende nur in die linken visuellen Rindenfelder (s. Abb. 9.3). Eine wesentliche Verbesserung dieses Verfahrens stellt die Z-Linse dar: Vor einem Auge angebracht, lenkt sie sämtliche Lichtstrahlen nur in eine Netzhauthälfte, beispielsweise die äußere (rechte) des rechten Auges. Ist das linke Auge verdeckt, gelangt die Information aus dem gesamten Gesichtsfeld somit über die äußere Retinahälfte des rechten Auges in den rechten Okzipitallappen. Normalerweise erreicht diese Information, wie betont, rasch die andere Hemisphäre; bei Personen oder Tieren, bei denen Corpus callosum sowie andere Kommissuren durchtrennt sind, läßt sich mit diesen Verfahren hingegen selektiv nur eine Hirnhälfte zur Reizverarbeitung anregen.

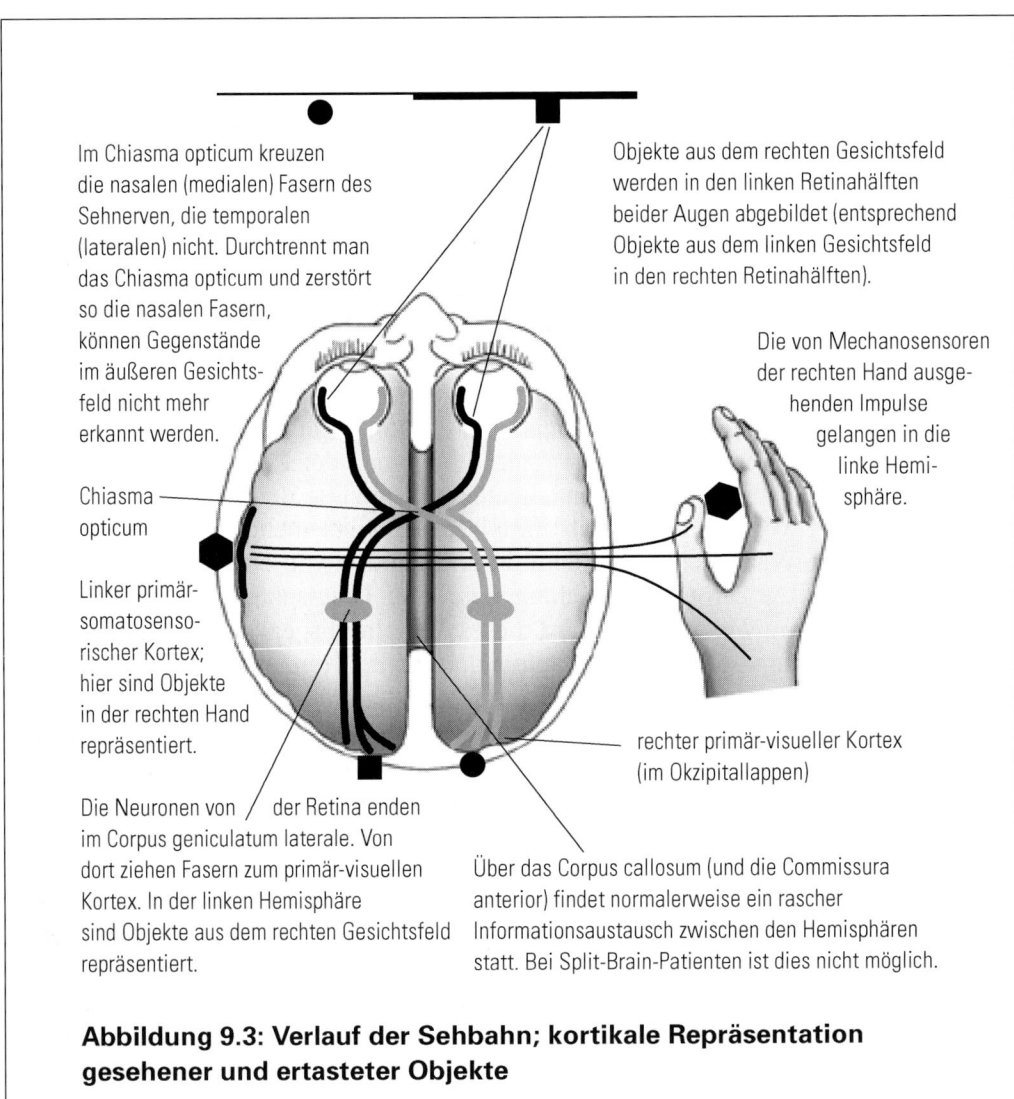

Abbildung 9.3: Verlauf der Sehbahn; kortikale Repräsentation gesehener und ertasteter Objekte

Weitere in den letzten Jahren wichtiger gewordene Methoden zum Studium der Lateralisation sind die funktionellen bildgebenden Verfahren wie PET und funktionelle Kernspintomographie (s. 5.2.3). So läßt sich etwa verbale und nonverbale Information vorgeben und untersuchen, welche der beiden Hirnhälften durch diese Stimuli eher aktiviert wird.

9.4.2 Untersuchungen an Split-Brain-Patienten

Bei *Split-Brain-Operationen* werden die die beiden Hirnhälften verbindenden Fasern durchtrennt (engl. to split = spalten); zumeist durchschneidet man nicht nur das *Corpus callosum*, sondern auch die *Commissura anterior*. Solche *Kommissurotomien* werden v.a. bei Epileptikern durchgeführt und sollen verhindern, daß sich ein epileptischer Anfall auf die Gegenseite ausbreitet. Dieses Verfahren zeitigt unbestritten gute Erfolge ohne auffallende Nebenwirkungen; insbesondere verändert sich das Verhalten der Patienten durch diese Unterbrechung des interhemisphärischen Informationsaustausches nicht in merklicher Weise (– auch Tiere verhalten sich nach Kommissurotomie erstaunlich unauffällig und zeigen keine wesentlichen Leistungseinschränkungen).

Split-Brain-Patienten sind insbesondere von der Arbeitsgruppe um Sperry und Gazzaniga intensiv untersucht worden (beispielsweise Sperry 1964; Gazzaniga 1967; Gazzaniga u. Sperry 1967). Bietet man den Patienten mit den genannten Verfahren Reize an, bleibt ihre Verarbeitung auf eine Hemisphäre beschränkt, so daß deren spezifische Arbeitsschwerpunkte und Arbeitsweisen isoliert untersucht werden können; diese Versuche haben das Wissen über die Hemisphärenasymmetrie sehr erweitert und ausgesprochen interessante, leider dabei auch vorschnell populär gewordene und in den Darstellungen der Sekundärliteratur zunehmend simplifizierte Befunde geliefert. Einige seien im Folgenden kurz dargestellt.

<small>Sehr aufschlußreich sind auch Untersuchungen an Tieren nach Durchtrennung der Kommissuren. Werden zusätzlich durch einen Schnitt in der Sehnervenkreuzung (dem Chiasma opticum) die nasalen Fasern der beiden Sehnerven zerstört, so erreicht das mit dem rechten Auge Gesehene ausschließlich den rechten visuellen Kortex, alle an der Netzhaut des linken Auges ankommenden Signale die visuellen Felder des linken Okzipitallappens (s. Abb. 9.3). Wird nun ein Auge dieses Tieres abgedeckt, so gelangt die gesamte visuelle Information nur in eine Hemisphäre. Dies hat den Vorteil, daß man die Arbeitsweisen einer Hirnhälfte im natürlichen Kontext studieren kann, und nicht auf die künstlichen und störanfälligen Laborversuche angewiesen ist (für einen Überblick der im Kontext der Lateralisation beim Menschen wenig relevanten, jedoch sehr interessanten Befunde s. Kupfermann 1996 sowie Pinel 1997, S. 433 ff.).</small>

Das wohl bemerkenswerteste Ergebnis der Studien an Split-Brain-Patienten ist, daß die rechte Hemisphäre offensichtlich (weitgehend) ohne sprachliche Begriffe operiert: Präsentiert man dem rechten Gesichtsfeld (und damit der linken Hemisphäre) ein Objekt, so können Split-Brain-Patienten hinterher in Worten angeben, was sie gesehen haben (genauso übrigens auch auf das gesehene Objekt in einer Sammlung von Objekten oder Bildern zeigen). Wird das Objekt hingegen der linken Gesichtshälfte (also der rechten Hemisphäre) dargeboten, so kann der Patient das gesehene Objekt nicht benennen, wohl aber in der Sammlung zeigen – offenbar „versteht" die rechte

Hemisphäre einfache Aufforderungen (s. unten). Entsprechend kann ein mit der linken Hand erfühltes Objekt nicht benannt werden, jedoch später unter verschiedenen Objekten taktil identifiziert werden.

Man fühlt sich auffällig an die von Freud gegebene Charakterisierung der Systeme Unbewußt und Vorbewußt erinnert. Im ersten der beiden Systeme (die man sich anschaulich als getrennte Hirnpartien denken möge) existieren nur Sachvorstellungen, wird also mit bildlichen Vorstellungen ohne Zuhilfenahme von Worten gedanklich operiert. Im System Vorbewußt hingegen sind die Objekte sowohl als Sachvorstellungen wie durch zusätzliche Wortvorstellungen repräsentiert: Sie liegen gewissermaßen in Bilder- wie zugleich in Wortform vor. Diese „Überbesetzung" macht nach Freud das Denken mittels Sprache so effizient (zu diesen äußerst interessanten und eben in erstaunlichem Maße an die Befunde an Split-Brain-Patienten anknüpfenden Konzepte s. Köhler 1995b, S. 38 ff.).

Ist die *rechte Hemisphäre* hinsichtlich *sprachlicher Leistungen* der *linken eindeutig unterlegen*, so ist sie andererseits bei einigen Aufgaben sogar *leistungsfähiger*, beispielsweise hinsichtlich *räumlicher Wahrnehmung und Vorstellung*; Split-Brain-Patienten gelingt die Anordnung farbiger Muster mit der linken Hand, also unter Steuerung durch die rechte Hirnhälfte, besser als mit der (von der linken Hemisphäre kontrollierten) rechten Hand (Kupfermann 1996). Ebenso können dreidimensionale Objekte von Patienten mit Kommissurotomie mittels der linken Hand (also der rechten Hemisphäre) besser identifiziert und zweidimensionalen zeichnerischen Projektionen der Objekte zugeordnet werden (Levy 1969).

Zudem scheint das Erkennen von Gesichtern der rechten Hemisphäre leichter zu fallen, die bei solchen Aufgaben auch die dominierende Rolle übernimmt. Dies läßt sich sehr eindrucksvoll an Untersuchungen mit „chimärischen" Gesichtern demonstrieren (Levy et al. 1972), die beispielsweise auf der (vom Betrachter aus gesehen) rechten Seite einen Mann darstellen, auf der anderen eine Frau. In die linke Hemisphäre von Split-Brain-Patienten gelangt also bei geeigneter Versuchsanordnung das Bild eines männlichen Gesichtes, in die rechte das eines weiblichen. Soll der Proband nun aus einer Reihe von dargestellten Gesichtern das gesehene auswählen, zeigt er stets auf das einer Frau. Die Information der rechten Hemisphäre wird also offenbar für zutreffender gehalten als die aus der linken. Anders ist die Situation, wenn man den Probanden auffordert zu sagen, was er gesehen hat. Dann lautet die Antwort: einen Mann, denn die kombiniert Erkennen und sprachliches Ausdrücken erfordernde Aufgabe wird offenbar allein von der linken Hemisphäre gelöst.

Wie aus den geschilderten Versuchen zu ersehen, versteht die rechte Hirnhälfte offenbar einfache Aufforderungen, ist aber praktisch zu keiner sprachlichen Produktion fähig. Auch gewisse elementare Lesefähigkeiten scheinen dort zu bestehen: Projiziert man kurzzeitig in die linke Gesichtshälfte, somit in die rechte Hemisphäre, die Buchstaben H-U-N-D, so kann die linke Hand anschließend aus verschiedenen Figuren die eines Hundes heraussuchen (nach Kupfermann 1996; s. dazu auch Zaidel 1985).

9.4.3 Zusammenfassung der Befunde zur Hemisphärendominanz

Sie stammen großteils aus der Beobachtung von Patienten mit einseitigen Hirnläsionen, aus den Untersuchungen an Split-Brain-Patienten und – wenn auch noch eher selten – aus Studien an Gesunden, wo mit bildgebenden Verfahren die unterschiedlichen Aktivierungen der Hemisphären bei Aufgaben untersucht wurden. Diese drei verschiedenen Ansätze führen zu recht übereinstimmenden Ergebnissen.

Unbestritten ist die schon aus der Beobachtung von Aphasikern abgeleitete sprachliche Dominanz der linken Hemisphäre bei Rechtshändern. Ob diese Hirnhälfte auch deutlich besser bei Aufgaben ist, die logisch-schließendes Denken erfordern, ist aus den Befunden nicht so eindeutig abzuleiten, wie gerne v.a. in der populärwissenschaftlichen Literatur suggeriert.

Auf die Überlegenheit der rechten Hemisphäre hinsichtlich räumlicher Wahrnehmung und Vorstellung war schon im Abschnitt zu Studien mit Split-Brain-Patienten hingewiesen worden (s. 9.4.2). Weiter scheint die rechte Hemisphäre leistungsfähiger zu sein, wenn es darum geht, Emotionen und Stimmungen bei anderen Personen zu erkennen, beispielsweise aufgrund des Gesichtsausdrucks (Bowers et al. 1985). Schließlich auch sollen musikalische Fähigkeiten mehr rechtshemisphärisch „lokalisiert" sein, also die rechte Hirnhälfte etwa leichter Melodien wiedererkennen können (s. etwa Kimura 1973). Allerdings muß man sich von der Vorstellung freimachen, daß die genannten Fähigkeiten ausschließlich nur einer Hemisphäre zukommen (s. dazu auch Brown u. Kosslyn 1993); eher handelt es sich um eine relative Überlegenheit (der linken Hemisphäre bezüglich Sprachleistungen, der rechten hinsichtlich der anderen genannten Fähigkeiten), die zudem oft nur im großen Mittel festzustellen ist, bei zahlreichen Einzelpersonen (auch innerhalb der Rechtshänderpopulation) genau umgekehrt sein kann.

Heftig diskutiert wird noch der biologische Sinn der Hemisphärenspezialisierung und die Frage, in welchem Stadium der Evolution sie sich herausgebildet hat (s. dazu Pinel 1997, S. 442 ff. und die dort angeführte Literatur). Die These, daß mit dem Gebrauch von Werkzeugen, welcher in größerem Ausmaß erst mit der Entwicklung des aufrechten Ganges beginnt, die Lateralisation einsetzt, wirkt durchaus bestechend; dagegen spricht auch nicht, daß bei nicht-hominiden Primaten schon gewisse Handpräferenzen zu beobachten sind, da diese ebenfalls bereits mit Objekten hantieren, wenn auch noch in weniger systematischer Form. Möglicherweise hat die Hemisphärenasymmetrie gute Voraussetzungen für die Entwicklung der Sprache geschaffen und umgekehrt die Sprachentwicklung die Lateralisation weiter verstärkt. Interessanterweise findet sich die in 9.4.1 erwähnte linksseitige Vergrößerung des Planum temporale (welches dem Wernickeschen Areal entspricht) schon an 500.000 Jahre alten fossilen Schädeln (also vermutlich zu Homo erectus gehörig), obwohl nach Ansicht der meisten Experten bei dieser Spezies die anatomischen Bedingungen für eine regelrechte Sprache (insbesondere eine gewisse Struktur des Kehlkopfes) noch nicht gegeben waren. Somit hätte sich die Sprache vielleicht erst als Folge dieser spezifischen kortikalen Struktur entwickeln können.

10 Essen, Trinken und Schlaf

10.1 Vorbemerkungen; Überblick

Diese recht unterschiedlichen biologischen Vorgänge werden hier in einem Kapitel dargestellt. Zum einen fallen die Ausführungen eher kurz aus und rechtfertigen so nicht eine gesonderte Darstellung in einzelnen Kapiteln; zum anderen handelt es sich um periodisch ablaufende Vorgänge, deren Regulation vermutlich deutliche Gemeinsamkeiten aufweist, auch wenn augenblicklich dazu nur wenig bekannt ist.

Der Abschnitt über die Biopsychologie des Essens (10.2) stellt zunächst unter Rückgriff auf Ausführungen in 4.6 kurz die Anatomie und Physiologie des Verdauungssystem dar und beschreibt die weitere Verwertung der absorbierten Nährstoffe (Zerlegung unter Energiegewinnung, zwischenzeitliche Speicherung), stellt dann Annahmen zur Regulation des Eßverhaltens vor (beteiligte zentralnervöse und periphere Strukturen, Transmitter, Stimuli zur Anregung und Dämpfung des Eßverhaltens) und geht schließlich auf die zahlenmäßig sehr bedeutsamen Eßstörungen ein, nämlich auf Übergewicht, v.a. aber auf Anorexia nervosa und Bulimia nervosa, denen ein eigener Abschnitt gewidmet ist (10.2.5).

Die folgenden Ausführungen behandeln die Regulation des Trinkverhaltens und die physiologischen Grundlagen des Durstes (10.3). Der letzte Abschnitt (10.4) beschäftigt sich mit dem Schlaf: In 10.4.1 wird zunächst die Phänomenologie des Schlafes beschrieben (verschiedene Intensitätszustände des Schlafes, sich abwechselnde Phasen mit verschiedenen Schlaftiefen, begleitende peripher-physiologische Reaktionen) und genauer auf Schlafanomalien im Rahmen psychischer Störungen eingegangen; anschließend werden Theorien zur Regulation und zum biologischen Sinn des Schlafes dargestellt (10.4.2 und 10.4.3); weitere Ausführungen widmen sich den häufigen Schlafstörungen und biologischen Methoden ihrer Behandlung (10.4.4).

10.2 Biopsychologie des Essens

10.2.1 Verdauung

Die mit der Nahrung aufgenommenen Stoffe werden teilweise für *Syntheseleistungen* benötigt (z.B. Aminosäuren für die Proteinsynthese, Cholesterin zur Bildung der Steroidhormone), teils für andere Aufgaben des Körpers gebraucht (etwa Mineralstoffe und Vitamine). Der Großteil der aufgenommenen Nahrung wird jedoch unter *Energiegewinnung* mehr oder weniger vollständig zerlegt; die dabei gebildeten energierei-

10.2 Biopsychologie des Essens

chen Verbindungen (speziell Adenosintriphosphat = ATP) werden bei zahlreichen körperlichen Prozessen eingesetzt (u.a. bei der identischen Reduplikation, der Proteinsynthese, in der Natrium-Kalium-Pumpe, bei der Muskelkontraktion). Die wichtigsten Energielieferanten in der Nahrung sind Fette (zumeist als Triglyceride), Zukker (Kohlehydrate), welche etwa in Form der Speicherform Stärke aufgenommen werden, und Eiweiß (Ketten von Aminosäuren).

Die *mechanische* und *chemische Zerlegung* der Nahrung geschieht in den oberen Abschnitten des Verdauungstraktes, insbesondere Mund, Magen und Zwölffingerdarm; Schlund und Speiseröhre dienen im wesentlichen nur dem Transport. Dabei sind Enzyme des Speichels, aus der Magenschleimhaut und dem Pankreas zusammen mit anderen Substanzen (Magensäure, Bicarbonationen) wirksam (– die von der Leber produzierte und über die Gallengänge in das Duodenum ausgeschüttete Galle dient nicht der Zerlegung der Nahrung, sondern der Aufbereitung von Fetten für die Aufnahme in die Dünndarmschleimhaut). In den unteren Abschnitten des Verdauungstraktes (Jejunum, Ileum, Dickdarm) geschieht hauptsächlich die *Absorption* der Nahrungsbestandteile und die *Resorption* („Rückresorption") der ins Lumen des Verdauungstraktes abgegebenen Substanzen (Wasser, Elektrolyte, Gallensäuren). Allerdings findet eine gewisse Absorption auch in den oberen Verdauungsorganen statt (beispielsweise von Alkohol großteils in Magen und Duodenum, teilweise sogar im Mund) und ebenso wird in den unteren Abschnitten, insbesondere Jejunum und Ileum, durch die den Speisebrei begleitenden Enzyme aus dem Pankreas die Verdauung fortgeführt (zur Verdauung s. ausführlich 4.6).

Die zerlegten Kohlehydrate werden als einfache Zucker (als Monosaccharide, beispielsweise Glukosemoleküle) von der Darmschleimhaut absorbiert, die verdauten Eiweiße zumeist als einzelne Aminosäuren. Komplizierter ist die Aufnahme von Fetten (s. genauer 4.6.5): Einige kurzkettige Fettsäuren (aus der Zerlegung von Triglyceriden) gelangen direkt in die Darmzellen, längerkettige und Monoglyzeride werden vorher in Mizellen verpackt (größere Anhäufungen von Fetten und Gallensäuren). Die kurzen Fettsäuren werden ins Pfortaderblut aufgenommen; die längerkettigen, mit den Mizellen in die Mukosazellen gelangenden Fette (darunter auch Cholesterin) verbinden sich mit Lipoproteinen zu den sogenannten Chylomikronen, welche über die Darmlymphe, teils unter Umgehung der Leber, die Organe erreichen. Monosaccharide, Aminosäuren sowie kurze Fettsäuren treten von den Mukosazellen in das Pfortaderblut über und gelangen mit diesem in die Leber, welche sie großteils aus dem Blut entfernt.

10.2.2 Energiegewinnung; Speicherung energiereicher Verbindungen; Energieumsatz

Die weitere Zerlegung von Zucker, Aminosäuren und Fetten geschieht i.a. in den einzelnen Organen, beispielsweise in den Muskelzellen; lediglich das Gehirn kann aus Fett keine Energie gewinnen, sondern benötigt dazu Glukose, die ihm von der Leber bereitgestellt wird. Nicht unmittelbar benötigte, mit der Nahrung aufgenommene energiereiche Stoffe werden gespeichert, großteils in den Fettzellen als Triglyceride, daneben in deutlich geringerem Maße als Glykogen (Speicherform der Glukose) in Leber und Muskulatur sowie als Proteine in den Muskeln.

Dieser Abbau energiereicher Verbindungen und ihre Freisetzung aus Speicherformen ist ebenso wie der umgekehrte Prozeß (Speicherung) ein komplizierter, hier vereinfacht dargestellter Vorgang, auf den besonders die Pankreashormone Insulin und Glukagon sowie Adrenalin aus dem Nebennierenmark Einfluß nehmen. Die direkt nach Mahlzeiten in hohen Konzentrationen im Blut anfallende Glukose gibt den Stimulus zur Ausschüttung von Insulin, welches zum einen den Transport von Glukose in die Zellen beschleunigt, zum anderen die Synthese von Speicherformen anregt und damit die Blutzuckerkonzentration senkt; Glukose wird dabei, hauptsächlich in der Leber, entweder zu Glykogen umgewandelt oder in Triglyceride (Verbindungen von Fettsäuren mit dem dreiwertigen Alkohol Glycerin), die anschließend in die vornehmlich subkutan und im Bauchraum lokalisierten Fettdepots eingelagert werden.

In den Stunden zwischen den Mahlzeiten und bei erhöhtem Energiebedarf wird mittels Glukagon und Adrenalin die Leber zur vermehrten Freigabe von Glukose stimuliert; dies geschieht einerseits über die Auflösung der Glykogendepots, andererseits durch Bildung von Glukose aus Aminosäuren (Glukoneogenese). Auch im Blut befindliche Fette werden dann vermehrt abgebaut und aus Triglyceriddepots weitere Fettsäuren freigesetzt.

Die pro Zeiteinheit vom Körper verbrauchte Energie wird *Energieumsatz* genannt. Als *Grundumsatz* bezeichnet man den täglichen Energieverbrauch, gemessen unter Standardbedingungen in Ruhe; er beträgt beim Erwachsenen, abhängig u.a. von Geschlecht, Alter und Körpergröße, etwa 80 Watt; bei schwerer körperlicher Arbeit kann der Energieumsatz bis auf das Dreifache des Grundumsatzes ansteigen. Ist die Energiezufuhr durch die Nahrung geringer als der Energieverbrauch (negative Energiebilanz), so müssen Fettreserven mobilisiert werden und es kommt zur Gewichtsabnahme; im umgekehrten Fall werden mit der Nahrung aufgenommene energiereiche Verbindungen in die Speicherformen, v.a. Triglyceride, übergeführt und es resultiert eine Zunahme des Gewichts.

10.2.3 Regulation des Eßverhaltens

Beteiligte Strukturen und Botenstoffe: Die Steuerung der Nahrungsaufnahme geschieht durch Strukturen der Medulla oblongata, welche wiederum durch hypothalamische Zentren kontrolliert werden. Dort läßt sich ein lateral gelegenes „Eßzentrum" von einem ventromedial lokalisierten „Sattheitszentrum" anatomisch abgrenzen. Das erste steuert Aktivitäten, die mit der Nahrungsaufnahme verbunden sind, z.B. das Suchen eßbarer Gegenstände und das Konsumieren; Zerstörung des „Eßzentrums", wie im Tierversuch experimentell durchzuführen, führt zu einem Ende der Nahrungsaufnahme, Abmagerung und schließlich zum Tod. Ist dieses Eßzentrum spontan besonders aktiv oder wird es – wie in Tierexperimenten – künstlich stimuliert, kommt es zu vermehrter Nahrungsaufnahme. Das Sattheitszentrum in den paarigen Nuclei ventromediales wirkt inhibitorisch auf das Eßzentrum; Zerstörung dieser Kerne resultiert in ungebremster Aufnahme von Nahrung.

Neben diesen beiden Strukturen gibt es eine dritte im Hypothalamus, die möglicherweise für die Regulation des Eßverhaltens beim Menschen die wesentliche Rolle spielt, aber bis jetzt in der Literatur nur bedingt Beachtung gefunden hat, nämlich der paarig in unmittelbarer Nähe des 3. Ventrikels gelegene *Nucleus paraventricularis* (s. dazu etwa Leibowitz 1992; Halmi 1995). An ihm lassen sich verschiedene Typen von Rezeptoren nachweisen, deren Besetzung für die Regulation der Nahrungsaufnahme von Bedeutung sein dürfte. Zum einen gibt es dort vermutlich Bindungsstellen für die Transmitter Serotonin und Noradrenalin, zum anderen Rezeptoren für Peptide, so daß beispielsweise aus dem Magen-Darm-Trakt im Rahmen der Verdauung freigesetztes Cholecystokinin dort andocken und zu Veränderungen führen kann.

Tabelle 10.1: Hypothalamusstrukturen, die mit der Regulation des Eßverhaltens in Verbindung gebracht werden

Struktur	Befunde und Bemerkungen
lateraler Hypothalamus	„Eßzentrum": Seine Stimulation führt zur Nahrungsaufnahme; nach Zerstörung fressen Tiere nicht mehr.
ventromedialer Hypothalamus (Nuclei ventromediales)	„Sattheitszentrum": Zerstörung führt zu ungebremster Nahrungsaufnahme
Nucleus paraventricularis	Bedeutung noch unklar, möglicherweise sehr groß; reich an Serotonin- und Noradrenalinrezeptoren, sowie (wahrscheinlich) an Rezeptoren für Darmpeptide.

Allgemein geht man davon aus, daß *Aktivierung serotonerger Bahnen* zu *seltenerer* und *geringerer Nahrungsaufnahme*, speziell von Kohlehydraten, führt. So bewirken z.B. Serotoninagonisten, etwa Fenfluramin (lange unter dem Handelsnamen Ponderax als Appetitzügler auf dem Markt), Herabsetzung des Hungergefühls, während Serotoninantagonisten appetitanregend wirken und als Nebeneffekt zu Gewichtszunahme führen – der Sachverhalt ist allerdings angesichts der vielen Typen von Serotoninrezeptoren wohl erheblich komplizierter (s. etwa Jimerson et al. 1990). Hingegen soll noradrenerge Aktivierung, vermutlich über Besetzung von α-Rezeptoren im Nucleus paraventricularis, den Appetit anregen (Halmi 1995).

Deutliche Unterdrückung des Hungergefühls läßt sich nach Konsum von Amphetaminen und Kokain beobachten (s. die entsprechenden Kapitel in Köhler 2000). Dies ist insofern überraschend, als beide Stoffgruppen durch Förderung der Ausschüttung bzw. Reuptake-Hemmung v.a. dopamin- und noradrenalinagonistisch wirken (dazu auch 13.6). Möglicherweise ist der appetitzügelnde Effekt durch einen gewissen zusätzlichen Serotoninagonismus zu erklären; in jedem Fall besteht hinsichtlich der an der Regulation des Eßverhaltens beteiligten Neurotransmitter und Rezeptoren noch erheblicher Klärungsbedarf.

Weitgehend unklar ist nach wie vor, aufgrund welcher Stimuli die hypothalamischen Zentren regulieren. Die verbreiteten *Sollwerttheorien*, nach denen die *Schwankungen der Glukosekonzentration akut* das Ausmaß des Hungers bestimmen (*glukostatische*

Theorie), *langfristig* aber die *Fettreserven* im Körper Einfluß darauf nehmen, wieviel der benötigten Energie durch Nahrung und wieviel durch Verbrauch körpereigener Reserven geliefert wird (sogenannte *lipostatische Theorie*), sind sicher nicht völlig unzutreffend, beschreiben den Sachverhalt jedoch keineswegs vollständig. Beide Theorien gehen davon aus, daß durch ein Rückkoppelungssystem ein Gleichgewichtszustand aufrechterhalten wird (ungefähr konstante Glukosekonzentration vor und nach den Mahlzeiten, gleiche Fettreserven über einen längeren Zeitraum); sie berücksichtigen dabei jedoch zu wenig, daß die aufgenommene Nahrungsmenge nicht zuletzt auch von deren Verfügbarkeit und Schmackhaftigkeit abhängt.

Diese Sollwerttheorien sind sicher zu einem gewissen Grade gültig bei Tieren, die problemlos gleichwertige Nahrung über längere Zeiträume erhalten, beispielsweise Nagetiere oder Grasfresser in warmen Regionen. Jagende Tiere hingegen müssen auf Vorrat Nahrung zu sich nehmen, da deren Verfügbarkeit in der nächsten Zeit nicht sicher scheint. Auch Menschen außerhalb stets Nahrungsversorgung garantierender zivilisatorischer Bedingungen können ihre Eßgewohnheiten nicht an fixen Sollwerten orientieren; abgesehen davon lehrt die Anschauung, daß bei den meisten Menschen die gegessene Menge wesentlich von der Qualität und Menge des Angebotenen abhängt und weniger vom augenblicklichen Hungergefühl. Mittels sogenannter Anreiztheorien, die das Eßverhalten v.a. durch angenehme Konsequenzen gesteuert ansehen, versucht man, den Sachverhalten besser gerecht zu werden (s. etwa Pinel 1997, S. 251); augenblicklich sind sie viel zu allgemein gehalten, um wesentlich die biopsychologische Forschung anzuregen.

Faktoren, die Beginn und Ende der Nahrungsaufnahme bestimmen: Ein immer wieder in der Literatur hervorgehobener (in seiner Bedeutung jedoch höchst kontrovers diskutierter) biologischer Faktor, der die Motivation zur Nahrungsaufnahme liefern soll, ist das *Absinken des Blutzuckerspiegels*. Auch das von vielen Personen registrierte deutliche Hungergefühl mit Schwitzen und Zittrigkeit ist mit großer Wahrscheinlichkeit auf eine verminderte Blutglukosekonzentration zurückzuführen, denn es verschwindet zumeist rasch durch Aufnahme von Kohlehydraten, etwa in Form von Traubenzucker. In Tierversuchen läßt sich die Bedeutung des Glukosespiegels für die Nahrungsaufnahme gut demonstrieren: So förderte bei Ratten medikamentöse Senkung des Blutzuckerspiegels die Nahrungsaufnahme, Glukoseinfusionen verzögerten sie (Smith u. Campfield 1993; Campfield et al. 1985). Es ist jedoch evident, daß beim Zivilisationsmenschen das Absinken des Blutzuckerspiegels und das damit verbundene Hungergefühl nur mehr selten den Anlaß zur Nahrungsaufnahme gibt; letztere wird i.a. durch die konventionell festgelegten Essenszeiten bestimmt, zu denen sich dann üblicherweise auch das Hungergefühl einstellt; allerdings orientieren sich diese Essenszeiten natürlich im Idealfall nach wie vor an den physiologischen Gegebenheiten.

Daß schon bei Ratten Lernprozesse für die Nahrungsaufnahme eine wichtige Rolle spielen, haben die Versuche von Weingarten (etwa Weingarten 1983) gezeigt: Dabei wurde den Tieren in einer ersten mehrtägigen Versuchsphase Nahrung in unregelmäßigen Abständen dargeboten, die durch einen kombinierten Licht-Ton-Reiz angekündigt war. In der folgenden Phase hatten die Ratten ständig Nahrung zur Verfügung; dennoch begannen sie häufig nach dem Erscheinen des konditionierten Stimulus zu fressen, auch wenn sie gerade vorher ausgiebig Nahrung zu sich genommen hatten.

Weiter ist sicher der Einfluß sozialer Faktoren auf die Nahrungsaufnahme nicht gering: So konsumieren Hunde deutlich mehr, wenn sie in Gruppen gefüttert werden (James 1953; s. auch Redd u. de Castro 1992 für weitere Literatur).

Unklar ist weiter, welche Faktoren neben dem Geschmack die Auswahl der Nahrung beeinflussen, so daß nicht nur die erforderlichen energiereichen Verbindungen, sondern auch andere lebenswichtige Stoffe wie Vitamine und Mineralstoffe in ausreichender Menge aufgenommen werden. In der Regel sind Tiere in der Lage, einen (beispielsweise experimentell hervorgerufenen) diesbezüglichen Mangel mit ihrem Freßverhalten auszugleichen, also nach Kochsalzentzug vermehrt natriumhaltige Kost aufzunehmen, bei längerem Fehlen von Vitaminen eine vitaminreiche Nahrung unter mehreren angebotenen herauszusuchen. Im Übrigen ist anzunehmen, daß bei der Auswahl der Nahrung Imitationslernen durch Beobachtung von Artgenossen, zumindest bei Tieren, eine wesentliche Rolle spielt (etwa Galef et al. 1990). Daneben ist sicher von angeborenen Präferenzen oder Aversionen auszugehen, z.B. gegen bittere Stoffe.

Nur bedingt klar ist, welche Stimuli das *Sättigungsgefühl* hervorrufen und damit typischerweise zur *Beendigung der Nahrungsaufnahme* veranlassen. Während man lange der Auffassung war, daß *mechanische Dehnung der Magenwände* dieses Sättigungsgefühl hervorrufen würde, sprechen mittlerweile zunehmend Befunde dafür, daß dies nicht der einzige Mechanismus ist; bedeutsamer sind sicher durch die Nahrung freigesetzte *Peptidhormone im Magen-Darm-Trakt*, die auf dem Blutwege in die hypothalamischen Zentren gelangen und dort Information über in hinreichender Menge konsumierte Nahrung geben. Wichtigster dieser Signalstoffe dürfte *Cholecystokinin* (CCK) sein, welches durch fettreiche Speisen aus der Duodenalschleimhaut freigesetzt wird und lokal Sekretion von Galle sowie Ausschüttung von Pankreasenzymen anregt (s. 4.6.4). Für CCK existieren zahlreiche hypothalamische Rezeptoren, bei deren Blockade trotz reichlicher Nahrungsaufnahme das Sättigungsgefühl auszubleiben scheint (Dourish et al. 1989; Cooper & Dourish 1990; nach anderen Autoren wirkt CCK hingegen ausschließlich peripher; s. dazu Carlson 2001, S. 403). Weitere Stoffe, die u.a. die Funktion von Darmpeptiden haben und Reize für die Regulation des Eßverhaltens abgeben, sind Glukagon und Somatostatin (als Hypothalamushormon meist SIH genannt; s. auch 4.3.9 und 4.3.12; zu den Darmpeptiden s. insbesondere Woods u. Gibbs 1989). Weiter ist anzunehmen, daß in der Leber Rezeptoren für Nahrungsbestandteile existieren, bei deren Besetzung (auf noch unbekannten Wegen) Signale zum Gehirn ein Sättigungsgefühl auslösen (Tordoff u. Friedman 1988).

10.2.4 Regulation des Körpergewichts; Übergewicht

Regulation des Körpergewichts: Von der *unmittelbaren* Kontrolle der Nahrungsaufnahme anhand des Blutglukosespiegels und freigesetzter Darmpeptide ist die *langfristige* Regulation des Körpergewichts zu unterscheiden, die über weitergreifende Eßgewohnheiten (beispielsweise durch generell kleinere Mahlzeiten, durch Einlegen von Fastenzeiten) oder verstärkte körperliche Tätigkeit geschieht. Auch hier stellt man sich eine Regulation um einen gewissen Sollwert vor; so wird beispielsweise operativ entferntes Fettgewebe häufig relativ rasch wieder ersetzt. Die gängigen Sollwertmodelle des Körpergewichts gehen im wesentlichen davon aus, daß die gefüllten Fettzellen Stoffe ins Blut abgeben und damit den hypothalamischen Zentren

Information liefern, anhand derer längerfristig die Nahrungsaufnahme verändert wird, um den Sollzustand wieder zu erreichen (*Lipostasemechanismus*). Lange nahm man an, daß dabei der *Insulinspiegel* eine gewisse Rolle spielt, da dieser – unabhängig von den Schwankungen im Laufe des Tages – relativ hoch mit dem Fettanteil korreliert. Manche Hypothalamusregionen, wahrscheinlich auch die genannten für die Regulation der Nahrungsaufnahme verantwortlichen Zentren, besitzen Insulinrezeptoren; zudem reduzierten Insulininjektionen in Hirnventrikel bei Pavianen langfristig Nahrungsaufnahme und Körpergewicht (Woods et al. 1979). Größere diesbezügliche Beachtung hat in der letzten Zeit das *Leptin* (oder *OB-Protein*) gefunden, ein Eiweiß, welches in den Fettzellen produziert wird und dessen Verabreichung Versuchstiere zur Einnahme kleinerer Mahlzeiten veranlaßt (s. etwa Kahler et al. 1998). Es gibt gute Hinweise, daß genetische Defekte bei der Synthese dieses Proteins eine Ursache von Übergewicht bei Tieren darstellen (etwa Campfield et al. 1995).

Die größte Schwäche dieser Sollwerttheorien ist, daß sie die augenfälligen Verschiebungen des Körpergewichts, wie sie bei vielen Personen – meist hin zu höheren Werten – auftreten, nicht erklären können. Dies leisten nach Ansicht vieler Autoren besser sogenannte *Setpointtheorien* (Bezugspunkttheorien; s. dazu ausführlicher Pinel 1997, S. 262 ff.). Diese machen lediglich die Annahme, daß der Körper bei Änderungen des Gewichts durch gegenregulatorische Mechanismen diese Verschiebung in Grenzen halten, nicht aber unbedingt rückgängig machen will; nach einer solchen Änderung bildet sich der Theorie nach ein neuer Setpoint, nach dessen Erreichen sich für eine gewisse Zeit die Einflußfaktoren im Gleichgewicht befinden. Die Sollwerttheorie stützende Befunde, etwa die Gewichtszunahme nach Fastenkuren oder operativer Fettentfernung, sind ebenso mit der Setpointtheorie vereinbar; letztere kann aber zudem Veränderungen des Körpergewichts erklären, die etwa durch besseres Nahrungsangebot zustande kommen.

Übergewicht: Während man früher als Normalgewicht in kg oft die Körpergröße minus 100 definierte (nach Ansicht vieler Autoren nur 80–90% dieses Wertes als Normalgewicht ansetzte), hat es sich weitgehend durchgesetzt, als Maß den sogenannten *Body-Mass-Index* (BMI, auch Quetelet-Index) heranzuziehen. Dieser BMI-Wert einer Person berechnet sich aus dem Körpergewicht dividiert durch die quadrierte Körpergröße in Metern; eine 180 cm große Person mit einem Körpergewicht von 90 kg hätte demnach einen BMI von $90/1,8^2 = 27,78$. Bei BMI-Werten ab 30 spricht man von Übergewicht; die genannte Person, die nach den alten Definitionen übergewichtig wäre, liegt somit nach dem neuen Kriterium im Normbereich.

Ungefähr 20-30% der Erwachsenen in Wohlstandsgesellschaften gelten als übergewichtig (Cook et al. 2000). Daß es sich dabei keineswegs um ein rein kosmetisches Problem handelt, ergibt sich daraus, daß die Betroffenen ein deutlich erhöhtes Risiko für die Entwicklung von Diabetes mellitus (Zuckerkrankheit) und Hypertonie mit möglichen schweren Folgeschäden (u.a. peripheren Gefäßverschlüssen, Herzinfarkt, Schlaganfällen) haben.

Über die Ursachen des Übergewichts besteht weitgehend Unklarheit. Daß die Betreffenden mehr Energie in Form von Nahrung zu sich nehmen als sie verbrauchen (positive Energiebilanz), ist trivial. Frage ist vielmehr, warum dieses Regelsystem nicht funktioniert. Aus Zwillingsstudien ergibt sich eine deutliche *genetische Kom-*

ponente für Übergewicht, ohne daß man die verantwortlichen Gene sicher identifizieren kann; es liegen Hinweise vor, daß auch bei Menschen ein genetischer Defekt bei der Leptinsynthese auftreten kann; ein wichtigerer Faktor für Übergewicht dürfte jedoch vermindertes Ansprechen zentralnervöser Struktur auf Leptin sein (s. Carlson 2001, S. 416 f. und die dort angeführten Quellen). Mittlerweile wird übrigens in der Literatur zunehmend die Ansicht vertreten, daß Übergewicht weniger eine Folge von erhöhter Nahrungsaufnahme darstellt, sondern eher von endogenen Faktoren wie ihrer Verwertung und vom Ruheenergieverbrauch abhängt (etwa Levine et al. 1999).

Die therapeutischen Möglichkeiten zur Behandlung von Übergewicht sind augenblicklich recht beschränkt. Nach Fastenkuren oder operativer Fettentfernung kehren viele – nicht alle – wieder zum früheren Zustand zurück und es wird die These vertreten, daß dieses Auf und Ab des Gewichts sogar schädlicher ist als konstantes Übergewicht. Ob chirurgische Interventionen (etwa Verkleinern des Magens mittels eines Bandes, Implantieren eines Ballons in den Magen, intestinale Bypass-Operationen mit Veränderungen des Nahrungsweges im Darm) angesichts des großen Eingriffs und nicht seltener Nebenwirkungen sich vertreten lassen, steht zur Diskussion. Generell läßt sich letztlich nur die gut begründete Empfehlung geben, durch Bewegung das Gewicht zu kontrollieren bzw. dadurch den Folgen des Übergewichts entgegenzuwirken.

10.2.5 Anorexia nervosa und Bulimia nervosa

Anorexia nervosa (nervöse Magersucht): Sie tritt vornehmlich bei Frauen auf und beginnt typischerweise im Jugend- und frühen Erwachsenenalter, ungefähr zwischen 14-18 Jahren, häufig kurz nach den ersten Monatsblutungen. Im Zusammenhang mit der *überwertigen Idee, zu dick* zu sein oder zu werden, besteht die Hauptsymptomatik in einem absichtlich herbeigeführten Gewichtsverlust, welcher nicht nur durch striktes Fasten, sondern auch durch Einnahme von Diuretika („ausschwemmenden" Medikamenten) und Abführmitteln sowie durch extreme körperliche Betätigungen herbeigeführt wird; von vielen wird zudem willentlich Erbrechen induziert. Der Body-Mass-Index ist (definitionsgemäß) kleiner als 17,5, liegt damit mehr als 15% unter der Norm. Bei Frauen beobachtet man typischerweise Amenorrhoe (Ausbleiben der Monatsblutung oder Auftreten nur in schwacher Form); beginnt die Störung vor der Pubertät, kommt es zu Verzögerungen im Wachstum, Ausbleiben der ersten Monatsblutung, fehlender Brustentwicklung. Sind Männer betroffen, findet sich zumeist Verlust von Libido und Impotenz, bei frühem Auftreten auch schwache Ausbildung der Genitalien. Die pathogenetische Bedeutung dieser Veränderungen sind unklar; möglicherweise handelt es sich um Sekundärerscheinungen als Folge der eingeschränkten Nahrungszufuhr.

Interessanterweise haben die Betroffenen keine Abneigung gegen Essen, wie es der Name Anorexia (Appetitlosigkeit) impliziert; die deutsche Bezeichnung Magersucht hebt das Wesentliche sehr viel besser heraus, nämlich die überwertige Idee, mager bleiben oder werden zu müssen. Das Thema Essen beschäftigt die Patientinnen sogar in hohem Maße: Sie lesen u.a. stundenlang Kochbücher, lernen Rezepte auswendig oder bereiten für andere umfangreiche Mahlzeiten, an denen sie sich nicht beteiligen

(s. dazu Köhler 1998, S. 166 und die dort zitierte Literatur). Auch läßt sich zeigen, daß bei Anorexiepatientinnen der Anblick von Nahrung stärkere Insulinsekretion auslöst als bei Gesunden (Broberg u. Bernstein 1989).

Die Erkrankung ist häufig von deutlich depressiver Symptomatik begleitet und dauert meist mehrere Monate, in einem Viertel der Fälle nimmt sie einen Verlauf von über zwei Jahren. In etwa 5% der Fälle, nach anderen Angaben sogar noch häufiger, endet sie tödlich. Todesursachen sind meist Komplikationen im Herz-Kreislauf-System (Rhythmusstörungen, Herzversagen), außerdem u.a. Elektrolytstörungen, Einschränkungen der Nierenfunktion sowie Schäden im Magen-Darm-Trakt (z.B. Zerreißen der Speiseröhre, Darmlähmungen); weiter kommen Suizide gehäuft vor (zu den körperlichen Folgen der Anorexia nervosa s. ausführlich Sharp u. Freeman 1993).

An Patientinnen mit nervöser Magersucht wurden auch wiederholt *biologische Veränderungen* festgestellt (für einen Überblick s. Köhler 1999a, S. 163 ff.), wobei allerdings schwer abzuschätzen ist, was davon *sekundär* ist, also eine *Folge der verminderten Nahrungsaufnahme* darstellt. Für die häufig gefundenen *Hirnatrophien* scheint eher letzteres der Fall zu sein, da sie sich vielfach nach Normalisierung des Gewichts zurückbilden. Ähnliches gilt möglicherweise für die wiederholt berichteten *niedrigen Konzentrationen von Sexualhormonen*. Der bei einem hohen Prozentsatz der Betroffenen zu beobachtende *negative Ausfall des Dexamethason-Suppressionstests* (s. 4.3.10) deutet auf eine *Störung im Regulationssystem Hypothalamus-Hypophyse-Nebennierenrinde* hin und bestätigt auch die von verschiedenen Autoren angenommene enge Beziehung zu *depressiven Störungen*. Angesichts der besonderen Rolle von *Serotonin* bei der Regulation des Eßverhaltens (s. 10.2.3) hat man sich v.a. auf diesen Transmitter konzentriert und bei Personen mit Anorexia nervosa Hinweise auf *verminderte Ansprechbarkeit des serotonergen Systems* gefunden.

Erstes Ziel der *Behandlung* von Anorexiepatientinnen ist *Gewichtszunahme*, was man nicht selten mit Hilfe von Magensonden oder parenteral mittels Infusionen versucht. Zur Rückfallprophylaxe werden am häufigsten *selektive Serotonin-Wiederaufnahmehemmer* eingesetzt (für Einzelheiten der biologischen Therapie s. Köhler 1999a, S.167 f. und die dort angeführte Literatur).

Bulimia nervosa: Die Hauptsymptomatik dieser ebenfalls vorwiegend bei Frauen (meist zwischen 20 und 30 Jahren) auftretenden Störung sind wiederholte *Anfälle von Heißhunger* („Eß- oder Freßattacken"), bei denen in kurzer Zeit große Nahrungsmengen aufgenommen werden (im Mittel 2000 kcal, in Extremfällen bis 8000 kcal!). Im Anschluß an diese Heißhungeranfälle wird in der Regel *Erbrechen induziert*; auch mit anderen Maßnahmen, nämlich Einlegen von Fastenphasen sowie Einnahme von Appetitzüglern, Schilddrüsenhormonen, Diuretika und Abführmitteln versuchen die Patientinnen, ihr Gewicht zu kontrollieren. Da Eßattacken auch bei manchen Fällen von nervöser Magersucht vorkommen, sind Anorexia und Bulimia nervosa nicht immer leicht zu unterscheiden; als Kriterien gelten hier v.a. das bei Bulimia nervosa normale Körpergewicht sowie die geringeren Menstruationsstörungen. Zuweilen wechseln bei einer Person Anorexiephasen mit bulimischen ab. Der Verlauf der Bulimia nervosa ist meist eher chronisch, auch hier findet sich oft depressive Begleitsymptomatik; Todesfälle durch die Krankheit sind seltener, kommen aber vor und sind meist kardialer Natur; immer wieder beschrieben werden *Schädigungen* der *Zähne* und des *Mund-Rachen-Raumes* durch das gehäufte Erbrechen.

Auch hinsichtlich *biologischer Befunde* zeigt die Bulimia nervosa große Ähnlichkeiten mit der nervösen Magersucht: Bei Bulimikerinnen finden sich ebenfalls Zeichen von *Hirnatrophie*, wenn auch seltener und meist weniger ausgeprägt; häufiger als bei der Anorexia nervosa beobachtet man einen *negativen Ausfall des Dexamethason-Suppressionstests*, was als Dysregulation im System Hypothalamus-Hypophyse-Nebennierenrinde interpretiert wird; deutliche Hinweise gibt es auf eine *verminderte Ansprechbarkeit postsynaptischer Serotoninrezeptoren* bei Bulimikerinnen, wobei – wie bei Patientinnen mit Anorexia nervosa – schwer zu entscheiden ist, ob dies nicht erst eine Folge der veränderten Eßgewohnheiten darstellt.

Die biologische Therapie geschieht nicht nur mit *selektiven Serotonin-Wiederaufnahmehemmern*, sondern auch mit anderen Antidepressiva – meist mit höheren Dosen als bei der Depressionstherapie; Ansprechen auf pharmakologische Behandlung im Sinne einer vollständigen Rückbildung der Symptomatik ist jedoch bestenfalls in einem Drittel der Fälle zu beobachten (für Genaueres s. Walsh u. Devlin 1995).

10.3 Regulation von Flüssigkeitsaufnahme und -ausscheidung

10.3.1 Vorbemerkungen; anatomische und physiologische Grundlagen

Flüssigkeit wird vom Körper hauptsächlich zur *Regulation des Wasser- und Elektrolythaushalts* aufgenommen; die gleichzeitige Zufuhr von Kalorien, beispielsweise bei alkoholischen und zuckerhaltigen Getränken, ist ein oft unerwünschter und meist nicht genügend beachteter Nebeneffekt.

Der Wassergehalt des menschlichen Körpers beträgt (bezogen auf das Gewicht) etwa 50%, beim Säugling und beim jungen Erwachsenen sogar noch deutlich mehr. Ungefähr 60% dieses Wassers befinden sich in den Zellen (intrazellulär), der Rest extrazellulär, nämlich im interstitiellen Raum (also zwischen den Zellen), als Plasmawasser im Blut sowie als transzelluläre Flüssigkeit in Hohlräumen des Körpers, insbesondere in den inneren und äußeren Liquorräumen – nicht berücksichtigt ist in dieser Bilanz die Flüssigkeitsmenge in Magen-Darm-Trakt und Harnblase. Die Zahl gelöster Teilchen pro Volumeneinheit als Maß der sogenannten *Osmolarität* ist im Gleichgewichtszustand in Intra- und Extrazellulärraum gleich groß; erhöht bzw. erniedrigt sie sich in einem dieser Teilräume (Compartments), beispielsweise durch Ein- oder Ausströmen von osmotisch wirksamen Teilchen (etwa Ionen), so durchquert Wasser solange die Zellmembranen, bis wieder gleiche Osmolarität in beiden Compartments hergestellt ist.

Im intrazellulären Raum befinden sich neben Kaliumionen gehäuft Proteine, während extrazellulär (mit Ausnahme des Blutplasmas und der Flüssigkeit im Magen-

Darm-Trakt) der Proteinanteil bei Null liegt; dort sind speziell Natrium- und Chloridionen in hohen Konzentrationen zu finden. Eiweiße in hoher Konzentration befinden sich (hauptsächlich in Form von Albuminen) in den Blutgefäßen; unter physiologischen Bedingungen sind die Gefäßwände für Proteine undurchlässig. Diese Albumine tragen wesentlich zur Osmolarität des Blutes bei und halten somit das Wasser in den Gefäßen. Kommt es, etwa durch Hungern, zu einem Absinken ihrer Konzentration, tritt vermehrt Wasser in das umliegende Gewebe aus (Eiweißmangelödeme, etwa in Form von Hungerödemen). Innerhalb des Körpers werden laufend Wassermengen verschoben. Das im oberen Magen-Darm-Trakt in Form u.a. von Gallenflüssigkeit, Magen- und Pankreassekreten abgegebene Wasser wird im unteren Verdauungstrakt weitgehend rückresobiert; eine nicht unbeträchtliche Menge von Wasser geht durch Atmen und Schwitzen, zudem mit dem Stuhl verloren, im Rahmen von Entgiftungsvorgängen muß in jedem Fall in der Niere Wasser ausgeschieden werden. Hinzu kommt, daß das für die Osmolarität wichtigste Ion, nämlich Natrium, in Form von Kochsalz dem Körper in sehr wechselnder Menge zugeführt wird; da es kaum in die Zellen eindringt, zieht es aus ihnen Wasser, welches zu ersetzen ist.

Salz- und *Wasserhaushalt* werden zum einen durch die *Flüssigkeits-* und *Elektrolytaufnahme*, zum anderen durch die Ausscheidungen reguliert. Zwar wird Wasser und Natrium bei körperlicher Anstrengung und Hitze in größeren Mengen durch die Atmung und v.a. durch den Schweiß abgegeben; dies ist aber unter physiologischen Bedingungen weitgehend unabhängig von den im Körper vorhandenen Mengen. Die Feinregulation anhand der Osmolarität fällt deshalb den Nieren zu, mittels welcher zudem weitere Substanzen aus dem Körper entfernt werden, etwa der bei Verwertung stickstoffhaltiger Produkte wie z.B. Aminosäuren anfallende Harnstoff. Das Blut gibt dabei Plasmaflüssigkeit in die Niere ab, die in einem komplizierten Vorgang einen Teil der im Wasser gelösten Stoffe wieder resorbiert, großteils auch das Wasser selbst, und schließlich vergleichsweise geringe Mengen davon zusammen mit Salzen und Giftstoffen in den Harnleiter und damit in die Harnblase abgibt.

Jede Niere besitzt etwa 1 Million Nephrone, dünne und lange Röhren (Tubuli), an deren Beginn im sogenannten Glomerulus knäuelförmig aufgerollte Kapillaren aus dem Blut Plasmaflüssigkeit absondern. Diese Flüssigkeit, der „Primärharn", durchläuft den schleifenförmigen Tubulus, wobei ein Großteil der gelösten Stoffe (u.a. Wasser, Elektrolyte, Aminosäuren, Zucker) rückresorbiert und erneut ins Blut aufgenommen werden. Gleichzeitig findet eine tubuläre Sekretion statt, bei der manche Stoffe erst nachträglich, also nicht über die Filtration im Glomerus, in den Urin gelangen. Die Tubuli der einzelnen Nephrone geben das mehr oder weniger stark mit Elektrolyten und anderen Stoffen angereicherte Wasser in Sammelrohre ab, die ihren Inhalt ins Nierenbecken und von dort weiter in den Harnleiter ergießen.

Auf die Rückresorption von Natrium und Wasser, der zur Konstanthaltung der Osmolarität wichtigsten Stoffe, wirken die Hormone *Adiuretin* (ADH) und *Aldosteron*. Das antidiuretische, d.h. die Wasserrückresorption in den Tubuli fördernde ADH wird im Hypothalamus gebildet und über den Hypophysenhinterlappen ausgeschüttet; seine Freisetzung wird von Hypothalamuskernen gesteuert, die ihrerseits wiederum von Osmosensoren und Dehnungsrezeptoren im Herz-Kreislauf-System stimuliert werden. Aldosteron aus der Nebennierenrinde, ausgeschüttet über einen sehr komplizierten Mechanismus (s. unten), fördert die Rückresorption von Natrium in den Nierentubuli und damit indirekt die von Wasser.

10.3.2 Regulationsmechanismen

Die sehr komplexen und in Einzelheiten noch nicht ganz verstandenen Vorgänge der Flüssigkeitsausscheidung und -aufnahme seien hier unter deutlicher Vereinfachung dargestellt, wobei der Schwerpunkt auf die biopsychologisch interessantere Flüssigkeitsaufnahme (Trinken) und die sie motivierenden Faktoren (Durst) gelegt wird.

Zwei Größen müssen in diesem Zusammenhang gegenüber allen Einflüssen konstant gehalten werden: Dies ist zum einen die Flüssigkeitsmenge im Körper, speziell das Blutvolumen, welches nicht unter einen kritischen Wert sinken darf, da eine solche Hypovolämie die Versorgung der einzelnen Organe mit Sauerstoff gefährden würde. Zum anderen muß die Osmolarität (also die Zahl der pro Volumeneinheit gelösten Teilchen) etwa in gleicher Höhe gehalten werden, da sonst zellschädigende Verschiebungen zwischen Intra- und Extrazellulärraum stattfinden würden.

Sowohl für die *Blutmenge* als auch die *Osmolarität* des extrazellulären, speziell interstitiellen Raums gibt es *Sensoren*. Zur Erfassung speziell des Zustandes von Hypovolämie existieren *Druckrezeptoren* (*Pressorezeptoren* oder *Barorezeptoren*) in herznahen Gefäßabschnitten, z.B. in der Aorta oder der A. carotis (im sogenannten Karotissinus), daneben Volumensensoren, deren Sitz man in der Niere annimmt und die die Menge des durchströmenden Blutes registrieren. Zur Messung der Osmolarität dienen *Osmorezeptoren*, die nach gegenwärtigen Erkenntnissen hauptsächlich, aber sicher nicht ausschließlich, im oder nahe des Hypothalamus lokalisiert sind (im sogenannten *lateralen präoptischen Areal*). Injiziert man in diese Region hypertonische Kochsalzlösung, erhöht also lediglich die Osmolarität in diesem kleinen Bereich, so trinken Tiere vermehrt Wasser (Andrews et al. 1992); diese Osmosensoren sprechen wahrscheinlich v.a. auf die intrazelluläre Dehydrierung an, die sich bei erhöhter Osmolarität des interstitiellen Raumes einstellt.

Man nimmt an, daß diese Osmosensoren speziell im OVLT (Organum vasculosum laminae terminalis) in der Nähe des 3. Ventrikels lokalisiert sind. Sie feuern bei Dehydrierung durch umgebende hyperosmolare Lösung, wohingegen ihre Feuerungsrate zurückgeht, wenn die Osmolarität in der unmittelbaren Umgebung sinkt (s. etwa Richard u. Bourque 1995).

Steigt durch Verlust von Wasser oder durch Kochsalzkonsum die Osmolarität, so feuern die Osmosensoren verstärkt und führen (indirekt über Hypothalamuskerne) im Hypophysenhinterlappen zu vermehrter Ausschüttung von ADH, welches an den Nierentubuli die Wasserrückresorption fördert. Nimmt man sehr salzreiche Kost zu sich, stellt sich bekanntlich nicht nur ein gewisser Durst ein; auch die Urinproduktion wird geringer und Toilettengänge zunächst weniger häufig. Neben der direkten Wirkung auf die Tubuli beeinflußt ADH das Renin-Angiotensin-System (s. unten); weiter führt es über Aldosteron zur Rückresorption von Natrium und Wasser.

Der zweite Effekt einer erhöhten Feuerung hypothalamischer Osmorezeptoren war schon genannt worden: die *Steigerung des Durstgefühls*, welches bei Verfügbarkeit von Flüssigkeit i.a. zum Trinken führt. Mittlerweile ist auch mehr über Einzelheiten dieses Mechanismus bekannt: Als Hirnstruktur, die an der Entstehung des Durstgefühls beteiligt ist und damit die Flüssigkeitsaufnahme steuert, nimmt man das sogenannte *Subfornikalorgan* an; Zerstörung dieses im basalen Telencephalon unterhalb der Fornix (s. 2.6.11) auf dem Dach des 3. Ventrikels gelegenen Kerngebiets führt nämlich zur Aufhebung experimentell induzierter Trinkreaktionen (s. unten). Die Aktivität des subfornikalen Organs wird vermutlich durch einen bestimmten Stoff angeregt; dieses „Dipsogen" (von griech. dipsa = Durst, genes = hervorbringend) ist aller Wahrscheinlichkeit nach das im Blut gebildete Polypeptid *Angiotensin II*. Injektion dieser Substanz in das Subfornikalorgan löst Trinken aus (Simpson u. Routtenberg 1973; Simpson et al. 1978).

Angiotensin II bildet sich über die Zwischenstufe Angiotensin I aus Angiotensinogen. Diese Reaktion wird durch das in der Niere gebildete Renin in Gang gesetzt. Das Renin-Angiotensin-System wird wiederum u.a. dann aktiviert, wenn als Folge erhöhter Osmolarität ADH aus dem Hypophysenhinterlappen freigesetzt wird. Das Polypeptid Angiotensin II gelangt auf dem Blutwege zum subfornikalen Organ und dockt dort an Rezeptoren an; interessanterweise ist die Blut-Hirn-Schranke in dieser Region – ebenso wie bei einigen weiteren um die Ventrikel gruppierten Kerngebieten (den circumventrikulären Organen) – stärker durchlässig und läßt auch Peptide passieren.

Anregung des subfornikalen Organs ist nicht die einzige Funktion von Angiotensin II. Daneben fördert es (indirekt über Aldosteron) die Natrium- und Wasser-Rückresorption in den Nierentubuli (erhöht damit das Blutvolumen) und führt zur Konstriktion von Arterien mit der Folge von Blutdrucksteigerung (s. auch unten). Insofern vermehrt Kochsalzaufnahme über Erhöhung der Osmolarität und Bindung von Wasser nicht nur das Plasmavolumen, sondern zieht auch eine vasokonstriktorische Blutdruckerhöhung nach sich.

Tabelle 10.2: Schema der Flüssigkeitsregulation anhand der Osmolarität:

1) Osmosensoren im lateralen präoptischen Areal (Hypothalamusregion) feuern bei erhöhter Osmolarität (z.B. durch NaCl-Zufuhr, Wasserverlust).	
2) gesteuert vom Hypothalamus schüttet die Neurohypophyse mehr **ADH** aus.	
3) ADH	• führt direkt zur Rückresorption von Wasser in der Niere. • stimuliert Aldosteronbildung (weitere Rückresorption). • regt Renin-Angiotensin-System an und führt so zur Bildung von **Angiotensin II.**
4) Angiotensin II	• erhöht Blutdruck über Vasokonstriktion. • stimuliert Subfornikalorgan (Entstehung von Durst mit der Folge von Flüssigkeitsaufnahme).

Weitere wichtige Stimuli zur Regulation des Natrium- und Wasserhaushalts gehen von den Blutdrucksensoren (Barorezeptoren) des Gefäßsystems und den Volumensensoren in der Niere aus. Fällt der Blutdruck ab – z.B. nach Blutverlust, so feuern diese Sensoren stärker und es kommt zur Freisetzung von Renin aus der Niere, welches wiederum, wie oben beschrieben, die Umwandlung von Angiotensinogen in Angiotensin I fördert; dieses wird in einem weiteren Schritt, der vom Angiotensin-Converting-Enzym kontrolliert wird, in das gefäßaktive Angiotensin II umgewandelt.

10.3 Regulation von Flüssigkeitsaufnahme und -ausscheidung

Letztere Substanz hat nun die bereits genannten Effekte: Steigerung des Durstgefühls durch Aktivierung des subfornikalen Organs, indirekte Verstärkung der Natrium- und Wasserrückresorption in den Nierentubuli, direkte Erhöhung des Blutdrucks durch Vasokonstriktion.

Dieser Mechanismus dürfte v.a. für die längerfristige Regulation eine Rolle spielen, während akut der Blutdruck hauptsächlich durch die lokale Freisetzung gefäßerweiternder Substanzen und Aktivität vasokonstriktorischer Neurone beeinflußt wird (s. 4.4.3). Störungen in diesem Renin-Angiotensin-System sind wahrscheinlich für die Entstehung chronischer Blutdruckerhöhung von erheblicher Bedeutung. Medikamente, welches das Angiotensin-Converting-Enzym hemmen und damit die Bildung von Angiotensin II blockieren (ACE-Hemmer), werden deshalb in den letzten Jahren verstärkt zur Hypertoniebehandlung eingesetzt.

Faßt man vereinfachend zusammen, so führt erhöhte Osmolarität (beispielsweise durch Zufuhr größerer Kochsalzmengen) ebenso wie Blutdruckabfall zu einer Reihe von Reaktionen, insbesondere zu verminderter Wasserausscheidung durch die Nieren sowie zu erhöhtem Durstgefühl mit resultierender Wasseraufnahme. Vermittelnde Mechanismen, die in komplizierter Weise zusammenhängen, sind vermehrte Ausschüttung von ADH und Aldosteron sowie die Aktivierung des Renin-Angiotensin-Systems und damit die Bildung von Angiotensin II; letztere Substanz bewirkt mit großer Wahrscheinlichkeit durch Aktivierung des subfornikalen Organs im Endhirn die Entstehung des Durstgefühls.

Nicht uninteressant ist in diesem Zusammenhang der sich nach stärkerem Alkoholgenuß einstellende Durst (sogenannter „Brand"). Alkohol wirkt deutlich diuretisch, wahrscheinlich über Hemmung der ADH-Freisetzung aus dem Hypophysenhinterlappen. Auf einen Verlust von Wasser und Elektrolyten ist möglicherweise auch der vielen Personen vertraute „Alkoholkater" („Hangover") mit Kopfschmerz und Lustlosigkeit zurückzuführen; dafür spricht, daß eine salzreiche Mahlzeit mit viel Flüssigkeit („Katerfrühstück") die Beschwerden nicht selten rasch bessert (für weitere Hypothesen zur Pathogenese des „Hangover" s. Swift u. Davidson 1998).

10.3.3 Weitere, die Flüssigkeitsaufnahme beeinflussende Faktoren

Daß erhöhte Osmolarität und erniedrigtes Blutvolumen keineswegs die einzigen Auslöser für Trinkverhalten sind, läßt sich nicht nur am Menschen gut beobachten; viele Tiere trinken spontan und offenbar prophylaktisch. Ein wichtiger, die Flüssigkeitsaufnahme determinierender Faktor ist zweifellos bei Mensch wie auch Tier der *Geschmack*. Mit Saccharin versüßtes Wasser wird von Ratten in deutlich größeren Mengen getrunken, während bei Zugabe des bitter schmeckenden Chinin der Konsum merklich sinkt (Rolls et al. 1978; Nicolaidis u. Rowland 1975). Beim Menschen fördern neben dem Geschmack andere angenehme Faktoren den Konsum von Getränken, speziell der Alkoholgehalt. Weiter spielen Lernmechanismen sicher keine geringe Rolle: Ratten, die im Rahmen von besonders proteinreicher Nahrungsaufnahme zu stärkerem Flüssigkeitskonsum stimuliert worden waren, taten dies später auch bei gewöhnlichen Mahlzeiten (Fitzsimons & Le Magnen 1969).

Generell nehmen Menschen wie Tiere Flüssigkeit v.a. im Rahmen von Mahlzeiten zu sich; dies stellt sicher nicht allein Gewohnheit dar, sondern hat biologischen Sinn, weil dadurch die Verdauung deutlich erleichtert wird; Reiz für die Flüssigkeitsaufnahme ist möglicherweise das im Rahmen fester Mahlzeiten ausgeschüttete Insulin (s. etwa Brime et al. 1991). Speziell wird mit proteinreicher Nahrung viel Wasser aufgenommen; der osmotische Druck der Eiweiße dürfte Wasser in den Magen-Darm-Trakt ziehen, welches zu ersetzen ist. Die Wassermenge im Magen-Darm-Trakt hat auch eine Bedeutung für die Ausscheidung der Fäzes. Nicht selten ist besonders bei älteren Leuten – die häufig weniger trinken als sinnvoll – Verstopfung Folge von Flüssigkeitsmangel.

Nicht klar ist, was den *Trinkvorgang beendet*. Sicher ist es nicht die normalisierte Osmolarität, denn diese stellt sich erst lange nach Beendigung der Flüssigkeitsaufnahme ein. Auch der mit Wasser gefüllte Magen ist offensichtlich nicht das alleinige Signal, mit dem Trinken aufzuhören, denn Infusionen von Wasser in den Magen reduzieren die aufgenommene Flüssigkeitsmenge nur zu einem gewissen Teil (s. etwa Rowland u. Nicolaidis 1976). Wahrscheinlich spielen Lernprozesse hierbei eine nicht unwesentliche Rolle.

10.4 Schlaf

10.4.1 Schlafstadien und Ablauf des Schlafes

Schlafstadien: Der Schlaf ist kein Vorgang, der gleichmäßig vom Einschlafen bis zum Aufwachen abläuft. Vielmehr zeigt er starke *Intensitätsschwankungen*, welche durch die sogenannten *Schlafstadien* beschrieben werden. Zu ihrer Festlegung haben sich v.a. EEG-Aufzeichnungen, daneben die Registrierung der Augenbewegungen, das Elektrookulogramm (EOG), und in begrenztem Maße die Aufzeichnung einiger weiterer psychophysiologischer Parameter, besonders des EMGs, bewährt.

Zumeist werden in der Literatur anhand der EEG-Aktivität *vier Schlafstadien* unterschieden; hinzu kommt das *REM-Stadium*, welches hinsichtlich der EEG-Befunde dem Stadium 1 weitgehend gleicht, jedoch zusätzlich durch deutliche, schnelle Augenbewegungen charakterisiert ist und typischerweise von starker peripherphysiologischer Aktivierung begleitet ist. Das Schlafstadium 1, welches zum ersten Male unmittelbar nach dem Einschlafen (ohne REM-Charakteristika) einsetzt und noch wiederholte Male auftritt (dann aber fast immer von schnellen Augenbewegungen begleitet), ist gekennzeichnet durch EEG-Aktivität v.a. im θ-Bereich, d.h. durch relativ hochamplitudige Wellen im Frequenzband zwischen 4-7 Hz. Im Schlafstadium 2 finden sich bereits etwas niedrigerfrequente Wellen (im wesentlichen aber immer noch im unteren θ-Bereich); daneben zeigen sich eingestreut K-Komplexe, biphasische höhere Ausschläge und sogenannte Schlafspindeln; bei diesen handelt es sich um relativ hochfrequente Wellen, deren (geringe) Amplitude etwa für 1 sec zunimmt und danach wieder kleiner wird (also spindelförmig aussehende Wellenkomplexe). Im Schlafstadium 3 ist eine Mischung von θ- und δ-Wellen zu beobachten (letztere allerdings mit einem Anteil von weniger als 50%). Das Schlafstadium 4, das Tiefschlafstadium, ist definitionsgemäß dadurch charakterisiert, daß die hochamplitudigen, niedrigfrequenten δ-Wellen (von 0,5-3 Hz) überwiegen (dargestellt im wesentlichen nach Kelly 1991 unter Übernahme der dort gegebenen Definitionen; zuweilen wird in der Literatur die Einteilung der Schlafstadien und ihre Charakterisierung etwas anders gehandhabt).

Das *REM-Stadium*, welches wiederholt im Laufe des Schlafs erreicht wird (v.a. gegen sein Ende hin) entspricht bezüglich der EEG-Aktivität weitgehend Stadium 1 (wobei auch höherfrequente Wellen eingestreut sind); charakteristisch ist das Auftreten *schneller Augenbewegungen* (rapid eye movements, deshalb die Abkürzung REM-Stadium oder REM-Schlaf). Sie lassen sich oft mit bloßem Auge erkennen, werden aber in der Schlafforschung mit dem EOG (Elektrookulogramm, s. 5.3.6). aufgezeichnet. In diesem REM-Stadium finden sich zumeist *Erhöhungen* der Pulsfrequenz, des Blutdrucks, der Atmung sowie nicht selten stärkere Durchblutung der Genitalien; hingegen ist die *EMG-Aktivität sehr gering*, die *Muskeln* weitgehend *erschlafft* (daher die Bezeichnung *paradoxer Schlaf*, weil üblicherweise mit Erregung auch erhöhte Muskelaktivierung auftritt; s. 5.3.2).

Außerhalb der REM-Phasen ist die Aktivierung in den meisten peripher-psychophysiologischen Parametern gering und korreliert in etwa mit der EEG-Aktivität, ist also besonders niedrig im Tiefschlafstadium; hingegen sind während der Tiefschlafphasen stärkere parasympathische Reaktionen zu beobachten (beispielsweise Zunahme gastrointestinaler Motilität). Interessanterweise ist im REM-Schlaf die *Weckschwelle*, d.h. die Stärke der zum Aufwecken des Schläfers erforderlichen Reize, hoch; Wecken aus dem REM-Schlaf ist also besonders *schwierig* (s. auch unten).

Dem REM-Schlaf wird der non-REM-Schlaf = NREM-Schlaf gegenübergestellt, der im wesentlichen mit den Schlafstadien 2, 3 und 4 identisch ist (auch Schlafstadium 1 ist teilweise frei von REM-Schlaf, v.a. zu Beginn des Schlafes). Weiter findet sich in der Literatur die Bezeichnung SWS-Schlaf (slow-wave sleep), der nach manchen Autoren die Stadien 2, 3 und 4, nach anderen nur 3 und 4 umfaßt. Die oft zu findende Gleichsetzung NREM- und SWS-Schlaf ist deshalb mißverständlich und soll hier nicht vorgenommen werden.

Als *Schlafphasen* bezeichnet man Teilabschnitte im Schlaf, die durch ein bestimmtes Schlafstadium gekennzeichnet sind, Tiefschlafphasen also durch hohen Anteil von δ-Wellen, REM-Phasen durch relativ hochfrequente EEG-Aktivität zusammen mit schnellen Augenbewegungen, starker peripher-physiologischer (sympathischer) Aktivität und erniedrigtem Muskeltonus. In sogenannten *Schlafdiagrammen* werden auf der Abszisse die Zeit, auf der Ordinate die Schlafstadien eingetragen. Ein typisches Schlafdiagramm eines Erwachsenen mittleren Alters, welches eventuelles Aufwachen nicht berücksichtigt, ist in Abbildung 10.1 gezeigt; bei allen sonst gegebenen Unterschieden zwischen Personen hinsichtlich des Schlafes (etwa seiner Dauer) sind die in solchen Schlafdiagrammen dargestellten Abläufe recht ähnlich – wobei sich das Bild allerdings mit dem Lebensalter verändert (s. unten).

Dem Einschlafen geht oft eine Phase tieferer Entspannung (mit α-Wellen) voraus; dann gerät der Schläfer in Stadium 1 (diesmal noch ohne REM-Charakteristika), durchläuft dieses schnell, ebenso wie die folgenden Stadien 2 und 3, um dann die erste, etwa 20–30minütige Tiefschlafphase zu beginnen. Danach werden rasch hintereinander die Stadien 3 und 2 durchlaufen und es beginnt die erste, noch kurze REM-Phase von oft nur wenigen Minuten.

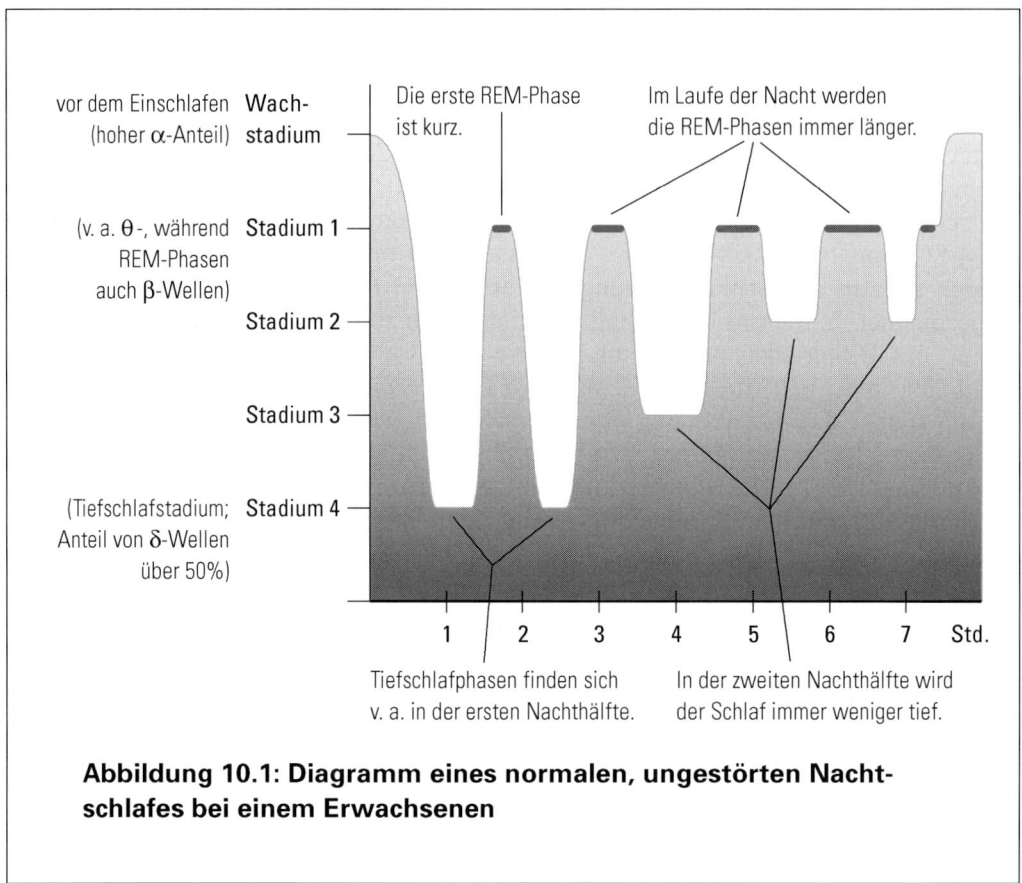

Abbildung 10.1: Diagramm eines normalen, ungestörten Nachtschlafes bei einem Erwachsenen

Die Zeit zwischen Schlafbeginn und ersten schnellen Augenbewegungen wird als REM-Latenz bezeichnet. Sie ist bei Depressiven oft verkürzt (Benca et al. 1992), möglicherweise auch zwischen den Phasen (Thase et al. 1998). Weiter konnte familiäre Häufung der verkürzten REM-Latenz gezeigt werden; tritt sie bei Gesunden auf, stellt sie eventuell einen Prädiktor für das spätere Auftreten depressiver Episoden dar (Giles et al. 1987). Durch Gabe von Cholinagonisten läßt sich die REM-Latenz auch bei Gesunden verkürzen (cholinerge REM-Induktion); dieses Phänomen ist bei affektiv Gestörten während depressiver Episoden besonders ausgeprägt und möglicherweise ebenso in den Intervallen zwischen den Episoden nachzuweisen (Sitaram et al. 1987; Berger et al. 1989; für weitere Literatur s. Köhler 1999b, S. 57).

Im Laufe der Nacht wird dieser etwa 90minütige Schlafzyklus (beginnend mit Stadium 1 bis zu seinem erneuten Erreichen) typischerweise fünfmal durchlaufen, wobei Stadium 4 nur noch einmal erreicht wird und dann weniger lange anhält. In den nächsten beiden Zyklen gelangt der Schläfer kurz in Stadium 3, im letzten Zyklus vor dem Aufwachen nur mehr in Stadium 2. Umgekehrt werden die REM-Phasen zunehmend länger; die vorletzte und meist längste kann bis zu einer Stunde dauern, aus der fünften und letzten heraus erwacht man in der Regel – bzw. geht dem Erwachen öfters Stadium 1-Schlaf ohne REM-Aktivität voraus. Somit *nehmen Phasen tieferen Schlafes ab*, während *REM-Phasen v.a. in der zweiten Schlafhälfte auftreten.*

10.4 Schlaf

Diese Beschreibung gilt im wesentlichen für Erwachsene mittleren Alters ohne Schlafstörungen oder Einnahme von Schlafmitteln, welche die „Schlafarchitektur" oft erheblich verändern (s. 10.4.4). Bei älteren Leuten ist nicht nur generell die Schlafdauer geringer und nächtliches Aufwachen häufiger; sowohl Tiefschlaf- wie REM-Phasen werden kürzer zugunsten von Schlaf der Stadien 2 und 3. Anders ist es beim Neugeborenen, wo die REM-Phasen über 50% des sehr viel längeren Schlafes einnehmen.

Bei Depressiven sind die REM-Phasen länger und von stärkeren Augenbewegungen begleitet, ein allerdings nicht unbedingt spezifischer Befund. Weiter ist recht gut belegt, daß bei diesen Personen die REM-Phasen eher in die erste Nachthälfte verlagert sind (Reynolds u. Kupfer 1987; zur REM-Latenz und cholinergen REM-Induktion s. oben). Als besonders typisch wird jedoch bei einigen Formen depressiver Störungen das frühe morgendliche Erwachen angesehen.

REM-Phasen und Traum: Es gibt gute Hinweise, daß v.a. während des REM-Schlafes geträumt wird, denn Probanden im Schlaflabor berichten vornehmlich dann über Träume, wenn sie aus diesen heraus geweckt werden. Dazu paßt die während des REM-Schlafes zu beobachtende Aktivierung des sympathischen Nervensystems.

Bekanntlich hatte Freud 1900 in seiner *Traumdeutung* die Hypothese aufgestellt, daß im Traum unterdrückte, teilweise unbewußt-verdrängte Wünsche sich Eintritt ins Bewußtsein verschaffen und mittels der Traumarbeit unter Entstellung in der Phantasie befriedigt werden (Traum als Wunscherfüllung; s. dazu Köhler 1995b, S. 28 ff.). Die Funktion des Träumens ist nach dieser Theorie, den Schlaf von Störungen durch äußere und innere Einflüsse freizuhalten (Traum als „Hüter des Schlafes"). Entgegen weitverbreiteten und oft mit ausgesprochener Kühnheit vertretenen Auffassungen ist diese Theorie keineswegs widerlegt. Daß die Weckschwelle während der REM-Phasen besonders hoch liegt (s. oben), stimmt z.B. ausgezeichnet mit den Thesen der Freudschen Traumlehre überein, ebenso der Befund, daß äußere Reize im Traum verarbeitet werden (Dement u. Wolpert 1958) – schon Freud hatte nachdrücklich auf dieses Phänomen hingewiesen. Dagegen spricht auch nicht, daß Aufwachen bevorzugt aus REM-Phasen geschieht; zum einen sind diese gegen Ende des normalen Schlafes häufiger (die Chance des Aufwachens deswegen allein statistisch größer), zum anderen ist klar, daß erhöhte geistige Aktivität, wie durch den β-Rhythmus für die REM-Phasen belegt, eher zu Störreizen führt. Gegen Freuds Theorie spricht ebensowenig, daß auch Tiere und Neugeborene träumen (zumindest REM-Aktivität zeigen); diese haben ebenfalls Reize zu verarbeiten, die aber bei ihnen – anders als bei Erwachsenen – noch nicht teilweise aus Verdrängungen resultieren. Es ist immer wieder erstaunlich, mit wie geringer Kenntnis der Freudschen Lehre manche sich zu einem raschen Urteil darüber berufen fühlen.

10.4.2 Regulation des Schlafes

Die *Hirnstrukturen*, welche den Schlaf-Wach-Rhythmus (allgemein: die circadianen Aktivitätsschwankungen) kontrollieren, werden im wesentlichen im *kaudalen Hirnstamm* vermutet. Durchtrennt man nämlich bei einer Katze den Hirnstamm auf Höhe des Mittelhirns, produziert also ein sogenanntes „Cerveau isolé" (isoliertes Vorderhirn), so zeigen sich danach im EEG ausschließlich kontinuierliche Wellen niedriger Frequenz, bestenfalls unterbrochen von kurzen Aktivitätssteigerungen auf starke externe Stimuli. Wird hingegen der Trennschnitt tiefer, kaudal der Medulla oblongata, angesetzt (Encéphale-isolé-Präparation), so lassen sich im EEG nach wie vor normaler Schlaf-Wachzyklus und unveränderte Schlafstruktur beobachten. Bei dieser Präparation ist die Verbindung des Endhirns mit den netzförmig zusammenhängenden Kerngebieten des kaudalen Hirnstamms, der Formatio reticularis (s. 2.6.3), erhalten geblieben, und diese Formatio reticularis (genauer: ein Teil von ihr) wird auch als steuerndes Zentrum für die kortikale Aktivität angesehen. In dieser Formatio nimmt man die Existenz eines morphologisch noch nicht sicher identifizierbaren funktionellen Systems an; es wird *retikuläres Aktivierungssystem* (RAS) oder *aufsteigendes retikuläres Aktivierungssystem* (ARAS) oder auch aufsteigendes retikuläres aktivierendes System genannt (zur Unterscheidung von einem deszendierenden retikulären Systems, welches u.a. den Muskeltonus regelt; s. auch 7.4 und 7.5). Die Kerne des ARAS dürften v.a. zentral, d.h. um die Medianebene und hauptsächlich ventral lokalisiert sein. Dieses ARAS erhält Kollateralen von sensorischen Neuronen, empfängt damit Information über die gerade einwirkenden Sinnesreize; Neuronen des ARAS projizieren in Form zahlreicher Bahnen u.a. in Zwischen- und Endhirn.

Ein vereinfachendes Modell, welches den tatsächlichen Gegebenheiten sicher nicht restlos gerecht wird, aber viele Phänomene erklärt und daher im Rahmen einer einführenden Darstellung gerechtfertigt sein dürfte, nimmt ein regelrechtes *Schlafzentrum* an; verschiedene weitere Strukturen, die mit diversen, unterschiedliche Transmitter benutzenden Neuronen ins Endhirn projizieren, sind vermutlich für das Auftreten von REM- und NREM-Schlaf verantwortlich. Dieses Schlafzentrum vermutet man in den *Raphe-Kernen der Medulla oblongata* (von denen einige schon mit der Regulation des Schmerz durch absteigende Bahnen in Verbindung gebracht wurden; s. 6.6.3). Diese Raphekerne (mehrere in jeder Hälfte des Hirnstamms) liegen im Übergangsgebiet zwischen Pons und Medulla oblongata und entsenden serotonerge Neurone u.a. in telencephale Regionen. Zerstört man sie, kommt es vorübergehend zu völliger Schlaflosigkeit, später zu einer permanenten, deutlichen Reduktion der Schlafdauer (nach Pinel 1997, S. 327), wobei REM-Phasen völlig ausbleiben (zu anderen, geradezu konträren Befunden, s. unten).

Tabelle 10.3: Strukturen, die mit der Regulation des Schlafes in Verbindung gebracht werden

Struktur	Bedeutung und Befunde
Raphekerne der Medulla oblongata (Ausgangspunkt serotonerger Neurone)	„Schlafzentrum": Zerstörung führt zu Schlaflosigkeit bzw. deutlich verminderter Schlafdauer.
andere Strukturen des Hirnstamms (Ausgangspunkt cholinerger Neurone)	induzieren REM-Schlaf; werden durch serotonerge Neurone aus Raphe-Kernen und noradrenerge vom Locus coeruleus gehemmt.
Ventrolaterales präoptisches Areal im Vorderhirn	weiteres „Schlafzentrum"? Seine Stimulation führt zu Müdigkeit und schlaftypischen EEG-Veränderungen.
Nucleus supraopticus (suprachiasmaticus) im Hypothalamus	reguliert im Sinne einer „inneren Uhr" periodisch ablaufende Aktivitäten.

10.4 Schlaf

Daneben gibt es einige weitere Strukturen im kaudalen Hirnstamm, die für die Induktion speziell des REM-Schlafes verantwortlich zu sein scheinen; sie entsenden cholinerge Fasern u.a. in den Kortex und es gibt gute Belege für die Annahme, daß bei deren Feuerung REM-Schlaf mit seinen charakteristischen Veränderungen (hochfrequente, desynchronisierte EEG-Aktivität, schnelle Augenbewegungen, Absinken des Muskeltonus) eintritt (s. etwa Vertes 1984). Wie bereits oben im Zusammenhang mit der cholinergen REM-Induktion (10.4.1) erwähnt, führt Gabe von Cholinagonisten wie Arecolin oder Carbachol zu beschleunigtem Eintritt der ersten REM-Phase nach Schlafbeginn, ein Effekt, der bei Depressiven besonders ausgeprägt zu sein scheint. Dieses REM-Schlaf induzierende Zentrum wird wiederum von noradrenergen und serotonergen Neuronen (aus Locus coeruleus und Raphe-Kernen) gehemmt, so daß deren Aktivierung eine Ablösung des REM-Schlafs durch NREM-Phasen bewirkt. Da im physiologischen Schlaf sich REM- und NREM-Phasen mit gewisser Regelmäßigkeit abwechseln, liegt die Annahme nahe, daß Raphe-Kerne und Locus coeruleus während der Schlafzeiten rhythmisch schwankende Aktivität zeigen, mit der sie die cholinergen REM-Zentren beeinflussen. Damit könnte man folgendes, die Verhältnisse zweifellos stark vereinfachendes Modell formulieren: Aktivierung der Raphe-Kerne würde etwa alle 16 Stunden zu einem achtstündigen Schlaf führen; während dieses Schlafintervalls sind die Raphe-Kerne schwankend aktiv, so daß sie einmal mehr, einmal weniger die cholinergen REM-Zentren hemmen und damit einen periodischen Wechsel zwischen REM und non-REM-Schlaf bedingen; mit zunehmend schwächer werdender Aktivität der Raphe-Kerne zum Schlafende hin würden die REM-Phasen länger werden.

Wie betont, wurden die Sachverhalte hier sehr vereinfacht und einige durchaus wichtige Befunde nicht erwähnt. So ist beispielsweise nachzutragen, daß es neben den Raphe-Kernen wohl mindestens noch ein weiteres Schlafzentrum gibt, nämlich das nahe dem Hypothalamus gelegene ventrolaterale präoptische Areal im Vorderhirn; seine Stimulierung führt zur Müdigkeit und schlaftypischen EEG-Veränderungen, Zerstörung zur Schlaflosigkeit (Sterman u. Clemente 1962; Szymusiak u. McGinty 1986).

Weiter war schon erwähnt worden, daß die Charakterisierung der Raphe-Kerne als Schlafzentrum keineswegs unumstritten ist (s. etwa Peck u. Vanderwolf 1991); wahrscheinlich trifft dies bestenfalls auf eine Teilregion dieser Ansammlung funktionell sehr unterschiedlicher Kerne zu. Man beachte also, daß die Rolle der Raphe-Kerne und des Serotonin für den Schlaf in der Literatur höchst widersprüchlich dargestellt wird (s. Pinel 1997, S. 326 f. einerseits, Carlson 2001, S. 285 f. andererseits). Allgemein geht man aber, zumindest in der älteren Literatur, davon aus, daß Serotonin schlaffördernd wirkt (etwa Kelly 1991).

Die Aktivität der für den Schlaf-Wachrhythmus und andere rhythmische Aktivitäten verantwortlichen Zentren im Hirnstamm wird ihrerseits nach gegenwärtigen Erkenntnissen vom Nucleus supraopticus (Nucleus suprachiasmaticus) im medialen Hypothalamus kontrolliert; dieses oberhalb des Chiasma opticum, der Kreuzung des Sehnerven, gelegene Kerngebiet wird als Sitz der circadianen Uhr betrachtet (von lat. circa = um, herum, dies = Tag). Seine Zerstörung führt häufig zur Aufhebung periodisch ablaufender Aktivitäten (s. etwa Stephan u. Nunez 1977), wobei allerdings spätere Untersuchungen (z.B. Mistlberger 1993) diesbezüglich gewisse Einschränkungen nahelegen. Triggernd (als „Zeitgeber", ein auch in der angloamerikanischen Literatur gebräuchlicher Terminus) fungieren offenbar Impulse, die über Kollateralen des Sehnervs („retinohypothalamische Bahnen") in dieses Kerngebiet gelangen und ihm aus der Netzhaut (Retina) Informationen über die Tageshelligkeit liefern.

Der Nucleus suprachiasmaticus funktioniert unabhängig von äußeren Reizen, hierin tatsächlich einer einmal in Gang gesetzten Uhr vergleichbar. Auch bei gleichmäßigen Lichtverhältnissen im Labor läßt sich eine deutliche circadiane Periodizität, insbesondere hinsichtlich der Schlafzeiten, beobachten. Der Zeitmessung im Nucleus supraopticus dient wahrscheinlich die produzierte und wieder abgebaute Menge bestimmter Proteine: Ist eine bestimmte Menge davon in den Neuronen erreicht, wandern diese in den Kern und unterdrücken die weitere Synthese, solange bis sie sich wieder abgebaut haben (s. beispielsweise Zeng et al. 1996). Diese Uhr wird aber mittels Lichtreizen zwischendurch wieder neu gestellt. Durch Variation von Hell-Dunkel-Perioden läßt sich bei Tieren der Schlaf-Wach-Rhythmus beträchtlich verschieben.

Neben diesen circadianen Rhythmen sind auch jahreszeitliche Schwankungen der Aktivität zu beobachten – bekanntestes Beispiel ist der Winterschlaf vieler Tierarten. Es gibt Hinweise, daß der Nucleus suprachiasmaticus bei dieser Regulation ebenfalls eine Rolle spielt, zusammen mit der im okzipitalen Zwischenhirn lokalisierten Zirbeldrüse (Glandula pinealis). Dieses Organ steht in enger neuronaler Verbindung mit dem Nucleus suprachiasmaticus und erhält offensichtlich von dort Informationen über die Hell-Dunkel-Situation. Während der Dunkelheit produziert die Zirbeldrüse bei Säugetieren mehr Melatonin (so genannt, weil es bei bestimmten Nicht-Säugern hauptsächlich für die Verfärbung der Haut verantwortlich ist); dieses Melatonin beeinflußt bei Säugern eine Reihe von körperlichen Funktionen, in stärkerem Maße dann, wenn es in Zeiten längerer Nächte auch in größeren Mengen entsteht.

Ein zunehmend beachteter Effekt von Melatonin ist die Sensibilisierung des Nucleus suprachiasmaticus für Zeitgeber, also speziell für Lichtverhältnisse. Aufgrund dessen wird Melatonin auch eingesetzt, um bei jet-lag (Zeitverschiebung aufgrund von Langstreckenflügen) oder Schichtarbeit die Umstellung des Körpers auf die neuen Tag-Nacht-Gegebenheiten zu fördern; mittlerweile scheint die diesbezügliche Wirksamkeit recht gut nachgewiesen (Deacon u. Arendt 1996).

10.4.3 Funktion des Schlafes

Folgen von Schlafentzug: Um die Funktion des Schlafes zu studieren, liegt es nahe zu untersuchen, welche Auswirkungen mangelnder Schlaf auf Menschen und Tiere hat. Erstaunlicherweise sind systematische Beobachtungen vergleichsweise selten; vieles dazu Angeführte hat eher anekdotischen Charakter. Offenbar sind aber die Folgen von Schlafentzug nicht so gravierend, wie häufig in der älteren Literatur beschrieben und in populärwissenschaftlichen Abhandlungen unter Vereinfachungen weitergegeben; insbesondere scheinen die dabei oft herausgestellten psychischen Störungen keineswegs besonders häufig aufzutreten. Generell ist es sinnvoll, einen *globalen Schlafentzug* von einer *spezifischen Deprivation* des REM- und des NREM-Schlafes zu unterscheiden; die Befunde legen nahe, daß beide Schlaftypen unterschiedliche Funktionen erfüllen, wie auch schon durch die verschiedenen steuernden Zentren nahegelegt (s. 10.4.2).

Als Folge globalen Schlafentzugs, auch für mehrere Nächte, treten nach Ansicht vieler Autoren kaum Beeinträchtigungen physischer und psychischer Leistungen auf (für eine Zusammenstellung der älteren Studien s. Horne 1978); allerdings wird in neueren Arbeiten von deutlichen kognitiven Leistungseinschränkungen berichtet (etwa Harrison u. Horne 1998). Auffällig ist in jedem Fall die Tendenz, zu den ungelegensten Momenten, speziell bei passiven Tätigkeiten (Fernsehen, Zuhören), in

10.4 Schlaf   265

Kurznickerchen ("mikrosleeps") zu verfallen. In den Nächten nach Schlafentzug wird kaum länger geschlafen, allerdings werden die Phasen mit den Stadien 3 und 4, zum Teil auch die REM-Phasen, zu Lasten der Schlafstadien 1 und 2 verlängert.

Bei Labortieren zeitigt Schlafentzug teilweise schwere Folgen, kann zuweilen sogar zum Tode führen (etwa Rechtschaffen et al. 1983), wobei allerdings diese Effekte auch auf andere Faktoren zurückgeführt werden könnten; insgesamt besteht erstaunlicherweise hinsichtlich dieser experimentell gut zugänglichen Fragestellung noch deutlicher Klärungsbedarf.

Selektiver Schlafentzug wurde fast nur in Bezug auf REM-Phasen studiert; bei einem solchen REM-Schlafentzug werden die Probanden immer dann geweckt, wenn die ersten schnellen Augenbewegungen einsetzen. Diese REM-Phasen versucht der Schlafende, rasch nachzuholen: So müssen die Probanden in der folgenden Nacht der Deprivation bereits häufiger geweckt werden, weil immer schneller nach Einschlafen Zeichen des REM-Schlafes eintreten. In den ungestörten Nächten nach solchen Versuchen nehmen die REM-Phasen einen größeren Prozentsatz des Schlafes ein.

Sehr interessante Effekte hat Schlafentzug bei vielen Patienten mit depressiven Störungen; sowohl totaler Schlafentzug als auch partieller (Wecken in der zweiten Nachthälfte, also Verhindern v.a. von REM-Schlaf) führt oft zu deutlicher Hebung der Stimmung am nächsten Tag, die allerdings bereits nach einem kleinen Nickerchen wieder verloren geht (s. etwa Wu u. Bunney 1990); Wecken ausschließlich in REM-Phasen bewirkt langsamere, dafür aber möglicherweise dauerhaftere Verbesserungen. Bevorzugt, aber keineswegs ausschließlich sprechen dabei Patienten mit schweren, früher als „endogen" bezeichneten Depressionen an; Patienten mit bipolaren affektiven Störungen gelangen nach Schlafentzug nicht selten von der depressiven unmittelbar in eine manische Episode.

Für die anregenden, jedoch weitgehend spekulativen Erklärungsmodelle muß auf die Beiträge in Kasper u. Möller (1996), desweiteren auf Wu u. Bunney (1990), Neumeister et al. (1998) oder Parekh et al. (1998) verwiesen werden; für weitere Literatur s. auch Köhler (1999b, S. 107 f.). Vermutet wurde u.a. die Verhinderung der Bildung „depressiogener" Substanzen während des Schlafs (Kortisol, Wachstumshormon), Verschiebung der Gleichgewichtslage zu Gunsten des adrenergen und zu Ungunsten des im REM-Schlaf aktiven cholinergen Systems, Förderung der Ausschüttung euphorisierender Substanzen in den verlängerten Wachperioden (eventuell TSH?).

Theorien zur Funktion des Schlafes: Sie sind durchaus anregend zu lesen, allerdings teilweise noch recht unbestimmt; v.a. wurde bis jetzt zumeist wenig explizit zwischen REM-Schlaf und non-REM-Schlaf unterschieden. Gängige Schlaftheorien schreiben dem Schlaf i.a. *restaurative Funktion* zu, also die Aufgabe, einen während des Wachens entstandenen Mangelzustand wieder auszugleichen. Empirisch läßt sich dies weniger gut als zu erwarten begründen, da erwähntermaßen die Schlafentzugsexperimente keineswegs in aller Eindeutigkeit Defizite erzeugen konnten. Andererseits spricht die Verlängerung der Schlafphasen mit langsamer Hirnaktivität in den Nächten nach Schlafentzug für eine gewisse restaurative Funktion zumindest des langsamen non-REM-Schlafes, welcher generell als der für das Überleben notwendigere erscheint. Interessanterweise haben notorische Kurzschläfer ebenso lange Schlafstadien 4 wie Normalschläfer; sie verkürzen ihren Schlaf also auf Kosten von Perioden weniger tiefen Schlafes, nicht jedoch der REM-Phasen (Webb u. Agnew 1970). Andererseits haben die oben geschilderten Befunde zur REM-Deprivation gezeigt, daß der REM-Schlaf ebenfalls nachgeholt wird, somit auch er eine restaurative Funktion haben dürfte, wenn auch wohl weniger vitaler Natur (für eine kurze Zusammenstellung der Theorien zum REM-Schlaf s. Winson 1993). Es wird u.a. vermutet, daß er psychohygienische Aufgaben erfüllt, zudem die Speicherung von Tageseindrücken erleichtert; Störung des REM-Schlafes nach einem Lerntraining erschwert bei Tieren das Einprägen des Gelernten (Smith 1996). Möglicherweise spielt der REM-Schlaf für die Hirnreifung eine wichtige Rolle, denn bei Säuglingen nehmen die REM-Phasen über 50% des Schlafes ein. Tierexperimente deuten darauf hin, daß bei jungen Tieren, deren REM-Schlaf systematisch unterbrochen wird, sich Kortex und andere Hirnregionen schlechter entwickeln (etwa Mirmiran 1995).

Neben diesen restaurativen Schlaftheorien gibt es weitere, die etwas verkürzt formuliert, den Schlaf als eine alte phylogenetische Gewohnheit ansehen: Die nicht zur Erfüllung biologischer Funktionen während des 24-Stunden-Tages benötigte Zeit wird einfach mit Schlafen verbracht (sogenannte circadiane Schlaftheorien; s. etwa Pinel 1997, S. 315 ff.). Augenblicklich spricht einiges dafür, daß beide Theorien gewisse Berechtigung haben, daß der Schlaf gewisse Erholungsfunktion hat, daß aber die Schlafzeiten in ein lange bestehendes, nicht unbedingt auch weiterhin sinnvolles Schema eingefügt werden.

Für eine adäquate Einschätzung des Schlafes und seiner Bedeutung ist es wichtig festzuhalten, daß natürlich auch Tiere schlafen: Bei Säugern und Vögeln läßt sich sogar eine ähnliche Schlafstruktur wie beim Menschen nachweisen, darunter deutliche REM-Phasen mit raschen Augenbewegungen, hochfrequenter EEG-Aktivität und Verlust des Muskeltonus. Bei Fischen, Amphibien und Reptilien treten schlafähnliche Ruhezustände auf. Zwar unterscheiden sich verschiedene Spezies ganz erheblich in ihrem Schlafbedürfnis, keine einzige hat sich aber so weit entwickelt, ganz auf Schlaf verzichten zu können (obwohl viele Tiere in diesen Phasen besonderen Gefahren ausgesetzt sind).

10.4.4 Schlafstörungen und ihre biologische Behandlung

Überblick: Bei den Schlafstörungen lassen sich zwei große Gruppen unterscheiden, die häufigen *Insomnien* (Formen von *Schlaflosigkeit*) und die selteneren, jedoch theoretisch sehr interessanten *Hypersomnien* (*erhöhtes Schlafbedürfnis*); daneben gibt es die *Parasomnien* (griech. para = neben; lat. somnus = Schlaf), welche durch *abnorme Episoden* während des Schlafes gekennzeichnet sind, beispielsweise Schlafwandeln, Alpträume und den v.a. bei Kindern vorkommenden Pavor nocturnus (zu diesen Parasomnien s. knapp Köhler 1998, S. 174 f.).

Insomnien: Schlaflosigkeit hat vielfach organische Ursachen, etwa schwere Schmerzzustände oder endokrine Störungen; auch bei psychiatrischen Erkrankungen ist Schlaflosigkeit ein häufiges Symptom, beispielsweise im Rahmen depressiver Störungen. In den meisten Fällen finden sich aber weder organische Ursachen noch eine zugrundeliegende psychiatrische Erkrankung; an solchen *nichtorganischen Insomnien* dürfte etwa ein Drittel der erwachsenen Bevölkerung leiden, v.a. Frauen und ältere Personen. Man kann zwischen Ein- und Durchschlafstörungen unterscheiden, wobei beide Formen oft kombiniert vorkommen.

Biologisch läßt sich meist sehr wenig bei den Betroffenen finden; Studien im Schlaflabor können oft nur die Beschwerden belegen, ohne Wesentliches zu ihrer Aufklärung beizutragen; zuweilen übrigens zeigen solche Untersuchungen auch, daß die Patienten das Ausmaß ihrer Schlafschwierigkeiten beträchtlich überschätzen (s. etwa McCall u. Edinger 1992). Für die meisten dieser sogenannten „psychophysiologischen" Insomnien lassen sich keine Erklärungen finden – sieht man von einer zuweilen nachzuweisenden psychophysiologischen Überaktivierung ab.

Die biologische Therapie der Insomnien geschieht heute in den meisten Fällen mit Hypnotika (Schlafmitteln) vom *Benzodiazepin-Typ* (beispielsweise Diazepam = Valium). Diese *Benzodiazepinhypnotika* verstärken die Wirkung von GABA am $GABA_A$-Rezeptor-Komplex (s. 3.2.10), ohne selbst direkt die Chloridkanäle zu öffnen. Sie haben deshalb eine sehr große therapeutische Breite, d.h. sie sind selbst in hohen Dosen nicht tödlich (etwa im Gegensatz zu den Barbiturathypnotika). Allerdings zerstören die Benzodiazepine die „Schlafstruktur", unterdrücken nämlich sowohl REM- wie Tiefschlafphasen und führen damit zu einem weniger modulierten Schlaf. Zudem werden Toleranz und Entzugserscheinungen beschrieben, so daß man auch in der Einnahme von Benzodiazepinhypnotika zurückhaltend sein sollte, zumindest sie nicht regelmäßig über mehrere Wochen einnehmen sollte.

Die früher sehr gebräuchlichen *Barbiturate* greifen ebenfalls vermutlich am $GABA_A$-Benzodiazepin-Rezeptor an, öffnen aber den Chloridionenkanal direkt und sind daher ausgesprochen toxisch; früher waren Barbiturate ein häufiges Suizidmittel. Toleranz gegenüber diesen Substanzen entwickelt sich ausgesprochen rasch, binnen weniger Wochen; zudem wurden ausgeprägte Entzugserscheinungen beschrieben, beispielsweise epileptische Anfälle. Als ärztlich verordnete Schlafmittel spielen Barbiturate heute hierzulande keine Rolle mehr, haben allerdings nach wie vor eine gewisse Bedeutung auf dem illegalen Drogenmarkt.

Neuere Entwicklungen von Schlafmitteln, die sogenannten *Nicht-Benzodiazepinhypnotika* wie beispielsweise Zopiclon (Ximovan) oder Zolpidem (Bikalm, Stilnox) sind in ihrer Wirkung noch nicht genau verstanden, setzen aber wahrscheinlich ebenfalls am $GABA_A$-Benzodiazepin-Rezeptorkomplex an; sie scheinen die Schlafstruktur weniger zu stören und führen – wenigstens nach gegenwärtigem Erkenntnisstand – deutlich seltener zur Abhängigkeit als Benzodiazepine und insbesondere Barbiturate.

Wo genau der zentralnervöse Angriffspunkt der genannten Hypnotika liegt, ist nicht sicher bekannt. Es könnte das in 10.4.2 genannte ventrolaterale präoptische Areal sein, von dem v.a. GABAerge Neurone ausgehen, deren hemmende Wirkung so verstärkt würde.

Einen völlig anderen Ansatzpunkt haben *Serotoninpräkursoren* wie L-Tryptophan und L-5-Hydroxytryptophan; diese serotoninagonistisch wirkenden, schlaffördernden Substanzen greifen möglicherweise an den Raphe-Kernen an. Da sie für längere Zeit wegen schwerer Nebenwirkungen – die allerdings wohl nicht von den Substanzen selbst ausgingen, sondern Resultat einer bestimmten Herstellungsmethode waren – nicht im Handel waren, läßt sich über ihre Eignung als Schlafmittel und eventuelle Nebenwirkungen (z.B. Zerstörung der Schlafstruktur, Entwicklung von Abhängigkeiten) derzeit noch wenig Verbindliches sagen.

Das bereits in 10.4.2 erwähnte Melatonin wird nicht nur zur Überwindung des jetlags, sondern von manchen Personen auch als regelrechtes Schlafmittel eingesetzt. Seine hypnotische Wirkung dürfte nicht zuletzt auf der Sensibilisierung des Nucleus suprachiasmaticus für Hell-Dunkel-Verhältnisse beruhen. Ob es sich um ein physiologisches Schlafmittel ohne wesentliche Nebenwirkungen (etwa Störung der „Schlafarchitektur") handelt, läßt sich augenblicklich nicht sagen (s. dazu ausführlicher Lippert et al. 1998).

Hypersomnien: Sie kommen sehr viel seltener vor als Insomnien und sind dann in aller Regel Zeichen einer *organischen Erkrankung* oder Symptom einer *psychiatrischen Krankheit*. Lediglich die bekannteste organische Hypersomnie soll hier kurz herausgegriffen werden, nämlich die *Narkolepsie* (von griech. narke = Lähmung, Erstarrung und lepsis = Anfall). Sie ist gekennzeichnet durch chronisches Müdigkeitsgefühl sowie durch unbezwingbare Schlafanfälle von wenigen Minuten Dauer, aus denen die Patienten kurzfristig erfrischt erwachen. Weiter charakteristisch sind sogenannte kataplektische Attacken, ein plötzlicher Tonusverlust der Muskulatur, etwa Wegsacken der Beine, dies alles bei vollem Bewußtsein; ausgelöst werden diese Zustände häufig durch körperliche Anstrengung oder Affekte, z.B. Lachen. Außerdem finden sich Schlafparalysen (Schlaflähmungen), Zustände vor dem Einschlafen oder nach dem Aufwachen, in denen die Patienten sich nicht mehr bewegen oder sprechen können. Häufig beschrieben werden zudem „hypnagoge Halluzinationen", lebhafte, v.a. beim Einschlafen auftretende Trugwahrnehmungen meist visueller Art.

Zur Genese ist noch vieles unklar. Offenbar handelt es sich um eine übermäßige Neigung zu REM-Schlafphasen, auch bei Tage und schon direkt beim Einschlafen, welche die plötzlichen Tonusverluste und die hypnagogen Halluzinationen erklären würde. Die Bedeutung genetischer Faktoren, die man beim Menschen schon lange vermutete (s. dazu Meier-Ewert 1989), konnte mittlerweile in Tierstudien überzeugend nachgewiesen werden (Lin et al. 1999; für Genaueres s. Carlson 2001, S. 294).

Zur Behandlung werden zum einen REM-Phasen unterdrückende Substanzen wie trizyklische Antidepressiva und MAO-Hemmer eingesetzt, welche gegen die kataplektischen Attacken, die Schlafparalysen sowie die hypnagogen Halluzinationen wirksam sind; die Tagesmüdigkeit behandelt man durch vigilanzsteigernde Medikamente, darunter mit solchen, die unter die Betäubungsmittel-Verschreibungsverordnung fallen wie beispielsweise Methylphenidat (Ritalin).

11 Sexualität und Fortpflanzung

11.1 Vorbemerkungen; Überblick

Sexualität wird hier im engen Sinne von genitaler Sexualität verstanden bzw. ausschließlich dieser Aspekt behandelt. Es erfolgt zunächst eine Einführung in die Anatomie der Genitalien und die beim Sexualakt ablaufenden physiologischen Vorgänge; diese Darstellung soll zuerst für den Mann (11.2), sodann für die Frau erfolgen (11.3). Hierbei werden einige Ausführungen zu sexuellen Funktionsstörungen gemacht. Abschnitt 11.4 beschreibt die hormonelle Kontrolle des Sexualverhaltens und die für seine Regulation zuständigen Hirnstrukturen. Knapp werden einige Befunde zur sexuellen Orientierung (Sexualpräferenz) und mögliche biologische Korrelate sexueller Abweichungen referiert (11.5). Danach finden sich Abschnitte über die Bildung von Spermien und Eizellen (11.6) und die nach der Befruchtung ablaufenden Prozesse (11.7); die Embryonalentwicklung wird dabei nur insofern betrachtet, als sie sich auf die Ausbildung der Geschlechtsorgane bezieht (11.8). Ein kurzer Abschnitt über die biologischen Vorgänge der Pubertät beschließt das Kapitel (11.9).

11.2 Männliche Geschlechtsorgane; sexueller Funktionszyklus beim Mann

11.2.1 Anatomie der männlichen Geschlechtsorgane

Der paarig vorliegende *Hoden* (testis von lat. für Zeuge) liegt – anders als das entsprechende Organ der Frau, der Eierstock – nicht im Beckenraum, sondern in einer Hautfalte (Hodensack oder Scrotum) unterhalb des Beckenbodens. Diese Lage ist nicht die ursprüngliche; im Embryonalstadium befinden sich die Hoden noch im Beckenraum und wandern dann längs eines Kanals an ihre endgültige Position (Descensus testis von lat. descensus = Abstieg). Läuft dieser Vorgang nicht ungestört ab, resultiert ein Hodenhochstand mit der Folge von Unfruchtbarkeit; der Hoden ist also nur funktionsfähig, wenn er sich außerhalb der Bauchhöhle befindet und damit kühl gehalten wird.

Er ist zum einen *Bildungsort der männlichen Keimzellen*, der Spermien, zum anderen *Hormondrüse*, die das für die sexuelle Aktivität und weitere physiologische Vorgänge wichtige Testosteron liefert (s. 4.3.11). Die *Produktion von Testosteron* findet in den *Leydigschen Zwischenzellen* statt, die *Spermienbildung* in den *Ho-*

denkanälchen (Tubuli semniferi), zahlreichen das Gewebe durchziehenden Gängen (s. 11.6.1). Dem Hoden angelagert ist der schlauchförmige *Nebenhoden* (Epididymis), der als Verdickung an der Hodenoberfläche zu tasten ist und der Aufbereitung der Spermien dient. Vom Nebenhoden geht der *Samenleiter* (Ductus deferens; Vas deferens) ab; er verbindet Hoden und Nebenhoden mit der von der Harnblase ausgehenden *Harnröhre* (Urethra), durch deren letzten Teil das Ejakulat entleert wird. Im Ductus deferens, teils auch im Nebenhoden, werden die Spermien bis zur Entleerung gelagert. Der Samenleiter gelangt durch den Leistenkanal in den Beckenraum und mündet, durch die Prostata ziehend, beidseits nahe der Peniswurzel in die Harnröhre.

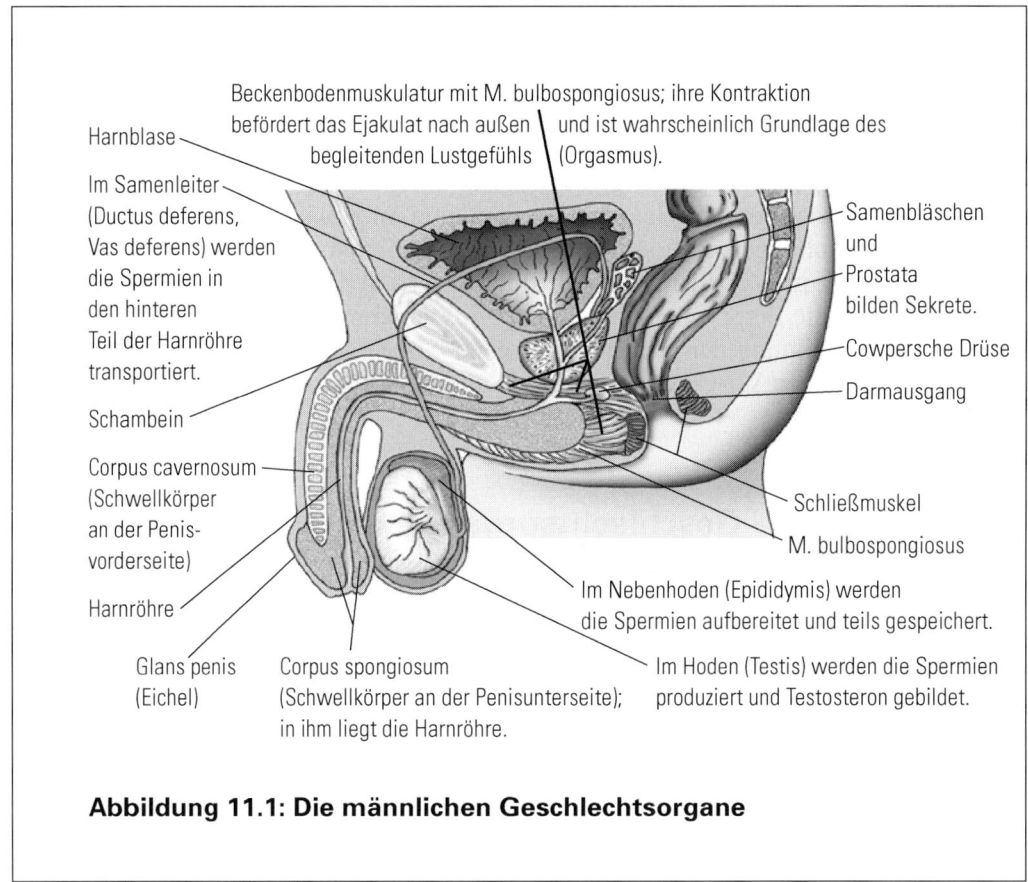

Abbildung 11.1: Die männlichen Geschlechtsorgane

Unter Kastration versteht man Entfernung der Hoden; dieser Eingriff bezweckt nicht die Unterbindung der Samenproduktion, sondern soll die Hoden als Hormondrüsen ausschalten. Vorgenommen wird er v.a. zur Behandlung hormonsensitiver Tumoren, z.B. des Prostatakarzinoms. Als Folge stellt sich meist deutlicher Libidoverlust ein, häufig – aber nicht immer und oft mit erheblicher Verzögerung – Impotenz (zu den Folgen von Entfernung der Hoden in früheren Lebensjahren s. 4.3.11). Bei der Sterilisation wird der Ductus deferens (Vas deferens) unterbunden, i.a. kleine Abschnitte von ihm entfernt (Vasektomie). Auf Libido und Potenz hat dies keinen Einfluß; auch das v.a. von Prostata und Samenbläschen gebildete Ejakulat nimmt mengenmäßig nicht wesentlich ab; es enthält jedoch keine Spermien mehr.

Um die Mündungsstelle des Ductus deferens in die Urethra liegen die *Cowperschen Drüsen*, die *Samenbläschen* sowie die *Prostata* (Vorsteherdrüse); diese Organe geben Flüssigkeit ab, welche die Kohabitation und die Samenentleerung erleichtert, zudem durch Verbesserung der Spermienbeweglichkeit die Chance der Befruchtung erhöht. Die Hauptmenge des milchigen Ejakulats („Sperma") stammt aus der Prostata und den Samenbläschen (die selbst keinen Samen enthalten); dieser Name ist also irreführend und auf frühere falsche anatomische Vorstellungen zurückzuführen. Nicht restlos klar ist die Funktion der Cowperschen Drüsen; möglicherweise wirken sie bei der Befeuchtung der Eichel mit.

Außerhalb des Beckens liegt die Harnröhre im *Penis* (Membrum virile); dieser besteht im wesentlichen aus den *Schwellkörpern* (Corpus spongiosum und Corpora cavernosa). Das *Corpus spongiosum* (lat. spongia = Schwamm) umgibt dabei die an der Penisunterseite gelegene Harnröhre und sichert dort den ungehinderten Durchgang von Samenflüssigkeit. Die beiden *Corpora cavernosa* (lat. caverna = Höhle) liegen auf der (bei Erektion der Bauchwand zugewandten) Vorderseite des Penis; durch Füllung ihrer zahlreichen *Blutgefäße* können sie erheblich anschwellen und versteifen (*Erektion*). Durch eine deutliche Vertiefung vom Rest des Penis abgegrenzt ist die *Eichel* (*Glans penis*), die ebenfalls großteils aus Gefäßen besteht und bei sexueller Erregung größenmäßig zunimmt. Diese sehr dicht sensibel innervierte Struktur ist meist von der *Vorhaut* (*Praeputium*) umgeben, die sich beim Geschlechtsverkehr zurückschiebt.

Bei der männlichen Beschneidung wird diese Vorhaut großteils entfernt, was u.a. wesentliche hygienische Vorteile bietet. Die ansonsten sich unter der Vorhaut einlagernden Produkte (sogenannte Vorhautbutter) enthalten zahlreiche Karzinogene, welche das Risiko für die Ausbildung von Peniskrebs deutlich erhöhen; die beim Geschlechtsverkehr in die Scheide gelangende Vorhautbutter erhöht zudem die Krebsgefahr bei Frauen, z.B. am Scheideneingang und Muttermund. Es ist leider nicht überflüssig, darauf hinzuweisen, daß die unter der Vorhaut gelegenen Penisteile regelmäßiger Waschungen bedürfen, allein schon weil in dieser warm-feuchten Region Erreger (etwa Pilze) ideale Bedingungen vorfinden.

Bei der Beschneidung (Circumcision), die bei manchen Völkern bald nach der Geburt, bei anderen erst im späten Kindesalter vorgenommen wird, wird der vordere Teil der Vorhaut entfernt, zuweilen sogar lediglich ein kleiner Einschnitt gemacht. Eine ähnliche Operation führt man bei der Vorhautverengung (Phimose) durch.

Am Ende der Eichel liegt die Mündung der Harnröhre, aus der also nicht nur der Urin, sondern auch das *Ejakulat* entleert wird.

11.2.2 Der sexuelle Funktionszyklus beim Mann

Den *sexuellen Funktionszyklus* teilt man bei Männern wie Frauen üblicherweise in vier *Phasen* ein, nämlich Appetenz-, Erregungs-, Orgasmus- und Entspannungsphase. Die *Appetenz*- und die nahtlos an sie anschließende (intensivere) *Erregungsphase* sind durch Schwellung des Penis (Erektion), Größenzunahme und Heben des Hodens sowie Verdickung des Scrotums gekennzeichnet; außerdem finden sich Vergrößerung der Prostata und vermehrte Sekretion der Cowperschen Drüsen, wodurch die Glans penis befeuchtet wird.

Grundlage der Erektion ist die *Füllung der Schwellkörper*, insbesondere der Corpora cavernosa, mit Blut. Mechanismus ist die Verhinderung des venösen Abflusses bei gesteigertem arteriellen Zufluß. Dieser Vorgang wird nach gegenwärtigem Erkenntnisstand im wesentlichen – vielleicht ausschließlich – von *parasympathischen Nerven* aus dem Sakralmark (Nn. erigentes) kontrolliert. Sie wirken vasodilatatorisch und zwar indirekt, indem sie die Freisetzung des gefäßaktiven Stickstoffmonoxyds (NO) stimulieren; die Abflußbehinderung ist wohl v.a. darauf zurückzuführen, daß durch die zunehmende Blutmenge die Venen komprimiert werden. Im Sakralmark enden zudem *afferente Fasern* vom Penis (Nn. pudendi); diese sind mit den efferenten Nn. erigentes so verschaltet, daß bereits über mechanische Reizung des Gliedes, insbesondere der Glans penis, eine Erektion zustande kommt. Den Penis erreichen aber möglicherweise ebenso sympathische Neurone aus dem unteren Thorakal- und oberen Lumbalmark, die gleichfalls an Gefäßen enden und ihren Füllungsgrad bestimmen. Dieses „thorakolumbale Erektionszentrum" steht wiederum mit supraspinalen Zentren in Verbindung; es wird angenommen, daß die durch Vorstellungen und Sinneseindrücke ausgelösten Erektionen hauptsächlich von dieser Rückenmarksregion ausgehen – nach anderen Auffassungen (etwa Leichtweiß 2000) ist das Erektionszentrum ausschließlich im Sakralmark lokalisiert und nur über von dort ausgehende parasympathische Neuronen würden höhere Zentren die Erektion beeinflussen.

Die erektile Dysfunktion (Impotentia coeundi oder Impotenz) kann vielfältige Ursachen haben (s. dazu die Arbeiten von Graber 1993 oder Sadock 1995); dazu gehören endokrine Erkrankungen, v.a. Diabetes mellitus (Zuckerkrankheit), neurologische Krankheiten (etwa des Rückenmarks), weiter Leberzirrhose, seltener anatomische Veränderungen wie Penisverkrümmung oder Induratio penis plastica (entzündliche Infiltrate der Corpora cavernosa mit Vernarbungen). Impotenz im Alter ist häufig gefäßbedingt, etwa wenn aufgrund von Verengungen der Arterien die Blutzufuhr in die Schwellkörper vermindert ist. Medikamentöse Ursachen sind u.a. Einnahme von Hormonpräparaten, speziell Antiandrogenen, Blutdruckmitteln, manchen Psychopharmaka sowie bestimmten psychotropen Substanzen. Die alkoholische Impotenz ist zum einen Folge von Synthese- und Abbaueinschränkungen der Leber und hängt zum anderen mit der alkoholischen Polyneuropathie zusammen. Auch anderer Substanzmißbrauch, wie Kokaineinnahme über längere Zeit, kann zur erektilen Dysfunktion führen. Wieweit es eine rein psychogene Impotenz gibt, ist umstritten; sie dürfte seltener sein als von vielen Autoren angenommen.

Die Behandlung der erektilen Dysfunktion war lange wenig erfolgreich. Eingesetzt wurde v.a. das die zentrale Sympathikusaktivität verstärkende Yohimbin, für das sich eine gewisse, insgesamt aber eher bescheidene Wirksamkeit nachweisen ließ. Anders ist es mit Sildenafil (Viagra), mit welcher Substanz zweifellos einer großen Zahl an Impotenz leidender Männer geholfen werden kann. Sildenafil hemmt die Phosphodiesterase, welches Enzym postsynaptisch die Wirkung von Rezeptorbesetzung aufhebt (s. 3.2.5); somit verlängert sich der Zeitraum, in dem sich die Corpora cavernosa mit Blut füllen können. Mittlerweile liegen Hinweise auf Todesfälle bei Viagra konsumierenden Männern vor, die ursächlich im einzelnen noch unklar sind, jedoch gegen allzu ungehemmte Einnahme der Substanz sprechen.

In der Erregungsphase findet die Einführung des Penis in die Scheide (Vagina) statt. Während dieses als *Kopulation* (von lat. copula = Verbindung) oder beim Menschen weniger biologistisch als *Kohabitation* („Beiwohnung") bezeichneten Vorganges kommt es durch mechanische Reizung (eventuell unterstützt durch begleitende Vorstellungen) in der Regel nach gewisser Zeit zum *Samenerguß* (*Ejakulation*): Samenbläschen sowie Prostata kontrahieren sich und das Zusammenziehen von Penis, Harnröhre und umgebender quergestreifter Muskulatur befördert die Samenflüssigkeit (Spermien sowie Sekrete aus Prostata und Samenbläschen) nach außen; eine wichtige Rolle dabei spielen Kontraktionen des Musculus bulbospongiosus (zuweilen auch als M. bulbocavernosus in der Literatur zu finden), der den hinteren Teil des Corpus spongiosum und der Harnröhre umschließt; die (tonische) Kontraktion der Beckenbodenmuskulatur, speziell im Bereich des Dammes, also zwischen Anus und Peniswurzel, scheint wesentlich für das dabei empfundene Lustgefühl verantwortlich zu sein. Dieser lustvoll empfundene Samenerguß wird als *Orgasmus* bezeichnet. Im Gegensatz zur im wesentlichen parasympathisch gesteuerten Erektion ist die Ejakulation wahrscheinlich *ausschließlich sympathisch* reguliert. Dieses „Ejakulationszentrum" wird im mittleren Lumbalmark angenommen (Sadock 1995; Leichtweiß 2000).

Eine interessante, jedoch noch stärker empirisch zu untermauernde Hypothese geht davon aus, daß während des Orgasmus beim Mann große Mengen des Hormons Oxytocin aus der Neurohypophyse freigesetzt werden, was die Grundlage des subjektiven Wohlgefühls bilden soll (s. dazu LeVay 1994, S. 79 f. und die dort referierte Literatur). Etwas genauer läßt sich die Emission von der Ejakulation abgrenzen. Die erstere ist durch Ansammlung von Sekreten und Spermien in der hinteren Harnröhre gekennzeichnet; durch diese Dehnung kommt es zu 3–10 reflexhaften Kontraktionen der in die Schwellkörper ziehenden Beckenmuskulatur, wodurch die Samenflüssigkeit in die Scheide befördert wird (eigentliche Ejakulation). Bei manchen Männern scheinen Samenerguß und Orgasmus nicht zusammenzufallen, so daß die oben durchgeführte, gebräuchliche Gleichsetzung strenggenommen ungenau ist.

Die häufigste Orgasmusstörung des Mannes ist die v.a. bei Jüngeren verbreitete Ejaculatio praecox, die v.a. für die Befriedigung der Partnerin nachteilig ist. Die vorzeitige Ejakulation ist häufig auf überstarke Sexualerregung zurückzuführen (und hat damit eine eindeutig psychische Komponente); organisch disponierende Bedingungen sind erhöhte Empfindlichkeit der Glans penis, möglicherweise auch ein gesteigerter ejakulatorischer Reflex. Die somatische Behandlung kann mit anästhesierenden, auf die Glans penis aufzutragenden Salben versucht werden; auch manche Medikamente, etwa Alphablocker, MAO-Hemmer, bestimmte Neuroleptika sowie die Serotoninwiederaufnahme hemmende Substanzen (z.B. Clomipramin) verzögern häufig den Samenerguß (für Genaueres s. Grenier u. Byers 1995). Ebenso haben selektive Serotonin-Wiederaufnahmehemmer bei einer nicht unbeträchtlichen Zahl von Männern diesen Effekt, welchen man auch therapeutisch zu nutzen versucht (s. etwa Waldinger et al. 1994).

Ein selteneres Problem ist die verzögerte Ejakulation, deren Ursache neurologische Erkrankungen, Diabetes mellitus oder Operationen im Beckenbereich sein können; daß manche Medikamente als Nebenwirkung zu verzögerter Ejakulation führen, war schon erwähnt worden.

An die Orgasmus- schließt sich die *Entspannungsphase* an, charakterisiert durch Nachlassen der Erektion, Absinken der Hoden und Dünnerwerden des Scrotums. In der Regel tritt beim Manne (anders als oft bei der Frau) eine mehr oder weniger lange *Refraktärphase* ein, in der – bei eventueller Erektion – kein Orgasmus auftreten kann.

11.3 Weibliche Geschlechtsorgane; sexueller Funktionszyklus bei der Frau

11.3.1 Anatomie der weiblichen Geschlechtsorgane

Die weiblichen Geschlechtsorgane sind teils aus denselben in der frühen Embryonalzeit nachzuweisenden Strukturen hervorgegangen wie die männlichen (s. 11.8), so daß oft Zuordnung möglich ist; jedoch sind viele Organe bei einem der Geschlechter nur mehr rudimentär vorhanden oder haben sich so verändert, daß dies nur für Eierstock und Hoden unmittelbar ersichtlich ist.

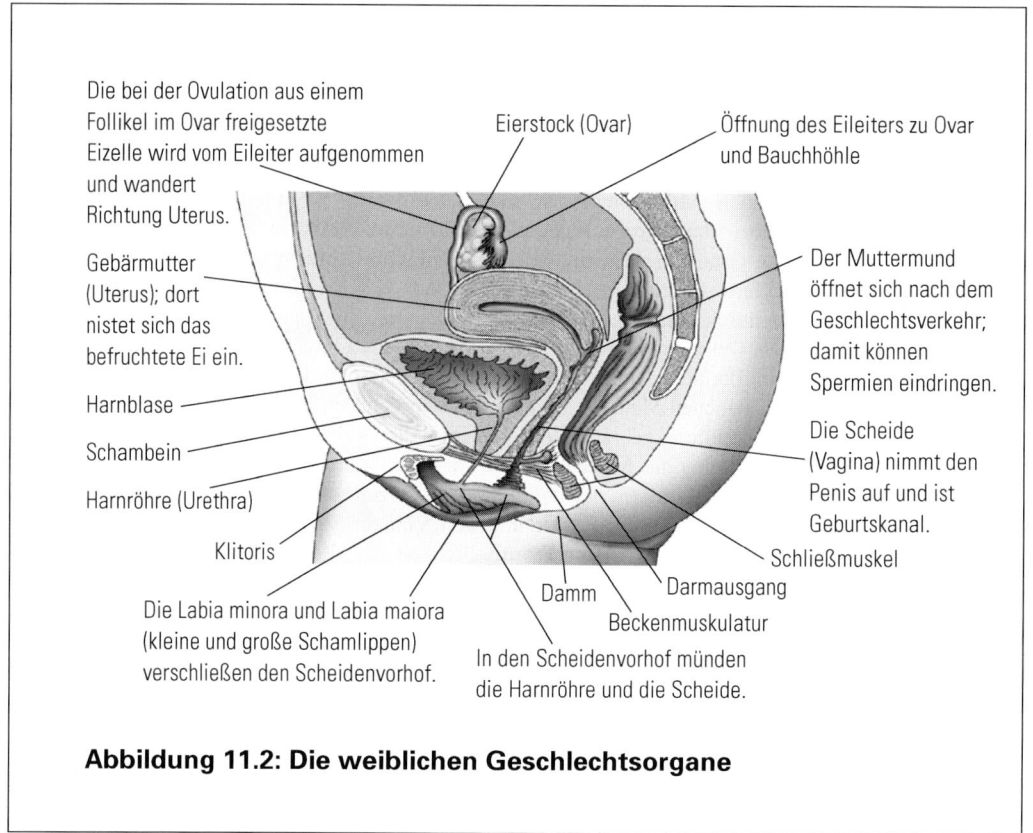

Abbildung 11.2: Die weiblichen Geschlechtsorgane

Die beiden *Eierstöcke* (*Ovarien*), im Beckenraum gelegen, haben wie die Hoden zum einen die Aufgabe, Keimzellen zu produzieren bzw. heranreifen zu lassen, zum anderen Hormone zu bilden. Letzteres geschieht in den *Follikeln*, Zellansammlungen um die Eizelle, die auch nach dem Eisprung im Ovar bleiben (dann Gelbkörper heißen). Die *Tube*, der *Eileiter*, welcher das vom Ovar freigegebene Ei aufnimmt und in die Gebärmutter transportiert, entspricht von der Funktion her – nicht entwicklungsgeschichtlich – dem Samenleiter. Die beiden Tuben münden in die *Gebärmutter* (*Uterus*), ein muskuläres Hohlorgan, in deren von Schleimhaut ausgekleidetem Inneren sich das Ei einnistet und nach der Befruchtung bis zur Geburt verbleibt – andernfalls mit der Schleimhaut im Rahmen der monatlichen Blutung abgestoßen wird (s. 11.3.2 und 11.7). Der Uterushohlraum öffnet sich mittels des *Gebärmutterhalses* (*Cervix*) zur *Scheide* (*Vagina*) hin, einem Kanal, welcher nach vorne unten zieht; die Scheide dient einerseits der Aufnahme des Penis bei der Kohabitation, andererseits als Geburtskanal und öffnet sich zwischen Mündung der Harnröhre und After nach außen – „inter faeces et urinam nascimur", wie es der hl. Augustinus so treffend ausgedrückt hat. Eierstock, Eileiter, Gebärmutter und hinterer Vaginaabschnitt werden als *innere Genitalien* zusammengefaßt, denen die *äußeren Genitalien* gegenübergestellt werden, nämlich Scheideneingang und Vorhof, die den Scheideneingang begrenzenden großen und kleinen Schamlippen (Labia maiora und Labia minora) und die Klitoris. Die *Klitoris* (deutsch: „Kitzler") ist aus demselben indifferenten Embryonalorgan (dem sogenannten Geschlechtshöcker) hervorgegangen wie die Glans penis. Sie liegt – verschmolzen mit den kleinen Schamlippen – dicht über dem Scheideneingang und wird durch den Penis bei der Kohabitation *mechanisch gereizt*; an ihrer Unterseite mündet – ganz den Verhältnissen an der Glans penis entsprechend – die *Harnröhre*. Die großen Schamlippen ziehen von oberhalb der Klitoris nach dorsal und kaudal Richtung After und und umschließen somit sowohl die Mündung der Scheide wie die Harnröhre; entwicklungsgeschichtlich entsprechen sie dem Scrotum (Hodensack); dahinter liegen die kleinen Schamlippen (Labia minora), die in ihrem vorderen Teil die Klitoris bergen. Scheideneingang und begrenzende Schamlippen werden auch als *Vulva* bezeichnet. In dieser Gegend münden diverse Drüsen, deren Sekretion den Scheidenvorhof gleitfähiger macht; die Befeuchtung der Vagina vor und während des Geschlechtsaktes kommt durch Flüssigkeitsabgabe ihrer Schleimhaut zustande.

11.3.2 Der sexuelle Funktionszyklus der Frau

Auch hier unterschiedet man die bereits im Zusammenhang mit der männlichen Sexualität genannten Phasen. Die Appetenz- und die in sie übergehende Erregungsphase sind gekennzeichnet durch *Anschwellen* der *Schamlippen*, der *Schwellkörper* um den Scheideneingang sowie der *Klitoris* (die nach dem oben Gesagten der Glans penis entspricht); Mechanismen und steuernde Zentren sind dieselben wie beim Mann; man findet in der Literatur deshalb auch hierfür zuweilen die Bezeichnung „Erektionsphase". Hinzu kommt das Feuchtwerden des Scheidenvorhofs und der Scheide (Lubrikation, von lat. lubricus = schlüpfrig, glatt); da man zwar in den Schamlippen, nicht aber in der Vagina Drüsen gefunden hat, wird vermutet, daß die Scheidenwand selbst Flüssigkeit ausschwitzt. Durch Einführen des Penis wird die Schleimhaut weiter gereizt und es kommt zu einem noch stärkeren Anschwellen sowie Verlängerung der Vagina. Durch die mechanische Reizung feuern afferente Neurone ins Lumbalmark (jene Region, welche beim Mann als „Ejakulationszentrum" bezeichnet wird) und davon ausgehende efferente Fasern führen zur Verengung der unteren Scheidenwand (sogenannte orgastische Manschette); der eigentliche Orgasmus dürfte hauptsächlich durch rhythmische Kontraktion dieser orgastischen Manschette sowie der umgebenden Beckenmuskulatur bedingt sein. Gleichzeitig treten Veränderungen der inneren Genitalien auf, die für eine bessere Aufnahme des Ejakulats sorgen sollen, beispielsweise die Öffnung des Muttermunds (des Uteruseingangs). In der *Entspannungsphase* bleibt der Muttermund noch eine Weile geöffnet und senkt sich zudem in das im hinteren Scheidenteil angesammelte Sperma. Anders als beim Mann bleibt bei Frauen vielfach der anschließende Refraktärzustand aus, so daß mehrere unmittelbar aufeinanderfolgende Orgasmen möglich sind.

Bezüglich des weiblichen Orgasmus existiert eine sehr kontrovers geführte Diskussion, die sich vornehmlich darum dreht, ob hierfür die Einführung des Penis notwendig ist oder ob Stimulation der äußeren Geschlechtsteile allein ähnlichen Effekt hat (Vulvaorgasmus gegenüber tiefem uterinen Orgasmus respektive klitoraler versus vaginaler Orgasmus). Hingewiesen sei in diesem Rahmen nur auf einen noch erheblichen Klärungsbedarf hinsichtlich anatomischer und physiologischer Gegebenheiten; beispielsweise scheint nach wie vor unklar, ob die Scheide überhaupt stärker sensibel innerviert ist.

Auch das Thema der weiblichen sexuellen Funktionsstörungen kann hier nicht Gegenstand sein (für eine knappe Darstellung s. beispielsweise LoPiccolo 1995). Dazu nur einige kurze Anmerkungen: Sexuelle Appetenzstörungen (typischerweise Verminderung des sexuellen Verlangens) können bei Frauen vielfältige Gründe haben, wobei die psychischen hierbei die wichtigsten sein dürften. Organische Ursachen sind häufig Allgemeinerkrankungen (z.B. bösartige Neubildungen, Anämien), Substanzmißbrauch, außerdem Bedingungen, die den Geschlechtsverkehr schmerzhaft gestalten (Dyspareunie; s. unten) und deshalb zu einer Abwehrhaltung führen.

Eine häufige Störung der Erregung bei der Frau ist die mangelnde Lubrikation, die neben psychischen diverse organische Ursachen hat; die wichtigste davon ist Östrogenmangel, wie er beispielsweise in der Menopause oder nach Entfernung der Eierstöcke (Ovarektomie) vorkommt; in diesem Fall sind die Beschwerden durch externe Hormonzufuhr oft zu beheben. Mangelnde Lubrikation ist auch eine der Ursachen der Dyspareunie (Schmerzen bei der Kohabitation); weitere Ursachen sind u.a. anatomische Besonderheiten wie Lageanomalien des Uterus, Operationsfolgen, Entzündungen. Weiter ist in diesem Zusammenhang die Endometriose zu nennen, die Einwanderung von Uterusschleimhaut in benachbarte Regionen wie Bauchhöhle oder Vaginalschleimhaut; typischerweise treten die Schmerzen dabei in der zweiten Hälfte des Menstruationszyklus auf.

Orgasmusstörungen bei der Frau haben außer psychischen diverse organische Ursachen, wobei die Dyspareunie eine sicher nicht geringe Rolle spielt. Neurologische Erkrankungen können ebenfalls verantwortlich sein, daneben Einnahme von Medikamenten, beispielsweise von Blutdrucksenkern sowie einigen Psychopharmaka. All diese Faktoren können aber die große Häufigkeit von Orgasmusstörungen nicht erklären.

11.4 Steuerung des Sexualverhaltens

Anders als bei Tieren, deren sexuelle Aktivität deutlichen zeitlichen Schwankungen unterliegt, ist das menschliche Sexualverhalten sehr viel weniger phasisch und offenbar stärker von sozialen Faktoren gesteuert, beispielsweise vom Vorhandensein einer befriedigenden partnerlichen Beziehung. Insofern sind die Befunde aus Tierstudien nur sehr bedingt für den Humanbereich von Aufschluß, andererseits per se nicht uninteressant, um so mehr, als aus ihnen zuweilen Schlüsse auf die Ursachen gestörten Sexualverhaltens beim Menschen gezogen werden.

Daß die sexuelle Appetenz (Libido), also die Bereitwilligkeit, sich einen Partner zu suchen oder sich mit einem sich anbietenden Partner einzulassen, bei Tieren u.a. durch *hormonelle Faktoren* reguliert wird, ist gut belegt. Ebenso sind beim Menschen gewisse, wenn auch weniger bedeutsame, hormonelle Einflüsse zu beobachten; beispielsweise scheint das die Milchproduktion anregende Hypophysenhormon Prolaktin auch bei Männern in nennenswerten Mengen ausgeschüttet zu werden (besonders beim Orgasmus) und die sexuelle Aktivität zu vermindern (etwa Mas 1995), was möglicherweise für die postkoitale Refraktärphase verantwortlich ist.

11.4 Steuerung des Sexualverhaltens

Tabelle 11.1: Faktoren, welche die sexuelle Aktivität beeinflussen

Hormone
Testosteron: Stimulation der sexuellen Aktivität männlicher Tiere; dieser Effekt ist auch beim Menschen gut nachgewiesen.
Östrogene und Gestagene: Stimulation der sexuellen Aktivität weiblicher Tiere; beim Menschen scheint diese von Östrogen- und Progesteronspiegel weitgehend unabhängig zu sein (Androgenspiegel ist dafür wohl entscheidender).
Sexualverhalten kontrollierende zentralnervöse Strukturen
Erektionszentrum im Sakralmark, Ejakulationszentrum im Lumbalmark: Bedeutung beim Menschen gut nachgewiesen; gilt offenbar in ähnlicher Weise für Mann und Frau.
Mediales präoptisches Areal des Hypothalamus mit sexuell dimorphem Kern (SDN): Bei männlichen Tieren aktivierendes Zentrum (Zerstörung beeinträchtigt Sexualverhalten); Afferenzen vom vomeronasalen Organ (via Amygdala); bei weiblichen Tieren offensichtlich ohne Bedeutung; Rolle beim Menschen unklar.
Amygdala: Bei männlichen Tieren u.a. hemmendes Zentrum (Zerstörung führt zur Hypersexualität); daneben offenbar dort auch sexualaktivierende Strukturen; an der Amygdala enden Fasern vom vomeronasalen Organ (Sinnesorgan für Pheromone); Bedeutung der Amygdala bei weiblichen Tieren und beim Menschen diesbezüglich unklar.
Ventromedialer Hypothalamuskern: Bei weiblichen Tieren aktivierendes Zentrum (bei Zerstörung Nachlassen der sexuellen Aktivität); erhält Afferenzen vom vomeronasalen Organ (via Amygdala); ventromedialer Hypothalamuskern bei männlichen Tieren wohl ohne Bedeutung; Rolle beim Menschen ungeklärt.
Externe Stimuli
Pheromone: Werden als Geruchsstoffe von geschlechtsreifen Tieren abgegeben und wirken auf Sexualverhalten anderer Tiere; Sensoren für Pheromone v.a. im sogenannten vomeronasalen Organ lokalisiert; wahrscheinlich auch beim Menschen von Bedeutung.

Gesichert ist zudem beim Menschen die *stimulierende Wirkung von Testosteron* auf das männliche Sexualverhalten, während die diesbezügliche Wirkung von Androgenen der Nebennierenrinde weniger klar ist. Entfernung des Hodens (Orchitomie, Orchidektomie, von griech. orchis = Hoden, temnein = schneiden) reduziert in aller Regel den Sexualtrieb beträchtlich, so daß dieser Eingriff in verschiedenen Ländern bei Sexualstraftätern durchgeführt wird; einen ähnlichen Effekt, nämlich deutliche Dämpfung der sexuellen Aktivität, hat die reversible, „chemische Kastration" mit dem Antiandrogen Cyproteronacetat (Androcur). Umgekehrt läßt sich bei Männern, die ihre Hoden etwa aufgrund eines Unfalls verloren haben, durch Testosteronsubstitution die sexuelle Aktivität deutlich heben. Ähnliche Effekte zeitigt Testosterongabe bei altersbedingtem Verlust von Libido und Potenz; zu bedenken ist allerdings, daß ein latentes Prostatakarzinom dadurch zum Wachstum angeregt werden kann. Generell gilt offenbar, daß die von den Hoden im Normalfall vor dem Alter produzierten Testosteronmengen mehr als ausreichend sind; einseitige Entfernung des Hodens (etwa aufgrund eines Hodenkarzinoms) hat in aller Regel keine negative Auswirkung auf die sexuelle Aktivität.

In der Literatur wird die augenblicklich noch als spekulativ zu bezeichnende Hypothese vertreten, daß nicht Testosteron selbst die männliche Sexualaktivität fördert, sondern das durch Umwandlung von Testosteron (über sogenannte Aromatisation) im Körper entstehende Östradiol, also ein eigentlich „weibliches" Hormon (s. dazu Carlson 2001, S. 314 und die dort zitierte Literatur). Dies wäre ein interessantes Analogon zum unten berichteten Befund, daß weibliches Sexualverhalten wenigstens teilweise durch die „männlichen" Androgene aus Ovar und Nebennierenrinde stimuliert wird.

Die Vermutung, daß umgekehrt bei Frauen die sexuelle Aktivität mit dem Spiegel von Östrogenen und Gestagenen zusammenhängt, trifft im wesentlichen nicht zu. Einnahme von Ovulationshemmern (der „Pille"), die bekanntlich die hormonelle Regulation stark beeinflussen (s. auch 11.6.9), erhöht zwar i.a. die Unbefangenheit im Sexualleben, scheint aber auf die Appetenz wenig Einfluß zu haben. Entfernung der Eierstöcke (Ovarektomie) wirkt sich erstaunlich wenig auf das Sexualverhalten der Betroffenen aus – allerdings führt der Östrogenmangel zu Veränderungen der Vaginalschleimhaut und verminderter Lubrikation, also nicht selten zu Schmerzen bei der Kohabitation (Dyspareunie, s. 11.3.2). In größerem Maße die sexuelle Aktivität zu bestimmen scheint bei Frauen der Spiegel der Nebennierenrindenandrogene sowie des in gewissen Mengen auch im Ovar produzierten Testosterons (für eine Übersicht der einschlägigen Befunde s. Sherwin 1988). So zeigen u.a. Experimente an weiblichen Primaten, daß nach Entfernung von Eierstöcken und Nebennieren Injektionen von Androgenen, nicht aber des Östrogens Östradiol, das Sexualverhalten anregen (Everitt et al. 1972).

Bei Ratten sind die Verhältnisse anders: Dort ist die sexuelle Bereitschaft der Weibchen (Annäherung des Männchen zu dulden, die Kopulationshaltung einzunehmen) stark vom Ovulationszyklus abhängig; der Anstieg des Progesteronspiegels unmittelbar nach dem Eisprung scheint besonders die Bereitschaft zur Kopulation zu steigern; genetisch veränderte Weibchen ohne Östrogen- und Progesteronrezeptoren sind in sehr viel geringerem Maße bereit zur sexuellen Vereinigung (s. dazu Carlson 2001, S. 315).

Neben den endogenen hormonellen Gegebenheiten sind es erwartungsgemäß *äußere Stimuli*, welche die sexuelle Aktivität anregen. Eine wesentliche Rolle spielen dabei die *Pheromone* (von griech. pherein = tragen, horman = antreiben, erregen, also „Erregungsträger"), die man etwas ungenau, aber einprägsam als *Sexuallockstoffe* bezeichnen könnte. Sie werden von Tieren freigesetzt – offenbar aber nur von solchen mit funktionsfähigen Fortpflanzungsorganen, nicht also von zu jungen oder kastrierten Tieren; dabei bewirken sie mit der Sexualität und Fortpflanzung in Verbindung stehende körperliche Veränderungen und stimulieren die sexuelle Aktivität: So verändert sich der Ovulationszyklus (der sogenannte „Östrus") bei weiblichen Mäusen, wenn sie ausschließlich mit weiblichen Tieren zusammen sind, normalisiert sich aber wieder, sobald ein Männchen oder sogar nur dessen Urin zu riechen ist (Lee-Boot-Effekt und Whiten-Effekt); weibliche Mäuse werden schneller geschlechtsreif, wenn sie durch den Geruch männlicher Artgenossen stimuliert werden (Vandenbergh-Effekt; s. dazu genauer Carlson 2001, S. 317). Diese Pheromone werden offenbar hauptsächlich mit dem Urin ausgeschieden. Auf ihre Wirkung ist mit großer Wahrscheinlichkeit auch der sogenannte Bruce-Effekt zurückzuführen (Bruce 1960): Bei einem trächtigen Mäuseweibchen tritt häufig ein Abgang ein, wenn es in näheren Kontakt mit einem anderen Männchen kommt – dieses hat nämlich den Erzeuger vertrieben und sich damit als lebenstüchtiger erwiesen.

Mit welchen Sinnesorganen die Pheromone wahrgenommen werden, ist noch unklar. Offenbar ist es nicht nur das eigentliche Geruchsorgan in den Riechzellen der Nase, sondern eine Art Nebenorgan mit andersartigen Sinnesrezeptoren, welches ebenfalls im Nasenraum sitzt (sogenanntes vomeronasales Organ). Andere, beispielsweise im Vaginalsekret freigesetzte Pheromone werden aber wie gewöhnliche Geruchsstoffe registriert oder am Geschmack erkannt. Die von den Sensoren für Pheromone ausgehenden Neurone enden – wenigstens bei Tieren – im medialen Kern der Amygdala, der als ein das Sexualverhalten stimulierendes Zentrum angesehen wird (s. unten).

Ob die Pheromone für die Anregung der sexuellen Aktivität des Menschen wesentliche Bedeutung haben, ist noch nicht sicher geklärt. Es gibt Hinweise, daß das genannte vomeronasale Organ auch beim Menschen existiert und seine Stimulation durch verschiedene Stoffe vegetative Effekte und Stimmungsveränderungen hervorruft sowie auf die Freisetzung der Gonadotropine wirkt (s. dazu u.a. ausführlich die Zusammenstellung in Monti-Bloch et al. 1998). Zudem ist eine Beeinflussung des Menstruationszyklus bei Frauen durch von anderen Frauen ausgehende Geruchsstoffe beschrieben worden (etwa Stern u. McClintock 1998) und weitere Befunde legen zumindest eine gewisse Bedeutung von Geruch für die sexuelle Attraktion nahe.

Sexuelle Aktivität steuernde Zentren liegen in verschiedenen Regionen des ZNS; erwähnt worden waren bereits das „Erektionszentrum" im Sakralmark und das weiter kranial, im lumbalen Rückenmark lokalisierte „Ejakulationszentrum". Diese Strukturen besitzen gewisse Unabhängigkeit, insofern als nach Durchtrennung des Rückenmarks die Fähigkeit zu Erektion und Ejakulation erhalten bleibt.

Von den zerebralen *Sexualzentren* ist – neben gewissen für weibliches Sexualverhalten zuständigen *Hypothalamusstrukturen* – die schon im Zusammenhang mit den Pheromonen genannte *Amygdala* anzuführen, daneben das mit der Amygdala durch zahlreiche Fasern verbundene, v.a. bei männlichen Tieren bedeutsame *mediale präoptische Areal*; letzteres ist ein Kerngebiet des Vorderhirns nahe dem Hypothalamus, die Amygdala (der „Mandelkern") eigentlich eine Ansammlung von Kernen verschiedener Funktion am frontalen Ende des Hippocampus (s. auch 2.6.11). *Stimulation* des dicht mit Testosteronrezeptoren besetzten *medialen präoptischen Areals erhöht* bei männlichen Tieren verschiedener Spezies die *sexuelle Aktivität*, speziell die Kopulationsfrequenz, *Zerstörung dieser Region* bringt sie zum *Verschwinden*. Speziell scheint ein Kern in dieser Region diesbezüglich von besonderer Bedeutung, der sogenannte *sexuell dimorphe Kern* (sexuell dimorpher Nucleus = SDN). Wie im Namen bereits ausgedrückt, hat er bei den beiden Geschlechtern unterschiedliche Gestalt, ist nämlich bei männlichen Tieren etwa siebenmal so groß; seine Größe soll bei Männchen direkt mit der sexuellen Aktivität zusammenhängen (Anderson et al. 1986). Von der Amygdala scheinen sowohl hemmende wie aktivierende Fasern zum medialen präoptischen Areal zu laufen. Bei Entfernung des Mandelkerns tritt nämlich bei Affen neben ausgesprochener Zahmheit Hypersexualität auf (sogenanntes Klüver-Bucy-Syndrom); andererseits führt Zerstörung medialer Anteile der Amygdala – einer Region, welche bei männlichen Ratten sehr viel größer als bei weiblichen ist – zu Nachlassen sexueller Aktivität (Hines et al. 1992; De Jonge et al. 1992). Es scheint wenig sinnvoll, hier weiter ins Detail zu gehen (s. für Genaueres etwa Carlson 2001, S. 328 f.), um so mehr als die Übertragbarkeit der Befunde auf den Menschen fraglich ist. Man halte fest, daß auf die sexuelle Aktivität männlicher Tiere als supraspinale Zentren sowohl mediales präoptisches Areal (insbesondere der SDN) wie Amygdala Einfluß nehmen und daß beide Regionen (direkt oder indirekt) Afferenzen vom vomeronasalen Organ, dem Sinnesorgan für Pheromone, erhalten.

Für die *Regulation des weiblichen Sexualverhaltens* sind hingegen offenbar weniger die genannten Areale als vielmehr Teile des Hypothalamus, insbesondere der *ventromediale Hypothalamuskern*, zuständig; er besitzt Rezeptoren sowohl für Östradiol als auch Progesteron; seine Stimulation fördert die sexuelle Aktivität bei Rattenweibchen, Zerstörung der Region hebt sie auf (s. etwa Pfaff u. Sakuma 1979). Wie das entsprechende Areal bei männlichen Tieren, die mediale präoptische Region, erhält der ventromediale Hypothalamuskern via Amygdala Afferenzen vom vomeronasalen Organ, so daß von anderen Tieren freigesetzte Pheromone diese Struktur stimulieren können.

11.5 Sexuelle Orientierung

Männliche Tiere tendieren keineswegs unter allen Umständen dazu, mit Weibchen zu kopulieren und ebensowenig gilt die Umkehrung; einige von ihnen wählen, zumindest vorübergehend, auch Artgenossen des eigenen Geschlechtes als Sexualpartner. Diese sexuelle Orientierung ist – außer von externen Gegebenheiten, etwa Verfügbarkeit gegengeschlechtlicher Partner – von einer Reihe innerer Faktoren abhängig, die wiederum wohl nicht zuletzt während der Embryonalentwicklung ihre Ausformung erfahren. Es ist vorauszuschicken, daß auf diesem Gebiet die Befunde höchst kontrovers diskutiert werden; sie seien im wesentlichen ohne Kommentar referiert.

Sowohl für *weibliche* wie für *männliche Homosexualität* läßt sich *familiäre Häufung* beobachten (s. etwa Bailey et al. 1993 oder Rose 1995 für einen Überblick). Zudem weisen *Zwillingsstudien* auf eine deutliche *genetische Determinierung* hin: So fanden beispielsweise Bailey u. Pillard (1991) bei monozygoten (also eineiigen) männlichen Zwillingen eine Konkordanzrate von 52% hinsichtlich Homosexualität, während dieser Wert bei dizygoten Zwillingen nur 22% betrug. Bei Frauen wurden diesbezügliche Konkordanzraten von 48% (eineiige Zwillinge) und 16% (zweieiige Zwillinge) ermittelt (Bailey et al. 1993). Die Konkordanz dizygoter Zwillinge war etwa so hoch wie die der Nichtzwillinge derselben Familie (14%), während nur 6% der Adoptivschwestern homosexueller Frauen ebenfalls homosexuell waren. Diese Befunde, die genetischen Faktoren eine wichtige Bedeutung für homosexuelle Entwicklung nahelegen, wurden jedoch wiederholt in ihrer Aussagekraft kritisiert (etwa

11.5 Sexuelle Orientierung

Baron 1993). In jedem Fall zeigen andererseits die keineswegs perfekten Konkordanzraten monozygoter Zwillinge, daß *Umweltdeterminanten* gleichfalls eine nicht geringe Bedeutung zukommt. Vermutet wurde, daß eine Veränderung auf dem langen Arm des X-Chromosoms die genetische Grundlage von Homosexualität darstellt (etwa Hamer et al. 1993; LeVay u. Hamer 1994; LeVay u. Hamer 1998), was allerdings noch zu bestätigen bleibt.

Ein interessanter, aber in seiner Bedeutung keineswegs unumstrittener Befund zur biologischen Grundlage der Homosexualität bezieht sich auf *morphologische Besonderheiten des Hypothalamus*, einer Hirnregion, die wiederholt mit der Regulation des Sexualverhaltens in Verbindung gebracht wurde (s. 11.4). So fand LeVay ein Kerngebiet des Hypothalamus, welches bei heterosexuellen Männern deutlich größer sein soll als bei Frauen; die Größe dieses sogenannten „dritten interstitiellen Nucleus des anterioren Hypothalamus" (INAH 3) soll bei homosexuellen Männern erheblich kleiner und etwa ähnlich groß wie bei Frauen sein (LeVay 1991; s. dazu auch LeVay u. Hamer 1998). Kritisiert wurde an der Studie hauptsächlich, daß zum Großteil Gehirne von AIDS-Patienten untersucht wurden und sich so krankheitsbedingte Veränderungen nicht ausschließen lassen (s. etwa Byne u. Parsons 1993; vgl. dazu aber auch die Gegenargumente in LeVay u. Hamer 1998); zudem ist es schwer, die kausale Bedeutung solcher korrelativer Zusammenhänge anzugeben. Daneben wurde über weitere morphologische Unterschiede zwischen den Gehirnen Homo- und Heterosexueller berichtet, z.B. hinsichtlich des Nucleus suprachiasmaticus oder der Commissura anterior (für Genaueres s. Köhler 1999a, S. 200 f. sowie Carlson 2001, S. 324 f.); auf die Darstellung der schwer zu interpretierenden, dringend replikationsbedürftigen Befunde wird hier verzichtet.

Die verbreitete Vorstellung, daß männliche Homosexuelle körperlich femininer, weibliche maskuliner als ihre Geschlechtsgenossen sind, läßt sich bezüglich des Hormonstatus nicht bestätigen. Insgesamt gibt es so gut wie *keine Anhaltspunkte, daß die sexuelle Orientierung mit typischen Hormonspiegeln einhergeht*, ebensowenig daß *Veränderungen im Hormonhaushalt* (beispielsweise als Folge therapeutischer Eingriffe) auf *homo- und heterosexuelle Partnerwahl Einfluß nehmen* (für Überblicke s. Meyer-Bahlburg 1984; Gooren 1990 sowie Byne u. Parsons 1993 und die dort zitierte Literatur).

Kontrovers wird diskutiert, ob *pränatale hormonelle Faktoren* die sexuelle Orientierung bestimmen. Tatsächlich läßt sich zeigen, daß *Hormonbehandlung trächtiger Tiere* das *Sexualverhalten der Neugeborenen* beeinflußt, sich beispielsweise bei männlichen Jungtieren weibliche Sexualreaktionen erzeugen lassen (etwa lordotische Rückenkrümmung), bei weiblichen männliche („Steigverhalten"); damit ist jedoch keineswegs auch Suche nach einem gleichgeschlechtlichen Sexualpartner verbunden (s. Byne u. Parsons 1993; Byne 1994). In ähnliche Richtung deuten Befunde zum Einfluß von *Streß während der Tragzeit* auf die sexuellen Verhaltensweisen der Jungtiere (Ward 1972; Ward u. Stehm 1991): Setzt man trächtige Weibchen Stressoren aus, so kommt es vermutlich über Gegenregulationsmechanismen im System Hypothalamus-Hypophyse-Nebennierenrinde zu *verminderter Androgenproduktion*; männliche Junge zeigen dann vermehrt typisch weibliches Sexualverhalten; auch hier ist aber nicht klar, ob damit die Art der Partnerwahl wesentlich beeinflußt wird.

Daß wenigstens in Einzelfällen offenbar der pränatale Hormonstatus beim Menschen die spätere Sexualorientierung beeinflußt, zeigt das *adrenogenitale Syndrom*, welches heute meist als *kongenitale (virilisierende) Hyperplasie* bezeichnet wird. Bei dieser Erkrankung wird aufgrund eines Enzymdefekts ein Androgen statt Kortisol gebildet. Da letzteres Hormon fehlt, wird die Nebennierenrinde noch stärker durch ACTH stimuliert und produziert vermehrt andere Androgene (s. dazu auch 4.3.11 sowie Friedman u. Downey 1993). Weibliche Personen mit dieser Erkrankung weisen männliche Körpermerkmale auf (u.a. vergrößerte Klitoris) und zeigen überdurchschnittlich häufig homosexuelle Orientierung. Allerdings bezweifeln verschiedene Autoren (etwa Gooren 1990; Byne u. Parsons 1993; Gadpaille 1995) nachdrücklich, daß solche pränatalen hormonellen Einflüsse – neben dem adrenogenitalen Syndrom die unten beschriebene Androgeninsensitivität und 5-α-Reduktasemangel – wirklich nennenswert die sexuelle Orientierung bestimmen bzw. einen wesentlichen Beitrag zur Erklärung der sehr häufigen Homosexualität liefern.

Von der Homosexualität ist als Störung der Geschlechtsidentität die Transsexualität zu unterscheiden, der „Wunsch, als Angehöriger des anderen anatomischen Geschlechts zu leben und anerkannt zu werden" (ICD-10, S. 241). Die letztlich seltene Transsexualität geht in der Regel zwar mit Homosexualität einher, ist aber keineswegs dafür typisch; Homosexuelle zeigen zu allermeist keine Unzufriedenheit mit dem eigenen Geschlecht.

Möglicherweise spielen die genannten Faktoren wie adrenogenitales Syndrom, 5-α-Reduktasemangel (ein enzymatischer Effekt, aufgrund dessen bei männlichen Feten das zur Virilisierung notwendige Dihydrotestosteron nicht verfügbar ist) oder Androgen-Insensitivitätssyndrom (Fehlen von Androgenrezeptoren mit dem Resultat weiblichen Aussehens bei Männern) für solche Störungen der Geschlechtsidentität eine bedeutsamere Rolle.

11.6 Bildung der Keimzellen; Menstruationszyklus

11.6.1 Spermienbildung

Die *männlichen Keimzellen* oder *männlichen Gameten* (von griech. gamein = heiraten), die *Spermien* oder *Spermatozoen*, enthalten ebenso wie Eizellen – im Gegensatz zu den restlichen Körperzellen – nur einen *einfachen Chromosomensatz*, sind also *haploid*. Bei ihrer Bildung muß durch meiotische Teilungen der diploide Chromosomensatz der Ausgangszellen halbiert werden (s. 14.3.2). Dies geschieht in den Tubuli semniferi des Hodens, an deren Innenseite die diploiden primären Keim- oder Stammzellen (Spermatogonien) liegen. Die Produktion der Spermien setzt mit der Pubertät ein und wird – anders als bei der Frau – während des ganzen Lebens fortgesetzt. Zunächst findet eine mitotische Teilung statt, die allein der Vermehrung der diploiden Stammzellen dient. Die Hälfte der so gebildeten Zellen bleibt zurück und stellt das weitere Reservoir an Stammzellen dar; die andere Hälfte wird auf sehr komplizierten Wegen – Verdoppelung des Chromosomensatzes, an die sich zwei Reduktionsteilungen anschließen – in die haploiden Spermatozoen (Spermien) umgewandelt. Den Kopf des Spermiums bildet der *Zellkern mit dem haploiden Chromosomensatz*, der bewegliche Schwanz entsteht durch Umwandlung von Zellorganellen. Der ganze Vorgang der Spermienbildung steht unter im einzelnen nicht geklärter Kontrolle durch die gonadotropen Hypophysenhormone FSH (follikelstimulierendes Hormon) und LH (luteinisierendes Hormon). Vereinfacht ausgedrückt, stimuliert FSH direkt die Spermienbildung; LH leistet dies indirekt durch Anregung des die Spermienproduktion fördernden Testosteron. Sowohl die Ausschüttung von FSH wie von LH werden durch GnRH (Gonadotropin-Releasing-Hormon, Gonadoliberin) aus dem Hypothalamus gefördert.

Die so gebildeten Spermatozoen sind noch nicht befruchtungsfähig, sondern müssen dazu im Nebenhoden verändert werden (u.a. durch Anlagerung von Proteinen an die Oberfläche). Anschließend werden sie bis zur Ejakulation dort und im Ductus deferens gespeichert. Im Rahmen der Kohabitation gelangen die Spermien zunächst in den hinteren Teil der Harnröhre und vermischen sich dort mit den Sekreten aus Prostata und Samenbläschen zum *Ejakulat*. Das Ejakulatsvolumen beträgt etwa 2–6 ml und enthält pro ml normalerweise zwischen 35 und 200 Millionen Spermien, also in manchen Fällen über eine Milliarde Spermien (stark verkürzt und vereinfacht nach Leichtweiß 2000).

11.6.2 Bildung der Eizellen; Menstruationszyklus

Anders als der Mann, der bis zum Greisenalter Milliarden von funktionsfähigen Spermien produziert, bildet die Frau nur etwa einmal pro Monat eine befruchtungsfähige Eizelle aus und auch das nur zwischen der Pubertät und der Menopause (um das 50. Lebensjahr). Aus diploiden Stammzellen entstehen bereits in der Fetalzeit im Ovar die Oozyten erster Ordnung (von griech. oon = Ei), die noch diploid sind und in diesem Zustand bis zur Ovulation verbleiben; insgesamt gibt es deren etwa 250.000, von denen sich nur ein geringer Prozentsatz zum befruchtungsfähigen Ei entwickelt. Jeder Oozyt ist von einer (zunächst) einschichtigen Lage von Epithelzellen umgeben; Eizelle und umgebende Zellschicht werden zusammen als *Follikel* bezeichnet; im Falle eines Oozyten 1. Ordnung spricht man von *Primordial-* oder *Primärfollikel*. Die meisten der Primordialfollikel *gehen zugrunde*; nur etwa 200-300 werden im Laufe der Jahre so ausgebildet, daß sie Hormone produzieren und aus ihnen die Eizelle in den Eileiter entlassen werden kann (sogenannter Graafscher Follikel).

Die phasenhaften, im Rhythmus von etwa einem Monat ablaufenden Vorgänge in Ovar und Uterus (teilweise auch an anderen Teilen des Geschlechtsapparates) nennt man *Menstruationszyklus* (nach der bei Nichteintritt der Schwangerschaft auftretenden Monatsblutung). Treffender wäre der kürzere Ausdruck Zyklus, da die Monatsblutung nur einer der vielen Vorgänge, wenngleich der auffälligste, dieses komplexen Prozesses ist. Der Menstruationszyklus beginnt definitionsgemäß mit dem Einsetzen der Monatsblutung (dem Abstoßen der Uterusschleimhaut, s. unten sowie Abb. 11.3). An deren Ende, also nach durchschnittlich fünf Tagen (ein bekanntlich sehr variabler Zeitraum), beginnt im Ovar ein Follikel zu reifen; meist sind es mehrere, von denen sich aber alle bis auf einen zurückbilden – wenn nicht, kann es zu Mehrlingsschwangerschaften kommen. Diese Reifung besteht einerseits in Größenzunahme und Aufbau zweier Wandschichten, zum anderen in der Bildung von Flüssigkeit im Innenraum, in den die (nach wie vor diploide) Eizelle hineinragt; vor dem Eisprung ist der Follikel (nun Graafscher Follikel genannt) etwa 1 cm groß. In seinen Wänden werden *Östrogene*, hauptsächlich *Östradiol*, gebildet (genauer: eine Wandschicht produziert Androgene, die in den Zellen der anderen Schicht durch sogenannte Aromatisierung in Östrogene umgewandelt werden). Da der heranreifende, beträchtlich anwachsende Follikel die hauptsächliche Stätte der Östrogenproduktion ist, *steigt* der *Spiegel dieser Hormone* von sehr niedrigen Werten zu Beginn der Menstruationsphase bis zum Eisprung *stark an*. Gleichzeitig wird die mit der Menstruationsblutung abgestoßene *Uterusschleimhaut (Endometrium)* wieder *aufgebaut*, um gegebenenfalls eine befruchtete Eizelle aufzunehmen.

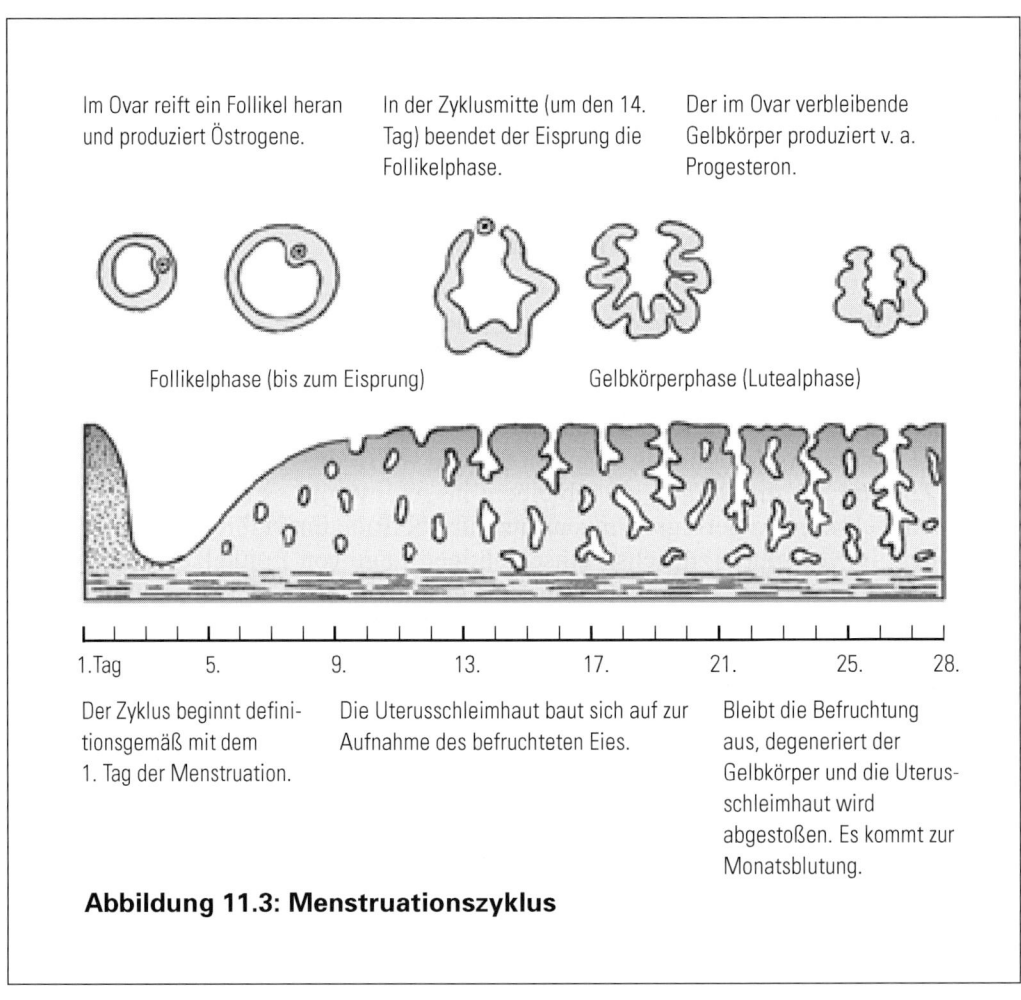

Abbildung 11.3: Menstruationszyklus

Diese *Follikelphase* endet gegen Zyklusmitte, also etwa am 14. Tag, mit dem *Eisprung (Follikelsprung, Ovulation)*. Kurz vor dieser Freisetzung aus dem Follikel

11.6 Bildung der Keimzellen; Menstruationszyklus

schließt die Oozyte die 1. Reduktionsteilung ab – lange zuvor (noch in der Fetalzeit) hatten sich die homologen Chromosomen verdoppelt, sich paarweise in der Kernmitte zusammengelegt und mittels crossing-over Material ausgetauscht (s. 14.3). Eine der bei der 1. Reduktionsteilung entstehende Zellen (Polkörper genannt) geht zugrunde. Unter nochmaliger Bildung eines Polkörpers findet die 2. Reduktionsteilung im Eileiter – wohl ausgelöst durch Kontakt mit dem Spermium – unmittelbar vor der Befruchtung statt; das haploide Spermium trifft jetzt auf eine haploide Eizelle.

Der Vorgang der Reifeteilung ist also sehr kompliziert. Wichtig ist festzuhalten, daß die Meiose erst kurz vor und während der Ovulation abgeschlossen wird. In höherem Alter treten leichter Störungen der Meiose ein, etwa die in 14.3 beschriebene non-disjunction, bei der sich ein Paar homologer Chromosomen nicht trennt. Die Eizelle enthält dann dieses Chromosom gar nicht oder doppelt. Im ersten Fall ist das befruchtete Ei i.a. nicht lebensfähig; im zweiten liegt ein Chromosom dreifach vor (Trisomie). Die meisten (autosomalen) Trisomien führen ebenfalls zum Absterben; befruchtete Eizellen mit dreifachem Chromosom 21 (Trisomie 21) können sich jedoch entwickeln (s. 14.3.4 zum Down-Syndrom oder Mongolismus). Das Risiko steigt erheblich mit dem Alter der Mutter.

Mit dem Eisprung beginnt die *Gelbkörperphase* (auch Corpus luteum- oder Lutealphase genannt). Als *Corpus luteum* oder *Gelbkörper* bezeichnet man den nach dem Eisprung im Ovar zurückbleibenden leuchtend gelben Follikel; dieser produziert nun weniger Östrogene, sondern vornehmlich Gestagene, speziell Progesteron – der Name Gestagene leitet sich von der schwangerschaftsvorbereitenden Wirkung dieser Hormone ab (lat. gestare = austragen). Der in der Follikelphase sehr niedrige Spiegel dieses Hormons steigt deutlich an und erreicht etwa um den 21. Tag sein Maximum; die Drüsen der aufgebauten Uterusschleimhaut produzieren in dieser Zeit verstärkt Sekrete (daher auch Sekretionsphase als Synonym für Lutealphase). Kommt es nicht zur Einnistung eines befruchteten Eies in die Uterusschleimhaut (Nidation), so resultiert über Hemmung der hypophysären GnRH-Ausschüttung eine Rückbildung des Gelbkörpers und damit Absinken sowohl des Östrogen- wie des Gestagenspiegels (zu Einzelheiten der hormonellen Regulationsvorgänge s. etwas ausführlicher 4.3.11). Dieser rasche Abfall von Östrogenen und Gestagenen führt zur Kontraktion der Endometriumgefäße und damit zur Ischämie (Minderdurchblutung) der Uterusschleimhaut; etwa um den 28. Tag kommt es zu ihrer Abstoßung (Menstruationsblutung). Im Falle der Einnistung des befruchteten Eies bleibt der Gelbkörper bestehen und bildet, angeregt durch Stoffe aus der Plazenta, die für den regelhaften Schwangerschaftsablauf notwendigen Hormone (s. 11.7).

Um die Zeit des Eisprunges ist die Wahrscheinlichkeit der Befruchtung u.a. dadurch besonders hoch, daß der Cervixschleim weniger zäh ist und sich der Muttermund etwas öffnet, was den Durchtritt der Spermien erleichtert. Da die Spermien nur kurze Lebensdauer haben, ist bei Geschlechtsverkehr einige Tage vor Ovulation die Befruchtungswahrscheinlichkeit niedrig; bei Verkehr mehrere Tage nach dem Eisprung ist das Risiko einer Schwangerschaft ebenfalls wieder gering, da die Eizelle nur in den ersten 24 Tagen nach der Ovulation befruchtet werden kann.
Die „Pille" zur Empfängnisverhütung wirkt meist durch Hemmung der Ovulation; dies geschieht durch gleichzeitige Verabreichung von Gestagenen und Östrogenen in der ersten Zyklushälfte. Bei der sogenannten „Minipille" (mit niedrigeren Hormonmengen) wird nicht die Ovulation verhindert, sondern die Beschaffenheit des Zervixschleims so verändert, daß Spermien schlechter in den Uterus dringen können (dargestellt im wesentlichen nach Silbernagel u. Despopoulos 2001 sowie Leichtweiß 2000).

11.7 Befruchtung, Schwangerschaft und Embryonalentwicklung

Die mit der Ejakulation in den hinteren Scheidenabschnitt beförderten Spermien müssen nach kranial durch die Eileiter wandern, denn nur dort findet normalerweise die Befruchtung des aus dem Ovar ausgestoßenen Eies statt; während dieser Wanderung (Aszension) erhalten die Spermien erst ihre volle Befruchtungsfähigkeit. Das Eindringen in die Eizelle ist ein komplizierter Prozeß, der zuvor die Anlagerung an spezifische Rezeptoren erfordert; damit wird eine artfremde Befruchtung verhindert. Mit dem Eindringen des Spermienkopfes schließt – wie erwähnt – die Eizelle ihre 2. Reifeteilung ab. Mit der Verschmelzung der Membranen der beiden Gameten und der Zusammenfügung der beiden einfachen Chromosomensätze entsteht eine diploide Zelle (Zygote) und die Befruchtung (Konzeption) ist abgeschlossen; durch Veränderung der Membraneigenschaften wird Eindringen weiterer Spermien verhindert.

Die Zygote wandert normalerweise unter laufender Zellteilung und Wachstum in Richtung Uterus, wo sie sich etwa am 4. Tag nach der Konzeption in die Schleimhaut einlagert (Nidation). Nidationshemmer („Postkoitalpille") bestehen aus hohen Dosen von Östrogenen und verhindern die Einnistung des befruchteten Eies. Generell bedeutet Konzeption noch nicht Schwangerschaft und Geburt; vielmehr gehen in den ersten Wochen spontan und unbemerkt etwa die Hälfte der befruchteten Eizellen zugrunde (subklinische Aborte), wobei als Ursache häufig genetische oder chromosomale Defekte (etwa die erwähnten Monosomien und Trisomien) gefunden werden.

Zunächst wird die sich entwickelnde Frucht, in den ersten 12 Wochen der Schwangerschaft üblicherweise als Embryo, danach als Fetus (Foetus) bezeichnet, durch Stoffe aus dem mütterlichen Organismus ernährt, die durch Diffusion in seine Zellen gelangen; in späteren Stadien werden die Diffusionsstrecken zu groß, so daß mit Hilfe der den Uterus auskleidenden Plazenta eine Verbindung von mütterlichem und fetalem Blutkreislauf geschaffen wird. Die Plazenta, die einerseits mit dem mütterlichen Gefäßsystem in Kontakt steht, andererseits mittels der Nabelschnurarterien und der -vene mit dem fetalen Kreislauf Verbindung hat, übernimmt u.a. die Sauerstoffversorgung des fetalen Organismus, seine Ernährung und die Beseitigung anfallender Stoffe. Daneben produziert die Plazenta Hormone, regt zudem durch das von ihr freigesetzte Choriongonadotropin (human chorionic gonadotropin = HCG) den im Ovar zurückgebliebenen Gelbkörper zur Bildung von Östrogenen und Gestagenen an.

Die Entwicklung der einzelnen Organe unter fortlaufender Teilung von Zellen, ihrer Ausdifferenzierung und Lageveränderung kann hier nicht dargestellt werden (zur Ausbildung der Geschlechtsorgane s. 11.8); lediglich sei kurz die Entwicklung des Zentralnervensystems angedeutet: Gehirn und Rückenmark wie auch das periphere Nervensystem mit Neuronen und Glia- bzw. Satellitenzellen gehen aus dem äußeren Keimblatt, dem Ektoderm, hervor. Aus der dorsal im Embryo lokalisierten, aus ektodermalen Gewebe bestehenden Neuralplatte bildet sich in der 3. und 4. Woche durch Auffaltung und Verschmelzung der Ränder das flüssigkeitsgefüllte *Neuralrohr*, das sich dann zu Gehirn und Rückenmark mit den Hohlräumen der Ventrikel und des Zentralkanals differenziert. Im kranialen Ende dieses Rohrs entstehen zunächst drei Erweiterungen, die Vorstufen des späteren Vorderhirns (Telencephalon und Diencephalon), Mittelhirns und Rautenhirns (Pons, Medulla oblongata, Cerebellum) bilden; der kaudale Abschnitt des Neuralrohrs wird zum Rückenmark. In der weiteren Entwicklung faltet sich das Vorderhirn, so daß schließlich die Strukturen Telencephalon mit den Seitenventrikeln und Diencephalon mit dem 3. Ventrikel zu erkennen sind; der Hohlraum in Höhe des Mittelhirns wird zum Aquaeductus cerebri, im Rautenhirn bilden sich Pons, Medulla oblongata und Kleinhirn heraus, zwischen Pons und Kleinhirn der 4. Ventrikel. Das Rückenmark umschließt den Zentralkanal (genauer s. Pinel 1997, S. 68 f. sowie Jessell 1996b). Diese einfache, in kranio-kaudaler Richtung gegliederte Struktur wird jedoch dadurch kompliziert, daß Bahnen in Längsrichtung des Neuralrohrs wachsen (etwa die Kortex und Rückenmark verbindende Pyramidenbahn) und so ursprünglich zusammenhängende Teile auseinanderdrängen.

Die endgültige Zahl der Neurone ist bis zur 28. Woche erreicht, ab der auch i.a. der Fetus lebensfähig ist. Wachstum und Differenzierung der Nervenzellen geht jedoch auch noch Jahre nach der Geburt weiter; die Myelinisierung ist erst mit dem 6. Lebensjahr abgeschlossen (nach Leichtweiß 2000).

Daß die Gehirnentwicklung durch zahlreiche Faktoren gestört werden kann, etwa Sauerstoffmangel, ist nicht erstaunlich. Erwähnt sei nur die etwa mit 1 : 300 Lebendgeburten keineswegs seltene Schädigung des Fetus durch Alkoholkonsum der Schwangeren (fetales Alkoholsyndrom, Alkoholembryopathie). Ausgeprägtere Folgen sind v.a. dann zu erwarten, wenn hochprozentige Alkoholika im ersten Schwangerschaftsdrittel konsumiert werden; sehr gefährdet sind auch Kinder von Müttern, welche anfallsweise stark trinken und so zwischendurch hohe Blutalkoholspiegel aufweisen (Hannigan et al. 1992). Symptome der Alkoholembryopathie sind Minderwuchs und Untergewicht, dazu u.a. Anomalien im Schädel-Gesichts-Bereich, Hirnschäden, Intelligenzminderung, Herz- und Gefäßanomalien (s. dazu ausführlich Löser 1995). Auch schon kleinere Mengen von Alkohol, bereits 14 g pro Tag (weniger als 0,2 l Wein entsprechend), können, täglich genossen, zwar nicht unbedingt zum Vollbild der Alkoholembryopathie führen, jedoch Intelligenzminderung und Verhaltensstörungen verursachen (s. dazu auch die Angaben in Kopera-Frye u. Streissguth 1995). Als Mechanismus der Alkoholembryopathie wird v.a. Störung der neuronalen Reifung durch alkoholbedingte Blockade im glutamatergen System diskutiert (Tsai et al. 1995; Gonzales u. Jaworski 1997; weitere mögliche Mechanismen sind bei Chen et al. 1995 angeführt).

Hingewiesen sei weiter auf Schädigungen des Fetus bei Kokainkonsum der Mutter. Die zuweilen ausgesprochen schwere Kokainembryopathie zeigt sich nicht nur in Beeinträchtigungen des endokrinen und des Immunsystems, sondern auch in psychischen Störungen, z.B. Lerndefiziten (s. etwa Finster u. Perdersen 1991; Volpe 1992; Gold 1997). Als pathogenetischer Mechanismus wird v.a. Sauerstoffunterversorgung des Fetus aufgrund der vasokonstriktorischen Eigenschaften des Kokains diskutiert.

11.8 Geschlechtsdifferenzierung in der Embryonalentwicklung

Beim Menschen liegt – anders als bei vielen Tierarten – *kein ausgeprägter Sexualdimorphismus* vor, sind also die meisten Organe bei Frauen und Männern weitgehend gleich gebaut (für eventuelle geschlechtsspezifische Besonderheiten einiger Hirnstrukturen s. 11.4 und 11.5). Trivialerweise lassen sich aber bei den Geschlechtsorganen deutliche Gestaltunterschiede (Dimorphismen) erkennen, die sich großteils während der Embryonalzeit ausbilden und in späteren Lebensjahren, speziell während der

Pubertät, verstärkt werden; einige Geschlechtsunterschiede (die *sekundären Geschlechtsmerkmale*) werden überhaupt erst mit der Pubertät kenntlich (u.a. Brustwachstum bei Mädchen, Bartwuchs, Adamsapfel und tiefere Stimme beim Knaben).

Als primäre Geschlechtsmerkmale werden die Geschlechtsorgane bezeichnet; sie werden unterteilt in innere (Gonaden = Keimdrüsen, also Ovar bzw. Hoden sowie deren Anhangsorgane wie Tube, Samenleiter) und äußere (Penis, Klitoris). Die Geschlechtsorgane bilden sich in der Embryonalzeit unter dem Einfluß der Keimdrüsen heraus, die sich als erstes innerhalb der Gonadenanlage differenzieren (s. unten). Durch die Wirkung der Keimdrüsen, die während der Pubertät zur Funktionsfähigkeit heranreifen, werden die Geschlechtsorgane deutlicher ausgeprägt und es erscheinen die sekundären Geschlechtsmerkmale. Zuweilen findet man die Bezeichnung primäre (Gonaden) und sekundäre Geschlechtsorgane (abführende Wege und äußere Geschlechtsorgane). Als akzessorische Geschlechtsorgane werden diesen die anderen geschlechtsspezifischen Körperteile (etwa die Brustdrüse) gegenübergestellt.

Die *Gonadenanlage* (Urkeimdrüse, Primordialgonade) entsteht an der Hinterseite der embryonalen Bauchwand in der Nähe der sogenannten Urniere und ist in den ersten Wochen bei weiblicher und männlicher Frucht nicht zu unterscheiden (wobei natürlich die Zellen der ersteren zwei X-Chromosomen, die letzterer ein X- und ein Y-Chromosom enthalten). Unter dem Einfluß eines auf dem *Y-Chromosom lokalisierten Gens* bilden sich aus dieser indifferenten Anlage die *Hoden*, wobei vermittelnder Mechanismus ein anhand dieses Genes produziertes Protein zu sein scheint (Testes determinierender Faktor; s. Sinclair et al. 1990 oder Smith 1994). Fehlt dieses, etwa bei Frauen (genetische Grundlage XX) oder in jenen seltenen Fällen, wo es durch einen Y-chromosomalen Defekt nicht vorhanden ist, entstehen Ovarien. Daß das Y-Chromosom allein für diese Umwandlung verantwortlich ist, läßt sich an jenen Fällen sehen, wo aufgrund einer Meiosestörung mehrere X-Chromosomen (bis zu vier) neben dem Y-Chromosom vorliegen; die Betroffenen sind eindeutig männlich.

Das *Vorhandensein von Hoden bzw. Eierstöcken* bestimmt nun etwa ab dem 3. Schwangerschaftsmonat die *Ausbildung* der weiteren *inneren und der äußeren Geschlechtsorgane*. Bei beiden Geschlechtern finden sich im frühen Embryonalstadium *Vorläufer* für *männliche* wie *weibliche Geschlechtsorgane*, nämlich Urniere, Wolffscher Gang (Urnierengang) sowie Müllerscher Gang (s. Abb. 11.4). Die Urniere verkümmert weitgehend beim weiblichen Fetus (läßt sich lediglich in einigen rudimentären Anhängseln des Ovars noch erkennen), während sie sich bei der männlichen Frucht zum Nebenhoden umbildet. Der Wolffsche oder Urnierengang wird beim männlichen Fetus unter dem Einfluß von Testosteron zum Samenleiter (Ductus deferens), beim weiblichen Fetus hingegen funktionslos. Die Rückbildung des Müllerschen Ganges beim männlichen Fetus ist ebenfalls vom Hoden gesteuert, jedoch nicht (oder nicht nur) durch Testosteron, sondern durch ein dort produziertes Peptid, welches als *Anti-Müller-Hormon* (AMH) bezeichnet wird – zuweilen findet sich auch die Bezeichnung Ovidukt-Repressor („Eileiter-Unterdrücker"). Umgekehrt entwickelt sich der Müllersche Gang bei der Frau zu Eileiter, Uterus und Vagina. Für diesen Prozeß (Rückbildung des Wolffschen, Ausdifferenzierung des Müllerschen Ganges) sind offenbar keine spezifischen fördernden und inhibierenden Stoffe notwendig – die embryonalen Eierstöcke produzieren, wie erwähnt, noch keine Östrogene; es ist gewissermaßen die natürliche Entwicklung, sofern nicht Hormone diese stören.

11.8 Geschlechtsdifferenzierung in der Embryonalentwicklung

Zu Beginn des 3. Monats liegt bei männlichen und weiblichen Embryonen die gleiche indifferente Anlage für innere und äußere Geschlechtsorgane vor:

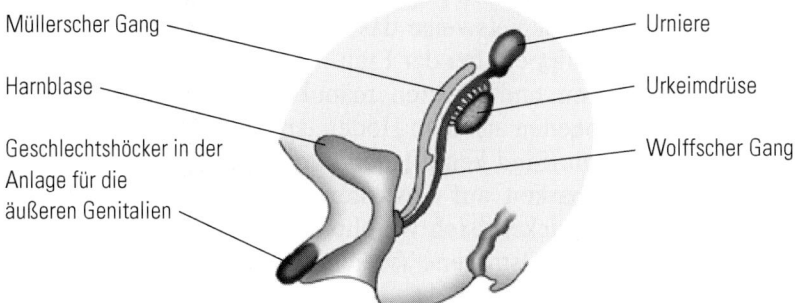

- Müllerscher Gang
- Harnblase
- Geschlechtshöcker in der Anlage für die äußeren Genitalien
- Urniere
- Urkeimdrüse
- Wolffscher Gang

Unter dem Einfluß des Y-Chromosoms wird die Urkeimdrüse zum Hoden. Bei Nicht-Vorhandensein des Y-Chromosoms entsteht ein Ovar. Der Hoden produziert Testosteron und das Anti-Müller-Hormon.

Zustand in den letzten Fetalmonaten

weiblich:
- Ovar mit Tube
- Uterus
- Harnblase
- Klitoris

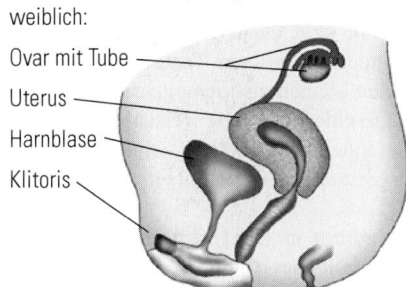

männlich:
- Ductus deferens
- Harnblase
- Penis
- Glans penis
- Hoden
- Nebenhoden

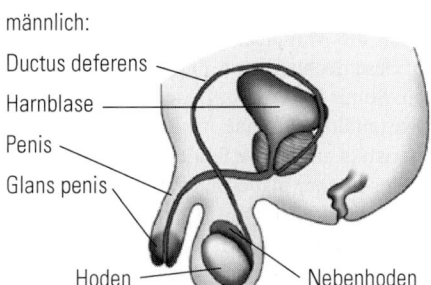

Der Wolffsche Gang ist bis auf kleine Überreste verkümmert, der Müllersche Gang hat sich in Eileiter, Uterus und Vagina umgewandelt; der Geschlechtshöcker ist zur Klitoris geworden. Diese Umwandlungen sind die "natürlich gegebenen", sofern sie nicht durch Testosteron und Anti-Müller-Hormon gehemmt werden.

Der Wolffsche Gang hat sich zum Ductus deferens, die Urniere zum Nebenhoden umgewandelt. Der Hoden hat den Beckenraum verlassen und liegt im Scrotum. Unter Testosteroneinfluß hat sich aus dem indifferenten Genitalhöcker die Glans penis herausgebildet.

Abbildung 11.4: Pränatale Differenzierung der Geschlechtsorgane (modifiziert nach Money 1987)

Auch die äußeren Genitalien entwickeln sich aus einer gemeinsamen indifferenten Vorstufe – im Gegensatz zu den Wolffschen und Müllerschen Gängen handelt es sich wirklich nur um *eine*, beiden Geschlechtern gemeinsame Anlage –; aus dem „Phallus" (dem Geschlechtshöcker) des frühen Embryonalstadiums wird beim männlichen Feten die Glans penis, beim weiblichen die Klitoris – man bezeichnet sie deswegen auch als homologe Organe. Weitere homologe Organe (aus anderen Teilen derselben Anlage hervorgegangen) sind beispielsweise das Scrotum (Hodensack) beim Mann, die Labia maiora (große Schamlippen) bei der Frau.

Die Ausbildung der inneren und äußeren männlichen Geschlechtsorgane steht unter der Kontrolle von Androgenen aus dem Hoden, speziell Testosteron und seinem Metaboliten Dihydrotestosteron. Sind keine Hoden vorhanden (wie beim weiblichen Fetus) oder ist die Ansprechbarkeit auf Testosteron vermindert (beim Androgen-Insensitivitätssyndrom), so entwickeln sich weibliche Geschlechtsorgane und sekundäre Geschlechtsmerkmale. Die Östrogene (welche ohnehin erst mit der Pubertät nennenswerte Spiegel erreichen) sind nicht – wie man vielleicht ohne Vorwissen erwarten würde – die die Ausbildung weiblicher Geschlechtsorgane determinierenden Faktoren (allerdings später nicht ohne Bedeutung für die Ausprägung sekundärer Geschlechtsmerkmale).

Diese Sachverhalte lassen sich gut an pathologischen Fällen demonstrieren. Das erwähnte Androgen-Insensitivitätssyndrom bei Männern (testikuläre Feminisierung) ist dadurch gekennzeichnet, daß die Hoden zwar Testosteron bilden, im Körper aber – auch schon in der Embryonalzeit – keine geeigneten Rezeptoren für dieses Hormon vorliegen. Da der intakte Hoden das Anti-Müller-Hormon produziert, bilden sich die Müllerschen Gänge zurück, so daß nicht nur kein Ovar, sondern auch keine weiteren inneren Geschlechtsorgane (Tube, Vagina) existieren. Andererseits kann Testosteron keine Wirkung entfalten. Somit findet kein Descensus testis statt (die Hoden bleiben als kleine, zur Bildung fruchtbarer Spermien unfähige Organe im Bauchraum); die äußeren Geschlechtsorgane weisen eindeutig weibliche Charakteristika auf. Trotz Fehlens des Östrogene produzierenden Ovars zeigen sich weibliche sekundäre Geschlechtsorgane, insbesondere vergrößerte Brüste (zu genaueren Darstellungen solcher Fälle s. Money u. Ehrhardt 1996).

Das Turner-Syndrom (oft auch als Ullrich-Turner-Syndrom in der Literatur angeführt) ist durch Vorliegen eines einzigen Geschlechtschromosoms gekennzeichnet (nämlich eines X-Chromosoms; Karyotyp X0). Da kein Y-Chromosom vorhanden ist, entwickeln sich keine Hoden; es bleibt somit Testosteronproduktion und die Bildung des Anti-Müller-Hormons aus. Interessanterweise bildet sich aber kein oder nur ein rudimentäres Ovar – offenbar bedarf es zu dessen vollständiger Ausbildung zweier X-Chromosomen. Dennoch sind – das zuvor über die Rolle von Testosteron und Östrogenen Gesagte eindrucksvoll demonstrierend – die restlichen Geschlechtsorgane (Tube, Vagina, äußere Genitalien, sekundäre Geschlechtsmerkmale) i.a. regelrecht entwickelt (s. auch 14.3.5).

Daß für die Ausbildung der äußeren Genitalien der Testosteronabkömmling Dihydrotestosteron vielleicht sogar noch größere Bedeutung hat als Testosteron selbst, läßt sich am Störungsbild des 5-α-Reduktase-Mangels erkennen. Fehlt aufgrund eines genetischen Defekt dieses Testosteron in Dihydrotestosteron verwandelnde Enzym, findet sich v.a. Unterentwicklung der äußeren Genitalien.

Die in der Nebennierenrinde produzierten Androgene scheinen beim Mann im Vergleich zu Testosteron und Dihydrotestosteron von untergeordneter Bedeutung zu sein. Anders bei der Frau: Liegt, etwa im Rahmen des mehrfach erwähnten adrenogenitalen Syndroms (kongenitale virilisierende Hyperplasie), erhöhter Androgenspiegel vor, so weisen die betroffenen Frauen deutlich männliche externe Genitalien auf, im Extremfall sogar einen regelrechten (kleinen) Penis.

Als Hermaphroditismus oder Intersexualität bezeichnet man die fehlende Ausdifferenziertheit der Geschlechtsorgane, also männliche Genitalcharakteristika beim weiblichen Geschlecht, weibliche beim männlichen. Die frühere Unterscheidung zwischen echtem Hermaphroditismus (Vorliegen sowohl von

Ovar- wie Hodengewebe) und Pseudohermaphrotismus (mit Vorliegen nur einer Art von Keimdrüse, aber Uneindeutigkeit der anderen Genitalien) ist heute weitgehend aufgegeben worden (s. dazu etwa Money u. Ehrhardt 1996, S. 5). Hinsichtlich der Ätiologie läßt sich ein chromosomaler Hermaphroditismus (wie beim Klinefelter-Syndrom mit Karyotyp 47, XXY) von anderen Form (etwa Androgen-Insensitivitätssyndrom) unterscheiden.

11.9 Biologische Vorgänge in der Pubertät

Mit der etwa um das 12. Lebensjahr einsetzenden Geschlechtsreife, der Pubertät (von lat. pubertas = Mannbarkeit), werden die Fortpflanzungsorgane erst funktionsfähig; zusätzlich bilden sich die sekundären Geschlechtsmerkmale heraus und es tritt typischerweise ein Wachstumsschub auf. Weiter finden sich bekanntlich zahlreiche, in diesem Rahmen nicht darzustellende, psychische Veränderungen.

Ausgelöst werden die Reifungsvorgänge der Pubertät durch verstärkte Ausschüttung der gonadotropen Hypophysenhormone, welche wiederum hypothalamisch durch Freisetzung von GnRH (Gonadotropin-Releasing-Hormon, Gonadoliberin) stimuliert wird. Man nimmt an, daß in dieser Zeit die Empfindlichkeit von Hypothalamusrezeptoren für die Steroidhormone nachläßt; die negativen Rückkoppelungsmechanismen, aufgrund deren die GnRH-Freisetzung bis dahin eingeschränkt wurde, wären damit außer Kraft gesetzt.

Beim Mädchen kommt es zum Wachstum von Uterus und Ovarien, außerdem zur allmonatlichen Reifung der Follikel und den charakteristischen Veränderungen der Uterusschleimhaut im Rahmen des Menstruationszyklus. Das von den Follikeln produzierte Östradiol und andere Östrogene haben zudem eine gewisse Funktion bei der Ausbildung der sekundären Geschlechtsmerkmale (Brustwachstum, „weibliche" Beckenform, charakteristische Fettverteilung); Schambehaarung und Achselhaare scheinen hingegen von Androgenen aus der Nebennierenrinde stimuliert zu werden.

Unter dem Einfluß des nun deutlich vermehrt ausgeschütteten LH kommt es beim Knaben zu stärkerer Testosteronproduktion des Hodens, welches Hormon seinerseits (wie auch sein Metabolit Dihydrotestosteron) zu Wachstum der Genitalien, der Prostata und der Samenbläschen führt; zudem steuern diese Androgene – zusammen mit den in der Nebennierenrinde produzierten – die Ausbildung der sekundären Geschlechtsmerkmale, d.h. Bartwuchs, typische Schambehaarung, die Veränderungen des Kehlkopfs und der Stimmbänder mit der Folge des „Stimmbruchs"; weiterhin fördern sie durch ihre anabole Wirkung das Längenwachstum. Ebenfalls durch GnRH stimuliert, regt FSH aus der Hypophyse im Hoden die Bildung von Spermien an, was sich nicht selten zuerst durch spontane nächtliche Pollutionen (Samenergüsse) bemerkbar macht.

12 Biologische Grundlagen psychischer Störungen

12.1 Vorbemerkungen; Überblick

Das interessante und klinisch bedeutsame Thema kann im Rahmen dieses einführenden Lehrbuchs nur knapp behandelt werden. Ziel ist es v.a., die Forschungsmethodik und Theoriebildung der biologischen Psychiatrie vorzustellen; weiter kann in diesem Zusammenhang vieles früher Behandelte wiederholt werden (etwa die Vorgänge der synaptischen Übertragung, diverse biopsychologische Methoden, Grundlagen der hormonellen Regulation).

Zur Darstellung kommen sollen nur wenige Störungsbilder, nämlich Schizophrenie, affektive Störungen (Depression und Manie) sowie Zwangsstörungen. Zur Alzheimer-Krankheit waren bereits in 8.3 einige Ausführungen gemacht worden, Eß-, Schlaf- und funktionelle Sexualstörungen mit ihren biologischen Grundlagen und Behandlungsmethoden in den Kapiteln 10 und 11 knapp angerissen worden; psychische Störungen, die im Rahmen von Substanzmißbrauch auftreten können, werden im nächsten Kapitel abgehandelt. Für die biologischen Grundlagen weiterer Störungen (etwa von Angstkrankheiten, der Aufmerksamkeitsdefizit-Hyperaktivitätsstörung, des frühkindlichen Autismus) sei auf die ausführliche Darstellung an anderer Stelle (Köhler 1999a) verwiesen, ebenso für Einzelheiten und Literaturhinweise zu den hier behandelten Störungsbildern.

12.2 Schizophrenie

12.2.1 Symptomatik und Verlauf; Epidemiologie; familiäre Häufung und Vererbung

Die *Symptomatik* der Schizophrenie ist ausgesprochen *vielgestaltig*, so daß E. Bleuler (auf den die Bezeichnung der Krankheit zurückgeht), eher von der Gruppe der Schizophrenien gesprochen hatte; in den diagnostischen Inventaren, etwa in ICD-10, unterscheidet man mehrere, von den Symptomen her teils deutlich verschiedene Unterformen. Dennoch ergibt sich aufgrund der häufigen Mischsymptomatik sowie des Wechsels verschiedener Hauptsymptome bei längeren Krankheitsverläufen die Berechtigung, eine große *Grundkrankheit mit zahlreichen Varianten* anzunehmen.

Die auffälligsten Symptome der Schizophrenie sind *akustische Halluzinationen* (insbesondere Stimmenhören) sowie *wahnhaftes Denken* und *Erleben*; *Verfolgungs-*

12.2 Schizophrenie

oder *Beeinträchtigungswahn* ist dabei typischer als Größenwahn. Im Zusammenhang damit sind die Ichstörungen zu sehen: das Gefühl des Unwirklichen der eigenen Person, des „Gemachten", der Eindruck von Gelenktwerden.

Charakteristisch sind zudem Störungen des Denkens und der Sprache, v.a. die Zerfahrenheit, also die Unfähigkeit oder der Unwille, einen Gedankengang zu Ende zu bringen („Gedankenabreißen"); rasch führt ein Stichwort auf einen neuen, gleichfalls sofort wieder verlassenen Gedanken, so daß bei schweren Fällen die Reden der Erkrankten für Außenstehende völlig unverständlich wirken. Auffällig sind weiter sprachliche Neuschöpfungen (Neologismen) sowie eine eigenartige Maniertheit in Sprache und Verhalten.

Neben diesen geschilderten Symptomen, die man als psychische Neuschöpfungen betrachten kann und häufig als *Plus-* oder *Produktivsymptomatik* zusammenfaßt, gibt es weitere Auffälligkeiten, die eher als Verhaltensdefizite erscheinen und die deshalb unter *Minus-* oder *Negativsymptomatik* subsumiert werden. Dazu gehört ein oft schleichender sozialer Rückzug, Interessenlosigkeit v.a. an in Gemeinschaft durchgeführten Tätigkeiten, Entschluß- und Antriebslosigkeit, Reduktion sprachlicher Äußerungen (Alogie, Sprachverarmung), zunehmend verminderte emotionale Beteiligung (Affektverflachung); speziell bei jugendlichen Patienten fällt andererseits zuweilen eine läppische Gehobenheit der Stimmung und Inadäquatheit der Affekte auf.

Manche Symptome scheinen sich geradezu auszuschließen, etwa Maniertheit der Sprache einerseits, Sprachverarmung andererseits, ebenso Affektverflachung und Inadäquatheit der Affekte. Zu beachten ist, daß diese Symptome oft in verschiedenen Krankheitsstadien auftreten (Sprachverarmung und Affektverflachung eher in späteren), daß aber generell bei der Schizophrenie eine innere Widersprüchlichkeit auffällt. Wegen dieser Zerrissenheit von Denken, Fühlen und Wollen hatte Bleuler zur Bezeichnung den Ausdruck Schizophrenie („Spaltungsirresein") gewählt. Kein Symptom der Schizophrenie ist übrigens, wie vielfach sogar in gebildeten Laienkreisen angenommen, die Persönlichkeitsspaltung im Sinne multipler Persönlichkeiten (etwa wie bei Dr. Jekyll und Mr. Hyde).

Nicht genannt wurden bei der obigen Aufzählung motorische Auffälligkeiten (ab einer gewissen Intensität als katatone Symptome bezeichnet). Hier sind etwa Bewegungsstereotypen zu nennen, oft auch extreme Regungslosigkeit für Stunden und Tage, die die schwere, oft lebensbedrohliche Form des katatonen Stupors annehmen kann – welcher übrigens, ohne daß man weiß warum, heute deutlich seltener ist.

Wie ausgeführt, unterscheidet man mehrere Unterformen. Im Rahmen biologisch-psychiatrischer Theoriebildung hat es sich bewährt, zwei Typen voneinander abzugrenzen, nämlich die *Typ-I-Schizophrenie* mit vorwiegend *produktiver Symptomatik* (speziell Wahn und Halluzinationen) und die *Typ-II-Schizophrenie* mit Vorherrschen von *Minussymptomen* (z,B. Antriebslosigkeit, Sprachverarmung, Affektverflachung, Rückzug von sozialen Aktivitäten). Diese Zuordnung ist in Einzelfällen nicht problemlos, berücksichtigt auch nicht die psychomotorische Symptomatik, leistet aber eine klinisch-begründete Einteilung der Schizophrenie in zwei Subtypen, die sich hinsichtlich des Verlaufs, des Ansprechens auf bestimmte Medikamente und v.a. wohl hinsichtlich ihrer biologischen Grundlagen unterscheiden.

Der Verlauf ist vereinfacht wie folgt zu skizzieren: Die Typ-I-Schizophrenie beginnt etwa zwischen 20. und 30. Lebensjahr; oft bleibt es bei einer oder wenigen Episoden, die relativ folgenlos ausheilen; nicht selten zeigen sich zahlreiche Rezidive, nach denen oft gewisse Einschränkungen (v.a. im Kontakt- und Leistungsbereich) zurückbleiben; in einem gewissen Prozentsatz kommt es zunehmend zur Entwicklung von Negativsymptomatik und zur Ausbildung ausgeprägter „Residualsymptome" mit Affektverflachung und Antriebslosigkeit, so daß die Betroffenen nicht mehr einem geregelten Berufsleben nachgehen können und teilweise auf Pflege in Heimen angewiesen sind. Generell gilt die Prognose der meist einige Jahre früher einsetzenden, weniger schubförmig verlaufenden Typ-II-Schizophrenie als schlechter; Vollremissionen sind seltener, Übergang in das geschilderte Residualstadium häufiger.

Die *Lebenszeitprävalenz* der Schizophrenie, also die Wahrscheinlichkeit, mindestens einmal im Leben für gewisse Zeit eine solche Symptomatik zu entwickeln, wird mit circa 1% angegeben, eine Zahl, die offenbar in den meisten Ländern und Kulturen ähnlich hoch liegt. Männer und Frauen sind ähnlich häufig betroffen; Frauen weisen aber häufiger die prognostisch günstigere Typ-I-Symptomatik auf.

Familiäre Häufung der Schizophrenie ist eine gut belegte Tatsache. Weiter konnte gezeigt werden, daß Kinder schizophrener Eltern, die in gesunden Adoptivfamilien aufwachsen, zu ähnlich hohem Prozentsatz Schizophrenie entwickeln wie jene Kinder, die bei den erkrankten Eltern verbleiben (für eine Zusammenstellung solcher Studien s. beispielsweise Kendler u. Diehl 1993; Kendler u. Diehl 1995 sowie die bei Köhler 1999a, S. 81 referierte Literatur). Zwillingsuntersuchungen zeigen bei (bekanntlich in den Erbanlagen übereinstimmenden) eineiigen Zwillingen eine deutlich höhere Konkordanz bezüglich Schizophrenie als bei zweieiigen, die sich hinsichtlich der genetischen Anlagen wie gewöhnliche Geschwister verhalten. Befunde, die allerdings noch zu replizieren sind, legen die Annahme nahe, daß für Typ-II-Schizophrenie die familiäre Häufung und genetische Determinierung größer als für Typ-I-Schizophrenie ist (s. etwa Dworkin u. Lenzenweger 1984).

Zur Genetik der Schizophrenie ist noch wenig bekannt; sicher handelt es sich nicht um einen einfachen Erbgang. Veränderungen auf einzelnen Chromosomen wurden wiederholt beschrieben, ohne daß diese Befunde bis jetzt sichere Bestätigung erhalten hätten (s. dazu ausführlich Kendler u. Diehl 1995).

12.2.2 Biologische Befunde an schizophrenen Patienten

Befunde mit bildgebenden Verfahren: In zahlreichen Studien konnten mittels Computer- und Kernspintomographie bei Schizophrenen *hirnatrophische Veränderungen* festgestellt werden, welche typischerweise auch bei post-mortem-Untersuchungen gefunden werden; es gibt gute Gründe anzunehmen, daß diese Veränderungen nicht Folge der Erkrankung oder der Medikation darstellen, sondern schon bei oder vor erstem Einsetzen der Symptome vorhanden sind (dazu etwa Shapiro 1993; Cannon u. Marco 1994; Berman et al. 1995). Diese Hirnatrophien sollen – nicht unumstritten – v.a. bei Personen mit Typ-II-Schizophrenie, also mit Überwiegen von Negativsymptomatik, auftreten (s. dazu Köhler 1999a, S. 82 und die dort angeführten Quellen).

Die mit *funktionellen bildgebenden Verfahren* (etwa PET) gefundenen Veränderungen passen zum oben Gesagten insofern, als insbesondere bei Personen mit Typ-II-Schizophrenie kortikale Minderaktivität bei geistiger Tätigkeit festgestellt wurde, speziell im präfrontalen Kortex (s. auch 9.2.2); diese Befunde werden allerdings nicht durchgehend akzeptiert (vgl. dazu Berman et al. 1995 sowie Gur 1995).

Neurochemische und Rezeptorbindungsstudien: Im Rahmen der Dopaminhypothese der Schizophrenie (s. 12.2.3) hat man sich v.a. auf die Konzentrationen von Dopamin und seiner Metaboliten sowie auf die Dopaminrezeptoren konzentriert. Postmortem-Studien mit direkten Konzentrationsbestimmungen im Hirngewebe haben bis jetzt keine sicher zu interpretierenden Ergebnisse erbracht; Erhöhung von Dopamin wurde zwar bei Schizophrenen in einigen Regionen gefunden (etwa Nucleus caudatus, Nucleus accumbens), jedoch ist die Bedeutung für die Pathogenese der Störung unklar. Wie in 3.2.11 ausgeführt, wird Dopamin im präsynaptischen Neuron in Homovanillinsäure abgebaut; die Konzentration dieses Metaboliten im Liquor wird deshalb als ein (allerdings nicht unumstrittenes) Maß des bei Lebenden nicht bestimmbaren Dopaminumsatzes an den Synapsen angesehen. Augenblicklich gibt es wenig Anhalt dafür, daß die Homovanillinsäure im Liquor generell bei Schizophrenen erhöht ist (s. etwa die Übersichtsarbeit von Davis et al. 1991); möglicherweise käme man zu klareren Ergebnissen, wenn man sich auf Subgruppen von Patienten (etwa solche mit Typ-I-Schizophrenie) beschränkte. Nicht eindeutig sind auch die Befunde aus Rezeptorbindungsstudien. Untersuchungen an Lebenden sind technisch nicht einfach und mit gewissen Ungenauigkeiten behaftet; andererseits hat man den Vorteil, Patienten bei Auftreten der ersten Symptome und noch vor Beginn der Medikation untersuchen zu können. Diese Studien brachten eher unklare Ergebnisse, weisen aber tendenziell auf eine *Vermehrung* speziell von D_2-*Rezeptoren* bei den Betroffenen hin. Relativ einheitlich wurde bei post-mortem-Studien an Schizophrenen erhöhte Anzahl dieser Bindungsstellen gefunden; allerdings ist es schwer auszuschließen, daß sich bei diesen typischerweise lange hospitalisierten Patienten die Rezeptoren als Folge der Blockade durch Neuroleptika vermehrt haben.

Zusammenfassend gibt es also Hinweise auf Vermehrung von D_2-Rezeptoren bei Schizophrenen, wohingegen unsicher ist, ob die Dopaminausschüttung an den Synapsen verstärkt ist.

12.2.3 Dopaminhypothese und Hypofrontalitätshypothese der Schizophrenie

Die Dopaminhypothese, die sich strenggenommen nur auf die Unterform der Typ-I-Schizophrenie bezieht, ist – obwohl gewisse Unklarheiten bestehen – nach wie vor das gängigste biologische Modell zur Entstehung von produktiver Schizophreniesymptomatik. Unabhängig davon, ob sie sich in einigen Jahren noch als tragfähig erweist, lohnt sich genauere Darstellung, weil an ihr gut biologisch-psychiatrische Theoriebildung dargestellt werden kann.

Diese Dopaminhypothese nimmt als Grundlage der produktiven Schizophrenie eine *Überaktivierung an dopaminergen Synapsen mesolimbischer Bahnen* an. Dabei vertritt man heute eher die Ansicht, daß nicht die präsynaptischen Neurone vermehrt feuern, sondern daß die ihnen gegenüberliegenden Rezeptoren, speziell die des Typs D_2, *vermehrt* sind.

Dazu einige Ergänzungen und Erläuterungen: In früheren Fassungen der Hypothese wurde Überaktivität mesokortikaler und mesolimbischer Bahnen angenommen. Abgesehen davon, daß bestimmte Strukturen des limbischen Systems im Kortex liegen, etwa der Hippocampus, der Gyrus cinguli oder die zum limbischen Assoziationskortex gerechneten orbitalen und medialen Anteile des Frontallappens, somit die Aussage partiell tautologisch ist, spricht ein weiterer Punkt für diese Revision: Offenbar sind bei vielen Schizophrenen Areale im präfrontalen Kortex eher unteraktiviert, wobei auch die Aktivität dopaminerger Synapsen in dieser Region reduziert sein könnte (s. etwa Davis et al. 1991). Die Annahme der Überaktivität ausschließlich mesolimbischer Bahnen dürfte deshalb treffender sein; dabei scheinen v.a. Fasern zu Hippocampus, Gyrus cinguli und zum orbitalen Frontalhirn von Bedeutung, wohl auch die zu Amygdala, lateralem Hypothalamus und Nucleus accumbens (zur weiteren Bedeutung des Nucleus accumbens s. 13.2.1). Auch den Ausgangspunkt der Fasern glaubt man eingrenzen zu können, nämlich das ventrale Tegmentum des Mittelhirns. Während man lange der Auffassung war, diese dopaminergen Neurone produzierten mehr Transmitter und setzten ihn verstärkt an den Synapsen frei, wird nun eine andere These vertreten: Dopaminrezeptoren sollen in diesen Regionen vermehrt (weniger wahrscheinlich: überempfindlich) sein, speziell die des Typs D_2, in geringerem Maße vielleicht auch D_3- und D_4-Rezeptoren (s. etwa Seeman et al. 1993).

Ausgangspunkt für solche Überlegungen war die Tatsache, daß die mit den klassischen Neuroleptika (insbesondere den Phenothiazinen und Butyrophenonen) behandelten Schizophreniepatienten binnen des ersten Monats zu etwa einem Drittel Symptome entwickelten, die denen der Parkinsonkrankheit glichen, nämlich Tremor (Zittern), Rigor (Muskelsteifigkeit) und Akinesie (Bewegungsarmut, v.a. maskenhaftes Gesicht und Einschränkungen weiterer Mitbewegungen). Diese Begleitsymptome verschwinden meist bald nach Absetzen der Neuroleptika und lassen sich gut mittels des Anticholinergikums Biperiden (Akineton) behandeln. Dabei scheinen die klassischen Neuroleptika um so wirksamer gegen die Symptomatik der Schizophrenie, je ausgeprägter dieses sogenannte *neuroleptische Parkinsonsyndrom* auftritt. In den Anfangszeiten der Neuroleptikatherapie pflegten manche Psychiater mit der Dosis so hoch zu gehen, bis zum erstenmal Parkinsonsymptome auftraten, um sicher antischizophren wirksame Konzentrationen zu erreichen (zur Entdeckung der Neuroleptika und zur Geschichte der Schizophrenieforschung s. Snyder 1994, S. 78 ff.).

Neben diesem Parkinsonsyndrom lassen sich weitere Bewegungsstörungen („extrapyramidale" Symptome) nach Neuroleptikagabe beobachten: Die bei etwa 20% der Behandelten schon nach wenigen Tagen einsetzenden Frühdyskinesien sind Krämpfe und überschießende Bewegungen v.a. im Gesichts- und Mundbereich; ihre Pathogenese ist noch nicht ausreichend geklärt. Nicht selten tritt auch eine Akathisie auf, die Unfähigkeit, still zu sitzen. Die zumeist erst nach jahrelanger Neuroleptikatherapie zu beobachtenden Spätdyskinesien werden in Anschnitt 12.2.4 genauer besprochen.

Bei der Parkinsonkrankheit ist die Pathogenese bekannt, nämlich Dopaminverarmung im Striatum aufgrund Minderaktivität dopaminerger Bahnen (s. 7.4.3); letzteres ist wiederum Folge von Neuronenuntergang in der Substantia nigra des Mittelhirns. Daraus schloß man, daß *Neuroleptika* die *Aktivität des dopaminergen Systems dämpfen*. In den 70er Jahren wurde auch der Wirkmechanismus klarer: Die Neuroleptika vermindern nicht – wie ursprünglich vermutet – die Dopaminkonzentration im Ge-

12.2 Schizophrenie

hirn, sondern *blockieren die Dopaminrezeptoren* u.a. im limbischen System, aber auch im Striatum; dieses kann dann seine Funktion, indirekt über Hemmung des Pallidums den motorischen Thalamus anzuregen, nicht mehr erfüllen (s. 7.4.3).

Da Stoffe wie die Neuroleptika, welche die Aktivität des dopaminergen Systems dämpfen, gleichzeitig schizophrene Symptomatik lindern, lag es nahe, letztere wiederum auf Dopaminüberaktivität zurückzuführen. Bestätigt wurde man in dieser Auffassung durch die Tatsache, daß die Gabe des Dopaminpräkursors L-Dopa bei Parkinsonpatienten zuweilen zu Wahn und Halluzinationen führte, weiter daß die die Dopaminkonzentration im synaptischen Spalt erhöhenden Amphetamine und Kokain ebenfalls häufiger schizophrenieähnliche Symptome auslösten (Amphetamin- und Kokainpsychosen). Versuchsweise konnte auch gezeigt werden, daß bei schizophren Erkrankten Gabe von L-Dopa und Amphetaminen die produktive Symptomatik verstärkte (s. dazu etwa Angrist u. van Kammen 1984).

Aufgrund dieser Befunde ist zunächst noch nicht zu entscheiden, ob die Dopaminüberaktivität bei Schizophrenie auf vermehrte Ausschüttung des präsynaptischen Neurons oder auf erhöhter Zahl und/oder Empfindlichkeit postsynaptischer Dopaminrezeptoren zurückgeht – in jedem Fall würde eine Rezeptorblockade antagonistisch wirken. Mittlerweile ist man aufgrund der Befunde zu Dopamin- und Homovanillinkonzentrationen eher vom ersten Modell abgerückt und geht – unterstützt durch die Ergebnisse von Rezeptorbindungsstudien – von einem Zuviel an postsynaptischen Rezeptoren aus. Insbesondere wird Vermehrung von D_2-Rezeptoren angenommen, denn an diese binden die klassischen, antipsychotisch sehr wirksamen Neuroleptika besonders stark, speziell Butyrophenone wie Haloperidol; zudem liegen D_2-Rezeptoren in hoher Dichte im Striatum, so daß die neuroleptisch induzierte Parkinsonsymptomatik bei Gabe dieser Mittel gut zu erklären wäre.

Unklar ist noch die Bedeutung anderer Typen von Dopaminrezeptoren, besonders die des Typs D_4 – während D_1- und D_3-Rezeptoren eine untergeordnete Rolle spielen dürften. Möglicherweise sind zusätzlich zu den D_2-Bindungsstellen die v.a. in limbischen Strukturen und weniger im Striatum lokalisierten D_4-Rezeptoren vermehrt; die antipsychotische Wirkung der atypischen Neuroleptika könnte auf die Blockade dieses letzteren Typs von Bindungsstellen zurückzuführen sein – wobei damit das Fehlen extrapyramidaler Nebenwirkungen verständlich wäre (s. auch 12.2.4).

Zu betonen ist, daß sich die Dopaminhypothese nur auf die biologischen Grundlagen, nicht die Ursache von Typ-I-Schizophrenie bezieht. Unklar ist nämlich weiterhin, wie es zu diesen Veränderungen kommt. Angedeutet sei, daß, wie ausgeführt, eine gewisse genetische Determinierung vorliegt, wobei diese nicht so stark ist, daß für Umwelteinflüsse keinerlei Raum übrigbleibt; insofern haben psychologische Genesemodelle nach wie vor durchaus Berechtigung. Mittlerweile wird als zweites wichtiges ätiologisches Moment intrauterine Infektion, möglicherweise mit Grippeviren, diskutiert, daneben weitere Einflüsse während der Schwangerschaft und Komplikationen bei der Geburt (zur Literatur s. Köhler 1999a, S. 84).

Nicht über erhöhte Aktivität des dopaminergen Systems läßt sich die Typ-II-Schizophrenie erklären. Hier wird zur Zeit am häufigsten die These der *Hypofrontalität* vertreten: Bei Patienten mit dieser Symptomatik soll in präfrontalen Arealen Minderaktivität vorliegen, was sich z.B. mittels bildgebender Verfahren während bestimmter Aufgaben zeigt. Wieder ist in der Annahme, die – wie angemerkt – keineswegs durchgängig in der Literatur akzeptiert ist, nichts über die Ursache gesagt.

Möglicherweise spielen noch mehr als bei Typ-I-Schizophrenie genetische Faktoren eine Rolle (s. 12.2.1); zudem werden auch hier intrauterine Infektionen und perinatale Schäden als ätiologische Momente diskutiert.

Für das gleichzeitige Auftreten sowohl positiver wie negativer Symptome wurde ein vieldiskutiertes Modell entwickelt: Danach sollen eventuelle Schädigungen bei schizophren Erkrankten einerseits präfrontale Regionen betreffen (mit der direkten Folge der Minussymptomatik), gleichzeitig sich aber auch auf Strukturen ausdehnen, die – vom Frontalhirn ausgehend – *hemmend* auf die *Aktivität der dopaminergen mesolimbischen Bahnen einwirken*. Läsion dieser präfrontalen Areale würde somit zu verstärktem Feuern jener Nervenzellen des limbischen Systems führen, die über dopaminerge Synapsen mit Neuronen aus dem Mittelhirn in Verbindung stehen (s. dazu etwa Weinberger 1987 oder Davis et al. 1991). Als Beleg für diese Annahmen wurde u.a. angeführt, daß in Tierexperimenten *Läsionen des präfrontalen Kortex zu verstärkter dopaminerger Aktivität und Zunahme von D_2-Rezeptoren* u.a. im Nucleus accumbens führten (Haroutunian et al. 1988; s. auch die bei Davis et al. 1991 sowie bei Kandel 1991a angeführte Literatur). Diese intellektuell ungemein anregenden Vermutungen zur „Hypofrontalität" sind allerdings augenblicklich als spekulativ zu bezeichnen und haben keineswegs allgemein Eingang in die einschlägige Literatur gefunden. In jedem Fall wären zahlreiche Punkte zu klären, z.B. die große Latenz zwischen früher frontaler Schädigung und erstem Auftreten schizophrener Symptome, das häufige Vorkommen ausschließlich produktiver Symptomatik ohne nachweisbare Veränderungen im Frontalhirn, die Entwicklung von Residualzuständen mit Negativsymptomen nach langjährigem Vorherrschen einer Positivsymptomatik.

12.2.4 Biologische Therapie

Die *Behandlung der Schizophrenie* geschieht heute fast ausschließlich medikamentös und zwar mit *Neuroleptika*; lediglich die Elektrokrampftherapie kommt noch in seltenen Fällen – etwa bei lebensbedrohlicher katatoner Symptomatik – zur Anwendung. Früher eingesetzte Therapieverfahren, nämlich die Erzeugung einer akuten Unterzuckerung mit Bewußtlosigkeit mittels einer Insulininjektion (Insulin-Koma-Therapie) oder die medikamentöse Induktion eines epileptischen Anfalls mittels Cardiazol dürften heute restlos aufgegeben worden sein. Wenigstens bei der Schizophreniebehandlung ebenfalls obsolet geworden sind psychochirurgische Eingriffe wie die 1935 von Moniz eingeführte *präfrontale Leukotomie (Lobotomie)* und die etwas später entwickelte *transorbitale Lobotomie* (s. dazu ausführlich Valenstein 1986). Im wesentlichen wurden dabei Fasern durchtrennt, die von tieferen Hirnteilen in das Frontalhirn führen, dabei wohl auch einige jener Bahnen, deren Überaktivität mit schizophrener Plussymptomatik in Verbindung gebracht wird. Ebenfalls keine Bedeutung mehr hat die Behandlung mit Reserpin, das eine Zeitlang vor Entwicklung der Neuroleptika zur Schizophrenietherapie eingesetzt wurde und vermutlich über präsynaptischen Abbau von Dopamin sedierend und antipsychotisch wirkt (s. auch 12.3.3).

12.2 Schizophrenie

Mit der Entdeckung der antipsychotischen Eigenschaften des ursprünglich als Antihistaminikum konzipierten Chlorpromazin (lange als Megaphen im Handel) begann Anfang der 50er die Ära der Neuroleptika, welche nach wie vor die Standardmedikation bei produktiver Schizophrenie darstellen. Man unterscheidet dabei zwei große Gruppen, nämlich die *klassischen* und die *atypischen* Neuroleptika.

Zu den klassischen Neuroleptika gehören die beiden Hauptgruppen der Phenothiazine (etwa Chlorpromazin, Levomepromazin) und der Butyrophenone (z.B. Haloperidol, Benperidol). Substanzen dieser beiden Gruppen wirken prinzipiell ähnlich, nämlich insbesondere antipsychotisch (gegen die Produktivsymptomatik gerichtet) und sedierend (dämpfend); bei Minussymptomatik ist ihre Wirksamkeit gering.

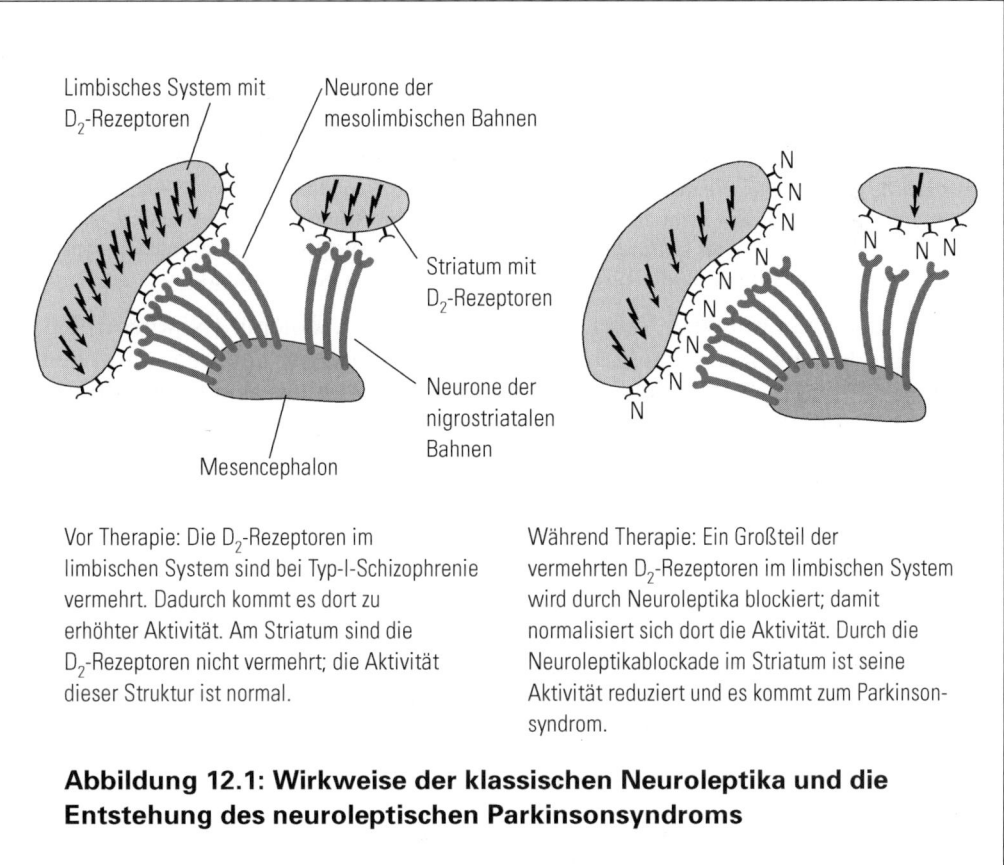

Vor Therapie: Die D_2-Rezeptoren im limbischen System sind bei Typ-I-Schizophrenie vermehrt. Dadurch kommt es dort zu erhöhter Aktivität. Am Striatum sind die D_2-Rezeptoren nicht vermehrt; die Aktivität dieser Struktur ist normal.

Während Therapie: Ein Großteil der vermehrten D_2-Rezeptoren im limbischen System wird durch Neuroleptika blockiert; damit normalisiert sich dort die Aktivität. Durch die Neuroleptikablockade im Striatum ist seine Aktivität reduziert und es kommt zum Parkinsonsyndrom.

Abbildung 12.1: Wirkweise der klassischen Neuroleptika und die Entstehung des neuroleptischen Parkinsonsyndroms

Extrapyramidale Nebenwirkungen werden häufig beobachtet, hauptsächlich das bald nach Therapiebeginn auftretende, mittels Anticholinergica gut zu beherrschende Parkinsonsyndrom sowie die sich meist erst nach jahrelanger Therapie einstellenden Spätdyskinesien. Letztere treffen circa 20% der mit längerfristig mit klassischen Neuroleptika Behandelten – Langzeittherapierte vielleicht sogar noch häufiger – und sind in etwa der Hälfte der Fälle irreversibel. Die Symptomatik besteht in unwillkürlichen, oft ausgesprochen beeinträchtigenden Bewegungen im Gesichts-, Schlund- und Extremitätenbereich. Anders als die früh einsetzenden motorischen Störungen (etwa das Parkinsonsyndrom), die nach Beenden der Neuroleptikatherapie meist verschwinden und zudem mittels Anticholinergika wie Biperiden (Akineton) behandelt werden können, treten die Spätdyskinesien nicht selten erst nach Absetzen der klassischen Neuroleptika auf und sprechen in der Regel nicht auf Anticholinergika an.

Die *klassischen Neuroleptika* besetzen hauptsächlich *Dopaminbindungsstellen* des *Typs D_2* und verdrängen dort Dopaminmoleküle, ohne selbst die transmitterspezifischen Rezeptorveränderungen hervorzurufen (*Blockade*). Die Dämpfung der Produktivsymptomatik wird v.a. auf Blockade von D_2-Rezeptoren in limbischen und präfrontalen Strukturen zurückgeführt, das häufig als Nebenwirkung auftretende Parkinsonsyndrom auf entsprechende Effekte im Striatum. Die Spätdyskinesien erklärt man durch kompensatorische Vermehrung der blockierten D_2-Bindungsstellen im Striatum oder Erhöhung ihrer Empfindlichkeit.

Diese Erklärung erscheint zwar plausibel – zumal da Ähnliches bei Blockade anderer Rezeptoren beobachtet wird –, jedoch werden diesbezüglich Zweifel geäußert; insbesondere wurde über Spätdyskinesien bereits aus Zeiten lange vor Neuroleptikatherapie berichtet (zur Literatur s. Köhler 1999a, S. 92). Zudem wäre zu erklären, warum sich nicht auch D_2-Rezeptoren im limbischen System vermehren, womit es zu Spätschizophrenien nach langer Behandlung mit klassischen Neuroleptika kommen müßte – was aber so gut wie nie beobachtet wird (s. White 1996 zu weiteren Effekten der Neuroleptika).

Die atypischen Neuroleptika, etwa Clozapin (Leponex), Zotepin (Nipolept), Risperidon (Risperdal) unterscheiden sich von den klassischen v.a. dadurch, daß unter Behandlung mit ihnen nie – oder bestenfalls sehr selten – Frühdyskinesien auftreten und bis jetzt keine Fälle von Spätdyskinesien beschrieben wurden; möglicherweise kann sogar das bekannteste der atypischen Neuroleptika, nämlich Clozapin, bei einem Teil der Patienten die durch andere Neuroleptika hervorgerufenen Spätdyskinesien bessern (s. etwa Lieberman et al. 1991). Interessanterweise scheinen auch manche Fälle von Typ-II-Schizophrenie auf Clozapin anzusprechen (Breier u. Buchanan 1996).

Gegen den breiteren Einsatz von Clozapin (Leponex) spricht v.a., daß unter dieser Substanz wiederholt schwere Blutbildveränderungen (Agranulozytosen) beobachtet wurden, so daß ihre Verschreibung nur von diesbezüglich genau unterrichteten Ärzten und unter gewissen Vorsichtsmaßnahmen erfolgen kann. Zudem dürfte Clozapin bei Typ-I-Schizophrenie i.a. den klassischen Neuroleptika hinsichtlich Wirksamkeit unterlegen sein. Hinzu kommt, daß die Therapie mit letzteren erheblich billiger ist. Leponex ist auch heute offenbar nie Mittel der ersten Wahl, sondern wird erst dann eingesetzt, wenn andere Neuroleptika nicht zu dem gewünschten Erfolg geführt haben (s. etwa Gaebel 1996 und Gastpar 1996).

Der *Wirkmechanismus* der *atypischen Neuroleptika* ist nur bedingt klar. Das einfachste und einleuchtendste Modell nimmt an, daß sie v.a. *D_4-Rezeptoren blockieren*. Auch wenn diese Bindungsstellen bei der Typ-I-Schizophrenie nicht oder wenigstens nicht so stark wie die D_2-Rezeptoren vermehrt sind, reduziert ihre Blockade in jedem Fall die Aktivität im limbischen System (wenn auch weniger als D_2-Blockade). Da im Striatum zwar D_2-Rezeptoren in großer Zahl, hingegen nur wenige D_4-Rezeptoren zu finden sind, bleiben die extrapyramidalen Nebenwirkungen bei atypischen Neuroleptika weitgehend aus. Daneben werden andere Angriffspunkte diskutiert, etwa Blockade bestimmter Serotoninbindungsstellen; Clozapin scheint zudem auf weitere Transmittersysteme zu wirken (für Genaueres s. Verghese et al. 1996).

12.3 Affektive Störungen

12.3.1 Definition; Symptomatik und Verlauf; Epidemiologie; familiäre Häufung und Vererbung

Definition: Unter dem Oberbegriff „affektive Störungen" faßt man *Depression* (gedrückte Stimmung) und *Manie* (gehobene Stimmung) zusammen. Dies rechtfertigt sich dadurch, daß diese gegensätzlichen Symptome oft bei ein- und derselben Person nacheinander vorkommen können, zuweilen in raschem Wechsel.

Depressives und manisches Syndrom: Das depressive Syndrom (etwas ungenau: die Depression) ist hauptsächlich gekennzeichnet durch abnorm *gedrückte Stimmung, vermindertes Selbstwertgefühl, Interessenverlust, reduzierten Antrieb* sowie *rasche Ermüdbarkeit*; hinzu kommen oft *körperliche Symptome* wie Gewichtsabnahme, Schlafstörungen, Libidoverlust, Kopfschmerzen, Bauchbeschwerden. In schweren Fällen können Wahn und Halluzinationen auftreten.

Dieses hier skizzierte depressive Syndrom stellt zunächst nichts als eine Beschreibung häufig gemeinsam auftretender Symptome dar und darf daher nicht mit Krankheit gleichgesetzt werden. Vielmehr wird ein depressives Syndrom im Rahmen verschiedener Bedingungen beschrieben, so u.a. bei hirnorganischen Krankheiten (etwa Hirntumoren), als Folge von Medikamenteneinnahme oder bei bestimmten hormonellen Zuständen (etwa als Kindbettdepression). Häufiger als diese sekundären depressiven Störungen im Rahmen einer bekannten Grundkrankheit treten primäre Depressionen auf, bei der die Symptomatik nicht auf eine bekannte Ursache zurückgeführt werden kann. Während früher – von manchen Psychiatern noch heute – diese primären Depressionen nach Ursachen untergliedert wurden (reaktive, neurotische und endogene Depression), verzichtet man mittlerweile meist auf eine solche, in der Klinik oft nicht sicher zu leistende Kategorisierung und begnügt sich mit einer genauen Beschreibung von Art und Schweregrad der Symptome sowie mit Angaben über den bisherigen Krankheitsverlauf (s. unten).

Erwähnt sei, daß viele der in den nächsten Abschnitten referierten Befunde an Patienten mit schwerer Symptomatik, insbesondere mit körperlichen Begleitsymptomen, Schlafstörungen (speziell frühmorgendlichem Erwachen) und einem charakteristischen Tagesverlauf der Beschwerden („Morgentief") gewonnen wurden, also an jenen Patienten, die man früher als „endogen depressiv" bezeichnete. Wieweit diese Befunde auf alle Personen mit depressiver Symptomatik übertragen werden können, ist eine ungeklärte, zuweilen in der Literatur vernachlässigte Frage.

Das *manische Syndrom* (etwas ungenau: die Manie) ist v.a. gekennzeichnet durch deutlich *gehobene Stimmung* – was keineswegs immer mit Fröhlichkeit gleichzusetzen ist, sondern häufig eher als Erregung, Gereiztheit oder Aggressivität zu beschreiben wäre; weiter auffällig ist der deutlich *gesteigerte Antrieb*, welcher sich in einer Vielfalt von Aktivitäten zeigt, die aber i.a. nicht zu Ende geführt werden; die betreffende Person ist leicht ablenkbar und wendet sich schnell neuen Interessen zu, so daß letztlich ausgesprochene Unproduktivität resultiert. Auffällig sind zudem der *Verlust von Hemmungen* (woraus teils extrem distanzloses Verhalten resultiert) sowie oft maßlose *Selbstüberschätzung*; die unrealistische Einschätzung der finanziellen Möglichkeiten führt häufig zu ruinösen Unternehmungen und sinnlosen Anschaffungen. Körperlich fühlen sich die Patienten meist sehr wohl, benötigen wenig Schlaf; der Appetit ist oft verringert. Vereinzelt kommen „psychotische" Symptome wie Wahn und Halluzinationen vor.

Manische Syndrome können ebenfalls organische Ursachen haben (sekundäre Manien), etwa Zustände nach Konsum von Rauschdrogen (v.a. Amphetaminen oder Kokain), hirnorganische Erkrankungen, Hormonstörungen, z.B. Hyperthyreose. Häufiger sind die primären Manien, die meist episodenhaft verlaufen und denen nicht selten eine depressive Episode vorausgegangen ist oder folgen wird (s. unten).

Verlauf: Depressive Störungen können, von gewissen Intensitätsschwankungen abgesehen, über Jahre oder Jahrzehnte anhalten, wobei man dann von Dysthymia oder dysthymer Störung spricht. Häufiger und biopsychologisch sicher interessanter sind episodenhafte Verläufe, bei denen sich aus Normalbefinden heraus vergleichsweise rasch depressive Verstimmung entwickelt, welche sich nach einiger Zeit – im Durchschnitt nach etwa sechs Monaten – mehr oder weniger vollständig zurückbildet. Nicht selten treten nach symptomfreien Intervallen weitere depressive Episoden auf; man spricht dann von *rezidivierender depressiver Störung*. Ebenso können zwischen depressiven Episoden auch manische eingestreut sein; diese sogenannten *bipolaren Störungen* sind insofern sehr rätselhaft, als nicht selten ohne größeres symptomfreies Intervall schwere depressive in manische Symptomatik umschlägt und umgekehrt.

Länger anhaltende manische Symptomatik – der oben angeführten Dysthymia entsprechend – ist zumindest in schwerer Form extrem selten. Die Manie verläuft v.a. in Episoden mit einer durchschnittlichen Dauer von vier Monaten. Ausschließlich manische Episoden bei einer affektiv gestörten Person sind selten; fast immer zeigen sich bipolare Verläufe, sind also depressive Phasen eingeschoben.

Bipolare Störungen setzen meist zwischen 20. und 30. Lebensjahr ein, rein depressive oft erst im vierten Lebensjahrzehnt, also i.a. später. Die Störungen nehmen häufig einen Verlauf von mehreren Jahrzehnten (zu Einzelheiten s. Köhler 1999b, S. 35 f. und die dort angeführte Literatur), wobei die Betroffenen zwischen den Episoden meist wenig auffällig sind und Residualzustände mit bleibenden Persönlichkeitsschäden wie z.B. bei der Schizophrenie selten beobachtet werden. Allerdings ist die Prognose depressiver und bipolarer Störungen insofern keineswegs immer gut, als mindestens 10% der schwer depressiv Erkrankten ihr Leben durch Suizid beenden.

Epidemiologie: Angaben zu Häufigkeiten affektiver Störungen differieren erheblich in der Literatur. Dies liegt daran, daß manche Autoren auch leichtere und in einmaligen Episoden verlaufende Fälle von Depression bei der Zusammenstellung berücksichtigen, andere nur rezidivierende schwere, teilweise sogar nur als „endogen" klassifizierte. Realistisch dürfte sein, die Lebenszeitprävalenz schwer depressiver Störungen mit 5% anzusetzen, die ausgeprägterer bipolarer Störungen mit etwa 1–2% (zu weiteren Häufigkeitsangaben und ihren Quellen s. Köhler 1999b, S. 38 f.). Depressive Störungen finden sich bei Frauen etwa doppelt so häufig wie bei Männern, während von bipolaren Störungen beide Geschlechter etwa gleich betroffen sind.

Familiäre Häufung und Vererbung: Das *familiär gehäufte Vorkommen* affektiver Störungen konnte wiederholt in großen Studien nachgewiesen werden; dies ist besonders deutlich bei *schweren rezivierenden depressiven Zuständen* und *speziell bei bipolaren Verläufen mit eindeutigen manischen Phasen*. Ist ein Elternteil an einer affektiven Störung erkrankt, so ist die Erkrankungswahrscheinlichkeit für die Kinder etwa 20%; bei Erkrankung beider Eltern liegt sie mindestens doppelt so hoch.

Zwillingsuntersuchungen zeigen bei eineiigen Zwillingen eine erheblich höhere Konkordanz im Auftreten affektiver Störungen als bei zweieiigen, weisen also auf eine starke genetische Komponente hin. Ähnliche Schlüsse legen Adoptivstudien nahe: Leibliche Verwandte von adoptierten Probanden mit einer affektiven Störung haben gegenüber den Adoptivverwandten dieser erkrankten Personen ein deutlich erhöhtes Risiko, eine affektive Störung zu entwickeln (s. etwa Tsuang u. Faraone 1990, S. 93 ff.; Merikangas u. Kupfer 1995). Wenig überzeugend sind bis jetzt Versuche ausgefallen, die für die Entwicklung affektiver Störungen verantwortlichen Gene zu identifizieren; wahrscheinlich wirken mehrere nicht allzu hoher Penetranz bei der Determinierung zusammen.

12.3.2 Biologische Befunde an Personen mit affektiven Störungen

Befunde mit bildgebenden Verfahren: Zu morphologischen (strukturellen) Veränderungen bei affektiv Gestörten lassen sich nur wenige replizierte Befunde anführen, die zudem oft schwer interpretierbar sind (für Zusammenstellungen s. Steffens et al. 1993; Pearlson u. Schlaepfer 1995 sowie ausführlich Soares u. Mann 1997, für eine knappe Übersicht auch Köhler 1999a, S. 103 ff. sowie Köhler 1999b, S. 46 ff.). Ob sich, wie wiederholt berichtet, bei diesen Personen gehäuft Zeichen von diffuser Hirnatrophie finden (etwa generelle Ventrikelerweiterung, Verbreiterung der Sulci), ist nicht unumstritten (s. Elkis et al. 1995 einerseits, Soares u. Mann 1997 andererseits); wenn überhaupt, so dürfte dies vornehmlich bei Patienten mit spätem Beginn der affektiven Störungen der Fall sein. Wenigstens bei Subgruppen affektiv Gestörter werden weitere Veränderungen beschrieben (Vergrößerung speziell des 3. Ventrikels, Vermehrung der weißen Substanz, Verkleinerung des Cerebellums), sind aber in ihrer Bedeutung weitgehend unklar. Relativ übereinstimmend wurde eine *Vergrößerung der Hypophyse* bei Depressiven gefunden, was zur Hypothese einer Überaktivität im System Hypothalamus-Hypophyse-Nebennierenrinde paßt (s. unten sowie 4.3.10).

Kaum ließen sich bis jetzt spezifische *funktionelle Besonderheiten* nachweisen: Berichtet wurde wiederholt über verminderte Stirnhirnaktivierung bei Depressiven, daneben über veränderte Aktivität des Gyrus cinguli während depressiver Episoden, wobei allerdings wenig konsistent teils Erhöhung, teils Verminderung beschrieben wurde (Ebert u. Ebmeier 1996). Zusammenfassend gibt es – von der Hypophysenvergrößerung abgesehen – keine gesicherten zerebralen Besonderheiten affektiv Gestörter, die sich mit klinischen Beobachtungen in Verbindung bringen lassen.

Neurochemische und Rezeptorbindungsstudien: Im Kontext der Monoaminhypothesen affektiver Störungen (s. 12.3.3) hat man sich v.a. auf Noradrenalin und Serotonin konzentriert. Die weitaus meisten Studien sind an Patienten mit ausschließlich depressiver Symptomatik erfolgt oder an bipolar Gestörten während depressiver Episoden; wie schon hinsichtlich morphologischer und funktioneller Besonderheiten ist der Wissensstand zu Veränderungen während manischer Episoden gering.

Wiederholt wurden die Konzentrationen von Serotonin und des Serotoninmetaboliten 5-HIAA sowie von Noradrenalin und seinem Metaboliten in Körperflüssigkeiten wie Urin, Plasma und v.a. Liquor untersucht; auch post-mortem-Studien zu Bestimmung der lokalen Verteilung dieser Substanzen im Gewebe wurden durchgeführt, meist an Gehirnen suizidierter Patienten. Die Ergebnisse sind wenig eindeutig und teilweise schwer zu interpretieren; so dürfte es sich bei den Suizidopfern keineswegs immer um Fälle von regelrechten affektiven Störungen gehandelt haben.

Vergleichsweise übereinstimmend wurde *erniedrigte Konzentration von 5-HIAA*, eines Produkts des *Serotoninabbaus*, im Liquor von depressiven Patienten und Suizidopfern gefunden (zu Belegen s. Köhler 1999a, S. 106 und die dort angeführte Literatur). Es gibt aber auch durchaus negative Studien und zudem ist es keineswegs unumstritten, daß die 5-HIAA-Konzentration im Liquor aus dem Lumbalraum die Verhältnisse im Gehirn adäquat wiedergibt. Aussagekräftiger sind daher Untersuchungen, in denen der Gehalt von Serotonin und 5-HIAA direkt im Gewebe bestimmt wurde. Im Hirnstamm, wo im wesentlichen die Zellkörper serotonerger Neurone liegen, wurde verschiedentlich erniedrigte Konzentration von Serotonin und seinem Metaboliten gefunden, während bezüglich der Konzentrationen in anderen Hirnteilen wenig Einheitliches vorliegt (s. dazu insbesondere Arranz et al. 1997).

Die Befunde zu Noradrenalin und seinem Metaboliten MHPG sind nicht konsistent: Im Hirngewebe wurde ihre Konzentration wenig verändert gefunden, in Körperflüssigkeiten zuweilen, aber nicht durchgehend erniedrigt. Vergleichsweise gut repliziert ist der interessante Befund, daß MHPG speziell bei depressiven Episoden im Rahmen *bipolarer Störungen* vermindert sein soll (s. Schatzberg u. Schildkraut 1995; Green et al. 1995). Wie betont, liegen kaum neurochemische Studien an manischen Patienten vor (s. Schatzberg u. Schildkraut 1995). Relativ gut gesichert ist, daß bei ihnen nicht Serotonin- oder 5-HIAA-Konzentrationen erhöht sind, sondern diese – ähnlich wie in depressiven Episoden – eher erniedrigt sind; der Noradrenalinspiegel dürfte hingegen erhöht sein. Man hat daher die Vermutung ausgesprochen, die Erniedrigung von Serotonin schaffe überhaupt erst die Basis, auf der Schwankungen der Noradrenalinkonzentration an zentralnervösen Synapsen weitgehend gegensätzliche affektive Symptomatik hervorrufe (permissiveness-Hypothese, s. 12.3.3).

Bei *Rezeptorbindungsstudien* hat man sich gemäß der Monoaminhypothese (s. 12.3.3) auf die Bindungsstellen für Noradrenalin (nämlich α_1 und α_2 mit weiteren Unterformen, β_1 und β_2) sowie die verschiedenen Rezeptoren für Serotonin (= 5-HT) konzentriert (5-HT$_1$ mit den Unterformen A–D sowie 5-HT$_2$, 5-HT$_3$ und 5-HT$_4$). Hinsichtlich dieser Serotoninrezeptoren sind die Ergebnisse wenig aussagekräftig: Weder ihre Zahl noch die Empfindlichkeit wurde in Gehirnen von Suizidopfern konsistent verändert gefunden (Maes u. Meltzer 1995; Green et al. 1995 sowie Arranz et al. 1997 und die dort zitierte Literatur).

Hingewiesen sei darauf, daß manche dieser Rezeptoren für Serotonin – und Ähnliches gilt auch für Noradrenalinrezeptoren – sowohl präsynaptisch wie postsynaptisch lokalisiert sind; somit kann ihre Besetzung durch einen geeigneten Liganden oder Blocker höchst unterschiedliche Effekte haben (je nach Lage der Bindungsstelle agonistisch oder antagonistisch wirken). Globale Bestimmung der Anzahl oder Empfindlichkeit solcher Bindungsstellen liefert daher oft nur unzureichende Information darüber, welche Bedeutung eventuelle Rezeptorveränderungen haben.

Etwas klarer sind die Befunde zu den Noradrenalinbindungsstellen: Hier wurde die Dichte der α_2-Rezeptoren *vermehrt* gefunden, während bezüglich β-Rezeptoren Uneinigkeit herrscht (s. etwa Schatzberg u. Schildkraut 1995 sowie die in Arranz et al. 1997 angeführte Literatur); andererseits ist möglicherweise die Empfindlichkeit dieser Rezeptoren vermindert.

12.3 Affektive Störungen

Zusammenfassend gibt es also gewisse Hinweise auf die Vermehrung der α_2-Rezeptoren im Rahmen depressiver Episoden, während bezüglich der anderen Noradrenalinbindungsstellen sowie der diversen Serotoninrezeptoren wenig eindeutige Ergebnisse vorliegen.

Untersuchungen zur hormonellen Regulation: Oben war schon erwähnt worden, daß sekundäre Depressionen nicht selten Folge von hormonellen Störungen sind, beispielsweise bei erhöhtem Kortisolspiegel (Hyperkortisolismus, Cushing-Syndrom) oder Schilddrüsenunterfunktion (Hypothyreose) beobachtet werden. Daher wurde wiederholt die hormonelle Regulation auch bei primären Depressionen untersucht. Am häufigsten wird dabei der bereits in 4.3.10 dargestellte *Dexamethason-Suppressionstest* eingesetzt: Das aus dem Hypothalamus ausgeschüttete Hormon CRH = CRF (Corticotropin-Releasing-Factor) stimuliert den Hypophysenvorderlappen zu Produktion von ACTH (adrenokortikotropem Hormon); letzteres gelangt auf dem Blutweg in die Nebennierenrinde und veranlaßt diese Hormondrüse zur Produktion u.a. von Glukokortikoiden (insbesondere Kortisol und Kortison). Im Sinne einer Rückkopplung führt Erhöhung des Kortisolspiegels, auch Verabreichung des ihm verwandten Dexamethason, zu verminderter hypophysärer ACTH-Ausschüttung und damit zu geringerer Kortisolproduktion. Dieses Absinken des Kortisolspiegels nach Gabe von Dexamethason bleibt bei etwa der Hälfte affektiv Gestörter während depressiver Episoden aus, normalisiert sich aber bei den meisten nach Remission (s. beispielsweise Ribeiro et al. 1993 und die dort angeführte Literatur). Man schließt deshalb auf eine zeitweise Überaktivität mit gestörter Rückmeldung im System Hypothalamus-Hypophysen-Nebennierenrinden, deren Ursache jedoch unklar bleibt.

Die früher häufiger geäußerte Annahme, daß der pathologische Ausfall des Dexamethason-Suppressionstests eher für die „Endogenität" der Depression spricht, ist nur bedingt zutreffend; prinzipiell, wenngleich weniger häufig, ist dies auch bei reaktiv Depressiven oder Patienten mit chronischer Depression (Dysthymia) der Fall. Auch bei Personen mit anderen Störungen, beispielsweise mit Anorexia nervosa, findet sich gehäuft negativer Ausfall des Tests.

Ebenfalls die Funktionsfähigkeit der Achse Hypothalamus-Hypophyse-Nebennierenrinde überprüft der CRH-Test (CRF-Test); dabei wird die Ausschüttung von ACTH (oder Kortisol) auf externe Zufuhr von CRH (CRF) gemessen; sie fällt während depressiver Episoden in der Regel schwächer aus, was für mangelnde Ansprechbarkeit hypophysärer Rezeptoren sprechen könnte. Zuweilen kommt auch der TRH-Test zur Anwendung: Ausschüttung von TRH (TSH-Releasing-Hormon) aus dem Hypothalamus und externe Gabe dieses Hormons führt bei Gesunden zu Anstieg des TSH (thyreoideastimulierenden Hormons) aus der Hypophyse. Dieser Effekt bleibt bei Personen mit ausschließlich depressiven Phasen während der Episoden zumeist aus (Zeichen wohl verminderter Aktivität im System Hypothalamus-Hypophyse-Schilddrüse); bei bipolar affektiv Gestörten sind die Verhältnisse weniger klar.

Schlafstudien bei depressiv Gestörten: Auf sie wurde bereits in 10.4.1 hingewiesen. Gut belegt sind *bei diesen Patienten Störungen im Schlaf-Wach-Rhythmus*, dabei speziell verzögertes Einschlafen sowie häufiges nächtliches und frühes morgendliches Aufwachen; weniger eindeutig sind verkürzte Tiefschlafphasen sowie eine Verlagerung der REM-Perioden in die erste Nachthälfte. Als besonders spezifisch für Depressive gilt die *Verkürzung der REM-Latenz*, der Zeit von Schlafbeginn bis zum Einsetzen der ersten REM-Phase (Benca et al. 1992). Durch Gabe eines cholinagonistisch wirkenden Stoffes wie Arecolin läßt sich diese REM-Latenz auch bei Gesunden verkürzen (cholinerge REM-Induktion). Verstärktes Ansprechen auf Arecolin ist mit gewisser Häufigkeit während depressiver Episoden festzustellen; ob dies auch für augenblicklich symptomfreie Personen mit affektiven Störungen gilt, ist umstritten (Thase et al. 1998). Die Störungen des Schlafes, v.a. die Veränderungen der REM-Phasen, werden als z. T. genetisch determinierte begünstigende Bedingungen für die Ausbildung depressiver Symptomatik diskutiert (Kupfer u. Reynolds 1992).

12.3.3 Die Monoaminhypothese der Depression; biologische Modelle der Manie und bipolarer Störungen

Die Monoaminhypothese der Depression: Die Befunde der Schlafstörungen und der hormonellen Dysregulation konnten bis jetzt nicht in ein überzeugendes, über die bloße Phänomenbeschreibung hinausgehendes biologisches Modell der Depression eingearbeitet werden. Anders ist es mit den vermuteten Besonderheiten der Neurotransmission, die in der *Monoaminhypothese der Depression* zusammengefaßt wurden. Zwar wird diese Hypothese in der gegenwärtigen Formulierung immer weniger in der wissenschaftlichen Literatur akzeptiert, heuristisch ist sie aber ungemein fruchtbar (hat etwa die Entwicklung antidepressiv wirkender Pharmaka angeregt); zudem läßt sich an ihr ähnlich gut wie an der Dopaminhypothese der Schizophrenie die Vorgehensweise der biologisch-psychiatrischen Theoriebildung aufzeigen.

Ein Vorläufer der *Monoaminhypothese* ist die *Katecholaminhypothese* der Depression: In den 60er Jahren wurde – basierend u.a. auf Befunden zur reserpininduzierten Depression, zur stimmungsaufhellenden Wirkung der MAO-Hemmer und zur depressionslösenden Wirkung von Stoffen, welche die Noradrenalinwiederaufnahme hemmen – zunehmend auf die Bedeutung von Noradrenalin für die Stimmungslage hingewiesen (Katecholaminhypothese affektiver Störungen; s. etwa Bunney u. Davis 1965 sowie insbesondere Schildkraut 1965). Laut dieser Hypothese sollen (zumindest einige) Depressionen mit einem relativen oder absoluten Mangel von Katecholaminen, speziell Noradrenalin, einhergehen; entsprechend sollte Überschuß dieser Stoffe mit gehobener Stimmung verbunden sein.

Als erweiterte Formulierung wurde wenig später die *Monoaminhypothese* vorgeschlagen (etwa Coppen 1967), die *sowohl Mangel von Noradrenalin wie von Serotonin* als Grundlage depressiver Symptomatik annahm. Diese *Monoaminhypothese der Depression* hat sich bis heute gehalten – findet sich teilweise unkritisch referiert noch immer in manchen Darstellungen –, obwohl einige als Beleg herangezogene Befunde heute anders interpretiert werden müssen.

Mehrere Befunde wurden zur Stützung für diese Monoaminhypothese (bzw. ihre Vorform, die Katecholaminhypothese) herangezogen; als einen der überzeugendsten Belege führte man die *Wirkung von Reserpin* auf Stimmung und Antrieb an: Die in der indischen Heilkunst schon lange zur Behandlung psychischer Störungen (vermutlich v.a. von Manie und Schizophrenie) verwendete Substanz wurde Mitte der 50er Jahre als Antipsychotikum und blutdrucksenkendes Mittel in die westliche Medizin eingeführt. Klinisch bedeutsame und theoretisch äußerst aufschlußreiche Nebenwirkung bei längerer Behandlung kann ein oft schweres depressives Syndrom sein. Die durch Reserpin hervorgerufenen Veränderungen sind bekannt: Freisetzung von Mo-

12.3 Affektive Störungen

noamintransmittern aus den Vesikeln ins Zytoplasma, wo sie rasch einem Abbau durch Monoaminoxidase unterworfen werden; es resultiert daher geringere Verfügbarkeit für die synaptische Übertragung. Es lag so die Vermutung nahe, daß bei depressiven Personen eine ähnliche Transmitterstörung vorliegen könne.

Weiter wurde als Beleg die Tatsache angesehen, daß die Serotoninvorstufen Tryptophan und 5-Hydroxytryptophan bei Depressiven die Symptome abschwächen. Umgekehrt wurde berichtet, daß tryptophanarme Diät depressive Symptomatik verschlimmern und bei gesunden Personen die Stimmung drücken kann. Hinzu kam die Beobachtung, daß Kokain und Amphetamine, die die Konzentrationen von Dopamin und Noradrenalin im synaptischen Spalt erhöhen (s. 13.6), euphorisierend und antriebssteigernd wirken und zuweilen bei depressiven Zuständen Besserung bringen.

Insbesondere schienen aber die *Mechanismen* der *antidepressiv wirkenden Pharmaka* die Monoaminhypothese zu stützen: Die stimmungsaufhellende Wirkung der zunächst als Tuberkulostatika verwendeten, später zunehmend als Antidepressiva eingesetzten MAO-Hemmer beruht auf einer Hemmung des Enzyms Monoaminoxidase (MAO) und damit auf höherer präsynaptischer Verfügbarkeit der Monoamine. Monoaminwiederaufnahmehemmer, speziell die trizyklischen Antidepressiva, erhöhen an den Synapsen das Transmitterangebot durch Erschwerung der präsynaptischen Wiederaufnahme (reuptake-Hemmung).

Tabelle 12.1: Befunde im Sinne der Monoaminhypothese der Depression

Stichwort	Befund
Reserpininduzierte Depression	Gabe des die Monoaminspeicher entleerenden Reserpin führt zu depressiven Verstimmungen.
Wirkung von Aminpräkursoren	Vorstufen von Noradrenalin u. Serotonin bessern depressive Symptome; tryptophanarme Diät verschlechtert sie.
Effekte von Kokain und Psychostimulantien	Diese die Dopamin- u. Noradrenalinverfügbarkeit erhöhenden Stoffe wirken antriebssteigernd, euphorisierend, manchmal therapeutisch bei D.
Effekte von MAO- Hemmern	MAO-Hemmer erhöhen die Verfügbarkeit von Monoaminen u. wirken antidepressiv.
Wirkung trizyklischer Antidepressiva	Stoffe, die Monoamin-Wiederaufnahme hemmen, wirken antidepressiv.
Konzentrationen von Monoaminen und ihren Metaboliten	reduzierte Mengen von Serotonin im Hirnstamm Depressiver; erniedrigte Konzentration von 5-HIAA im Liquor depressiver Patienten; evtl. erniedrigte Konzentration von MHPG im Urin depressiver Patienten.

Auch die in 12.3.2 angeführten neurochemischen Befunde können im Sinne der Monoaminhypothese, speziell als Serotoninmangel, interpretiert werden: Insbesondere wurde reduzierter Gehalt von Serotonin in verschiedenen Hirnregionen von Suizidopfern festgestellt, zudem gibt es Hinweise auf eine verminderte Konzentration des Serotoninabbauprodukts 5-HIAA im Liquor Depressiver (verkürzt dargestellt nach Köhler 1999a, S. 112 ff.; dort auch Literaturangaben und weitere Belege der Monoaminhypothese). Tabelle 12.1 faßt die wichtigsten zur Stützung der Monoaminhypothese herangezogenen Befunde zusammen (nach Köhler 1999a, S. 115).

An dieser Monoaminhypothese der Depression bleibt einiges unklar. So wird nicht spezifiziert, wie man sich den Mangel vorzustellen hat, als präsynaptische Störung mit verminderter Transmittersynthese oder -ausschüttung oder als Veränderung postsynaptischer Rezeptoren bzw. nachgeschalteter Signaltransduktionsprozesse. Zudem ist es nicht klar, in welchem Verhältnis Noradrenalin- und Serotoninmangel zueinander stehen, ob diese stets kombiniert vorkommen oder ihre Verminderung als spezifisch für bestimmte Depressionsformen angesehen werden muß.

Mittlerweile sind gegen die Gültigkeit der Monoamin(mangel)hypothese *zahlreiche Einwände* formuliert worden und in der Mehrzahl der einschlägigen Publikationen wird sie in der hergebrachten Formulierung mehr oder weniger abgelehnt. Viele als Beleg angeführten Befunde (etwa reserpininduzierte Depression, depressionslösende Wirkung von Aminpräkursoren) konnten später nicht mehr repliziert werden oder ließen sich auch anders interpretieren; zudem stützen die neurochemischen Befunde, wenigstens die zu Noradrenalin und seinen Metaboliten, keineswegs die Annahme eines Transmittermangels im synaptischen Spalt.

Insbesondere jedoch zweifelt man das scheinbar am eindeutigsten die Monoaminhypothese untermauernde Argument, die therapeutische Wirkung von Wiederaufnahme- und MAO-Hemmern, in seiner Beweiskraft an bzw. betrachtet es geradezu als Widerlegung dieser These. Der *depressionslösende Effekt* dieser Substanzen setzt nämlich erst nach *Wochen* ein, während die durch sie bewirkte *Normalisierung des synaptischen Transmittergehalts* schon nach *Stunden* auftritt; damit sollte auch nicht der Transmittermangel die biologische Grundlage der depressiven Verstimmung darstellen (zu den angenommenen Wirkmechanismen der Antidepressiva s. 12.3.4).

Mittlerweile hat man einige Alternativmodelle entwickelt, welche die zur Monoaminhypothese führenden Befunde erklären sollen. Dysregulationsmodelle sehen – hier die angenommenen Wirkmechanismen der Antidepressiva berücksichtigend – die biologische Grundlage der Depression eher in einer veränderten Empfindlichkeit v.a. der Noradrenalinrezeptoren; die Abnormalitäten der Transmitterausschüttung wären danach sekundärer Natur. Ungleichgewichtshypothesen beziehen neben den Monoaminen den Transmitter Acetylcholin in die Betrachtung ein; Depressionen wären demnach durch ein Überwiegen der cholinergen gegenüber der noradrenergen Aktivität gekennzeichnet, Manien durch umgekehrte Verhältnisse. Der häufig ausgeprägt anticholinerge Effekt vieler Antidepressiva würde eine Stützung dieser Annahme darstellen; auch bei Gesunden haben Anticholinergika eine leicht euphorisierende Wirkung (für Genaueres zu den Dysregulations- und Ungleichgewichtshypothesen s. Köhler 1999a, S. 117; speziell zu den Ungleichgewichtshypothesen s. Janowski u. Overstreet 1995).

Biologische Modelle der Manie und bipolarer Störungen: Diese sind kaum explizit formuliert und sollen daher nur knapp dargestellt werden. Beim manischen Syndrom wird v.a. Überaktivität von Noradrenalin vermutet, wobei die Ähnlichkeit des klinischen Bildes mit den Wirkungen von Kokain und Amphetaminen (die den Noradrenalinspiegel erhöhen) dieser Annahme gewisse Stütze verleiht. Im Rahmen von Überschuß-Modellen würde man während manischer Episoden verstärkte präsynaptische Ausschüttung oder veränderte postsynaptische Wirkung dieses Transmitters erwarten, im Sinne von Gleichgewichtshypothesen ein Überwiegen noradrenerger gegenüber cholinerger Aktivität (s. oben). Die direkten Belege sind eher spärlich; immerhin gibt es gewisse Hinweise auf erhöhte Konzentration des Noradrenalinmetaboliten MHPG in Liquor und Plasma während manischer Episoden.

Unklar ist die Bedeutung von Serotonin für die manische Symptomatik; in aller Regel findet sich in diesen Episoden *keine Vermehrung dieses Transmitters* und seiner Metaboliten. Ein sehr interessanter, jedoch dringend replikationsbedürftiger Befund ist eine erniedrigte Konzentration des Serotoninabbauprodukts 5-HIAA im Liquor sowohl in depressiven wie in manischen Phasen (s. etwa Price 1990); außerdem soll Gabe des Serotoninpräkursors L-Tryptophan nicht nur depressive, sondern auch manische Symptome bessern. Es wurde daher die Hypothese aufgestellt, daß Serotoninmangel im synaptischen Spalt generell die Grundlage für affektive Labilität bildet, auf der je nach Noradrenalinspiegel depressive oder manische Symptomatik entstehe („permissive"-Hypothese; s. Prange et al. 1974).

12.3.4 Biologische Therapie

Vorbemerkungen; Überblick: Bei der Therapie affektiver Störungen muß man zwischen der *Behandlung der Symptome während der Episode* einerseits und *Phasenprophylaxe* andererseits unterscheiden. Während Akuttherapie und Phasenprophylaxe bei rein depressiven rezidivierenden Störungen oft nicht allzu verschieden sind, ist die Behandlung bipolarer Störungen komplizierter: Während manischer Phasen werden naturgemäß andere Mittel eingesetzt als während depressiver und zusätzlich muß zwischen den Episoden Phasenprophylaxe betrieben werden.

Im wesentlichen geschieht die biologische Behandlung affektiver Störungen medikamentös. Elektrokrampftherapie (EKT) wird in Deutschland, wenn überhaupt, in der Regel nur bei schweren, therapieresistenten Depressionen angewandt. Weil über dieses Verfahren Mißverständnisse kursieren und ihr Wirkmechanismus (nämlich „down-regulation" = „Herabregulation" von Rezeptoren) Hinweise auf die biologischen Grundlage depressiver Störungen gibt, sei es etwas eingehender geschildert. Andere biologische Behandlungsmethoden, die bei bestimmten Depressionsformen mit Erfolg eingesetzt werden, nämlich Schlafentzug (Wachtherapie) und Lichttherapie, können nur kurz skizziert werden (s. dazu ausführlich Köhler 1999b, S. 106 ff.).

Behandlung depressiver Episoden: Sie geschieht i.a. mit Antidepressiva, wobei diese Bezeichnung strenggenommen nicht korrekt oder zumindest mißverständlich ist: Viele dieser „Antidepressiva", etwa Imipramin, Clomipramin oder selektive Serotonin-Wiederaufnahmehemmer werden auch bei anderen Störungen wie Zwangssymptomen, Ängsten oder Eßstörungen eingesetzt; andererseits fallen einige Substanzen, die ebenfalls bei depressiver Symptomatik zuweilen zur Anwendung kommen (z.B. Benzodiazepine), nicht unter die Rubrik Antidepressiva. Bei den Antidepressiva lassen sich drei Hauptgruppen unterscheiden, nämlich *trizyklische Antidepressiva, selektive Serotonin-Wiederaufnahmehemmer* (SSRIs) und *MAO-Hemmer*.

Nicht berücksichtigt sind in dieser Aufstellung die sogenannten tetrazyklischen (heterozyklischen) Antidepressiva wie etwa Mianserin (Tolvin) oder Maprotilin (Ludiomil) sowie einige weitere Neuentwicklungen, z.B. Venlafaxin und Viloxazin. Nicht genauer besprochen werden zudem die Aminpräkursoren (L-Tryptophan und L-5-Hydroxytryptophan) und Johanniskraut. Nur angedeutet sei, daß man in bestimmten Fällen mittels Schilddrüsenhormonen und mit den üblicherweise zur Phasenprophylaxe eingesetzten Lithiumionen die Wirkung von Antidepressiva zu verstärken versucht. Weiter war schon erwähnt worden, daß Benzodiazepine zuweilen zur Behandlung depressiver Zustände eingesetzt werden und in Fällen psychotischer Symptomatik bei Depression oft zusätzlich ein Neuroleptikum gegeben wird.

Die durch einen Dreierring (Trizyklus) gekennzeichneten *trizyklischen Antidepressiva* haben schon seit den 50er Jahren ihren festen Platz in der Behandlung depressiver Zustände. Dazu gehören u.a. Imipramin (Tofranil), das am frühesten entwickelte Medikament dieser Reihe, Amitriptylin (Saroten), Clomipramin (Anafranil) oder Desipramin (Pertofran). Diese Substanzen wirken im wesentlichen als Wiederaufnahmehemmer für die Monoamine Noradrenalin und Serotonin, mutmaßlich durch Besetzung der Bindungsstellen für Transmitter in den Carrierproteinen (s. 3.2.11 und 3.2.13); zusätzlich scheinen die präsynaptischen Autorezeptoren blockiert zu werden (was agonistisch wirkt). Die meisten der trizyklischen Antidepressiva (etwa Amitriptylin) hemmen die Wiederaufnahme beider Transmitter; Desipramin wirkt stärker auf das noradrenerge System, Clomipramin hemmt deutlich mehr die Aufnahme von Serotonin und steht damit den unten beschriebenen selektiven Serotonin-Wiederaufnahmehemmern diesbezüglich sehr nahe.

Da die *Normalisierung der Transmitterkonzentration* im synaptischen Spalt schon sehr *bald* eintreten dürfte, bis zum *Eintritt der Stimmungsaufhellung und Antriebssteigerung* jedoch oft *Wochen* vergehen, nimmt man mittlerweile relativ übereinstimmend an, daß die eigentliche antidepressive Wirkung der Trizyklika auf einer *Veränderung von Rezeptoren* oder *nachgeschalteter Signaltransduktionsprozesse* beruht. Wahrscheinlich wird die Empfindlichkeit oder Zahl der Rezeptoren reduziert („down-regulation") bzw. second-messenger-Prozesse abgeschwächt; diese Vorgänge sind in jedem Fall höchst kompliziert und nach wie vor weitgehend unverstanden.

Neben diesen Effekten auf das noradrenerge und serotonerge System beeinflussen die trizyklischen Antidepressiva andere Transmittersysteme, blockieren u.a. postsynaptische (muskarinerge) Acetylcholinrezeptoren. Im Sinne der erwähnten Ungleichgewichtshypothesen wurde die Vermutung geäußert, daß dieser anticholinerge Effekt der eigentlich depressionslösende ist (s. dazu die Diskussion in Janowski u. Overstreet 1995). Dagegen spricht, daß zahlreiche andere Antidepressiva (etwa selektive Serotonin-Wiederaufnahmehemmer oder MAO-Hemmer) bei ähnlichen therapeutischen Effekten keine anticholinerge Wirkung haben. Die anticholinergen Effekte der Trizyklika zeigen sich auch in vegetativen Nebenwirkungen – wie in 4.2 ausgeführt, geschieht die Übertragung vom postganglionären parasympathischen Neuron auf das Effektororgan mittels Acetylcholin, wobei die postsynaptischen Rezeptoren muskarinerg sind. Dabei sind v.a. Effekte im Herz-Kreislauf-System zu beachten, so daß diese Substanzen bei manchen Personen nicht oder nur unter Vorsichtsmaßnahmen eingesetzt werden können.

Erwähnt sei noch, daß sich die Trizyklika hinsichtlich des Grades von Sedierung unterscheiden, manche – wohl über Blockade von Histaminrezeptoren – dämpfend wirken, andere hingegen sogar antriebssteigernde Effekte haben. Bei Verordnung dieser Medikamente ist deshalb zu beachten, ob es sich eher um eine gehemmte oder agitierte Depression handelt.

12.3 Affektive Störungen

Die *selektiven Serotonin-Wiederaufnahmehemmer* (Serotonin-Reuptake-Inhibitoren = SSRIs) bewirken vergleichsweise spezifisch eine *Wiederaufnahmehemmung von Serotonin*; sie beeinflussen in der Regel kaum das noradrenerge System, blockieren zudem nicht die Acetylcholin- und Histaminrezeptoren, womit einige Nebenwirkungen der Trizyklika nicht auftreten. Ob die zumeist bessere Verträglichkeit der SSRIs den Vorzug gegenüber den deutlich preiswerteren und schon lange bewährten trizyklischen Antidepressiva in der Depressionsbehandlung rechtfertigt, steht zur Diskussion (zum Einsatz bei der Behandlung von Zwangsstörungen; s. 12.4.4).

MAO-Hemmer erschweren den Abbau der Monoamine im präsynaptischen Neuron und erhöhen damit ihre Verfügbarkeit für die Übertragung. Die erste Generation von MAO-Hemmern hatte den Nachteil, daß sie auch den Abbau des mit gewissen Nahrungsmitteln (z.B. Käse) anfallenden Tyramin erschwerten, so daß bei Nichteinhaltung der strengen Diätvorschriften schwere Herz-Kreislauf-Reaktionen auftreten konnten. Die neueren selektiven und reversiblen MAO-Hemmer wie Moclobemid (Aurorix) wirken nur auf die Unterform MAO-A und können zudem durch hohe Tyraminmengen aus ihrer Bindung an das Enzym verdrängt werden; bei ihrer Einnahme sind deshalb größere diätetische Maßnahmen unnötig. Wegen fehlender anticholinerger Effekte gelten sie zudem als vergleichsweise risikoarm; ob diese Medikamente die sehr viel preiswerteren und erprobten trizyklischen Antidepressiva langfristig ersetzen werden, bleibt abzuwarten. Wie bei den Trizyklika tritt bei SSRIs und MAO-Hemmern die stimmungsaufhellende Wirkung üblicherweise erst nach einigen Wochen ein, so daß der eigentliche therapeutische Effekt wiederum in einer Beeinflussung postsynaptischer Rezeptoren oder nachgeschalteter Signaltransduktionsprozesse gesehen wird.

Elektrokrampftherapie: Diese in Deutschland – etwa im Vergleich zu den USA – selten eingesetzte Methode ist kein „Elektroschock"; vielmehr handelt es sich um die elektrische Induktion eines zerebralen Krampfanfalls in Narkose und unter Muskelentspannung, wobei zumeist im Verlauf einiger Wochen etwa sechs bis acht solcher Behandlungen stattfinden. Die Nebenwirkungen sind vergleichsweise gering, v.a. wenn man nur die nicht-dominante Hemisphäre reizt. Beschrieben werden kurzfristige Desorientierung, retrograde Amnesien (s. 8.3) und Kopfschmerzen, die aber in der Regel bald abklingen. Die Wirksamkeit wird kaum bestritten; speziell können depressive Zustände, die auf Pharmaka nicht oder ungenügend ansprechen, in einem beträchtlichen Prozentsatz gebessert werden. Als Wirkmechanismus wird v.a. eine Herabregulation der β-Rezeptoren für Noradrenalin vermutet (was somit den angenommenen Effekten der Antidepressiva entsprechen würde); diskutiert werden zudem Einflüsse auf die Regulation im Hormonsystem (s. dazu genauer Perry et al. 1997, S. 615 ff.).

Nur angedeutet als therapeutische Möglichkeit bei depressiven Zuständen sei der Schlafentzug, bei dem die Patienten für eine Nacht wachgehalten werden; die häufig dramatischen Besserungen im unmittelbaren Anschluß gehen jedoch meist schon nach kurzem Schlaf wieder verloren. Deshalb wird in Abständen der Schlafentzug wiederholt; möglicherweise hat Wecken ausschließlich in der zweiten Nachthälfte (in der sich mehr REM-Phasen finden) oder nur in REM-Phasen dauerhaften Effekt. Als Mechanismus diskutiert wird u.a. eine Hemmung der Bildung „depressiogener" Substanzen während des Schlafs oder eine Störung des cholinergen/noradrenergen Ungleichgewichts durch Verhinderung der cholinergen REM-Phasen (für Weiteres zu dieser Therapieform s. die Beiträge in Kasper u. Möller 1996).

Die im wesentlichen bei den saisonal abhängigen depressiven Störungen eingesetzte Lichttherapie hat in den letzten Jahren zunehmend Interesse erfahren; die Betroffenen werden dabei, vorzugsweise in den Morgenstunden, für mehrere Tage hintereinander stundenweise künstlichem Licht ausgesetzt. Über den Wirkmechanismus herrscht keine Einigkeit (s. dazu Blehar u. Lewy 1990); vermutet wurde Unterdrückung der hauptsächlich bei Dunkelheit stattfindenden Melatoninproduktion, daneben Neueinstellung aus dem Takt geratener Zeitgeber.

Behandlung der manischen Episode: Sie geschah lange Zeit fast ausschließlich mit *Neuroleptika*, wobei die Wirkmechanismen dieser v.a. Dopaminrezeptoren blockierenden Substanzen hier noch weitgehend unverstanden sind; vermutet wird u.a. eine zusätzliche Blockade von Noradrenalinrezeptoren und damit Dämpfung des bei Manie als überaktiv angenommenen noradrenergen Systems. Zunehmend setzt man in den letzten Jahren *Lithiumsalze* zur Behandlung der Manie ein. Sie wirken zwar i.a. weniger stark als die Neuroleptika und mit gewisser Verzögerung; andererseits macht es Sinn, Lithium, das in der Regel zur Phasenprophylaxe ohnehin künftig verabreicht wird, schon zur Therapie der manischen Symptomatik einzusetzen. Häufig ist es zweckmäßig, wenigstens initial zusätzlich Neuroleptika oder Benzodiazepine zu verordnen. Der Wirkmechanismus der Lithiumsalze bei der Therapie der Manie ist noch wenig verstanden – ähnlich wie die Angriffspunkte ihrer phasenprophylaktischen Wirkung (s. unten); diskutiert wird u.a. ein Eingriff in second-messenger-Prozesse. Ein antimanischer Effekt wird auch für die Antikonvulsiva Carbamazepin (Tegretal, Timonil) und Valproinsäure (s. dazu Ketter et al. 1998; West et al. 1998) angegeben.

Phasenprophylaxe: Bei rezidivierenden depressiven und bipolaren Störungen ist es oft sinnvoll, nicht abzuwarten, bis die nächste Episode eintritt, sondern von vornherein die Wahrscheinlichkeit dafür zu reduzieren – um so mehr als die Selbstmordgefahr vor Einsetzen der Behandlung und in den ersten Tagen der Behandlung besonders groß ist. Bei rein depressiven Verläufen werden die Antidepressiva oft auch in den Intervallen gegeben, während man mit den hier ebenfalls prophylaktisch wirksamen Lithiumsalzen nach wie vor offenbar eher zurückhaltend ist (Schou 1997); Grund dürfte u.a. die relativ aufwendige Einstellung auf Lithium sein (s. unten).
Nicht angeraten wird die Fortsetzung der Antidepressivatherapie über die Episode hinaus im Rahmen bipolarer Störungen, weil damit möglicherweise eine manische Symptomatik provoziert wird. Hier kommen v.a. die bereits als Medikamente bei manischen Episoden erwähnten Lithiumsalze zum Einsatz. Im Vergleich zu Placebobehandlung läßt sich mit ihnen die Phasenhäufigkeit sowohl im Rahmen rezidivierender Depressionen wie bipolarer Störungen auf etwa die Hälfte senken (s. Benkert 1995, S. 76 ff. sowie Maj et al. 1998). Voraussetzung ist jedoch, daß die Behandlung bei ausreichend hohem Plasmaspiegel kontinuierlich über lange Zeit durchgeführt wird. Zum Wirkmechanismus wurden in den letzten Jahren zunehmend plausiblere Modellvorstellungen entwickelt (s. dazu etwa Benkert u. Hippius 1996, S. 124 ff.; El-Mallakh 1996; Ownby u. Goodnick 1998). Die am meisten favorisierte Hypothese ist, daß Lithiumionen in nachgeschaltete Signaltransduktionsprozesse (second-messenger-Prozesse) eingreifen, etwa die Koppelung des G-Proteins an den Rezeptor verhindern, also die Effekte des Transmitters an der Bindungsstelle abschwächen.

Lithium ist ein Alkalimetall und liegt in Medikamenten in Ionenform vor, z.B. als Lithiumacetat, -sulfat, -carbonat. Erwähntermaßen ist die Therapie mit diesen Substanzen durchaus wirksam (und eher preiswert). Allerdings ist genaue Einstellung des Lithiumplasmaspiegels und seine gewissenhafte Kontrolle erforderlich; Lithiumintoxikationen sind nicht selten – geschehen zuweilen in suizidaler Absicht – und stellen ein ernstes Krankheitsbild dar. Zudem werden die Medikamente häufig nicht vertragen und die Abbrecherquote bei Lithiumprophylaxen ist hoch (etwa 28% in der Langzeitstudie von Maj et al. 1998).

Bei schlechter Verträglichkeit, Kontraindikationen der Lithiumtherapie oder mangelndem Ansprechen wird alternativ Carbamazepin (Tegretal, Tegretal) eingesetzt, ein Antikonvulsivum (gegen epileptische Anfälle) gerichtetes Medikament, dessen phasenprophylaktische Wirkung eher zufällig entdeckt wurde (zu Wirkmechanismen s. Biber 1996 sowie die bei Köhler 1999b, S. 104 angeführte Literatur). In den USA wird zudem das Antikonvulsivum Valproinsäure (Valproat) zur Phasenprophylaxe eingesetzt, das in Deutschland gegenwärtig für diese Indikation nicht zugelassen ist.

12.4 Zwangsstörungen

12.4.1 Klinisches Bild; Epidemiologie; familiäre Häufung und Vererbung

Bei der Zwangsstörung sind zwei Hauptsymptome zu unterscheiden, *Zwangsgedanken* und *Zwangshandlungen* (im Englischen: obsessions und compulsions, daher die Bezeichnung obsessive-compulsive disorder = OCD). Zwangsgedanken sind immer auf's Neue den Patienten beschäftigende, meist quälende Vorstellungen oder Impulse, oft gewalttätigen oder obszönen Inhalts; erfolglos bemühen sich die Betroffenen, Widerstand zu leisten. Zwangshandlungen sind ständig wiederholte, von den Patienten selbst als unsinnig empfundene stereotype Tätigkeiten, die im Sinne eines magischen Denkens oft als Vorbeugung gegen ein Unheil ausgeübt werden; wenigstens anfangs wird noch versucht, dagegen anzugehen. Bei etwa 70% der Fälle finden sich Zwangsgedanken und -handlungen gemischt, reine Zwangsgedanken sind seltener (circa 25%), ausschließlich Zwangshandlungen werden kaum beobachtet.
Der Beginn der Störung fällt zumeist in die 1. Hälfte des 3. Lebensjahrzehnts; die Untergruppe der Kontrollzwänge beginnt in der Regel früher, die Waschzwänge setzen i.a. einige Jahre später ein. Unbehandelt ist der Verlauf häufig *chronisch* über Jahrzehnte. Zwangsstörungen sind sehr verbreitet (Ein-Jahres-Prävalenz etwa 2%). Männer und Frauen erkranken ähnlich häufig; Kontrollzwänge gelten eher als typisch für Männer, wohingegen von Waschzwängen überwiegend Frauen betroffen sind. Von einer familiären Häufung der Zwangsstörungen ist auszugehen; umstritten ist, ob eine spezifische genetische Veranlagung für dieses Störungsbild existiert.

12.4.2 Biologische Befunde an Personen mit Zwangsstörungen

Bei Untersuchungen an Zwangskranken hat man sich zum einen auf *morphologische* und *funktionelle Besonderheiten* konzentriert, speziell im Bereich der Basalganglien, zum anderen versucht, Hinweise auf eine veränderte Neurotransmission, v.a. im *serotonergen System*, zu erhalten.

Wie in 2.6.10 ausgeführt, unterteilt man die im subkortikalen Endhirn gelegenen Basalganglien in Striatum und Pallidum, wobei das Striatum die Strukturen Caudatum (Nucleus caudatus) und Putamen umfaßt, das Pallidum mit dem Nucleus pallidus identisch ist. Da Erkrankungen, welche die Basalganglien betreffen, häufig mit Zwangssymptomatik einhergehen (s. dazu etwa Hohagen 1992), hat diese Region, und dort speziell wiederum der Nucleus caudatus, besonderes Interesse gefunden.

Kaum Hinweise finden sich, daß diese Strukturen bei zwangsgestörten Patienten morphologisch verändert sind; hingegen gibt es erste, wenn auch nicht völlig konsistente Beobachtungen, daß die *Aktivität im Nucleus caudatus* erhöht ist und sich nach erfolgreicher Therapie zurückbildet. Relativ eindeutig konnte auch bei Zwangspatienten Überaktivierung der orbitalen und präfrontalen Anteile des Stirnlappens nachgewiesen werden, während für den Gyrus cinguli die Befundlage weniger klar ist (s. zum oben Dargestellten Köhler 1999a, S. 147 f. und die dort angeführte Literatur).

Aufgrund der Beobachtung, daß auf den Serotoninhaushalt wirkende Pharmaka (etwa Clomipramin oder SSRIs) Zwangssymptomatik unterdrücken können, hat man das Augenmerk v.a. auf dieses Transmittersystem gerichtet, ohne allerdings eindeutige Befunde zu erhalten. Kaum Hinweise gibt es auf Besonderheiten hinsichtlich Transmitterkonzentrationen oder Zahl der Bindungsstellen; hingegen sprechen die Ergebnisse einiger Studien für eine *erhöhte Empfindlichkeit von Serotoninrezeptoren* bei zwangsgestörten Personen.

12.4.3 Biologische Theorien von Zwangsstörungen

Hier ist zunächst die *Serotoninhypothese* zu nennen. In früherer Version wurde einfache Minderaktivität im serotonergen System von Zwangspatienten angenommen, basierend v.a. auf der Beobachtung, daß dort von den trizyklischen Antidepressiva lediglich das spezifisch die Serotoninwiederaufnahme hemmende Clomipramin Wirkung zeigt (ebenso die selektiven Serotonin-Wiederaufnahmehemmer). Nachdem mittlerweile die Vielzahl der 5-HT-Rezeptoren und ihre unterschiedliche Lokalisation (u.a. prä- und postsynaptisch) sowie ihre verschiedenen biologischen Bedeutungen entdeckt wurden, wird augenblicklich eher von einer *Dysregulation mehrerer serotonerger Subsysteme* ausgegangen (s. Hohagen 1992). Generell spricht einiges für eine Empfindlichkeitssteigerung von Serotoninrezeptoren – entsprechend scheint die therapeutische Wirkung von Clomipramin und der SSRIs auf einer *langfristigen Herabregulation postsynaptischer 5-HT-Bindungsstellen* zu beruhen.

Präziser formuliert und empirisch besser gestützt erscheint die *Basalganglienhypothese* (s. dazu Insel 1992). Abgeleitet ist sie ursprünglich u.a. aus der Beobachtung, daß Erkrankungen der Basalganglien wie die Encephalitis lethargica Economo und die Chorea minor (Sydenham) häufig mit Zwangssymptomatik einhergehen. Die in 12.4.2 beschriebenen, v.a. funktionellen Veränderungen der Basalganglien sprechen ebenfalls für eine pathogenetische Bedeutung dieser Strukturen, speziell des Nucleus caudatus; zudem wurde – wie erwähnt – wiederholt Überaktivierung der orbitofrontalen Region, eventuell auch des Gyrus cinguli bei Zwangspatienten gefunden, ein Befund, der in einigen Studien im Anschluß an erfolgreiche Behandlung nicht mehr erhoben werden konnte (s. 12.4.2 sowie die Belege bei Insel 1992). Die funktionell bei Zwangspatienten möglicherweise veränderten Strukturen Orbitofrontalregion, Gyrus cinguli und Caudatum bilden Teil eines *neuroanatomischen Funktionskreises* mit exzitatorischen glutamatergen und inhibitorischen GABAergen Neuronen, der zudem Globus pallidus und Thalamus umfaßt (s. dazu auch Lesch 1991; Insel 1992).

Das in gewisser Vereinfachung als *Basalganglienhypothese* bezeichnete pathogenetische Modell von Zwangsstörungen geht von einer *Überaktivität* dieses Kreises aus. Verbindung zur Serotoninhypothese ließe sich dadurch herstellen, daß an den genannten Strukturen, v.a. Nucleus caudatus, zahlreiche serotonerge Neuronen enden. Belege für die Gültigkeit dieses Modells lassen sich nicht nur aus den angeführten biologischen Befunden ableiten; dafür spricht auch die Wirksamkeit der bei manchen Zwangspatienten vorgenommenen psychochirurgischen Unterbrechungen von Verbindungen zwischen kortikalen und subkortikalen Strukturen (s. auch 12.4.4).

12.4.4 Biologische Therapie

Diese geschieht in der Regel mittels spezifisch die Serotonin-Wiederaufnahme hemmenden Stoffen wie dem trizyklischen Antidepressivum Clomipramin oder SSRIs wie Fluoxetin (Fluctin) oder Fluvoxamin (Fevarin). Die Zeit bis zum Wirkungseintritt kann bis zu 10 Wochen betragen und ist damit länger als bei der Behandlung depressiver Zustände; zudem scheint höhere Dosierung erforderlich als zur Depressionsbehandlung (Benkert u. Lenzen-Schulte 1997, S. 101). Mittlerweile herrscht weitgehend Konsens, daß der therapeutische Effekt nicht direkt auf einer Erhöhung der Serotoninkonzentration im synaptischen Spalt beruht, sondern auf Anpassungsmechanismen postsynaptischer Rezeptoren an das vermehrte Transmitterangebot zurückzuführen ist (down-regulation). Daß Gabe von Clomipramin initial sogar offenbar die Symptomatik verschlechtern kann, steht im Einklang mit der These erhöhter Ansprechbarkeit von Serotoninrezeptoren.

Die bei anderen psychischen Störungen so gut wie obsolet gewordene „Psychochirurgie" kommt nach wie vor bei schweren, therapieresistenten Zwangsstörungen zur Anwendung – in Deutschland allerdings wohl bestenfalls sehr selten. Dabei werden Verbindungen im oben genannten Funktionskreis unterbrochen, beispielsweise mittels stereotaktischer Cingulotomien oder Zerstörung orbitofrontaler Regionen (s. etwa Jenike et al. 1991; Sachdev u. Hay 1996). Weitere Techniken sind die subkaudale Traktotomie (Durchtrennung von Fasern vom Stirnhirn zum Nucleus caudatus) oder die anteriore Kapsulotomie (Zerstörung von Fasern, die bestimmte Thalamusregionen mit dem Frontalhirn verbinden); die limbische Leukotomie als Kombination von Cingulotomie und subkaudaler Traktotomie soll die besten Erfolgsaussichten aufweisen (nach Benkert u. Lenzen-Schulte 1997, S. 120 ff.).

13 Drogen und ihre Wirkungen

13.1 Definitionen; Vorbemerkungen; Überblick

Der Begriff Droge wäre seiner Uneindeutigkeit wegen besser zu vermeiden: In der Medizin wird darunter im weiteren Sinne eine Zubereitung aus Pflanzen verstanden, im engeren Sinn, der auch die umgangsprachliche Verwendung charakterisiert, bezeichnet er ein Rauschmittel; interessanterweise wird das bekannteste, nämlich Alkohol, meist nicht zu den Drogen gerechnet (ebensowenig Nikotin und Koffein), so daß Droge im allgemeinen Sprachgebrauch im wesentlichen ein illegales Rauschmittel bezeichnet. Eindeutiger und inhaltlich weniger vorbelastet, jedoch umständlicher und umgangsprachlich unüblich, ist der Terminus psychotrope (psychoaktive) Substanz, der auch in den klassifikatorisch-diagnostischen Systemen ICD-10 und DSM-IV verwendet wird. Dabei wird die Bezeichnung im Sinne eines psychoaktiven Stoffes gebraucht, der „angenehme" Effekte erzeugt und so auch ohne ärztliche Anordnung eingenommen wird, im Extremfall zu einem Abhängigkeitszustand führt.

Es scheint wenig sinnvoll, die definitorischen Überlegungen fortzusetzen. Es genügt zu sagen, daß im Folgenden über die biologischen Grundlagen der Wirkung u.a. von Alkohol, Opioiden (Morphin, Heroin), Kokain und Psychostimulantien („Aufputschmitteln" wie Amphetaminen, Koffein) und Nikotin sowie knapper von Benzodiazepinen, Cannabis (Haschisch, Marihuana) und Halluzinogenen (etwa LSD) gesprochen wird. Das Meiste kann nur angedeutet werden (für Einzelheiten und Quellenangaben s. Köhler 2000 bzw. knapper in Köhler 1999a, S. 29 ff.). Zunächst werden allgemein wichtige Drogenwirkungen und ihre biologischen Grundlagen dargestellt (13.2). Zur Verständlichmachung der Euphorisierung ist dabei ein Exkurs über das schon erwähnte „mesotelencephale dopaminerge Belohnungssystem" erforderlich. In 13.3 werden zentrale Phänomene wie Toleranz, Entzugssymptomatik und Abhängigkeit erläutert und ihre biologische Basis diskutiert. Die restlichen Abschnitte widmen sich ausgesprochen summarisch einzelnen Substanzen.

13.2 Allgemeines zu Drogenwirkungen und ihren biologischen Grundlagen

13.2.1 Euphorisierung und das mesotelencephale Belohnungssystem

Diese fast regelmäßig zu findende Drogenwirkung läßt sich als Erzeugung eines Zustandes von Wohlbefinden oder „Behaglichkeit" charakterisieren, der im Falle von

13.2 Allgemeines zu Drogenwirkungen und ihren biologischen Grundlagen

intravenösem Drogenkonsum (etwa Heroininjektion) als explosionsartig einsetzender Glückszustand beschrieben werden könnte.

Aufgrund der Tierexperimente zur intrakraniellen Selbstreizung mittels implantierter Elektroden konnte man sich über die anatomisch-physiologischen Grundlagen dieser Euphorisierung mittlerweile gewisse Klarheit verschaffen: Ein solcher angenehmer Zustand (weniger mentalistisch ausgedrückt: ein verstärkender Reiz) entsteht offenbar dann, wenn bestimmte dopaminerge Bahnen vom Mesencephalon (Mittelhirn) ins Endhirn (Telencephalon) aktiviert werden. Die diesbezüglich bedeutendste führt vom ventralen Tegmentum des Mittelhirns zum Nucleus accumbens, einem kleinen Kern in der Nähe der Basalganglien; die bei ihrer Aktivierung erfolgende Ausschüttung von Dopamin und seine Andockung an Rezeptoren im Nucleus accumbens wird als das direkte biologische Korrelat der Lustempfindung angesehen.

Das mesotelencephale Belohnungssystem wurde in Versuchen zur intrakraniellen Selbstreizung entdeckt, bei denen Tiere die Möglichkeit haben, mittels eines Hebeldrucks implantierte Elektroden mit Strom zu beschicken und damit Hirnareale zu reizen. Diese Selbstreizungsrate ist besonders hoch, wenn die Elektroden an Bahnen vom ventralen Tegmentum zum Nucleus accumbens zu liegen kommen (oder an anderen, deren Stimulation wiederum indirekt diese Bahnen zum Feuern veranlaßt; s. etwa Yeomans et al. 1993); mittels Mikrodialyse (s. 5.5.1) läßt sich zeigen, daß dadurch die Dopaminausschüttung im Bereich des Nucleus accumbens ansteigt (Phillips et al. 1992). Nach Zerstörung des Nucleus accumbens oder Blockade der dort lokalisierten Dopaminrezeptoren mittels Neuroleptika geht die Selbstreizungsrate meist stark zurück. Offenbar spielen die mesotelencephalen Bahnen auch eine wichtige Rolle für natürlich auftretende angenehme Gefühle (Verstärkungen), etwa bei sexueller Aktivität oder Nahrungsaufnahme (s. etwa Pfaus et al. 1990; Damsma et al. 1992; Hernandez u. Hoebel 1992).

Mittlerweile ist gut nachgewiesen, daß zumindest einige psychotrope Substanzen die Dopaminausschüttung in den Nucleus accumbens erhöhen und damit verstärkende Effekte haben; Zerstörung des Nucleus accumbens, seine Blockade oder die Unterbrechung der Bahnen, die ihn vom Tegmentum erreichen, führen dazu, daß Tiere die Selbstapplikation von Drogen beenden (s. etwa Zito et al. 1985). Die genannten Bahnen dürften v.a. dann durch Drogen aktiviert werden, wenn diese sich an Rezeptoren dopaminerger Neurone im Mittelhirn anlagern. Besetzung von mesencephalen Opiatrezeptoren durch exogene Opioide (wie Morphin oder Heroin) kann z.B. wenigstens teilweise die durch diese Stoffe hervorgerufene Euphorisierung erklären (s. etwa Matthews u. German 1984; Di Chiara u. Imperato 1987). Weiter gibt es Hinweise, daß Nikotin durch Anlagerung an mesencephale Acetylcholinbindungsstellen diese Bahnen stimuliert (Fuxe et al. 1990). Ein ähnlicher Mechanismus dürfte – vielleicht indirekt durch Freisetzung endogener Opioide – auch der euphorisierenden Wirkung von Alkohol zugrundeliegen (Di Chiara u. Imperato 1987; Di Chiara 1997).

Dies ist sicher nicht der einzige Entstehungsweg der drogenbedingten Euphorisierung, denn nicht immer ließ sich durch Zerstörung dieser Strukturen die Selbstapplikation vollständig unterbrechen; so werden für Opioide weitere Wirkmechanismen diskutiert (Koob 1992). Der Sachverhalt ist zudem insofern komplizierter, als der Nucleus accumbens nicht alleiniges Ziel der vom Tegmentum ausgehenden Bahnen ist, sondern auch andere Strukturen wie Amygdala und Tuberculum olfactorium erreicht werden; daneben entsendet der Nucleus accumbens seinerseits Neuronen zu anderen Hirnstrukturen, z.B. in den Nucleus basalis Meynert, die Amygdala und wohl auch zurück ins ventrale Tegmentum; hierzu sei auf Koob u. Nestler (1997) oder Rodriguez de Fonseca u. Navarro (1998) verwiesen (zu einer differenzierteren Darstellung der hier deutlich vereinfacht wiedergegebenen Sachverhalte s. auch Salamone 1992).

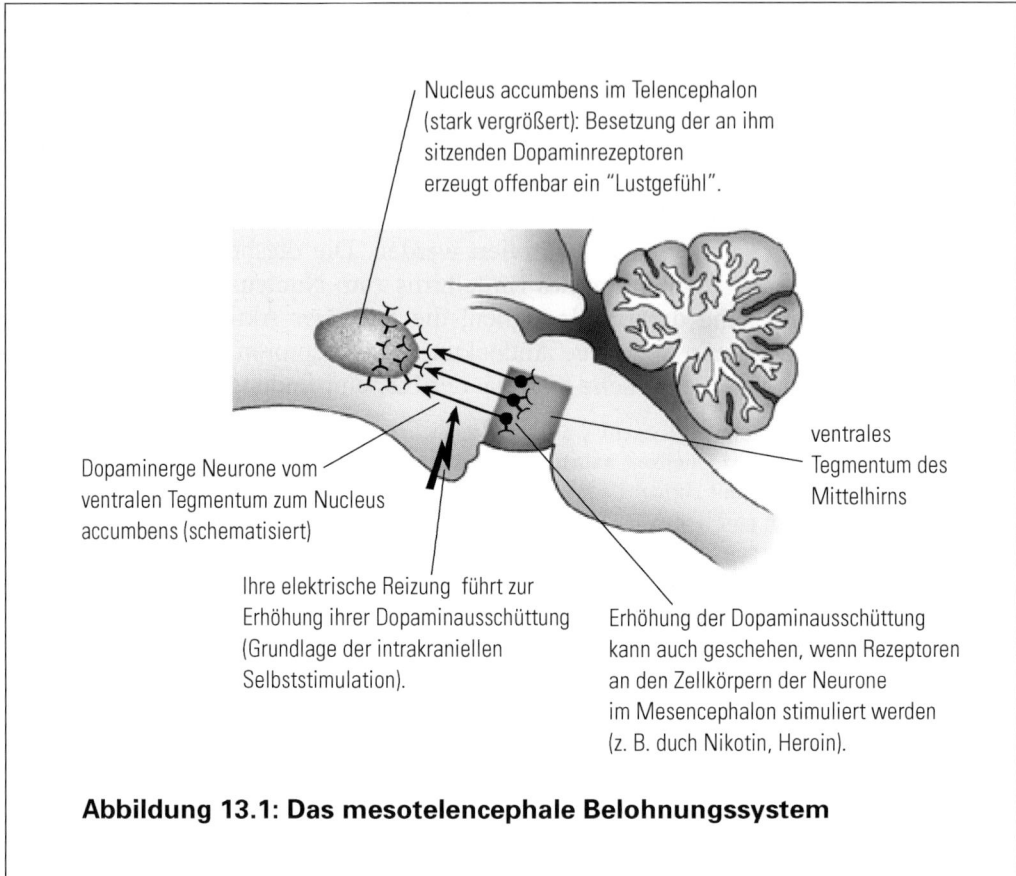

Abbildung 13.1: Das mesotelencephale Belohnungssystem

13.2.2 Weitere psychische Effekte

Anxiolyse und Sedierung: Einige Substanzen (z.B. Alkohol, Benzodiazepine, Opioide, Cannabis) besitzen eine beruhigende, spannungslösende, angstabbauende (anxiolytische) Wirkung, die teils das Konsumverhalten und Mißbrauch erklären kann (z.B. „Erleichterungstrinken"). Üblicherweise ist damit, v.a. nach Konsum höherer Dosen, Sedierung verbunden, d.h. Erzeugung von Müdigkeit sowie Leistungseinschränkung.

Als Hauptmechanismus von Anxiolyse und Sedierung nimmt man drogenbedingte Veränderungen am $GABA_A$-Rezeptorkomplex an; dabei wird entweder durch Besetzung von Benzodiazepinrezeptoren die Wirkung des Transmitters GABA verstärkt (wie durch die Benzodiazepine) oder durch Anlagerung an andere, an diesem Komplex lokalisierte Rezeptoren direkte Öffnung von Chloridkanälen bewirkt (wie es mutmaßlich bei Barbituraten und Alkohol der Fall ist). Daneben steht ein zweiter Mechanismus zur Diskussion, v.a. für die alkoholbedingte Anxiolyse und Sedierung, nämlich Blockade des NMDA-Rezeptors für den erregenden Transmitter Glutamat.

13.2 Allgemeines zu Drogenwirkungen und ihren biologischen Grundlagen

Antriebssteigerung: Einige Substanzen führen zu deutlicher Aktivitätserhöhung und zu kurzfristiger Leistungsverbesserung, beispielsweise die Amphetamine, die lange (mehr oder weniger offiziell) besonders zu diesem Zwecke eingesetzt wurden, ebenso Kokain; vorübergehende Vertreibung der Müdigkeit ist zudem ein bekannter Effekt von Koffein und Nikotin. Der Mechanismus ist nicht eindeutig geklärt; diskutiert wird Verstärkung der noradrenergen, eventuell auch der dopaminergen Übertragung; so setzen Amphetamine aus der präsynaptischen Zelle vermehrt diese beiden Transmitter frei, Kokain wirkt u.a. als Reuptake-Hemmer für Dopamin und Noradrenalin.

Halluzinogene und psychedelische Effekte: Einige psychotrope Substanzen (etwa LSD) werden als Halluzinogene oder besser als Psychedelika bezeichnet. Charakteristische Effekte sind akzentuierte Wahrnehmung, verändertes Raum- und Zeitgefühl sowie ungewohnte Körperempfindungen, während regelrechte unkorrigierbare Halluzinationen eher atypisch sind. Psychedelisch wirken nicht nur die klassischen Halluzinogene LSD und Meskalin, sondern auch Cannabis und (mit Einschränkungen) bestimmte Amphetaminderivate (beispielsweise MDMA = Ecstasy). Der Mechanismus ist noch nicht geklärt; am plausibelsten erscheint eine agonistische Wirkung an bestimmten Serotoninrezeptoren (nämlich denen des Typs 5-HT$_2$).

Die folgende Tabelle stellt die psychischen Wirkungen der einzelnen Substanzen zusammen; hingewiesen sei, daß es hierbei große Unterschiede zwischen Personen gibt und so die einzelnen Reaktionen nicht sicher vorherzusagen sind.

Tabelle 13.1: Unmittelbare psychische Effekte bei Konsum psychotroper Substanzen (nach Köhler 1999a, S. 71)

Substanz	Euphorisierung	Sedierung	Antriebssteigerung	Halluzinogene (psychedelische) Effekte
Alkohol	+	+	(+)[a]	−
Opioide	++	+	−	(+)
Benzodiazepine	(+)[b]	++	(+)[c]	−
Barbiturate	+	++	(+)[c]	−
Kokain	++	−	++	(+)[d]
Psychostimulantien (Amphetamine)	++	−	++	(+)[d]
Cannabis	+	+	(+)	+
Halluzinogene	+	−	(+), +	++
Nikotin	+	+	+	−

−: tritt in der Regel nicht auf; (+): kann auftreten; +: tritt mit gewisser Regelmäßigkeit auf; ++: tritt regelmäßig und stark auf; [a]: dosis- und ausgangslagenabhängig; [b]: evtl. indirekte Euphorisierung durch Anxiolyse; [c]: als paradoxer Effekt mitunter zu beobachten; [d]: eher im Sinne von akuten psychotischen Symptomen mit Verlust der Realitätsprüfung

13.2.3 Körperliche Effekte

Zahlreiche psychotrope Substanzen wirken direkt oder indirekt auf das vegetative Nervensystem, so Nikotin an Ganglien, Amphetamine und Kokain u.a. auf die Übertragung vom postganglionären sympathischen Neuron auf das Effektororgan; Opioide besetzen Rezeptoren an Zentren des Hirnstamms (Atem- und Hustenzentrum). Damit finden sich als Begleiterscheinungen von Drogenkonsum körperliche Veränderungen, die teils für die beobachteten Todesfälle verantwortlich sind. Nach Einnahme von Kokain und Amphetaminen treten z. B. Pulsbeschleunigung und Blutdruckerhöhung mit der Gefahr kardiovaskulärer Komplikationen auf (Herzinfarkte, Rhythmusstörungen, Hirnblutungen). Bei Opioidintoxikation kann es zu Atemlähmungen kommen.

Nicht selten werden neurologische Symptome nach Einnahme psychotroper Substanzen beobachtet, speziell nach Konsum höherer Dosen; am bekanntesten dürften die alkoholbedingten Gang- und Sprachstörungen sein. Über die Mechanismen lassen sich oft nur Vermutungen anstellen: Wirkung auf GABA- und Glutamatrezeptoren dürfte hier eine wichtige Rolle spielen, ebenso direkte Schädigung von Neuronen.

13.3 Toleranz; Entzugssymptomatik; schädlicher Gebrauch und Abhängigkeitssyndrom

13.3.1 Toleranz

Wird nach wiederholter Einnahme einer psychotropen Substanz bei gleicher Dosis die Wirkung geringer oder muß die eingenommene Menge gesteigert werden, um weiterhin gleiche Effekte zu erzielen, spricht man von *Toleranz*. Bei manchen Substanzen beobachtet man erhebliche Toleranzentwicklung; so vertragen nicht selten Opioidsüchtige ein Vielfaches der für Unerfahrene mit Sicherheit tödlichen Dosis.

Üblicherweise unterscheidet man zwei Formen von Toleranz: Bei der *metabolischen (pharmakokinetischen) Toleranz* ist die Verstoffwechselung, insbesondere der Abbau, der psychotropen Substanz gesteigert, so daß ein geringerer Anteil an ihren Wirkungsort gelangt. Bedeutsam ist die metabolische Toleranz nach längerem Alkoholkonsum, wobei neue Enzyme für den Abbau aktiviert werden. Davon ist die *funktionelle (zelluläre) Toleranz* zu unterscheiden: Sie kommt durch Veränderung am Wirkungsort selbst zustande (also meist an den Synapsen); so kann sich als Folge erhöhten Substanzangebots die Anzahl oder Empfindlichkeit von Rezeptoren reduzieren oder nachgeschaltete Signaltransduktionsprozesse abgeschwächt verlaufen (s. 3.2.5); zum Großteil funktioneller Art ist u.a. die Opioidtoleranz. Neben metabolischer und funktioneller Toleranz scheint es sinnvoll, eine dritte Toleranzform einzuführen (bzw. die funktionelle Toleranz in zwei Unterformen aufzugliedern). Diese dritte Form (für die häufig die wenig treffende Bezeichnung *behaviorale* Toleranz verwendet wird) ist charakterisiert durch Gegenregulationen auf anderer Ebene (nicht durch Veränderungen an den Drogenwirkungsorten, d.h. typischerweise den Synap-

13.3 Toleranz; Entzugssymptomatik; schädlicher Gebrauch und Abhängigkeitssyndrom 321

sen), die den Substanzeffekten entgegenwirken. Ein fiktives Beispiel sollte den Sachverhalt verständlicher machen: Als Folge von Heroinkonsum würde über Besetzung von Opioidrezeptoren im Atemzentrum ohne Gegenregulation die Atmungsaktivität sinken. Um dem entgegenzuwirken, könnten an den Opioidrezeptoren Veränderungen auftreten (funktionelle Toleranz) oder an den Bronchien Erweiterungen stattfinden, die wiederum die Effekte der reduzierten Atemtätigkeiten kompensieren (behaviorale oder sicher besser ausgedrückt: gegenregulatorische Toleranz).

Diese Toleranzform könnte bestimmte Charakteristika der Entzugssymptomatik und das fortwährende Bedürfnis nach der Substanz erklären: Hält nämlich die Gegenregulation länger als der Drogeneffekt an, würde sich nach Abstinenz ein Ungleichgewicht einstellen, welches erst wieder durch Substanzzufuhr beseitigt wird. Ein interessanter Gedankengang läßt sich entwickeln unter der Annahme, daß diese Gegenregulation klassisch konditionierbar ist: Auf die Einnahme einer psychotropen Substanz (unkonditionierter Stimulus = UCS) folgt nach diesem Modell nicht nur eine (unkonditionierte) körperliche Antwort UCR_1, eben die Drogenwirkung, sondern auch eine (gleichfalls unkonditionierte) kompensatorische Gegenreaktion UCR_2, die die Effekte von UCR_1 partiell aufhebt. Es wäre nun denkbar, daß letztere *klassisch konditionierbar* ist: Unter Auftreten von Bedingungen, die mit der Substanzeinnahme in gewisser Regelmäßigkeit verknüpft sind (CS, etwa dem Ort, wo Heroinabhängige die Substanz injizieren), kann im Sinne dieses Modells zusätzlich eine konditionierte Gegenreaktion CR_2 auftreten, die UCR_2 gleicht und ebenfalls die Wirkung von UCR_1 vermindert (konditionierte Kompensationsreaktion). Demnach wäre bei Konsum im bekannten Rahmen die Wirkung einer psychotropen Substanz vermindert.

Noch implikationsreicher ist die Überlegung, daß bei Abwesenheit der üblicherweise mit Drogenkonsum assoziierten Stimuli, etwa bei Einnahme an ungewohnten Örtlichkeiten, die Substanzeffekte stärker sind, weil unter diesen Umständen der konditionierte Anteil der Gegenregulation (CR_2) wegfällt. Damit ließe sich zwanglos erklären, warum, wie insbesondere bei Opioidabhängigen beobachtet, bei Konsum im nicht vertrauten Rahmen häufiger Todesfälle auftreten: In diesem Fall würde die kompensierende Wirkung der konditionierten Gegenreaktion entfallen.

Zu dieser Hypothese der situationsspezifischen Toleranz gibt es tierexperimentelle Untersuchungen: So konnten Siegel et al. (1982) zeigen, daß fast sämtliche Tiere einer heraintoleranten Gruppe von Ratten starben, wenn man ihnen eine hohe Dosis in ungewohnter Umgebung verabreichte; hingegen waren es deutlich weniger in einer Gruppe, die diese Menge in jenem Setting erhielten, in dem sie sonst Heroin konsumiert hatten (s. dazu auch Siegel 1978). Weiter könnten diese Annahmen verständlich machen, warum oft im gewohnten Setting die Gier nach Drogen wächst: Die aversiv empfundene konditionierte Gegenreaktion würde eine Beendigung mittels Konsums der psychotropen Substanz erfordern.

Es gibt jedoch gewisse Schwierigkeiten mit dieser anregenden Theorie: So wäre nicht nur eine Konditionierung der Gegenreaktion, sondern auch des angenehmen Drogeneffekts selbst zu erwarten, was tatsächlich zu beobachten ist: Manche entwöhnte Drogenabhängige scheinen sich gerne die Stimuli der Applikation zu verschaffen, etwa entgiftete Heroinsüchtige dabei Vergnügen empfinden, sich mit einer Injektionsnadel zu stechen (Pinel 1997, S. 357).

Ein interessantes Phänomen dürfte sich ebenfalls am besten durch kompensatorische Gegenregulationen erklären lassen, nämlich daß nicht alle Wirkungen psychotroper Substanzen gleichmäßig der Toleranzentwicklung unterliegen: So bildet sich bei Nikotinkonsumenten Toleranz relativ schnell gegenüber vegetativen Effekten aus, weniger gegenüber den euphorisierenden. Zudem entwickelt sich Toleranz möglicherweise nur für jene Wirkungen, die für die Einnahme relevant waren: So scheint sich in Tierversuchen die antikonvulsive Wirkung von Alkohol nur dann abzuschwächen, wenn sie für eine gewisse Zeit zur Anfallsprophylaxe eingesetzt wurden; wird die Substanz in anderem Kontext über die gleiche Zeitspanne verabreicht, bleibt der antikonvulsive Effekt erhalten (Pinel 1997, S. 343 f.).

Erwähnt sei noch das Phänomen der *Kreuztoleranz*: Nach längerfristiger Zufuhr einer Substanz hat eine verwandte psychotrope Substanz bei erstmaliger Einnahme häufig geringere Effekte hat als erwartet. Zumindest partielle Kreuztoleranz beobachtet man üblicherweise zwischen Alkohol, Barbituraten und Benzodiazepinen, außerdem zwischen verschiedenen Opioiden oder zwischen den Halluzinogenen LSD und Meskalin. Stoffe mit gegenseitiger Kreuztoleranz sind oft auch in der Lage, wechselseitig Entzugserscheinungen zu beseitigen.

13.3.2 Entzugssymptomatik

Wird nach längerem und regelmäßigem Konsum psychotroper Substanzen die Menge reduziert oder der Konsum völlig eingestellt, lassen sich nicht selten *Entzugssymptome* beobachten, die, wie etwa bei Alkoholkonsumenten, schwer und sogar lebensbedrohlich sein können; die Entzugssymptomatik ist zumeist gut durch erneute Zufuhr der entsprechenden Substanz zu beseitigen (oder von Stoffen, die mit ihr Kreuztoleranz aufweisen). Sehr häufig geht Toleranzentwicklung mit Ausbildung von Entzugserscheinungen einher. Es handelt sich allerdings nicht um eine Gesetzmäßigkeit: So entwickelt sich gegenüber den klassischen Halluzinogenen wie LSD und Meskalin rasch Toleranz, während Entzugssymptomatik bestenfalls selten auftritt.

Strenggenommen sind von den eigentlichen Entzugssymptomen die Reboundphänomene abzugrenzen; darunter versteht man das Wiederauftreten von Symptomen, zu deren Beseitigung die Droge eingenommen wurde (z.B. erneute Schlafstörungen nachdem Absetzen eines Schlafmittels). Hingegen sind echte Entzugssymptome körperliche Neubildungen, wurden bei den Betreffenden zuvor nie beobachtet, sondern setzen erstmalig bei Abstinenz nach mehr oder weniger langem Konsum ein. Eindrucksvollstes Beispiel sind epileptische Anfälle, die bei bis dahin diesbezüglich nicht belasteten Personen nach Beendigung von Alkohol-, Barbiturat- oder Benzodiazepinkonsum auftreten können.

Über die Entstehung von Entzugssymptomatik herrscht nur bedingt Klarheit. Am plausibelsten scheint die Annahme, daß auf die Substanzzufuhr hin Gegenregulationen eingesetzt haben (auf Rezeptorebene oder an anderer Stelle), so daß bei Fehlen ein nicht sofort zu kompensierendes Ungleichgewicht entsteht. Neben körperlichen Erscheinungen läßt sich bei Substanzentzug ein relativ einheitliches psychisches Syndrom von Dysphorie, Angst und Unruhe beobachten; sein biologisches Korrelat könnte verminderte Dopaminausschüttung in den Nucleus accumbens sein (s. dazu Rodriguez de Fonseca u. Navarro 1998 und die dort angeführte Literatur).

13.3.3 Schädlicher Gebrauch und Abhängigkeit

Es ist sinnvoll, aber leider nicht konsequent durchgeführt, zwischen schädlichem Gebrauch (Mißbrauch) von Substanzen und regelrechter Abhängigkeit zu unterscheiden. Ersterer ist dadurch gekennzeichnet, daß der Konsum mit gewisser Wahrschein-

13.3 Toleranz; Entzugssymptomatik; schädlicher Gebrauch und Abhängigkeitssyndrom 323

lichkeit zu körperlichen oder psychischen Schädigungen führt oder bereits geführt hat. Eine Substanzmißbrauch treibende Person muß keineswegs abhängig sein. Von Abhängigkeit oder Abhängigkeitssyndrom spricht man laut ICD-10 (S. 92 f.) erst dann, wenn im Laufe des letzten Jahres drei der folgenden – hier vereinfacht dargestellten – Kriterien erfüllt waren, nämlich
1. „Ein starker Wunsch oder eine Art Zwang, psychotrope Substanzen zu konsumieren" 2. „Verminderte Kontrollfähigkeit bezüglich des Beginns, der Beendigung und der Menge des Konsums" 3. „Ein körperliches Entzugssyndrom" 4. „Nachweis der Toleranz" 5. „Fortschreitende Vernachlässigung anderer Vergnügen oder Interessen zugunsten des Substanzkonsums" 6. „Anhaltender Substanzkonsum trotz Nachweises eindeutiger schädlicher Folgen".

In ICD-10 wird also – anders als in vielen Lehrbüchern – nicht zwischen körperlicher (physischer, physiologischer) und psychischer Abhängigkeit unterschieden; erstere wird v.a. durch Toleranzentwicklung und Entzugserscheinungen charakterisiert, letztere durch die eher psychischen Symptome des zwanghaften Konsums (der Stoffgier, des „Craving") und des Kontrollverlustes. Diese Unterscheidung macht wenig Sinn, da oft Abhängigkeitskriterien aus beiden Kategorien gleichzeitig erfüllt sind; zudem wird dadurch fälschlicherweise suggeriert, daß die psychische Abhängigkeit keine biologischen Grundlagen hat und nicht medikamentös zu behandeln ist; tatsächlich dürften aber dem psychischen Symptom der Substanzgier (dem „Craving") sehr wohl körperliche Prozesse zugrunde liegen, in die man pharmakologisch eingreifen kann (mit Anti-Craving-Substanzen). Man beachte zudem, daß in ICD-10 der Begriff Sucht nicht auftaucht; ihm entspricht im wesentlichen Abhängigkeit. Die zuweilen in der Literatur nachdrücklich betonte Unterscheidung zwischen Sucht und Abhängigkeit ist dort also aufgegeben.

Nach dem Gesagten muß zwischen den biologischen Grundlagen von Substanzmißbrauch und Abhängigkeit unterschieden werden. Über beides liegt letztlich nur wenig Gesichertes vor. Es gibt Hinweise, daß eine gewisse – wohl großteils genetisch determinierte – Unempfindlichkeit gegenüber ihren aversiven Effekten ein begünstigender Faktor für den schädlichen Gebrauch einer psychotropen Substanz ist. Für die wichtigste dieser Substanzen, den Alkohol, liegen dazu eindrucksvolle Belege vor: Bei Söhnen von Vätern mit Alkoholmißbrauch ließen sich vergleichsweise geringe neurologische und hormonelle Reaktionen auf Alkohol nachweisen (Schuckit u. Gold 1988); zudem zeigte ein langjähriges Follow-up, daß Personen, welche schon in jungen Jahren wenig auf Alkohol reagierten, später gehäuft Alkoholmißbrauch aufwiesen (Schuckit u. Smith 1996; s. auch Schuckit 1994).

Aufschlußreich sind hier Beobachtungen an Indianern, Eskimos, Japanern und Chinesen: Bei ihnen liegt typischerweise eine bestimmte Konstellation alkoholabbauender Enzyme vor, aufgrund welcher Alkohol stark aversive Effekte hat. Interessanterweise findet sich in Japan unter Personen mit Alkoholmißbrauch und -abhängigkeit, im Gegensatz zum Rest der Bevölkerung, diese Enzymkonstellation nur selten; offenbar stellt der erschwerte Abbau aversiv wirkender Alkoholmetaboliten einen protektiven Faktor dar (s. dazu auch Schmidt 1997, S. 85 ff. sowie Chen et al. 1997).

Bedingungen, die Alkoholmißbrauch begünstigen (so die erwähnte Insensitivität gegenüber aversiven Effekten der Substanz) fördern sicher auch die Entwicklung von Abhängigkeit. Es müssen jedoch noch weitere Faktoren hinzukommen, um diese auszubilden. Die komplizierten und empirisch noch unzureichend belegten Theorien können hier nicht dargestellt werden. Angedeutet sei nur, daß man bei Personen mit Abhängigkeitssyndrom eine (weitgehend genetisch bedingte) Dysfunktion von Regelsystemen annimmt, so etwa im System Hypothalamus-Hypophyse-Nebennierenrinde, daneben von regelrechten angeborenen Defiziten ausgeht, etwa Minderaktivität im endogenen Opiatsystem, die durch Zufuhr psychotroper Substanzen ausgeglichen werden soll (s. dazu Rommelspacher 1999). Dieser innere Ungleichgewichtszustand wäre dann ein biologisches Korrelat der oft unbezwingbaren Substanzgier, des „Craving" (s. dazu genauer Halikas 1997; Kreek u. Koob 1998; Self u. Nestler 1998).

So sollen spontan Alkohol präferierende Ratten ein Dopamindefizit im Nucleus accumbens aufweisen (s. dazu Rommelspacher 1996); bei Alkoholikern scheint – möglicherweise genetisch bedingt – die Spontanaktivität im endogenen Opiatsystem eingeschränkt, welches andererseits offenbar besonders gut auf Alkohol anspricht (Wand et al. 1998; Gianoulakis 1998).

Die einfachen Verstärkermodelle der Substanzabhängigkeit, welche annehmen, daß die Droge zum einen wegen ihrer angenehmen Effekte (positive Verstärkung), zum anderen zur Verhinderung von Entzugserscheinungen (negative Verstärkung) eingenommen wird, greifen eindeutig zu kurz (s. dazu kritisch Robinson u. Berridge 1993). Insbesondere scheint den Abhängigen – anders als in den Frühstadien des Konsums – die Einnahme der Substanz oft keine Freude mehr zu bereiten, so daß der Konsum andere Gründe haben muß. Zudem existiert dieses Craving, dem schließlich häufig nachgeben wird, auch bei Personen, die längst abstinent sind, also die Droge nicht zur Beseitigung akuter Entzugserscheinungen benötigen.

Zur Therapie der Substanzabhängigkeit setzt man, nachdem – oft mit Hilfe von Medikamenten – der Konsum beendet wurde und die Entzugssymptome verschwunden sind, zur Linderung der Gier Anti-Craving-Medikamente ein (s. 13.4.2 und 13.5.2). Aversiv wirkende Stoffe, wie etwa Disulfiram (Antabus) bei der Therapie der Alkoholabhängigkeit, kommen hingegen immer seltener zum Einsatz.

13.4 Alkohol

13.4.1 Eigenschaften; Verstoffwechselung; unmittelbare Effekte

Wenn man von Alkohol spricht, meint man üblicherweise Ethylalkohol (Ethanol, Äthanol) mit der Summenformel C_2H_5OH. Ethanol liegt bei Zimmertemperatur als farblose Flüssigkeit mit einem spezifischen Gewicht von 0,79 g/ml = 79 g/100ml vor, ist somit etwa um 20% leichter als Wasser. Die Konzentration alkoholischer Getränke wird üblicherweise in *Volumenprozent* (Vol%) angegeben. Ein Liter eines 40% alkoholischen Getränkes enthält also 400 ml und somit 0,79 x 400 g = 316 g Alkohol. Ethanol entsteht natürlicherweise aus Glukose durch Gärung mit Hilfe von Hefepilzen, die eine spontane Gärung etwa von Obst hervorrufen; bei der Herstellung alkoholischer Getränke werden sie üblicherweise zugesetzt.

Ethanol wird bekanntlich oral aufgenommen. Dabei wird bereits in der Mundhöhle ein kleiner Teil resorbiert (speziell bei hochprozentigen Getränken); hauptsächlich geschieht dies aber im Magen und v.a. im Duodenum (Zwölffingerdarm). Der Alkohol erreicht über das Pfortaderblut zunächst die Leber und von dort weiter das Blut und die Gewebe, u.a. des Gehirns.

13.4 Alkohol

Als präsystemische Elimination wird die Tatsache bezeichnet, daß ein Teil des konsumierten Alkohols nicht ins Blut gelangt (dieser Resorptionsverlust kann bis zu 30% betragen). Zum einen wird, besonders bei langsamem Trinken, ein Teil bereits in der Leber abgefangen und abgebaut (sogenannter first-pass-Effekt); bedeutsamer ist wohl ein bereits im Magen stattfindender Abbau mittels ADH (des v.a. in der Leber zu findenden, Ethanol in Acetaldehyd umwandelnden Enzyms). Dies macht verständlich, warum bei gut gefülltem Magen Alkohol weniger starke Effekte hat.

Ethanol passiert gut die Bluthirnschranke, dringt auch leicht in das übrige Gewebe ein (Fettgewebe ausgenommen) und verteilt sich somit rasch im Körper. Von dort gelangt er allmählich wieder ins Blut und schließlich in die Leber, wo der wesentliche Abbau stattfindet. Dort gibt es *zwei Enzymsysteme*, welche Alkohol zunächst zu *Acetaldehyd* abbauen. Das in den Mikrosomen des endoplasmatischen Retikulums der Leberzellen lokalisierte System (MEOS = microsomal ethanol oxidizing system) tritt offenbar v.a. dann in Aktion, wenn akut höhere Alkoholmengen anfallen und vermehrt sich zudem bei chronischem Alkoholkonsum (Grundlage der metabolischen Toleranz). Normalerweise erfolgt jedoch der Abbau über die *Alkoholdehydrogenase* (ADH), deren Konzentration sich auch durch chronischen Konsum wenig zu verändern scheint. Der anfallende stark toxische Acetaldehyd wird über das Enzym *Aldehyddehydrogenase* (ALDH) zu *Essigsäure* metabolisiert, die in die energieliefernden Zyklen (etwa den Zitronensäurezyklus) eingeführt werden kann und schließlich zu CO_2 und H_2O abgebaut wird.

ALDH liegt in mehreren Unterformen (Isoenzymen) vor, deren Menge zu einem erheblichen Teil genetisch determiniert ist. Fehlen einzelne dieser Isoenzyme, ist der Abbau des Acetaldehyds verzögert und es kommt zu teilweise sehr unangenehmen körperlichen Reaktionen wie Gesichtsrötung (flushing), Herzjagen, Blutdruckabfall, Übelkeit. Die mangelnde Alkoholtoleranz, die gehäuft bei manchen Volksgruppen zu finden ist (etwa Japanern, Indianern), dürfte auf Fehlen eines dieser ALDH-Isoenzyme oder Vorliegen einer inaktiven Variante beruhen. Andererseits scheint dies – wie in 13.3.3 erwähnt – einen protektiven Faktor gegen die Entwicklung chronischen Alkoholmißbrauchs darzustellen. Das zur Aversivtherapie des chronischen Alkoholismus eingesetzte Disulfiram (Antabus) deformiert ALDH durch Aufbau einer intramolekularen Disulfidbrücke und inaktiviert damit das Enzym (s. dazu Crabb et al. 1987). Nehmen Personen unter Disulfirambehandlung wider die Anweisung auch nur geringe Mengen Alkohol zu sich, treten die erwähnten Aversivreaktionen auf.

Wirkungen und ihre Mechanismen: Die unmittelbaren Alkoholwirkungen sind v.a. psychischer Natur, wobei Euphorisierung i.a. immer, Anxiolyse häufig gewünscht wird, Beeinträchtigung psychischer Leistungen wie Konzentration und Reaktionsgeschwindigkeit meist billigend in Kauf genommen werden; hinzu kommen körperliche Effekte.

Trotz intensiver Forschung sind die *Wirkmechanismen* nur sehr *unzulänglich* verstanden. Nach gegenwärtigem Kenntnisstand existiert *kein spezifischer Alkoholrezeptor* – während beispielsweise für Opioide und Benzodiazepine Bindungsstellen mittlerweile nachgewiesen und in ihrer Struktur geklärt sind. Daher gibt es auch kein spezifisches Antidot gegen Alkohol, welches ausschließlich dessen Wirkung sicher aufheben kann.

Ethanol wirkt auf diverse Transmittersysteme: Vermutet wird ein agonistischer Effekt am *$GABA_A$-Proteinkomplex*, ein *antagonistischer* am *NMDA-Rezeptor* für den *erregenden Transmitter Glutamat*. Besetzung u.a. von *Serotonin-, Dopamin-, Noradrenalin- und Opiatrezeptoren* gilt ebenfalls als wahrscheinlich, zudem Anlagerung direkt an *Membranen* und unmittelbare Beeinflussung des Öffnungsgrads von Ionenkanälen (s. dazu Diamond u. Gordon 1997).

Der sehr konstante Alkoholeffekt der Euphorisierung, wohl die wichtigste Ursache der Abhängigkeit, wird v.a. auf die *Aktivierung dopaminerger mesotelencephaler Bahnen*, speziell zum Nucleus accumbens, zurückgeführt (Di Chiara 1997; zum „mesotelencephalen Belohnungssystem" s. auch 13.2.1). Ungeklärt ist noch, wie Alkohol diese dopaminergen Nervenzellen anregt. Die im Mittelhirn gelegenen Dendriten und Zellkörper dieser Neuronen sind reich an *Serotonin-* und *Opioidrezeptoren*, so daß Ethanol direkt oder indirekt auf diese Bindungsstellen wirken könnte. Vertreten wird auch die Hypothese, daß Alkohol die *Freisetzung endogener Opiate* verstärkt, die ihrerseits wiederum über Besetzung von Rezeptoren an mesencephalen Neuronen deren Feuerungsrate erhöhen (etwa Gianoulakis et al. 1996; zur Rolle anderer Transmittersysteme s. LeMarquand et al. 1994).

Die wohl bekannteste Alkoholwirkung der *Anxiolyse und Sedierung* (sich „Mut antrinken", Erleichterungstrinken) wird über Beeinflussung des *GABA$_A$-Proteinkomplexes* erklärt, welcher die Chloridkanäle umgibt und dort den Ioneneinstrom mit der Folge von Hyperpolarisation und verminderter Erregbarkeit kontrolliert (Mihic u. Harris 1997). Anders als die Benzodiazepine öffnet Ethanol möglicherweise *unmittelbar* die Chloridkanäle (mit der Folge einer deutlich *höheren Toxizität*).

Neben dieser gut nachgewiesenen Wirkung wird als weiterer Mechanismus der Sedierung ein antagonistischer Effekt von Ethanol am *NMDA (N-Methyl-D-Aspartat)-Rezeptor* für den erregenden Transmitter Glutamat angenommen; Ethanol erschwert dort offensichtlich den Einstrom positiver Calciumionen (Tsai et al. 1995; Tabakoff u. Hoffman 1996; Gonzales u. Jaworski 1997). *Verminderung der neuronalen Erregbarkeit* dürfte auch *Einschränkungen von Reaktionsgeschwindigkeit, Sehstörungen* und diversen anderen *neurologischen Auffälligkeiten* im Rausch zugrundeliegen. Die sedierende Wirkung des Alkohols führt in höheren Dosen zu Schläfrigkeit, bei sehr hohen Blutalkoholkonzentrationen zum Koma.

Die v.a. nach stärkerem Konsum beobachtete enthemmende Wirkung von Alkohol („in vino veritas") und gesteigerte Aggression ist möglicherweise eine Sonderform der Sedierung, nämlich eine *Disinhibition*: Bahnen, die physiologischerweise die Aktivität gewisser zentralnervöser Strukturen reduzieren, könnten durch die Ethanolwirkung am GABA$_A$-Rezeptorkomplex selbst in ihrer dämpfenden Funktion beeinträchtigt werden, woraus letztlich neuronale Überaktivität resultieren würde (s. dazu Valenzuela 1997 und die dort angeführte Literatur). Als weitere Alkoholwirkung sei die initiale, vor der Sedierung einsetzende, psychomotorische Stimulation genannt (z.B. angeregte Gespräche), ein Effekt, der sich auch im Tierversuch nachweisen läßt. Als Mechanismus diskutiert wird eine Aktivierung dopaminerger mesolimbischer Bahnen, möglicherweise durch Besetzung bestimmter Opiatrezeptoren (Spanagel u. Zieglgänsberger 1996).

Von den *körperlichen Effekten* sei zunächst die *Erhöhung der Serumkonzentrationen von HDL* (High-density-Lipoproteinen) und des an sie gebundenen *HDL-Cholesterins* zu nennen, was nach allen augenblicklichen Erkenntnissen einen *koronarprotektiven Effekt* hat. Als weitere, dem Herzinfarkt vorbeugende Effekte des Alkohols sind *Hemmung der Thrombozytenaggregation* und *Beeinflussung von Gerinnungsfaktoren* anzuführen.

13.4 Alkohol

Ethylalkohol hat verschiedene weitere kardiovaskuläre Effekte, die keineswegs alle positiv sind: In geringeren Dosen wirkt er gefäßerweiternd (was zu erhöhtem Wärmeverlust führen kann), in hohen Mengen blutdrucksteigernd. Weiter führen bereits kleine Alkoholmengen zu Abnahme der Herzleistung, v.a. bei vorgeschädigtem Herzen; zudem können verschiedene Formen von Herzrhythmusstörungen ausgelöst werden.

Im *gastrointestinalen System* kommt es u.a. zu vermehrter Säurebildung; Konsum höherprozentiger Spirituosen führt zu Entzündungen an der Schleimhaut von Speiseröhre und Magen. An der *Niere* hat Alkohol einen deutlich *diuretischen* Effekt, wahrscheinlich über Hemmung der ADH-Sekretion im Hypophysenhinterlappen; dieser Wasserverlust dürfte u.a. für das nach stärkerem Alkoholkonsum zu beobachtende Durstgefühl verantwortlich sein („Brand").

Ein weiterer verzögerter Effekt ist der bekannte „Alkoholkater" („Hangover") mit Kopfschmerz, Abgeschlagenheit, Lustlosigkeit. Als Ursache diskutiert wird *Verlust von Wasser und Elektrolyten* durch die starken diuretischen Effekte (Aufnahme von Flüssigkeit und salzigen Speisen, das sogenannte „Katerfrühstück", kann diesen Zustand häufig bessern). Eine Rolle bei der Entstehung dürften aber auch andere Inhaltsstoffe alkoholischer Getränke spielen, beispielsweise Schwefel (zur Pathogenese des „Hangover" s. Swift u. Davidson 1998).

Ein interessantes Phänomen sind die zuweilen nach einem Rausch auftretenden *amnestischen Lücken* („Filmrisse" oder „Black-outs"). Dabei handelt es sich um einen Verlust der Speicherfähigkeit, so daß ganze Handlungssequenzen hinterher nicht mehr in Erinnerung gerufen werden können. Als Mechanismus diskutiert wird Hemmung der NMDA-Rezeptoren für Glutamat im Hippocampus (Diamond u. Gordon 1997).

13.4.2 Alkoholtoleranz und -entzugserscheinungen; Abhängigkeit

Die Toleranzentwicklung bei Alkohol ist sehr ausgeprägt und sowohl metabolischer wie funktioneller Art. Die *metabolische Toleranz*, zu sehen am *rascheren Abbau* des Ethanols bei chronischen Konsumenten, beruht im wesentlichen auf zusätzlicher Aktivierung des MEOS (des mikrosomalen ethanoloxidierenden Systems; s. 13.4.1). Als Grundlage der *funktionellen Toleranz* werden zum einen *Veränderungen in Transmitterausschüttung* und *Empfindlichkeit von Rezeptoren* vermutet (etwa Vermehrung der durch Ethanol blockierten NMDA-Rezeptoren für Glutamat, Verminderung von Bindungsstellen am $GABA_A$-Benzodiazepin-Rezeptorkomplex; s. dazu Köhler 2000, S. 47 f. und die dort angeführte Literatur). Zum anderen nimmt man an, daß durch den chronischen Alkoholkonsum die *Membranen* der Neuronen ihre Eigenschaften verändern (s. dazu ausführlicher Deitrich et al. 1996; Goldstein 1996).

Das *Alkoholentzugssyndrom* ist in der Regel ein sehr schweres Krankheitsbild, gekennzeichnet u.a. durch Angst, Unruhe, Schlaflosigkeit, Zittern (Tremor), Infektionen, schwere Herz-Kreislauf-Reaktionen, diverse Störungen im Elektrolythaushalt, Magen-Darm-Blutungen, vielfach auch durch epileptische Anfälle. Nicht selten tritt zudem ein Delir auf (Delirium tremens) mit räumlicher und zeitlicher Desorientierung, optischen Halluzinationen (den berühmten „weißen Mäusen"), Verfolgungswahn. Bei Entzugssyndromen mit Delir sind die oben genannten Komplikationen häufiger und schwerer; unbehandelt endet diese Erkrankung in etwa 20% der Fälle tödlich.

Zuweilen tritt das Alkoholentzugssyndrom ohne erkennbaren Anlaß auf – man könnte spekulieren: als konditionierte Gegenreaktion (s. 13.3.1); häufiger geht eine Unterbrechung der Trinkroutine voraus, etwa im Rahmen eines Krankenhausaufenthalts mit erzwungener Abstinenz.

Als Pathogenese nimmt man *Überaktivität zuvor gedämpfter Systeme* an, z.B. als Grundlage von Tremor und Herz-Kreislauf-Symptomatik schlagartige *Steigerung der Noradrenalinaktivität* im Locus coeruleus des Hirnstamms. Angst und Unruhe werden durch *fehlende GABAerge* Hemmung erklärt, nachdem sich mutmaßlich durch den chronischen Alkoholkonsum die Zahl der Rezeptoren am $GABA_A$-Benzodiazepinrezeptor-Komplex vermindert hat. Für das Zustandekommen der epileptischen Anfälle werden die vermehrten *NMDA-Rezeptoren für Glutamat* verantwortlich gemacht, an denen im Entzug die inhibierende Wirkung des Alkohols wegfällt (zu den hier nur angedeuteten Sachverhalten s. ausführlich u.a. Gonzales u. Jaworski 1997; Schmidt 1997, S. 158; Trevisan et al. 1998 sowie Littleton 1998).

Alkoholmißbrauch und Alkoholabhängigkeit werden in der Literatur häufig nicht unterschieden und als Alkoholismus zusammengefaßt. Dabei geht die Abhängigkeit deutlich weiter: Zum schädlichen (d.h. potentiell zu Schädigungen führenden) Konsum von Alkohol kommen die Zeichen der regelrechten Abhängigkeit (Toleranz, Entzugssymptomatik, zwanghafte Konsumgier = Craving; s. 13.3.3). Alkoholismus (Alkoholmißbrauch und Alkoholabhängigkeit) ist alles andere als selten und die damit verbundenen Arbeitsausfälle und Krankheitskosten sind volkswirtschaftlich von immenser Bedeutung. Insbesondere für männliche Alkoholiker ist eine deutliche *familiäre Häufung* und *genetische Determinierung* nachgewiesen (s. die Zusammenstellungen in Maier 1996); für weibliche Personen sind die diesbezüglichen Daten weniger eindeutig.

Zu den biologischen Grundlagen waren schon in 13.3.3 einige Ausführungen gemacht worden: Unempfindlichkeit gegenüber aversiven Alkoholeffekten scheint den Mißbrauch zu begünstigen, wohingegen eine durch veränderte Aktivität der abbauenden Enzyme bedingte Alkoholunverträglichkeit einen protektiven Faktor gegen schädlichen Gebrauch darstellt. Als Grundlage der Gier nach Alkohol (Craving) werden – teils basierend auf tierexperimentellen Befunden – bestimmte Ungleichgewichte oder Defizite vermutet (etwa Minderaktivität des endogen Opioidsystems, chronischer Dopaminmangel im Nucleus accumbens), zu deren Regulation der zwanghafte Substanzkonsum dienen soll.

Langjähriger, stärkerer Alkoholkonsum hat zahlreiche schädliche Effekte – wobei andererseits nicht zu übersehen ist, daß Erkrankungen der Herzkranzgefäße mit der Folge von Herzinfarkt bei mäßig Alkohol trinkenden Personen seltener sind als unter Abstinenten (s. dazu die in Köhler 2000, S. 69 f. referierte Literatur). Folgen von längerem und stärkeren Konsum zeigen sich v.a. an der Leber: Hier ist besonders die Leberzirrhose zu nennen mit Einschränkung der Synthesefunktionen (z.B. für Eiweiße, Gerinnungsfaktoren), gestörter Inaktivierung schädigender Stoffwechselprodukte (z.B. des hirntoxischen Ammoniaks), gestautem Pfortadersystem (Aszites = Bauchwassersucht sowie Bildung von leicht blutenden Venengeflechten in der Speiseröhre = Ösophagusvarizen). Im Mund-Rachen-Raum und Verdauungstrakt kann es zu Entzündungen und gehäuft zu bösartigen Neubildungen kommen, im Gegensatz zu den

Koronarien werden die Herzmuskelzellen durch Alkohol geschädigt. Weiter sind zu nennen die Polyneuropathie (Schädigung peripherer Nerven), die alkoholische Impotenz bei Männern sowie diverse Schädigungen des Gehirns (z.B. die hepatische Enzephalopathie als Folge der bei gestörter Leberfunktion gehäuften toxischen Stoffe wie Ammoniak). Das Korsakow-Syndrom (häufig zusammen mit weiteren Störungen und pathologischen Veränderungen zum Wernicke-Korsakow-Syndrom zusammengefaßt) ist v.a. gekennzeichnet durch schwere Amnesien bei Veränderungen im Zwischenhirn (s. auch 8.3.4). Erwähnt sei schließlich das fetale Alkoholsyndrom (Alkoholembryopathie), das bei stärkerem Alkoholkonsum Schwangerer (auch in Form seltener Alkoholexzesse) sehr häufig ist und sich v.a. in körperlichen Mißbildungen der Neugeborenen und intellektuellen Einschränkungen äußert. Die folgende Tabelle stellt die wichtigsten körperlichen Schäden durch Alkoholmißbrauch zusammen.

Tabelle 13.2: Langfristige (körperliche) Folgen von Alkoholmißbrauch

Organ	Krankheit oder Veränderung
Leber	Fettleber, alkoholische Hepatitis, Leberzirrhose
weitere Organe im Verdauungstrakt	Ösophagitis, Gastritis, Pankreatitis, Durchfälle; erhöhtes Risiko für Ösophaguskarzinome[1]
Mund-Rachen-Raum	erhöhtes Risiko für Karzinome[1]
Herzmuskel	Kardiomyopathie
Koronarien	Verhinderung von Atherosklerose
periphere Nerven	Polyneuropathie
Genitalien	bei Männern: Impotenz
Brust	bei Frauen: erhöhtes Risiko für Mammakarzinom
Gehirn	Wernicke-Korsakow-Syndrom, alkoholischer Tremor, Epilepsien (v.a. als Entzugssymptom), hepatische Enzephalopathie

[1]: gilt möglicherweise weniger für Weinkonsumenten als für die von Bier und anderen Spirituosen

Die biologische Therapie von Alkoholabhängigkeit versucht v.a., die Gier nach der Substanz zu dämpfen. Als Anti-Craving-Medikamente werden – unter der Annahme, daß Ethanol seine Wirkung über das endogene Opiatsystem ausübt – Opiatantagonisten verabreicht, z.B. Naltrexon (Nemexin). Gut belegt ist weiter die Wirksamkeit von Acamprosat (Campral) in der Rückfallprophylaxe. Als Wirkmechanismen diskutiert werden Verstärkung der GABAergen Hemmung und Blockade der durch den

Alkoholabusus vermehrten und sensitivierten NMDA-Rezeptoren für Glutamat; Acamprosat würde somit den Effekt haben, den Alkohol auf diese Transmittersysteme ausübt und dessen Einnahme unter neurochemischen Gesichtspunkten überflüssig machen (s. etwa Benkert u. Hippius 1996, S. 408; Spanagel u. Zieglgänsberger 1997).

13.5 Opioide (Opiate)

13.5.1 Eigenschaften; Verstoffwechselung; unmittelbare Wirkungen

Opioide (Opiumartige) sind Substanzen, welche ein ähnliches pharmakologisches Wirkungsspektrum aufweisen wie Morphin, das Hauptalkaloid des Opiums, also insbesondere analgetisch wirken und zu Verengung der Pupillen (Miosis) führen. Dazu gehören zunächst die natürlichen Opioide wie Morphin (Morphium) und Codein, die direkt aus Rohopium (dem getrockneten Milchsaft aus der Samenkapsel des Schlafmohns Papaver somniferum) gewonnen werden. Weiter sind dazu die halbsynthetischen Opioide zu rechnen, welche durch Umwandlungen im Labor aus den natürlichen Opioiden entstehen (z.B. das durch Veresterung von Morphin mit Essigsäure gebildete Diacetylmorphin = Heroin). Vollsynthetische Opioide wie Methadon (Polamidon) oder Pethidin (Dolantin) werden ohne Rückgriff auf natürliche Opiate hergestellt, die endogenen Opioide wie die Enkephaline oder Endorphine sind körpereigene Stoffe mit Morphinwirkung (s. Tabelle 13.3).

Da vollsynthetische und endogene Opioide gar nicht, halbsynthetische nur teilweise aus Opium gewonnen werden, ist die Bezeichnung Opioide an sich korrekter als Opiate. Nicht zuletzt wohl aus klanglichen Gründen ist letztere nie ganz aus der Literatur verschwunden.

Trotz ihrer ähnlichen Wirkung und ihrer gemeinsamen Fähigkeit, an Opioidrezeptoren zu binden, sind die Opioide strukturchemisch äußerst verschieden. Morphin und Codein sind Alkaloide, besitzen damit eine recht komplizierte Ringstruktur mit einem Stickstoffatom, während die endogenen Opioide Peptide (also Ketten von Aminosäuren) sind; wieder eine andere Struktur haben die vollsynthetischen Opioide.

Tabelle 13.3: Einteilung der Opioide

Klasse	Vorkommen bzw. Gewinnung	Beispiele
natürliche O.	kommen im Schlafmohn vor	Morphin, Codein
halbsynthetische O.	durch chemische Behandlung natürlicher O.	Diacetylmorphin (Heroin), Hydromorphon
vollsynthetische O.	Herstellung im Labor ohne Rückgriff auf natürliche O.	Methadon, Fentanyl, Pethidin, Buprenorphin
endogene O.	im Körper produziert	Enkephaline, Dynorphine, Endorphine

13.5 Opioide (Opiate)

Opioide – die endogenen ausgenommen – können prinzipiell oral zugeführt werden, wobei allerdings einige schon weitgehend in der Leber abgefangen werden und daher nur teilweise ihren Wirkungsort erreichen. Keinem first-pass-Effekt unterliegt L-Methadon, welches sich u.a. aus diesem Grund für die orale Substitutionstherapie eignet. Viele Opioide werden deshalb parenteral, z.B. intravenös, zugeführt (etwa Heroin), andere werden geraucht (wie Rohopium) und gelangen über die Lunge unter Umgehung der Leber direkt in den Kreislauf. Die Substanzen passieren gut die Bluthirnschranke und erreichen somit ihre zentralnervösen Zielorte; Heroin tut dies dank der beiden Acetylgruppen besonders schnell, so daß eine rasche explosionsartige Wirkung nach intravenöser Applikation einsetzt (flash oder rush). Opioide werden großteils durch die *Leber* inaktiviert, die entstehenden Metaboliten durch Niere oder Galle ausgeschieden. Ihre *Halbwertszeit* ist üblicherweise *kurz* (zu beachten bei der Schmerztherapie).

Unter therapeutischen Aspekten ist die wichtigste Wirkung die analgetische (schmerzstillende), die auf verschiedene Weise zustande kommt: Zum einen binden sich die Opioide an Opiatrezeptoren in höher gelegenen Hirnarealen, die für Weiterleitung und Verarbeitung von Impulsen aus den afferenten Schmerzbahnen zuständig sind, etwa Thalamus und Teilen des limbischen Systems, zum anderen an Opioidrezeptoren im periaquäduktalen Grau des Mittelhirns und aktivieren so die absteigenden Schmerzbahnen. Ein weiterer Angriffspunkt dürften Opiatbindungsstellen im *Hinterhorn des Rückenmarks* sein, woraus eine *Hemmung der Übertragung vom ersten auf das zweite Neuron der aufsteigenden Schmerzbahn* resultiert (s. dazu 6.6).

Die für die Suchtentwicklung wichtigste Opioidwirkung, die Euphorisierung, dürfte durch Besetzung von Opioidrezeptoren an Neuronen des ventralen Mesencephalons zustande kommen, die ihre Axone zum Nucleus accumbens senden und dort bei Aktivierung vermehrt Dopamin ausschütten (Matthews u. German 1984). Nach Zerstörung des Nucleus accumbens hat Heroin oder Morphin bei Versuchstieren keine verstärkende Wirkung mehr (Zito et al. 1985). Neben dieser über dopaminerge Bahnen vermittelten Euphorisierung wird eine direkte Form diskutiert, nämlich durch Bindung in den an Opiatrezeptoren reichen Strukturen Amygdala, Hypothalamus und Nucleus accumbens (Julien 1997, S. 261 f.; s. auch Koob 1992; Schultheis u. Koob 1994; Bonnet u. Gastpar 1999).

Weitere wichtige – nicht regelmäßig zu beobachtende – Effekte der Opioide sind *Sedierung und Anxiolyse*, weshalb diese Substanzen zuweilen zur großen Gruppe der Narkotika, der sedierenden und betäubend wirkenden Stoffe, gerechnet werden. Als Mechanismus wird – vorläufig eher zurückhaltend – Besetzung von Opiatrezeptoren in der Formatio reticularis angenommen (s. dazu etwa Geschwinde 1996, S. 249; für weitere Hypothesen s. Simonato 1996).

Viele Opioide haben eine stark dämpfende Wirkung auf das Hustenzentrum (Unterdrückung des Hustenreizes durch codeinhaltige Medikamente). Bei schwerer Intoxikation, z.B. im Falle therapeutisch überhöhter Opioiddosen oder bei Mißbrauch, kommt es nicht selten zur *Dämpfung* des an *Opiatrezeptoren reichen Atemzentrums* mit der möglichen Folge tödlicher *Atemdepression*.

Als weiterer Effekt nach Opioidkonsum ist *Verkleinerung der Pupillen*, auch in der Dunkelheit, zu nennen (*Miosis*, vermutlich durch Anlagerung an die parasympathischen Kerne der Augenmuskeln). Zudem wirken Opioide tonussteigernd auf die glatte Muskulatur im Magen-Darm-Trakt; ihre Wirksamkeit gegen Durchfallerkrankungen dürfte v.a. auf einer spastischen Obstipation beruhen. Ein weiterer, bei häufigerem Gebrauch meist verschwindender Opioideffekt ist *Übelkeit und Erbrechen* (durch Besetzung von Opiatrezeptoren in der Area postrema).

Die Effekte der Opiate, beispielsweise die Atemlähmung, können rasch durch Gabe von Opioidantagonisten, etwa dem intravenös zuführbaren Naloxon (Narcanti), aufgehoben werden. Die Existenz von Opiatantagonisten hat letztlich zur Annahme geführt, daß für Opioide spezifische Rezeptoren und für diese wiederum endogene Liganden existieren müssen.

13.5.2 Toleranz; Entzugssymptomatik; Abhängigkeit

Toleranz bildet sich gegenüber Opioiden meist *rasch* aus und ist *sehr ausgeprägt*; so muß nach wenigen Tagen regelmäßigen Konsums bereits die Dosis von Morphin oder Heroin verdoppelt werden, um die gleichen euphorisierenden Effekte zu erzielen. Dauerkonsumenten benötigen oft eine Dosis, die um mehr als das fünf- bis zehnfache höher ist als die sonst letale Menge (s. dazu Snyder 1994, S. 58; Geschwinde 1996, S. 258 f.).

Im wesentlichen dürfte es sich dabei um eine Form *funktioneller* Toleranz handeln, eventuell durch eine – bis jetzt noch nicht sicher nachgewiesene – Verminderung von Opiatrezeptoren, zusätzlich wohl durch Reduktion der Rezeptorempfindlichkeit oder Veränderung der nachgeschalteten Signaltransduktion (s. dazu etwa Simonato 1996; Smart u. Lambert 1996; Simon 1997). Ob sich auch eine konditionierte Toleranz ausbildet (s. 13.3.1), ist unklar; interessant ist immerhin die zuweilen berichtete Beobachtung, daß bei Konsum im nicht vertrauten Rahmen die Wirkungen der Opioide stärker sind, daß Todesfälle durch Überdosierung sich nicht selten dann ereignen, wenn die Injektion in ungewohnter Umgebung gesetzt wird.

Das *Entzugssyndrom* bietet ein eindrucksvolles klinisches Bild und stellt für die Betroffenen einen unangenehmen, jedoch i.a. nicht lebensgefährlichen Zustand dar. Typischerweise finden sich dabei weder Delir noch epileptische Anfälle. Zwar gibt es schwere Verläufe mit Kreislaufkollaps und tödlichem Ausgang, jedoch ist der Entzug von Opioiden deutlich weniger bedrohlich als der nicht therapierte Alkoholentzug. Mehrere Stunden nach letzter Drogeneinnahme – abhängig von der Art der Substanz – kommt es zum *Verlangen nach Opioiden* und *Angstsymptomatik*, später zu *körperlichen Reaktionen* wie u.a. Schwitzen und Tränenfluß, Zittern und Muskelzucken sowie zur Pupillenerweiterung (im Gegensatz zur Pupillenverengung nach Opiateinnahme), zudem zu *grippeähnlichen Symptomen* (Knochen- und Muskelschmerzen, Gänsehaut, Hitze- und Kältegefühle); dann treten weitere *vegetative* Reaktionen hinzu (Blutdruck- und Pulserhöhung, verstärkte Atmung, Anstieg der Körpertemperatur, Übelkeit). In einem letzten Stadium (etwa zwei Tage nach letztem Konsum) kommt es u.a. zu Fieber, Erbrechen, kolikartigen Bauchbeschwerden, Durchfällen (für Genaueres s. etwa Benkert u. Hippius 1996, S. 412; Soyka 1998, S. 49 f.).

Die Pathogenese ist nur bedingt geklärt. Ausgegangen wird von einer Überaktivität diverser Hirnstrukturen wie etwa des Locus coeruleus (Christie et al. 1997); weniger klar ist, wie diese Strukturen aktiviert werden. Die naheliegende Annahme, daß die Symptome aus einer reduzierten Aktivität des endogenen Opioidsystems bei Verminderung der Opiatrezeptoren und Unterdrückung der endogenen Opioidproduktion resultieren, dürfte insofern nicht zutreffend sein, als Blockade der Opiatrezeptoren mittels Antagonisten bei Gesunden weitgehend folgenlos bleibt. Plausibler erscheint die Hypothese, daß zur Kompensierung der Opioideffekte kompensatorische Gegenreaktionen entwickelt wurden, deren Effekt bei Fehlen der Droge das klinische Bild bestimmt.

Zu den Grundlagen von Mißbrauch und Abhängigkeit kann wenig Gesichertes gesagt werden, was nicht zuletzt daran liegt, daß es den reinen Opioidkonsumenten, den klassischen „Heroinfixer", kaum mehr gibt, sondern mittlerweile die meisten Abhängigen mehrere psychotrope Substanzen konsumieren. Tierversuche legen eine gewisse genetische Determinierung für Opioidmißbrauch und -abhängigkeit nahe.

Die direkten körperlichen Schäden nach Opioidmißbrauch sind letztlich gering – verglichen etwa mit den Folgen von Alkoholabusus. Beschrieben werden Appetitlosigkeit, chronische Obstipation, Gewichtsabnahme und Anfälligkeit für Infektionen, eventuell erhöhtes Krebsrisiko (s. dazu Falek et al. 1991). Als *psychische Folgen* sind vorwiegend Stimmungsveränderungen, Leistungsabfall sowie Vernachlässigung anderer Interessen zu nennen – psychotische Symptome oder ein amnestisches Syndrom wie bei Alkoholismus sind hingegen selten. Zahlreiche Probleme entstehen jedoch im Rahmen der illegalen Beschaffung und Applikation der Substanzen; dabei sind v.a. Spritzenabszesse, *Infektion mit Hepatitis B- und C-Viren* oder *HIV-Infektion* zu nennen. Neugeborene opioidabhängiger Mütter sind selbst abhängig und würden ohne initiale Substitutionstherapie Entzugserscheinungen entwickeln.

Die Aufrechterhaltung der Abstinenz nach Entzug ist bekanntlich schwierig. Als medikamentöse Nüchternheitshilfe dient v.a. die Gabe des *Opiatantagonisten Naltrexon* (Nemexin); aufgrund der Blockade von Opiatrezeptoren sollen Heroin oder andere Opioide keine euphorisierende, verstärkende Wirkung mehr haben. Keine Nüchternheitshilfe, sondern eine *Substitutionstherapie* ist die Behandlung mit Methadon. In seltenen Fällen (etwa Methadonunverträglichkeit) kann die Substitutionstherapie legal mit anderen Substanzen durchgeführt werden, etwa mit Codein oder Dihydrocodein, wobei auf die Probleme einer solchen Behandlung nachdrücklich hingewiesen wird (für Weiteres zu Substitutionstherapien s. Benkert u. Hippius 1996, S. 415 f.; Finkbeiner u. Gastpar 1997 sowie Soyka 1998).

13.6 Kokain und Psychostimulantien

13.6.1 Eigenschaften; Verstoffwechselung; unmittelbare Wirkungen

Kokain und die eigentlichen Psychostimulantien werden zwar in ICD-10 als unterschiedliche Substanzgruppen eingeführt, sollen aber hier wegen ihrer ähnlichen Wirkungen und Wirkmechanismen gemeinsam betrachtet werden.

Kokain ist ein Alkaloid in den Blättern des Cocastrauches. In den Herkunftsländern Südamerikas werden die Blätter gekaut oder in Aufgüssen konsumiert (mate de coca), was eher geringe psychotrope Effekte hat (v.a. Vertreibung von Müdigkeit, zumeist milde Euphorisierung). Das weiße Kokainpulver („Schnee"), in welcher Form die Droge in die Industrieländer gelangt, enthält das Kokainhydrochlorid und entsteht durch einfache Behandlung der Cocablätter. Es wird typischerweise geschnupft, kann aber auch oral aufgenommen oder intravenös gespritzt werden; es eignet sich nicht zum Rauchen. Für diesen Zweck muß aus Kokainhydrochlorid wieder die freie Base Kokain gewonnen werden, was entweder durch einen nicht ungefährlichen Erhitzungsvorgang mit diversen Lösungsmitteln geschieht – das entstehende Produkt wird dann meist als Freebase bezeichnet. Einfacher ist die Vermischung des Kokainschnees mit Backpulver, durch dessen Natriumbicarbonatanteil der Hydrochloridrest entfernt werden kann; die entstehende Trockensubstanz enthält einen hohen Anteil freier Kokainbase und wird üblicherweise in Pfeifen geraucht; aufgrund des dabei hörbaren knisternden Geräusches hat sich dafür allgemein der Name Crack eingebürgert (engl. to crack = krachen, knistern; für Genaueres zu Crack s. Hähnchen und Gastpar 1999).

Die *Psychostimulantien* umfassen als Hauptgruppe Stoffe, die dem Amphetamin verwandt sind und deshalb etwas ungenau als Amphetamine bezeichnet werden; ihre Herstellung erfolgt im Labor. Sie waren früher legal erhältlich, sind aber bis auf wenige (z.B. das zur Behandlung des Aufmerksamkeitsdefizit-Hyperaktivitätssyndroms eingesetzte Methylphenidat = Ritalin) aus dem Handel genommen; die verbliebenen Substanzen unterliegen der Betäubungsmittelverschreibungsverordnung. Auf dem illegalen Markt sind Amphetamine weiter leicht zu bekommen und werden in beträchtlichen Mengen umgesetzt. Sie werden üblicherweise in Tablettenform eingenommen, einige können intravenös appliziert oder geraucht werden. Ein „natürliches" Psychostimulans ist Koffein, welches nicht nur im Kaffee, sondern auch in Tee und Kakao sowie weiteren Produkten enthalten ist. Ebenfalls ist diese Gruppe gehört das v.a. im Jemen konsumierte Khat (s. dazu Köhler 2000, S. 134 f.).

Kokain wird im wesentlichen in der Leber zu inaktiven Metaboliten umgewandelt; seine Halbwertszeit ist kurz. Amphetamine und Koffein werden – teils nach Umwandlung in der Leber – mit dem Urin ausgeschieden; die Verweildauer der Amphetamine im Körper und die ihrer psychoaktiven Metaboliten ist meist deutlich länger als die von Kokain; Koffein hat hingegen mit etwa 4 Stunden eine eher geringe Halbwertszeit.

Die wichtigste psychische Wirkung des Kokains und der Psychostimulantien ist *Antriebssteigerung*, d.h. verminderte Ermüdbarkeit, Unterdrückung des Schlafes und eine (möglicherweise objektiv gegebene) Erhöhung der Leistungsfähigkeit. Nicht zuletzt diese Eigenschaften führen zum Konsum der Substanzen: Sie werden teilweise eingenommen, um mit Leistungsanforderungen besser zurecht zu kommen; Amphetamine waren v.a. bei Soldaten als Durchhaltemittel sehr verbreitet. Als Wirkmechanismus wird eine stimulierende Wirkung auf das dopaminerge und noradrenerge System angenommen. Kokain wirkt dabei – wohl über Besetzung der Carrierproteine – als Reuptake-Hemmer an dopaminergen und noradrenergen Synapsen, Amphetamine fördern hauptsächlich die Transmitterausschüttung (s. dazu u.a. Gold 1997;

Gold u. Miller 1997; King u. Ellinwood 1997). Die *Euphorisierung* ist durch den schon mehrfach erwähnten Mechanismus der gesteigerten Dopaminausschüttung in den Nucleus accumbens zu erklären (vornehmlich aufgrund von Dopamin-Reuptake-Hemmung bei Kokain, vermehrter präsynaptischer Freisetzung bei Amphetaminen).

Kardiovaskuläre und andere vegetative Effekte sind bei Kokainkonsum häufig in ausgeprägter Form zu beobachten; im typischen Fall finden sich *Blutdrucksteigerung* und *Erhöhung der Pulsfrequenz*, weiter *schnellere* (und eventuell tiefere) *Atmung* (auch gegenteilige Effekte, etwa Bradykardie, werden beschrieben; s. Gold 1997); hinzu kommt *Weitstellung der Pupillen*. Ähnliche Zeichen finden sich im Rahmen der Amphetaminintoxikation. Aufgrund der starken sympathischen Reaktionen sind Todesfälle unmittelbar nach Einnahme sowohl von Kokain wie Amphetaminen nicht selten (z.B. durch Hirninfarkte, Rhythmusstörungen, Herzinfarkte). Andererseits findet man oft verminderte Darmtätigkeit und Nachlassen des Hungergefühls; gerade letzterer Effekt ist oft nicht unerwünscht, so daß insbesondere Amphetamine auch zur Appetitzügelung eingenommen werden.

Nach Konsum sowohl von Kokain wie Amphetaminen werden gelegentlich Wahnvorstellungen und Halluzinationen beobachtet (Kokain- und Amphetaminpsychosen), was auf Aktivierung dopaminerger mesolimbischer Bahnen zurückgeführt wird (s. dazu auch 12.2.3).

Die wichtigste psychotrope Wirkung von Koffein ist die Aktivitätserhöhung, welche sich subjektiv als Gefühl größerer Wachheit und gesteigerter Leistungsfähigkeit bemerkbar macht – ob dies auch objektiv der Fall ist, scheint nicht sicher geklärt. Über die Wirkmechanismen besteht nur teilweise Klarheit: Diskutiert wird Blockade der hemmenden Adenosinrezeptoren durch das diesem Transmitter strukturell ähnliche Koffein, womit es zu verstärkter Übertragung an dopaminergen Neuronen käme (s. etwa Julien 1997, S. 171 ff.). Möglicherweise hemmt Koffein auch das die second-messenger-Prozesse beendende Enzym Phosphodiesterase, womit ein agonistischer Effekt in diversen Transmittersystemen gegeben wäre (zu weiteren Angriffspunkten von Koffein s. Greden u. Walters 1997; Baier u. Teusch 1999).

13.6.2 Toleranz; Entzugssymptomatik; Abhängigkeit

Toleranzentwicklung bei häufigem Kokainkonsum wird beschrieben, scheint aber nicht allzu ausgeprägt zu sein. Als Mechanismen vermutet man, noch sehr vage, Verminderung der Zahl oder Empfindlichkeit post- und präsynaptischer Rezeptoren, Veränderung der nachgeschalteten Signaltransduktion, möglicherweise Vermehrung der von Kokain blockierten Carrierproteine (Julien 1997, S. 144 sowie Hähnchen u. Gastpar 1999). Ausgeprägter ist die Toleranz gegenüber Amphetaminen; zur Erklärung wird u.a. Reduktion von Zahl und Empfindlichkeit postsynaptischer Rezeptoren sowie Veränderungen in second-messenger-Prozessen angenommen.

Sowohl bei Amphetaminen wie insbesondere Kokain wurde in Einzelfällen eine Sensitivierung beschrieben, ein zunehmend größerer Effekt bei Zufuhr gleicher Dosen (also das Gegenteil der Toleranzentwicklung); möglicherweise spielen Konditionierungsvorgänge dabei eine Rolle (s. dazu Kalivas et al. 1993; Robinson 1993; Johanson u. Schuster 1995; Roberts u. Koob 1997).

Die *Entzugserscheinungen* bei Kokain galten lange als wenig spektakulär und wurden teilweise als einfache Reboundphänomene aufgefaßt (etwa erhöhtes Schlafbedürfnis, Dysphorie). Mittlerweile geht man aber immer mehr davon aus, daß regelrechte Entzugssymptome auch schwererer Natur auftreten können, speziell bei Crackrauchern (s. dazu etwa Gawin 1993; Geschwinde 1996; Gold u. Miller 1997). Ähnliche Symptome treten zuweilen bei abrupter Amphetaminabstinenz auf, wobei zumindest einige eher Reboundphänomene darstellen dürften.

Ob es eine regelrechte Abhängigkeit von Kokain gibt, war lange umstritten; mittlerweile nimmt man wenigstens in Einzelfällen – speziell bei Crackrauchern – dies an; biologische Grundlage dieser Kokaingier ist möglicherweise Verminderung von D_2-Rezeptoren in mesotelencephalen Bahnen, weshalb verstärkte Anregung dieser Bindungsstellen gesucht wird (s. etwa Self et al. 1996; Childress et al. 1999; Volkow et al. 1999). Es ist davon auszugehen, daß auch einige Amphetaminkonsumenten die Abhängigkeitskriterien erfüllen; typischerweise konsumieren sie aber noch andere psychotrope Substanzen wie Sedativa, Alkohol oder Opioide.

Die *Spätfolgen* häufigen Kokainkonsums sind teilweise beträchtlich, v.a. im Herz-Kreislauf-System (Herzinfarkte, Rhythmusstörungen, Hirninfarkte, Hirnblutungen); nicht selten sind zudem *Suizide, Unfälle* oder *Folgen von Gewaltanwendung*. Bei Kokainschnupfern werden *Schädigungen der Nasenschleimhaut* beobachtet, bei Crackrauchern *Erkrankungen von Bronchien und Lunge*, bei intravenöser Zufuhr *systemische Infektionen* (HIV, Hepatitis) sowie Schäden an den Einstichstellen (z.B. Spritzenabszesse). Ähnliche Spätfolgen sind bei Amphetaminkonsumenten zu erwarten.

13.7 Nikotin

13.7.1 Eigenschaften; Verstoffwechselung; unmittelbare Wirkungen

Nikotin ist ein Alkaloid der Tabakpflanze Nicotiana tabacum L. und wird üblicherweise beim Einatmen des verbrannten Tabaks in den Alveolen der Lunge resorbiert; es kann auch beim Kauen oder Schnupfen von Tabak aufgenommen werden. Weiter ist orale Zufuhr mittels Nikotinkaugummi möglich, zudem Resorption durch die Haut (Nikotinpflaster); letztere beiden Aufnahmeformen spielen nur als Substitut bei Entwöhnungstherapien eine Rolle. Beim Rauchen gelangen weitere Stoffe in den Körper, z.B. Kohlenmonoxid und Teerstoffe, die noch mehr als Nikotin für verschiedene Gewebsschäden und bösartige Neubildungen verantwortlich sind.

Nach Aufnahme ins Blut erreicht Nikotin binnen weniger Sekunden seine Hauptwirkorte im *Gehirn*, an den *vegetativen Ganglien* und *motorischen Endplatten*. Es wird schnell in der Leber zu unwirksamen Metaboliten umgewandelt, die in den Verdauungstrakt ausgeschieden oder über die Niere eliminiert werden. Die Halbwertszeit ist kurz; nach mehreren Stunden dürften nur noch wirkungsmäßig zu vernachlässigende Nikotinmengen im Körper vorhanden sein.

13.7 Nikotin

Nikotin scheint je nach Ausgangslage sowohl *sedierend* wie *anregend* zu wirken: Aktivierte Personen fühlen sich durch Rauchen vornehmlich ruhiger; bei niedriger Grundaktivierung zeigt sich der *psychostimulierende* und *vigilanzsteigernde* Effekt, was sich mittels psychomotorischer Tests (etwa zur Reaktionsgeschwindigkeit und Konzentration) objektivieren läßt (Sherwood et al. 1992). Auf *Gedächtnisleistungen* wirkt Nikotin offenbar generell fördernd (s. etwa Zarrindast et al. 1996; zu den Wirkungen auf kognitive Funktionen s. auch Schmitz et al. 1997 sowie Heishman 1998).

Der für das Suchtpotential des Nikotins wohl entscheidende Effekt ist der *euphorisierende* – in Tierversuchen läßt sich Selbstapplikation beobachten, woraus auf eine verstärkende Wirkung geschlossen werden kann (für weitere psychische Effekte, etwa aggressionsdämpfende, s. Köhler 2000, S. 178 f.). Die Mechanismen sind nicht in allen Einzelheiten bekannt. Gesichert ist, daß Nikotin bestimmte Typen von *Acetylcholinrezeptoren* stimuliert (die *nikotinergen*), die sich teils im *vegetativen Nervensystem* und an den *motorischen Endplatten* finden, teils *zentralnervös* lokalisiert sind; indirekt werden vermutlich weitere Transmittersysteme beeinflußt, etwa das dopaminerge, noradrenerge und serotonerge (s. dazu Fuxe et al. 1990). Möglicherweise sind über die agonistische Wirkung an zentralen Acetylcholinrezeptoren direkt Vigilanzsteigerung und Verbesserung der Gedächtnisleistung zu erklären. Die Euphorisierung kommt – wohl über Anlagerung an Acetylcholinrezeptoren im Mittelhirn – wahrscheinlich durch Anregung *dopaminerger Neuronen* zustande, die vom *ventralen Tegmentum* in den *Nucleus accumbens* ziehen (Corrigal et al. 1992; Corrigal et al. 1994; für weitere Mechanismen, so Hemmung des *Enzyms MAO-B* und Effekte auf das endogene Opiatsystem s. Benowitz 1986; Fowler et al. 1996).

Die vegetativen Effekte von Nikotin entsprechen sowohl *sympathischer* als auch *parasympathischer Aktivierung*, sind somit vergleichsweise komplex; zudem wirkt die Substanz in niedrigen Dosen als Ganglienstimulator, in hohen Dosen ganglienblockierend (Benowitz 1988). Nikotinerge Acetylcholinrezeptoren sitzen an den postsynaptischen Neuronen sowohl in den sympathischen als auch parasympathischen Ganglien (während die Rezeptoren an den Effektororganen, die vom Parasympathikus innerviert werden, nicht nikotinerg, sondern muskarinerg sind; s. auch 4.2); somit hat Stimulierung durch Nikotin einerseits verstärkte *sympathische* Aktivierung zur Folge, welche isoliert z.B. Erhöhung der Herzfrequenz bewirken würde, andererseits *Aktivierung des Parasympathikus* mit oft gegenteiligem Effekt (hier Verlangsamung der Pulsfrequenz). Die Wirkungen heben sich jedoch nicht völlig auf: Im *kardiovaskulären System* scheinen – wenigstens bei Dauerkonsumenten – i.a. die *sympathischen* Effekte zu überwiegen, womit als Nettoeffekt Pulsbeschleunigung und Blutdrucksteigerung resultiert; im *Verdauungssystem* kommt hingegen – besonders initial – eher die *parasympathische* Wirkung zum Tragen, also Anregung der Verdauungstätigkeit und Erhöhung der Magensäuresekretion.

Aktivierung nikotinerger Rezeptoren am ausschließlich sympathisch versorgten *Nebennierenmark* führt u.a. zu *Abbau von Glykogen* und *Freisetzung von Fettsäuren*, die sich in Gefäßwände einlagern können; die Unterdrückung des Hungergefühls im Rahmen der sympathikotonen Stoffwechsellage hat zusammen mit der gesteigerten Fettsäureverbrennung einen oft nicht unerwünschten *gewichtsreduzierenden* Effekt.

Stimulierung nikotinerger Rezeptoren an den motorischen Endplatten hat komplizierte und unterschiedlich angegebene Effekte (s. etwa Benowitz 1988).
Weitere Veränderungen dürften weniger auf Nikotin, sondern auf andere Substanzen im Tabakrauch zurückzuführen sein: Erhöhung der *Fibrinogenkonzentration* und Förderung der *Thrombozytenaggregation*, womit die Bildung von Blutgerinnseln erleichtert wird und die Gefahr von Gefäßverschlüssen erhöht ist. Die folgende Tabelle (nach Köhler 2000, S. 181) faßt die wichtigsten Nikotineffekte und ihre angenommenen Wirkmechanismen zusammen.

Tabelle 13.4: Unmittelbare Effekte von Nikotin und Tabak

Effekt	angenommener Wirkmechanismus
Aktivierung u. Vigilanzsteigerung	wohl indirekt durch Ausschüttung diverser Transmitter nach Besetzung von Acetylcholinrezeptoren
antiagggressive Wirkung und Sedierung (v.a. bei erhöhter Aktivierung)	unklar; Sedierung möglicherweise dosisabhängig (v.a. nach höheren Nikotindosen?)
Steigerung von Gedächtnisleistungen	evtl. direkt durch Agonismus an Acetylcholinrezeptoren
Euphorisierung	Anregung dopaminerger mesolimbischer Bahnen nach Besetzung von Acetylcholinrezeptoren im Mesencephalon; erhöhte Dopaminausschüttung in den Nucleus accumbens durch Hemmung von MAO-B; Wirkung auf das endogene Opioidsystem
vegetative Effekte	Agonismus an vegetativen Ganglien (sowohl sympathischen wie parasympathischen); in höheren Dosen Ganglienblockade?
Wirkungen auf Muskeltonus (unterschiedlich beschrieben)	Agonismus an den nikotinergen Acetylcholinrezeptoren der motorischen Endplatte; evtl. reflektorisch Verminderung d. Aktivität d. motorischen Vorderhornzellen
Erhöhung der Gerinnungsfähigkeit des Blutes	Verstärkte Thrombozytenaggregation; Erhöhung des Fibrinogenspiegels (Nikotineffekt oder anderer Stoffe im Rauch?)

13.7.2 Toleranz und Entzugssymptomatik; Abhängigkeit

Akute Toleranz bei Nikotin ist sehr ausgeprägt, indem die erste Zigarette morgens noch deutlich stärkere physiologische Effekte hervorruft als die folgenden. Chronische Toleranz im Sinne einer Dosissteigerung über Monate oder Jahre ist nur beschränkt gegeben – nicht vergleichbar mit der Toleranzentwicklung bei Opioiden oder Amphetaminen; sie dürfte vornehmlich funktioneller Art sein (Wonnacott 1990; Schmitz et al. 1997).

Unzweifelhaft existieren *starke Entzugserscheinungen* – was wiederum zeigt, daß Toleranzentwicklung und Ausbildung von Entzugssymptomatik nicht immer miteinander einhergehen. Die schon nach wenigen Stunden Nikotinabstinenz zu beobachtenden Symptome sind *Unruhe, Reizbarkeit* und *Dysphorie, Schlafstörungen, Konzentrationsschwierigkeiten* und *verminderte Pulsfrequenz*; nach längerer Abstinenz findet sich *Steigerung des Appetits* und damit nicht selten verbunden *Gewichtszunahme*; das auffälligste und charakteristische Symptom ist das „Craving", die *Gier* nach Tabakrauch. Auch schwere, klinisch auffällige *Depressionen* nach Nikotinabstinenz sind beschrieben worden, speziell bei Patienten mit dieser Störung in der Vorgeschichte (Covey et al. 1997).

Über die *Pathophysiologie* der Entzugssymptomatik herrscht nur bedingt Klarheit: Sie ist sicher weitgehend Folge des Nikotinmangels, da Zufuhr des Alkaloids in anderer Form, etwa oral oder transdermal mit Heftpflastern, die meisten der geschilderten Symptome dämpfen kann; da hingegen häufig das Craving dadurch nicht verschwindet, müssen weitere Faktoren eine Rolle spielen.

Mit einigen Medikamenten versucht man, die Entzugssymptomatik zu mildern, dies allerdings mit eher beschränktem Erfolg. Gabe von Nikotin in *oraler* Form (etwa *Nikotinkaugummi*) oder über Nasensprays und Zufuhr mit *Nikotinpflaster* stellt insofern eine gewisse Hilfe dar, als die Substanz weiter zugeführt wird, jedoch nicht in Form des besonders gesundheitsschädlichen Rauches. Zu beachten ist, daß viele trotzdem weiterrauchen, so daß es zu gefährlich hohen Nikotinspiegeln kommen kann.

Daß bei vielen Nikotinkonsumenten nicht nur schädlicher Gebrauch vorliegt, sondern auch die Kriterien der regelrechten Abhängigkeit erfüllt sind, steht kaum in Zweifel. Es läßt sich u.a. daraus ersehen, daß viele erfolglos wiederholt versuchen, das Rauchen aufzugeben. Auch daß Tiere sich selbst Nikotin verabreichen, weist auf das *Abhängigkeitspotential* der Substanz hin (s. dazu etwa Pich et al. 1997).

Daß Nikotineffekte an der Ausbildung des Suchtverhaltens wesentlichen Anteil haben, ist unzweifelhaft; der Sachverhalt ist jedoch komplizierter: Raucher, die Nikotin intravenös infundiert bekommen, reduzieren in der Versuchsphase ihren Zigarettenverbrauch kaum, weshalb der Nikotinspiegel nicht die entscheidende Variable für den Konsum sein kann; möglicherweise sind die akuten Nikotinspitzen oder andere Faktoren für die Konsumgewohnheiten mitverantwortlich. Viele Autoren sprechen deshalb nicht von Nikotin-, sondern von Tabakabhängigkeit (z.B. Henningfield et al. 1995; Henningfield et al. 1998).

Daß *genetische* Faktoren für die Entwicklung von Nikotinsucht eine wesentliche Rolle spielen, ist gesichert; diskutiert wird in diesem Zusammenhang eine erblich determinierte *erhöhte Nikotinempfindlichkeit* (True et al. 1997). Die gesundheitlichen Schäden durch Rauchen sind unbestritten, stellen allerdings nur teilweise direkte Nikotineffekte dar; speziell für die Entwicklung bösartiger Neubildungen kommt den Teerstoffen die größere Bedeutung zu.

Zu nennen sind zunächst die v.a. aus der Reizung durch Rauchpartikel resultierenden *nicht-bösartigen Erkrankungen der Atemwege* (obstruktive Bronchitis, Emphysem). Die bei Rauchern weit überdurchschnittlich häufigen *Herz-Kreislauf-Erkrankungen*, speziell *Verengungen der Gefäße* und *Gefäßverschlüsse*, sind teils auf

Nikotinwirkungen zurückzuführen (Freisetzung von Fettsäuren mit Ablagerung an Gefäßwänden; Verminderung des protektiven HDL-Cholesterins; Schädigung der Gefäßwände durch nikotinbedingte Blutdruckerhöhung). So erklärt sich die bei Rauchern häufigere und stärkere *Atherosklerose*, u.a. an *Koronargefäßen* und *Hirnarterien*; weiter findet sich deutlich gehäuft *Verlegung der peripheren Arterien* („Raucherbein"). Zudem ist durch erhöhte Fibrinogenkonzentration und Verklumpungsneigung der Thrombozyten die Gefahr von akuten *Gefäßverschlüssen* (u.a. in Form von *Herz-* und *Hirninfarkten*) deutlich größer (für Weiteres s. Batra u. Buchkremer 1999).

Das *Krebsrisiko* liegt bei Rauchern erheblich höher – was erwähntermaßen weniger dem Nikotin, sondern anderen bei der Verbrennung des Tabaks anfallenden Stoffen zuzuschreiben ist. Diese „Teerstoffe" enthalten zahlreiche *Karzinogene*, speziell *Nitrosamine* und *Benzpyrene*. Besonders groß ist das Risiko für *Karzinome der Lunge* und *der Mundhöhle*, welches bei rauchenden Männern etwa 22mal bzw. 27mal so hoch wie bei Nichtrauchern ist; für Tumoren des *Kehlkopfes* ist es gut um das 10fache, der *Speiseröhre* fast um das 8fache erhöht; für rauchende Frauen gilt Ähnliches. Zudem liegt bei rauchenden Personen ein erhöhtes Risiko für die Entwicklung von *Magen-* und *Pankreaskarzinomen* vor (etwa zwischen 1,5 und 2,5), desweiteren für Tumoren der *Niere* und der *Harnblase* (vermutlich Wirkung der ausgeschiedenen *Teerstoffe* in den Harnwegen); weiter ist das Leukämierisiko sowie bei rauchenden Frauen die Wahrscheinlichkeit für Gebärmutterhalskarzinome und Brusttumoren erhöht (s. dazu auch Batra und Buchkremer 1999; außerdem Newcomb u. Carbone 1992; Brownson et al. 1993 sowie Müller u. Wiethege 1995; Schmitz et al. 1997).

Offenbar tritt bei Rauchern *weniger häufig* die *Parkinson-Erkrankung* auf (Graves u. Mortimer 1995; Morens et al. 1995), wobei die durch Nikotin bedingte Hemmung des Enzyms MAO-B eine Rolle spielen könnte (s. dazu ausführlicher Soyka 1998, S. 75). Weiter wird in der Literatur die These vertreten, daß sich bei Rauchern *seltener* eine *Demenz vom Alzheimer-Typus* entwickelt (s. zu dieser Diskussion ausführlich Kellar u. Wonnacott 1990 sowie Graves u. Mortimer 1995).

Bekanntlich wollen viele Personen das Rauchen aufgeben, was Überwindung der Entzugssymptomatik erfordert. Häufig wird daher zunächst Nikotin auf andere Weise zugeführt, etwa mit *Nikotinkaugummi*, *nikotinhaltigen Nasensprays* oder *Heftpflastern*. Dabei ist allerdings zu beachten, daß die Präparate durchaus nicht harmlos sind und eine Anzahl von Kontraindikationen haben; problematisch ist es auch, wenn die Behandelten trotzdem weiter rauchen, weil dabei hohe Nikotinkonzentrationen auftreten können. Nicht wenige Exraucher konsumieren lange weiter Nikotin, etwa in Form von Kaugummi; dies ist insofern weniger schädlich, als die Aufnahme der karzinogenen Teerstoffe wegfällt. Andere versuchen, langsam die orale oder transdermale Nikotinzufuhr zu reduzieren.

Auch nach Abklingen der Entzugssymptomatik bleibt für Jahre das Craving bestehen, die Gier nach einer Zigarette, die viele schließlich doch rückfällig werden läßt. Erste Versuche, hier mit Anti-Craving-Substanzen Erleichterung zu schaffen, müssen in ihren Erfolgen abgewartet werden (s. dazu Soyka 1998, S. 78; Julien 1997, S. 192 sowie Schmitz et al. 1997).

13.8 Weitere psychotrope Substanzen

13.8.1 Sedativa und Hypnotika

Überblick: Diese Gruppe umfaßt Stoffe, die anxiolytisch (d.h. angstlösend und affektiv-distanzierend) wirken, dabei oft eine gewisse Dämpfung hervorrufen, z.B. erkenntlich an verminderter Reaktionszeit. Da sich diese Sedierung oft nach längerer Einnahme verliert, zudem diese Nebenwirkung meist unerwünscht ist, wäre es sicher eindeutiger, die mittlerweile wenig gebräuchliche Bezeichnung Tranquilizer zu verwenden – wobei man dann zwischen sedierenden und nicht-sedierenden Tranquilizern unterscheiden könnte. Viele Sedativa wirken, v.a. in höheren Dosierungen, schlafinduzierend, so daß einige von ihnen hauptsächlich als Hypnotika eingesetzt werden. Die Gruppe der Sedativa und Hypnotika wird im wesentlichen aus den Benzodiazepinen gebildet und nur diese sollen hier etwas genauer besprochen werden.

Weiter werden dazu die lange als Schlafmittel eingesetzten Barbiturate gerechnet, welche so gut wie ganz aus dem Handel genommen sind, aber als illegale Drogen weiterhin eine gewisse Rolle spielen. Ähnliches gilt für Methaqualon und Meprobamat, die einige Jahre lang häufig verordnete Medikamente waren und auch jetzt vom Rauschdrogenmarkt noch nicht ganz verschwunden sind. Das bei der Behandlung des Alkoholdelirs eingesetzte Clomethiazol (Distraneurin) wird angesichts seines hohen Suchtpotentials nur in seltenen Fällen als Schlafmittel verordnet, ebenso das v.a. in Kliniken zuweilen eingesetzte Chloralhydrat. Als Hypnotikum zugelassen ist auch der Serotoninpräkursor L-Tryptophan, über dessen Eignung noch wenig Erfahrung vorliegt. Ähnliches ist über das v.a. in den USA sehr beliebte Melatonin zu sagen (s. dazu auch 10.4.4 sowie Lippert et al. 1998). Eine neuere Entwicklung stellen die Nicht-Benzodiazepinhypnotika wie Zopiclon (Ximovan) und Zolpidem (Bikalm, Stilnox) dar, welche die Schlafstruktur weniger stören sollen als die Benzodiazepine und ein geringeres Abhängigkeitspotential zu besitzen scheinen (s. dazu Benkert u. Hippius 1996, S. 349 sowie Thome et al. 1997).

Buspiron aus der Gruppe der Azapirone hat offenbar die Eigenschaft, anxiolytisch zu wirken, ohne zu sedieren. Anders als die Benzodiazepine scheint diese Substanz nicht am $GABA_A$-Benzodiazepinrezeptor-Komplex anzugreifen, sondern partiell antagonistisch am $5\text{-}HT_{1A}$-Rezeptor zu wirken.

Eigenschaften, Aufnahme und Verstoffwechselung der Benzodiazepine: Die Benzodiazepine, deren nach wie vor bekanntester Vertreter das Diazepam (z.B. Valium) ist, sind synthetisch hergestellte Stoffe, die zumeist in Tablettenform aufgenommen, aber teilweise auch injiziert werden können. Die Verstoffwechselung ist kompliziert: Manche werden als sogenannte „Prodrugs" überhaupt erst im Körper zu sedierend wirkenden Stoffen umgewandelt, andere werden zwar metabolisiert, aber manchmal zu ebenfalls sedierend wirkenden Substanzen (was Angaben über die Halbwertszeit schwierig macht); daher muß insbesondere bei älteren Personen mit einer Kumulation gerechnet werden. Letztlich werden die Endprodukte mit dem Urin ausgeschieden. Manche Benzodiazepine, speziell solche mit eher langer Halbwertszeit, werden v.a. als Anxiolytika und Sedativa (Beruhigungsmittel) eingesetzt, andere vornehmlich als Hypnotika (Schlafmittel); generell ist aber davon auszugehen, daß alle, wenigstens anfangs, in gewissem Maße müde machen.

Wirkungen und Wirkmechanismen: Die Hauptwirkung ist die sedierend-anxiolytische, mit der oft eine schlafanstoßende einhergeht. Direkte Euphorisierung bewirken diese Substanzen in aller Regel nicht – im Gegensatz zu den euphorisierenden Barbituraten und Methaqualon; indirekt kann sich durch die angstlösenden Effekte jedoch eine Stimmungsverbesserung einstellen. Es scheint gut gesichert, daß die Benzodiazepine ihre sedierende Wirkung über Verstärkung der GABAergen Hemmung erreichen. Dabei lagern sie sich vermutlich an spezifische Rezeptoren („Benzodiazepinrezeptoren") an, die am GABA$_A$-Rezeptor (genauer: GABA$_A$-Benzodiazepinrezeptor-Komplex) in Nähe der Bindungsstellen für den hemmenden Transmitter gamma-Aminobuttersäure (GABA) liegen. Der GABA-Rezeptor wird auf diese Weise *sensibilisiert*, die durch Andockung von GABA erfolgende Öffnung des Chloridionenkanals und die resultierende Hyperpolarisation verstärkt.

Für GABA muß man mindestens zwei Typen von Bindungsstellen unterscheiden, wobei die Benzodiazepine wohl ausschließlich auf den (Ionenkanal-gekoppelten) GABA$_A$-Rezeptor wirken. Dieser sitzt einem Proteinkomplex mit fünf Untereinheiten auf, der wiederum einen Chloridionenkanal umgibt und seine Öffnung steuert (GABA$_A$/Benzodiazepin-Proteinkomplex oder einfacher GABA$_A$-Benzodiazepinkomplex). An zwei dieser Proteineinheiten sitzt der GABA-Rezeptor (oder ist mit ihnen identisch), an zwei weiteren die Benzodiazepinrezeptoren (für Genaueres s. Sigel u. Buhr 1997). Werden letztere durch Benzodiazepine bzw. endogene Liganden besetzt, so wird die GABA-induzierte Leitfähigkeit für Chloridionen erhöht. Da Benzodiazepine durch Effektivierung der GABA-Besetzung wirken, können sie nur begrenzte Effekte ausüben und besitzen sie hohe therapeutische Breite. Am Proteinkomplex findet sich mindestens eine weitere Rezeptorart, an die sich u.a. Barbiturate, vielleicht auch Meprobamat und Alkohol, anlagern und agonistisch wirken (s. auch 13.4.1).

Die für die Anxiolyse und Sedierung verantwortlichen GABA$_A$-Benzodiazepinkomplexe sitzen v.a. im Kortex und einigen Teilen des limbischen Systems, insbesondere der Amygdala (Snyder 1994, S. 174 f.). Die Existenz von Benzodiazepinrezeptoren legt die Vermutung nahe, daß es – entsprechend den endogenen Opioiden – auch endogene Liganden für die Benzodiazepinrezeptoren gibt.

Zumindest in den ersten Tagen der Einnahme kommt es zu *stärkerer Sedierung* mit verlangsamten Reaktionen (im Straßenverkehr zu beachten); in höheren Dosen tritt fast immer Müdigkeit auf, zuweilen *neurologische Beeinträchtigungen* (verwaschene Sprache, Koordinationsstörungen mit Unfallgefahr, Schwindel); auch *anterograde Amnesien* wurden beschrieben. Einige Benzodiazepine werden v.a. zu Schlafinduktion eingesetzt („Benzodiazepinhypnotika"). Neben Verkürzung der Einschlafdauer und Verlängerung der Gesamtschlafzeit tritt Abnahme der Schlafstadien 3 und 4 auf (die dem tieferen Schlaf entsprechen); gleichzeitig werden die REM-Phasen verkürzt, so daß insgesamt ein wenig modulierter Schlaf mittlerer Tiefe resultiert.

In *höheren Dosen* stellt sich so gut wie immer *anhaltender Schlaf* ein. Interessanterweise führen auch weit überhöhte Mengen von Benzodiazepinen, wenigstens wenn sie isoliert oral eingenommen werden, *nicht* oder bestenfalls äußerst selten zum *Tod*; typischerweise wachen die Betroffenen nach mehrtägigem Schlaf ohne größere Nachwirkungen auf (s. etwa Benkert 1995, S. 101; zur Erklärung s. oben).

Eine weitere Benzodiazepinwirkung ist die *antikonvulsive* (zerebrale Krämpfe unterdrückende); sie werden daher u.a. zur Behandlung *epileptischer Anfälle* benutzt. Umgekehrt ist zu beachten, daß bei Benzodiazepinentzug Anfälle auch bei Personen ohne zuvor erhöhter Krampfbereitschaft auftreten können. Zudem wirken Benzodiazepine, wohl über Beeinflussung der GABAergen Übertragung an Motoneuronen, muskelrelaxierend (Malcangio u. Bowery 1996).

Daneben gibt es verzögerte Wirkungen, z.B. „Hangover", d.h. Müdigkeit und Verlangsamung lange über die Einnahme hinaus (z.B. am Morgen nach abendlicher Einnahme eines Schlafmittels). Sie ist v.a. bei Benzodiazepinen mit langer Halbwertszeit und psychoaktiven Metaboliten zu erwarten.
Weiter werden Gedächtnisstörungen beschrieben, ähnlich dem manchmal nach Alkoholkonsum auftretenden „Filmriß". Gleichfalls eine verzögerte Wirkung ist die v.a. bei älteren Leuten als Folge von Kumulation entstehende Dauersedierung; sie kann zu ausgeprägten kognitiven Einschränkungen führen („arzneimittelinduzierte Demenz" nach Julien 1997, S. 86).

Benzodiazepintoleranz und -entzugssymptomatik: Toleranzentwicklung wird häufig beobachtet, scheint aber nicht immer einzutreten und betrifft weniger die anxiolytischen, sondern v.a. die sedierenden und antikonvulsiven Effekte (s. dazu Benkert u. Hippius 1998, S. 199). Es dürfte sich dabei hauptsächlich um funktionelle Toleranz handeln, wohl durch Abnahme von Benzodiazepinrezeptoren. Mit Entzugssymptomatik muß schon nach wenigen Monaten Einnahme gerechnet werden. Sie läßt sich im wesentlichen als eine *übermäßige zentralnervöse Erregung bei Wegfall der GABAergen Hemmung* erklären: *Leichtere* Entzugserscheinungen sind Angst, Reizbarkeit, Unruhe und Schlaflosigkeit, als *schwere* und keineswegs seltene Symptome werden u.a. *Verwirrtheitszustände, Delirien, paranoid-halluzinatorische Symptomatik* sowie *diverse neurologische Symptome* (etwa epileptische Anfälle) beschrieben.

Benzodiazepinmißbrauch und -abhängigkeit: Ersterer dürfte nicht selten sein; wie häufig regelrechte Abhängigkeiten sind, ist nicht geklärt; sie kommen auf jeden Fall vor (speziell bei Personen mit Suchtanamnese sowie mit chronischen Schlafstörungen). Folgen *langjährigen Benzodiazepinkonsums* zeigen sich v.a. in psychischen Symptomen wie dysphorischen Verstimmungen, Gleichgültigkeit, Vergeßlichkeit und Leistungsminderung; zudem wird auf das Auftreten dementieller Symptomatik bei älteren Personen hingewiesen, die über gewisse Zeit diese Substanzen eingenommen haben (Julien 1997, S. 88; zu benzodiazepinbedingten Gedächtnisstörungen s. auch Woods u. Winger 1995).

Während es keine sicheren Hinweise auf irreversible Schäden des Fetus bei Einnahme in der Schwangerschaft gibt, ist bei Neugeborenen von Müttern, welche Benzodiazepine vor oder während der Geburt erhielten, das „Floppy-infant-Syndrom" beschrieben worden (u.a. gekennzeichnet durch verringerten Muskeltonus, erniedrigte Körpertemperatur, Atem- und Ernährungsstörungen). Weiter ist an die Möglichkeit eines *Entzugssyndroms* bei Neugeborenen zu denken.

13.8.2 Cannabis (Cannabinoide)

Definition; Formen von Cannabisprodukten: Als *Cannabis* (unmißverständlicher: *Cannabinoide*) bezeichnet man die *psychoaktiven Substanzen* der *Hanfpflanze Cannabis sativa* (präziser: der indischen Hanfpflanze Cannabis sativa var. indica bzw. Cannabis indica). Von diesen Inhaltsstoffen gehören zahlreiche der Klasse der Cannabinoide an und haben mehr oder weniger starke psychoaktive Effekte; wohl mit Abstand wichtigster ist das *Delta-9-Tetrahydrocannabinol (THC)*.

Hohe Cannabinoidkonzentrationen finden sich in den *Blüten* der Hanfpflanze, *niedrigere* in den *Blättern*, während in *Stengeln* und *Wurzeln* der Gehalt sehr *gering* ist. Üblicherweise unterscheidet man drei Arten von Cannabisprodukten: Als *Mari-*

huana (im Jargon: Gras) werden die Spitzentriebe bezeichnet, als *Haschisch* (Hasch, Shit) das bräunliche, gepreßte Harz der weiblichen Pflanze, als *Haschischöl* schließlich ein durch Destillation gewonnenes Öl. Es ist erheblich THC-reicher als Haschisch und letzteres wiederum etwa fünf- bis zehnmal wirkungsvoller als Marihuana (nach Kleiber u. Kovar 1998, S. 16).

Aufnahme und Verstoffwechselung: Cannabisprodukte werden meist mit Tabak vermischt *geraucht*. Die Zigarette („Joint") raucht man häufig durch die hohle Hand, um durch Beimischung von Sauerstoff die Decarboxylierung einiger unwirksamer Inhaltsstoffe in das potente THC zu fördern. Prinzipiell können Cannabisprodukte auch *oral* konsumiert werden, am günstigsten in fetthaltigen Speisen. *Inhalierte* Cannabinoide werden *schnell, oral aufgenommene langsamer* resorbiert und gelangen rasch an die Wirkungsorte (darunter das Gehirn), wobei sie sich besonders gut in fettreiches Gewebe einlagern; von dort werden sie sehr *verzögert* freigegeben.

Die aufgenommenen Cannabinoide werden verschieden schnell metabolisiert (wobei manche der entstehenden Substanzen ebenfalls psychoaktiv sind) und schließlich mit dem Stuhl und Urin ausgeschieden. Es ist davon auszugehen, daß Cannabinoide – auch aufgrund der verzögerten Freigabe aus dem speichernden Fettgewebe – noch *Tage* nach Konsum im Körper zu finden sind (s. dazu ausführlich Adams u. Martin 1996 sowie Kleiber u. Kovar 1998, S. 22 ff.).

Wirkungen und Wirkmechanismen: Ein wichtiger Cannabinoideffekt ist eine *milde Euphorisierung*, die am besten als *angenehm-entspannte Zufriedenheit* zu charakterisieren wäre. Der Wirkmechanismus dürfte, wie bei den meisten euphorisierenden Substanzen, in einer *Erhöhung der Dopaminausschüttung in den Nucleus accumbens* begründet sein; möglicherweise wirkt THC dort als *Dopamin-Reuptake-Hemmer*. Diskutiert wird auch, daß Cannabinoide durch Stimulierung des *endogenen Opioidsystems* euphorisieren (Adams u. Martin 1996 sowie Kleiber u. Kovar 1998, S. 51 ff.).

Cannabisprodukte können zuweilen dosisabhängig psychostimulierend wirken, typischer ist jedoch *Sedierung* (u.a. mit *Verlängerung der Reaktionszeit, Beeinträchtigung der Wahrnehmung, Störungen der Informationsverarbeitung*). Der sedierende Effekt zeigt sich zudem meist in *Anxiolyse* sowie Verminderung der Aggressivität (wobei mitunter allerdings auch gegenteilige Effekte beschrieben wurden); in höheren Dosen wirkt Cannabiskonsum häufig *schlafanstoßend*. Als Mechanismen der Sedierung und Anxiolyse werden u.a. GABA-Agonismus und Hemmung des glutamatergen Systems diskutiert.

Hauptsächlich bei höheren THC-Konzentrationen im Plasma werden zudem *psychedelische* („die Seele offenbarende") Effekte beobachtet. Typischerweise findet sich *intensivierte Wahrnehmung* für Töne und Farben. Besonders auffällig ist eine veränderte *Zeitwahrnehmung*, die auch zu objektivieren ist: Vorgegebene Zeitintervalle werden nach Cannabiskonsum deutlich *länger* geschätzt, Bewegungen erscheinen verlangsamt.

Während Cannabinoide nach dem oben Gesagten in der Regel sedierendanxiolytisch wirken, kann es auch zu *Unruhe* und *Angst* bis hin zu *Panikzuständen* kommen („Horrortrips"). Möglicherweise sind diese Effekte – ebenso wie die zuweilen gesteigerte Aggressivität – als Disinhibition, also Hemmung inhibierender Bahnen zu erklären.

Mittlerweile konnte die Existenz spezifischer Cannabisrezeptoren (THC-Rezeptoren) gezeigt werden. Zwei Typen sind bekannt. Der CB1-Rezeptor läßt sich in fast allen Regionen des Zentralnervensystems nachweisen, jedoch nur in geringer Häufigkeit in jenen Strukturen des Hirnstamms, die kardiovaskuläre Funktionen und Atmung kontrollieren (s. Matsuda et al. 1993; Julien 1997, S. 358 sowie Adams u. Martin 1996). Besetzung dieses G-Protein-gebundenen Rezeptors führt nach augenblicklichen Erkenntnissen zu einer Herabsetzung der Transmitterausschüttung in diversen Bahnensystemen. Der CB2-Rezeptor ließ sich in Milz, Lymphknoten sowie im lymphatischen Gewebe des Dünndarms nachweisen, also vorwiegend dem Immunsystem zuzuordnenden Strukturen. Es dürfte sich dabei ebenfalls um einen hemmenden Rezeptor handeln, was die immunsuppressive Wirkung von Cannabinoiden erklären könnte.

Die Existenz spezifischer Rezeptoren legt das Vorhandensein endogener Liganden nahe; in Form des Anandamid wurde mittlerweile ein physiologisch vorkommender, an Cannabinoidrezeptoren bindender Stoff nachgewiesen, dessen biologische Bedeutung noch weitgehend unklar ist (s. dazu ausführlich Devane et al. 1992); auch bei der Suche nach Cannabinoidantagonisten ist man möglicherweise mittlerweile erfolgreich gewesen (s. Aceto et al. 1995).

Über die Bedeutung *psychotischer Reaktionen* nach Cannabiskonsum wird kontrovers diskutiert. Halluzinationen und *Wahnvorstellungen*, zuweilen Depersonalisationsphänomene, können auftreten, vornehmlich nach Konsum größerer Mengen. Die Symptomatik läßt sich teilweise schwer von der einer *paranoid-halluzinatorischen Schizophrenie* unterscheiden. Ein solches Störungsbild kann direkt im Anschluß an Cannabiskonsum auftreten und lange darüber hinaus anhalten. Bei Schizophrenen, die Marihuana konsumierten, ist die Häufigkeit von erneuten psychotischen Episoden größer als bei schizophrenen Nicht-Konsumenten (Linszen et al. 1994).

Früher wurde von einer „Cannabispsychose" gesprochen, ein Begriff, der mittlerweile seltener verwendet wird. Zum einen ist die Eigenständigkeit dieses Störungsbildes und seine Abgrenzbarkeit von anderen schizophrenen Störungen umstritten, zum anderen lassen sich die Veränderungen schwer ausschließlich auf Cannabiseffekte zurückführen; denkbar ist ebenso, daß eine sich anbahnende Psychose durch Cannabis ausgelöst wird oder sogar, daß die Patienten versuchen, sich durch die sedierenden Cannabinoide von ihren psychotischen Vorstellungen zu befreien bzw. die negativen Symptome wie Antriebslosigkeit oder Anhedonie (Freudlosigkeit) durch Substanzkonsum zu vertreiben (s. zu dieser Diskussion auch Thomas 1993 sowie speziell Kleiber u. Kovar 1998, S. 72 und S. 146 ff.). Möglicherweise intensiviert stärkerer Konsum von Cannabinoiden Plussymptomatik; hingegen könnte Einnahme in niedrigen Mengen sogar die Antriebs- und Motivationsprobleme der Negativsymptomatik bessern (s. dazu auch Peralta u. Cuesta 1992 sowie Kleiber u. Kovar 1998, S. 146 ff.). Als Pathomechanismus wird Verstärkung der dopaminergen Übertragung an mesolimbischen Bahnen durch das möglicherweise als Dopamin-Reuptake-Hemmer fungierende THC angenommen (Linszen et al. 1994; Martin 1995).

Die *körperlichen* Reaktionen während Cannabiskonsum – v.a. bei diesbezüglich Unerfahrenen – entsprechen meist einer *Sympathikusaktivierung*: Erhöhung der Pulsfrequenz und Blutdrucksteigerung, wobei nach Aufstehen oft der Blutdruck absinkt. Ausgeprägte Pupillenreaktionen werden nicht beschrieben, während eine akute *Rötung der Bindehaut (konjunktivale Injektion)* als recht charakteristisch gilt. Im gastrointestinalen System kommt es zu verminderter Motilität, trotz der nachgewiesenen antiemetischen Wirkung von THC nicht selten zu Übelkeit; andererseits wird Steigerung des Appetits beschrieben. Recht charakteristisch ist Mundtrockenheit (wohl durch Dämpfung der vornehmlich parasympathisch angeregten Speichelsekretion). Während es Hinweise auf ein Absinken von Sexualhormonen gibt, scheint Cannabiskonsum auf die Libido kaum Einfluß zu haben; nach einigen Berichten soll sogar die Empfindungsfähigkeit während des Sexualaktes gesteigert sein.

Cannabinoide gelten als wenig toxisch; die auf das Körpergewicht bezogenen Dosen, die im Tierversuch tödlich wirken, könnten von Menschen nur schwer konsumiert werden. Möglicherweise ist das weitgehende Fehlen von Cannabinoidrezeptoren in den wichtigen vegetativen Hirnstammzentren für die geringe Toxizität der Cannabisprodukte verantwortlich.

Toleranz und Entzugserscheinungen: Im Tierversuch läßt sich die Cannabisdosis bei gleichbleibenden Effekten allmählich auf das Hundertfache steigern. Dabei dürfte es sich vornehmlich um eine *funktionelle* Toleranz handeln; diskutiert wird v.a. eine Gegenregulation auf der Ebene der nachgeschalteten Signaltransduktion, daneben Veränderungen der Rezeptordichte (Abood u. Martin 1992; Adams u. Martin 1996). Beim Menschen scheint Cannabinoidtoleranz geringere Bedeutung zu haben und sich v.a. gegenüber den kardiovaskulären Effekten einzustellen, weniger gegenüber den euphorisierenden und psychedelischen Wirkungen.

Entzugserscheinungen nach abrupter Unterbrechung von Cannabiskonsum sind nicht selten, aber i.a. eher schwach (Grinspoon u. Bakalar 1997; Schuckit et al. 1999); teils dürfte es sich dabei um Reboundeffekte handeln; schwere Symptome wie beim Alkoholentzug (Epilepsie, Delirien, starke Kreislaufreaktionen) sind in aller Regel nicht zu erwarten. In Tierversuchen lassen sich jedoch durch Gabe von Rezeptorantagonisten regelrechte Cannabisentzugssyndrome provozieren (Aceto et al. 1995; Tsou et al. 1995; s. auch Adams u. Martin 1996; Kleiber u. Kovar 1998, S. 78).

Abhängigkeit; Folgen von langjährigem Cannabismißbrauch: Allgemein geht man – auch aufgrund von Tierexperimenten – davon aus, daß das Abhängigkeitspotential von Cannabis niedrig ist, wobei die Diskussion darüber aber noch nicht abgeschlossen scheint – ebenso wie zur hier nicht behandelten Frage, ob Marihuana und Haschisch „Einstiegsdrogen" sind.

Relativ sicher ist, daß langjähriges Rauchen von Cannabisprodukten nicht harmlos ist: Da der Rauch von Marihuanazigaretten einige Karzinogene in hoher Konzentration enthält, außerdem zur Erzielung einer psychotropen Wirkung meist tief inhaliert wird, bilden sich bei Cannabisrauchern nicht nur häufig obstruktive Bronchialerkrankungen aus, sondern ist auch von einer deutlich erhöhten Wahrscheinlichkeit für die Entwicklung von *Bronchialkarzinomen* und *Karzinomen im Mund-Rachenraum* auszugehen (Donald 1991; zu den gesundheitlichen Folgen des Cannabiskonsums s. auch ausführlicher Kleiber u. Kovar 1998, S. 60 ff. sowie Nahas 1993).

Weiter wird eine erhöhte Infektionsanfälligkeit bei chronischem Konsum berichtet (s. dazu ausführlich Adams u. Martin 1996); bei HIV-positiven Marihuanakonsumenten soll *schneller* der Übergang in AIDS erfolgen. Weiter werden Fertilitätsstörungen beschrieben; zudem gibt es Hinweise auf Schäden bei Kindern von Cannabis rauchenden Müttern (Tuchmann-Duplessis 1993; Nahas 1993; Martin 1995 sowie die weitere bei Köhler 2000, S. 147 ff. dazu angeführte Literatur).

Daß Cannabisrauchen akut zu *Halluzinationen* und *Wahnvorstellungen* führen kann, die dem Bild einer *paranoid-halluzinatorischen Schizophrenie* gleichen und zuweilen von einer längeren, über den Konsum hinaus anhaltenden Störung gefolgt sind, war schon angemerkt worden. Umstritten ist allerdings, ob hier tatsächlich eine kausale Beziehung vorliegt, also daß ohne diesen einmaligen Cannabisrausch die psychische Störung ausgeblieben wäre. Ob *chronischer Cannabiskonsum* die Ausbildung von Schizophrenien begünstigt, wird gleichfalls kontrovers diskutiert. Zu schizophrenen Störungen Disponierte könnten beispielsweise häufiger Marihuana rauchen oder es könnte sogar die Aufnahme von Cannabisprodukten einen Versuch der *Selbstmedikation* darstellen (s. dazu Andreasson et al. 1989 und Allebeck 1993 einerseits, Defer 1993 sowie Grinspoon u. Bakalar 1997 andererseits).

Einige neuere Studien zeigten, daß sich *intellektuelle Leistungen* bei langjährigen Cannabiskonsumenten verschlechtern; besonders trifft dies *Gedächtnisleistungen* und *Aufmerksamkeit* (s. dazu etwa Fletcher et al. 1996; Solowij 1998). Äußerst kontrovers wird diskutiert, ob regelmäßiger Cannabiskonsum über längere Zeit zum *Amotivationssyndrom (amotivationalen Syndrom)* führt, d.h. zu Interessen- und Antriebslosigkeit sowie mangelnder Leistungsorientierung; wieder lassen sich beobachtete Zusammenhänge nur schwer kausal interpretieren (Kleiber u. Kovar 1998, S. 184 ff.; Grinspoon u. Bakalar 1997); allerdings ist dies auch nicht von der Hand zu weisen.

Tabelle 13.5: Folgen chronischen Cannabiskonsums (nach Köhler 2000, S. 150)

Störungsbild	Beschreibung	Kommentar
obstruktive Bronchialerkrankungen	Verlegungen der Atemwege	gut gesichert
Tumoren im Mund-Rachenbereich u. der Atemwege	Mundhöhlen-, Rachen-, Kehlkopf- u. Bronchialkarzinome	gut gesichert
Störungen des Immunsystems	u.a. höhere Anfälligkeit gegenüber Infektionen	nicht unwahrscheinlich
Fertilitätsstörungen	verminderte Spermiogenese; gestörte Fertilität bei Frauen	nicht auszuschließen
Schädigungen des Fetus	gehäufte Abgänge; verringertes Geburtsgewicht	gut dokumentiert
	Verhaltensstörungen in späteren Jahren	nicht sicher zu belegen
	gehäuftes Auftreten von Leukämie im Kindesalter	bleibt zu bestätigen
Induktion von schizophrenen Psychosen	Entwicklung v.a. von paranoid-halluzinatorischer Symptomatik	Kausalrelation unklar
kognitive Einschränkungen	Störungen v.a. von Gedächtnisleistungen	diskrete Einschränkungen wahrscheinlich
amotivationales Syndrom	zunehmender Motivations- u. Interessensverlust	Kausalrelation unklar

Einige Cannabiseffekte könnten andererseits für die medizinische Anwendung Bedeutung haben. So besitzen THC und weitere Cannabinoide analgetische Wirkung; ähnlich wie die Opioide scheinen sie v.a. zentral an der grauen Substanz des Mittelhirns sowie im Rückenmark an der Umschaltstelle der Schmerzbahnen anzugreifen (Lichtman et al. 1996). Wohl therapeutisch am relevantesten ist die antiemetische (den Brechreiz unterdrückende) Wirkung, z.B. im Rahmen von Chemotherapie bei Krebspatienten. Weiter wurden in mehreren Studien mit Krebs- und AIDS-Patienten Cannabinoide erfolgreich zur Behandlung von Appetitlosigkeit und damit zur Erreichung einer Gewichtszunahme eingesetzt. Zudem senken sie den Augeninnendruck, so daß Anwendung als Antiglaukommittel denkbar scheint (für Belege und weitere therapeutische Effekte von Cannabis s. Hollister 1986; Consroe u. Sandyk 1992).

13.8.3 Halluzinogene

Charakteristika und Überblick: Die unter Halluzinogene zusammengefaßten Stoffe sind hauptsächlich dadurch gekennzeichnet, daß sie – neben gewisser Euphorisierung und körperlichen Reaktionen v.a. im sympathischen Nervensystem – Veränderungen von Wahrnehmung und Denken hervorrufen. Die Wahrnehmung wird typischerweise schärfer (akzentuierter), Erinnerungen und Vorstellungen intensiver und die Konsumenten haben zuweilen das Gefühl, ungewöhnliche Erkenntnisse zu erlangen; wie erwähnt, sind regelrechte Halluzinationen, d.h. unkorrigierbare Wahrnehmungen von objektiv nicht Vorhandenem, eher untypisch und vornehmlich bei höherer Dosierung zu erwarten. Da die „Bewußtseinserweiterung", d.h. die Veränderungen im Wahrnehmen und Denken, von vielen als die eigentlichen charakteristischen Effekte angesehen werden, bevorzugt man zuweilen die Bezeichnung Psychedelika (die „Seele Offenbarende"), was sich aber weder im umgangssprachlichen Gebrauch noch in der wissenschaftlichen Terminologie durchgesetzt hat.

Diese Beschreibung trifft – Konsumentenunterschiede vernachlässigend – hauptsächlich auf die „klassischen Halluzinogene" (LSD, Meskalin, Psilocybin) zu, charakterisiert aber andere, vielfach zu den Halluzinogenen gerechnete Substanzen wie etwa die Entaktogene (mit dem bekanntesten Vertreter MDMA = Ecstasy) nur bedingt. Angesichts der Vielzahl solcher Substanzen wird auf vollständigere Darstellung verzichtet und neben den „klassischen" Halluzinogen nur die ringsubstituierten Amphetamine und Methamphetamine besprochen, zu denen auch Ecstasy gehört.

Nicht behandelt werden psychedelische Narkosemittel (Phencyclidin, Ketamin), die Anticholinergika Atropin und Scopalamin -- die die wichtigsten psychotropen Substanzen u.a. der Tollkirsche, der Alraune und der Engelstrompete bilden – sowie weitere Halluzinogene (etwa die psychotropen Substanzen des Fliegenpilzes); hierzu sei auf Köhler (2000, S. 168 ff.) und die dort angeführte Literatur verwiesen.

Klassische Halluzinogene: Zu diesen werden – neben hauptsächlich in den Herkunftsländern konsumierten pflanzlichen Drogen – v.a. LSD, Meskalin und die psychotropen Wirkstoffe des Pilzes Psilocybe mexicana (Psilocybin und Psilocin) gerechnet. LSD, Psylocybin und Psilocin ähneln mit ihrem Indolring dem Transmitter Serotonin und verdanken dieser Ähnlichkeit wohl ihre psychotropen Effekte. Meskalin steht strukturell zwar Dopamin und Noradrenalin näher, wirkt aber auch stark auf das serotonerge System. Prinzipiell sind die Wirkungen der genannten Substanzen ähnlich – wobei Meskalin möglicherweise stärkere körperliche Nebenwirkungen hat.

13.8 Weitere psychotrope Substanzen

LSD (Lysergsäurediäthylamid) wird synthetisch gewonnen und kommt meist in Form von Kapseln oder Tropfen auf den (illegalen) Markt. Meskalin kann durch Kauen des Peyote-Kaktus aufgenommen werden, wird jedoch in Industrieländern meist in Form von Pulver eingenommen (welches das synthetisch hergestellte Alkaloid enthält). Der Pilz Psilocybe mexicana wird üblicherweise gekaut, wobei die eigentlich wirksame, dabei aufgenommene Substanz möglicherweise nicht Psilocybin, sondern Psilocin ist.

Typische Wirkungen von LSD und der anderen genannten Substanzen sind milde Euphorisierung, Antriebssteigerung, sympathischer Aktivierung entsprechende Reaktionen (Erhöhung von Blutdruck und Pulsfrequenz, Mydriasis = Weitstellung der Pupillen), diverse andere, teils unangenehme, jedoch meist vorübergehende Symptome (Schwindel, Übelkeit), v.a. aber typische Veränderungen von Wahrnehmung und Denken: Farben und Töne werden *intensiver* empfunden, zuweilen werden Gerüche oder Töne *sichtbar* (Synästhesien), Gegenstände *verändern ihre Größe*, die Zeit läuft *ungewöhnlich langsam* ab (man erinnere sich an den ähnlichen Effekt bei Cannabis). *Illusionäre Verkennungen* (d.h. inhaltliche Umdeutungen von tatsächlich Vorhandenem, zum Beispiel von Schatten als Personen) können auftreten, daneben hauptsächlich optische *Halluzinationen*; die Betroffenen sind sich aber i.a. der Unwirklichkeit des Gesehenen bewußt (*erhaltene Realitätsprüfung*), weswegen es korrekter ist, von Pseudohalluzinationen zu sprechen. Gedanken und Erinnerungen treten deutlich ins Bewußtsein, die Stimmung ist oft gehoben (für Genaueres und weitere Effekte s. Julien 1997, S. 335 ff.; Pechnik u. Ungerleider 1997). Als Wirkmechanismus wird Stimulation postsynaptischer 5-HT$_2$-Rezeptoren durch die dem Serotonin ähnlichen Halluzinogene angenommen (Glennon 1990; Crowley 1995).

Anhalten der Wahrnehmungsstörungen und Stimmungsveränderungen lange über die Drogeneinnahme hinaus können vorkommen, ebenso *unmittelbare Übergänge in paranoide Schizophrenie*. Weiter werden als Folgeschäden des Rausches u.a. delirante Symptomatik, Stimmungsveränderungen und Angststörungen beschrieben. Todesfälle durch die Substanz selbst sind kaum beobachtet worden; allerdings ist nicht auszuschließen, daß es im Halluzinogenrausch mit Wahrnehmungsveränderungen zu Unfällen, Gewalttätigkeiten und Suiziden kommt.

Ein interessantes, nicht selten bei LSD- und auch bei Cannabiskonsumenten zu beobachtendes Phänomen sind „Flashbacks" („Echoräusche"), das spontane Wiedererleben vergangener Drogenerfahrungen im drogenfreien Zustand. Die Pathogenese ist unklar; ausgeschlossen werden kann, daß diese zuweilen noch Jahre nach letztem LSD-Konsum auftretenden Flashbacks durch Restmengen der Substanz ausgelöst werden; man geht von einer – durch diverse psychische Bedingungen provozierte – Wiederholung abgelaufener Hirnaktivität aus (Julien 1997, S. 338 sowie Pechnik u. Ungerleider 1997).

Toleranzbildung ist sehr ausgeprägt – wobei zwischen den klassischen Halluzinogenen Kreuztoleranz besteht. Entzugserscheinungen werden auch nach längerem Gebrauch nicht beschrieben. Das Abhängigkeitspotential gilt als gering; Labortiere verabreichen sich diese Substanzen (im Gegensatz etwa zu Nikotin, Heroin und Kokain) nicht selbst. Schwere körperliche Schäden nach längerem LSD-Konsum scheinen selten zu sein. Erwähnt worden war schon die mögliche Auslösung psychotischer Episoden, speziell bei bereits psychiatrisch Behandelten; auch gibt es Hinweise auf anhaltende Wahrnehmungsstörungen (Abraham et al. 1996). Insgesamt gilt Einnahme von klassischen Halluzinogenen, auch über längere Zeit, verglichen etwa mit den Folgen des Ecstasykonsums, als eher wenig schädlich – wobei diese Einschätzung sich nicht durchgehend in der Literatur findet.

Ringsubstituierte Amphetaminabkömmlinge: Amphetamin, Methamphetamin und davon abgeleitete Stoffe wurden in 13.6 als Psychostimulantien eingeführt. Substituiert man an ihrem Ring eines oder mehrere H-Atome durch eine Methoxy-Gruppe, so kommen psychedelische Eigenschaften hinzu; diese Methoxyamphetamine ähneln, vereinfacht formuliert, in ihrer Wirkung den klassischen Halluzinogenen, sind aber typischerweise stärker antriebssteigernd. Ist der Substituent nicht eine Methoxy-, sondern eine Methylendioxy-Gruppe, so entstehen Stoffe mit eher „entaktogenen" Wirkungen; diese – in der Literatur nicht durchgängig zu findende – Neuschöpfung bezeichnet die durch die Drogen verbesserte Kommunikation mit dem eigenen Inneren. Zu beschreiben wäre dieser Zustand als entspanntes Glücksgefühl, als Empfindung des „inneren Friedens"; die Zufriedenheit mit sich selbst geht mit wohlwollender Sicht der Umgebung einher, mit der man in diesem Zustand gerne kommuniziert. Die für klassische Halluzinogene typischen Effekte der veränderten Wahrnehmung treten hier zurück, weshalb Abgrenzung der Methylendioxyamphetamine und -methamphetamine unter einer eigenen Bezeichnung sinnvoll erscheint (s. dazu Kovar et al. 1996 oder Gouzoulis-Mayfrank 1999). Die bekannteste Substanz dieser Gruppe ist *3,4-Methylendioxymethamphetamin (MDMA)*, welches als *Ecstasy* bekannt ist.

Die Bezeichnung Ecstasy wird nicht einheitlich verwendet. Häufig wird es als Synonym für MDMA gebraucht, zuweilen aber auch für Mischungen aus MDMA und ähnlich wirkenden Substanzen (etwa MDA =3,4-Methylendioxyamphetamin). Nichts mit Ecstasy als MDMA-haltigem Präparat hat „Liquid Ecstasy" zu tun, welches als Wirkstoff Gamma-Hydroxy-Buttersäure (GHB) enthält und in den letzten Jahren zur Partydroge geworden ist. Es wirkt in niedrigen Dosen euphorisierend und antriebssteigernd (ähnlich MDMA); nach Aufnahme höherer Dosen wurden schwere neurologische Symptome und Bewußtlosigkeit beschrieben (Heinz 1998; Parnefjord 2000, S. 63 ff.).

Ecstasy (MDMA) wird meist in Tablettenform eingenommen. Nach initialen Reaktionen im Sinne einer Sympathikusaktivierung (Erhöhung von Pulsfrequenz, Blutdruck, Körpertemperatur) und teils unangenehmen Empfindungen (Übelkeit, Beklemmungen in der Brust) stellt sich der beschriebene Zustand innerer Zufriedenheit ein. Während die für Halluzinogene charakteristische Akzentuierung der Wahrnehmung meist ausbleibt, sind Wahnvorstellungen, Angstattacken und echte Halluzinationen, v.a. bei höheren Dosen, nicht selten (s. etwa Thomasius 1999). Vermutet wird als Wirkmechanismus Stimulation postsynaptischer Serotoninrezeptoren, daneben vermehrte Serotoninausschüttung sowie Reuptake-Hemmung (Schmoldt 1999).

Wichtiges körperliches Begleitsymptom ist Wasser- und Elektrolytverlust durch Schwitzen und verstärkte Diurese, so daß es nicht selten zu schweren Elektrolytstörungen kommt. Generell sind nach Ecstasyeinnahme bedrohliche Symptombilder beschrieben worden, u.a. Hirnödeme, Gerinnungsstörungen, intrakranielle Gefäßverschlüsse und -blutungen, Rhythmusstörungen (Grob u. Poland 1997; Schrenck 1999).

Zu Toleranz und Entzugssymptomen liegt wenig Gesichertes vor. Ein Suchtpotential ist wahrscheinlich, da Tiere sich MDMA selbst applizieren (Lamb u. Griffith 1987); einige Konsumenten dürften regelrechte Abhängigkeit zeigen. Im Tierversuch zerstört MDMA Endpartien serotonerger Neurone (Obrocki 1999), so daß auch beim Menschen Schäden nach häufigerem Gebrauch angenommen werden müssen. Psychiatrische Symptome bei Langzeitkonsumenten wurden beschrieben (Thomasius 1999); u.a. dürften irreversible Gedächtnisstörungen auftreten (Bolla et al. 1998).

14 Genetik

14.1 Vorbemerkungen; Überblick

Bei Durchsicht beispielsweise der klinisch-psychologischen Literatur stellt man fest, daß mittlerweile genetischen Befunden i.a. deutlich mehr Raum gewidmet wird als noch vor einigen Jahren – und Gleiches dürfte für andere Fächer der Psychologie gelten. Das liegt sicher u.a. daran, daß man inzwischen sehr viel mehr über das Erbgut weiß und die Verknüpfung dieses Wissens mit biochemischen und klinischen Sachverhalten zunehmend leichter gelingt. So gibt es etwa plausible Hinweise, daß die erbliche Determinierung von Alkoholmißbrauch durch gewisse genetisch festgelegte Enzymkonstellationen bedingt ist, welche die aversiven Alkoholeffekte gering halten (s. 13.3.3). Aus diesen Überlegungen soll in dieser sonst eher knapp gehaltenen Monographie die Genetik ausführlicher behandelt werden, als es sonst in biopsychologischen Lehrbüchern üblich ist.

Zunächst wird – teilweise in Wiederholung von Ausführungen in Kapitel 1 – der Aufbau der menschlichen Erbsubstanz (d.h. der DNA) genauer besprochen und dabei einige zentrale Begriffe eingeführt (Gen, Phän, Genotyp, Phänotyp); ebenfalls unter teilweisem Rückgriff auf bereits Gesagtes kommt die Struktur der Chromosomen und der Aufbau des menschlichen Chromosomensatzes zur Darstellung (14.2). Der folgende Abschnitt 14.3 behandelt die Vorgänge bei der Teilung von Körperzellen (Mitose) sowie die bei der Bildung der Keimzellen ablaufenden Meiose; in diesem Zusammenhang werden mögliche Störungen und ihre Folgen (numerische und strukturelle Chromosomenaberrationen) besprochen. Abschnitt 14.4 über formale Genetik und die Mendelschen Gesetze beschäftigt sich mit der eigentlichen Vererbung, der Übergabe elterlicher Gene auf die durch Verschmelzung von Samen- und Eizelle entstehende Zygote. Hier wird das Zusammenwirken der jeweiligen parallelen Gene (der Allele) bei der Merkmalsausprägung dargestellt und dominante, rezessive sowie intermediäre (kodominante) Vererbung illustriert; ein letzter Abschnitt (14.5) behandelt auf der Grundlage des zuvor Dargestellten einige einfachen Übertragungswegen folgende Erbkrankheiten.

Innerhalb des großen Gebietes der Genetik unterscheidet man die formale Genetik (in etwa mit der sogenannten klassischen gleichzusetzen) von der Molekulargenetik. Erstere geht im wesentlichen auf die Studien von Gregor Mendel um die Mitte des 19. Jahrhunderts zurück. Sie beschäftigt sich mit den Übertragungswegen von Merkmalen von den Eltern auf ihre Nachkommen und macht gewisse, noch vergleichsweise grobe Annahmen über das Erbgut. Die erst sehr viel später – um die Mitte des 20. Jahrhunderts – sich etablierende Molekulargenetik versucht, die molekulare Struktur der Erbanlagen (Gene) anzugeben und konnte sie als Abschnitte der DNA mit charakteristischen Basensequenzen identifizieren. Die historische Entwicklung ignorierend, sollen hier zunächst wichtige molekulargenetische Fakten zur Darstellung kommen (Aufbau der DNA, Struktur der Chromosomen) und erst danach die eigentlichen Erbgesetze besprochen werden.

14.2 Das menschliche Erbgut und die Chromosomen

14.2.1 Desoxyribonukleinsäure (DNS, DNA); Gene

Das gesamte Erbgut eines Lebewesens wird als sein *Genom* bezeichnet. Beim Menschen liegt es wie bei den anderen Lebewesen in Form von *Polynukleotidketten* vor, die in den sogenannten Chromosomen verpackt sind (zur Erbsubstanz außerhalb der Chromosomen, speziell in den Mitochondrien; s. unten). Wie in 1.2 beschrieben, besteht ein *Nukleotid* aus einem *Zucker*, an dem einerseits eine *Phosphorsäuregruppe* hängt (Phosphatrest), andererseits eine *organische Base*. Die Phosphorsäure eines Nukleotids kann mit einer OH-Gruppe am Zucker eines weiteren Nukleotids unter Abspaltung von H_2O reagieren (Esterbindung mit Ausbildung einer Phosphatbrücke zwischen den beiden Zuckermolekülen), so daß Nukleotidketten (Polynukleotide) entstehen. Beim Genom des Menschen und fast aller anderer Lebewesen (einige Viren ausgenommen) ist der verwendete Zucker *Desoxyribose*. Die Polynukleotidkette – deren Phosphatreste nach wie vor H^+-Ionen abspalten können, also Säureeigenschaften besitzen – in den Chromosomen wird deshalb *Desoxyribonukleinsäure (DNS)* genannt; mittlerweile auch im Deutschen gebräuchlicher ist die angloamerikanische Bezeichnung *DNA*. Die Namen *Nukleotid* bzw. *Nukleinsäure* weisen darauf hin, daß diese Moleküle sich im Zellkern (Nucleus) befinden. Die an den Desoxyribosemolekülen hängenden Basen sind die Purinbasen Adenin und Guanin sowie die Pyrimidinbasen Thymin und Cytosin. Die DNA der menschlichen Zellen ist aneinandergelegt circa 2 m lang; die Zahl der Nukleotide beträgt etwa 3 Milliarden.

Neben der DNA gibt es die RNA (Ribonukleinsäure), bei der statt Desoxyribose als Zucker Ribose vorliegt und Uracil an Stelle von Thymin eine der Basen ist. Die RNA-Stränge erreichen nicht annähernd die Länge der DNA, sind oft extrem kurze Nukleotidsequenzen (bei der t-RNA) oder stückweise Abschriften der DNA (wie im Falle der m-RNA), repräsentieren damit nicht das gesamte menschliche Genom; RNA wird benötigt, um anhand der Vorlage der DNA im Kern die Proteinsynthese an den Ribosomen im Zytoplasma durchzuführen (s. 1.2.2).

Ein Teil der genetischen Information befindet sich nicht in den Chromosomen des Kerns, sondern in den Mitochondrien, welche man als gut assimilierte Fremdkörper in der Zelle auffassen kann. Diese sogenannte mitochondriale DNA oder mt-DNA enthält die Information für Strukturen und Prozesse in den Mitochondrien selbst; da diese von der Mutter über die Eizelle in die Nachkommenschaft übergehen, erfährt die mt-DNA – anders als die DNA im Kern – keine Durchmischung, sondern ist, von Spontanmutationen abgesehen, unverändert von der „Urmutter" auf die heutige Menschheit übertragen worden. Dies wird u.a. benutzt, um die Zusammengehörigkeit von Sippen und damit die Ausbreitung des Menschen zu bestimmen (s. 15.3.5).

Die DNA liegt als *Doppelstrang* vor: Dabei stehen sich komplementäre Basen gegenüber (nämlich Adenin und Thymin einerseits, Guanin und Cytosin andererseits) und werden durch Wasserstoffbrückenbindungen zusammengehalten; die zweite Hälfte des DNA-Doppelstrangs enthält also gegenüber der ersten keine neue Information. Dadurch wird aber die Abschrift der DNA, die identische Reduplikation, als Voraussetzung der Zellteilung sehr erleichtert. Diese DNA-Doppelstränge sind in sich längs der Hauptachse gedreht und durchziehen, von Proteinen umgeben, die Chromosomen.

14.2 Das menschliche Erbgut und die Chromosomen

Wie in 1.2 ausgeführt, ist die *Erbinformation* in den DNA-Strängen durch die *Abfolge der Basen* verschlüsselt. Jeweils drei Basen (ein sogenanntes *Basentriplett* oder *Kodon*) determinieren nämlich eine *Aminosäure*, beispielsweise CAT (Cytosin, Adenin, Thymin) die Aminosäure Valin oder AGC (Adenin, Guanin, Cytosin) Serin; dabei ist der Kode degeneriert, wird jede Aminosäure durch diverse Basentripletts auf der DNA repräsentiert. Interessanterweise ist dieser Kode universell, wird also anscheinend bei allen Lebewesen z.B. Valin durch CAT verschlüsselt.

Mittlerweile ist es im Rahmen großangelegter Projekte gelungen, die Basensequenz der menschlichen DNA zu identifizieren. Dazu wird die DNA in so kurze Stücke zerlegt, daß deren Abfolge von Basen problemlos bestimmt werden kann. Anhand der überlappenden Nukleotide können Ende des einen und Anfang des nächsten Stückes wieder zusammengesetzt werden. Eine wichtige Erkenntnis war, daß der Großteil der DNA offenbar unkodiert ist, also — wenigstens nach gegenwärtigem Stand der Erkenntnis — nur aus wahllos aneinander gereihten Nukleotiden besteht. Es scheint, daß die eigentliche Erbinformation nur wenige cm auf dem etwa 2 m langen DNA-Strang einnimmt. Mit Identifizierung seiner Basensequenz ist aber noch nicht geklärt, welche Funktion das einzelne Gen hat. Immerhin läßt sich nun angeben, welches Polypeptid aufgrund des im Gen enthaltenen Bauplans konstruiert wird, so daß die Lösung des Problems näher gerückt ist.

Es sei hier kurz die Methode zur Identifizierung des spezifischen „genetischen Fingerabdrucks" einer Person erwähnt, z.B. aus Zellen der Mundschleimhaut („Speicheltest"). Auch dabei wird die DNA zerlegt und zwar mittels „Restriktionsendonukleasen". Diese Enzyme greifen nur an jenen Stellen der DNA an, wo bestimmte Basensequenzen vorliegen. Die Lage letzterer ist — wenn auch gewissen Regelmäßigkeiten folgend – personenspezifisch, so daß die Länge der so erhaltenen DNA-Abschnitte zwischen Personen variiert. Die Abschnitte wandern unterschiedlich schnell im elektrischen Feld, so daß nach Elektrophorese für jede Person ein unverwechselbares und unveränderliches Muster erhalten wird.

Anhand der Abfolge der Basentripletts in der DNA werden an den Ribosomen des Zytoplasmas Aminosäuren aneinandergereiht und durch Peptidbindungen verknüpft, so daß ein Polypeptid entsteht (s. 1.2.2) – ab etwa 100 Aminosäuren spricht man meist nicht mehr von Polypeptid, sondern von einem Protein.

Nicht alle Gene sind überall wirksam; nur ein Teil kann in den einzelnen Zellen transkribiert werden und Polypeptidsynthese an den Ribosomen veranlassen (Frage der Genexpression). Man nimmt an, daß bestimmte Transkriptionsfaktoren, die nicht unbedingt dauernd in den Zellen vorhanden sind, die Umschrift in die m-RNA erst ermöglichen. Solche Faktoren werden z.B. gebildet, wenn Transmitter und Hormone sich an G-Protein-gekoppelte Rezeptoren anlagern; so kann die Besetzung bestimmter Bindungsstellen mit Transmittern nicht nur direkt Veränderung postsynaptischer Potentiale hervorrufen, sondern auch zu größeren regulatorischen Veränderungen in der Zelle führen. Ein solcher Transskriptionsfaktor scheint auch das zunehmend in das breitere Interesse gerückte Fos-Protein zu sein, welches bei neuronaler Aktivierung vermehrt im Zellkern gebildet wird (s. Carlson 2001, S. 147 f.).

Ein *Gen* (die *kleinste Erbeinheit*) ist ein DNA-Abschnitt, eine Folge von Basentripletts, die den Bauplan für ein Polypeptid (Protein) enthält. Letzteres ist zumeist ein *Enzym*, das einen bestimmten Stoffwechselvorgang katalysiert; seine spezifische Gestalt legt daher ein Merkmal fest („ein Gen = ein Enzym"-Hypothese). Als *Phän* bezeichnet man ein Merkmal, das auf einem Polypeptid mit einer bestimmten Abfolge von Aminosäuren basiert. Ein Gen entspricht so biochemisch einem DNA-Abschnitt für ein Polypeptid, das zugehörige Merkmal (das Phän) ist das Polypeptid. Als *Genotyp* – ein in unterschiedlicher Bedeutung benutzter Term – bezeichnet man i.a. sämtliche in einem Individuum vorhandenen Gene, als *Phänotyp* die Gesamtheit seiner Merkmale (also, biochemisch formuliert, die in ihm vorhandenen Polypeptide).

Diese biochemische Definition von Gen und Phän ist exakt, aber wenig brauchbar. Unter Phänotyp versteht man meist die Gesamtheit der sichtbaren Merkmale (Geschlecht, Augenfarbe) sowie der nicht evidenten Charakteristika (z.B. von Stoffwechselvorgängen). Genotyp ist die Gesamtheit der Erbanlagen, die dem Phänotyp zugrunde liegen, wobei viele, weil rezessiv, sich nicht niederschlagen (14.2.2).

Man schätzt, daß der Mensch etwa 30.000 Gene besitzt, die in aller Regel in doppelter Ausführung (als sogenannte Allele) vorhanden sind – noch vor wenigen Jahren war man übrigens etwa von 100.000 Genen ausgegangen. Dabei sitzen diese Allele („parallelen Gene") an entsprechenden Stellen der homologen Chromosomen.

14.2.2 Chromosomen

Die DNA ist in Abschnitte aufgeteilt, die in einzelnen Chromosomen liegen (anfärbbaren Kernstrukturen; von griech. chroma = Farbe, soma = Körper). Zwischen den Teilungen, in den Arbeitsphasen, wo anhand der Basensequenzen Polypeptide synthetisiert werden, bestehen die Chromosomen nur aus *einem* Doppelstrang; erst kurz vor der Teilung hat sich durch identische Reduplikation (s. 1.2.2) ein zweiter gebildet. Die üblichen Darstellungen erfolgen während der Teilung; wenn das Chromosom aus zwei, an einer Stelle zusammenhängenden Fäden besteht (s. Abb. 14.1).

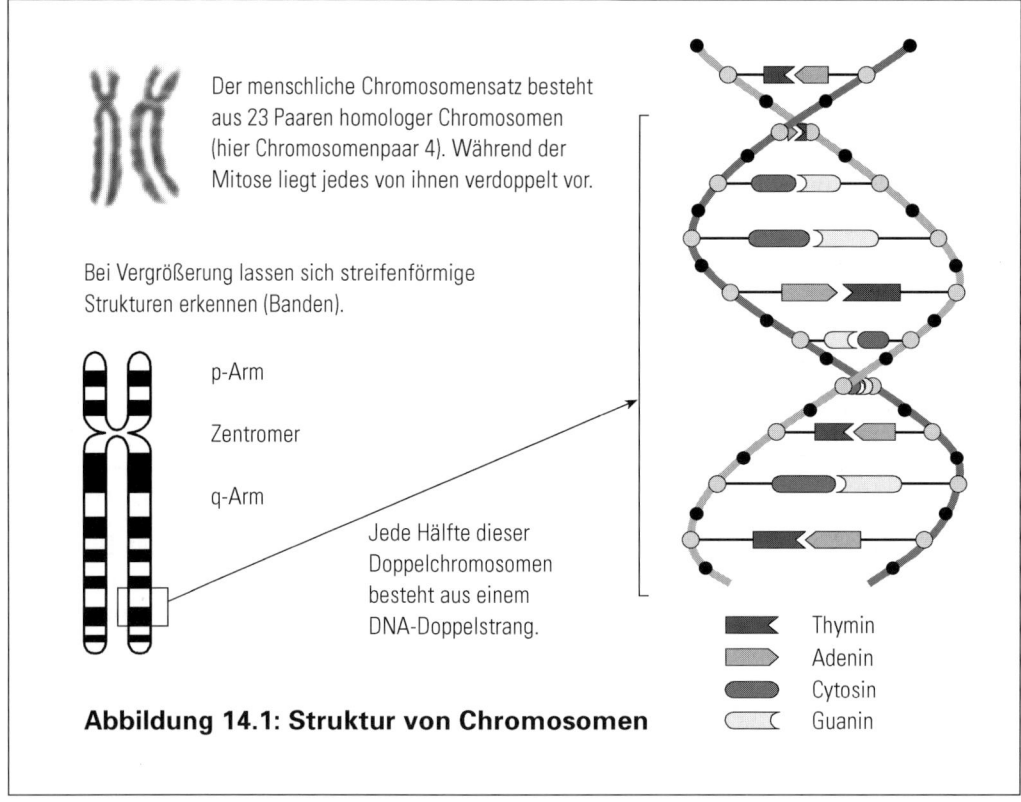

Abbildung 14.1: Struktur von Chromosomen

14.2 Das menschliche Erbgut und die Chromosomen

Beim Menschen ist die DNA in den kernhaltigen Körperzellen auf 46 Chromosomen verteilt. Dabei entsprechen sich in Form und Aufbau jeweils immer zwei (*homologe* Chromosomen oder Chromosomenpaare). Das eine des Paares stammt aus dem väterlichen Erbgut und war in der Samenzelle vorhanden, das andere kommt aus der Eizelle, also von der Mutter. Homologe Chromosomen sind im Normalfall gleich lang und zeigen gleichen Aufbau (insbesondere hinsichtlich Zahl und Anordnung ihrer Banden; s. unten). An entsprechender Stelle sitzen Gene für dasselbe Merkmal; diese parallelen, dasselbe Phän determinierenden Gene werden auch *Allele* genannt. Bestimmen beide Allele dieselbe Merkmalsausprägung, so nennt man das Lebewesen in Bezug auf dieses Gen *homozygot* (von griech. homoios = gleich; zygon = Joch, Verbindung); unterscheiden sich diesbezüglich die beiden Allele, liegt Heterozygotie vor (von griech. heteros = der andere). Oft ist eines der beiden Allele dominant und bestimmt im Falle von Heterozygotie die Merkmalsausprägung (also die spezifische Gestalt des zum Gen gehörigen Merkmals); das andere Allel wäre dann rezessiv. Im Falle der kodominanten oder intermediären Vererbung wirken beide Allele bei der Merkmalsausprägung zusammen (s. 14.4).

22 Chromosomenpaare zeigen die beschriebene Entsprechung und finden sich bei Männern wie Frauen; sie werden als *Autosomen* bezeichnet. Ein weiteres, das *X-Chromosom*, liegt nur bei Frauen paarig vor, bei Männern hingegen einfach. Das bei Männern statt dessen vorkommende, dem einzelnen X-Chromosom als Pendant zuzuordnende sogenannte *Y-Chromosom* variiert individuell in der Größe, ist aber insgesamt sehr klein und trägt damit wenig Erbinformation – darunter allerdings das sehr wichtige, die Bildung des Hodens und damit die Entwicklung zum Manne determinierende Gen (s. 11.8). Y-Chromosom und X-Chromosom werden als *Geschlechtschromosomen* oder *Gonosomen* zusammengefaßt – wobei wohlgemerkt die auf ihnen lokalisierten Gene großteils nicht für die Herausbildung von Geschlechtsmerkmalen zuständig sind.

Das Vorhandensein eines doppelten Chromosomensatzes wird als *Diploidie* bezeichnet (von griech. diplos = doppelt); die gewöhnlichen Körperzellen sind diploid, während Keimzellen (Gameten), also Spermien und unbefruchtete Eizellen, *haploid* sind (nur einen einfachen Chromosomensatz enthalten).

Die Autosomen werden numeriert, wobei Autosom 1 das größte ist; für die Geschlechtschromosomen werden die bereits eingeführten Symbole X und Y benutzt. Zur Beschreibung des Karyotyps, der Ausstattung der Zelle mit Chromosomen, hat man sich auf eine Karyotypsymbolik geeinigt, in der zunächst die Gesamtzahl der Chromosomen (inklusive der Geschlechtschromosomen) angegeben wird und zusätzlich die Geschlechtschromosomen kodiert sind: 46,XX bezeichnet damit den Chromosomensatz einer hinsichtlich des Karyotops normalen Frau, 46,XY den eines Mannes. 45,X würde den Karyotyp bei Ullrich-Turner-Syndrom (Fehlen des zweiten X-Chromosoms) wiedergeben; Personen mit Klinefelter-Syndrom werden durch 47,XXY beschrieben. Ein überzähliges Autosom vermerkt man zusätzlich durch seine Nummer und ein Pluszeichen; so würde 47,XY,21+ den Karyotyp eines Mannes mit Trisomie 21 symbolisieren.

Diese Schreibweise ist oft etwas umständlich. Im Falle von numerischen Aberrationen der Geschlechtschromosomen begnügt man sich meist, nur diese anzugeben: So wird mit XXY der dem Klinefelter-Syndrom zugrundeliegende Karyotyp symbolisiert, mit X0 der dem Ullrich-Turner-Syndrom entsprechende. (Zuweilen findet man nicht die Terminologie Karyotyp XXY, sondern Genotyp XXY, was insofern eine gewisse – harmlose – Nachlässigkeit darstellt, als der Genotyp nicht mit Angabe der Chromosomenzahl beschrieben werden kann.)

Die Darstellung der Chromosomen hinsichtlich Größe und Gestalt erfolgt in *Karyogrammen*; diese werden während der Mitose erstellt, da sich nur dann die Chromosomen sichtbar machen lassen. Dabei wird in der späten Metaphase, wenn sich die verdoppelten Chromosomen in einer Ebene angeordnet haben und gerade dabei sind, sich zu trennen, mittels eines Zellgiftes die Mitose gestoppt.

Insofern liegen die Chromosomen in Karyogrammen immer in Form zweier, etwa in der Mitte aneinanderhängender Fäden vor, was, wie erwähnt, nicht ihre natürliche Gestalt ist. Direkt nach und lange zwischen den Teilungen, in den Arbeitsphasen, ist das Chromosom ein längliches, unverzweigtes Gebilde. Der Punkt, an dem beide Hälften des (doppelten) Chromosoms zusammenhängen, wird als *Zentromer* bezeichnet, der kürzere der beiden vom Zentromer abgehenden „Arme" als p-, der längere als q-Arm. Die Lokalisation eines Allels läßt sich deshalb nicht nur durch sein Chromosom beschreiben, sondern zudem durch die Lage auf dem p- oder q-Arm. Weiter sind bei entsprechender Vergrößerung und Anwendung von Färbetechniken auf den Chromosomenarmen streifenförmige, in Querrichtung verlaufende Strukturen zu erkennen (sogenannte Banden), welche die Identifikation der einzelnen Chromosomen erleichtern und zudem der Lokalisierung von Allelen dienen (s. Abb. 14.1).

Beispielsweise läßt sich das veränderte Gen, welches für die (seltene) familiäre Form der Alzheimer-Erkrankung verantwortlich ist, auf dem q-Arm von Autosom 21 lokalisieren. Die dort üblicherweise zu findende normale Version des Gens ist für die Synthese eines Enzyms verantwortlich, welches ein bestimmtes Protein der Neuronenwand (das ß-Amyloid-Präkursor-Protein) abbaut; bei Veränderung dieses Gens kommt es zu fehlerhaftem Abbau und zur Bildung pathologischer Amyloidstoffe.

In Karyogrammen läßt sich nicht nur die Zahl der Chromosomen bestimmen, etwa beim Down-Syndrom ein drittes Chromosom 21 feststellen, sondern auch eventuelle Anomalien der Form. So findet man bei Kindern mit dem sogenannten Cri-du-chat-Syndrom ein Fehlen des kurzen Armes von Chromosom 5 (s. 14.3.4).

Kein Karyogramm wird normalerweise benötigt, um zu bestimmen, ob eine Zelle zu einem weiblichen oder männlichen Organismus gehört. Bei den meisten Zellen mit Karyotyp XX zeigt sich nämlich nahe des Kernrandes eine dichte Verklumpung, das X-Chromatin oder Barr-Körperchen; beim Manne findet sich dieses X-Chromatin nicht. Die Anzahl von Barr-Körperchen in einer Zelle gibt auch Hinweis auf überzählige X-Chromosomen: Man zählt immer ein Barr-Körperchen weniger als X-Chromosomen vorhanden sind; eine Frau mit dem Karyotyp 47,XXX (Triplo-X) hat also zwei Barr-Körperchen, ein Mann mit überzähligem X-Chromosom (Karyotyp 47,XXY, Grundlage des Klinefelter-Syndroms) ein Barr-Körperchen in den Zellen – im Gegensatz zum karyotypisch normalen Mann ohne X-Chromatin. Allerdings ist die Diagnostik von Gonosomenaberrationen mittels Bestimmung des Barr-Körperchens (bzw. des entsprechenden Y-Chromatins beim Mann) für die meisten Fragestellungen zu ungenau.

14.3 Mitose und Meiose; Chromosomenaberrationen

14.3.1 Mitose

Die *Mitose* (von griech. mitos = Faden) wird zuweilen auch *Äquationsteilung* genannt (von lat. aequus = gleich), weil dabei die Chromosomen in den Tochterzellen genau

14.3 Mitose und Meiose; Chromosomenaberrationen   357

denen der Mutterzelle entsprechen. Mitosen treten zum einen in großer Zahl auf, wenn die befruchtete Eizelle (Zygote) durch laufende Zellteilungen zum Fetus heranwächst; zum anderen spielen sich im ausgewachsenen Organismus weiter Mitosen und Zellteilungen ab, um untergegangenes Gewebe zu ersetzen.

Hierzu waren die wichtigsten Punkte schon in 1.2.2 ausgeführt worden: In der Interphase zwischen den Kernteilungen verdoppelt sich durch *identische Reduplikation* der *DNA-Doppelstrang* in jedem Chromosom und wird mit Proteinen umgeben. In der späten Metaphase, wenn sich die 46 Doppelchromosomen in einer Ebene angeordnet haben und kurz vor der Trennung stehen, sind die beiden am Zentromer noch zusammenhängenden Chromatinfäden gut zu erkennen (s. Abb. 14.1). Durch die Fäden der beiden Kernspindeln werden die Chromosomen auseinandergezogen, der Kern teilt sich und umgibt jeden der nun getrennten Chromosomensätze; ebenso teilt sich die Zelle, so daß zwei Zellen mit jeweils einem Kern und einem diploiden Chromosomensatz entstanden sind, also die beiden Tochterzellen sich nicht mehr von der Mutterzelle unterscheiden lassen.

14.3.2 Meiose

Die *Meiose* (von griech. meiosis = Verringerung) dient der Reduktion eines diploiden Chromosomensatzes zu einem haploiden; deshalb wird als Synonym auch *Reduktionsteilung* verwendet; eine ebenfalls gebräuchliche Bezeichnung ist Reifeteilung. Meiose findet statt, wenn sich die diploiden Vorläufer der menschlichen Keimzellen, die Spermatogonien und Oogonien, zu haploiden Spermatozyten (Spermien) bzw. Oozyten (Eizellen) umwandeln.

Der erste Schritt besteht in einer Anordnung der 46 Chromosomen in der Mitte des Kernes, wobei homologe Chromosomen sich gegenüber stehen (s. Abb. 14.2). Da die Hälfte des Chromosomensatzes der Spermatogonie vom väterlichen Samen, die andere von der mütterlichen Eizelle übertragen wurde, aber bei der Anordnung zu Meiosebeginn nicht festgelegt ist, welches auf welche Seite kommt, wird das spätere haploide Spermium etwa zur Hälfte Chromosomen von der Mutter und vom Vater enthalten, hat sich das Erbgut also bereits deutlich vermischt (zu den zusätzlichen Durchmischungen aufgrund von Crossing-over s. unten).

Da sich zu Beginn der Meiose jedes der 46 Chromosomen verdoppelt hat, stehen in der Teilungsebene des Kerns jeweils vier Einzelchromosomen übereinander. Der erste Meioseschritt (1. Reifeteilung) besteht in einer Trennung der homologen Doppelchromosomen; die entstehenden Zellen enthalten nun einen haploiden Satz; nur noch eines der beiden homologen Chromosomen ist dort zu finden – das dafür doppelt. In der 2. Reifeteilung, die im Prinzip eine Mitose (allerdings nur mit 23 Chromosomen) darstellt, werden die Chromosomenhälften getrennt. Nach diesem Schritt sind schließlich aus der diploiden Spermatogonie vier gleichwertige Spermatozyten geworden; hingegen entsteht aus einer Oogonie nur eine funktionsfähige Eizelle – die restlichen werden als Polkörper abgestoßen (s. 11.6).

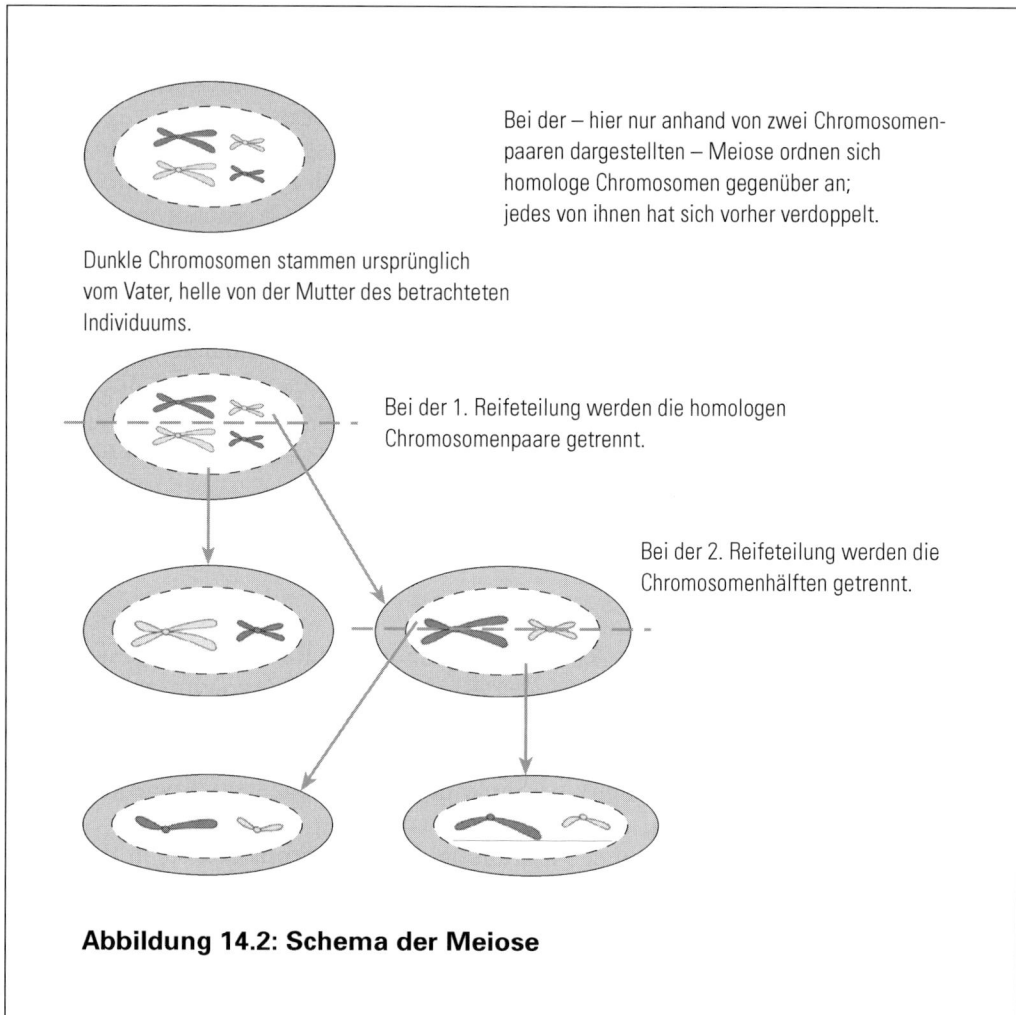

Abbildung 14.2: Schema der Meiose

Während homologe Chromosomen vor der 1. Reifeteilung gegenüberliegen, kann es passieren, daß sich deren Arme überkreuzen und beim Auseinanderziehen am anderen Chromosom hängen bleiben; somit haben beide einen Teil ihres Materials getauscht („Crossing-over") und dieses neu zusammengestellte Chromosom kann nun auf die Gamete und eventuell auf die nächste Generation übergehen. Auf diese Weise werden über lange Zeit zusammenhängende – weil auf demselben Chromosom lokalisierte Gene – plötzlich in ihrem weiteren Erbgang getrennt (Rekombination).

Solche Rekombinationen, also Trennungen ursprünglich gemeinsam vererbter Gene für unterschiedliche Merkmale, passieren naturgemäß öfter bei Genen, die sich auf dem Chromosom in großem Abstand befinden. Je häufiger Merkmale getrennt voneinander vererbt werden, um so wahrscheinlicher ist es, daß ihre Gene auf dem Chromosom weit entfernt sind. (Gene, die ohnehin auf verschiedenen Chromosomen sitzen, haben natürlich per se eine niedrige Wahrscheinlichkeit gemeinsamer Vererbung.) Auf der Beobachtung des gemeinsamen Auftretens von Merkmalen (beispielsweise pathologischen) beruht das Verfahren der *Genkartierung*, der Lokalisation von Allelen auf den 23 Chromosomenpaaren.

14.3.3 Meiosestörungen und ihre Folgen (allgemeiner Überblick)

Bei den komplizierten Prozessen der Reduktionsteilungen sind Störungen zu erwarten. Zum einen können gegenüberstehende Chromosomen sich nicht trennen, zum anderen ist es möglich, daß bei der zweiten Reduktionsteilung die verdoppelten Chromosomen zusammenhängend bleiben (non-disjunction); folglich kann die Keimzelle ein Chromosom doppelt enthalten, eine andere dafür dieses überhaupt nicht.

Trifft eine solche atypische Gamete auf eine Keimzelle mit normalem haploiden Chromosomensatz, so enthält die Zygote das betreffende Chromosom entweder nur einmal (Monosomie, von griech. monos = einzeln, allein) oder dreifach (Trisomie). Man spricht hier von *numerischen Chromosomenaberrationen* (Abweichungen; von lat. aberrare = abirren). Beim Crossing-over können Teile eines Chromosomenarms verloren gehen – ebenso ein Chromosomenarm verlängert werden –, so daß in der Zygote eines der homologen Chromosomen in normaler Form vorliegt, das andere in veränderter Gestalt (*strukturelle Chromosomenaberrationen*). In einem Großteil der Fälle sind Zygoten mit Chromosomenaberrationen nicht lebensfähig und gehen bereits im Mutterleib zugrunde. Dies gilt immer für (totale) autosomale Monosomien. Manche Formen von autosomalen Trisomien sind – wenigstens für gewisse Zeit – lebensfähig, weisen aber meist deutliche Veränderungen auf; am bekanntesten ist hier die Trisomie 21 (Down-Syndrom, s. 14.3.4). Eine Person mit Monosomie des X-Chromosoms ist lebensfähig (Ullrich-Turner-Syndrom), nicht aber Zygoten mit Monosomie des Y-Chromosoms. Überzählige X- oder Y-Chromosomen führen zu vergleichsweise geringen Veränderungen, werden zuweilen eher zufällig in Karyogrammen entdeckt (14.3.5). Strukturelle Aberrationen von Chromosomen haben oft keine Bedeutung, etwa wenn das fehlende Stück eines Chromosoms nur unkodierte DNA enthält; in einigen Fällen führen strukturelle Chromosomenveränderungen jedoch zu lebensfähigen Nachkommen mit teilweise sehr auffälliger Erscheinung (z.B. im Falle einer Deletion des kurzen Armes von Chromosom 5; s. 14.3.4).

Noch einmal ist hervorzuheben, daß die meisten Embryonen mit Chromosomenaberrationen bereits im Mutterleib zugrunde gehen. Unter Spontanaborten findet man in 50% der Fälle solche Aberrationen, bei Totgeburten in 5%, während der entsprechende Anteil bei Lebendgeburten bei etwa 0,5% liegt (Murken u. Cleve 1996, S. 58).

Neben Meiosestörungen können Störungen der Mitose zu numerischen und strukturellen Aberrationen führen. Tritt dies früh bei der sich gerade entwickelnden Zygote auf, so ist es durchaus von Bedeutung. Dabei entsteht oft ein Mosaikmuster aus normalen und veränderten Chromosomensätzen und die körperlichen Veränderungen sind weniger ausgeprägt als bei jenen Fällen, wo schon die befruchtete Eizelle die Chromosomenanomalie aufweist. So kann es etwa bei Mosaikmustern (45,X/46,XX) zu einer abgeschwächten Ausprägung des Ullrich-Turner-Syndroms kommen. Tatsächlich weisen nur etwa die Hälfte der Frauen mit diesem Syndrom den reinen Karyotyp 45,X auf; beim Rest finden sich entweder Anomalien der X-Chromosomen oder Mosaikmuster (s. 14.3.5). Im Erwachsenenalter, wo die Mitoserate gering ist, haben Veränderungen der chromosomalen Ausstattung kaum Einfluß auf den Phänotyp, können aber Grundlage bösartiger Neubildungen sein.

14.3.4 Autosomale Chromosomenaberrationen

Autosomale (totale) Monosomien sind, wie erwähnt, *nie lebensfähig*. Auch autosomale Trisomien sterben großteils im Mutterleib ab – z.B. findet man bei etwa jeder 10. in den ersten drei Schwangerschaftsmonaten auftretenden spontanen Fehlgeburt eine Trisomie 16 (Murken u. Cleve 1996, S. 82). Prinzipiell lebensfähig, wenn auch meist nur für wenige Monate, sind Neugeborene mit Trisomie 18 (Edwards-Syndrom) und Trisomie 13 (Pätau-Syndrom). Es finden sich charakteristische körperliche Veränderungen, etwa Mißbildungen im Schädelbereich und Fehlentwicklungen des Gehirns.

Weniger ausgeprägt sind die körperlichen Auffälligkeiten bei der *Trisomie 21 (Down-Syndrom*; früher häufig als *Mongolismus* bezeichnet). Neben unterdurchschnittlicher Körpergröße fallen Veränderungen im Schädel-Gesichtsbereich auf, so ein kurzer Hals, kleiner runder Schädel, flacher Hinterkopf, flaches Profil, schräg nach oben außen verlaufende (mongoloide) Lidachsen sowie der Epikanthus („Mongolenfalte", eine zusätzliche Hautfalte an den inneren Augenwinkeln); Veränderungen im Bereich der Hände und Füße sind sehr häufig, z.B. die Vierfingerfurche, eine etwa parallel zum Handgelenk verlaufende, vom äußersten ulnaren Handrand unterhalb des kleinen Fingers bis oberhalb des Daumens ziehende Vertiefung. Oft finden sich weitere Organmißbildungen: So weisen nach Murken u. Cleve (1996, S. 67) etwa 40% der Neugeborenen mit Trisomie 21 Herzfehler auf. Männer mit Down-Syndrom sind typischerweise unfruchtbar, während dies für Frauen nicht gilt; die Wahrscheinlichkeit für Fehlgeburten bei diesen Müttern ist hoch, überlebende Nachkommen weisen in 40% der Fälle ebenfalls eine Trisomie 21 auf. Im allgemeinen findet sich eine mehr oder weniger starke Intelligenzminderung, wobei allerdings erhebliche Unterschiede zwischen den Betroffenen zu beobachten sind und die prinzipiell gute Förderbarkeit hervorgehoben wird. Insgesamt ist die Lebenserwartung niedriger als in der Allgemeinbevölkerung; allerdings hat sich die Situation diesbezüglich in den letzten Jahrzehnten verbessert. Schon früh finden sich Hirnveränderungen im Sinne einer Alzheimer-Erkrankung – es sei daran erinnert, daß das veränderte Gen für die familiäre Form der Alzheimer-Demenz auf Autosom 21 liegt und die Betroffenen dieses Chromosom in dreifacher Ausfertigung besitzen (s. dazu auch 14.2.2).

Bei den weitaus meisten Personen mit Down-Syndrom findet sich eine reine Trisomie 21 (Karyotyp 47,21+), sehr viel seltener Mosaikmuster; in diesen Fällen sind die Veränderungen i.a. weniger ausgeprägt. Das überzählige Autosom 21 stammt in 90–95% der Fälle von der Mutter, d.h. die Eizelle hatte bereits das Chromosom doppelt enthalten. Bekanntlich steigt die Wahrscheinlichkeit dafür erheblich mit dem Alter der Mutter; bei Frauen über 45 Jahren ist das Risiko für die Geburt eines Kindes mit Down-Syndrom gut 20mal höher als für Frauen zwischen 20 und 30 Jahren (Lenz et al. 1966); hingegen scheint das des Vaters nach gegenwärtigen Erkenntnissen diesbezüglich wenig Einfluß zu haben (dargestellt im wesentlichen nach Murken u. Cleve 1996, S. 66 f. u. S. 169).

Strukturelle Chromosomenaberrationen haben häufig keinen negativen Einfluß auf die Gesundheit, v.a. wenn sie *balanciert* sind, also nur ein Umbau des Chromosoms ohne Verlust oder Zugewinn von genetischem Material erfolgt ist. Auch Fehlen einzelner Chromosomenstücke (unbalancierte Aberrationen) können klinisch bedeutungslos bleiben, etwa wenn der verloren gegangene Chromosomenabschnitt nur unkodierte DNA enthält oder die fehlenden Gene sich noch an anderen Stellen des Chromosomensatzes finden.

Mit einer Häufigkeit 1 : 50.000 Geburten letztlich selten ist das Cri-du-chat-Syndrom (nach dem charakteristischem hohen Schrei der Kinder, der an das Schreien junger Kätzchen erinnert). Die Betroffenen weisen zahlreiche körperliche Veränderungen auf (u.a. kleinen Schädel und kleines Gehirn), sind typischerweise geistig schwer behindert, erreichen aber häufig das Erwachsenenalter. Im Karyogramm erkennt man eine Verkürzung am p-Arm von Chromosom 5 (partielle Monosomie 5p).

Im Zusammenhang mit strukturellen Chromosomenaberrationen sei kurz das fragile X-Syndrom angeführt (auch Marker X-Syndrom oder nach den Erstbeschreibern Martin-Bell-Syndrom genannt). Es findet sich ausschließlich beim männlichen Geschlecht; die betroffenen Knaben sind häufig großwüchsig, zeigen Verhaltensstörungen, insbesondere Hyperaktivität und weisen i.a. mehr oder weniger starke Intelligenzminderung auf; im Erwachsenenalter auffallend sind die Akromegalie (Übergröße bestimmter Knochen, etwa im Gesichtsbereich) sowie erhebliche Vergrößerung der Hoden. Das X-Chromosom zeigt erhöhte Brüchigkeit. Dies ist aber nicht Folge von Störungen der Meiose oder Mitose, wie bei den anderen strukturellen Chromosomenanomalien; vielmehr dürfte diese Veränderung des X-Chromosoms wiederum X-chromosomal rezessiv vererbt werden. Ein auf dem X-Chromosom liegendes verändertes Gen (FMR 1-Gen), bei dem das Basentriplett CCG vielfach hintereinander auftritt, scheint für diese Abnormität des X-Chromosoms verantwortlich zu sein. Diskutiert wird in der letzten Zeit, ob das fragile X auch für die Entstehung von frühkindlichem Autismus eine Bedeutung hat (Bailey et al. 1996).

14.3.5 Gonosomale Chromosomenaberrationen

Befruchtete Eizellen mit nur einem Y-Chromosom sind nicht lebensfähig (ebensowenig mit zwei oder mehr Y-Chromosomen). Hingegen ist der Karyotyp 45,X, also eine Monosomie des X-Chromosoms, unter Lebendgeburten durchaus nicht selten (etwa eines auf 2000 Mädchen). Die Betroffenen haben eine normale Lebenserwartung, zeigen aber – neben unterentwickelten Gonaden – gewisse körperliche Auffälligkeiten. 1929 beschrieb der Münchner Pädiater Ullrich bei einer jugendlichen weiblichen Person ein Syndrom, nämlich „Pterygium colli, Zwergwuchs, Cubiti valgi und typische Facies" (zitiert nach Murken u. Cleve 1996, S. 60), also einen flügelförmigen Halsansatz, Zwergwuchs, Deformierung im Ellenbogengelenk und typischen Gesichtsausdruck – wobei allerdings nur der Zwergwuchs als obligatorisch anzusehen ist (s. unten). Einige Jahre später wies der amerikanische Arzt Turner zusätzlich auf die Amenorrhoe und Unfruchtbarkeit der Betroffenen hin. Wiederum einige Jahrzehnte später wurde als Grundlage dieses „Ullrich-Turner-Syndroms" Fehlen sowohl eines Y- wie eines zweiten X-Chromosoms erkannt (gonosomale Monosomie; Karyotyp 45,X).

Charakteristischer als jene nicht obligatorischen Symptome und theoretisch interessanter sind die bei Monosomie des X-Chromosoms beobachteten Besonderheiten der Genitalien (s. auch 11.8): Da das Y-Chromosom fehlt, kommt es nicht zur Ausbildung von Hoden – womit größere Testosteronbildung ausbleibt –, ebensowenig zur Produktion des Anti-Müller-Hormons. Da letzteres fehlt, entwickeln sich Tube, Uterus und Vagina normal sowie ein weibliches äußeres Genitale; andererseits kann sich bei Existenz von nur einem X-Chromosom kein richtiges Ovar ausbilden bzw. geht dieses wieder zugrunde. Folge ist mangelnde Östrogenproduktion, wodurch es nicht zur Monatsblutung kommt (Amenorrhoe) und Ausbildung der sekundären Geschlechtsmerkmale (etwa weiblicher Brustformen) weitgehend unterbleibt.

Faßt man zusammen, so ist typischerweise bei den weiblichen Personen ein deutlicher Minderwuchs festzustellen, Fehlen oder ungenügende Ausbildung der Keimdrüsen bei ansonsten normal entwickelten inneren und äußeren Genitalien, zudem eine – aufgrund des Gesagten leicht abzuleitende – Unfruchtbarkeit. Hinzu kommen, nicht obligatorisch, aber recht charakteristisch, die bereits von Ullrich beschriebenen Besonderheiten, insbesondere der „flügelförmige" Ansatz der Halsmuskulatur. Uneinheitlich sind die Angaben in der Literatur hinsichtlich des Intelligenzstatus: Während nach Murken u. Cleve (1996, S. 62) sich die Intelligenz von Patientinnen mit Ullrich-Turner-Syndrom im Normbereich bewegt, weisen andere Autoren (etwa Murphy et al. 1997) auf eingeschränkte kognitive Fähigkeiten v.a. im visuell-räumlichen Vorstellungsvermögen hin (nicht aber hinsichtlich verbaler Fähigkeiten). In jedem Fall ist die zuweilen zu findende Behauptung eines generellen Intelligenzdefizits bei diesen Personen empirisch unzureichend belegt.

Im Karyogramm von Personen mit Ullrich-Turner-Syndrom findet sich in etwa der Hälfte der Fälle eine reine gonosomale Monosomie; beim Rest zeigt sich teils ein Mosaikmuster mit XX- und X0-Kernen, teils eine strukturelle Anomalie des X-Chromosoms.

Gewissermaßen das Gegenstück zum Karyotyp 45,X ist die (etwa doppelt so häufige) *X-chromosomale Trisomie*, also der Karyotyp 47,XXX (*Triplo-X*; in der Literatur zuweilen als „Superweibchen", engl.: super female, bezeichnet). Vielfach sind die betroffenen Personen phänotypisch völlig unauffällig – von eventuellen Zyklusstörungen und frühem Einsetzen der Menopause abgesehen. Beschrieben wird eine durchschnittlich leicht verminderte Intelligenz (v.a. im verbalen Bereich), wobei allerdings auf die erhebliche diesbezügliche Variationsbreite hingewiesen wird.

Das *Klinefelter-Syndrom* tritt bei männlichen Personen auf und ist gekennzeichnet u.a. durch Hochwuchs, Gynäkomastie („Busenbildung") sowie Hodenatrophie. Dabei werden keine oder funktionsunfähige Spermien gebildet. Der Testosteronspiegel ist niedrig, so daß äußere Genitalien (Penis) und sekundäre männliche Geschlechtsmerkmale (etwa Barthaare) kaum ausgebildet sind; durch den Mangel an Testosteron fällt die negative Rückkoppelung auf die Hypophyse weg und die FSH-Produktion ist daher hoch (hypergonadotroper Hypogonadismus). Der Intelligenzquotient ist im Durchschnitt leicht vermindert; allerdings findet sich eine große Variationsbreite, so daß auch Klinefelter-Patienten mit normalen oder überdurchschnittlichen intellektuellen Fähigkeiten beobachtet werden.

Beim Großteil der Fälle liegt der reine Karyotyp 47,XXY vor; Ursache ist in der Regel eine non-disjunction des X-Chromosoms, die in etwa gleicher Häufigkeit auf Meiosestörungen bei der Mutter und beim Vater zurückgeführt wird; auch hier steigt das Risiko mit Alter der Mutter und des Vaters erheblich an (Lenz et al. 1966; Lorda-Sanchez et al. 1992).

Bei einem nicht geringen Prozentsatz der Klinefelter-Patienten finden sich Mosaikmuster oder weitere X- oder Y-Chromosomen (Karyotypen 48,XXXY oder 48,XXYY oder 49,XXXXY). Bemerkenswert ist, daß auch im letzten Fall mit vier X- und nur einem Y-Chromosom der Phänotyp (inklusive der inneren Genitalien) eindeutig männlich ist, der wenig ausgebildete Hoden also in der Lage war, das Anti-Müller-Hormon (den Ovidukt-Repressor) zu produzieren und sich der männliche Einfluß gegenüber dem Wirken von mehreren X-Chromosomen durchsetzen konnte.

Gewisse Bedeutung hat auch der Karyotyp XYY (mit 1 auf 1000 lebendgeborene Knaben ähnlich häufig wie das Klinefelter-Syndrom). Der Phänotyp ist männlich und weitgehend unauffällig; allerdings liegt die mittlere Körpergröße etwa 10 cm über dem Durchschnitt der männlichen Bevölkerung und unter Personen von mehr als 2 m Größe sind Personen mit Karyotyp 47,XYY weitaus häufiger vertreten als es ihrem Bevölkerungsanteil entspricht. Die Genitalien sind unauffällig, in der Regel besteht Fertilität und die Testosteronproduktion wird zumeist als normal angegeben (allerdings wurde bei einzelnen Patienten auch deutliche erhöhte Ausschüttung dieses Hormons gefunden). Vermutet wurde lange ein Zusammenhang zwischen überzähligem Y-Chromosom und erhöhter Aggressivität – eine frühe Untersuchung hatte unter Anstaltsinsassen, die ihre Strafe wegen aggressiver Delikte abbüßten, eine überdurchschnittliche Häufigkeit des Karyotyps 47,XYY gefunden; allerdings konnten spätere Untersuchungen diese Annahme nicht bestätigen (dargestellt im wesentlichen nach Murken u. Cleve 1996, S. 65 f.).

14.4 Formale Genetik; Mendelsche Gesetze

Die *formale Genetik* versucht, die Wege zu beschreiben, nach denen sich Eigenschaften von Individuen vererben und macht dazu eine Reihe von Grundannahmen über die Art der Gene und ihr Zusammenwirken. Diese Grundannahmen – wenn auch mit etwas anderer Terminologie – im wesentlichen schon Mitte des 19. Jahrhunderts von Gregor Mendel formuliert, sind wenige und einfach: Man geht davon aus, daß *Merkmale (Phäne)* von *Genen* bestimmt werden, wobei im Erbgut für *jedes Phän zwei Gene* vorliegen (*Allele* genannt), die auf entsprechenden Abschnitten homologer Chromosomen sitzen. Bestimmen die beiden Gene genau dieselbe Form des Merkmals (etwa dieselbe Blütenfarbe bei Pflanzen), nennt man das Individuum bezüglich dieses Allels *homozygot*; sind die beiden Allele (parallelen Gene) bei dem Individuum verschieden, spricht man von *Heterozygotie* (s. auch 14.2.2). Die beiden Allele können im Verhältnis der *Kodominanz* stehen oder das eine Gen gegenüber dem parallelen Gen *dominant* sein. Bei Kodominanz der Gene wirken im Falle von Heterozygotie beide in gleichem Ausmaß an der Ausbildung des Merkmals mit (würde also z.B. bei Vorliegen eines Gens für weiße und eines Gens für rote Blütenfarbe als resultierender Farbton der Blüte Rosa entstehen). Setzt sich im heterozygotem Zustand eines der beiden Gene gegenüber dem anderen bei der Merkmalsgestaltung durch, nennt man es *dominant*, das sich nicht durchsetzende Gen *rezessiv*. Rezessive Gene können nur bei Homozygotie das Merkmal determinieren – wobei oft bereits im heterozygoten Zustand Einschränkungen etwa enzymatischer Aktivitäten vorzuliegen scheinen, die sich jedoch noch nicht sichtbar im Phänotyp niederschlagen.

Weiter wird angenommen, daß die Eltern nur jeweils *eines* der Allele auf einen bestimmten Nachkommen übertragen können; letzterer erhält das zweite Allel vom anderen Elternteil. Die Wahrscheinlichkeit, in den Gameten zu erscheinen, ist für jedes der beiden Allele gleich – unabhängig, ob sie bei der Merkmalsausprägung dominant oder rezessiv sind.

Der Einfachheit halber haben wir uns hier – und dies gilt auch für das Folgende – auf die Vererbung eines einzigen Merkmals beschränkt. Betrachtet man zwei Merkmale, so vererben sie sich nur dann unabhängig voneinander, wenn die Allele auf verschiedenen Chromosomenpaaren sitzen.

Weiter wurde nur die monogene Vererbung betrachtet, also die Weitergabe jener Merkmale, die durch ein einziges Allelpaar in ihrer Ausprägung determiniert sind. Viele Merkmale werden polygen (multifaktoriell) vererbt, wobei man dazu letztlich wenig weiß. Polygene Vererbung wird immer dann angenommen, wenn sich der Erbgang mittels der Annahme eines einzigen determinierenden Allels nicht erklären läßt. Viele Eigenschaften werden polygen vererbt, etwa Körpergröße oder Intelligenz; auch viele Mißbildungen weisen polygene Erbgänge auf, etwa die Lippen-Kiefer-Gaumenspalte, die angeborene Hüftluxation oder der Klumpfuß. Häufig beobachtet man dabei einen Schwellenwerteffekt: So kann das pathologische Merkmal fehlen, obwohl bereits eine Anzahl in diesem Sinne veränderter Gene in der DNA vorliegt; durch Hinzukommen eines einzigen weiteren kann dann das Merkmal – oft im Vollbild – zu Tage treten.

Nicht berücksichtigt ist zudem die Penetranz, die Neigung des Merkmals, sich nach außen zu manifestieren. So ist es möglich, daß aufgrund bestimmter Gene im Erbgut sich ein pathologisch verändertes Enzym gebildet hat, welches aber nicht zu klinisch auffälligen Symptomen führt; in diesem Fall wirken möglicherweise gewisse Umweltfaktoren protektiv – so würde theoretisch die Phenylketonurie (s. 14.5.2) bei einer auf gewisse Aminosäuren eingeschränkten Nahrung klinisch nicht manifest werden, obwohl ein pathologisch verändertes Enzym des Aminosäurestoffwechsels vorliegt. Ist die Konkordanz eineiiger Zwillinge mit identischem Genom bezüglich eines Merkmals (etwa Aufweisen von Schizophreniesymptomen) nicht 100%, so schreibt man für die Ausbildung der Symptomatik Umweltfaktoren eine gewisse Rolle zu.

Die relativ einfachen Regeln der formalen Genetik sind gut am Beispiel des ABO-Blutgruppensystems zu erläutern. Dabei lassen sich (phänotypisch) vier Blutgruppen unterscheiden, die mit A, B, AB und O bezeichnet werden. Genetische Grundlagen sind drei verschiedene Ausprägungen des determinierenden Gens, nämlich $GENBlGr_A$, $GENBlGr_B$ und $GENBLGr_o$. Mit dieser umständlichen Schreibweise soll deutlich gemacht werden, daß es sich um *Gene für die Blutgruppen* handelt, nicht um die Blutgruppen selbst. Der letzte Großbuchstabe in $GENBlGr_A$ und $GENBlGr_B$ drückt aus, daß diese Gene gegenüber $GENBlGr_o$ dominant sind – deswegen dort der Kleinbuchstabe o; gegenseitig stehen A und B im Verhältnis der Kodominanz.

Weist beispielsweise eine Person das Allelpaar $GENBlGr_A$, $GENBlGr_A$ auf, besitzt sie die Blutgruppe A; liegt das Allelpaar $GENBlGr_B$, $GENBlGr_B$ vor, hat sie Blutgruppe B, bei Vorliegen von $GENBlGr_o$, $GENBlGr_o$ die Blutgruppe O. Im Fall von Homozygotie (Reinerbigkeit) kann das zugrundeliegende Gen stets die Blutgruppe determinieren, auch im Falle des rezessiven Gens $GENBlGr_o$. Im Falle von Heterozygotie dominiert $GENBlGr_A$ und $GENBlGr_B$ über das rezessive $GENBlGr_o$; bei Vorliegen des Allelenpaares $GENBlGr_A$ und $GENBlGr_o$ resultiert Blutgruppe A, bei $GENBlGr_B$ und $GENBlGr_o$ Blutgruppe B. Findet sich auf einem der homologen Chromosomen $GENBlGr_A$, auf dem anderen $GENBlGr_B$, bildet sich die Blutgruppe AB aus.

14.4 Formale Genetik; Mendelsche Gesetze

Es ist illustrativ herzuleiten, wie die Blutgruppen der Nachkommen aussehen. Ist beispielsweise der Vater homozygot bezüglich GENBlGr$_A$, hat er dieses Gen also doppelt, so enthalten seine Spermien auch nur GENBlGr$_A$. Ist die Mutter homozygot mit zweifachem GENBlGr$_o$, so hat sie nach dem oben Gesagten Blutgruppe O und in den von ihr produzierten Eizellen findet sich ausschließlich GENBlGr$_o$. Bei Verschmelzung der Gameten resultiert also das Allelpaar GENBlGr$_A$, GENBlGr$_o$, womit das Kind die Blutgruppe A aufweist. Ist der Vater heterozygot mit GENBlGr$_A$, GENBlGr$_o$, so hat er gleichfalls die Blutgruppe A; in seinen Spermien kann sich aber entweder GENBlGr$_A$ oder GENBlGr$_o$ befinden und es ist dann möglich, daß das Kind homozygot bezüglich GENBlGr$_o$ ist, also die Blutgruppe O besitzt. Unmöglich wäre es jedoch, daß ein Kind mit Blutgruppe O einen Vater mit Blutgruppe AB besitzt: Dieser muß dann in seiner DNA das Allelpaar GENBlGr$_A$ und GENBlGr$_B$ besitzen, seine Spermien also GENBlGr$_A$ oder GENBlGr$_B$ enthalten, von denen er eines an das Kind weitergibt. Welche Blutgruppe und welche Allele auch immer die Mutter hat, das Kind wird entweder Blutgruppe A oder Blutgruppe B oder Blutgruppe AB, niemals aber Blutgruppe O aufweisen.

Mit Hilfe der obigen Ausführungen läßt sich auch die Gültigkeit der sogenannten *Mendelschen Gesetze* überprüfen. Gregor Mendel (1822–1884), Augustinermönch in der mährischen Stadt Brünn, war Lehrer am dortigen Gymnasium und führte sehr sorgfältige Züchtungsexperimente mit Pflanzen durch, deren Ergebnisse er in Form von drei Gesetzen zusammenfaßte und durch gewisse, großteils heute noch als zutreffend anzusehende Annahmen erklärte. Mendel hatte zunächst hinsichtlich eines Merkmals reinerbige Rassen bestimmter Pflanzen gezüchtet, bei deren Kreuzung die Nachkommen (Hybriden) stets untereinander und der Elterngeneration gleich waren. Kreuzte er Exemplare dieser beiden unterschiedlichen Rassen miteinander, so stellte er fest, daß die Nachkommen, die erste Filialgeneration oder F$_1$ (von lat. filius = Sohn), sämtlichst gleich waren. Aufgrund dieses Befundes formulierte er sein 1. Gesetz, das *Uniformitätsgesetz*: Die erste Filialgeneration bei Kreuzung zweier reinerbiger Rassen ist (phänotypisch) gleich.

Mendel hatte hauptsächlich mit Erbsen seine Züchtungsversuche durchgeführt und die Farbe und Form des Samens als Merkmal untersucht. Da der Samen selbst eine Gamete mit haploidem Chromosomensatz darstellt, seine morphologischen Eigenschaften aber vom diploiden Satz der Ausgangszelle bestimmt werden, könnte gewisse Verwirrung bei der Lektüre auftreten. Deshalb wird hier ein weniger kompliziertes Beispiel gewählt. Zudem hatte Mendel in seinen ersten Versuchsreihen Merkmale studiert, die lediglich in zwei Ausprägungen vorkommen; dies ist nur möglich, wenn die Gene im Verhältnis dominant–rezessiv zueinander stehen, welches Beispiel auch hier gewählt werden soll. Im Falle kodominanter (intermediärer) Vererbung sind die Sachverhalte etwas komplizierter, da als Phän neben den reinen Blütenfarben die Mischfarbe auftreten kann.

Man betrachte zwei reinerbige (also homozygote) Blumen, deren Blütenfarbe rot und weiß ist. Die entsprechenden Gene werden – wiederum unter Inkaufnahme gewisser Umständlichkeit – mit GENBlf$_R$ und GENBlf$_w$ bezeichnet, wobei das mit einem Großbuchstaben symbolisierte Gen für die rote Farbe gegenüber dem Gen für die weiße (symbolisiert mit einem Kleinbuchstaben) dominant sein soll. Damit ergibt sich für Merkmale sowie Genausstattung der Elterngeneration, ihrer Gameten und von F$_1$, der ersten Filialgeneration, folgendes Bild (s. Abb. 14.3). Man mache sich den schematischen und nur statistisch gültigen Sachverhalt klar: Eine Blume erzeugt natürlich sehr viel mehr als zwei Gameten und nicht alle davon finden sich, um sich zur Zygote zu vereinigen. Bei großen Zahlen von Gameten ergeben sich aber Verhältnisse wie in den Abbildungen dargestellt.

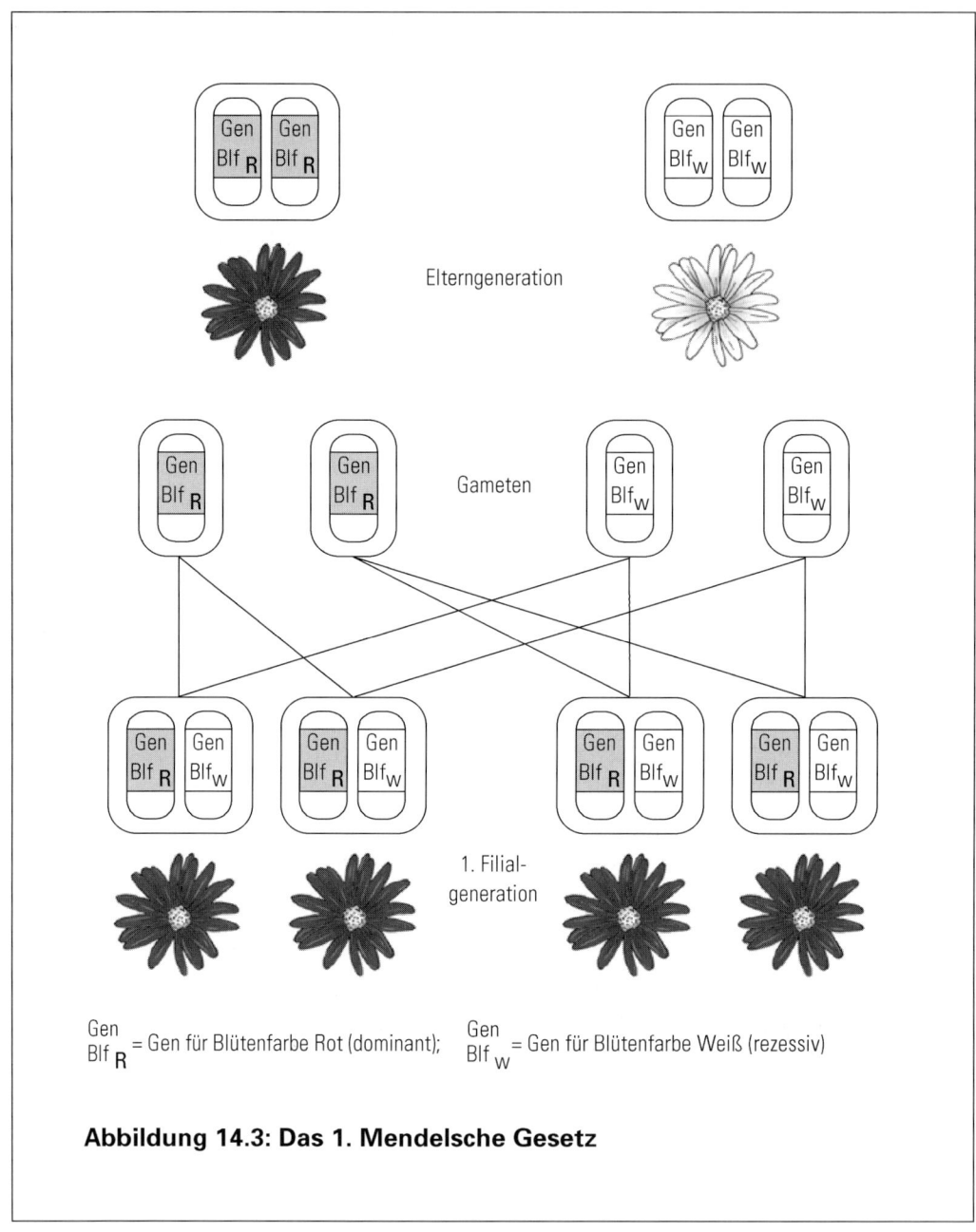

Abbildung 14.3: Das 1. Mendelsche Gesetz

Bei Kreuzung der Filialgeneration untereinander konnte Mendel feststellen, daß deren Nachkommen sich teilweise hinsichtlich der Blütenfarbe unterschieden (diesbezüglich sich in Gruppen aufspalteten). Er formulierte deshalb sein 2. Gesetz (das *Spaltungsgesetz*): Kreuzt man Individuen der F_1-Generation, so sind deren Nachkommen (die F_2-Generation) nicht gleich – wobei im Falle dominant-rezessiven Erbgangs die Merkmale im Häufigkeitsverhältnis 3 : 1 stehen. Auch dies läßt sich

14.4 Formale Genetik; Mendelsche Gesetze

leicht herleiten, wenn man die Verteilung der Allele auf die Gameten betrachtet und berücksichtigt, daß GENBlf$_W$ rezessiv ist, also nur bei Homozygotie zur Merkmalsausprägung führt.

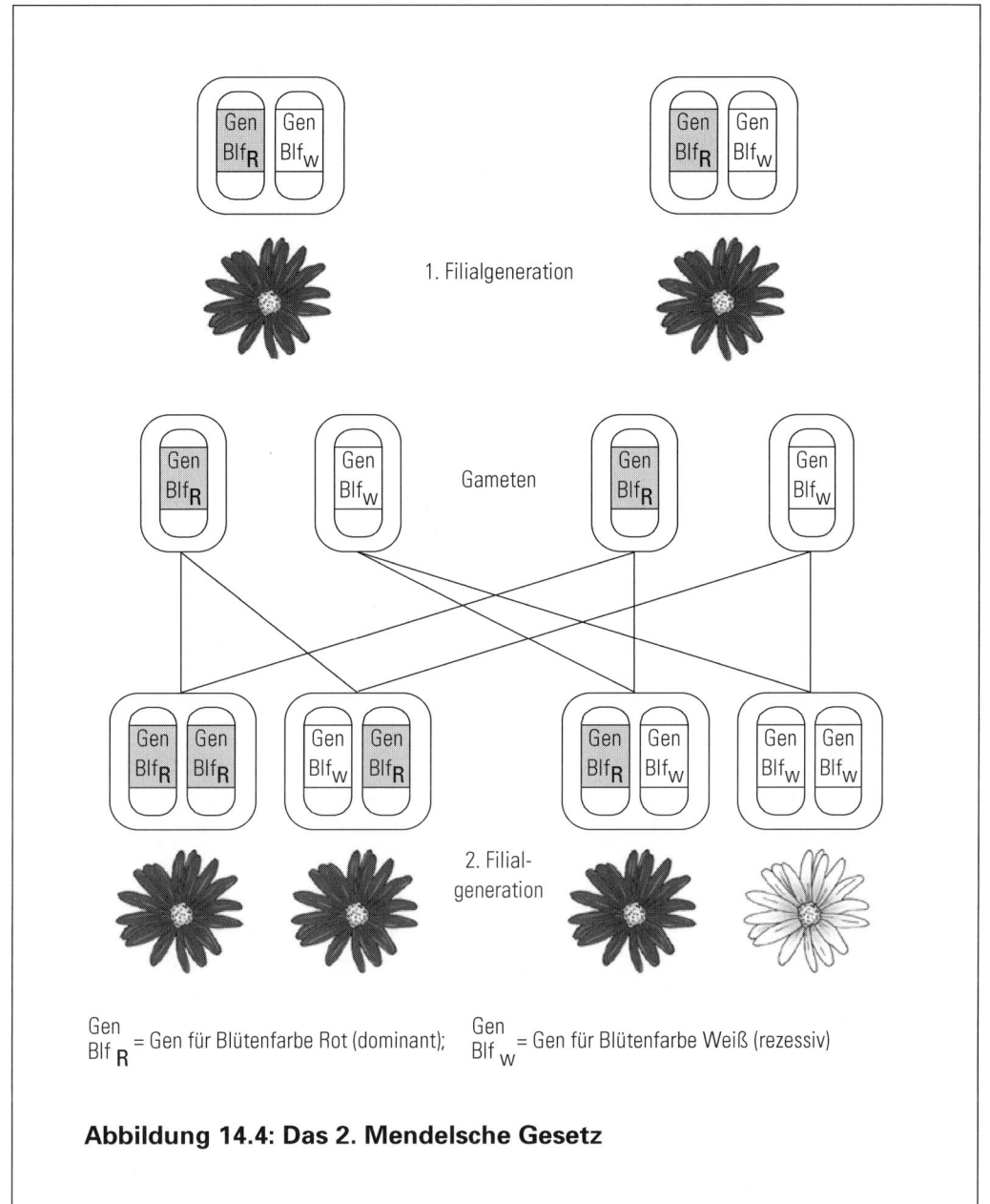

Abbildung 14.4: Das 2. Mendelsche Gesetz

Das 3. Mendelsche Gesetz, das Gesetz von der *Neukombination der Erbfaktoren* (Unabhängigkeitsgesetz), soll hier nicht genauer illustriert werden. Danach werden bei Kreuzung von zwei Rassen, die sich in zwei oder mehr Merkmalen unterscheiden, diese Merkmale *unabhängig vererbt*. Dieses Gesetz ist nicht eingeschränkt gültig – Mendel hatte offenbar zufällig immer Merkmale untersucht, deren Allele auf verschiedenen Chromosomen seiner Experimentierpflanzen lagen. Nur in diesem Fall gilt streng das 3. Mendelsche Gesetz; liegen die Allele der beiden Merkmale jedoch weit voneinander auf dem Chromosom entfernt, ist angesichts des häufigen Crossing-over die Möglichkeit für Neukombinationen von verschiedenen Genen in gewissem Maße gegeben.

Mendel hatte nicht nur die genannten Gesetzmäßigkeiten beschrieben, sondern auch Modelle zu ihrer Erklärung entwickelt. Dabei nahm er als Grundlage für Merkmale die Existenz von Erbeinheiten an (wofür heute der 1909 zum ersten Mal eingeführte Begriff Gen verwendet wird); zudem äußerte er die Vermutung, daß diese Erbeinheiten im Individuum in doppelter Form vorlägen und nur einfach in die Gameten übergingen. Schließlich hatte Mendel erkannt, daß von den Erbeinheiten für ein Merkmal eines häufig dominant, das andere rezessiv ist.

Bedauerlicherweise wurden seine Arbeiten – niedergelegt in der Monographie „Versuche über Pflanzenhybriden" aus dem Jahre 1866 – lange nicht zur Kenntnis genommen; Gregor Mendel starb, zuletzt Abt des Augustinerklosters in Brünn, als ein der Wissenschaft unbekannter Mann. Erst zu Beginn des 20. Jahrhunderts begannen mehrere Wissenschaftler gleichzeitig, die Bedeutung dieser Arbeiten zu erkennen und nur wenig später konnte die Gültigkeit der formulierten Gesetze auch für die menschliche Vererbung gezeigt werden. Heute gibt es kein Lehrbuch der Genetik, welches nicht mehr oder weniger ausführlich auf Mendels Arbeiten eingeht; die auch für viele Krankheiten geltenden Vererbungsregeln werden heute Mendelsche Erbgänge genannt (im angloamerikanischen Sprachgebrauch: Mendelian inheritance).

14.5 Erbkrankheiten

14.5.1 Vorbemerkungen

Der letzte Abschnitt dieses Kapitels befaßt sich mit erblichen Erkrankungen und den Bedingungen ihrer Weitergabe auf die Nachkommenschaft – der Terminus Erbkrankheiten ist zwar konnotativ negativ vorbelastet, bezeichnet den Sachverhalt aber am treffendsten. Es handelt sich dabei um eine Veränderung im Genom, die an die Nachkommenschaft weitergegeben werden und zu pathologischen Veränderungen führen kann. Eine eigentliche Erbkrankheit liegt erst vor, wenn sich Symptome manifestiert haben; viele Personen besitzen zwar die veränderten DNA-Abschnitte und können sie auf ihre Kinder übertragen, entwickeln aber – etwa in vielen Fällen von Heterozygotie – selbst nicht die Krankheit; sie sind dann sogenannte *Konduktoren* (wörtlich: Mitführer von lat. conducere). Frauen tragen beispielsweise nicht selten auf einem ihrer X-Chromosomen das Gen für die Bluterkrankheit (Hämophilie), erkranken aber wegen der Rezessivität dieses Gens nur äußerst selten; hingegen haben ihre männlichen Kinder eine Wahrscheinlichkeit von 50%, an Hämophilie zu leiden.

Nicht in die obige Definition fallen Chromosomenaberrationen, da üblicherweise das Genom der Eltern intakt ist – lediglich eine Störung bei der Weitergabe auf die Gameten vorliegt. Die Chromosomenaberrationen werden auch – von zumeist harmlosen Anomalien abgesehen – häufig nicht weitergegeben; wie erwähnt, sind Personen mit Karyotyp 45,X (Ullrich-Turner-Syndrom) und Karyotyp 45,XXY (Klinefelter-Syndrom) unfruchtbar. Weiter liegt keine Erbkrankheit vor, wenn zwar in bestimmten Körperzellen ein verändertes Genom zu finden ist, dieses jedoch nicht in die Keimzellen gelangt.

Größere Bedeutung bei der Entwicklung von erblichen Erkrankungen haben – die komplizierten Fälle von Polygenie nicht berücksichtigt – nur der *autosomal-rezessive*, der *autosomal-dominante* und der *X-chromosomal-rezessive Erbgang*. Kodominante Vererbung spielt eine Rolle für die normalen Varianten von Blutgruppen, nicht aber offensichtlich für die Entstehung bedeutsamer pathologischer Veränderungen; X-chromosomal-dominant vererbte Krankheiten sind bis jetzt nur wenige bekannt.

Mitochondriale Vererbung – wo also pathologische Veränderungen der mitochondrialen DNA von der Mutter auf sämtliche Kinder weitergeben wird – kommt bei einigen seltenen Erkrankungen vor; hier würden übrigens die Mendelschen Regeln nicht gelten: Paarten sich Individuen der F_1-Generation miteinander, so wären auch sämtliche Personen der F_2-Generation erkrankt.

Weitere erbliche Leiden übertragen sich ebenfalls nicht gemäß den einfachen Mendelschen Regeln, etwa bei jenen sehr häufigen Fällen polygener Vererbung. Wie erwähnt, muß dort oft die Anzahl pathologischer Gene eine bestimmte Anzahl erreichen (einen Schwellenwert überschreiten), damit die Krankheitssymptome ausbrechen. In diesen Fällen ist es meist sehr schwer, die Erbgänge nachzuverfolgen bzw. vorauszusagen. Dies gilt insbesondere für die Vererbung psychischer Störungen (genauer: der Disposition zu psychischen Störungen). Insgesamt sind die Verhältnisse bei der Vererbung von Krankheiten in der Regel sehr viel komplizierter als durch die nachfolgend dargelegten Beispiele suggeriert.

14.5.2 Autosomal-rezessiv vererbte Krankheiten

Obwohl mit einer Häufigkeit von 1 : 10.000 Geburten letztlich ziemlich selten, wird als Beispiel für eine autosomal-rezessiv vererbte Krankheit am häufigsten die Phenylketonurie angeführt. Zum einen sind die zugrundeliegenden pathologischen Veränderungen genau bekannt, zum anderen läßt sich an ihr gut demonstrieren, daß selbst eine Erbkrankheit mit sehr hoher Penetranz kein völlig unvermeidliches Schicksal darstellt, sondern durch äußere Faktoren (in diesem Fall: Art der Ernährung) in ihrem Verlauf positiv beeinflußt werden kann.

Bei der *Stoffwechselkrankheit Phenylketonurie* (PKU) ist ein Enzym nicht funktionsfähig, welches die Aminosäure Phenylalanin in Tyrosin umwandelt (die Phenylalaninhydroxylase). Dadurch kommt es zum einen zur *Anhäufung von bestimmten Phenylalaninmetaboliten* in Blut und Urin, speziell der Ketokarbonsäure Phenylbrenztraubensäure (Phenylpyruvat) – was dem Urin der Betroffenen seinen *charakteristischen Geruch* verleiht und der Krankheit ihren Namen eingebracht hat; zum anderen finden sich ausgeprägte *Hirnreifungsstörungen*, so daß unbehandelt schwere geistige Behinderung und diverse neurologische Symptome (insbesondere Krampfanfälle) zu erwarten sind.

Die Pathogenese scheint noch nicht restlos geklärt. Die häufig zu findende Erklärung, daß durch diesen Enzymdefekt zu wenig Tyrosin und in Folge davon zu wenig von dem Transmitter Dopamin im Gehirn vorliegt, dürfte insofern zu kurz greifen, als durch die therapeutisch wirksame Einschränkung von Phenylalanin per se noch nicht die Dopaminkonzentration steigt. Wahrscheinlich sind die Abbauprodukte des Phenylalanin, v.a. die Phenylbrenztraubensäure, selbst direkt toxisch bzw. behindern weitere Stoffwechselprozesse. Ergänzt sei, daß es mehrere Varianten dieser Stoffwechselstörung gibt und nur bei der hier besprochenen „klassischen" Phenylketonurie die Phenylalaninhydroxylase völlig fehlt.

Das bei PKU veränderte Gen sitzt auf dem langen Arm von Chromosom 12 und ist rezessiv; somit erkranken nur Personen, die bezüglich dieses Gens *homozygot* sind. Die Zahl *heterozygoter gesunder Konduktoren* ist weit größer als die der Erkrankten.

Mittlerweile wird routinemäßig Neugeborenen ein Blutstropfen entnommen, um mittels des Guthrie-Tests eine Erhöhung der Phenylalaninkonzentration im Blut festzustellen; der früher übliche Windeltest, bei dem sich die im Urin vermehrte Brenztraubensäure bei Reaktion mit Eisenchlorid durch Grünfärbung anzeigte, ist heute wegen mangelnder Zuverlässigkeit aufgegeben worden.

Die Therapie besteht in strikt *phenylalaninarmer Diät* zumindest bis zum 10. Lebensjahr, womit der Entwicklungsrückstand verhindert werden kann. Kinder von Frauen mit Phenylketonurie haben nicht nur eine erhöhte Wahrscheinlichkeit, selbst zu erkranken – sofern der Partner ebenfalls das Gen trägt. Wird zudem während der Schwangerschaft keine phenylalaninreiche Diät verabreicht, so nehmen die Feten zu hohem Prozentsatz Schaden und zeigen geistige Behinderung sowie Mißbildungen im Gehirn (dargestellt im wesentlichen nach Murken u. Cleve 1996, S. 103 f.).

Eine weitere Erkrankung mit *autosomal-rezessivem Erbgang* ist die *Mukoviszidose*, bei der die exokrinen Drüsen, besonders Pankreas und die Schleimdrüsen des Bronchialtraktes, *abnorm zähes Sekret* produzieren. Zunächst manifestieren sich Störungen im Verdauungssystem (Pankreasinsuffizienz, eventuell Darmverschluß bei Neugeborenen), später bestimmt zunehmend die Bronchialsymptomatik das Krankheitsbild: Es kommt zu chronischer Bronchitis mit Behinderung der Atmung und schweren Infektionen; die Lebenserwartung ist i.a. nach wie vor relativ niedrig, in den letzten Jahrzehnten jedoch deutlich gestiegen. Der Anteil heterozygoter Träger des veränderten Gens in der Bevölkerung ist nicht gering; jedoch sind Homozygote und damit Erkrankte mit etwa 1 auf 2000 Lebendgeburten deutlich seltener.

Weitere autosomal-rezessiv vererbte Krankheiten sind u.a. diverse *Stoffwechselstörungen* sowie einige Formen von *Muskelatrophien* und *-dystrophien*, also „Muskelschwund" (keineswegs aber alle: Manche Formen werden autosomal-dominant oder X-chromosomal-rezessiv vererbt).

Faßt man zusammen, so sind bei *autosomal-rezessiv* vererbten Erkrankungen *heterozygote* und damit gesunde Träger des pathologischen Gens (Konduktoren) i.a. nicht selten, während die Erkrankungen üblicherweise in nur geringer Häufigkeit auftreten; da das pathologische Gen auf einem Autosom sitzt, sind *Frauen und Männer in gleicher Häufigkeit* betroffen. Wählen Erkrankte einen Nicht-Gen-Träger als Partner, so sind die Kinder aus der Verbindung gesund, jedoch Konduktoren; die Kinder zweier bezüglich des pathologischen Gens Homozygoter, also Erkrankter, sind ebenfalls wieder homozygot und entwickeln damit gleichfalls das Leiden (man veranschauliche sich dies anhand der Abbildungen 14.3 und 14.4, wo der Erbgang der Blütenfarbe weiß dem der hier dargestellten Erkrankungen entspricht).

14.5.3 Autosomal-dominant vererbte Krankheiten

An diesen Leiden erkranken bereits Personen, die bezüglich des pathologischen Allels *heterozygot* sind; es gibt also keine gesunden Konduktoren. Als Beispiel sei die *Chorea Huntington* angeführt, eine etwa im mittleren Lebensalter einsetzende neurologische Erkrankung mit überschießenden und unkontrollierten Bewegungen sowie zunehmender Entwicklung dementieller Symptomatik. Das pathologische Gen wird auf Chromosom 4 lokalisiert (für Genaueres s. Martin 1989 und Lishman 1998, S. 466; dort auch Näheres zur Behandlung und Prognose). Kinder von Erkrankten haben – wie bei allen autosomal-dominanten Leiden – unabhängig vom Geschlecht eine Wahrscheinlichkeit von 50%, das pathologische Gen zu besitzen und selbst zu erkranken. Sie können ihrerseits das Gen zu einer Zeit weitergeben, da sie noch keine Symptome aufweisen und – ohne Gendiagnostik – nicht wissen, ob sie Träger sind.

Autosomal-dominant vererbt wird auch die *Neurofibromatose* (genauer: die *Neurofibromatose Typ 1* oder *Morbus Recklinghausen*), die mit einer Häufigkeit von 2 auf 10.000 Lebendgeborene auftritt. Schon im Kindesalter finden sich charakteristische hellbraune Hautflecken; im Jugendalter bilden sich dann unter der Haut *Neurofibrome* (ausgehend vom Bindegewebe um die Nerven) sowie *Neurinome* des peripheren und zentralen Nervensystems. Oft finden sich neurologische Symptome und Skelettveränderungen, die ursprünglich gutartigen Tumoren können entarten, zudem entwickeln sich häufig Leukämien. Weiter seien an autosomal-dominanten Erkrankungen genannt: bestimmte Formen familiärer Fettstoffwechselstörungen (nicht alle), Zystennieren, Osteogenesis imperfecta (abnorme Knochenbrüchigkeit), manche Varianten von Schwerhörigkeit und Taubheit sowie einige Formen von Muskelschwund.

Hervorzuheben ist noch einmal, daß *im Falle eines autosomal-dominanten Erbgangs bereits heterozygote Personen* erkranken – im Falle von Homozygotie bezüglich des pathologischen Gens ist jedoch möglicherweise die Symptomatik noch ausgeprägter. Kinder von Erkrankten entwickeln statistisch in 50% der Fälle selbst das Leiden; ist dies nicht der Fall, so sind sie auch keine Konduktoren: ihre Nachkommen werden – außer es kommt von anderer Seite hinzu – das Gen auch nicht mehr besitzen. Falls beide Elternteile erkrankt sind, entwickeln (im Mittel) 75% der Kinder ebenfalls die Erkrankung – im Falle von Homozygotie bezüglich des pathologischen Gens möglicherweise besonders schwer; durchschnittlich 25% der Kinder sind hingegen symptomfrei und können das Gen auch nicht mehr weitergeben. Man beachte, daß es sich hier um statistische Aussagen handelt; korrekter wäre die Formulierung, daß die Wahrscheinlichkeiten 0,75 bzw. 0,25 betragen.

14.5.4 Krankheiten mit X-chromosomal-rezessivem Erbgang; X-chromosomal-dominante Erkrankungen und Genstörungen auf dem Y-Chromosom

X-chromosomal-rezessive Erkrankungen sind dadurch gekennzeichnet, daß *Frauen so gut wie nie betroffen sind*, während bei Männern diese Leiden (z.B. die Hämophilie oder Bluterkrankheit) vergleichsweise häufig zu beobachten sind. Dies liegt daran, daß bei Männern Vorliegen des pathologischen Gens auf dem einzigen X-Chromosom für die Entwicklung des Leidens genügt; sie sind dann *hemizygot* (von griech. hemi = halb), womit kein gesundes Gen auf dem kleinen Y-Chromosom die Effekte des kranken kompensieren kann. Frauen sind lediglich *Konduktorinnen*, besitzen also das Gen und können es mittels des X-Chromosoms an ihre weiblichen und männlichen Kinder weitergeben.

Besonders illustrativ ist es, den Erbgang der *X-chromosomal-rezessiven Hämophilie A* zu betrachten, der häufigsten Form von Bluterkrankheit (gekennzeichnet durch Fehlen von Gerinnungsfaktor VIII). Dies ist v.a. insofern ausgesprochen lehrreich, als Queen Victoria Trägerin des pathologischen Gens war und genaue Stammbäume inklusive Informationen über Erkrankungen vorliegen. Zahlreiche männliche Personen unter ihren Nachkommen, u.a. der Zarewitsch Alexis, der Sohn des letzten russischen Zaren, litten an der Bluterkrankheit; der anhand des Stammbaums rekonstruierte Erbgang ist exakt so, wie nach den Mendelschen Regeln vorhergesagt. Das anschließende Schema zeigt die Verteilung des pathologischen, auf dem X-Chromosom lokalisierten rezessiven Gens für Hämophilie ($XGEN_h$) und des dominanten Gens für Nicht-Hämophilie ($XGEN_{NH}$) sowie des Merkmals Hämophilie bei Königin Victoria und den Nachkommen eines ihrer Söhne (Leopold). Natürlich sind nicht alle Söhne einer Konduktorin Bluter, sondern statistisch gesehen, nur die Hälfte. Beispielsweise litt der älteste Sohn der Königin, Edward, der Prince of Wales und spätere König Edward VII., nicht an Hämophilie. Ebensowenig sind alle Töchter einer Konduktorin selbst Konduktorinnen, sondern wieder nur durchschnittlich 50%. Von den neun Kindern der Queen waren vier Bluter oder Konduktorinnen, auf die anderen war das pathologische Gen nicht übergegangen.

Victoria ($XGEN_h$, $XGEN_{NH}$) ∞ Albert ($XGEN_{NH}$, Y)
Konduktorin   gesund

Leopold ($XGEN_h$, Y) ∞ Helene ($XGEN_{NH}$, $XGEN_{NH}$)
Bluter   gesund

Alexander ($XGEN_{NH}$, Y) ∞ Alice ($XGEN_h$, $XGEN_{NH}$)
gesund   *Konduktorin*

Rupert ($XGEN_h$, Y)
Bluter

Wie zu sehen, sind die Söhne von Blutern gesund, die Töchter Konduktorinnen. Aufgrund der Seltenheit des pathologischen Gens für Hämophilie A kommt Homozygotie bei Frauen so gut wie nicht vor; es sind in der wissenschaftlichen Weltliteratur nur sehr wenige solcher Fälle beschrieben.

Als weitere Krankheit mit X-chromosomal-rezessivem Erbgang seien angeführt die *Rot-Grün-Blindheit* (in verschiedenen Varianten) sowie einige Muskeldystrophien, darunter die mit etwa 3 auf 10.000 männliche Lebendgeburten nicht ganz seltene infantile progressive Muskeldystrophie vom Typ Duchenne.

14.5 Erbkrankheiten

X-chromosomal-dominante Krankheiten sind nur extrem wenige bekannt, so u.a. eine seltene Vitamin-D-resistente Rachitisform. Diese Erkrankungen treffen beide Geschlechter, Frauen wegen des doppelt vorliegenden X-Chromosoms häufiger. Vereinzelt wurde die Hypothese vorgebracht, daß bestimmte affektive Störungen, und zwar insbesondere bipolare Formen, einen X-chromosomalen Erbgang aufwiesen (etwa Mendlewicz et al. 1987); allerdings wird diese These in der Literatur sehr kritisch betrachtet (s. etwa Gilliam u. Knowles 1995).

Auf dem *Y-Chromosom* liegen nur sehr *wenige Gene*, darunter das für die Ausbildung der Hoden verantwortliche (s. 11.8). Pathologische Veränderungen dieses Gens wurden beschrieben, wobei die Betroffenen trotz XY-Karyotyps weibliche Geschlechtsorgane zeigten, dabei aber unfruchtbar waren. Insofern ist eine Weitergabe dieses veränderten Gens nicht möglich.

Tabelle 14.1 faßt die einfachsten Vererbungswege für Krankheiten zusammen und hebt ihre Charakteristika hervor.

Tabelle 14.1: Einfache Vererbungswege von Krankheiten

Erbgang	Beispiele	Charakteristika
autosomal-rezessiv	Phenylketonurie, Mukoviszidose	Homozygote erkranken, Heterozygote nur Konduktoren, beide Geschlechter gleich häufig betroffen.
autosomal-dominant	Chorea Huntington, Neurofibromatose	Hetero- und Homozygote erkranken, beide Geschlechter gleich häufig betroffen.
X-chromosomal-rezessiv	Hämophilie, Rot-Grün-Blindheit	Frauen sind seltener betroffen, bei manchen Erkrankungen praktisch gar nicht, Frauen sind Konduktorinnen.
X-chromosomal-dominant	Vitamin-D-resistente Rachitis	selten vorkommend, Frauen sind häufiger betroffen.

15 Evolution

15.1 Vorbemerkungen; Geschichtliches

15.1.1 Begriffsklärungen und Überblick

Evolution bezeichnet die Tatsache, daß Tiere (allgemein: Organismen) in ihrer jetzigen Gestalt nicht immer bestanden haben, sondern sich aus (mittlerweile zumeist ausgestorbenen) Vorformen entwickelten. Diese heute triviale Feststellung war um die Mitte des 19. Jahrhunderts keineswegs wissenschaftlicher Konsens, sondern wurde erst durch die Schriften Darwins allmählich akzeptiert. In einem Buch über Biopsychologie interessieren v.a. jene Entwicklungsschritte, die im Laufe mehrerer Millionen Jahre von relativ undifferenzierten Primaten über Arten der bereits aufrecht laufenden Gattung Australopithecus und mehrere Arten der Gattung Homo (z.B. Homo habilis, Homo erectus) schließlich zum modernen Menschen (Homo sapiens) führten. Diesem Thema wird auch der große Teil des Kapitels gewidmet sein (15.3). Zuvor ist es aber lohnend, sich die v.a. auf den Arbeiten von Charles Darwin basierende frühe Evolutionstheorie in Erinnerung zu rufen und einen kurzen Überblick über die Hominidenforschung zu geben (15.1.2 und 15.1.3). Zum anderen muß, um die zoologische Position des Menschen und ihre Entwicklung verständlich zu machen, die Einteilung des Tierreichs nach Linné skizziert werden (15.2).

15.1.2 Die Darwinsche Evolutionstheorie und ihre Vorläufer

So unwahrscheinlich dies klingt, noch in der Mitte des 19. Jahrhunderts war im Einklang mit den Lehren der Bibel der Großteil der Wissenschaftler der Auffassung, daß die Tierarten seit den ersten Schöpfungstagen – die nach den Berechnungen des irischen Erzbischofs Ussher in den Oktober des Jahres 4004 v. Chr. zu datieren waren – in ihrer jetzigen Form unverändert existierten. Natürlich gab es andere Ansichten, wobei v.a. Jean-Baptiste de Lamarck, Professor der Zoologie in Paris, zu nennen ist. Bereits um 1800 hatte er die Theorie vertreten, daß sich alle Lebewesen aus einfacheren entwickelt hatten; dabei war er von der Vorstellung ausgegangen, daß im Laufe des Lebens errungene Fähigkeiten und Eigenschaften an die Nachkommen weitergegeben würden, eine mittlerweile befremdende Vorstellung. Zur etwa gleichen Zeit hatte in England ein heute weitgehend unbekannter Naturforscher, nämlich Erasmus Darwin, eine ähnliche Theorie formuliert. Diese Tatsache ist insofern von Bedeutung, als Charles Darwin (1809–1882) dessen Enkel war und natürlich die Thesen seines Großvaters kannte, er also mit dem Konzept der Evolution von früh an vertraut war.

15.1 Vorbemerkungen; Geschichtliches

Es ist somit nicht richtig, Charles Darwin als „Entdecker der Evolution" anzusehen; er hat lediglich diese Idee sehr nachdrücklich vertreten und mit guten zoologischen Belegen untermauern können, zudem die Entstehung der Arten auf das Prinzip der „natürlichen Zuchtwahl" zurückgeführt. Nicht einmal hinsichtlich dieses Gedankens ist ihm eindeutig die Priorität zuzubilligen. Während Darwin nach seiner Rückkehr von der fünfjährigen Weltreise mit der Beagle 1836 in Ruhe seine Funde systematisierte und zunächst in einem unveröffentlichten Aufsatz seine evolutionstheoretischen Gedanken niederschrieb, schließlich etwa ab 1857 mit der Abfassung von „Die Entstehung der Arten" begann, hatte ein anderer in sehr viel kürzerer Zeit die gleichen Gedanken niedergelegt und war kurz davor, sie zu publizieren: Der englische Zoologe Alfred Russell Wallace (1823–1913) hatte Darwin ein Manuskript zugesandt mit dem Titel "On the tendency of varieties to depart indefinitely from their original type" und um Stellungnahme gebeten; dort vertrat er ziemlich genau die Darwinschen Thesen von der natürlichen Veränderung der Lebewesen und der Auswahl aufgrund ihrer Lebenstüchtigkeit. Darwin war honorig genug, nicht schnell noch seinen 1844 geschriebenen Aufsatz zu veröffentlichen, um sich die Priorität der Publikation zu sichern. Statt dessen wurden auf einer Sitzung der Linnean Society beide Arbeiten vorgestellt und diskutiert. 1859 brachte schließlich Darwin sein Werk "On the origin of species by natural selection" heraus – welches im Deutschen üblicherweise den Titel „Über die Entstehung der Arten durch natürliche Zuchtwahl" trägt. Tatsächlich handelt es sich hier um den nicht seltenen Fall einer gleichzeitigen und unabhängigen Entwicklung wissenschaftlicher Ideen: Darwin hatte seine Gedanken bereits 1844 im erwähnten unveröffentlichten Aufsatz zu Papier gebracht, als Wallace gerade 21 Jahre alt war; andererseits hatte letzterer, ohne Darwins Theorien zu kennen, diese wenige Jahre später selbst in den Grundzügen ausgearbeitet.

Darwins Evolutionstheorie basiert zum großen Teil auf Eindrücken, die er während der fünfjährigen Forschungsreise mit der Beagle sammelte; die entscheidende Beobachtung soll gewesen sein, daß sich auf den verschiedenen Galapagosinseln nur jeweils eine Finkenart fand, die den jeweiligen Gegebenheiten optimal angepaßt war – was von manchen Wissenschaftshistorikern übrigens als Legende angesehen wird. Die Darwinschen Annahmen lassen sich knapp etwa so zusammenfassen: Tiere einer Art können spontane, letztlich zufällige Veränderungen im Erbgut durchmachen, die sie an ihre Nachkommen weitergeben. Heute würde man formulieren, daß Spontanmutationen der DNA auftreten, die mittels der Gameten an die Nachkommen übergehen und deren Merkmale sowie die der weiteren Nachkommenschaft determinieren; Darwin selbst konnte mit diesen Begriffen nicht operieren – Mendels Gesetze wurden erst 1865 formuliert und waren bis 1900 praktisch unbeachtet geblieben. Diese zufällig veränderten Merkmale wirken sich nun positiv oder negativ auf die Überlebensfähigkeit auf. Im ersten Fall verdrängt das so ausgestattete Tier und seine Nachkommen Genossen der eigenen Art oder andere Tiere ("survival of the fittest" = Überleben des Tüchtigsten) und besetzt irgendeinmal – als einzige Art einer Gattung, vielleicht als einziges Tier überhaupt – eine bestimmte ökologische Nische. Auf diese Weise bilden sich aus Arten neue heraus, während andere, in früheren Zeiten existenzfähige, verschwinden. Die Fossilien ausgestorbener Tierarten zeigten somit nicht, wie es im Sinne der herrschenden Unveränderlichkeitstheorie zu interpretieren gewesen wäre, eine systematische Artenreduktion an, sondern gehörten zu Vorläufern mittlerweile besser ausgestatteter Spezies. Damit lag die Vorstellung sich verzweigender Stammbäume von Pflanzen und Tieren nahe, also die Annahme, daß sich die zahlreichen Arten aus sehr wenigen herausgebildet hatten.

Darwin hatte in "The origin of species" diplomatisch Überlegungen über die Entstehung des Menschen ausgeklammert und nur beiläufig angefügt, daß seine Theorie auch darauf Licht werfen könnte. Dennoch war man sich allgemein der Implikationen klar und die anfangs heftige Anfeindung der Darwinschen Theorie gründete nicht zuletzt auf der naheliegenden Folgerung, daß demgemäß der Mensch vom Affen abstammen müsse. 1863 publizierte Thomas Huxley, ein glühender Anhänger und Verteidigers Darwins, ein Buch mit dem Titel "Man's place in nature" und schließlich erschien 1871 Darwins Werk „Die Abstammung des Menschen und die geschlechtliche Zuchtwahl". In beiden Werken wurde auf die nahe Verwandtschaft des Menschen mit Schimpanse und Gorilla hingewiesen, was teilweise so interpretiert wurde, daß die Autoren den Menschen als direkten Abkömmling der augenblicklich existierenden Menschenaffen ansahen – was nicht zutraf.

Zuweilen findet man heute noch in der Literatur die Formulierung, daß der Mensch vom Menschenaffen abstammt. Diese Aussage ist falsch, wenn damit eine der noch existenten Arten von Menschenaffen, beispielsweise Schimpanse oder Gorilla, gemeint sein sollte. Daß sich einzelne Exemplare dieser Arten so verändert haben, daß schließlich im Laufe der Zeit Menschen daraus wurden, ist äußerst unwahrscheinlich, allein schon deshalb, weil die genannten Arten nicht wesentlich länger als der moderne Mensch existieren. Es scheint vielmehr, daß der letzte gemeinsame Vorfahre von Mensch und Schimpansen (dem uns abstammungsmäßig am nächsten stehenden Lebewesen) etwa vor 5 Millionen Jahren gelebt hat; immerhin hat es sich dabei um einen primitiven Menschenaffen gehandelt.

In Deutschland wurden Darwins Gedanken v.a. durch Ernst Haeckel (1834–1919) populär, der – über Darwin und Huxley deutlich hinausgehend – einen Stammbaum des Menschen entwickelte; dieser sollte mit primitiven Einzellern beginnen, setzte sich u.a. über Fische und Reptilien fort und nahm als eines der letzten Zwischenglieder die Affen an, aus denen sich dann über zwei weitere Stufen – man könnte mit gewisser Phantasie eine Abbildung der später entdeckten Australopithecus africanus und Homo erectus sehen – der Mensch entwickeln sollte (im wesentlichen dargestellt nach Howell 1975; Moore 1976).

15.1.3 Die Suche nach dem "missing link" und die moderne Hominidenforschung

Darwins, Huxleys und Haeckels Abstammungstheorien des Menschen hatten den großen Nachteil, nicht durch fossile Funde belegt werden zu können. Bis dahin waren keine Überreste eines ausgestorbenen Wesens aufgetaucht, welches zwischen Affen und Menschen eingeordnet werden konnte. Zwar hatte man schon 1856 in einer Höhle bei Düsseldorf die Schädeldecke eines Neandertalers entdeckt, dieser Befund wurde aber zum einen deutlich mißinterpretiert, zum anderen hätte er diesbezüglich wenig weitergeholfen, weil der Neandertaler dem modernen Menschen schon zu nahe stand. Huxley hatte ihn in seinem Buch genau beschrieben und als vergleichsweise affenähnliches, aber eindeutig menschliches Wesen eingeordnet, womit die Frage nach dem Zwischenglied nach wie vor offen blieb.

Also machte man sich auf die Suche nach dem fehlenden Glied zwischen Affe und Mensch, dem "missing link", wobei man lange die falsche Vorstellung hatte, es müsse sich dabei um ein Mittelding zwischen Menschenaffe und Mensch handeln. Heute geht man von der begründeten Annahme aus, daß die Entwicklungslinien sich

15.1 Vorbemerkungen; Geschichtliches

vor mehreren Millionen Jahren getrennt haben (s. auch 15.1.2), daß man bestenfalls einen Primaten finden kann, der sowohl Vorläufer der uns bekannten Menschenaffen als auch des Menschen selbst ist. Der erste, der systematisch nach diesem "missing link" suchte, war der holländische Arzt Eugene Dubois; er hatte sich allein zu diesem Zweck nach Niederländisch-Ostindien (heute Indonesien) versetzen lassen und konnte nach zweijähriger Suche auf Java 1891 einen spektakulären Fund präsentieren: einen vergleichsweise affenähnlichen Schädel zusammen mit einem Oberschenkel, der für das betreffende Wesen einen aufrechten Gang nahelegte. Dubois nannte es – jene Bezeichnung wählend, die Haeckel für seine hypothetische Mensch-Affen-Zwischenstufe benutzt hatte – Pithecanthropus erectus (aufrechtstehender Affenmensch, von griech. pithekos = Affe und anthropos = Mensch). Der Entdecker wurde sehr angefeindet, v.a. da er nicht widerlegen konnte, daß die beiden wenige Meter entfernt gelegenen Stücke zu zwei verschiedenen Lebewesen gehörten. Nachdem aber 1937 nahe derselben Stelle ähnliche Schädelfunde gemacht wurden und diese außerdem fossilen Knochen aus China entsprachen (dem „Pekingmenschen"), ließ sich Dubois' Rekonstruktion nachträglich als richtig erkennen. Allerdings rechnet man den Pithecanthropus erectus (oder Javamenschen) ebenso wie den Pekingmenschen heute zur Spezies Homo erectus, also zu einer Art, die dem Jetztmenschen sehr viel ähnlicher ist als irgendwelchen Menschenaffen.

Eher auf eine frühere Vorstufe des Menschen führte ein 1924 in Südafrika gemachter Fund. Der Anatomieprofessor Raymond Dart beschrieb den Schädel eines kindlichen Wesens, der sowohl affen- wie menschenähnliche Züge trug – nämlich einen kleinen Hirnschädel einerseits, überraschend menschenähnliche Zähne andererseits –, dessen Foramen magnum (Hinterhauptsloch) jedoch so weit vorne lokalisiert und senkrecht nach unten gerichtet war, daß man einen dauernden aufrechten Gang annehmen mußte. Dart rechnete es einer eigenen Gattung zu, der er den Namen Australopithecus („Südaffe", von lat. australis = südlich; griech. pithekos = Affe) gab; als Speziesname wählte er Australopithecus africanus (zu Speziesnamen s. 15.2.1). Auch hier bestand anfangs erheblicher Widerstand, der sich erst legte, als es einem Kollegen Darts gelang, den Schädel eines zweiten, erwachsenen Australopithecus africanus auszugraben. Damit wurde neben der Gattung Homo (Mensch) eine zweite Gattung von Hominiden (Menschenartigen) eingeführt, eben Australopithecus, deren Angehörige zwar in vieler Hinsicht Menschenaffen glichen, aber durch einen permanent aufrechten Gang (Bipedie) gekennzeichnet waren. Bald darauf fand man, ebenfalls in Südafrika, eine zweite, vom Schädelbau gröbere Art der Gattung Australopithecus, die als Australopithecus robustus bezeichnet wurde.

Etwa ab den 60er Jahren hatte sich die Suche nach Hominiden, den direkten Vorfahren des Homo sapiens, zusehends nach Ostafrika und Nordostafrika verlagert. So wurden wichtige Hominidenfunde in Äthiopien gemacht, insbesondere die berühmte Lucy, die einer eigenen Art (Australopithecus afarensis) zugerechnet wird und mit etwa 3,3 Millionen Jahren der älteste soweit entdeckte Hominide ist. Hauptsächlich in der Olduvaischlucht (in Tansania) wie um den Rudolfsee (Kenia) wurden nicht nur Australopithecinen gefunden, sondern auch Arten, die eher ins Übergangsfeld Mensch-Tier fallen als die Australopithecinen und Homo erectus, nämlich die (nicht unumstrittenen) Arten Homo habilis und Homo rudolfensis. Nach wie vor kommen jedoch in Südafrika und seit einiger Zeit in der Gegend des Malawisees interessante Funde ans Licht (dargestellt nach Howell 1975; Moore 1976; Schrenck 2001).

Erfreulicherweise haben die Forscher, die den Ursprüngen des Menschen auf die Spur zu kommen versuchen, dazu einige allgemeinverständliche Werke verfaßt, etwa Leakey u. Lewin (1978), Johanson u. Edey (1992), Johanson u. Shreeve (1992), Schrenk (2001), die oft recht plastisch die mühsamen Wege der Erkenntnisgewinnung schildern und dabei – wie insbesondere die Bücher von Johanson – deutlich persönliche Momente ins Spiel bringen, u.a. die oft beträchtlichen Rivalitäten und Animositäten der Paläoanthropologen schildern. Zum weiteren wird bei der Lektüre klar, daß jene so eindeutig scheinenden Fakten, etwa die Zuordnung eines Fossils zu einer Spezies oder die Ableitung des Hominidenstammbaums (s. 15.3.6), unter Fachleuten heftig umstritten sind, so daß das im Folgenden Dargestellte keineswegs als verbindlich anzusehen ist.

15.2 Die Stellung des Menschen im Tierreich

15.2.1 Das Linnésche Klassifikationssystem und die Einteilung der Säugetiere

Das auf den schwedischen Naturforscher Carl von Linné (latinisiert Linnaeus, 1707–1778) zurückgehende Einteilungssystem unterscheidet zunächst Pflanzenreich und Tierreich, innerhalb jedes dieser Reiche zahlreiche *Stämme* – im Tierreich führt man augenblicklich deren etwa 30 an, beispielsweise verschiedene Würmerstämme, Weichtiere (zu denen etwa die Schnecken gehören) oder den Stamm der Gliederfüßer mit der artenreiche Klasse der Insekten. Einen weiteren Stamm bilden die Chordatiere (Chordata), die durch einen auf der Rückseite des Körpers gelegenen elastischen Stab (Chorda dorsalis) charakterisiert sind. Ihr wichtigster Unterstamm ist der der *Vertebrata* (*Wirbeltiere*).

Stämme (bzw. Unterstämme) werden wiederum in *Klassen* unterteilt, so die Wirbeltiere augenblicklich in deren sieben – früher faßte man alle Fische als eine Klasse auf, heute unterscheidet man die Klassen der Rundmäuler, Knorpelfische und Knochenfische. Eine vergleichsweise artenarme Klasse der Wirbeltiere sind die *Säugetiere* (*Mammalia*), charakterisiert u.a. dadurch, daß sie ihre Jungen aus Milchdrüsen säugen, zudem durch ein – wenigstens ansatzweise in gewissen Entwicklungsstadien vorhandenes – Haarkleid.

Das Kriterium des Lebendgebärens eignet sich nicht zur eindeutigen Abtrennung der Säugetiere von den Arten anderer Klassen. Beispielsweise legen die Kloakentiere (Monotremata), zu denen u.a. das Schnabeltier gehört, Eier, säugen aber ihre Jungen und haben ein dichtes Haarkleid. Außerdem gebären einige Fische (z.B. bestimmte Haiarten) und manche Reptilien ebenfalls lebende Junge. Das Haarkleid scheint bei einigen Säugetieren, etwa den Walen oder Delphinen, nicht vorhanden, findet sich aber bei detaillierter Untersuchung (z.B. in Form einzelner Borsten im Kopfbereich).

Klassen werden wieder in *Ordnungen* unterteilt, bei denen Arten aufgrund zumeist morphologischer Merkmale zusammengefaßt werden – dahinter steht die (nicht immer erfüllte) Erwartung, daß Arten einer Ordnung eine nahe Verwandtschaft haben, also vor nicht allzu langer Zeit aus einer einzigen Spezies vorhergegangen sind.

15.2 Die Stellung des Menschen im Tierreich

So werden beispielsweise Tiere mit röhrenförmigen Zähnen zur Ordnung der Tubulidentata (Röhrenzahntiere) zusammengefaßt; die einzige lebende Spezies (Art) mit dieser Eigenschaft ist das Erdferkel, welches damit ganz allein eine Ordnung bildet (während z.B. die Ordnung der Nagetiere über 1000 Arten umfaßt). Die Kriterien, nach welchen zwei Arten zu ein- und derselben oder zu verschiedenen Ordnungen gerechnet werden, sind nicht immer scharf, so daß einerseits laufend Korrekturen ursprünglicher Zuordnungen vorgenommen werden müssen, andererseits sich die Einteilungen in der Literatur bis zu einem gewissen Grade widersprechen. Es steht zu erwarten, daß mit zunehmender Anwendung molekularbiologischer Methoden (z.B. DNA-Analyse, Bestimmung der Aminosäuresequenz in Proteinen) sich diese Einteilungen weiter ändern und auf lange Sicht verbindlicher werden. Augenblicklich kennt man unter den Säugetieren (abhängig von der Art der Einteilung) etwa 15–20 Ordnungen (z.B. neben den bereits genannten die Carnivoren = Raubtiere, die Primaten = Herrentiere, die Perissodactyla = Unpaarhufer wie z.B. das Pferd, die Artiodactyla = Paarhufer wie etwa das Rind).

So wurde das erwähnte Erdferkel für gewisse Zeit mit den Schuppentieren (den Pangolinen), Gürteltieren, Ameisenbären und Faultieren zu einer Ordnung (den Zahnarmen = Edentata) zusammengefaßt, die man später in drei auflöste, nämlich die Tubulidentata mit dem Erdferkel als einziger (lebender) Spezies, die Schuppentiere (Pholidota) mit sehr wenigen Arten und schließlich die Ordnung der Edentata (Zahnlose oder besser: Zahnarme), wozu Ameisenbär, Faultiere und Gürteltiere gerechnet werden.
Die Uneinheitlichkeit in der Einteilung der Ordnungen läßt sich gut an den Carnivoren (Raubtieren) zeigen. Zu dieser großen Ordnung werden vielfach (als Unterordnung) auch die Robben, Seehunde und Walrosse gerechnet, während letztere nach anderen Systematiken eine eigene Ordnung bilden. Ähnliches gilt für die Beuteltiere, die in einigen Darstellungen zu einer einzigen, nach anderen zu drei Ordnungen der Säugetiere gerechnet werden.

Arten einer Ordnung werden nach Ähnlichkeiten zu *Familien* zusammengefaßt. Als Repräsentant dieser Familien wird meist eine gut bekannte Gattung gewählt, z.B. die Gattung Canis (Hund) für die Familie der Caniden (Canidae), die Gattung Felis (Katze) für die Familie der Feliden (Felidae). Zu den Caniden gehören nicht nur der Haushund selbst, sondern auch der Fuchs, der Schakal, der Hyänenhund; die Familie der Feliden umfaßt u.a. Löwe, Tiger, Leopard, dazu unsere Hauskatze. Canidae übersetzt man ins Deutsche häufig mit Hundeartige, Felidae mit Katzenartige; zuweilen wird auch – sehr mißverständlich – von Katzen und Hunden gesprochen, wobei dann der Unterschied zur Gattung Katze oder zur Gattung Hund nicht klar wird und man deshalb gezwungen ist, von Felidae als Katzen im weiteren Sinn zu sprechen (wenn man jedoch die Gattung Katze meint, von Katzen im engeren Sinn); um Verwirrungen auszuschließen, wird hier die deutsche Übersetzung vermieden und von Feliden, Caniden, Hominiden usw. gesprochen, wenn die Familien gemeint sind.

Die Zusammenfassung von Arten zu Familien ist ebenso wie die zu Ordnungen nicht immer einfach und unumstritten. So wird der Gepard aufgrund seines Körperbaus üblicherweise zu den Feliden gezählt, kann aber im Gegensatz zu den sonstigen Feliden die Krallen nicht einziehen und findet sich deshalb in manchen Abhandlungen in der Familie der Caniden. Ebenso ist keineswegs verbindlich festgelegt, welche Spezies zur Primatenfamilie der Menschenaffen (Pongidae) zählen: Einheitlich werden hierzu Gorilla, Orang-Utan und Schimpanse gerechnet, zudem der Bonobo, den man als spezielle Schimpansenart (Zwergschimpanse) auffassen kann; hingegen findet sich der Gibbon nicht durchgängig in dieser Familie aufgeführt.

Arten, die sehr ähnlich sind, aber eben doch verschiedene Arten sind – deren Angehörige sich nicht in der Natur paaren und weiterhin fruchtbare Nachkommen erzeugen –, werden zur selben *Gattung* (*Genus*) gerechnet. Haushund und Wolf sind – wenigstens nach gegenwärtigem Erkenntnisstand – unterschiedliche Arten, jedoch morphologisch und auch in anderer Hinsicht sehr ähnlich, so daß sie zur Gattung Hund (Canis) zusammengefaßt werden; Pferd, Esel und Zebra gehören zur Gattung Equus; Lama, Alpaka, Guanako und Vikunja zählen alle zur Gattung Lama. Es sind also äußerlich sehr ähnliche, vielfach ausgesprochen schwer zu unterscheidende, aber doch verschiedene Arten, die man zu einer Gattung zusammenfaßt.

Spricht man von Hunden, so sollte man zur Vermeidung von Mißverständnissen nur Arten der Gattung Hund (Canis) meinen, etwa Haushund, Wolf und Kojote; mit Katzen wären dann die Hauskatze und die (vermutlich eigene Art) Wildkatze gemeint – nicht aber andere Feliden wie Löwe oder Tiger. Auch die Zuordnung zu Gattungen ist nicht immer eindeutig zu leisten: So ist nach wie vor kontrovers, ob die vielen Arten von Füchsen eine eigene Gattung Vulpes bilden oder zur Gattung Canis gerechnet werden sollen.

Tiere einer Art (Spezies) können sich miteinander paaren und fruchtbare Nachkommen erzeugen; insofern ist die Zuordnung zur selben Art im Regelfall am wenigsten umstritten. Um die Art zu benennen, benutzt man die auf Linné zurückgehende *binäre Nomenklatur*: Zunächst wird der Gattungsname angegeben, sodann ein Zusatz zur Kennzeichnung der spezifischen Art innerhalb der Gattung; z.B. ist der Artname des Haushundes Canis familiaris, der des (zur selben Gattung, aber wohl nicht zur selben Art gehörigen) Wolfs Canis lupus, des Koyoten Canis latrans. Die Hauskatze trägt den zoologischen Namen Felis catus, die nach Ansicht der meisten Experten eine andere Art bildende Wildkatze den Namen Felis silvestris. Durch ein drittes Wort kann die Rasse oder Unterart bezeichnet werden, z.B. an den Artnamen Canis familiaris noch eine Rassenbezeichnung angehängt werden; so trägt der australische Dingo, den man als eine ausgewilderte Form des Haushundes betrachtet, den zoologischen Namen Canis familiaris dingo. Stimmen Tiere in den ersten beiden Stücken des zoologischen Namens überein, auch wenn sie sich im dritten unterscheiden, können bei ihrer Paarung fruchtbare Nachkommen entstehen.

Insofern ist die zoologische Bezeichnung oft ausgesprochen implikationsreich: Geht man beispielsweise davon aus, daß der moderne Mensch und der Neandertaler zwei Rassen ein- und derselben Art sind und sich fruchtbar kreuzen konnten, so ist die Namensgebung Homo sapiens sapiens für den modernen Menschen und Homo sapiens neanderthalensis für den Neandertaler angemessen; unter der Annahme, daß beide verschiedene Arten darstellen und keine weitere gemeinsame Nachkommenschaft hatten, sind die Bezeichnungen Homo sapiens und Homo neanderthalensis zu wählen. Beide Varianten (Homo sapiens neanderthalensis und Homo neanderthalensis) finden sich in der Literatur, ein Zeichen, daß die Diskussion über diese wichtige Frage noch nicht abgeschlossen ist.

Obwohl im Prinzip exakt zu überprüfen, ist es keineswegs immer klar, ob zwei Tiere einer oder zwei Arten angehören. So wird, etwa von fruchtbaren Kreuzungen zwischen Haushund und Wolf berichtet; man geht aber augenblicklich von zwei verschiedenen Arten Canis familiaris und Canis lupus aus.

Einige Beispiele können das Gesagte illustrieren: Der Tiger (Panthera tigris) existiert in mehreren Unterformen (etwa Amurtiger, Bengaltiger), was durch eine weitere an den Artnamen angefügte Bezeichnung präzisiert werden könnte; alle diese verschiedenen Tigerrassen sind prinzipiell in der Lage, untereinander fortpflanzungsfähige

Nachkommen zu erzeugen. Panthera tigris gehört zur Gattung Panthera (Panther) genauso wie der eigentliche Panther oder Leopard (Panthera pardus), der Löwe (Panthera leo) und der in Südamerika lebende Jaguar (Panthera onca); Arten der Gattung Panther sind ebenso wie Arten der Gattung Felis (z.B. Felis catus = Hauskatze und Felis silvestris = Wildkatze) der Familie der Feliden zuzurechnen; die Feliden bilden zusammen mit etwa 10 weiteren Familien, u.a. den Caniden oder den Ursiden (Bärenartigen), die artenreiche Ordnung der Carnivoren (Raubtiere). Diese ist wiederum eine der Ordnungen der Säugetiere (von denen man je nach Klassifikationssystem etwa 15–20 anführt).

15.2.2 Primaten; Menschenaffen und Menschen

Die Säugetierordnung der *Primaten* („Herrentiere") umfaßt sehr unterschiedliche Arten, etwa die den Eichhörnchen gleichenden kleinen Spitzhörnchen und den großen Gorilla; auch der Mensch gehört unzweifelhaft in diese Ordnung. Charakteristikum der Primaten ist u.a. die Angepaßtheit an das Baumleben, was sich in guten räumlichen Sehfähigkeiten ebenso zeigt wie in den langen Fingern und Zehen, die – ganz anders als etwa die Zehen der Paar- und Unpaarhufer – gut greifen können. Eine Besonderheit ist der, v.a. beim Menschen gut entwickelte, opponierbare Daumen (von lat. opponere = gegenüberstellen), welcher so positioniert werden kann, daß zwischen ihm und den restlichen vier Fingern Gegenstände gefaßt werden können – prinzipiell ähnlich opponierbar ist der Großzeh, eine Fähigkeit, die bei den meisten Menschen aber verkümmert ist.

Grob kann man bei den Primaten zwei *Unterordnungen* unterscheiden, nämlich die *Halbaffen* (Prosimiae) und die *Affen* (Simiae). Zur ersten Gruppe gehört beispielsweise das erwähnte Spitzhörnchen (Tupaja), welches man eher für ein Nagetier halten würde, jedoch der Ordnung der Insektenfresser (Insectivora) nahesteht und sich wohl auch aus ihr entwickelt hat; ebenso sind zu den Halbaffen die auf Madagaskar heimischen Lemuren zu rechnen und einige weitere seltsame kleine Geschöpfe mit großen Köpfen und großen Augen (etwa die Makis auf Madagaskar und die Loris in Indien und Afrika), die zu allermeist Nachttiere sind und von den Einheimischen dort nicht selten als Gespenster gefürchtet und gemieden werden.

Die Unterordnung der eigentlichen Affen (Simiae) kann man wiederum in zwei Überfamilien einteilen, nämlich die Neuwelt- und die Altweltaffen. Die Neuweltaffen sind durch eine breite Nase mit dicker Nasenscheidewand und seitlich abgehenden Nasenlöchern gekennzeichnet (daher auch die Bezeichnung Platyrrhina oder Breitnasen); die meisten haben zudem einen langen Schwanz, den sie gut um Äste wickeln können und ausgiebig als Greiforgan benutzen.

Altweltaffen haben eine schmale Nase mit dünner Scheidewand und nach vorn zeigenden Nasenlöchern, weshalb diese Überfamilie auch die Bezeichnung Schmalnasen (Catarrhina) trägt. Ihnen fehlt der kräftige, als Greiforgan nutzbare Wickelschwanz; ihre Schwänze sind wenig beweglich und oft verkümmert – Menschenaffen und Hominiden haben gar keinen Schwanz mehr, sondern zurückgebildete und verwachsene Steißbeinknochen. Innerhalb der Schmalnasen gibt es wiederum mehrere

Familien (z.B. die Meerkatzen oder die Hundskopfaffen, wozu u.a. die Paviane gehören). Interessant in diesem Zusammenhang ist nur die Familie der *Pongiden* (der großen Menschenaffen Gorilla, Schimpanse und Orang-Utan) und die der *Hominiden*, deren einzige lebende Art Homo sapiens ist.

Zoologisch noch weitgehend unklar ist die Stellung der im südöstlichen Asien vom Himalaya bis Indonesien in zahlreichen Arten lebenden Gibbons. Einerseits gehen sie fast permanent aufrecht – im Gegensatz zu den Pongiden, die dies nur vorübergehend tun – und wurden für kurze Zeit auch als das "missing link" zwischen Menschenaffe und Mensch aufgefaßt. Andererseits zeigen sie zahlreiche Ähnlichkeiten mit den übrigen Affen (etwa die ungekrümmte Wirbelsäule), welche Pongiden und Homo sapiens verloren haben; desweiteren sind die Gehirne der Gibbons ausgesprochen klein (etwa 120 ccm) und molekularbiologische Befunde zeigen erhebliche Unterschiede zum Menschen. Man rechnet die Gibbons heute zumeist zu einer eigenen Familie, der der kleinen Menschenaffen.

In der Familie der eigentlichen (großen) Menschenaffen, der Pongiden, existieren drei Gattungen, nämlich Gorilla, Schimpanse und Orang-Utan, wobei man davon ausgeht, daß es nur eine Spezies Gorilla und Orang-Utan gibt, hingegen zwei Schimpansenarten, den eigentlichen Schimpansen und den Bonobo (Zwergschimpansen). Diese Pongiden haben mit den Hominiden und so auch mit Homo sapiens zahlreiche Gemeinsamkeiten. Hier ist v.a. der intermittierende aufrechte Gang und die Benutzung der Hände zum Tragen zu nennen: Gorillas sammeln etwa abends aus der Umgebung Gras und Zweige und transportieren diese unter dem Arm zur Stelle, wo sie ihr jeweiliges Nachtlager bereiten. Schimpansen benutzen Stöcke zu Verteidigung, sind wohl auch in der Lage, bestehende Werkzeuge an Ort und Stelle zu verbessern (z.B. Stöcke mit den Zähnen anzuspitzen, um damit besser in einen Hohlraum vorzudringen). Allerdings ist der aufrechte Gang nicht permanent und zudem laufen die Tiere dabei anders als der Mensch, nämlich eher auf den Knöcheln und nicht auf der Fußsohle. Entsprechend sind auch die Beckenknochen anders gebaut: bei Pongiden schmal mit der Hauptachse in kranio-kaudaler Richtung, beim Menschen und seinen aufrecht gehenden (bipeden) Vorfahren breiter und stärker horizontal ausgerichtet; entsprechende Unterschiede finden sich u.a. in den Schenkelknochen.

Auch eine *planvolle, vorausschauende Herstellung von Werkzeugen* (für eine erst viel später auszuführende Tätigkeit) scheint nicht in den Fähigkeiten der Pongiden zu liegen. Weiter sind ihre Hirne deutlich kleiner als beim Menschen. Bei letzterem beträgt das Hirnvolumen (mit erheblicher Streuung) im Durchschnitt etwa 1400 ccm, bei Orang-Utan und Schimpansen ungefähr 400 ccm, beim großen Gorilla 500–600 ccm. Insofern sind auch die Schädelformen deutlich anders: bei den Pongiden die Schädeldecke niedrig und die Stirn fliehend, bei Homo sapiens Schädel und Stirn stärker gewölbt. Unterschiede zeigen sich zudem in der Lage des Foramen magnum (der großen kaudalen Schädelöffnung): Bei den Pongiden liegt es weiter okzipital und ist schräg gerichtet, beim Homo sapiens und anderen Hominiden befindet es sich eher in der Schädelmitte und zeigt in kranio-kaudaler Richtung; bei fossilen Funden schließt man daraus auf aufrechten Gang.

Weitere Unterschiede und Gemeinsamkeiten zeigen sich im Gebiß. Im Gegensatz zu anderen Affen sind die Backenzähne bei Menschen und Pongiden fünfhöckerig mit Y-förmig angeordneten Furchen (sogenanntes 5-Y-Muster). Andererseits hat das Gebiß bei Menschenaffen die Form eines nach hinten offenen Rechtecks (also mit parallel liegenden seitlichen Zahnreihen) und es zeigt sich eine deutliche Lücke

15.2 Die Stellung des Menschen im Tierreich

zwischen Schneidezähnen und Eckzahn. Beim Menschen – und auch schon bei den Australopithecinen – ist das Gebiß hingegen bogenförmig geschwungen und die erwähnte Lücke fehlt; eine solche Gebißform ist bei einem fossilen Fund ein wichtiges Indiz, daß es sich um einen Hominiden handelt.

Molekularbiologisch zeigt sich große Ähnlichkeit zwischen Pongiden und Homo sapiens: Die Nukleotidsequenz in der DNA von Schimpansen und Menschen ist zu etwa 99%, nach anderen Angaben wenigstens zu 97% identisch (Groves 2000a; Edey 1977, S. 139; Schrenck 2001, S. 25); Ähnliches gilt für die Abfolge der Aminosäuren in wichtigen Proteinen. Die diesbezügliche Übereinstimmung von Homo sapiens und Gorilla ist geringer, liegt aber noch etwa bei 95%, während sich Orang-Utan und erst recht die anderen Affen sich hierin deutlicher von uns unterscheiden. Hieraus schließt man (mit gewisser Unsicherheit und nicht unumstritten), daß der letzte gemeinsame Vorfahre von Mensch und Schimpanse vor etwa 5 Millionen Jahren gelebt hat, der von Mensch und Gorilla vor etwa doppelt so langer Zeit.

Bei Verwendung dieser „molekularen Uhr" geht man von der Annahme aus, daß mit etwa konstanter Geschwindigkeit während der Evolution Aminosäuren in Proteinen gegen andere ausgetauscht werden; dieser Austausch geschieht sehr langsam, so daß innerhalb einer Spezies die Aminosäureabfolge der Proteine im wesentlichen identisch ist, nicht aber zwischen Arten, die sich lange zuvor getrennt haben. Danach würde sich – um ein leider nicht vollständiges Beispiel aus Edey (1977, S. 139 f.) anzuführen – der Mensch vom Gorilla bei einem bestimmten Serumalbumin in 8 Aminosäuren unterscheiden, vom Gibbon in 14, von den restlichen Altweltaffen hingegen in 32. Da sich auch Gibbon und Gorilla von den anderen nicht-pongiden Affen um dieselbe Aminosäureanzahl unterscheiden (nämlich 32), wäre die Folgerung zu ziehen, daß Gibbon, Gorilla (natürlich ebenso Schimpanse und Orang-Utan) sich zusammen mit dem Menschen zunächst in einer gemeinsamen Linie befunden haben, die sich vor langer Zeit t (erforderlich, damit sich 32 Aminosäuren austauschen können) von der Linie der restlichen altweltlichen Affen abgespalten hat. Danach hätte etwa zum Zeitpunkt t/2 – 14 wird hier grob als die Hälfte von 32 angesetzt – ein Vorfahre des Gibbon die gemeinsame Linie verlassen, schließlich wäre etwa vor t/4 Jahren die Trennung der Linien zum Gorilla einerseits, zum Menschen andererseits erfolgt.

Eichung dieser molekularen Uhr wird dadurch versucht, daß man die Unterschiede der Aminosäuren in bestimmten Proteinen zwischen Altwelt- und Neuweltaffen bestimmt; der Trennungszeitpunkt läßt sich (mit gewisser Ungenauigkeit) anhand geologischer Daten mit etwa 40 Millionen Jahren ansetzen. Danach hätte sich die Hominidenlinie von der Pongidenlinie erst vor etwa 4 Millionen Jahren getrennt, was fossilen Befunden widerspricht. Datiert man die Abspaltung der Neuwelt- von den Altweltaffen – durchaus vertretbar – auf etwa 50 Millionen Jahre, so wäre die Trennung von Vormensch und Menschenaffe vor circa 5 Millionen Jahren erfolgt, was in etwa zu den Knochenfunden paßt. Selbst wenn man den Eichzeitpunkt (Trennung von Neu- und Altweltaffen) noch weiter – in die wohl wenig wahrscheinliche Zeit von vor 75 Millionen Jahren – verschiebt, ergibt sich eine Trennung der Pongiden und Hominiden vor etwa maximal 7 Millionen Jahren. Die mindestens 4 Millionen Jahren alten Australopithecinen, von denen sehr wahrscheinlich Arten der Gattung Homo ihren Ursprung genommen haben, wären damit schon auch die ersten oder zumindest unter den ersten Hominiden.

Es bietet sich natürlich an, diese Aminosäuresequenzen auch zwischen verschiedenen Ordnungen zu vergleichen, einerseits um einen Stammbaum der Säugetiere zu erhalten, andererseits um die Einfügung der Arten und Gattungen in die Ordnungen stringenter durchzuführen.

Die Familie der Hominiden besteht aus einer lebenden *Gattung*, nämlich *Homo*, deren einzige Spezies wiederum *Homo sapiens* ist. Gesichert ist die Existenz einer weiteren (extinkten) Art der Gattung Homo, nämlich die vor etwa einer halben Million Jahren ausgestorbene Spezies Homo erectus (s. 15.3.4 und 15.3.6). Zudem läßt sich mindestens eine weitere, seit über 1 Million Jahren extinkte Gattung der Hominiden nachweisen, nämlich Australopithecus mit wenigstens drei Spezies (s. 15.3.3).

Was die Familie der Hominiden charakterisiert, findet sich kaum ausgeführt. Im wesentlichen ist es wohl die Bipedie (der aufrechte Gang), der sich für sämtliche Arten von Homo und Australopithecus belegen ließ. Nicht ist es das Hirnvolumen, denn dieses liegt bei den Australopithecinen etwa bei 500 ccm, bewegt sich damit in der Größenordnung wie das der Pongiden. Hingegen scheint das *Hirnvolumen* häufig herangezogen zu werden, um *innerhalb* der Hominiden die Gattung Homo von der Gattung Australopithecus zu trennen, wobei als Grenze häufig 750 ccm angesehen wird (nicht sehr konsequent durchgeführt). Ein weiteres Kriterium, zwar weniger willkürlich, aber auch schwerer anwendbar, wird zuweilen in der *planmäßigen, vorausschauenden Herstellung von Werkzeugen* gesehen: Finden sich regelrechte *Werkzeugindustrien*, wozu die Materialien oft von weit hergeschafft werden mußten, schließt man i.a. daraus, daß die im Umkreis dazu liegenden hominiden Fossilien zu einer Spezies der Gattung Homo gehören (s. dazu auch 15.3.6).

15.3 Hominidenfunde und ihre Einordnung; der Stammbaum des Menschen

15.3.1 Vorbemerkungen; Überblick

In diesem Abschnitt sollen zunächst, geordnet nach Alter der Fossilien, die wichtigsten Arten von Hominiden und speziell der Gattung Homo beschrieben werden, zudem ihre Fundorte und die mutmaßliche Datierung (15.3.3 – 15.3.5).

Vorab scheint es sinnvoll, Unterscheidungskriterien zwischen Pongiden und Hominiden einerseits, innerhalb der verschiedenen Hominidengattungen und -arten andererseits anzudeuten und eine Vorstellung zu geben, wie sich eine Datierung der Fossilien vornehmen läßt (15.3.2). Der letzte Abschnitt (15.3.6) schließlich versucht, die beschriebenen Arten zu einem Stammbaum des Menschen zusammenzufügen. Angesichts dessen, daß in der Fachliteratur recht unterschiedliche derartige Versuche präsentiert werden – von denen somit bestenfalls ein einziger richtig ist – scheint es vertretbar, unter Fortlassung aller möglichen Einwände einen einfachen und leicht faßlichen Stammbaum anzubieten, der irgendwann einmal anhand des seither hinzugekommenen Wissens verbessert werden kann.

15.3.2 Zuordnung und Datierung von Fossilien

Für die Paläoanthropologen (die mit den Vorfahren des modernen Menschen befaßten Wissenschaftler) stellen sich – neben vielen anderen – zwei große Schwierigkeiten: zum einen einzuordnen, zu welcher Familie, Gattung, Art ein Primatenfund gehört, zum anderen, diesen zu datieren. Was das erste Problem angeht, so waren in 15.2.2 schon Anhaltspunkte genannt worden: Weisen die fossilen Zähne das 5-Y-Muster auf, so gehören sie entweder einem Pongiden oder einem Hominiden oder einem Lebewesen, welches auf einer gemeinsamen Linie beider liegt, sich aber schon

15.3 Hominidenfunde und ihre Einordnung; der Stammbaum des Menschen

vom Stamm der übrigen Affen getrennt hat. Ist das Gebiß bogenförmig geschwungen und zeigt keine ausgeprägte Lücke zwischen Schneide- und Eckzähnen, so handelt es sich um ein Hominidengebiß. Weitere Hinweise geben die Schädelform und das daraus errechnete Hirnvolumen, die Lage des Hinterhauptslochs, Form und Stellung des Beckens, die Gestalt der Ober- und Unterschenkelknochen. Zudem können in der Nähe des Fossils gefundene Werkzeuge die Zuordnung erleichtern.

Für die Altersbestimmung hominider Fossilien ist die bekannteste und dank ihrer Zuverlässigkeit in der Archäologie breit eingesetzte *Radiocarbonmethode* (C14-Methode) i.a. nicht anwendbar, weil sie nicht weiter als 50.000 Jahre zurückreicht (mit speziellen Techniken bestenfalls 70.000 Jahre); sie würde sich lediglich zur Datierung von Funden eignen, die in die Zeit des frühen Homo sapiens und des späten Neandertalers reichen. Abgesehen davon, setzt sie die Existenz von organischem Material voraus, was bei älteren Knochen in der Regel nicht mehr gegeben ist.

Die Radiocarbondatierung beruht bekanntlich auf der Tatsache, daß bei lebenden Organismen (Pflanzen und Tieren), welche atmosphärische Luft aufnehmen, der Anteil des Kohlenstoffisotops C14 konstant bleibt. Nach dem Tod des Organismus zerfällt C14 unter Abgabe radioaktiver Strahlen mit einer Halbwertszeit von etwa 5.570 Jahren, d.h. in dieser Zeit ist der C14-Anteil (der Quotient C14/C12) auf die Hälfte gesunken, in weiteren 5.570 Jahren auf ein Viertel, usw. Bestimmung des Verhältnisses von C14 zu C12 erlaubt also, den Zeitpunkt des Todes zu berechnen. Sobald die noch vorhandenen C14-Mengen jedoch zu gering sind, versagt dieses Verfahren. Es eignet sich ausgezeichnet, etwa das Alter ägyptischer Mumien zu bestimmen, ist aber für die meisten in der paläoanthropologischen Forschung erforderlichen Datierungen ungeeignet.

Das Thermoluminiszenzverfahren mißt, vereinfacht gesprochen, die Zeit, seitdem ein Objekt nicht mehr der Sonnenbestrahlung ausgesetzt war; es ist damit auch für nicht-organische Materialien geeignet, hat aber ebenfalls den Nachteil, nur etwa bis 100.000 Jahre zurück datieren zu können.

Besser geeignet ist hierfür die *Kalium-Argon-Methode*. Sie datiert jedoch nicht das Alter eines Fossils selbst, sondern jener vulkanischen Schicht, in welche dieses eingeschlossen wurde. Von den verschiedenen Kaliumisotopen, die sich in Gesteinsmaterial finden, zerfällt K40 mit relativ langer Halbwertszeit in das Edelgas Argon. Schmilzt Gestein bei einem Vulkanausbruch, so kann das bis dato gebildete Argon vollständig entweichen, während das nach der Erstarrung gebildete Edelgas gefangen bleibt. Das Konzentrationsverhältnis Argon/Kalium steigt also nach Erstarrung der Lava an und läßt eine Bestimmung dieses Zeitpunktes zu. Mit dieser Methode konnte etwa gefunden werden, daß die Fußabdrücke von Laetoli, welche zwei aufrecht gehende Australopithecinen in gerade noch weicher Vulkanasche hinterließen, ziemlich genau vor 3,5 Millionen Jahren entstanden. Da Argon erst ab einer gewissen Menge hinreichend exakt nachgewiesen werden kann, eignet sich das Verfahren nur für Gestein, welches sich vor mehr als etwa 1 Million Jahre verfestigt hat. Zudem ist vorausgesetzt, daß die Fossilien in Regionen vulkanischer Aktivität gefunden werden.

Ein weiteres Verfahren der Datierung von Gesteinen (und damit der in ihnen eingeschlossenen Fossilien) beruht auf der Tatsache, daß sich das erdmagnetische Feld im Laufe der letzten Jahrmillionen mehrfach geändert hat, nicht immer wie heute auf den Nordpol ausgerichtet war. Erstarren Kristalle, so zeigen sie in Richtung der magnetischen Feldes; da man dessen Wechsel kennt, lassen sich daraus die Zeitintervalle angeben, in denen die Erstarrung erfolgt sein muß. Da seit 1,7 Millionen Jahren das Magnetfeld konstant zum Nordpol zeigt, ist das Verfahren nur für zuvor gebildete Gesteinsformationen anwendbar, jedoch insofern recht gut, als der Wechsel der Magnetfeldrichtung früher rascher erfolgte.

Ein interessantes, wenn auch bis jetzt wenig praktibles Verfahren ist das der Aminosäuredatierung. Wie in 1.2.2 ausführt, liegen die Aminosäuren in tierischen Organismen ausschließlich in L-Form vor. Nach dem Tode wandeln sie sich im Körper langsam in D-Aminosäuren um; das Verhältnis D-Aminosäuren/L-Aminosäuren gibt somit einen Hinweis auf den Todeszeitpunkt. Dieses Verfahren setzt allerdings das Vorhandensein von Proteinen im untersuchten Objekt voraus, was vornehmlich für jüngere Funde zutrifft; andererseits geschieht die Umwandlung in D-Aminosäuren sehr langsam, so daß erst nach etwa 1 Million Jahre nachweisbare Mengen davon vorliegen.

Häufig sehr praktikabel ist die Datierung hominider Fossilien anhand der in derselben Schicht zu findenden Tierknochen. In Afrika dienen v.a. Zähne von Schweinen als solche *Leitfossilien*, da deren Form sich charakteristisch und gut datierbar im Laufe der Millionen Jahre verändert hat.

15.3.3 Menschenaffen, frühe Hominiden und die Australopithecinen

Man schätzt, daß vor 20 Millionen Jahren sich von den übrigen Altweltaffen eine Linie primitiver Menschenaffen abspaltete, die über einen langen Zeitraum in Afrika, Europa und Asien lebten. Von diesen trennte sich vor etwa 10 Millionen Jahren ein weiterer Zweig ab, aus dem sich schließlich Orang-Utan und Gorilla entwickelten. Ungefähr vor 5 Millionen Jahren, vielleicht auch früher, verzweigte sich die bis dahin gemeinsame Entwicklungslinie von Schimpanse und Mensch. Einerseits bildete sich im Laufe von Jahrmillionen der heutige Schimpanse heraus, jener uns u.a. molekularbiologisch am nächsten verwandte Primate; andererseits tauchen in dieser Zeit auch die ersten Hominiden auf, die zumindest auf dem Weg waren, den permanent aufrechten Gang zu entwickeln. Wie, wo und warum das geschah, ist noch weitgehend unklar; es scheint im Osten Afrikas geschehen zu sein, an der Grenze zwischen tropischem Regenwald und Savanne und war wohl Folge eines Rückgangs der Wälder, welche die Menschenaffen dort zwang, von ihren Klettergewohnheiten abzugehen und einen im Grasland vorteilhaften aufrechten Gang anzunehmen. Fossile Funde aus dieser Zeit sind ausgesprochen spärlich und nur schwer zu interpretieren.

Zu nennen ist hier der Ardipithecus ramidus (früher zuweilen als Australopithecus ramidus in der Literatur zu finden), dessen Fossilien in Äthiopien gefunden wurden und auf ein Alter von etwa 4,4 Millionen Jahre geschätzt werden; es gibt recht gute Indizien, u.a. die Lage des Foramen magnum, daß Ardipithecus ramidus bereits hauptsächlich aufrecht ging; zu einem möglicherweise noch älteren Hominiden gehören einige Knochenstücke, die im Jahre 2000 in Kenia gefunden wurden und der deshalb den spektakulären – wenig korrekten – Namen Milleniumsmensch erhalten hat; man schätzt sein Alter auf 6 Millionen Jahre, womit er dem Übergangsfeld Menschenaffe-Hominide bereits sehr nahe stehen dürfte.

Sehr viel weniger auf Spekulation angewiesen ist man bezüglich der *Australopithecinen*, die vor etwa 2 bis 4 Millionen Jahren in verschiedenen Arten gelebt haben, unzweifelhaft ständig aufrecht gingen und aus denen sich schließlich auch die ersten Menschen, also die frühen Exemplare der Gattung Homo, entwickelt haben dürften. Die Kennzeichnung der Australopithecinen als Vormenschen ist deshalb zum einen durchaus wissenschaftlich korrekt und zum anderen anschaulich – als Urmenschen wären dann die ersten eindeutig menschlichen Arten Homo habilis, Homo rudolfensis und Homo erectus zu bezeichnen.

15.3 Hominidenfunde und ihre Einordnung; der Stammbaum des Menschen

Als *Australopithecus* („Südaffe", von lat. australis = südlich und griech. pithekos = Affe) hatte Raymond Dart 1924 das „Baby von Taung" klassifiziert, welches er – gegen teilweise heftigen Widerstand – nicht als jungen Schimpansen ansah (u.a. aufgrund gewisser Eigenheiten der Zähne und insbesondere der Lage und Richtung des Foramen magnum), sondern einer eigenen Gattung zuordnete; als zoologischen Namen wählte er Australopithecus africanus. Unsicher ist nach wie vor das Alter des Fossils; die Schätzung von etwa 2 Millionen Jahren dürfte jedoch angesichts weiterer Funde derselben Spezies einigermaßen korrekt sein. A. africanus hat eine schlanke (grazile) Schädelform (im Gegensatz zu den robusten Australopithecinen, s. unten) und hat mit etwa 500 ccm ein nur wenig größeres Hirnvolumen als der Schimpanse. Offenbar hat A. africanus nicht im östlichen und nördlichen Afrika gelebt (Schrenk 2001, S. 52). Dies ist insofern etwas rätselhaft, als diese Spezies von vielen als direkter Vorfahr der ersten Arten der Gattung Homo (Homo rudolfensis und Homo habilis) angesehen wird, deren Fossilien aber bis jetzt vornehmlich in Ostafrika gefunden wurden. A. africanus war offenbar ein Fleischfresser; sicher nicht unbedingt ein großer Jäger, dürfte er eher von den Resten gelebt haben, die Raubtiere zurückgelassen hatten und verstand es möglicherweise auch, diese mit Stöcken von ihrer Beute zu vertreiben. A. africanus benutzte sicher Werkzeug, konnte dieses vielleicht schon angesichts eines zu behandelnden Objekts selbst herstellen, produzierte wohl aber nicht vorausschauend Werkzeuge, um diese mitzunehmen und im gegebenen Falle einzusetzen. Insofern unterschied sich A. africanus letztlich wenig von einem Schimpansen, außer im permanent aufrechten Gang, welcher zahlreiche Möglichkeiten eröffnete und damit die Hirnreifung anregte.

Ähnlich wie A. africanus sah A. afarensis aus (benannt nach der Afar-Region in Äthiopien, wo die ersten Fossilien dieser Art gefunden wurden); er hatte ähnliches Hirnvolumen und gleichfalls einen grazilen Schädel. Zur Spezies A. afarensis gehört auch die berühmte Lucy, deren vergleichsweise vollständiges Skelett 1974 unter der Leitung von D. Johanson im äthiopischen Hadar (in der genannten Afar-Region) freigelegt wurde; ihr Alter schätzt man auf etwa 3 Millionen Jahre; mittlerweile wurden in Äthiopien weitere Exemplare von A. afarensis gefunden, die noch etwas älter sind. Auch die berühmten Fußspuren von Laetoli, nahe der Olduvai-Schlucht in Tansania, die ein aufrecht gehender Erwachsener und ein Kind vor etwa 3,5 Millionen Jahren in Vulkanasche hinterlassen haben, stammen vermutlich von Exemplaren der Spezies A. afarensis. Diese Art, welche somit vor 3–4 Millionen Jahren in Ost- und Nordafrika weit verbreitet war (ob auch in Südafrika, scheint fraglich), dürfte sowohl der Vorfahr des A. africanus sein als auch der robusten Australopithecinen.

1938 konnte Robert Broom in Südafrika zeigen, daß neben den grazilen Australopithecinen der Spezies A. africanus eine zweite Art von Australopithecinen existierte, die einen breiteren Schädel hatte, auf dessen Mitte zudem ein mächtiger Schädelkamm saß (Zeichen einer starken Kaumuskulatur und damit einer hauptsächlich vegetarischen Ernährung). Sehr ähnliche robuste Australopithecinen wurden u.a. auch in der Olduvai-Schlucht gefunden und erhielten den Namen A. boisei – nach Charles Boise, dem großen finanziellen Förderer der Grabungsarbeiten. Vereinfachend seien hier A. robustus und A. boisei als eine Art an verschiedenen Orten betrachtet. A. robustus (boisei) dürfte etwa vor 1,5–2,5 Millionen Jahren im nordöstlichen, östlichen und südlichen Afrika gelebt haben, also noch zu Zeiten, wo schon erste Exemplare der Gattung Homo existierten. Man nimmt an, daß er wie A. africanus aus dem älteren A. afarensis hervorgegangen ist, ähnliches Hirnvolumen wie dieser aufwies und sich ausschließlich pflanzlich ernährte. Vergleichsweise sicher ist, daß A. robustus (boisei) ausgestorben ist, ohne vorher einen Beitrag zur weiteren Entwicklung der Hominiden und speziell des Menschen geleistet zu haben. Es ist eine bemerkenswerte Tatsache, daß aus dem allesfressenden A. africanus entwicklungsfähige neue Arten hervorgingen, während A. robustus (boisei) sich als Sackgasse erwies. Sicher ist es nicht nur die fleischliche Ernährung, die der Hirnreifung zugute kam; wahrscheinlich mußten, um an Fleisch zu gelangen, weitere geistige Fähigkeiten ausgebildet werden.

Hier wurde vieles vereinfacht: An sich werden A. robustus und A. boisei für verschiedene Arten gehalten, zu denen weiter nördlich lebend noch eine dritte kommt (A. aethiopicus). Insbesondere tendiert man aber heute dazu, diese einer eigenen Gattung Paranthropus zuzuordnen. Für die weiteren Überlegungen ist dies belanglos, da Australopithecus (Paranthropus) robustus, boisei und aethiopicus nur eine blind endende Seitenlinie des Hominidenstammbaums darstellen; interessanterweise sprechen viele Fachleute nach wie vor von den „robusten Australopithecinen" der „Gattung Paranthropus".

Bevor im nächsten Abschnitt auf die eigentlichen frühen Menschen („Urmenschen") eingegangen wird, sei noch einmal hervorgehoben, daß Menschenaffen lange Zeit große Teile der Alten Welt besiedelten (Orang-Utan und Gibbon heute noch im südöstlichen Asien leben), daß aber die ersten dauernd aufrechtgehenden Lebewesen, die Australopithecinen (aus denen mit großer Sicherheit die Arten der Gattung Homo hervorgegangen sind) bis jetzt ausschließlich in Afrika gefunden wurden, so daß dieser Kontinent zu Recht als „Wiege der Menschheit" bezeichnet wird. Jedoch sieht es so aus, daß die diesbezügliche Bedeutung des östlichen Afrika etwas zu relativieren ist: Mittlerweile wurden auch sehr viel weiter westlich, nämlich im Tschad, Fossilien von Australopithecinen gefunden, die vielleicht sogar älter als A. afarensis sind. Das könnte darauf hindeuten, daß Australopithecus große Teile von Afrika besiedelt hat und nur deshalb im östlichen, nordöstlichen und südlichen Teil des Kontinents so viele Hominidenfossilien entdeckt wurden, weil sie sich dort besser erhalten haben und dort gründlicher nach ihnen gesucht wurde.

15.3.4 Homo habilis und Homo rudolfensis; Homo erectus

Einige Fossilien, die etwa ein Alter von 2 Millionen Jahren (oder sogar etwas mehr) aufweisen, sind eindeutig hominid, gehören aber – wenigstens nach Ansicht der meisten Fachleute – nicht zur Gattung Australopithecus (auch nicht zu Paranthropus); sie scheinen weiter entwickelt und sind überzufällig häufig dort zu finden, wo zahlreiche Steinwerkzeuge im Boden liegen. Man geht davon aus, daß es sich um die ersten Lebewesen handelt, die die *Gattungsbezeichnung Homo* verdienen.

In den frühen 60er Jahren wurden in der Olduvai-Schlucht die Fossilien eines Hominiden gefunden, der im Körperbau noch weitgehend den Australopithecinen glich, jedoch ein etwas größeres Hirnvolumen aufwies (680 ccm gegenüber 500 ccm) und nahe einer Ansammlung von Steinwerkzeugen lag, welche man als Zeichen einer regelrechten Werkzeugindustrie ansah. Die Entdecker waren – bis heute nicht unbestritten – der Ansicht, daß es sich um das erste Lebewesen handelte, welches wirklich die Bezeichnung Mensch verdiente und gaben ihm den Namen *Homo habilis* (von lat. habilis = geschickt). An einigen weiteren Fundorten Süd- und Ostafrikas tauchten ähnliche Fossilien auf (alle etwa zwischen 1,5 und 2 Millionen Jahre alt). Lange war es Lehrmeinung, daß dieser H. habilis direkter Vorfahre des sehr viel verbreiteteren und anhand zahlreicher Funde eingehend untersuchten Homo erectus sei. Mittlerweile mußte diese Ansicht insofern revidiert werden, als in der Gegend des Lake Turkana (früher: Rudolfsee) im nördlichen Kenia Fossilien eines Hominiden gefunden wurden, die zum einen auf ein größeres Hirngewicht hindeuteten (circa 750 ccm), zum anderen älter als die H. habilis-Funde waren, nämlich auf ein Alter von 1,8–2,5 Millionen Jahren zu datieren waren. Dieser *Homo rudolfensis* wird nun eher als der eigentliche Übergang von den Australopithecinen zur Gattung Homo angesehen (sofern sich nicht doch beide als späte Arten von Australopithecus erweisen sollten). Der jüngere und weniger entwickelte H. habilis wäre demnach eine evolutionäre Sackgasse gewesen (wie schon die robusten Australopithecinen), während H. rudolfensis aus A. africanus hervorgegangen sein dürfte und sich dann vielleicht zu H. erectus weiterentwickelt hat.

Die Hominidenforschung wurde, wie in 15.1.3 skizziert, mit einem Fund auf Java eröffnet, der von seinem Entdecker Dubois den Namen Pithecanthropus erectus erhielt, den man aber heute allgemein der Art *Homo erectus* (von lat. erectus = aufrecht) zuordnet. Einige Jahrzehnte später konnten in unmittelbarer Nähe von Dubois' Fundstelle weitere Homo erectus-Fossilien freigelegt werden, deren Alter man auf etwa 1 Million Jahren datierte. Die ungefähr zur selben Zeit in einer Höhle bei Peking entdeckten Pekingmenschen gehören ebenfalls zur Art H. erectus, sind aber deutlich jünger (300.000–600.000 Jahre). Ein weiterer Fund (schon 1907) war der Kiefer eines Hominiden bei Heidelberg (Heidelbergmensch), der gleichfalls i.a. der Spezies H. erectus zugerechnet wird und auf ein Alter von etwa 600.000 Jahre geschätzt wird. Während somit die ersten Funde von H. erectus in Asien und Europa gemacht wurden – durchaus in Einklang mit der lange herrschenden Meinung, daß der Mensch dort entstanden sei –, konnten später auch in Ostafrika, etwa in der Olduvai-Schlucht und nahe des Lake Turkana, teilweise recht vollständige Skelette von H. erectus gefunden werden, die älter als die asiatischen Funde sind (das Alter des sogenannten Turkana Boy wird etwa auf 1,6 Millionen Jahre geschätzt). Danach sieht es so aus, daß sich H. erectus vor 1,5–2 Millionen Jahren in Afrika entwickelt hat und wohl schon bald danach seine Wanderschaft antrat, die ihn bis ins äußerste Südostasien und China einerseits, nach Europa andererseits brachte.

Mittlerweile gibt es zahlreiche Fundstellen von H. erectus, in Deutschland beispielsweise bei Bilzingsleben in Thüringen, mehrere in Spanien, viele weitere in Asien. Hingegen hat man bis jetzt nie Überreste von ihm in Amerika oder Australien gefunden. Verwirrend an diesen Funden ist ihr teilweise sehr hohes Alter, etwa von 1,8 Millionen Jahren in Spanien oder Armenien, wobei sogar die Existenz noch älterer Erectusfossilien außerhalb Afrikas diskutiert wird. Insofern entspricht das üblicherweise geschilderte Szenario einer allmählichen Auswanderung des vor 1,8 Millionen Jahren in Afrika entstandenen H. erectus möglicherweise nicht der Realität – ist aber einleuchtend und deshalb als erstes Modell ausgesprochen brauchbar.

Das Hirnvolumen von H. erectus wird mit durchschnittlich 1000 ccm angegeben, wobei späte Generationen dieser Art diesbezüglich etwas darüber zu liegen scheinen. Dies ist sehr viel höher als das der Australopithecinen (500 ccm) und von H. habilis und H. rudolfensis (650–750 ccm). Man nimmt an, daß sich H. erectus aus diesen entwickelt hat, wahrscheinlich aus H. rudolfensis. H. erectus hatte ein deutlich menschenähnliches Aussehen (v.a. hinsichtlich der Proportionen von Armen und Beinen sowie der Körperhaltung), war zudem wahrscheinlich – anders als die Australopithecinen – kaum mehr behaart; er hatte jedoch noch eine ziemlich fliehende Stirn und mächtige Knochenwülste im Gesichtsschädel. Er benutzte zweifellos das Feuer und stellte geradezu industriell Werkzeuge her; ob er schon Sprache besaß, ist umstritten.

15.3.5 Homo sapiens und der Neandertaler

Die Erwartung, daß mit zunehmender Annäherung an unsere Zeit die Entwicklungsgeschichte des Menschen klarer wird, hat sich nicht erfüllt. Kaum auf einem Gebiet der Paläoanthropologie existieren so unterschiedliche Auffassungen wie zur Herkunft von Homo sapiens und Neandertaler.

Zunächst ist zu konstatieren, daß nach den vielen H. erectus-Funden mit einem Alter bis zu etwa 400.000 Jahren die Fossilien spärlicher werden; jüngere hominide Überreste sind zumeist weniger als 200.000 Jahre alt. Unter den späten Varianten der Gattung Homo lassen sich zwei Typen unterscheiden, der eigentliche *moderne Mensch* einerseits und der insbesondere vom Schädelbau andersartige Neandertaler. Umstritten ist, ob es sich um zwei verschiedene Spezies handelt, die man dann konsequenterweise als Homo sapiens und Homo neanderthalensis bezeichnen müßte oder nur um zwei Varianten (Rassen) einer einzigen Art; dann wäre von Homo sapiens sapiens und Homo sapiens neanderthalensis zu sprechen. Daß sie beide wahrscheinlich für gewisse Zeit (von 50.000 bis etwa 30.000 v. Chr.) zusammen in Europa gelebt haben, würde für die zweite Variante sprechen. Andererseits legen molekularbiologische Befunde den Schluß nahe, daß es sich um verschiedene Arten gehandelt hat, die sich demgemäß auch nicht vermischen konnten.

Die Neandertaler glichen mit ihren Wülsten über den Augen und der fliehenden Stirn teilweise noch H. erectus, hatten andererseits schon große physiognomische Ähnlichkeit mit dem modernen Menschen; sie waren etwas kleiner und stämmiger und hatten ausgesprochen kräftige und schwere Knochen. Das Gehirn war mit etwa 1600 ccm größer als das des Jetztmenschen (im Durchschnitt circa 1450 ccm).

Eindeutig als Neandertaler einzuordnende Fossilien finden sich hauptsächlich in Europa und Vorderasien, kaum in Afrika. Sie datieren aus der Zeit von circa 200.000 bis 30.000 v. Chr.; der im Neandertal bei Düsseldorf 1856 von dem Wuppertaler Lehrer Johann Carl Fuhlrott gefundene Mensch dieser Art, der für den gesamten Typus den Namen geliefert hat, dürfte etwa vor 50.000 Jahren gelebt haben, war also eine Spätform. Möglicherweise kannten – was jedoch nicht unumstritten ist – die Neandertaler schon Begräbnisrituale (beispielsweise indem die Verstorbenen auf Blumen gebettet wurden); auch die Tatsache, daß ein schwer verletzter Neandertaler

15.3 Hominidenfunde und ihre Einordnung; der Stammbaum des Menschen

– wie aus einem interessanten Fossilfund geschlossen wird – seine Verletzungen offenbar um mehrere Jahre überlebte, wird als Hinweis auf eine gefestigte soziale Struktur angesehen.

Unklar ist die Bedeutung einiger älterer Funde, die dem Neandertaler in gewisser Hinsicht gleichen (etwa des Steinheim-Menschen um etwa 400.000 v. Chr.). Ob diese „Ante-Neandertaler" schon sehr früh – von woanders her kommend –, Europa besiedelt haben oder letzte Exemplare des sehr wahrscheinlich ohne weitere Nachkommen in Europa ausgestorbenen H. erectus darstellen, soll hier nicht diskutiert werden.

Überreste „moderner Menschen" (mit Schädelform, die von der heute lebender Personen praktisch nicht zu unterscheiden ist) wurden in Höhlen des südwestfranzösischen Ortes Cro-Magnon gefunden. Sie sind auf circa 30.000 v. Chr. zu datieren, so daß für diesen Zeitpunkt die Existenz von modernen Menschen in Europa nicht in Zweifel steht; wahrscheinlich lebten sie dort aber schon früher (etwa bereits um 50.000), im Nahen Osten wohl schon vor 90.000 Jahren, so daß in manchen Regionen Neandertaler und moderner Mensch mindestens 20.000–50.000 Jahren nebeneinander gelebt haben müssen. Überreste von Menschen des „modernen Typs" wurden zudem in Borneo und China gefunden und sind etwa 40.000 Jahre alt. Spätestens um 30.000 v. Chr. war der moderne Mensch in Australien zu finden und die Besiedlung Amerikas mit H. sapiens wird nun zwischen 15.000 und 30.000 v. Chr. angesetzt – somit möglicherweise viel früher, als lange angenommen.

Lange war es unklar, ob der moderne Mensch sich unabhängig an verschiedenen Orten aus H. erectus herausgebildet hat („multiregionale" Theorie). Mittlerweile erscheint dies zumindest sehr unwahrscheinlich; es gibt gute Gründe für die Annahme, daß H. erectus in Europa und Asien ausgestorben ist, ohne sich dort zuvor zu einer neuen Spezies der Gattung Homo weiterentwickelt zu haben. Diese Weiterentwicklung geschah nach gegenwärtigem Erkenntnisstand ausschließlich in Afrika: Circa eine halbe Million Jahre alte Funde im südlichen und östlichen Afrika zeigen Übergangsmerkmale zwischen H. erectus und H. sapiens (als „archaischer" H. sapiens bezeichnet) und etwa vor 100.000 Jahren, sogar wohl einige 10.000 Jahre früher, lebten in Afrika Menschen, die von den modernen Menschen (wie dem Cro-Magnon-Mensch) praktisch nicht zu unterscheiden waren; dieser Typ wird als Homo sapiens sapiens bezeichnet, wäre damit nur eine Rasse des älteren archaischen Homo sapiens.

Homo sapiens sapiens hat – nach augenblicklich von zahlreichen Autoren vertretener Auffassung – bereits etwa um 100.000 v. Chr. Afrika in Richtung Naher Osten verlassen und ist auf seinen Wanderungen schließlich nach China, Indonesien und Europa gelangt, ähnlich wie etwa 1 Million Jahre zuvor H. erectus. Dieser aus Fossilienbefunden in etwa zu rekonstruierende Ablauf konnte auf überraschende Weise mit molekularbiologischen Methoden bestätigt werden.

Wie in 1.2.1 und 14.2 ausgeführt, enthalten die Mitochondrien (Zellorganellen, die hauptsächlich die Energiegewinnung durch Oxidation leisten) ihr eigenes Erbmaterial, die mitochondriale DNA (mt-DNA). Sie gibt im wesentlichen die Vorlage für die dort produzierten Enzyme; man nimmt an, daß die Mitochondrien in sehr frühen Entwicklungsstufen Bakterien waren, die sich in die Zellen eingeschleußt hatten und mit ihnen eine erfolgreiche Symbiose eingegangen waren, dabei weiter ihre Unabhängigkeit in Form separaten Erbguts behielten. Mitochondrien und mit ihnen die mt-DNA werden mit der mütterlichen Eizelle an die Nachkommen weitergegeben, während im kleinen Kopf des Spermiums für Mitochondrien kein Platz ist. Dies bedeutet, daß sämtliche Kinder einer Frau, gleich welchen Geschlechts, die gesamte mt-DNA der Mutter besitzen, während die mt-DNA des Vaters (anders als seine chromosomale DNA) überhaupt nicht auf die Nachkommen übergeht. Sämtliche Personen, die sich mütterlicherseits auf eine einzige Vorfahrin zurückführen lassen, haben somit dieselbe Nukleotidsequenz in ihrer mt-DNA (von eventuellen erfolgten Spontanmutationen abgesehen). Diese bestehen im Austausch eines Nukleotids gegen ein anderes, ein Vorgang, der sich mit einer letztlich sehr geringen, zeitlich konstanten Geschwindigkeit vollzieht; eine solche mutierte mt-DNA wird im weiteren von der Mutter auf ihre Nachkommen übertragen – würde hingegen in der mt-DNA eines Mannes diese Mutation passieren, so würde sie nicht weitergegeben. Setzt man die Spontanmutationsrate hypothetisch mit dem (zu hohen) Wert von 1% pro 100.000 Jahre an, so würden nach 100.000 Jahren die Nachkommen einer Urahnin in mütterlicher Linie nur mehr hinsichtlich 99% der mt-DNA-Nukleotide übereinstimmen, nach 200.000 Jahren noch in 98% usw. Ist umgekehrt die mt-DNA in einer Population (z.B. einem Volksstamm) zu fast 100% identisch, schließt man daraus, daß die gemeinsame Urmutter noch nicht allzu lange zurückliegt und zudem nicht von anderer Seite – über auswärtige Frauen – neue mt-DNA hinzugekommen ist; im letzteren Fall würden sich zwei oder mehr unterschiedliche mt-DNA-Typen zeigen.

Unter der Annahme, daß die Bildung einer Spezies von einer kleinen Gruppe naher Verwandter ausgeht – die sich dann nur noch untereinander und nicht mehr mit Mitgliedern ihrer Ursprungsart paaren –, müßte bei einer jungen Spezies, ähnlich wie beim obigen Beispiel einer Volksgruppe, die mt-DNA noch weitgehend übereinstimmen; im Laufe der Jahrtausende würde sich diese durch Spontanmutationen bei einzelnen ihrer Mitglieder langsam ändern, damit eine stärkere Variation in der Population zeigen und es wäre möglich, aus den Abweichungen der mt-DNA auf den Zeitpunkt der Artbildung zurückzuschließen. Ähnlich liegt der Fall, wenn eine nah verwandte Sippe auswandert; die Variation der mitochondrialen DNA am Zielort zeigt an, wann die gemeinsame Abwanderung der (ursprünglich bezüglich der mt-DNA homogenen) Sippe aus der großen Gemeinschaft erfolgt ist.

Die Variation der mt-DNA ist bei der afrikanischen Bevölkerung am größten, woraus – in Übereinstimmung mit den fossilen Funden – geschlossen wird, daß Homo sapiens (sapiens) in Afrika entstanden ist und zwar vor etwa 200.000 Jahren. Vor ungefähr 100.000 Jahren, vielleicht schon etwas früher, scheinen Gruppen Afrika in Richtung Asien verlassen zu haben: Im Nahen Osten ist die Variation der mt-DNA geringer; eine Sippe mit einer gemeinsamen Urmutter dürfte sich dort etwa 100.000 v. Chr. niedergelassen haben. Von dort weiterwandernd, kamen nach diesem Modell vor etwa 35.000 Jahren Homo sapiens-Gruppen nach Mitteleuropa – was gut zur Datierung der Funde aus Cro-Magnon passen würde (circa 30.000 v. Chr.). Vor etwa 70.000 Jahren war Südostasien erreicht und vor ungefähr 15.000–30.000 Jahren begannen die ersten Gruppen, die Beringstraße über eine damals existierende Landbrücke in Richtung amerikanischen Kontinent zu überqueren (im wesentlichen nach Reichholf 1993, S. 13 ff.; s. auch Burenhult 2000b; zu beachten sind die stark diskrepanten Angaben in der Literatur, etwa zur Besiedelung Amerikas).

15.3 Hominidenfunde und ihre Einordnung; der Stammbaum des Menschen

Unklar ist das Schicksal des Neandertalers. Chronologisch läge es nahe anzunehmen, daß er mit einem Alter von maximal 400.000 Jahren ein direkter Nachfahre von H. erectus in Europa und Asien ist, der dort von etwa 1 Million bis 400.000 v. Chr. gelebt haben dürfte. Mehr spricht dafür, daß der Neandertaler aus H. erectus in Afrika entstanden ist und im Rahmen einer Auswanderungswelle – einer weiteren neben der von H. erectus und von H. sapiens sapiens – Vorderasien und Europa besiedelt hat. Diese Entstehung in Afrika wäre damit etwa um 250.000 v. Chr. anzusetzen, denn spätestens vor 200.000 Jahren lassen sich Neandertaler in Europa und dem Nahen Osten nachweisen (s. oben).

Danach könnte sich der Neandertaler früher als der moderne Mensch schon aus dem archaischen Homo sapiens entwickelt haben (nicht aus H. erectus). Insofern wäre es konsequent, den Neandertaler mit H. sapiens neanderthalensis zu bezeichnen – in Abhebung von H. sapiens sapiens. Diese Namensgebung impliziert jedoch, daß es sich um zwei Rassen einer Art handelt. Da sich aber H. sapiens sapiens und Neandertaler offenbar nicht vermischt haben (s. unten), wäre es stringenter, beide zu verschiedenen Arten zu rechnen und von H. neanderthalensis und H. sapiens sapiens zu sprechen – wobei zudem keineswegs als gesichert angesehen werden kann, daß der moderne Mensch mit seinem Urahn, dem archaischen H. sapiens, überhaupt noch artverwandt ist. Am sichersten wäre es, bis hierüber Genaueres bekannt ist, den archaischen Homo sapiens, den modernen Menschen und den Neandertaler zunächst als verschiedene Arten einzuführen und die Namensgebung entsprechend zu ändern.

Über diesen terminologischen Festlegungen, die in der Literatur teilweise recht nachlässig gehandhabt werden – zuweilen sprechen dieselben Autoren im selben Abschnitt von H. sapiens neanderthalensis und H. neanderthalensis – sollte nicht die wesentliche Aussage untergehen, nämlich daß die gleichzeitig in Europa lebenden Cro-Magnon-Menschen und die Neandertaler sich offensichtlich nicht vermischt haben. Wäre dies der Fall, hätten die Neandertalerfrauen, deren Urahninnen sehr viel älter waren als die der weiblichen Cro-Magnon-Menschen, eine deutlich andere mt-DNA einbringen müssen, so daß es heute zwei mt-DNA-Typen in der europäischen Bevölkerung geben müßte – was aber nicht der Fall ist. Mittlerweile ist es – interessanterweise am namensgebenden Fossil aus der Höhle bei Düsseldorf – gelungen, mt-DNA zu isolieren und auf ihre Basensequenz zu untersuchen (Krings et al. 1997). Diese unterscheidet sich so sehr von der des modernen Menschen, daß der Neandertaler als direkter Vorfahre ausscheidet (s. auch Schmitz u. Thissen 2000). Insofern scheint entgegen zeitweise verbreiteter anderer Lehrmeinung der Neandertaler als eine Sackgasse in der Hominidenentwicklung angesehen werden zu müssen.

15.3.6 Der (hypothetische) Stammbaum des Menschen

Hier sollen noch einmal unter Verzicht auf Details die einzelnen, nach wie vor teilweise recht hypothetischen Schritte der Entwicklung von den ersten Menschenaffen zum Homo sapiens zusammengefaßt werden (s. auch Abb. 15.1); dieses Modell entspricht in etwa dem von Schrenk sowie Johanson u. White entwickelten; andere Paläoanthropologen nehmen jedoch teilweise deutlich andere Stammbäume an (s. dazu Groves 2000a). Der hier vorgestellte hat in jedem Fall den Vorteil, vergleichsweise übersichtlich zu sein.

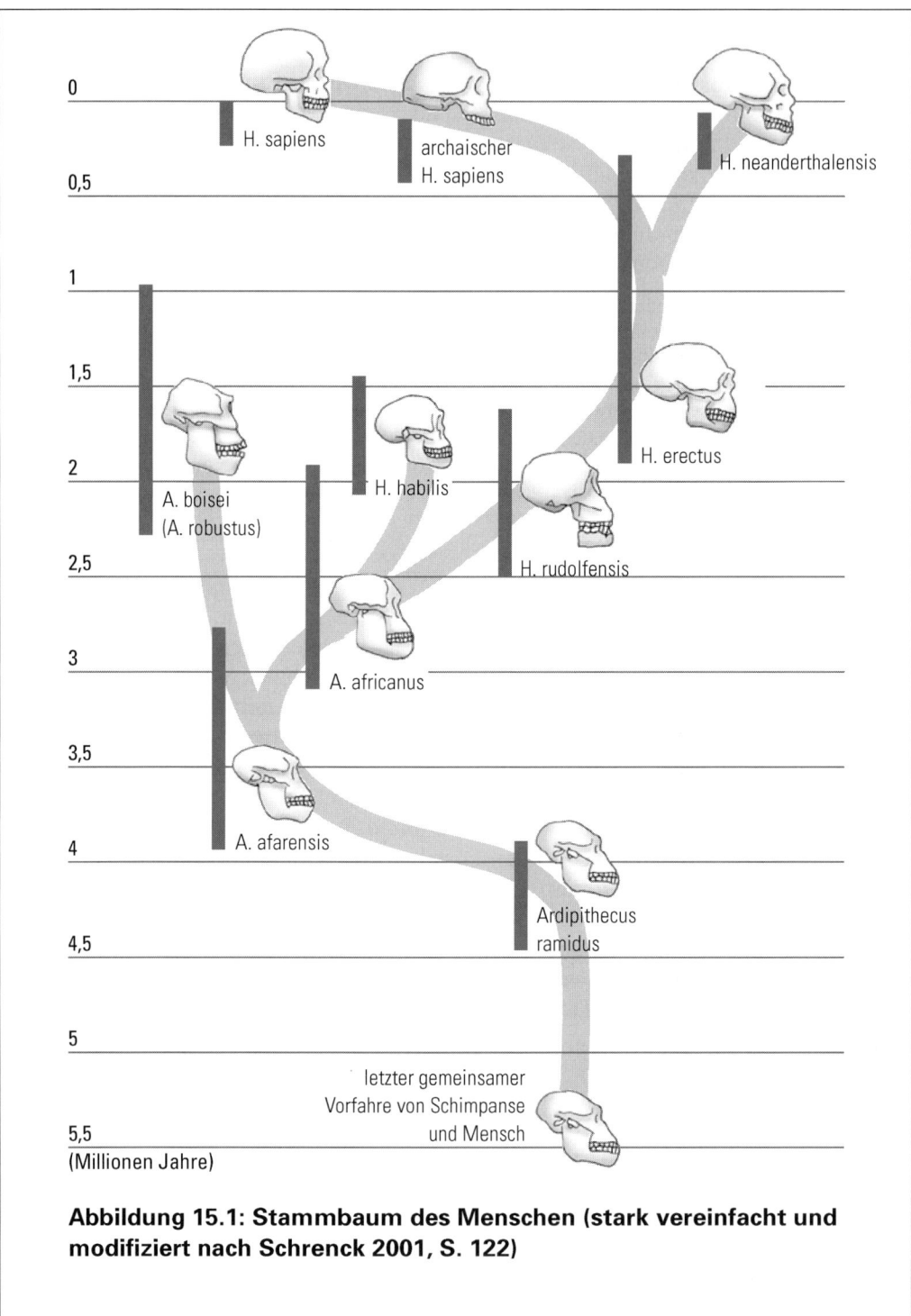

Abbildung 15.1: Stammbaum des Menschen (stark vereinfacht und modifiziert nach Schrenck 2001, S. 122)

15.3 Hominidenfunde und ihre Einordnung; der Stammbaum des Menschen

Vor 20 bis 30 Millionen Jahren existierten erste primitive Menschenaffen, aus denen sich schließlich einerseits die heutigen Pongiden und andererseits der Mensch herausbildete. Die Abspaltung der Entwicklungslinie von Orang-Utan und Gorilla von der bis dahin mit dem Menschen gemeinsamen Evolution erfolgte vor etwa 10 Millionen Jahren, während sich ungefähr vor 5 Millionen Jahren schließlich die Linien trennten, die zum späteren Schimpansen und zum Homo sapiens führten; ab diesem Zeitpunkt spricht man von Hominiden und nimmt an, daß diese relativ schnell die Bipedie ausbildeten. Die genannten Zahlen basieren im wesentlichen auf biochemischen Befunden (Übereinstimmungen der DNA und der Aminosäuresequenzen von Proteinen in verschiedenen Arten) und sind nicht unumstritten, weil die sichere Eichung der „molekularen Uhr" noch nicht gelungen ist (s. 15.2.2). Gesichert ist die Existenz permanent aufrecht gehender Lebewesen vor 3–4 Millionen Jahren, die vergleichsweise übereinstimmend einer Art mit Namen Australopithecus afarensis zugeschrieben werden und mit Sicherheit zumindest im östlichen und nordöstlichen Afrika beheimatet waren. Man kann nur spekulieren, was diese dazu gebracht hat, den aufrechten Gang zu entwickeln; eine Hypothese ist, daß mit Zurückweichen der Wälder zugunsten von Grasflächen die aufrechte Körperhaltung eine bessere Übersicht ermögliche. Der Vorteil dieser Bipedie wurde vermutlich erst im Laufe langer Jahrtausende manifest: die Möglichkeit, Dinge über weite Strecken zu transportieren, Werkzeuge zu handhaben und dabei zu verbessern, Wurfgeschosse zu verwenden.

Aus A. afarensis, der vor etwa 3 Millionen Jahren ausgestorben sein dürfte, entwickelten sich zwei weitere Typen von Australopithecinen, die „robusten" und die „grazilen", beide vielleicht mit mehreren Arten bzw. Unterarten. Die robusten Australopithecinen waren vorwiegend oder ausschließlich Pflanzenfresser und starben ohne „Nachfolger" aus, nachdem sie immerhin etwa 2 Millionen Jahre existiert hatten – teilweise schon überlappend mit den sich inzwischen herausgebildeten Menschen. Die Australopithecinen vom grazilen Typus, zu dem v.a. der in Südafrika lebende A. africanus gehörte, waren offenbar Allesfresser und mußten, um ihren Fleischbedarf zu decken, weitere geistige Fähigkeiten entwickeln, die speziell den Gebrauch von Werkzeugen betroffen haben dürften. Alle Australopithecinen hatten ein Hirnvolumen, welches mit etwa 500 ccm kaum größer als das der Schimpansen war. Anzumerken ist, daß Menschenaffen zwar in der gesamten Alten Welt existiert hatten, Australopithecinen, also die frühen Hominiden, ausschließlich in Afrika.

Aus den grazilen Australopithecinen entwickelten sich – vermutlich im östlichen Afrika – vor etwa 2–2,5 Millionen Jahren Hominiden, die zum einen bereits ein etwas größeres Hirnvolumen besaßen (650–750 ccm), zum anderen die vorausschauende Herstellung von Werkzeugen gut beherrschten, teilweise aus Material, das von weit hergeschafft werden mußten. Ab diesem Entwicklungsstadium spricht man – nicht unumstritten – von der Gattung „Homo", als deren erste Spezies und als Zwischenglied zu den weiteren Menschenarten Homo habilis gesehen wurde. Heute ist man der Ansicht, daß H. habilis eine spätere Entwicklung der „Habilinen" darstellt und in gewissem Sinne als Sackgasse der Entwicklung betrachtet werden muß; eine andere Spezies, nämlich H. rudolfensis, ist offenbar früher erschienen, hatte dabei ein größeres Hirnvolumen und dürfte sich eher zu H. erectus weiterentwickelt haben.

Über H. erectus ist sehr viel mehr bekannt; er könnte – nach gegenwärtigem Kenntnisstand – aus H. rudolfensis etwa vor 1,8–2 Millionen Jahren hervorgegangen sein und hat Afrika wohl als erster Hominide verlassen. Fossilien von H. erectus wurden in China und auf Java gefunden (Peking- und Javamensch), daneben zahlreich in Europa, v.a. in Spanien, aber auch in Deutschland (Mauer bei Heidelberg, Bilzingsleben in Thüringen). Nachdem H. erectus sich in großen Teilen der Alten Welt (jedoch mit ziemlicher Sicherheit nie in Australien und Amerika) verbreitet hatte, starb er offenbar dort aus, ohne sich vorher zu einer weiteren Spezies entwickelt zu haben. H. erectus hatte mit etwa 1000 ccm ein deutlich größeres Gehirn als die Australopithecinen und Habilinen, beherrschte besser die Herstellung von Werkzeugen und zudem sehr wahrscheinlich die Nutzung des Feuers.

In Afrika – und ziemlich sicher nur dort – entwickelte sich H. erectus weiter zu einer Spezies, die als archaischer Homo sapiens bezeichnet wurde (vor etwa 500.000 Jahren). Aus diesem oder direkt aus H. erectus ging vor etwa 250.000 Jahren der Neandertaler hervor, über dessen Einordnung als Spezies nach wie vor Unklarheiten bestehen; er sei im folgenden als eigene Art aufgefaßt und mit H. neanderthalensis bezeichnet. Er lebte v.a. in Europa und Vorderasien und zwar etwa von 200.000 v. Chr. bis ungefähr 30.000 v. Chr., wohl mindestens für 20.000–50.000 Jahre gleichzeitig mit dem modernen Menschen; dennoch scheint – wie sich aus molekularbiologischen Befunden ergibt – nie eine Vermischung der beiden Arten stattgefunden zu haben. H. neanderthalensis hatte ein geringgradig größeres Hirnvolumen als der moderne Mensch; ob er die Fähigkeiten besaß, die man ihm in letzter Zeit zugeschrieben hat (regelrechte Sprache, ausgeprägte Sozialstruktur, Jenseitsglaube, Begräbnisrituale) gilt als keineswegs sicher.

Der moderne Mensch, oft als Homo sapiens sapiens bezeichnet, entwickelte sich ebenfalls in Afrika aus einem archaischen H. sapiens und begann vor etwa 100.000 Jahren, sich über die ganze Welt zu verbreiten. Sowohl biochemische Daten wie Fossilfunde zeigen, daß er vor 30.000–40.000 Jahren Europa erreicht hat, Südostasien deutlich früher, Amerika wohl einige zehntausend Jahre später.

16 Literatur

Abelson, J.L. & Nesse, R.M. (1994) Pentagastrin infusions in patients with panic disorder. I. Symptoms and cardiovascular responses. *Biological Psychiatry* 36, 73–83.

Abood, M.E. & Martin, B.R. (1992) Neurobiology of marijuana abuse. *Trends in Pharmacological Sciences* 13, 201–206.

Abraham, H.D., Aldridge, A.M. & Gogia, P. (1996) The psychopharmacology of hallucinogens. *Neuropsychopharmacology* 14, 285–298.

Aceto, M.D., Scates, S.M., Lowe, J.A. & Martin, B.R. (1995) Cannabinoid precipitated withdrawal by the selective cannabinoid receptor antagonist, SR 141716A. *European Journal of Pharmacology* 282, R1–R2.

Adams, I.B. & Martin, B.R. (1996) Cannabis: Pharmacology and toxicology in animals and humans. *Addiction* 91, 1585–1614.

Allebeck, P. (1993) Schizophrenia and cannabis: Cause-effect relationship? In: Nahas, G.G. & Latour, C. (eds.) *Cannabis: Physiopathology, epidemiology, detection.* Boca Raton: CRC Press, pp. 113–117.

Anderson, R.H., Fleming, D.E., Rhees, R.W. & Kinghorn, E. (1986) Relationships between sexual activity, plasma testosterone, and the volume of the sexually dimorphic nucleus of the preoptic area in prenatally stressed and non-stressed rats. *Brain Research* 370, 1–10.

Andreasson, S., Allebeck, P., Engström, A. & Rydberg, U. (1989) Cannabis and schizophrenia: A longitudinal study of Swedish conscripts. *Lancet* i, 1483–1485.

Andrews, K.M., McGowan, M.K., Gallitano, A. & Grossman, S.P. (1992) Water intake during chronic preoptic infusions of osmotically active or inert solutions. *Physiology & Behavior* 52, 241–245.

Angrist, B. & van Kammen, D.P. (1984) CNS stimulants as tools in the study of schizophrenia. *Trends in Neuroscience* 7, 388–390.

Aronson, R., Offman, H.J., Joffe, R.T. & Naylor, C.D. (1996) Triiodothyronine augmentation in the treatment of refractory depression: A meta-analysis. *Archives of General Psychiatry* 53, 842–848.

Arranz, B., Blennow, K., Eriksson, A., Mansson, J.E. & Marcusson, J. (1997) Serotonergic, noradrenergic, and dopaminergic measures in suicide brains. *Biological Psychiatry* 41, 1000–1009.

Baier, M. & Teusch, L. (1999) Weitere stoffliche Abhängigkeiten. In: Gastpar, M., Mann, K. & Rommelspacher, H. (Hrsg.) *Lehrbuch der Suchtkrankungen.* Stuttgart: Thieme, S. 276–285.

Bailey, A., Phillips, W. & Rutter, M. (1996) Autism: Towards an integration of clinical, genetic, neuropsychological, and neurobiological perspectives. *Journal of Child Psychology and Psychiatry* 37, 89–126.

Bailey, J.M. & Pillard, R.C. (1991) A genetic study of male sexual orientation. *Archives of General Psychiatry* 48, 1089–1096.

Bailey, J.M., Pillard, R.C., Neale, M.C. & Agyei, Y. (1993) Heritable factors influence sexual orientation in women. *Archives of General Psychiatry* 50, 217–223.

Baron, M. (1993) Genetics and human sexual orientation. *Biological Psychiatry* 33, 759–761.

Batra, A. & Buchkremer, G. (1999) Nikotin. In: Gastpar, M., Mann, K. & Rommelspacher, H. (Hrsg.) *Lehrbuch der Suchtkrankungen.* Stuttgart: Thieme, S. 208–216.

Benca, R.M., Obermeyer, W.H., Thisted, R.A. & Gillin, J.C. (1992) Sleep and psychiatric disorders: A meta-analysis. *Archives of General Psychiatry* 49, 651–668.

Benkert, O. (1995) *Psychopharmaka: Medikamente, Wirkung, Risiken*. München: Beck.

Benkert, O. & Hippius, H. (1996) *Psychiatrische Pharmakotherapie*. 6. Auflage. Heidelberg: Springer.

Benkert, O. & Lenzen-Schulte, M. (1997) *Zwangskrankheiten: Ursachen, Symptome, Therapien*. München: Beck.

Benowitz, N.L. (1986) Clinical pharmacology of nicotine. *Annual Review of Medicine* 37, 21–32.

Benowitz, N.L. (1988) Pharmacologic aspects of cigarette smoking and nicotine addiction. *New England Journal of Medicine* 319, 1318–1330.

Berger, M., Riemann, D. & Höchli, D. (1989) The cholinergic rapid eye movement sleep induction test with RS-86: State or trait marker of depression? *Archives of General Psychiatry* 46, 421–428.

Berman, K.F., Daniel, D.G. & Weinberger, D.R. (1995) Schizophrenia: Brain structure and function. In: Kaplan, H.I. & Sadock, B.J. (eds.) *Comprehensive textbook of psychiatry*. 6th edition. Baltimore: Williams & Wilkins, pp. 910–927.

Biber, K., Walden, J., Gebicke-Härter, P., Berger, M. & van Calker, D. (1996) Carbamazepine inhibits the potentiation by adenosine analogues of agonist induced inositolphosphate formation in hippocampal astrocyte cultures. *Biological Psychiatry* 40, 563–567.

Birbaumer, N. & Schmidt, R.F. (1999) *Biologische Psychologie*. 4. Auflage. Berlin: Springer.

Blehar, M.C. & Lewy, A.J. (1990) Seasonal mood disorders: Consensus and controversy. *Psychopharmacology Bulletin* 26, 465–494.

Bolla, K.I., McCann, U.D. & Ricaurte, G.A. (1998) Memory impairment in abstinent MDMA ("ecstasy") users. *Neurology* 51, 1532–1537.

Bonnet, U. & Gastpar, M. (1999) Opioide. In: Gastpar, M., Mann, K. & Rommelspacher, H. (Hrsg.) *Lehrbuch der Suchterkrankungen*. Stuttgart: Thieme, S. 237–262.

Bowers, D., Bauer, R.M., Coslett, H.B. & Heilman, K.M. (1985) Processing of faces by patients with unilateral hemisphere lesions. I. Dissociation between judgments of facial affect and facial identity. *Brain and Cognition* 4, 258–272.

Breier, A. & Buchanan, R.W. (1996) Clozapine: Current status and clinical applications. In: Breier, A. (ed.) *The new pharmacotherapy of schizophrenia*. Washington, D.C.: American Psychiatric Press, pp. 1–13.

Brime, J.I., Lopez-Sela, P., Bernardo, R., Costales, M., Diaz, F., Marin, B. & Vijande, M. (1991) Psychological aspects of insulin-induced thirst. *Physiology & Behavior* 49, 153–154.

Broberg, D.J. & Bernstein, I.L. (1989) Cephalic insulin release in anorexic women. *Physiology & Behavior* 45, 871–875.

Brown, H.D. & Kosslyn, S.M. (1993) Cerebral lateralization. *Current Opinion in Neurobiology* 3, 183–186.

Brownson, R.C., Novotny, T.E. & Perry, M.C. (1993) Cigarette smoking and leukemia: A meta-analysis. *Archives of Internal Medicine* 153, 469–475.

Bruce, H.M. (1960) A block to pregnancy in the mouse caused by proximity of strange males. *Journal of Reproduction and Fertility* 1, 96–103.

Bunney, W.E. & Davis, J.M. (1965) Norepinephrine in depressive reactions: A review. *Archives of General Psychiatry* 13, 483–494.

Burenhult, G. (2000a) Dem *Homo sapiens* entgegen. In: Burenhult, G. (Hrsg.) *Die ersten Menschen: Die Ursprünge des Menschen bis 10 000 vor Christus*. Augsburg: Weltbild, S. 55–75.

Burenhult, G. (2000b) Die Verbreitung über die Erde. In: Burenhult, G. (Hrsg.) *Die ersten Menschen: Die Ursprünge des Menschen bis 10 000 vor Christus*. Augsburg: Weltbild, S. 123–145.

Byne, W. (1994) The biological evidence challenged. *Scientific American* 270, 26–31.

Byne, W. & Parsons, B. (1993) Human sexual orientation: The biologic theories reappraised. *Archives of General Psychiatry* 50, 228–239.
Campfield, L.A., Brandon, P. & Smith, F.J. (1985) On-line continuous measurement of blood glucose and meal pattern in free-feeding rats: The role of glucose in meal initiation. *Brain Research Bulletin* 14, 605–616.
Campfield, L.A., Smith, F.J., Guisez, Y., Devos, R. & Burn, P. (1995) Recombinant mouse OB protein: Evidence for a peripheral signal linking adiposity and central neural networks. *Science* 269, 546–549.
Cannon, T.D. & Marco, E. (1994) Structural brain abnormalities as indicators of vulnerability to schizophrenia. *Schizophrenia Bulletin* 20, 89–102.
Carlson, N.R. (1991) *Physiology of behavior*. 4th edition. Boston: Allyn and Bacon.
Carlson, N.R. (2001) *Physiology of behavior*. 7th edition. Boston: Allyn and Bacon.
Castellucci, V.F. & Kandel, E.R. (1976) Presynaptic facilitation as a mechanism for behavioral sensitization in *Aplysia*. *Science* 194, 1176–1178.
Castellucci, V.F., Blumenfeld, H., Goelet, P. & Kandel, E.R. (1989) Inhibitor of protein synthesis blocks long-term behavioral sensitization in the isolated gill-withdrawal reflex of *Aplysia*. *Journal of Neurobiology* 20, 1–9.
Chen, W.J., Maier, S.E. & West, J.R. (1995) Toxic effects of ethanol on the fetal brain. In: Deitrich, R.A. & Erwin, V.G. (eds.) *Pharmacological effects of ethanol on the nervous system*. Boca Raton: CRC Press, pp. 343–361.
Chen, W.J., Loh, E.W., Hsu, Y.P. & Cheng, A.T.A. (1997) Alcohol dehydrogenase and aldehyde dehydrogenase genotypes and alcoholism among Taiwanese aborigines. *Biological Psychiatry* 41, 703–709.
Childress, A.R., Mozley, P.D., McElgin, W., Fitzgerald, J., Reivich, M. & O'Brien, C. (1999) Limbic activation during cue-induced cocaine craving. *American Journal of Psychiatry* 156, 11–18.
Christie, M.J., Williams, J.T., Osborne, P.B. & Bellchambers, C.E. (1997) Where is the locus in opioid withdrawal? *Trends in Pharmacological Sciences* 18, 134–140.
Coccaro, E.F. & Siever, L.J. (1995) The neuropsychopharmacology of personality disorders. In: Bloom, F.E. & Kupfer, D.J. (eds.) *Psychopharmacology: The fourth generation of progress*. New York: Raven Press, pp. 1567–1579.
Consroe, P. & Sandyk, R. (1992) Potential role of cannabinoids for therapy of neurological disorders. In: Murphy, L. & Bartke, A. (eds.) *Marijuana/cannabinoids: Neurobiology and neurophysiology*. Boca Raton: CRC Press, pp. 459–524.
Cook, D.I., Lingard, J.M., Wegmann, E. & Young, J.A. (2000) Ernährung, Energiehaushalt und Stoffwechsel. In: Klinke, R. & Silbernagel, S. (Hrsg.) *Lehrbuch der Physiologie*. 2. Auflage. Stuttgart: Thieme, S. 359–374.
Cooper, S.J. & Dourish, C.T. (1990) Multiple cholecystokinin (CCK) receptors and CCK-monoamine interactions are instrumental in the control of feeding. *Physiology & Behavior* 48, 849–857.
Coppen, A. (1967) The biochemistry of affective disorders. *British Journal of Psychiatry* 113, 1237–1264.
Corrigal, W.A., Franklin, K.B.J., Coen, K.M. & Clarke, P.B.S. (1992) The mesolimbic dopaminergic system is implicated in the reinforcing effects of nicotine. *Psychopharmacology* 107, 285–289.
Corrigal, W.A., Coen, K.M. & Adamson, K.L. (1994) Self-administered nicotine activates the mesolimbic dopamine system through the ventral tegmental area. *Brain Research* 653, 278–284.
Covey, L.S., Glassman, A.H. & Stetner, F. (1997) Major depression following smoking cessation. *American Journal of Psychiatry* 154, 263–265.
Crabb, D.W., Bosron, W.F. & Li, T.K. (1987) Ethanol metabolism. *Pharmacological Therapy* 34, 59–73.

Crowley, T.J. (1995) Hallucinogen-related disorders. In: Kaplan, H.I. & Sadock, B.J. (eds.) *Comprehensive textbook of psychiatry*. 6th edition. Baltimore: Williams & Wilkins, pp. 831–838.

Damsma, G., Pfaus, J.G., Wenkstern, D., Phillips, A.G. & Fibiger, H.C. (1992) Sexual behavior increases dopamine transmission in the nucleus accumbens and striatum of male rats: Comparison with novelty and locomotion. *Behavioral Neuroscience* 106, 181–191.

Davis, K.L., Kahn, R.S., Ko, G. & Davidson, M. (1991) Dopamine in schizophrenia: A review and reconceptualization. *American Journal of Psychiatry* 148, 1474–1486.

Deacon, S. & Arendt, J. (1996) Adapting to phase shifts, I. An experimental model for jet lag and shift work. *Physiology & Behavior* 59, 665–673.

Defer, B. (1993) Cannabis and schizophrenia. How causal a relationship? In: Nahas, G.G. & Latour, C. (eds.) *Cannabis: Physiopathology, epidemiology, detection*. Boca Raton: CRC Press, pp. 119–121.

Deitrich, R.A., Radcliffe, R. & Erwin, V.G. (1996) Pharmacological effects in the development of physiological tolerance and physical dependence. In: Begleiter, H. & Kissin, B. (eds.) *The pharmacology of alcohol and alcohol dependence*. New York: Oxford University Press, pp. 431–476.

De Jonge, F.H., Oldenburger, W.P., Louwerse, A.L. & van de Poll, N.E. (1992) Changes in male copulatory behavior after sexually exciting stimuli: Effects of medial amygdala lesions. *Physiology & Behavior* 52, 327–332.

Dement, W. & Wolpert, E.A. (1958) The relation of eye movements, body motility, and external stimuli to dream content. *Journal of Experimental Psychology* 55, 543–553.

Devane, W.A., Hanus, L., Breuer, A., Pertwee, R.G., Stevenson, L.A., Griffin, G., Gibson, D., Mandelbaum, A., Etinger, A. & Mechoulam, R. (1992) Isolation and structure of a brain constituent that binds to the cannabinoid receptor. *Science* 258, 1946–1949.

Diamond, I. & Gordon, A.S. (1997) Cellular and molecular neuroscience of alcoholism. *Physiological Reviews* 77, 1–20.

Di Chiara, G. (1997) Alcohol and dopamine. *Alcohol Health & Research World* 21, 108–113.

Di Chiara, G. & Imperato, A. (1987) Preferential stimulation of dopamine release in the nucleus accumbens by opiates, alcohol, and barbiturates: Studies with transcerebral dialysis in freely moving rats. *Annals of the New York Academy of Science* 473, 367–381.

Dilling, H., Mombour, W. & Schmidt, M.H. (Hrsg.) (1993; engl. Originalausg. 1992) *Internationale Klassifikation psychischer Störungen. ICD-10 Kapitel V (F)*. 2. Auflage. Bern: Huber.

Donald, P.J. (1991) Marijuana and upper aerodigestive tract malignancy in young patients. In: Nahas, G.G. & Latour, C. (eds.) *Physiopathology of illicit drugs: Cannabis, cocaine, opiates*. Oxford: Pergamon Press, pp. 39–54.

Dourish, C.T., Rycroft, W. & Iversen, S.D. (1989) Postponement of satiety by blockade of brain cholecystokinin (CCK-B) receptors. *Science* 245, 1509–1511.

Drachman, D.A. & Leavitt, J. (1974) Human memory and the cholinergic system: A relationship to aging? *Archives of Neurology* 30, 113–121.

Dworkin, R.H. & Lenzenweger, M.F. (1984) Symptoms and the genetics of schizophrenia: Implications for diagnosis. *American Journal of Psychiatry* 141, 1541–1546.

Ebert, D. & Ebmeier, K.P. (1996) The role of the cingulate gyrus in depression: From functional anatomy to neurochemistry. *Biological Psychiatry* 39, 1044–1050.

Edey, M.A. (1977; amer. Originalausg. 1977) *Vom Menschenaffen zum Menschen*. Reinbek bei Hamburg: Rowohlt.

Elkis, H., Friedman, L., Wise, A. & Meltzer, H.Y. (1995) Meta-analyses of studies of ventricular enlargement and cortical sulcal prominence in mood disorders – Comparisons with controls or patients with schizophrenia. *Archives of General Psychiatry* 52, 735–746.

El-Mallakh, R.S. (1996) *Lithium: Actions and mechanisms*. Washington, D.C.: American Psychiatric Press.

Everitt, B.J., Herbert, J. & Hamer, J.D. (1972) Sexual receptivity of bilaterally adrenalectomized female rhesus monkeys. *Physiology & Behavior* 8, 409–415.

Falek, A., Donahoe, R.M., Shafer, D.A. & Madden, J.J. (1991) Opiates: Immunodepression and genotoxic effects. In: Nahas, G.G. & Latour, C. (eds.) *Physiopathology of illicit drugs: Cannabis, cocaine, opiates.* Oxford: Pergamon Press, pp. 261–275.

Fibiger, H.C. (1993) Mesolimbic dopamine: An analysis of its role in motivated behavior. *Seminars in the Neurosciences* 5, 321–327.

Fibiger, H.C., LePiane, F.G., Jakubovic, A. & Phillips, A.G. (1987) The role of dopamine in intracranial self-stimulation of the ventral tegmental area. *Journal of Neuroscience* 7, 3888–3896.

Finkbeiner, T. & Gastpar, M. (1997) Der aktuelle Stand in der Substitutionsbehandlung Drogenabhängiger. *Nervenheilkunde* 50, 215–221.

Finster, M. & Pedersen, H. (1991) Maternal and fetal effects of cocaine abuse. In: Nahas, G.G. & Latour, C. (eds.) *Physiopathology of illicit drugs: Cannabis, cocaine, opiates.* Oxford: Pergamon Press, pp. 233–244.

Fitzsimons, J.T. & Le Magnen, J. (1969) Eating as a regulatory control of drinking in the rat. *Journal of Comparative and Physiological Psychology* 67, 273–283.

Fletcher, J.M., Page, J.B., Francis, D.J., Copeland, K., Naus, M.J., Davis, C.M., Morris, R., Krauskopf, D. & Satz, P. (1996) Cognitive correlates of long-term cannabis use in Costa Rican men. *Archives of General Psychiatry* 53, 1051–1057.

Fletcher, R. (2000) Was ist die Menschheit. In: Burenhult, G. (Hrsg.) *Die ersten Menschen: Die Ursprünge des Menschen bis 10 000 vor Christus.* Augsburg: Weltbild, S. 17–28.

Fowler, J.S., Volkow, N.D., Wang, G.J., Pappas, N., Logan, J., MacGregor, R., Alexoff, D., Shea, C., Schlyer, D., Wolf, A.P., Warner, D., Zezulkova, I. & Cilento, R. (1996) Inhibition of monoamine oxidase B in the brains of smokers. *Nature* 379, 733–736.

Friedman, R.C. & Downey, J. (1993) Neurobiology and sexual orientation: Current relationships. *Journal of Neuropsychiatry and Clinical Neurosciences* 5, 131–153.

Fuxe, K., Andersson, K., Härfstrand, A., Eneroth, P., Perez de la Mora, M. & Agnati, L.F. (1990) Effects of nicotine on synaptic transmission in the brain. In: Wonnacott, S., Russell, M.A.H. & Stolerman, I.P. (eds.) *Nicotine psychopharmacoloy: Molecular, cellular, and behavioural aspects.* New York: Oxford University Press, pp. 194–225.

Gadpaille, W.J. (1995) Homosexuality and homosexual activity. In: Kaplan, H.I. & Sadock, B.J. (eds.) *Comprehensive textbook of psychiatry.* 6th edition. Baltimore: Williams & Wilkins, pp. 1321–1333.

Gaebel, W. (1996) Schizophrenien und wahnhafte Störungen. In: Freyberger, H.J. & Stieglitz, R.D. (Hrsg.) *Kompendium der Psychiatrie und Psychotherapie.* 10. Auflage. Basel: Karger, S. 112–135.

Galef, B.G., Attenborough, K.S. & Whiskin, E.E. (1990) Responses of observer rats (*rattus norvegicus*) to complex, diet-related signals emitted by demonstrator rats. *Journal of Comparative Psychology* 104, 11–19.

Gastpar, M. (1996) Psychopharmakologische Behandlung. In: Freyberger, H.J. & Stieglitz, R.D. (Hrsg.) *Kompendium der Psychiatrie und Psychotherapie.* 10. Auflage. Basel: Karger, S. 275–298.

Gawin, F.H. (1993) Cocaine addiction: Psychology, neurophysiology, and treatment. In: Korenman, S.G. & Barchas, J.D. (eds.) *Biological basis of substance abuse.* New York: Oxford University Press, pp. 425–442.

Gazzaniga, M.S. (1967) The split brain in man. *Scientific American* 217, 24–29.

Gazzaniga, M.S. & Sperry, R.W. (1967) Language after section of the cerebral commissures. *Brain* 90, 131–148.

Geschwind, N. (1970) The organization of language and the brain. *Science* 170, 940–944.

Geschwind, N. (1979) Specializations of the human brain. *Scientific American* 241, 180–199.

Geschwind, N. & Levitsky, W. (1968) Human brain: Left-right asymmetries in temporal speech region. *Science* 161, 186–187.
Geschwinde, T. (1996) *Rauschdrogen: Marktformen und Wirkungsweisen.* 3. Auflage. Berlin: Springer.
Ghez, C. & Gordon, J. (1996a) Einführung in die Motorik. In: Kandel, E.R., Schwartz, J. & Jessell, T.M. (Hrsg.) *Neurowissenschaften: Eine Einführung.* Heidelberg: Spektrum, S. 499–511.
Ghez, C. & Gordon, J. (1996b) Muskeln und Muskelrezeptoren. In: Kandel, E.R., Schwartz, J. & Jessell, T.M. (Hrsg.) *Neurowissenschaften: Eine Einführung.* Heidelberg: Spektrum, S. 513–525.
Ghez, C. & Gordon, J. (1996c) Rückenmarksreflexe. In: Kandel, E.R., Schwartz, J. & Jessell, T.M. (Hrsg.) *Neurowissenschaften: Eine Einführung.* Heidelberg: Spektrum, S. 527–540.
Ghez, C. & Gordon, J. (1996d) Willkürmotorik. In: Kandel, E.R., Schwartz, J. & Jessell, T.M. (Hrsg.) *Neurowissenschaften: Eine Einführung.* Heidelberg: Spektrum, S. 541–562.
Gianoulakis, C. (1998) Alcohol-seeking behavior: The roles of the hypothalamic-pituitary-adrenal axis and the endogenous opioid system. *Alcohol Health & Research World* 22, 202–210.
Gianoulakis, C., Krishnan, B. & Thavundayil, J. (1996) Enhanced sensitivity of pituitary ß-endorphin to ethanol in subjects at high risk of alcoholism. *Archives of General Psychiatry* 53, 250–257.
Giles, D.E., Roffwarg, H.P. & Rush, A.J. (1987) REM latency concordance in depressed family members. *Biological Psychiatry* 22, 910–924.
Gilliam, T.C. & Knowles, J.A. (1995) Genetic linkage analysis of the psychiatric disorders. In: Kaplan, H.I. & Sadock, B.J. (eds.) *Comprehensive textbook of psychiatry.* 6th edition. Baltimore: Williams & Wilkins, pp. 155–164.
Glanzman, D.L. (1995) The cellular basis of classical conditioning in *Aplysia californica* – it's less simple than you think. *Trends in Neurosciences* 18, 30–36.
Glennon, R.A. (1990) Do classical hallucinogens act as 5-HT$_2$ agonists or antagonists? *Neuropsychopharmacology* 3, 509–517.
Gold, M.S. (1997) Cocaine (and crack): Clinical aspects. In: Lowinson, J.H., Ruiz, P., Millman, R.B. & Langrod, J.G. (eds.) *Substance abuse: A comprehensive textbook.* 3rd edition. Baltimore: Williams & Wilkins, pp. 181–199.
Gold, M.S. & Miller, N.S. (1997) Cocaine (and crack): Neurobiology. In: Lowinson, J.H., Ruiz, P., Millman, R.B. & Langrod, J.G. (eds.) *Substance abuse: A comprehensive textbook.* 3rd edition. Baltimore: Williams & Wilkins, pp. 166–181.
Goldstein, D.B. (1996) Effects of alcohol on membrane lipids. In: Begleiter, H. & Kissin, B. (eds.) *The pharmacology of alcohol and alcohol dependence.* New York: Oxford University Press, pp. 309–334.
Gonzales, R.A. & Jaworski, J.N. (1997) Alcohol and glutamate. *Alcohol Health & Research World* 21, 121–126.
Gooren, L. (1990) Biomedical theories of sexual orientation: A critical examination. In: McWhirter, D.P., Sanders, S.A. & Reinisch, J.M. (eds.) *Homosexuality/heterosexuality: Concepts of sexual orientation.* New York: Oxford University Press, pp. 71–100.
Gouzoulis-Mayfrank, E. (1999) Psychotrope und neurobiologische Wirkungen. In: Thomasius, R. (Hrsg.) *Ecstasy – Wirkungen, Risiken, Interventionen.* Stuttgart: Enke, S. 39–52.
Graber, B. (1993) Medical aspects of sexual arousal disorder. In: O'Donohue, W. & Geer, J.H. (eds.) *Handbook of sexual dysfunctions: Assessment and treatment.* Boston: Allyn and Bacon, pp. 103–156.
Graves, A.B. & Mortimer, J.A. (1995) Does smoking reduce the risks of Parkinson's and Alzheimer's diseases? *Journal of Smoking Related Disorders* 5 (suppl. 1), 79–90.

Greden, J.F. & Walters, A. (1997) Caffeine. In: Lowinson, J.H., Ruiz, P., Millman, R.B. & Langrod, J.G. (eds.) *Substance abuse: A comprehensive textbook*. 3rd edition. Baltimore: Williams & Wilkins, pp. 294–307.

Green, A.I., Mooney, J.J., Posener, J.A. & Schildkraut, J.J. (1995) Mood disorders: Biochemical aspects. In: Kaplan, H.I. & Sadock, B.J. (eds.) *Comprehensive textbook of psychiatry*. 6th edition. Baltimore: Williams & Wilkins, pp. 1089–1102.

Greger, R. (2000) Die Zelle als Grundbaustein. In: Klinke, R. & Silbernagel, S. (Hrsg.) *Lehrbuch der Physiologie*. 2. Auflage. Stuttgart: Thieme, S. 13–37.

Grenier, G. & Byers, E.S. (1995) Rapid ejaculation: A review of conceptual, etiological, and treatment issues. *Archives of Sexual Behavior* 24, 447–472.

Grinspoon, L. & Bakalar, J.B. (1997) Marihuana. In: Lowinson, J.H., Ruiz, P., Millman, R.B. & Langrod, J.G. (eds.) *Substance abuse: A comprehensive textbook*. 3rd edition. Baltimore: Williams & Wilkins, pp. 199–206.

Grob, C.S. & Poland, R.E. (1997) MDMA. In: Lowinson, J.H., Ruiz, P., Millman, R.B. & Langrod, J.G. (eds.) *Substance abuse: A comprehensive textbook*. 3rd edition. Baltimore: Williams & Wilkins, pp. 269–275.

Groves, C. (2000a) Die Ursprünge des Menschen. In: Burenhult, G. (Hrsg.) *Die ersten Menschen: Die Ursprünge des Menschen bis 10 000 vor Christus*. Augsburg: Weltbild, S. 33–52.

Groves, C. (2000b) Die Datierung der Vergangenheit. In: Burenhult, G. (Hrsg.) *Die ersten Menschen: Die Ursprünge des Menschen bis 10 000 vor Christus*. Augsburg: Weltbild, S. 74–75.

Gur, R.E. (1995) Functional brain-imaging studies in schizophrenia. In: Bloom, F.E. & Kupfer, D.J. (eds.) *Psychopharmacology: The fourth generation of progress*. New York: Raven Press, pp. 1185–1192.

Hähnchen, A. & Gastpar, M. (1999) Kokain. In: Gastpar, M., Mann, K. & Rommelspacher, H. (Hrsg.) *Lehrbuch der Suchterkrankungen*. Stuttgart: Thieme, S. 263–275.

Halikas, J.A. (1997) Craving. In: Lowinson, J.H., Ruiz, P., Millman, R.B. & Langrod, J.G. (eds.) *Substance abuse: A comprehensive textbook*. 3rd edition. Baltimore: Williams & Wilkins, pp. 85–90.

Halmi, K.A. (1995) Basic biological overview of eating disorders. In: Bloom, F.E. & Kupfer, D.J. (eds.) *Psychopharmacology: The fourth generation of progress*. New York: Raven Press, pp. 1609–1616.

Hamer, D.H., Hu, S., Magnuson, V.L., Hu, N. & Pattatucci, A.M.L. (1993) A linkage between DNA markers on the X chromosome and male sexual orientation. *Science* 261, 321–327.

Hannigan, J.H., Welch, R.A. & Sokol, R.J. (1992) Recognition of fetal alcohol syndrome and alcohol-related birth defects. In: Mendelson, J.H. & Mello, N.K. (eds.) *Medical diagnosis and treatment of alcoholism*. New York: McGraw-Hill, pp. 639–667.

Haroutunian, V., Knott, P. & Davis, K.L. (1988) Effects of mesocortical dopaminergic lesions upon subcortical dopaminergic function. *Psychopharmacology Bulletin* 24, 341–344.

Harrison, Y. & Horne, J.A. (1998) Sleep loss impairs short and novel language tasks having a prefrontal focus. *Journal of Sleep Research* 7, 95–100.

Heinz, T.W. (1998) Liquid Ecstasy – die neue Partydroge. *Deutsches Ärzteblatt* 95, C-2199.

Heishman, S.J. (1998) What aspects of human performance are truly enhanced by nicotine? *Addiction* 93, 317–320.

Henn, V. (2000) Sensomotorik: supraspinale Mechanismen. In: Klinke, R. & Silbernagel, S. (Hrsg.) *Lehrbuch der Physiologie*. 2. Auflage. Stuttgart: Thieme, S. 651–673.

Henningfield, J.E., Schuh, L.M. & Jarvik, M.E. (1995) Pathophysiology of tobacco dependence. In: Bloom, F.E. & Kupfer, D.J. (eds.) *Psychopharmacology: The fourth generation of progress*. New York: Raven Press, pp. 1715–1729.

Henningfield, J.E., Gopalan, L. & Shiffman, S. (1998) Tobacco dependence: Fundamental concepts and recent advances. *Current Opinion in Psychiatry* 11, 259–263.

Hernandez, L. & Hoebel, B.G. (1992) Food reward and cocaine increase extracellular dopamine in the nucleus accumbens as measured by microdialysis. *Life Sciences* 42, 1705–1712.

Hines, M., Allen, L.S. & Gorski, R.A. (1992) Sex differences in subregions of the medial nucleus of the amygdala and the bed nucleus of the stria terminalis of the rat. *Brain Research* 579, 321–326.

Hohagen, F. (1992) Neurobiologische Grundlagen der Zwangsstörung. In: Hand, I., Goodman, W.K. & Evers, U. (Hrsg.) *Zwangsstörungen. Neue Forschungsergebnisse.* Heidelberg: Springer, S. 37–71.

Hollister, E.L. (1986) Health aspects of cannabis. *Pharmacological Reviews* 38, 1–20.

Horne, J.A. (1978) A review of the biological effects of total sleep deprivation in man. *Biological Psychology* 7, 55–102.

ICD-10 Internationale Klassifikation psychischer Störungen. Kapitel V (F). 2. Auflage. (hrsg. von Dilling et al. 1993) Bern: Huber (s. auch Dilling et al. 1993).

Howell, F.C. (1975; amer. Originalausg. 1975) *Der Mensch der Vorzeit*. Reinbek bei Hamburg: Rowohlt.

Insel, T.R. (1992) Toward a neuroanatomy of obsessive-compulsive disorder. *Archives of General Psychiatry* 49, 739–744.

Jage, J. (1993) Blockaden und TENS in der Schmerztherapie. In: Egle, U.T. & Hoffmann, S.O. (Hrsg.) *Der Schmerzkranke: Grundlagen, Pathogenese, Klinik und Therapie chronischer Schmerzsyndrome aus bio-psycho-sozialer Sicht.* Stuttgart: Schattauer, S. 61–68.

James, W.T. (1953) Social facilitation of eating behavior in puppies after satiation. *Journal of Comparative and Physiological Psychology* 46, 427–428.

Janowski, D.S. & Overstreet, D.H. (1995) The role of acetylcholine mechanisms in mood disorders. In: Bloom, F.E. & Kupfer, D.J. (eds.) *Psychopharmacology: The fourth generation of progress.* New York: Raven Press, pp. 945–955.

Jenike, M.A., Baer, L., Ballantine, T., Martuza, R.L., Tynes, S., Giriunas, I., Buttolph, L. & Cassem, N.H. (1991) Cingulotomy for refractory obsessive-compulsive disorder: A long-term follow-up of 33 patients. *Archives of General Psychiatry* 48, 548–555.

Jessell, T.M. (1996a) Das Nervensystem. In: Kandel, E.R., Schwartz, J. & Jessell, T.M. (Hrsg.) *Neurowissenschaften: Eine Einführung.* Heidelberg: Spektrum, S. 73–91.

Jessell, T.M. (1996b) Die Entwicklung des Nervensystems. In: Kandel, E.R., Schwartz, J. & Jessell, T.M. (Hrsg.) *Neurowissenschaften: Eine Einführung.* Heidelberg: Spektrum, S. 93–115.

Jimerson, D.C., Lesem, M.D., Hegg, A.L. & Brewerton, T.D. (1990) Serotonin in human eating disorders. *Annals of the New York Academy of Science* 600, 532–544.

Johanson, C.E. & Schuster, C.R. (1995) Cocaine. In: Bloom, F.E. & Kupfer, D.J. (eds.) *Psychopharmacology: The fourth generation of progress.* New York: Raven Press, pp. 1685–1697.

Johanson, D. & Edey, M. (1992; amer. Originalausg. 1981). *Lucy: Die Anfänge der Menschheit*. München: Piper.

Johanson, D. & Shreeve, J. (1992; amer. Originalausg. 1989) *Lucys Kind: Auf der Suche nach den ersten Menschen*. München: Piper.

Julien, R.M. (1997; amer. Originalausg. 1995) *Drogen und Psychopharmaka*. Heidelberg: Spektrum.

Kahler, A., Geary, N., Eckel, L.A., Campfield, L.A., Smith, F.J. & Langhans, W. (1998) Chronic administration of OB protein decreases food intake by selectively reducing meal size in male rats. *American Journal of Physiology* 275, R180-R185.

Kahn, R.S. & Davis, K.L. (1995) New developments in dopamine and schizophrenia. In: Bloom, F.E. & Kupfer, D.J. (eds.) *Psychopharmacology: The fourth generation of progress.* New York: Raven Press, pp. 1193–1203.

Kalivas, P.W., Sorg, B.A. & Hooks, M.S. (1993) The pharmacology and neural circuitry of sensitization to psychostimulants. *Journal of Neurosciences* 13, 315–334.

Kandel, E.R. (1991a) Disorders of thought: Schizophrenia. In: Kandel, E.R., Schwartz, J.H. & Jessell, T.M. (eds.) *Principles of neural science*. New Jersey: Prentice Hall, pp. 854–868.

Kandel, E.R. (1991b) Disorders of mood: Depression, mania, and anxiety disorders. In: Kandel, E.R., Schwartz, J.H. & Jessell, T.M. (eds.) *Principles of neural science*. New Jersey: Prentice Hall, pp. 869–883.

Kandel, E.R. (1996a) Gehirn und Verhalten. In: Kandel, E.R., Schwartz, J. & Jessell, T.M. (Hrsg.) *Neurowissenschaften: Eine Einführung*. Heidelberg: Spektrum, S. 1–19.

Kandel, E.R. (1996b) Transmitterfreisetzung. In: Kandel, E.R., Schwartz, J. & Jessell, T.M. (Hrsg.) *Neurowissenschaften: Eine Einführung*. Heidelberg: Spektrum, S. 275–298.

Kandel, E.R. (1996c) Sprache. In: Kandel, E.R., Schwartz, J. & Jessell, T.M. (Hrsg.) *Neurowissenschaften: Eine Einführung*. Heidelberg: Spektrum, S. 647–665.

Kandel, E.R. (1996d) Zelluläre Grundlagen von Lernen und Gedächtnis. In: Kandel, E.R., Schwartz, J. & Jessell, T.M. (Hrsg.) *Neurowissenschaften: Eine Einführung*. Heidelberg: Spektrum, S. 685–714.

Kandel, E.R. & Kupfermann, I.(1996) Von den Nervenzellen zur Kognition. In: Kandel, E.R., Schwartz, J. & Jessell, T.M. (Hrsg.) *Neurowissenschaften: Eine Einführung*. Heidelberg: Spektrum, S. 327–352.

Kandel, E.R. & Schwartz, J.H. (1991) Directly gated transmission at central synapses. In: Kandel, E.R., Schwartz, J.H. & Jessell, T.M. (eds.) *Principles of neural science*. New Jersey: Prentice Hall, pp. 153–172.

Kasper, S. & Möller, H.J. (Hrsg.) (1996) *Therapeutischer Schlafentzug: Klinik und Wirkmechanismen*. Wien: Springer.

Kellar, K.J. & Wonnacott, S. (1990) Nicotinic cholinergic receptors in Alzheimer's disease. In: Wonnacott, S., Russell, M.A.H. & Stolerman, I.P. (eds.) *Nicotine psychopharmacoloy: Molecular, cellular, and behavioural aspects*. New York: Oxford University Press, pp. 341–373.

Kelly, D. (1991) Sleep and dreaming. In: Kandel, E.R., Schwartz, J.H. & Jessell, T.M. (eds.) *Principles of neural science*. New Jersey: Prentice Hall, pp. 792–804.

Kelly, D. & Jessell, T. (1996) Geschlecht und Gehirn. In: Kandel, E.R., Schwartz, J. & Jessell, T.M. (Hrsg.) *Neurowissenschaften: Eine Einführung*. Heidelberg: Spektrum, S. 591–606.

Kendler, K.S. & Diehl, S.R. (1993) The genetics of schizophrenia. *Schizophrenia Bulletin* 16, 635–652.

Kendler, K.S. & Diehl, S.R. (1995) Schizophrenia: Genetics. In: Kaplan, H.I. & Sadock, B.J. (eds.) *Comprehensive textbook of psychiatry*. 6th edition. Baltimore: Williams & Wilkins, pp. 943–957.

Ketter, T.A., Post, R.M., Denicoff, K., Pazzaglia, P.J., Marangell, L.B., George, M.S. & Callahan, A.M. (1998) Carbamazepine. In: Goodnick, P.J. (ed.) *Mania. Clinical and research perspectives*. Washington, D.C.: American Psychiatric Press, pp. 263–300.

Kimura, D. (1973) The asymmetry of the human brain. *Scientific American* 228, 70–78.

King, G.R. & Ellinwood, E.H. (1997) Amphetamines and other stimulants. In: Lowinson, J.H., Ruiz, P., Millman, R.B. & Langrod, J.G. (eds.) *Substance abuse: A comprehensive textbook*. 3rd edition. Baltimore: Williams & Wilkins, pp. 207–223.

Kleiber, D. & Kovar, K.A. (1998) *Auswirkungen des Cannabiskonsums: Eine Expertise zu pharmakologischen und psychosozialen Konsequenzen*. Stuttgart: Wissenschaftliche Verlagsgesellschaft.

Köhler, T. (1995a) *Psychosomatische Krankheiten. Eine Einführung in die Allgemeine und Spezielle Psychosomatische Medizin*. 3. Auflage. Stuttgart: Kohlhammer.

Köhler, T. (1995b) *Freuds Psychoanalyse: Eine Einführung*. Stuttgart: Kohlhammer.

Köhler, T. (1998) *Psychische Störungen: Symptomatologie, Erklärungsansätze, Therapie.* Stuttgart: Kohlhammer.
Köhler, T. (1999a) *Biologische Grundlagen psychischer Störungen.* Stuttgart: Thieme.
Köhler, T. (1999b) *Affektive Störungen: Klinisches Bild, Erklärungsansätze, Therapien.* Stuttgart: Kohlhammer.
Köhler, T. (2000) *Rauschdrogen und andere psychotrope Substanzen: Formen, Wirkungen, Wirkmechanismen.* Stuttgart: Kohlhammer.
Kolb, B. & Whishaw, I.Q. (1995) *Fundamentals of human neuropsychology.* 4th ed. New York: Freeman.
Kolb, B. & Whishaw, I.Q. (1996) *Neuropsychologie.* Heidelberg: Spektrum.
Koob, G.F. (1992) Drugs of abuse: Anatomy, pharmacology and function of reward pathways. *Trends in Pharmacological Sciences* 13, 177–184.
Koob, G.F. & Nestler, E.J. (1997) The neurobiology of drug addiction. In: Salloway, S., Malloy, P. & Cummings, J.L. (eds.) *The neuropsychiatry of limbic and subcortical disorders.* Washington: American Psychiatric Press, pp. 179–194.
Kopera-Frye, K. & Streissguth, A.P. (1995) Fötales Alkoholsyndrom – Klinische Implikationen, Auswirkungen auf die Entwicklung und Prävention. In: Seitz, H.K., Lieber, C.S. & Simanowski, U.A. (Hrsg.) *Handbuch Alkohol, Alkoholismus, Alkoholbedingte Organschäden.* Leipzig: Barth, S. 517–540.
Kovar, K.A., Gouzoulis-Mayfranck, E. & Hermle, L. (1996) Amphetamines. In: Rommelspacher, H. & Schuckit, M.A. (eds.) *Drugs of abuse.* London: Bailliere Tindall, pp. 479–485.
Krasne, F.B. & Glanzman, D.L. (1995) What we can learn from invertebrate learning. *Annual Review of Psychology* 46, 585–624.
Kreek, M.J. & Koob, G.F. (1998) Drug dependence: Stress and dysregulation of brain reward pathways. *Drug and Alcohol Dependence* 51, 23–47.
Krings, M., Stone, A., Schmitz, R.W., Krainitzki, H., Stoneking, M. & Pääbo, S. (1997) Neanderthal DNA sequences and the origin of modern humans. *Cell* 90, 19 – 30.
Kupfer, D.J. & Reynolds, C.F. (1992) Sleep and affective disorders. In: Paykel, E.S. (ed.) *Handbook of affective disorders.* 2nd edition. Edinburgh: Churchill Livingstone, pp. 311–323.
Kupfermann, I. (1996) Cortex und Kognition. In: Kandel, E.R., Schwartz, J. & Jessell, T.M. (Hrsg.) *Neurowissenschaften: Eine Einführung.* Heidelberg: Spektrum, S. 353–369.
Kupfermann, I. & Kandel, E.R. (1996) Lernen und Gedächtnis. In: Kandel, E.R., Schwartz, J. & Jessell, T.M. (Hrsg.) *Neurowissenschaften: Eine Einführung.* Heidelberg: Spektrum, S. 667–684.
Kuschinsky, W. (2000) Blut-Hirn-Schranke, Liquor cerebrospinalis und Hirnstoffwechsel. In: Klinke, R. & Silbernagel, S. (Hrsg.) *Lehrbuch der Physiologie.* 2. Auflage. Stuttgart: Thieme, S. 721–731.
Lamb, R.J. & Griffith, R.R. (1987) Self-injection of d,1-3,4- methylenedioxymethamphetamine (MDMA) in the baboon. *Psychopharmacology* 91, 268–272.
Leakey, R. & Lewin, R. (1978; engl. Originalausg. 1985) *Wie der Mensch zum Menschen wurde.* München: Heyne.
Leibowitz, S.F. (1992) Neurochemical-neuroendocrine systems in the brain controlling macronutrient intake and metabolism. *Trends in Neurosciences* 15, 491–497.
Leichtweiß, H.P. (2000) Sexualfunktionen, Schwangerschaft und Geburt. In: Klinke, R. & Silbernagel, S. (Hrsg.) *Lehrbuch der Physiologie.* 2. Auflage. Stuttgart: Thieme, S. 485–508.
LeMarquand, D., Pihl, R.O. & Benkelfat, C. (1994) Serotonin and alcohol intake, abuse, and dependence: Findings of animal studies. *Biological Psychiatry* 36, 395–421.
Lenz, W., Pfeiffer, R.A. & Tünte, W. (1966) Chromosomenanomalien durch Überzahl (Trisomien) und Alter der Mutter. *Deutsche Medizinische Wochenschrift* 91, 1262–1267.

Lesch, K.P. (1991) Psychobiologie der Zwangskrankheit. *Fortschritte der Neurologie und Psychiatrie* 59, 404–412.
LeVay, S. (1991) A difference of hypothalamic structure between heterosexual and homosexual men. *Science* 253, 1034–1037.
LeVay, S. (1994; amer. Originalausg. 1993) *Keimzellen der Lust. Die Natur der menschlichen Sexualität.* Heidelberg: Spektrum.
LeVay, S. & Hamer, D.H. (1994) Evidence for a biological influence in male homosexuality. *Scientific American* 270, 20–25.
LeVay, S. & Hamer, D.H. (1998) Homosexualität: biologische Faktoren. In: Güntürkün, O. (Hrsg.) *Biopsychologie.* Heidelberg: Spektrum, S. 80–87.
Levine, J.A., Eberhardt, N.L. & Jensen, M.D. (1999) Role of nonexercise activity thermogenesis in resistance to fat gain in humans. *Science* 283, 212–214.
Levy, J. (1969) Possible basis for the evolution of lateral specialization of the human brain. *Nature* 224, 614–615.
Levy, J., Trevarthen, C. & Sperry, R.W. (1972) Perception of bilateral chimeric figures following hemispheric disconnection. *Brain* 95, 61–78.
Lichtman, A.H., Cook, S.A. & Martin, B.R. (1996) Investigation of brain sites mediating cannabinoid-induced antinociception in rats: Evidence supporting periaqueductal gray involvement. *The Journal of Pharmacology and Experimental Therapeutics* 276, 585–593.
Lieberman, J.A., Saltz, B.L., Johns, C.A., Pollack, S., Borenstein, M. & Kane, J. (1991) The effects of clozapine on tardive dyskinesia. *British Journal of Psychiatry* 158, 503–510.
Lin, L., Faraco, J., Li, R., Kadotani, H., Rogers, W., Lin, X., Qiu, X., de Jong, P.J., Nishino, S. & Mignot, E. (1999) The sleep disorder canine narcolepsy is caused by mutation in the *hypocretin (orexin) receptor 2 gene. Cell* 98, 365–376.
Linszen, D.H., Dingemans, P.M. & Lenior, M.E. (1994) Cannabis abuse and the course of recent-onset schizophrenic disorders. *Archives of General Psychiatry* 51, 273–279.
Lippert, T.H., Seeger, H. & Mueck, A.O. (1998) Traum und Realität in der Melatoninforschung. *Deutsches Ärzteblatt* 95, C-1318-C-1320.
Lishman, W.A. (1998) *Organic psychiatry: The psychological consequences of cerebral disorder.* 3th edition. Oxford: Blackwell Science.
Littleton, J. (1998) Neurochemical mechanisms underlying alcohol withdrawal. *Alcohol Health & Research World* 22, 13–23.
LoPiccolo, J. (1995) Sexuelle Funktionsstörungen. In: Comer, R.J. *Klinische Psychologie.* Heidelberg: Spektrum, S. 501–523.
Lorda-Sanchez, I., Binkert, F., Maechler, M., Robinson, W.P. & Schinzel, A.A. (1992) Reduced recombination and paternal age effect in Klinefelter syndrome. *Human Genetics* 89, 524–530.
Löser, H. (1995) *Alkoholembryopathie und Alkoholeffekte.* Stuttgart: G. Fischer.
Maes, M. & Meltzer, H.Y. (1995) The serotonin hypothesis of major depression. In: Bloom, F.E. & Kupfer, D.J. (eds.) *Psychopharmacology: The fourth generation of progress.* New York: Raven Press, pp. 933–944.
Maier, W. (1996) Genetik von Alkoholabusus und Alkoholabhängigkeit. In: Mann, K. & Buchkremer, G. (Hrsg.) *Sucht: Grundlagen, Diagnostik, Therapie.* Stuttgart: Fischer, S. 85–97.
Maj, M., Pirozzi, R., Magliano, L. & Bartoli, L. (1998) Long-term outcome of lithium prophylaxis of 402 patients at a lithium clinic. *American Journal of Psychiatry* 155, 30–35.
Malcangio, M. & Bowery, N. (1996) GABA and its receptors in the spinal cord. *Trends in Pharmacological Sciences* 17, 457–462.
Markowitsch, H. (1998) Neuropsychologie des menschlichen Gedächtnisses. In: Güntürkün, O. (Hrsg.) *Biopsychologie.* Heidelberg: Spektrum, S. 104–113.
Markowitsch, H. (1999) *Gedächtnisstörungen.* Stuttgart: Kohlhammer.

Martin, B.R. (1995) Marijuana. In: Bloom, F.E. & Kupfer, D.J. (eds.) *Psychopharmacology: The fourth generation of progress.* New York: Raven Press, pp. 1757–1765.

Martin, J.B. (1989) Molecular genetic studies in the neuropsychiatric disorders. *Trends in Neurosciences* 12, 130–136.

Martin, J.H., Brust, J.C.M. & Hilal, S. (1991) Imaging the living brain. In: Kandel, E.R., Schwartz, J.H. & Jessell, T.M. (eds.) *Principles of neural science.* New Jersey: Prentice Hall, pp. 309–324.

Mas, M. (1995) Neurobiological correlates of masculine sexual behavior. *Neuroscience and Biobehavioral Reviews* 19, 261–277.

Matsuda, L.A., Lolait, S.J., Brownstein, M.J. & Bonner, T.I. (1993) The THC receptor and its implications. In: Korenman, S.G. & Barchas, J.D. (eds.) *Biological basis of substance abuse.* New York: Oxford University Press, pp. 95–106.

Matthews, R.T. & German, D.C. (1984) Electrophysiological evidence for excitation of rat ventral tegmental area dopamine neurons by morphine. *Neuroscience* 11, 617–625.

McCall, W.V. & Edinger, J.D. (1992) Subjective total insomnia: An example of sleep state misperception. *Sleep* 15, 71–73.

Meier-Ewert, K. (1989) *Tagesschläfrigkeit: Ursachen, Differentialdiagnose, Therapie.* Weinheim: VCH Verlagsgesellschaft.

Mendlewicz, J., Simon, P., Sevy, S., Charon, F., Brocas, H., Legros, S. & Vassart, G. (1987) Polymorphic DNA marker on X-chromosome and manic depression. *Lancet* i, 1230–1232.

Merikangas, K.R. & Kupfer, D.J. (1995) Mood disorders: Genetic aspects. In: Kaplan, H.I. & Sadock, B.J. (eds.) *Comprehensive textbook of psychiatry.* 6th edition. Baltimore: Williams & Wilkins, pp. 1102–1116.

Meyer-Bahlburg, H.F.L. (1979) Sex hormones and female homosexuality: A critical examination. *Archives of Sexual Behavior* 8, 101–119.

Meyer-Bahlburg, H.F.L. (1984) Psychoendocrine research on sexual orientation. Current status and future options. *Progress in Brain Research* 61, 375–398.

Mihic, S.J. & Harris, R.A. (1997) GABA and the $GABA_A$ receptor. *Alcohol Health & Research World* 21, 127–131.

Mirmiran, M. (1995) The function of fetal/neonatal rapid eye movement sleep. *Behavioural Brain Research* 69, 13–22.

Mistlberger, R.E. (1993) Circadian properties of anticipatory activity to restricted water access in suprachiasmatic-ablated hamsters. *American Journal of Physiology* 263, R22–R29.

Möller, H.J. (1997) *Psychiatrie. Ein Leitfaden für Klinik und Praxis.* 3. Auflage. Stuttgart: Kohlhammer.

Money, J. (1987) Sin, sickness, or status? Homosexual gender identity and psychoneuroendocrinology. *American Psychologist* 42, 384–399.

Money, J. & Ehrhardt, A.A. (1996) *Man & woman, boy & girl.* Northvale, N.J.: Jason Aronson.

Monti-Bloch, L., Jennings-White, C. & Berliner, D.L. (1998) The human vomeronasal system: A review. *Annals of the New York Academy of Sciences* 855, 373–389.

Moore, R. (1976; amer. Originalausg. 1976) *Die Evolution.* Reinbek bei Hamburg: Rowohlt.

Morens, D.M., Grandinetti, A., Reed, D., White, L.R. & Ross, G.W. (1995) Cigarette smoking and protection from Parkinson's disease. *Neurology* 45, 1041–1051.

Müller, K.M. & Wiethege, T. (1995) Rauchen und Krebs. In: Opitz, K. & Wirth, W. (Hrsg.) *Tabakrauchen und Raucherentwöhnung in Deutschland 1994.* Stuttgart: Gustav Fischer, S. 42–55.

Murken, J. & Cleve, H. (Hrsg.) (1996) *Humangenetik.* 6. Auflage. Stuttgart: Enke.

Murphy, D.G.M., Mentis, M.J., Pietrini, P., Grady, C., Daly, E., Haxby, J.V., De La Granja, M., Allen, G., Largay, K., White, B.J., Powell, C.M., Horwitz, B., Rapoport, S.I. & Schapiro, M.B. (1997) A PET study of Turner's syndrome: Effects of sex steroids and the X chromosome on brain. *Biological Psychiatry* 41, 285–298.

Nahas, G. (1993) General toxicity of cannabis. In: Nahas, G.G. & Latour, C. (eds.) *Cannabis: Physiopathology, epidemiology, detection*. Boca Raton: CRC Press, pp. 5–17.

Neumeister, A., Praschak-Rieder, N., Heßelman, B., Vitouch, O., Rauh, M., Barocka, A., Tauscher, J. & Kasper, S. (1998) Effects of tryptophan depletion in drug-free depressed patients who responded to total sleep deprivation. *Archives of General Psychiatry* 55, 167–172.

Newcomb, P.A. & Carbone, P.P. (1992) The health consequences of smoking. *Medical Clinics of North America* 76, 305–331.

Nicolaidis, S. & Rowland, N. (1975) Regulatory drinking in rats with permanent access to a bitter fluid source. *Physiology and Behavior* 14, 819–824.

Obrocki, J. (1999) Funktionelle und strukturelle Hirnschädigungen. In: Thomasius, R. (Hrsg.) *Ecstasy – Wirkungen, Risiken, Interventionen*. Stuttgart: Enke, S. 53–60.

Ojemann, G.A. (1983) Brain organization for language from the perspective of electrical stimulation mapping. *Behavioral and Brain Sciences* 2, 189–206.

Ownby, R.L. & Goodnick, P.J. (1998) Lithium. In: Goodnick, P.J. (ed.) *Mania. Clinical and research perspectives*. Washington, D.C.: American Psychiatric Press, pp. 241–262.

Parekh, P.I., Ketter, T.A., Altshuler, L., Frye, M.A., Callahan, A., Marangell, L. & Post, R.M. (1998) Relationships between thyroid hormone and antidepressant responses to total sleep deprivation in mood disorder patients. *Biological Psychiatry* 43, 392–394.

Parnefjord, R. (2000) *Das Drogentaschenbuch*. 2. Auflage. Stuttgart: Thieme.

Pearlson, G.D. & Schlaepfer, T.E. (1995) Brain imaging in mood disorders. In: Bloom, F.E. & Kupfer, D.J. (eds.) *Psychopharmacology: The fourth generation of progress*. New York: Raven Press, pp. 1019–1028.

Pechnick, R.N. & Ungerleider, J.T. (1997) Hallucinogens. In: Lowinson, J.H., Ruiz, P., Millman, R.B. & Langrod, J.G. (eds.) *Substance abuse: A comprehensive textbook*. 3rd edition. Baltimore: Williams & Wilkins, pp. 230–238.

Peck, B.K. & Vanderwolf, C.H. (1991) Effects of raphe stimulation on hippocampal and neocortical activity and behaviour. *Brain Research* 568, 244–252.

Peiper, U. (2000) Muskulatur. In: Klinke, R. & Silbernagel, S. (Hrsg.) *Lehrbuch der Physiologie*. 2. Auflage. Stuttgart: Thieme, S. 79–104.

Peralta, V. & Cuesta, M.J. (1992) Influence of cannabis abuse on schizophrenic psychopathology. *Acta Psychiatrica Scandinavica* 85, 127–130.

Perry, P.J., Alexander, B. & Liskow, B.L. (1997) *Psychotropic drug handbook*. 7th edition. Washington, D.C.: American Psychiatric Press.

Petersen, S.E., Fox, P.T., Posner, M.I., Mintun, M. & Raichle, M.E. (1989) Positron emission tomographic studies of the processing of single words. *Journal of Cognitive Neuroscience* 1, 153–170.

Pfaff, D.W. & Sakuma, Y. (1979) Deficit in the lordosis reflex of female rats caused by lesions of the ventromedial nucleus of the hypothalamus. *Journal of Physiology* 288, 203–210.

Pfaus, G.J., Damsma, G., Nomikos, G.G., Wenkstern, D.G., Blaha, C.D., Phillips, A.G. & Fibiger, H.C. (1990) Sexual behavior enhances central dopamine transmission in the male rat. *Brain Research* 530, 345–348.

Phillips, A.G., Coury, A., Fiorino, D., LePiane, F.G., Brown, E. & Fibiger, H.C. (1992) Self-stimulation of the ventral tegmental area enhances dopamine release in the nucleus accumbens: A microdialysis study. *Annals of the New York Academy of Sciences* 654, 199–206.

Pich, E.M., Pagliusi, S.R., Tessari, M., Talabot-Ayer, D., van Huijsduijnen, R.H. & Chiamulera, C. (1997) Common neural substrates for the addictive properties of nicotine and cocaine. *Science* 275, 83–86.

Pinel, J.P. (1969) A short gradient of ECS-produced amnesia in a one-trial appetitive learning situation. *Journal of Comparative and Physiological Psychology* 68, 650–655.

Pinel, J.P. (1997; amer. Originalausg. 1997) *Biopsychologie*. Heidelberg: Spektrum.

Prange, A.J., Wilson, I.C., Lynn, C.W., Alltop, L.B. & Stikeleather, R.A. (1974) L-Tryptophan in mania: Contribution to a permissive hypothesis of affective disorders. *Archives of General Psychiatry* 30, 56–62.

Price, L.H. (1990) Serotonin reuptake inhibitors in depression and anxiety: An overview. *Annals of Clinical Psychiatry* 2, 165–172.

Raichle. M.E. (1998) Bildliches Erfassen von kognitiven Prozessen. In: Güntürkün, O. (Hrsg.) *Biopsychologie*. Heidelberg: Spektrum, S. 128–135.

Rechtschaffen, A., Gilliland, M.A., Bergmann, B.M. & Winter, J.B. (1983) Physiological correlates of prolonged sleep deprivation in rats. *Science* 221, 182–184.

Redd, M. & de Castro, J.M. (1992) Social facilitation of eating: Effects of social instruction on food intake. *Physiology & Behavior* 52, 749–754.

Reichholf, J.H. (1993) *Das Rätsel der Menschwerdung*. München: Deutscher Taschenbuch Verlag.

Reiman, E.M., Raichle, M.E., Robins, E., Butler, F.K., Herscovitch, P., Fox, P. & Perlmutter, J. (1986) The application of positron emission tomography to the study of panic disorder. *American Journal of Psychiatry* 143, 469–477.

Reynolds, C.F. & Kupfer, D.J. (1987) State-of-the-art review: Sleep research in affective illness: State of the art circa 1987. *Sleep* 10, 199–215.

Ribeiro, S.C.M., Tandon, R., Grunhaus, L. & Greden, J.F. (1993) The DST as a predictor of outcome in depression: A meta-analysis. *American Journal of Psychiatry* 150, 1618–1629.

Richard, D. & Bourque, C.W. (1995) Synaptic control of rat supraoptic neurons during osmotic stimulation of the organum vasculosum lamina terminalis *in vitro*. *Journal of Physiology* (London) 489, 567–577.

Roberts, A.J. & Koob, G.F. (1997) The neurobiology of addiction: An overview. *Alcohol Health & Research World* 21, 101–106.

Robinson, T.E. (1993) Persistent sensitizing effects of drugs on brain dopamine systems and behavior: Implications for addiction and relapse. In: Korenman, S.G. & Barchas, J.D. (eds.) *Biological basis of substance abuse*. New York: Oxford University Press, pp. 373–402.

Robinson, T.E. & Berridge, K.C. (1993) The neural basis of drug craving: An incentive-sensitization theory of addiction. *Brain Research Reviews* 18, 247–291.

Rodriguez de Fonseca, F. & Navarro, M. (1998) Role of the limbic system in dependence on drugs. *Annals of Medicine* 30, 397–405.

Rolls, B.J., Wood, R.J. & Stevens, R.M. (1978) Palatability and body fluid homeostasis. *Physiology & Behavior* 20, 15–19.

Rommelspacher, H. (1996) Welche neurobiologischen Mechanismen erklären Aspekte süchtigen Verhaltens? In: Mann, K. & Buchkremer, G. (Hrsg.) *Sucht: Grundlagen, Diagnostik, Therapie*. Stuttgart: Fischer, S. 41–52.

Rommelspacher, H. (1999) Neurobiologische Ansätze. In: Gastpar, M., Mann, K. & Rommelspacher, H. (Hrsg.) *Lehrbuch der Suchterkrankungen*. Stuttgart: Thieme, S. 28–38.

Rose, R.J. (1995) Genes and human behavior. *Annual Review of Psychology* 46, 625–654.

Rosenzweig, M.R., Leiman, A.L. & Breedlove, S.M. (1996) *Biological psychology*. Sunderland: Sinauer.

Rowland, L.P. (1996) Ein Krankheitsbild: Myasthenia gravis. In: Kandel, E.R., Schwartz, J. & Jessell, T.M. (Hrsg.) *Neurowissenschaften: Eine Einführung*. Heidelberg: Spektrum, S. 313–322.

Rowland, N. & Nicolaidis, S. (1976) Metering of fluid intake and determinants of ad libitum drinking in rats. *American Journal of Physiology* 231, 1–8.

Sachdev, P. & Hay, P. (1996) Site and size of lesion and psychosurgical outcome in obsessive-compulsive disorder: A magnetic resonance imaging study. *Biological Psychiatry* 39, 739–742.

Sadock, V.A. (1995) Normal human sexuality and sexual dysfunctions. In: Kaplan, H.I. & Sadock, B.J. (eds.) *Comprehensive textbook of psychiatry.* 6th edition. Baltimore: Williams & Wilkins, pp. 1295–1321.

Sahakian, B., Jones, G., Levy, R., Gray, J. & Warburton, D. (1989) The effects of nicotine on attention, information processing, and short-term memory in patients with dementia of the Alzheimer type. *British Journal of Psychiatry* 154, 797–800.

Salamone, J.D. (1992) Complex motor and sensorimotor functions of striatal and accumbens dopamine: Involvement in instrumental behavior processes. *Psychopharmacology* 107, 160–174.

Schandry, R. (1989) *Lehrbuch Psychophysiologie. Körperliche Indikatoren psychischen Geschehens.* 2. Auflage. München: Urban & Schwarzenberg.

Schatzberg, A.F. & Schildkraut, J.J. (1995) Recent studies on norepinephrine systems in mood disorders In: Bloom, F.E. & Kupfer, D.J. (eds.) *Psychopharmacology: The fourth generation of progress.* New York: Raven Press, pp. 911–920.

Schildkraut, J.J. (1965) The catecholamine hypothesis of affective disorders: A review of supporting evidence. *American Journal of Psychiatry* 122, 509–522.

Schmidt, G. & Schorsch, E. (1981) Psychosurgery of sexual deviant patients: Review and analysis of new empirical findings. *Archives of Sexual Behavior* 10, 301–323.

Schmidt, L. (1997) *Alkoholkrankheit und Alkoholmißbrauch.* 4. Auflage. Stuttgart: Kohlhammer.

Schmitz, J.M., Schneider, N.G. & Jarvik, M.E. (1997) Nicotine. In: Lowinson, J.H., Ruiz, P., Millman, R.B. & Langrod, J.G. (eds.) *Substance abuse: A comprehensive textbook.* 3rd edition. Baltimore: Williams & Wilkins, pp. 276–294.

Schmitz, R.W. & Thissen, J. (2000) *Neandertal: Die Geschichte geht weiter.* Heidelberg: Spektrum.

Schmoldt, A. (1999) Pharmakologische und toxikologische Aspekte. In: Thomasius, R. (Hrsg.) *Ecstasy – Wirkungen, Risiken, Interventionen.* Stuttgart: Enke, S. 23–38.

Schou, M. (1997) Forty years of lithium treatment. *Archives of General Psychiatry* 54, 9–13.

Schrenck, T. von (1999) Internistische Notfälle und Langzeiteffekte nach Ecstasy-Gebrauch. In: Thomasius, R. (Hrsg.) *Ecstasy – Wirkungen, Risiken, Interventionen.* Stuttgart: Enke, S. 141–157.

Schrenk, F. (2001) *Die Frühzeit des Menschen: Der Weg zum Homo sapiens.* München: C.H. Beck.

Schuckit, M.A. (1994) Alcohol sensitivity and dependence. In: Jansson, B., Jörnvall, H., Rydberg, U., Terenius, L. & Vallee, B.L. (eds.) *Toward a molecular basis of alcohol use and abuse.* Basel: Birkhäuser, pp. 340–348.

Schuckit, M.A. & Gold, E.O. (1988) A simultaneous evaluation of multiple markers of ethanol/placebo challenges in sons of alcoholics and controls. *Archives of General Psychiatry* 45, 211–216.

Schuckit, M.A. & Smith, T.L. (1996) An 8-year follow-up of 450 sons of alcoholic and control subjects. *Archives of General Psychiatry* 53, 202–210.

Schuckit, M.A., Daeppen, J.B., Danko, G.P., Tripp, M.L., Smith, T.L., Li, T.K., Hesselbrock, V.M. & Bucholz, K.K. (1999) Clinical implications for four drugs of the DSM-IV distinction between substance dependence with and without a physiological component. *American Journal of Psychiatry* 156, 41–49.

Schultheis, G. & Koob, G. (1994) Dark site of drug dependence. *Nature* 371, 108–109.

Schwartz, J.H. (1991a) Chemical messengers: Small molecules and peptides. In: Kandel, E.R., Schwartz, J.H. & Jessell, T.M. (eds.) *Principles of neural science.* New Jersey: Prentice Hall, pp. 213–224.

Schwartz, J.H. (1991b) Synaptic vesicles. In: Kandel, E.R., Schwartz, J.H. & Jessell, T.M. (eds.) *Principles of neural science.* New Jersey: Prentice Hall, pp. 225–234.

Schwartz, J.H. & Kandel, E.R. (1991) Synaptic transmission mediated by second messengers. In: Kandel, E.R., Schwartz, J.H. & Jessell, T.M. (eds.) *Principles of neural science.* New Jersey: Prentice Hall, pp. 173–193.

Seeman, P., Guan, H.C. & Van Tol, H.H.M. (1993) Dopamine D4 receptors elevated in schizophrenia. *Nature* 365, 441–445.

Self, D.W. & Nestler, E.J. (1998) Relapse to drug-seeking: Neural and molecular mechanisms. *Drug and Alcohol Dependence* 51, 49–60.

Self, D.W., Barnhart, W.J., Lehman, D.A. & Nestler, E.J. (1996) Opposite modulation of cocaine-seeking behavior by D_1- and D_2-like dopamine receptor agonists. *Science* 271, 1586–1589.

Shapiro, R.M. (1993) Regional neuropathology in schizophrenia: Where are we? Where are we going? *Schizophrenia Research* 10, 187–239.

Sharp, C.W. & Freeman, C.P.L. (1993) The medical complications of anorexia nervosa. *British Journal of Psychiatry* 162, 452–462.

Sherwin, B.B. (1988) A comparative analysis of the role of androgen in human male and female sexual behavior: Behavioral specificity, critical thresholds, and sensitivity. *Psychobiology* 16, 416–425.

Sieb, J.P., Kraner, S., Köhler, W., Schalke, B. & Steinlein, O.L. (2000) Myasthenia gravis und myasthene Syndrome. *Deutsches Ärzteblatt* 97, C2616–C2620.

Siegel, S. (1978) Tolerance to the hyperthermic effect of morphine in the rat is a learned response. *Journal of Comparative and Physiological Psychology* 92, 1137–1149.

Siegel, S., Hinson, R.E., Krank, M.D. & McCully, J. (1982) Heroin "overdose" death: Contribution of drug-associated environmental cues. *Science* 216, 436–437.

Sigel, E. & Buhr, A. (1997) The benzodiazepine binding site of $GABA_A$ receptors. *Trends in Pharmacological Sciences* 18, 425–429.

Silbernagel, S. & Despopoulos, A. (2001) *Taschenatlas der Physiologie.* 5. Auflage. Stuttgart: Thieme.

Simon, E.J. (1997) Opiates: Neurobiology. In: Lowinson, J.H., Ruiz, P., Millman, R.B. & Langrod, J.G. (eds.) *Substance abuse: A comprehensive textbook.* 3rd edition. Baltimore: Williams & Wilkins, pp. 148–158.

Simonato, M. (1996) The neurochemistry of morphine addiction in the neocortex. *Trends in Pharmacological Sciences* 17, 410–415.

Simpson, J.B. & Routtenberg, A. (1973) Subfornical organ: Site of drinking elicitation by angiotensin II. *Science* 181, 1172–1175.

Simpson, J.B., Epstein, A.N. & Camardo, J.S. (1978) Localization of receptors for the dipsogenic action of angiotensin II in the subfornical organ of rat. *Journal of Comparative and Physiological Psychology* 92, 581–608.

Sinclair, A.H., Berta, P., Palmer, M.S., Hawkins, J.R., Griffiths, B.L., Smith, M.J., Foster, J.W., Frischauf, A.M., Lovell-Badge, R. & Goodfellow, P.N. (1990) A gene from the human sex-determining region encodes a protein with homology to a conserved DNA-binding motif. *Nature* 346, 240–244.

Sitaram, N., Weingartner, H. & Gillin, J.C. (1978) Human serial learning: Enhancement with arecholine and choline and impairment with scopolamine. *Science* 201, 274–276.

Sitaram, N., Dube, S., Keshavan, M., Davies, A. & Reynal, P. (1987) The association of supersensitive cholinergic REM-induction and affective illness within pedigrees. *Journal of Psychiatric Research* 21, 487–497.

Smart, D. & Lambert, D.G. (1996) The stimulatory effects of opioids and their possible role in the development of tolerance. *Trends in Pharmacological Sciences* 17, 264–269.

Smith, C. (1996) Sleep states, memory processes and synaptic plasticity. *Behavioural Brain Research* 78, 49–56.

Smith, F.J. & Campfield, L.A. (1993) Meal initiation occurs after experimental induction of transient declines in blood glucose. *American Journal of Physiology* 265, R1423–R1429.

Smith, M.J. (1994) Sex determination: Turning on sex. *Current Biology* 4, 1003–1005.
Snyder, S.H. (1994; amer. Originalausg. 1986) *Chemie der Psyche. Drogenwirkungen im Gehirn.* Heidelberg: Spektrum.
Soares, J.C. & Mann, J.J. (1997) The anatomy of mood disorders – review of structural neuroimaging studies. *Biological Psychiatry* 41, 86–106.
Solowij, N. (1998) *Cannabis and cognitive functioning.* Cambridge: Cambridge University Press.
Soyka, M. (1998) *Drogen- und Medikamentenabhängigkeit.* Stuttgart: Wissenschaftliche Verlagsgesellschaft.
Spanagel, R. & Zieglgänsberger, W. (1996) Alkohol und neuronale Plastizität: Interaktion von Alkohol mit opioidergen und glutamatergen Systemen. In: Mann, K. & Buchkremer, G. (Hrsg.) *Sucht: Grundlagen, Diagnostik, Therapie.* Stuttgart: Fischer, S. 53–66.
Spanagel, R. & Zieglgänsberger, W. (1997) Anti-craving compounds for ethanol: New pharmacological tools to study addictive processes. *Trends in Pharmacological Sciences* 18, 54–58.
Sperry, R.W. (1964) The great cerebral commissure. *Scientific American* 210, 42–52.
Springer, S.P. & Deutsch, G. (1998) *Left brain, right brain.* 5th edition. New York: Freeman.
Steffens, D.C., Tupler, L.A. & Krishnan, K.R. (1993) The neurostructural/neurofunctional basis of depression/mania. *Current Opinion in Psychiatry* 6, 22–26.
Stephan, F.K. & Nunez, A.A. (1977) Elimination of circadian rhythms in drinking, activity, sleep, and temperature by isolation of the suprachiasmatic nuclei. *Behavioral Biology* 20, 1–16.
Sterman, M.B. & Clemente, C.D. (1962) Forebrain inhibitory mechanisms: Sleep patterns induced by basal forebrain stimulation in the behaving cat. *Experimental Neurology* 6, 103–117.
Stern, K. & McClintock, M.K. (1998) Regulation of ovulation by human pheromones. *Nature* 392, 177–179.
Strange, P.G. (1992) *Brain biochemistry and brain disorders.* Oxford: Oxford University Press.
Swift, R. & Davidson, D. (1998) Alcohol hangover: Mechanisms and mediators. *Alcohol Health & Research World* 22, 54–60.
Szymanski, S., Kane, J.M. & Lieberman, J.A. (1991) A selective review of biological markers in schizophrenia. *Schizophrenia Bulletin* 17, 99–111.
Szymusiak, R. & McGinty, D. (1986) Sleep suppression following kainic acid-induced lesions of the basal forebrain. *Experimental Neurology* 94, 598–614.
Tabakoff, B. & Hoffman, P.L. (1996) Effect of alcohol on neurotransmitters and their receptors and enzymes. In: Begleiter, H. & Kissin, B. (eds.) *The pharmacology of alcohol and alcohol dependence.* New York: Oxford University Press, pp. 356–430.
ten Bruggencate, G. (2000) Sensomotorik: Funktionen des Rückenmarks und absteigender Bahnen. In: Klinke, R. & Silbernagel, S. (Hrsg.) *Lehrbuch der Physiologie.* 2. Auflage. Stuttgart: Thieme, S. 631–649.
Thase, M.E., Fasiczka, A.L., Berman, S.R., Simons, A.D. & Reynolds, C.F. (1998) Electroencephalographic sleep profiles before and after cognitive behavior therapy of depression. *Archives of General Psychiatry* 55, 138–144.
Thomas, H. (1993) Psychiatric symptoms in cannabis users. *British Journal of Psychiatry* 163, 141–149.
Thomasius, R. (1999) Psychiatrische, neurologische und internistische Komplikationen und Folgewirkungen. In: Thomasius, R. (Hrsg.) *Ecstasy – Wirkungen, Risiken, Interventionen.* Stuttgart: Enke, S. 61–69.
Thome, J., Wiesbeck, G.A. & Becker, T. (1997) Zum Abhängigkeitspotential der Nicht-Benzodiazepin-Hypnotika Zolpidem und Zopiclon. *Nervenheilkunde* 16, 575–578.

Tordoff, M.G. & Friedman, M.I. (1988) Hepatic control of feeding: Effect of glucose, fructose, and mannitol infusion. *American Journal of Physiology* 254, R969–R976.
Towey, J., Bruder, G., Holander, E., Friedman, D., Erhan, H., Liebowitz, M. & Sutton, S. (1990) Endogenous event-related potentials in obsessive-compulsive disorder. *Biological Psychiatry* 28, 92–98.
Trevisan, L.A., Boutros, N., Petrakis, I.L. & Krystal, J.H. (1998) Complications of alcohol withdrawal: Pathophysiological insights. *Alcohol Health & Research World* 22, 61–66.
Trimble, M.R. (1988) *Biological psychiatry*. Chichester: Wiley.
True, W.R., Heath, A.C., Scherrer, J.F., Waterman, B., Goldberg, J., Lin, N., Eisen, S.A., Lyons, M.J. & Tsuang, M.T. (1997) Genetic and environmental contributions to smoking. *Addiction* 92, 1277–1287.
Tsai, G., Gastfriend, D.R. & Coyle, J.T. (1995) The glutamatergic basis of human alcoholism. *American Journal of Psychiatry* 152, 332–340.
Tsou, K., Patrick, S.L. & Walker, J.M. (1995) Physical withdrawal in rats tolerant to delta-9-tetrahydrocannabinol precipitated by a cannabinoid receptor antagonist. *European Journal of Pharmacology* 280, R13–R15.
Tsuang, M.T. & Faraone, S.V. (1990) *The genetics of mood disorders*. Baltimore: Johns Hopkins University Press.
Tuchmann-Duplessis, H. (1993) Effects of cannabis on reproduction. In: Nahas, G.G. & Latour, C. (eds.) *Cannabis: Physiopathology, epidemiology, detection*. Boca Raton: CRC Press, pp. 187–192.
Valenstein, E.S. (1986) *Great and desperate cures: The rise and decline of psychosurgery and other radical treatments for mental illness*. New York: Basic Books.
Valenzuela, C.F. (1997) Alcohol and neurotransmitter interactions. *Alcohol Health & Research World* 21, 144–148.
Verghese, C., DeLeon, J., Nair, C. & Simpson, G.M. (1996) Clozapine withdrawal effects and receptor profiles of typical and atypical neuroleptics. *Biological Psychiatry* 39, 135–138.
Vertes, R.P. (1984) Brainstem control of the events of REM sleep. *Progress in Neurobiology* 22, 241–288.
Volkow, N.D., Wang, G.J., Fowler, J.S., Hitzemann, R., Angrist, B., Gatley, S.J., Logan, J., Ding, Y.S. & Pappas, N. (1999) Association of methylphenidate-induced craving with changes in right striato-orbitofrontal metabolism in cocaine abusers: Implications for addiction. *American Journal of Psychiatry* 156, 19–26.
Volpe, J.J. (1992) Effect of cocaine on the fetus. *New England Journal of Medicine* 327, 399–407.
Vossel, G. & Zimmer, H. (1998) *Psychophysiologie*. Stuttgart: Kohlhammer.
Waldinger, M.D., Hengeveld, M.W. & Zwinderman, A.H. (1994) Paroxetine treatment of premature ejaculation: A double-blind, randomized, placebo-controlled study. *American Journal of Psychiatry* 151, 1377–1379.
Walker, E.F. & Gale, S. (1995) Neurodevelopmental processes in schizophrenia and schizotypal personality disorder. In: Raine, A., Lencz, T. & Mednick, S.A. (eds.) *Schizotypal personality*. Cambridge: Cambridge University Press, pp. 56–75.
Walsh, B.T. & Devlin, M.J. (1995) Psychopharmacology of anorexia nervosa, bulimia nervosa, and binge eating. In: Bloom, F.E. & Kupfer, D.J. (eds.) *Psychopharmacology: The fourth generation of progress*. New York: Raven Press, pp. 1581–1589.
Wand, G.S., Mangold, D., El Deiry, S., McCaul, M.E. & Hoover, D. (1998) Family history of alcoholism and hypothalamic opioidergic activity. *Archives of General Psychiatry* 55, 1114–1119.
Ward, I. (1972) Prenatal stress feminizes and demasculinizes the behavior of males. *Science* 175, 82–84.
Ward, I. & Stehm, K.E. (1991) Prenatal stress feminizes juvenile play patterns in male rats. *Physiology & Behavior* 50, 601–605.

Webb, W.B. & Agnew, H.W. (1970) Sleep stage characteristics of long and short sleepers. *Science* 163, 146–147.
Weinberger, D.R. (1987) Implications of normal brain development for the pathogenesis of schizophrenia. *Archives of General Psychiatry* 44, 660–669.
Weinberger, D.R., Berman, K.F. & Zec, R.F. (1986) Physiologic dysfunction of dorsolateral prefrontal cortex in schizophrenia. I. Regional cerebral blood flow evidence. *Archives of General Psychiatry* 43, 114–124.
Weingarten, H.P. (1983) Conditioned cues elicit feeding in sated rats: A role for learning in meal initiation. *Science* 220, 431–433.
Weintraub, S., Mesulam, M.M. & Kramer, L. (1981) Disturbances in prosody: A right-hemisphere contribution to language. *Archives of Neurology* 38, 742–744.
West, S.A., Keck, P.E. & McElroy, S.L. (1998) Valproate. In: Goodnick, P.J. (ed.) *Mania. Clinical and research perspectives*. Washington, D.C.: American Psychiatric Press, pp. 301–317.
White, F.J. (1996) Synaptic regulation of mesocorticolimbic dopamine neurons. *Annual Review of Neuroscience* 19, 405–436.
Winson, J. (1993) The biology and function of rapid eye movement sleep. *Current Opinion in Neurobiology* 3, 243–248.
Wolkin, A., Sanfilipo, M., Wolf, A.P., Angrist, B., Brodie, J.D. & Rotrosen, J. (1992) Negative symptoms and hypofrontality in chronic schizophrenia. *Archives of General Psychiatry* 49, 959–965.
Wonnacott, S. (1990) The paradox of nicotinic acetylcholine receptor upregulation by nicotine. *Trends in Pharmacological Sciences* 11, 216–219.
Woods, J.H. & Winger, G. (1995) Current benzodiazepine issues. *Psychopharmacology* 118, 107–115.
Woods, S.C. & Gibbs, J. (1989) The regulation of food intake by peptides. *Annals of the New York Academy of Sciences* 75, 236–242.
Woods, S.C. & Porte, D. (1977) Relationship between plasma and cerebrospinal fluid insulin levels of dogs. *American Journal of Physiology* 233, E331–E334.
Woods, S.C., Lotter, E.C., McKay, L.D. & Porte, D. (1979) Chronic intracerebroventricular infusion of insulin reduces food intake and body weight of baboons. *Nature* 282, 503–505.
Wu, J.C. & Bunney, W.E. (1990) The biological basis of an antidepressant response to sleep deprivation and relapse: Review and hypothesis. *American Journal of Psychiatry* 147, 14–21.
Yeomans, J.S., Mathur, A. & Tampakeras, M. (1993) Rewarding brain stimulation: Role of tegmental cholinergic neurons that activate dopaminergic neurons. *Behavioral Neuroscience* 107, 1077–1087.
Young, S.N., Smith, S.E., Pihl, R.O. & Ervin, F.R. (1985) Tryptophan depletion causes a rapid lowering of mood in normal subjects. *Psychopharmacology* 87, 173–177.
Zaidel, E. (1985) Language in the right hemisphere. In: Benson, D.F. & Zaidel, E. (eds.) *The dual brain: Hemispheric specialization in humans*. New York: Guilford, pp. 205–231.
Zarrindast, M.R., Sadegh, M. & Shafaghi, B. (1996) Effects of nicotine on memory retrieval in mice. *European Journal of Pharmacology* 295, 1–6.
Zeng, H., Qian, Z., Myers, M.P. & Rosbach, M. (1996) A light-entrainment mechanism for the *Drosophila* circadian clock. *Nature* 360, 129–135.
Zito, K.A., Vickers, G. & Roberts, D.C. (1985) Disruption of cocaine and heroin self-administration following kainic acid lesions of the nucleus accumbens. *Pharmacology, Biochemistry, and Behavior* 23, 1029–1036.
Zola-Morgan, S. & Squire, L.R. (1993) Neuroanatomy of memory. *Annual Review of Neuroscience* 16, 547–563.

17 Register

A. (Abkürzung für Arteria, Australopithecus; s. dort)
Aberrationen (von Chromosomen) 359 ff.
  balancierte A. 360 f.
  numerische A. 359 ff.
  strukturelle A. 359 ff.
  unbalancierte A. 361
Abhängigkeit, A.syndrom 322 ff., s. auch unter einzelnen Substanzen
ABO-Blutgruppensystem 364 f.
Abstammungstheorien 374 ff.
Acamprosat 329 f.
Acetaldehyd 325
Acetylcholin 90 ff.
  A.agonisten 91, 233, 260, 263, 330 f.
  A.antagonisten 92, 104, 111 f., 138, 165, 310, 348
  Inaktivierung 91
  A.rezeptoren 81 ff., 91 ff., 100 ff., 194 f., 224, 233, 310, 337 f.
  Struktur 90
  Synthese 90
Acetylcholinesterase 91, 93, 195, 231
Acetylcholinesterasehemmstoffe (A.hemmer) 231
Acetylsalicylsäure 133, 146, 183, 188
Achillessehnenreflex 197
Achse Hypothalamus-Hypophyse-Nebennierenrinde 115, 121, 252 f., 281, 303 ff., 324
Achse Hypothalamus-Hypophyse-Schilddrüse 117, 127 f., 305
ACTH (adrenokortikotropes Hormon) 49, 114 f., 120 ff., 182, 305
Addison-Krankheit 123
Adenin 17 ff., 352 ff.
Adenohypophyse 49, 121
Adenosin 335
Adenosintriphosphat (ATP) 26, 80, 244
Adenylylzyklase (Adenylatzyklase) 80, 112, 115, 217, 220
ADH (Adiuretin, antidiuretisches Hormon) 49, 122, 125, 254 ff.
ADH (Alkoholdehydrogenase) 23 ff., 325
Adhaesio interthalamica 48
Adiuretin 49, 122, 254 ff.
Adrenalin 84, 87 f., 100 ff., 109 ff., 124, 128 ff., 167, 246
adrenokortikotropes Hormon, s. ACTH
adrenogenitales Syndrom 131, 282, 290
affektive Störungen 301 ff., s. auch Depression, Manie
  biologische Befunde 303 ff.
  biologische Erklärungsansätze 306 ff.
  biologische Therapien 309 ff.
  Prophylaxe 312 f.
  Symptomatik 301 f.
  Verlauf 302
Affektverflachung 293 f.
afferent, Afferenz 37
Aggression, Aggressivität 128 f., 301, 344, 363

Agnosien 231
Agonisten, Agonismus 91 ff., 108 ff.
Agraphien 237
AIDS 227, 281, 346, 348
Akathisie 296
Akinese (Akinesie) 57, 296
Akromegalie 123, 361
Aktin, A.filamente 193
Aktionspotential (AP) 27, 71 f., 79 ff., 94 ff., 193 ff., 220
ALDH (Aldehyddehydrogenase) 23, 325
Aldosteron 114, 119, 137, 254 ff.
Alkaloide 330
Alkohol, alkoholisch 15, 26, 31, 86 f., 92, 122, 145 ff., 226, 245 f., 257, 287, 316 ff., 336 ff.
  Abhängigkeit 327 ff.
  Abbau 325
  Aufnahme 324 f.
  A.dehydrogenase(ADH) 325
  A.embryopathie 287, 329
  Entzugssymptomatik 45, 327f.
  a. Impotenz 329
  A.kater 257, 327
  Mißbrauch 327 ff.
  a. Polyneuropathie 329
  Toleranz 327
  Wirkmechanismen 325 ff.
  Wirkungen 325 ff.
Alkoholismus, s. A.abhängigkeit, A.mißbrauch
Allel, Allele 26, 351, 354 ff., 363 ff.
Alles-oder-Nichts-Prinzip 94
Alphablockade 157
5-alpha-Reduktasemangel 282, 290
alpha-Rezeptoren 89, 103, 108 ff., 137 f., 304
alpha-Wellen 157
Altweltaffen 381 ff.
Alzheimer-Fibrillen 28, 227
Alzheimer-Krankheit 28, 91 ff., 220 ff., 233, 292
Amenorrhoe 251, 361 f.
AMH (Anti-Müller-Hormon) 288
Aminogruppe 23 ff., 84 ff.
Aminosäure(n) 15 ff., 84 ff., 146 ff.
  A.-Autoradiographie 173
  A.datierung 386
  A.transmitter 79, 84
Aminpräkursoren 87, 307 ff.
Amitriptylin 90, 310
Ammoniak 26, 329
Ammonshorn 222
Amnesie 10, 167, 212, 220 ff., 311, 329, 342
  anterograde A. 221 ff.
  Hippocampusa. 222 f.
  Korsakow-A. 220, 226, 329
  retrograde A. 221 ff.
  transitorische A. 227
amnestisches Syndrom 286
amotivationales Syndrom, Amotivationss. 347
Amphetamin, Amphetamine 334 ff.
  Abhängigkeit 335 f.
  A.derivate 350

Entzugssymptomatik 336
Mißbrauch 336
A.psychosen 335
Toleranz 335 f.
A.verwandte 350
Wirkmechanismen 334 f.
Wirkungen 334 f.
Amygdala 50 ff., 168 ff., 277 ff., 296, 317, 331, 342
Amyloid, Amyloid-Plaques 356
Amyloid-Prekursor-Protein (APP) 356
Analgesie 85, 185
Anandamid 345
Androcur 129, 277
Androgene 119 ff., 128 ff., 278 , 282 ff., 290
Androgen-Insensitivitätssyndrom 130 f., 282, 290f.
Aneurysmen 153
Angiographie 153
Angiotensin I u. II 137, 256 ff.
Angiotensin-Converting-Enzym 137, 256 ff.
Angiotensinogen 137, 256
Angststörungen 309
Anionen 75
Anorexia nervosa 244, 251 ff., 305
Anorgasmie, s. Orgasmusstörungen
ANS (autonomes Nervensystem), s. vegetatives Nervensystem
Ante-Neandertaler 391
anterior 35
anteriore Kapsulotomie 315
anterolaterales spinothalamisches System 176
Antiandrogene 129, 277
anticholinerg, Anticholinergika 108 ff., 200, 308, 348
Anti-Craving-Medikamente 324, 329
Antidepressiva 90 ff., 189, 253, 268, 307 ff.
  Einteilung 310
  Nebenwirkungen 310 ff.
  tetrazyklische A. 310
  trizyklische A. 310
  Wirkmechanismen 310 f.
antikonvulsiv, Antikonvulsiva 342 ff.
Anti-Müller-Hormon 288 ff., 363
Antriebssteigerung 109, 310, 319, 334, 349
Anxiolytika, s. Benzodiazepine, Sedativa
Anxiolyse, anxiolytisch 318 f., 335 f., 342 ff.
Aorta 69, 133 ff., 141, 255
Apertura lateralis 66
Apertura mediana 66
Aphasien 228, 233 ff.
Aplysia californica 212 ff.
Appetenzphase, A. störungen 271, 275 ff.
Appetitzügler 247, 335, 337
Apraxien 210 f., 238
Aquaeductus cerebri (Aquädukt) 42 ff., 66, 185, 287
Äquationsteilung 356
Arachnoidea 74, 68
ARAS (aufsteigendes retikuläres aktivierendes System) 44, 262
Ardipithecus ramidus 386
Area postrema 108, 386
Arecolin 110 f., 224, 263, 305
Aromatisation, Aromatisierung 278, 184
Arteria, Arterie 70, 107, 134, 256, 272, 340
  A. basilaris 69
  A. carotis communis 69
  A. carotis externa 69

A. carotis interna 69
A. cerebri anterior, -media, -posterior 69 f.
A. communicans anterior, -posterior 69 f.
A. vertebralis 69
Arteriolen 74, 134 ff.
Asparaginsäure 85
Aspartat 85
Assoziationsfasern 55
assoziativer Kortex 229 ff.
assoziatives Lernen 213 ff.
Astereognosie 231
Asthma (bronchiale) 109 f., 121, 127, 138 ff., 167
Aszites 328
Atemdepression 85, 331
Atemfrequenz 140, 166
Atemwegswiderstand 167
Atemzentrum 44, 107, 140 f., 190, 321
Äthanol, Äthylalkohol, s. Alkohol
ATP (Adenosintriphospat) 17, 24 ff., 80, 220, 233
Atropin 92, 104, 111 f., 138, 165, 348
Auerbachscher Plexus 100
Aufmerksamkeitsdefizit-Hyperaktivitätsstörung (attention-deficit hyperactivity disorder) 334
aufsteigendes retikuläres aktivierendes System, s. ARAS
Augenbewegungen 166, 208, 258 ff.
äußere Genitalien 275, 362
Australopithecus, Australopithecinen 376 ff.
  A. aethiopicus 388
  A. afarensis 387 f., 395
  A. africanus 376 f., 387
  A. ramidus 386
  A. robustus 377
Autismus (frühkindlicher) 361
Autoradiographie 173
Autorezeptoren 80, 91 f., 108, 310
Autosom, autosomal 13, 18, 355, 369 ff.
autosomal-dominant, s. Vererbung
autosomal-rezessiv, s. Vererbung
Averaging 158
AV-Knoten 135, 160 f.
Axon 27 ff., 37, 55 ff., 72 ff., 81, 93 ff., 103, 125, 173
Axonhügel 27, 71, 79, 93 ff.
Azapirone 341

Babinski-Reflex 200, 209
Bahn 36, 58, 108, 218, 224, s. auch Tractus
Banden 355 ff.
Barbiturate 86 f., 226, 267, 319, 341 f.
Barorezeptor, B.reflex 99, 107, 136 ff., 141, 175, 255 ff.
Barr-Körperchen 356
Basalganglien 37, 42, 46, 49 f., 56 f., 60 f., 81, 89, 202 ff., 225, 313 f., 317
Basalganglienhypothese 314 f.
Basentripletts 24, 353
Bauchspeicheldrüse, s. Pankreas
Befruchtung 18, 130 f., 269 ff., 285 ff.
behaviorale Toleranz 320 ff.
Bekräftigung 214
Belohnungssystem 316 ff.
Benzodiazepine 86 ff.,, 110, 226, 309 ff., 316 ff., 341 ff.
  Abhängigkeit 343
  Entzugsymptomatik 343
  B.hypnotika 341 ff.
  Mißbrauch 343
  B.rezeptoren 342

Toleranz 343
Wirkungen 341 ff.
Wirkmechanismen 341 ff.
Benzpyrene 340
Bereitschaftspotential 59
Beruhigungsmittel, s. Anxiolytika, Sedativa
Beschneidung 271
Betablocker (beta-Rezeptoren-Blocker) 110
beta-Rezeptoren 89, 103, 108 ff., 137 f., 304
beta-Wellen 157
Beuteltiere 379
bewußtseinserweiternde Drogen 348 ff.
Bezugspunkttheorien 250
binäre Nomenklatur 380
bildgebende Verfahren 152 ff., 168, 222
biologische Rhythmen 120, 132, 261 ff., 305
Bipedie 377, 384, 395
Biperiden 296
bipolare Neurone 27, 176
bipolare Störungen, s. affektive Störungen, Depression, Manie
black-outs 224, 327
Bleuler, E. 292
Blutdruck 107 ff., 133 ff., 162 ff., 256 f., 332, 345 ff.
Blutdruckmessung nach Riva-Rocci 162
Blutdrucksensoren 256
Bluterkrankheit 368, 371 f.
Blut-Hirn-Schranke 31 f., 68, 87, 170, 256
Blut-Liquor-Schranke 32, 68, 108
Body-Mass-Index (BMI) 250 f.
Bonobo 379, 382
Botulismus 92, 195
Bradykinin 113 f., 136, 183
Brechzentrum 108
Bregma 168
Broca, P. 233 f.
Brocaareal 234 ff.
Brocasche Aphasie 52, 235, 237
Brocasches Sprachzentrum 52 ff., 231, 234 ff.
Brodmannareale 56, 200 f., 235
Bronchien 103 f., 108 f., 111, 119, 138 f., 321, 336
Broom, R. 387
Brown-Séquard-Syndrom 179
Bruce-Effekt 279
Brücke, s. Pons
Brustwandableitungen 160
Bulbus olfactorius 58, 63
Bulimia nervosa 117, 244, 251 ff.
Buspiron 341
Butyrophenone 297, 299

Calcitriol 118
cAMP 80, 112, 115 f., 217, 219 f.
Caniden (Canidae) 379, 381
Cannabinoid(e), Cannabis 343 ff.
 Abhängigkeit 346
 Entzugssymptomatik 346
 Mißbrauch 346 f.
 C.psychose 345
 C.rezeptoren 345
 Toleranz 346
 Wirkmechanismen 344 f.
 Wirkungen 344 f.
Capsula interna 204
Carbamazepin 64, 312 f.
Carboxylgruppe 15, 23 ff., 84 ff., 149
Cardiazol 298
Carnivoren 379, 381

Carrierproteine 89, 310, 334 f.
CAT (computerisierte axiale Tomographie), s. CT
Cauda equina 62
Caudatum, s. Nucleus caudatus
Cavum subarachnoidale 65
Cavum subdurale 65
CCK, s. Cholecystokinin
Cerebellum 41 ff., 64 ff., 181, 202, 208 ff., 287
Cervix (uteri) 274
chemische Synapsen 72 ff.
Chemorezeptoren 107, 141, 175
Chiasma opticum 49, 64, 241, 263
Chloralhydrat 341
Chloridionenkanäle (Chloridkanäle) 76 f., 79, 92, 267, 318, 326
Chlorpromazin 299
Cholecystokinin 84, 112 f., 146 ff., 247 ff.
Cholesterin 15, 27, 118 f., 129 f., 149, 244 ff.
Cholin 90 f., 195
Cholinacetyltransferase 90 f., 227
cholinerges System 90 f., 227 ff., 308
 anatomische u. physiologische Eigenschaften 47, 90 f.
 Veränderung bei psychischen Störungen 91, 227, 233, 308
Cholinesterase, C.hemmer 91, 93, 110, 195
Chordatiere (Chordata) 378
Chorea Huntington 207, 371
Choriongonadotropine 286
Chromatinfäden 21, 23, 357
Chromosomen 13 f., 18 ff., 285, 294, 351 ff.
Cingulotomie 54, 57, 169, 189, 315
circadiane Aktivitätsschwankungen, c. Uhr 261 ff.
Circulus arteriosus cerebri (Willisii) 70
circumventrikuläre Organe 32, 256
Cisterna cerebellomedullaris 68
Clomethiazol 341
Clomipramin 90, 273, 309 f., 314 f.
Clonidin 45, 89, 92, 103, 110
Clozapin 89, 300
Codein 330, 333
Colliculi inferiores, -superiores 46 f., 64
Commissura anterior 55, 238 ff., 281
Commissura posterior 238
compulsive-obsessive disorder (COD), s. Zwangsstörung
computerisierte axiale Tomographie (CAT), s. CT
Computertomographie, s. CT
Cornu ammonis 222
Corpora cavernosa 271 f.
Corpus
 C. amygdaloideum, s. Amygdala
 C. callosum 52 ff., 58 ff., 66, 210, 238 ff.
 C. geniculatum laterale 49 f., 53, 64
 C. geniculatum mediale 49, 64
 C. luteum 130, 285
 C. mamillare 49, 58
 C. spongiosum 271, 273
Cortex, s. Kortex
Corticotropin-Releasing-Faktor (Corticotropin-Releasing-Hormon), s. CRH
Cortisches Organ 64
Cortisol, Cortison, s. Kortisol, Kortison
Cowpersche Drüsen 271
Crack 334, 336
Craving 323 f., 328, 339 f.
CRF (Corticotropin-Releasing-Factor), s. CRH
CRF-Test (CHR-Test) 127, 305
CRH (Corticotropin-Releasing-Hormon) 49, 120,

123 f., 126, 305
CRH-Test (CRF-Test) 127, 305
Cri-du-chat-Syndrom 356, 361
Cro-Magnon-Mensch 391
CT (computerisierte Tomographie) 152f., 353
Crossing-over 357 ff., 368
Crura cerebri 46
Cushing-Syndrom 121, 305
Curare 195
Cyproteronacetat 129, 277
Cytosin 18, 352 ff.

D2-Rezeptoren 81, 89, 171, 295 ff., 336
D4-Rezeptoren 297, 300
Darm 141, 146 ff., s. auch Dünndarm, Dickdarm
Darmnervensystem 100
Dart, R. 377, 387
Darwin, C. 374 ff.
Darwin, E. 374
Decarboxylierung 87, 118, 344
Decussatio pyramidum 44, 204
delirantes Syndrom, Delir 327, 332
Delta-Tetrahydrocannabinol, s. THC
delta-Wellen 157, 258
dementielles Syndrom, Demenz 220, 227, 233
Demyelinisierungskrankheiten 31
Dendriten 27 ff., 36, 55, 61, 72, 158, 172, 326
Denken 220, 228 ff., 242 f., 292 f., 348, 379
Depolarisation 76 ff., 94 f., 108, 160 f., 195, 220
Depression (depressive Störung) 298 ff.
  biologische Befunde 303 ff.
  biologische Erklärungsansätze 306 ff.
  biologische Therapie 309 ff.
  endogene D. 301, 305
  primäre D. 301
  Prophylaxe 312 f.
  sekundäre D. 301
depressive Episode 302
depressives Syndrom 301
Dermatom 176, 188
Descensus testis 269, 290
Desipramin 310
Desoxyglukose 155, 173
Desoxyribonukleinsäure, s. DNA
Dexamethason, D.-Suppressionstest 127, 252 f., 305
Dezerebrierungsstarre 46, 210
Diabetes insipidus 122
Diabetes mellitus 116, 121, 227, 250, 272 f.
Diacetylmorphin, s. Heroin
Diastole 134
Diazepam 86, 267, 341
dichotischer Hörtest 239
Dickdarm, s. Kolon
Diencephalon 41 f., 48, 56, 287
Diffusion 75 ff., 94
Dihydrotestosteron 282, 290 f.
Dipeptid 23
diploid, Diploidie 355
Dipol, Dipolstruktur 24, 32
Disinhibition 326, 344
dissoziierte Empfindungsstörung 179
distal 35
Disulfiram 324 f.
DNA (DNS, Desoxyribonukleinsäure) 13, 18, 352
DNA-Polymerase 22
Dopamin, s. auch dopaminerges System 28 ff., 80 ff., 109 ff., 169 ff., 185, 295 ff., 317 ff., 326 ff., 348, 370

D.agonisten 90, 93, 233, 292, 307, 333 ff.
D.antagonisten 81, 89, 171, 295 ff.
Inaktivierung 89 f.
D.rezeptoren 81, 90, 171, 295 ff., 336
Struktur 88
Synthese 87 f.
dopaminerges System 47, 87 ff., 295 ff., 334 ff.
  anatomische u. physiologische Eigenschaften 47, 87 ff.
  Bedeutung für Belohnung 334 ff.
  Veränderung bei psychischen Störungen 294 ff.
Dopaminhypothese der Schizophrenie 294 ff.
Doppelhelix 18
Dornfortsätze 39
dorsal 39, 42
down-regulation 309 f., 315
Down-Syndrom 285, 356 ff.
Drogen 47, 61, 169, 316 ff., 341, 348 ff.
Druckrezeptoren 179
Drüse 98, 112 ff., 128, 132
Dubois E. 377, 389
Ductus
  D. choledochus 142, 147
  D. cysticus 147
  D. deferens 270 f., 283, 288
  D. pancreaticus 147
Dünndarm, s. Duodenum, Ileum, Jejunum
Duodenum 142, 145 ff., 245, 324
Dura mater 65
Durasack 65 f.
Durchschlafstörungen 266
Dynorphine 85, 330
Dysarthrien 236
Dyspareunie 276, 278
Dysregulationsmodelle 308
Dysthymia, dysthyme Störung 302, 305
Dystrophien (muskuläre) 370, 372

Echorausch 349
Ecstasy 92, 319, 348 ff.
EDA (elektrodermale Aktivität) 164
Edwards-Syndrom 360
EEG (Elektroenzephalographie) 121, 152, 156, 229
efferent, Efferenz 37
Eichel 107, 271
Eierstock 269, 274
Eileiter 130, 274, 283 ff.
„Eingeweidesinne" 174
Einspeicherung, s. Konsolidierung
Einthovensche Standardableitungen 160
Eisprung 128 ff., 274, 278, 284 f.
Eizelle 17 f., 130, 269, 274, 282 ff., 351 ff., 392
Ejaculatio praecox 273
Ejakulat 270 f., 283
Ejakulation, E.zentrum 273 ff.
EKG 135, 160
Ekphorierung 220, 225
elektrische Synapsen 72
elektrodermale Aktivität, s. EDA
Elektroenzephalographie, s. EEG
Elektrokardiographie, s. EKG
Elektrokrampftherapie 224, 298, 309 ff.
Elektromyogramm, Elektromyographie, s. EMG
Elektrookulogramm, s. EOG
Elektroschock, s. Elektrokrampftherapie
elektrostatische Kraft 75 f., 94, 96
Embryo, Embryonalentwicklung 50, 188, 269, 280, 287

EMG 159 f.
Emission 152, 156, 273
Encephalitis lethargica Economo 314
Endhirn 37, 41 f., 48 ff., 63, 257, 262, 314, 317
Endknöpfchen 16, 27 ff., 72, 77, 81 ff., 92, 95 f., 103, 173, 217, 225
endogene Opiate (Opioide) 84, 330, s. auch Opioide
endokrines System, s. Hormonsystem
Endometriose 276
endoplasmatisches Retikulum 17, 325
Endorphine 85, 330
Endothel 32, 134
Energiegewinnung 22, 26, 119, 150, 244 f., 391
Energieumsatz 117, 245 f.
Engramm 220, 225
Enkephaline 85, 185, 330
Entaktogene 348
Enthirnungsstarre 46
Entspannungsphase 271 ff.
Entzugssymptomatik 316 ff., 328 ff., 338 ff., s. auch unter den einzelnen Substanzen
EOG 166 f., 258 f.
Epidermis 165 f.
Epididymis, s. Nebenhoden
Epikanthus 360
Epilepsie, epileptische Anfälle 224, 311, 327, 342
Epiphyse 48 f., 123, 132, 153
Epithelkörperchen 116 f.
EPSP (exzitatorisches postsynaptisches Potential) 77 ff., 225
Erbkrankheiten 351, 368 ff.
ereigniskorrelierte Potentiale 158 f., 165
erektile Dysfunktion (e. Impotenz) 272
Erektion 271 ff., 279
Erektionszentrum 272, 277, 279
Ergotalkaloide 233
Erregungsphase (sexuelle), E.störungen 271 f., 275
Erregungsübertragung (an Synapsen), s. synaptische Übertragung
Erythropoetin 113, 132
Essen (Biopsychologie d. E.) 244 ff.
Eßattacken 252
Essigsäure 26, 90, 195, 325, 330
Eßstörungen 244, 251 f., 305, 309
Eßzentrum 246 f.
Ethanol, Ethylalkohol, s. Alkohol
Euphorisierung 85, 109 ff., 316 ff., 325 f., 331, 334 ff., 344 ff.
Evolution 17, 42, 51 f., 243, 374 ff.
evozierte Potentiale 158
exogene Opioide 330 ff.
Extinktion 213
extrapyramidale Bahnen (e. System) 202 ff.,
extrapyramidale Symptome 296, 299 f.
Extrazellulärraum 17 f., 28, 31, 74 ff., 83, 94 ff., 160, 253 ff.
exzitatorisches postsynaptisches Potential, s. EPSP

Familie (zool.) 379 ff.
Fasciculus arcuatus 235 ff.
Feliden (Felidae) 379 ff.
Felis 379 ff.
Fenfluramin 247
fetales Alkoholsyndrom 287, 329
Fetus 286 ff., 347, 357
Filamente, Filamentgleiten 193
„Filmriß" 224 f., 327
FINAPRES-Methode 163
First-pass-Effekt 149

Fissura 51 ff., 178, 200 ff., 222, 230, 238
  interhemisphaerica 51, 54, 200 f., 238
  lateralis 52 ff., 178, 222
  longitudinalis 51 ff.
  Sylvii 52, 222
Flashback 349
Floppy-infant-Syndrom 343
Fluchtreflex 184, 199, 212
Fluoxetin 315
Fluvoxamin 315
FMRT, fMR-Tomographie, s. funktionelle Kernspintomographie
Foetus, s. Fetus
Follikel 117, 128 ff., 274, 284, 291
Follikelsprung 130, 284
follikelstimulierendes Hormon (FH) 124, 128, 130, 283
Foramen, Foramina 66 ff., 377, 382, 386 ff.
  interventriculare 66 ff.
  Luschkae 66
  Magendii 66
  magnum 377, 382, 386 ff.
  occipitale (magnum) 377, 382, 386 ff.
Formatio reticularis 44 ff., 85, 98 f., 158, 179, 185, 204 f., 210, 261, 331
Fornix 58, 60, 255
Fortpflanzung 129, 269, 278
Fos-Protein 353
fragiles X 361
freebase 334
Fremdreflex 197, 199 f., 214
Freßzentrum 246 f.
Frequenzbänder 157 f.
Freud, S. 220, 231, 233, 242, 261
frontal 35, 50
Frontalhirn (frontaler Kortex, Frontallappen) 33, 44, 57 f., 169, 227, 232, 288, 298, 315
Frontalschnitt 35, 50
Frühdyskinesien 207, 296, 300
FSH (follikelstimulierendes Hormon) 122 ff., 128 ff., 283, 291
funktionelle Kernspintomographie 156
funktionelle Toleranz 320 f.

GABA (Gamma-Aminobuttersäure) 78 f., 84 ff., 267, 318 ff., 342
  G.agonisten 86, 341 f.
  Inaktivierung 87
  G.rezeptoren 86 f., 92, 342
  Struktur 86
  Synthese 86
GABAA-Rezeptor (GABAA-Benzodiazepinrezeptor-Komplex) 76 ff., 86 ff., 92, 342
GABAB-Rezeptor 86
GABAerge Hemmung 206 f., 267, 315, 328 ff., 342 ff.
Galle, G.blase 84, 142, 147 ff., 188, 245, 249, 254, 331
Gameten 282, 286, 355, 365 ff., 370
gamma-amino-butyric acid (Gamma-Aminobuttersäure), s. GABA
gamma-Wellen 157
Ganglion, Ganglien 37 f., 61 ff., 81, 91, 101 ff., 108, 111 ff., 142 ff., 182, 189, 320, 336 ff.
  G. cervicale superius 144
  G. coeliacum 101, 142
  G. Gasseri 63
Gattung (zool.) 374 ff., 383 ff.

Gebärmutter, G.hals 122, 130, 274
Gedächtnis 212, 220 ff., 231 ff.
  deklaratives 221, 223
  explizites 221
  Immediatg. 221
  implizites 221
  Kurzzeitg. 221 ff.
  Langzeitg. 221 ff.
  prozedurales 221, 223
Gedächtnisstörungen 212, 221, 226 f., 343, 350
gegenregulatorische Toleranz 321 f.
Gehirn
  Aufbau 41 ff.
  Einteilung 41 ff.
  Entwicklung 286 f.
  Gefäßversorgung 69 ff.
Gelbkörper 128, 130, 274, 285 ff.
Gelenkrezeptoren 180
Gen, Gene 21, 351 ff.
„genetischer Fingerabdruck" 353
Genexpression 26, 80, 116, 353
Genkartierung 359
Genom 352, 364, 368 f.
Genotyp 351, 353 ff.
Genus 380
Geschlechtschromosomen 18, 355, 371 ff.
Geschlechtshöcker 275, 290
Gestagene 128, 130, 277, 285
Gewebshormone 113 f., 132, 183
GH (Growth Hormone) 123 ff., 350
GH-Releasing-Factor 123 f.
Gibbon 382
Gingko (biloba) 233
glandotrope Hormone 114, 124
Glans penis 271 ff., 290
Gleichgewichtspotential 74, 76
Glia 29 f., 286
globale Aphasie 54, 236
Globus pallidus (Pallidum) 37, 56, 205, 315
Glucocorticoide, s. Glukokortikoide
Glukagon 116, 132, 246, 249
Glukokortikoide 114, 119 ff., 127, 146
glukostatische Theorie 247 f.
Glutamat 78 f., 84 ff., 185, 214, 224 f., 318, 326 ff.
  G.antagonisten 325 ff.
  Inaktivierung 87
  G.rezeptoren 86
  Struktur 86
  Synthese 86
Glutamin, s. Glutamat
Glutaminsäure, s. Glutamat
Glycin 23 f., 79, 84 ff.
Glykogen 116, 119, 146, 246, 337
Glykoproteinhormone 114 f.
GnRH (Gonadotropin-Releasing-Hormon) 124, 129, 283, 291
Goldberger-Ableitungen 160
Golgi-Apparat 17
Golgi-Färbung 172
Golgi-Sehnenorgane (Golgi-Organe) 180, 191, 196, 198
Gonaden 114, 288, 361
Gonadenanlage 288
Gonadoliberin, s. GnRH
Gonadotropine 124, 128 f., 279, 283, 291
Gonadotropin-Releasing-Hormon, s. GnRH
Gonosom 18, 355, 371 ff.
Gorilla 376, 379, 381 ff., 386, 395
G-Proteine 79 ff.

G-Protein-gebundene Rezeptoren (G-Protein-gekoppelte Rezeptoren) 79 ff., 89, 93, 112, 115, 217, 220, 312, 345, 353
Graafscher Follikel 283 f.
graue Substanz 36
Grenzstrang 99 ff.
Granzstangganglien 37, 100 ff.
Growth Hormone (Wachstumshormon), s. GH
Grundumsatz 246
Guthrie-Test 370
Gynäkomastie 362
Gyrus 50 ff., 57 ff., 169, 184 ff., 230, 296, 303, 314
  G. angularis 231, 237
  G. cinguli 50, 54, 57 ff., 169, 184 f., 189, 230, 296, 303, 314
  G. dentatus 60, 222
  G. paraterminalis 60
  G. postcentralis 53, 176 ff.
  G. praecentralis 44, 52 ff., 200 ff., 211, 229, 233

Haarfollikelsensoren 179
Habituation 165, 213 ff.
Haeckel, E. 376 f.
Halbaffen (Prosimiae) 381
halbsynthetische Opioide 330
Halluzinationen 47, 112, 232, 268, 292 ff., 301, 319, 327, 335, 345 ff.
Halluzinogene 316, 319, 322, 348 ff.
  Abhängigkeit 349 f.
  Arten von H. 348 f.
  Entzugssymptomatik 349 f.
  Mißbrauch 349 f.
  Toleranz 349 f.
  Wirkmechanismen 348 ff.
  Wirkungen 348 ff.
Haloperidol 81, 89, 156, 297, 299
Hämophilie 368, 371 ff.
Hangover 257, 327, 343
haploid, Haploidie 355, 357 ff.
Harnröhre 270 f.
Harnstoff 26, 254
harte Hirnhaut, s. Dura mater
Haschisch, s. Cannabinoide
Hautleitfähigkeit, s. elektrodermale Aktivität
Hautpotentiale 164
Hautsinne 174
Hautwiderstand 164
HCG (Human chorionic gonadotropin) 286
HDL-Cholesterin, HDL-Lipoproteine 326, 339
Headsche Zone 187 f.
Heidelbergmensch 389
Hemisphäre 42 f., 45, 50, 54, 69, 169, 202, 235 ff.
Hemisphärenasymmetrie, H.spezialisierung 225, 228, 238 ff.
hemizygot, Hemizygotie 372
hepatische Enzephalopathie 329
Hermaphroditismus 290
Heroin 85, 93, 316 ff., 330 ff., 349, s. auch Opioide
Herz 133 ff.
Herzaktion 134 f., 160 f.
Herzfrequenz, s. Pulsfrequenz
Herzrhythmusstörungen, s. Rhythmusstörungen
Herzzeitvolumen 134, 138
Heterosexualität 49, 281
heterozygot, Heterozygotie 355, 363 f., 368
5-HIAA (5-Hydroxyindolessigsäure) 90, 170, 303 f., 307 ff.
Hinterhauptslappen, s. Lobus occipitalis

Hinterhirn 43
Hinterhorn 39 f.
Hinterstrang, H.stränge 40, 176, 181, 185
  H.bahnen 180
  H.kerne 176, 181, 196
  H.-Leminiskus-System 180
Hinterwurzel 61, 64, 176, 181 ff., 191
Hippocampus 47, 50, 54 ff., 222 f., 279, 296, 327
Hirn, s. Gehirn
  H.anhangsdrüse, s. Hypophyse
  H.atrophie 252, 294, 303
  H.häute 65 ff.
  H.kammer, s. Hirnventrikel
  H.nerven 37, 41, 45 ff., 55, 61, 63, 104
  H.stamm 34 f., 37, 42 f., 46, 48, 50, 52, 55, 64 f., 85, 99 f., 104 ff., 121, 157 ff., 179, 184 ff., 202, 204, 208 ff., 236, 261 ff., 345 f.
  H.ventrikel 65 ff.
  H.volumen 51, 382 ff.
His-Bündel 135, 160 f.
Histamin 113 f., 133, 136, 182 f., 310
hochmolekulare Transmitter 84 f.
Hoden 119, 122 ff., 128 f., 269 ff., 288 ff., 361 ff.
  H.kanälchen 269
  H.sack 269, 275, 290
Hominiden 377 ff.
Homo (zool.) 374 ff.
  H. erectus 243, 374 ff.
  H. habilis 374 ff.
  H. neanderthalensis 380, 390
  H. rudolfensis 377, 387 ff.
  H. sapiens 374 ff.
  H. sapiens neanderthalensis 380, 390
  H. sapiens sapiens 380, 390, 396
homologe Chromosomen 355
homologe Organe 290
Homosexualität, Homosexuelle 280 ff.
Homovanillinsäure (homovanillic acid, HVA) 90, 170, 295, 297
Hörbahn 46, 49, 55, 64, 229
Horizontalschnitt 35 f., 39, 66
Hormone 98 ff.
  Gewebsh. 113 f., 132, 183
  glandotrope H. 114 f., 224 f.
  klassische H. 113 f.
  nicht-glandotrope H. 114 f., 122, 124 f.
  Peptidh. 114, 249
  Steroidh. 15, 114, 120, 130, 244, 291
Hormonsystem 98 ff., 311
Horrortrip 344
5-HT (5-Hydroxytryptamin), s. Serotonin
5-HT-Rezeptoren 87, 89, 304, 314, 319, 341, 349
Human chorionic gonadotropin, s. HCG
Huntington-Krankheit, s. Chorea Huntington
Huxley, T. 376
6-Hydroxydopamin 169
5-Hydroxyindolessigsäure (5-hydroxyindoleacetic acid), s. HIAA
5-Hydroxytryptamin, s. Serotonin
5-Hydroxytryptophan (L-5-Hydroxytryptophan) 32, 87, 91, 267, 310
Hydrocephalus 68
Hyperkortisolismus 121, 305
Hyperparathyreodismus 117
Hyperpolarisation 77, 79, 82, 86, 94 f., 326, 342
Hypersomnien 266, 268
Hyperthyreose 117, 302
Hypertonie 137, 250, 257
Hyperventilation, H.syndrom 141

Hypnotika 267, 341, s. auch Sedativa
Hypofrontalität 232, 297 ff.
Hypofrontalitätshypothese der Schizophrenie 231, 295 ff.
hypoglykämisches Koma 298
hypophysärer Zwergwuchs 123
Hypophyse 48, 84, 113 ff., 126 ff., 291, 303 ff., 362
Hypophysenhinterlappen (Neurohypophyse) 49, 121, 254 ff., 327
Hypophysenvorderlappen (Adenohypophyse) 49, 112 ff., 120 ff., 305
Hypothalamus 39 ff., 48 ff., 98 f., 107 f., 112 ff., 120 ff., 168, 185 ff., 246 f., 254 ff., 262 f., 277 f., 296, 305, 331
Hypothyreose 117, 305

Ichstörungen 293
identische Reduplikation 22, 352, 357
Ileum 142, 149 ff., 245
Imipramin 309 ff.
Impotenz, s. erektile Dysfunktion
INAH 281
Induratio penis plastica 272
inferior 35
Inhibiting-Faktoren (Inhibiting-Hormone) 113 f., 121 f., 125, s. auch GIH, SI
inhibitorisches postsynaptisches Potential, s. IPSP
innere Genitalien 274 f., 362
In-situ-Hybridisierung 172
Insomnien 266 ff.
Insulin 116, 132, 246, 258
Insulin-Koma-Therapie (Insulinschock) 298
Interphase 357
Intersexualität 290
intrakranielle Selbstreizung 317 f.
intramurales Nervensystem 100, 107
Ionenkanäle 15 f., 76 f., 92 f., 195, 326
Ionenkanal-gekoppelte Rezeptoren 79 f.
IPSP (inhibitorisches postsynaptisches Potential) 77 ff.

Javamensch 396
Jejunum 142, 149 f., 245

Kainatsäure 169
Kalium-Argon-Methode 385
Kapillaren 31 f., 68 ff., 134 f., 138, 149, 254
Kardiomyopathie (alkoholische) 329
Karotissinus, K.reflex 137
Karyogramm 356, 359
Karyotyp, K.symbolik 355, 363
Kastration 129, 270, 277
Katatonie, katatone Symptome 293, 298
Katecholamine 87, 89, 91, 115, 118 ff., 137, 306
Katecholaminhypothese affektiver Störungen 306
Kationen 75
kaudal 33
Kaudatum, s. Nucleus caudatus
Keimdrüsen 114, 124 ff., 288, 362
Keimzellen 18, 269, 274, 282, 355 ff., 369
Kern 17 ff., 37, 116, 264, 277 ff., 317, 352, 357
  K.membran 18, 24
  K.spindeln 24, 357
Kernspintomographie 152 ff., 229, 241, 294
Ketamin 348
Khat 334
K-Komplexe 158, 258
Klasse (zool.) 378

klassische Konditionierung 213 ff., 217
Kleinhirn, s. Cerebellum
Klinefelter-Syndrom 362 f.
Klitoris 275, 282, 288 ff.
Kloakentiere 378
Klüver-Bucy-Syndrom 280
kodominant, Kodominanz, s. Vererbung
Kodon 21, 24, 353
Koexistenz (von Transmittern) 83
Koffein 93, 115, 316, 319, 334 f.
Kokain 90, 93, 109, 111, 247, 297, 302, 307 f., 316, 319 f., 333 ff., 349
   Abhängigkeit 335
   K.embryopathie 287
   Entzugsymptomatik 336
   K.hydrochlorid 334
   Mißbrauch 336
   K.psychosen 297
   Toleranz 336
   Wirkmechanismen 333 ff.
   Wirkungen 333 ff.
Kollaterale 27, 64, 101, 179 ff., 196 ff., 198, 208, 214, 262 f.
Kolon 142, 150 f.
Kommissuren., K.fasern 52, 54, 238
Kommissurotomie 239 ff.
konditionierte Gegenreaktion 320 ff.
Konditionierung 144, 213 f., 217, 219 ff., 321, 335
Konduktor(inn)en 368 ff.
kongenitale virilisierende adrenale Hyperplasie 131, 290
Konsolidierung 220 ff., 232
Konsolidierungsstörungen 220 ff., 226
kontinuierliche Erregungsausbreitung 96 f.
Konvergenz 178, 187 f.
Kopulation 272, 278
Koronarschnitt 35
Korotkow-Geräusche 162
Korsakow-Syndrom 220, 226, 329
Kortex, (Cortex) 41 f., 55 ff., 200 f., 229 ff.
   Assoziationsk. 52, 229 ff.
   Aufbau 50 ff.
   Einteilung 56 ff.
   motorischer K. 52, 200 f.
   Neok. 55 f.
   Palaeok. 55 f.
   sensorischer K. 53
Kortikoide, K.steroide 118 f.
Kotransmitter 83, 185
kranial 33
Kreuztoleranz 322, 349
kryogene Blockade 168
Kurzzeitgedächtnis, s. Gedächtnis

Labia maiora 275, 290
Labia minora 275
Laetoli 385, 387
Laktase 150
Laktoseintoleranz 150 f.
Lamarck, J.B. 374
Langzeitgedächtnis, s. Gedächtnis
Langzeitpotenzierung 224 f.
Lappen (Hirnlappen), s. Lobus
Läsionsmethoden 168 f., 229
lateral 33
laterales präoptisches Areal 255 f., 263, 267
Lateralisation 238 ff.
L-Dopa 32, 87, 91, 172, 206, 297

Leber 24 f., 115 ff., 132, 136, 142, 147 ff., 187, 245 ff., 272, 325, 328 f.
Leberzirrhose 150, 272, 328 f.
Lee-Boot-Effekt 278
Leitfossilien 386
Leminiscus lateralis 55
Leminiscus medialis 44, 55, 176, 179 ff.
Leptin 250 f.
Lernen 214 ff., s. auch Habituation, klassische Konditionierung, Sensitivierung
Leukotomie 60, 169, 298, 315
Leydigsche Zwischenzellen 129, 269
LH (luteinisierendes Hormon) 122 ff., 128 ff., 283, 291
Lichttherapie 309, 312
Liganden 72, 81 ff., 89 ff., 103, 108 ff., 171, 304, 332, 342 ff.
limbischer Lappen 58
limbisches System 57 ff., 296 f.
Linné, C. (Linnaeus) 374, 378, 380
Linnésches Klassifikationssystem 378 ff.
lipostatische Theorie 248
Liquid Ecstasy 350
Liquor (cerebrospinalis) 31, 65 ff., 90, 141, 170, 295, 303 ff.
Liquorgängigkeit 32, 87, 91, 110, 170
Liquorräume 40, 65, 68, 153
Lithium, L.salze 80, 93, 312
L-Methadon, s. Methadon
Lobotomie 53, 169, 185, 189, 298
Lobus 52
   L. frontalis 52
   L. occipitalis 52
   L. parietalis 52 f., 231
   L. temporalis 52, 229
Locus coeruleus 37, 45, 262 f., 328, 332
long-term potentiation, s. Langzeitpotenzierung
Löschung 213
lösliche Gase 84
LSD (Lysergsäurediäthylamid) 316, 319, 322, 348 f., s. auch Halluzinogene
L-Tryptophan, s. Tryptophan
L-Tyrosin, s. Tyrosin
Lubrikation 275 ff.
"Lucy" 377, 387
Lutealphase 128, 285
luteinisierendes Hormon, s. LH
Lysergsäurediäthylamid, s. LSD
Lysosomen 17

M. (Abkürzung für Musculus; s. dort)
Magen 26, 108, 111, 120, 132 f., 142, 144 ff., 187, 199, 245, 249, 251, 258, 324 ff.
Magersucht (nervöse Magersucht), s. Anorexia nervosa
Magnetenzephalographie, s. MEG
Magnetresonanztomographie (MRT), Magnetic resonance imaging (MRI), s. Kernspintomographie
Mammalia 378
Manie 292, 301 f., 306 ff., 312, s. auch affektive Störungen
   biologische Befunde 303 ff.
   biologische Erklärungsansätze 308 f.
   biologische Therapie 309 ff.
   primäre M. 302
   Prophylaxe 312 f.
   sekundäre M. 302
manisches Syndrom 302

MAO (Monoaminoxidase) 90, 92 f., 307
MAO-A 311
MAO-B 340
MAO-Hemmer 90, 93, 268, 273, 306 ff.
Marihuana, s. Cannabinoide
Marker X-Syndrom 361
Martin-Bell-Syndrom 361
Massa intermedia 48
MDMA, s. Ecstasy
Mechanorezeptoren, M.sensoren 179 f.
medial 33
mediales präoptisches Areal 277, 279 f.
Medianschnitt 35
Medulla oblongata 37 ff., 55, 85, 107 f., 136 ff., 175 f., 178 ff., 196, 202 ff., 246, 261 ff., 287
Medulla spinalis, s. Rückenmark
Meerrettich-Peroxydase 173
MEG (Magnetenzephalographie) 158, 229
Meiose 285, 351, 356 ff.
Meiosestörungen 359, 362
Meissner-Körperchen 179
Meissnerscher Plexus 100
Melanotropin 123 f.
melanozytenstimulierendes Hormon 123
Melatonin 49, 123, 132, 264, 267, 341
Membranpotential 74 ff., 89, 95
Mendel, G. 351, 365 ff.
Mendelsche Regeln (Gesetze) 365 ff.
Meninx, Meningen, s. Hirnhäute, Rückenmarkshäute
Menschenaffen 42, 376 ff.
Menstruationszyklus 128 ff., 276 ff., 291
MEOS (microsomal ethanol oxidizing system) 325, 327
Meprobamat 87, 341 f.
Merkel-Zellen 179
Mesencephalon 41, 66, 317, 338
Meskalin 319 ff., 348 f., s. auch Halluzinogene
mesolimbische Bahnen 47, 295 ff.
mesotelencephale Bahnen 316 ff.
mesotelencephales Belohnungssystem 316 ff.
messenger-RNA, s. m-RNA
metabolische Toleranz 320, 327
Metaphase 356 f.
Metencephalon 43
Methadon 85, 93, 330, 333, s. auch Opioide
Methamphetamin 348, s. auch Psychostimulantien
Methaqualon 341 f.
Methoden der biologischen Psychologie 152 ff.
Methoxyamphetamine 350, s. auch Psychostimulantien
3-Methoxy-4-Hydroxy-Phenylglycol, s. MHPG
Methylendioxyamphetamine 350
3,4-Methylendioxy-N-methylamphetamin, s. Ecstasy
Methylphenidat 334
MHPG (3-Methoxy-4-Hydroxy-Phenylglycol) 32, 90, 170, 304, 307, 309
microsomal ethanol oxidizing system, mikrosomales alkoholoxydierendes System. s. MEOS
Mikrodialyse 170, 317
Mikrotubuli 28
„Milleniumsmensch" 386
Mineralokortikoide 114, 119 ff.
Minussymptomatik 231, 298 f.
Miosis 330 f.
"missing link" 376 ff.
Mitbewegungen 57, 202, 296
mitochondriale DNA, s. mt-DNA

Mitochondrien 17, 26, 193, 352, 391
Mitose 22, 351, 356 ff.
Mittelhirn, s. Mesencephalon
„Mittelhirntier" 210
Moclobemid 311
„molekulare Uhr" 383
molekulargenetische Methoden 351, 383
Mongolenfalte 360
Mongolismus, s. Down-Syndrom
Monoamine 87 ff., 306 ff., s. auch Adrenalin, Dopamin, Noradrenalin, Serotonin
Monoaminhypothesen affektiver Störungen 306 ff.
Monoaminoxidase (Monoaminoxydase), s. MAO
Monosaccharide 148, 245
Monosomie 359, 361 f.
monosynaptische Reflexe 181, 190, 196, 199, 209, 212, 214
Morbus Cushing 221
Morbus Recklinghausen 371
Morgentief 301
Morphin (Morphium) 46, 83 ff., 185, 316 f., 330 ff.
Mosaikmuster 359 ff.
motorische Aphasie, s. Brocasche Aphasie
motorische Einheit 190 f., 197
motorische Endplatte 194
motorischer Homunculus 52 f., 200
MRI (magnetic resonance imaging), s. Kernspintomographie
m-RNA (messenger-RNA) 18, 21, 24, 172, 352 f.
MRT (Magnetresonanztomographie), s. Kernspintomographie
MSH (melanozytenstimulierendes Hormon) 122 ff., 132
mt-DNA (mitochondriale DNA) 352, 391 ff.
Mukoviszidose 370, 373
Müllerscher Gang 288, 290
multiple Sklerose 31
Muskarin 31
muskarinerge (muskarinische) Acetycholinrezeptoren 81, 91 f., 100, 104, 110 ff., 138, 165, 194, 224, 310, 337
Muskel (musculus) 116, 174, 181, 190 ff.
M.atrophien 370
Aufbau 190 ff.
M. bulbocavernosus, M. bulbospongiosus 273
M.dehnungsreflex 196
M.dystrophien 372
M.eigenreflex 197 ff.
M.faser 190, 195
M. quadriceps femoris 191, 197
M.spindeln 180 f., 191, 196 ff., 212
Mutterkornalkaloide 233
Myasthenia gravis 195
Mydriasis 111, 349
Myelencephalon 43
Myelin, M.scheide 29 ff., 36 f., 50, 54, 96 f., 159, 179, 183, 193, 287
Myelinisierung 287
Myofibrillen 193 ff.
Myosin 193

N100-Welle 159
Nachhirn 43
Naloxon 332
Naltrexon 329
Narkolepsie 268
Narkotika 331
Natrium-amytal-Test 169

Kalium-ATPase 77
Kalium-Pumpe 75 ff., 95, 97, 245
Nebenhoden 269, 283, 288
Nebenniere 100 ff., 109 ff., 118 ff., 246, 278, 337
  N.mark 89, 100 ff., 108 ff., 118 f., 136 ff., 246, 337
  N.rinde 49, 113 ff., 119 ff., 128 f., 254, 277 ff., 290 ff.
Nebenschilddrüse 116 f.
negative Verstärkung 324
Negativsymptomatik 232, 293 f., 345
Neglect 232
Neocerebellum 45
Neokortex 50, 55 ff., 223
Nerv, Nervus
  Aufbau 27 ff.
  N. abducens 63 f.
  N. accessorius 65
  Nn. craniales 63, s. auch Hirnnerven
  Nn. erigentes 107, 272
  N. facialis 64, 104
  N. glossopharyngeus 65
  N. hypoglossus 65
  N. ischiadicus 37
  N. laryngeus recurrens 65
  N. maxillaris 64
  N. oculomotorius 47, 63 f., 104, 166
  N. olfactorius 63
  N. opticus 46, 64
  N. pelvinus (pelvicus) 104, 106
  Nn. pudendi 272
  Nn. spinales 61 ff., s. auch Rückenmarksnerven
  Nn. splanchnici 103, 106, 176
  N. statoacusticus 46, 64
  N. trigeminus 64, 180, 182, 184
  N. trochlearis 47, 63 f.
  N. vagus 63, 65, 101, 104, 106 f., 135 ff., 142 ff., 176, 187
  N. vestibulocochlearis 45, 64
Nervensystem 27 ff., 33 ff., s. auch peripheres Nervensystem, Zentralnervensystem
nervöse Magersucht, s. Anorexia nervosa
Netzhaut 46, 64, 167, 174 f., 239 ff., 264
Neuralplatte 286
Neuralrohr 43, 286
Neurit 27
neuroanatomische Techniken 172
neuroendokrines System, s. Hormonsystem
Neurofibrillen 28, 227
Neurofibromatose 371 ff.
Neuroglia, s. Glia
Neurohypophyse 49, 121, 125, 256, 273
Neuroleptika 57, 81, 83, 89, 92, 122, 156, 171, 206 f., 273, 295 ff., 312, 317
  atypische N. 299 ff.
  Einteilung 299
  klassische Neuroleptika 81, 89, 171, 299 ff.
  Nebenwirkungen 207, 299 f.
  Wirkmechanismen 207, 300
Neuron, Neurone 27 ff.
  Arten von N. 27, 61
  bipolare 27 , 176
  multipolare 27, 61, 72, 176
  N. 1., 2., 3. Ordnung 175
  primär-afferentes N. 175
  pseudounipolare 61, 176, 182
  sekundär-afferentes N. 176
  tertiär-afferentes N. 176, 179, 199
  unipolare 27, 176

Neuronendegeneration 60
neuromuskuläre Synapse 193 ff.
Neurotransmission, s. synaptische Übertragung
Neurotransmitter, s. Transmitter
Neurotubuli 28
Neuweltaffen 381, 383
Nicht-Benzodiazepinhypnotika 341
Nicotin, s. Nikotin
Nicotina tabacum 336
niedrigmolekulare Transmitter 83 f.
nigrostriatale Bahnen, n. System 46, 57
Nikotin 336 ff.
  Abhängigkeit 338 ff.
  Entzugssymptomatik 339
  N.kaugummi 336, 339
  Mißbrauch 338 ff.
  N.pflaster 336, 339
  Toleranz 338 f.
  Wirkmechanismen 337 f.
  Wirkungen 337 f.
nikotinerge (nikotinische) Acetylcholinrezeptoren 81, 83, 91, 103 f., 108, 118, 194, 337
Nimodipin 233
Nissl-Färbung 172
Nitrosamine 340
NMDA, NMDA-Rezeptor 86, 225, 325, s. auch Glutamatrezeptor
N-Methyl-D-Aspartat, s. NMDA
NMR (nuclear magnetic resonance), s. Kernspintomographie
NO (Stickstoffmonoxyd)84, 272
non-disjunction 359, 362
non-REM-Schlaf 259, 262
Nootropika 233
Noradrenalin 87 ff., 304 ff., s. auch noradrenerges System
  Agonisten 307
  Antagonisten (N.antagonismus) 312
  Inaktivierung 89 f.
  N.mangelhypothese der Depression 306
  N.rezeptoren 89, 103 f., 304, 308, 312
  Struktur 87 f.
  Synthese 87 f.
noradrenerges System 45, 87 ff., 304 ff.
  anatomische u. physiologische Eigenschaften 45, 87 ff.
  Veränderung bei psychischen Störungen 304 ff.
Nozizeption 106, 182 ff.
Nozizeptoren 103, 106, 175 f., 180 ff., 199
nozizeptive Bahnen 184
nozizeptives System 182 ff.
NREM-Schlaf, s. non-REM-Schlaf
nuclear magnetic resonance-Tomographie, s. Kernspintomographie
Nucleus (Nucl.) 18, 35, 46 ff., 122 f., 169 f., 204 ff., 262 ff.
  Nucl. accumbens 61, 85, 169 f., 295 f., 298, 317, 322 ff., 328 ff., 335 ff., 344
  Nucl. anterior thalami 49, 58
  Nucl. basalis Meynert 223, 227, 317
  Nucl. caudatus 37, 56 ff., 169, 205, 295, 314 f.
  Nucl. lenticularis (lentiformis) 56
  Nucl. pallidus, s. Pallidum
  Nucl. paraventricularis 122, 125, 247
  Nucl. raphe 44 ff., 185, 263
  Nucl. ruber 37, 46, 57, 204 f., 208 ff.
  Nucl. suprachiasmaticus (supraopticus) 122, 125, 262 ff.
  Nucl. ventromedialis 247

Nukleosid 18
Nukleotid 18, 21 f., 352 f.
Nukleotidbasen 18, 21, 24
Nukleus (Kern) 18
numerische Chromosomenaberrationen 359 ff.

Oberflächensensibilität 174
OB-Protein 250
obsessive-compulsive disorder (OCD), s. Zwangsstörung
Olduvaischlucht 377
Oozyten 233, 357
operantes Lernen 213
Operatorgene 26
Opiate, s. Opioide
Opiatantagonisten 332
Opioide 46, 82 ff., 183 ff., 317 ff., 330 ff.
  Abhängigkeit 332 f.
  Arten von O. 330
  Entzugsymptomatik 332 f.
  Mißbrauch 332 f.
  O.rezeptoren 331 f.
  Toleranz 332 f.
  Wirkmechanismen 331 f.
  Wirkungen 330 f.
Opium 330
Orang-Utan 379, 382 ff., 395
orbital 34
Orbitalhirn 53, 241
Orbitalhirnsyndrom 232
Orchidektomie 277
Ordnung (zool.) 378 ff.
Organellen 17, 22, 27, 80
Organum vasculosum laminae terminalis 255
Orgasmus, O.phase 271 ff.
Orgasmusstörungen 273, 276
orgastische Manschette 275
Osmolarität 122, 253 ff.
Osmorezeptoren, O.sensoren 122, 255
Ösophagus 142, 144 f., 150, 190, 328 f.
Ösophagusvarizen 150, 328
Östradiol 114, 128 ff., 278 ff.
Östriol, Östrion 130
Östrogene 128 ff., 277 ff.
Ovar 124, 130 f., 274 ff.
Oviduktrepressor 288, 363
OVTL (Organum vasculosum laminae terminalis) 255
Ovulation 130, 283 ff.
Ovulationszyklus 278
Oxytocin 49, 125, 273

P300-Welle 159
Pacini-Körperchen 179
Palaeocerebellum 45
Palaeocortex (Paläokortex) 55 f., 60
Pallidum (Globus pallidus) 48, 56 f., 205 ff.
Panikanfall (Panikattacke) 45, 84, 232
Pankreas 113 ff., 132, 142, 146 ff., 245, 370
Papilla duodeni maior (Vateri) 146 ff.
paradoxer Schlaf 259
Parahippocampus 60
Paranthropus 388
Parasomnien 266
Parasympathicus, parasympathisches Nervensystem 91, 98 ff., 337
parasympatholytisch, Parasympatholytika 92, 108 ff., 111, 138, 165, 348
parasympathomimetisch, Parasympathomimetika 100, 110 f.
Parathormon 117 f.
Parkinson-Krankheit 32, 227, 296
Parkinson-Syndrom (Parkinsonoid) 46, 57, 203, 207, 299 f.
p-Arm 361
Pätau-Syndrom 360
Patient H.M. 222 ff.
Patella 191
Patellarsehnenreflex 99, 190, 197
Pavor nocturnus 266
Pawlow, I. 144, 213 ff.
peak expiratory flow rate 167
Pekingmensch 377, 389
Penetranz 303, 364, 369
Penis 93, 129, 271 ff., 288 ff., 362
Peptide 23 f., 28, 32, 83
Peptidhormone 114, 249
Peptidtransmitter 83 f., 112, 185
  Inaktivierung 85
  P.rezeptoren 85
  Struktur 84
  Synthese 84
periaquäduktales Grau 46, 185 f., 331
peripheres Blutvolumen 163
peripheres Nervensystem (PNS) 38
"permissive"-Hypothese 304, 309
PET (Positronenemissionstomographie) 152 ff., 173, 229 ff., 241, 294
Peyote-Kaktus 349
Phallus 290
Phän 351 ff., 363 f.
Phänotyp 351 ff., 359, 363
Phencyclidin 348
Phenothiazine 296, 299 f.
Phenylalaninhydroxylase 370
Phenylbrenztraubensäure 369 f.
Phenylketonurie (PUK) 364, 369 f., 373
Pheromone 277 ff.
Phosphodiesterase 80, 93, 109, 115, 272, 335
Phospholipide 15, 27
Phosphorsäure (Phosphat) 18, 352
Pia mater 31, 65, 68
Pilocarpin 100, 110 f.
Piracetam 233
Pithecanthropus erectus 377, 389
PKU, s. Phenylketonurie
Plazenta 285
Plethysmographie 163
Plexus chorioidei 68
Plexus submucosus 100, 142
Plussymptomatik 298, 345
PNS. s. peripheres Nervensystem
Polkörper 285, 357
Polyneuropathie 31, 197, 272, 329
Polynukleotidkette 352
polysynaptische Reflexe 199
Pongiden 382 ff., 395
Pons 41 ff., 66, 108, 262, 287
Positivsymptomatik 298, 345
Positronenemissionstomographie, s. PET
posterior 35
PQ-Strecke 161
Praeputium 271
präfrontaler (Assoziations)kortex 53, 201 f., 210, 229 ff., 294, 296 ff., 314
präfrontale Leukotomie 169
Präkursoren 32, 91
prämotorischer Kortex 52, 201 f., 204, 210, 229 ff.

prämotorisches Areal 201 f.
präsynaptische Autorezeptoren 80, 91 f., 108, 310
präsystemische Elimination 325
Pressorezeptoren 136, 255
primär-afferentes Neuron 175 ff.
primäre Geschlechtsmerkmale (Geschlechtsorgane) 288
primär-motorischer Kortex 52 ff., 200 ff., 210 f., 229, 237
primär-sensorischer Kortex 229
primär-somatosensorischer Kortex 53, 178
Primaten 58, 243, 278, 374, 377 ff.
Primordialfollikel 283
Primordialgonade 288
Primärfollikel 283
Produktivsymptomatik, s. Plussymptomatik
Progesteron 114, 128 ff., 280, 285
Prolaktin 122 ff., 131, 276
Propriosensoren (P.zeptoren) 180 f., 190 f., 208
Prosencephalon 43
Prosimae 381
Prosodie 235
Prostaglandine 113, 133, 183, 189
Prostaglandinsynthesehemmer 146, 183, 189
Prostata 129, 133, 270 ff., 283, 288, 291
Proteine 17 ff., 23 ff., 74 ff., 86, 114 ff., 145 ff., 171, 173, 217, 246, 253, 264, 352 ff., 383
proximal 35
Pseudohalluzinationen 349
Pseudohermaphroditismus 291
Psilocin 348 f., s. auch Halluzinogene
Psilocybe mexicana 348 f.
Psilocybin 348 f., s. auch Halluzinogene
Psychedelika, psychedelisch 319, 348, s. auch Halluzinogene
psychische Abhängigkeit 323
Psychochirurgie 167, 315
psychogalvanische Reaktion s. SCR
Psychostimulantien 307, 316 ff., 333 f., 350
   Abhängigkeit 335 f.
   Arten von P. 334
   Entzugsymptomatik 335 f.
   Mißbrauch 335 f.
   Toleranz 335 f.
   Wirkmechanismen 334 f.
   Wirkungen 334 f.
psychotische Symptome 301, 310 ff., 333 f., 345 ff.
psychotrope Substanzen 316 ff.
Pubertät 129 f., 251, 269, 282 f., 288 ff.
Pulsfrequenz 107 ff., 134 ff., 162, 259, 335 ff.
Pulswelle 163
Pulswellengeschwindigkeit 162 f.
Pupillenreaktion 166
Pupillometrie 166
Purinbasen 18, 352
Putamen 56, 205 f., 314
P-Welle 135, 161
Pyramidenbahn 37, 44 ff., 200 ff., 229, 287
Pyrimidinbasen 18, 352

q-Arm 356
QRS-Komplex 135, 161
Quetelet-Index 250 f., s. auch Body-Mass-Index (BMI)

Radiocarbonmethode 385
Radix 35, 61
   anterior (ventralis) 61
   posterior (dorsalis) 35, 61

Ranviersche Schnürringe 29, 97
Raphe-Kerne 44 ff., 185, 263
RAS, s. ARAS
räumliche Summation 94
Rautenhirn 43, 287
Rebound-Phänomen 322, 336
(5-alpha-)Reduktasemangel 282, 290
Reduktionsteilung 284, 359
Reflex 107, 144, 151, 196 ff., 214, 273
   R.bogen 106 f., 181, 196, 214
   Fluchtr. 184, 199, 212
   gekreuzter Streckr. 199
   Muskeleigenr. 197 ff., 212
   Muskeldehnungsr. 196
   monosynaptischer R. 181, 190 ff., 199, 209, 212 ff.
   polysynaptischer R. 184, 190, 195, 199, 209, 214
Refraktärphase 273, 276
Reifeteilung 285 f., 357 f.
Rekombination 358
Releasing-Hormone 123, 125
REM (rapid eye movements) 166, 260 ff.
   REM-Induktion (cholinerge) 260 ff., 305
   REM-Latenz 260 f., 305
   REM-Phasen 166, 260 ff., 306, 311, 342
   REM-Schlaf 259 ff.
   REM-Schlafentzug 265
Renin 132, 137, 256
Renin-Angiotensin-System 137, 255 ff.
Repressoren, Repressorgene 26
Reserpin 92, 110, 298, 306 f.
Residualsyndrome 294
Resorption 26, 68, 117 f., 120, 137, 148 ff., 245, 254 ff., 325, 336
Resorptionsverlust 325
respiratorische Alkalose 141
respiratorische Sinusarrhythmie 162
Restriktionsendonukleasen 353
retikuläres Aktivierungssystem, s. ARAS
retrograde Amnesie, s. Amnesie
Reuptake 83, 89 ff., 103
Reuptake-Hemmung, Reuptake-Hemmer 90 ff., 111, 247, 307, 309 ff., 350
Rezeptor, Rezeptoren 79 ff.
   Arten von R. 79 f.
   R.blocker, R.blockade 83
   R.bindungsstudien 156, 171, 295 ff., 303 ff.
   G-Protein-gebundene R. 89, 93, 97 f., 112, 115, 217, 220, 312, 345, 353
   Ionenkanal-gebundene R. 79, 86, 92, 342
Rhinencephalon 41, 57
Rhombencephalon 43
Ribonukleinsäure (RNA) 18, 21, 352
Ribosomen 17 ff., 115, 352 ff.
Riechhirn 41 f., 54 ff., 222
Riesenwuchs 123, 129
Rigor 57, 296
ringsubstituierte Amphetamine 350
Riva-Rocci, s. Blutdruckmessung
RNA (Ribonukleinsäure) 18, 21, 24, 172, 352
RNA-Polymerase 24
RNS, s. RNA
Röntgenaufnahmen 153 f.
Rot-Grün-Blindheit 372 f.
RR-Intervall 162, s. auch Elektrokardiogramm (EKG)
Rückenmark (Medulla spinalis) 39 ff., 61 f.
   Aufbau 39 ff.
   R.häute 65
   R.nerven, s. Spinalnerven

Rudolfsee 377, 389
Ruffini-Kolben (R.-Körperchen) 179
Ruhepotential 28, 74 ff., 94

Sagittalschnitt 35
saltatorische Erregungsleitung 97
Samen 270 ff.
  S.bläschen 270 ff., 283, 291
  S.leiter 270, 274, 288
Sarkolemm 193, 195
Sarkomer 193
Satellitenzellen 29 f., 286
Sattheitszentrum, Sättigungszentrum 246 ff.
Säugetiere 39, 212, 378 ff.
Schädel-Hirn-Traumen 224, 227
schädlicher Gebrauch 322
Schamlippen 275, 288 ff.
Scheide, s. Vagina
Scheitellappen, s. Lobus parietalis
Schilddrüse 49, 113 ff., 122 ff., 128
Schilddrüsenhormone 114 ff.
Schimpanse 376 ff.
Schizophrenie 292 ff.
  biologische Befunde 294 f.
  biologische Erklärungsansätze 295 ff.
  biologische Therapie 298 ff.
  Symptomatik 292 f.
  Unterformen 293
  Vererbung 294
  Verlauf 293 f.
Schizotypie, schizot. Persönlichkeitsstörung 232
Schlaf 44, 86, 91, 132, 152, 157 f., 166, 258
  S.anfälle 268
  S.diagramm 259
  S.entzug 264 f., 309 f.
  S.mittel, s. Hypnotika
  S.mohn, s. Papaver somniferum
  NREM-S., non-REM-S. 259, 262
  restaurative Funktion 265 f.
  S.spindel 158, 258
  S.störungen 87, 244, 261, 266, 301, 306, 322, 339 ff.
  S.theorien 265 f.
  S.zentrum 262 f.
Schlaganfälle 70, 235 f., 250
Schlagfrequenz, s. Pulsfrequenz
Schlagvolumen 134 ff.
Schmerz 182 ff.
  „Schmerzbahnen" 44, 49, 182 ff., 331, 348, s. auch nozizeptives System
  S.gedächtnis 188
  heller S. 183
  langsamer S. 31, 184
  S.mittel 188
  S.therapie 188 f., 331
Schwangerschaft 131, 283 ff., 297, 343, 370
Schweißdrüsen 100 f., 104, 111 f., 164 f.
Schwelleneffekt 364
Schwellkörper 271
SCL (skin conductance level) 164 f.
Scopolamin 111, 224
SCR (skin conductance reaction) 164 f.
Scrotum 269, 275, 290
SDN (sexuell dimorpher Nucleus) 277, 279
second messengers 80, 115, 217
  second-messenger-Prozesse 115, 217, 310 ff., 335
  second-messenger-gekoppelte Rezeptoren 80, 112

Sedativa 341 ff., s. auch Benzodiazepine
Sedierung 310, 318 f., 326, 331, 338 ff., 344
Sehnenrezeptoren 191
Seitenventrikel 66
Sekretionsphase 285
selektive Serotonin-Reuptake-Inhibitoren (SSRI), selektive Serotonin-Wiederaufnahmehemmer 255 f., 309 ff.
senile Plaques 227
Sensitivierung 92, 213 ff., 335
Sensor 71, 106 f., 174 ff., 216, 255 f., 277 ff.
sensorisch evozierte Potentiale 158
Septum 58, 60
serotonerges System 44, 78 ff., 303 ff., 313 ff.
  anatomische u. physiologische Eigenschaften 44, 87 ff.
  Veränderung bei psychischen Störungen 254 f., 303 ff., 313 ff.
Serotonin 44, 307 ff., s. auch serotonerges System
  Agonisten 247, 307, 309 ff., 348
  Inaktivierung 89 f.
  S.hypothesen psychischer Störungen 306 ff., 314 f.
  S.mangelhypothese der Depression 306 ff.
  S.präkursoren 267
  S.rezeptoren, s. 5-HT-Rezeptoren
  Struktur 88
  Synthese 87
  Wiederaufnahmehemmung 90, 252, 273, 309 ff., 315
Setpoint, Setpointheorien 250
Sexualität sexual sexuell 129, 269 ff.
  s.-dimorpher Kern (Nucleus) 277 ff.
  S.dimorphismus 287
  S.hormone 128 ff., 276 ff.
  s. Funktionsstörungen 269 ff., 273 ff.
  s. Funktionszyklus 269 ff., 273 ff.
  S.lockstoffe, s. Pheromone
  Orientierung 269
  Präferenz 269
  Regulation des S.verhaltens 276 ff.
  S.zentren 276 ff.
Signaltransduktion, s. auch second-messenger-Prozesse
Sildenafil (Viagra) 93, 272
Simiae (Affen) 381
Single Photon Emission Computerized Tomography, s. SPECT
Sinnesorgane 174
Sinnesrezeptor, s. Sensor
Sinusknoten 135, 160
skin conductance, s. EDA
skin conductance level, s. SCL
skin conductance reaction, s. SCR
Sollwert, Sollwerttheorien 124 ff., 160, 247 ff.
Somatoliberin 123
somatotopisch 52 f., 178, 200 f.
Somatosensorik, somatosensorisch 174 ff.
  s. Homunculus 53, 178, 200
  s. System 174 ff.
Somatostatin 123, 132, 249
Somatotropin, s. STH
Spaltungsgesetz 366
spannungsabhängige Natriumkanäle 94
Spätdyskinesien 296 ff.
SPECT (single photon emission computerized tomography) 152 ff.
Sperma, Spermien 122 ff., 269 ff., 290 f., 355 ff.
Spermatogonien 282, 357
Spermatozoen 282 f.

Sphygmomanometrie 162
spikes and waves 158
Spinalganglion 38 ff., 61 ff., 176, 182
Spinalnerven (Rückenmarksn.) 39, 61 ff.
Spinnwebhaut, s. Arachnoidea
Split-Brain-Operationen 241 f.
Spontan-EEG 157 f.
Spontanfluaktionen (der EDA) 165
Sprache 39, 54, 80, 208, 228 ff., 293, 342, 390 ff.
SSRI, s. selektive Serotonin-Reuptake-Inhibitoren
Stammbaum des Menschen 376, 384, 393
Stammganglien, s. Basalganglien
Steinheim-Mensch 391
Stellreflexe 46, 99, 209 f.
Stereoagnosie 231
stereotaktische Operationen 168 f., 315
stereotaktischer Atlas 168
Sterilisation 270
Steroidhormone 114, 120, 130, 244, 291
STH (Somatotropin; somatotropes Hormon) 122 f., 132
Stickoxid 84
Stimulationsverfahren 167 f.
Stirnhirnsyndrom 53, 232
Stirnlappen, s. Lobus frontalis
Streifenkörper, s. Striatum 205 ff., 296 ff.
Streß 119, 145, 227, 281
Striatum 46, 57, 89, 205, 296, 314
Strukturgene 26
ST-Strecke 161
Subarachnoidalblutung 68
Subarachnoidalraum 31, 65 f., 170
Subcutis 165 f., 179
Subfornikalorgan 255 f.
subkaudale Traktotomie (Subkaudatumtr.) 169
Substantia nigra 46, 56 f., 203, 206 f., 296
Substanz P 84, 183, 185
Sulcus 51 ff., 200, 303
Sulcus centralis 51 ff., 200
superior 35
Superweibchen 362
supplementär-motorisches Areal 201 f.
sympathisches Nervensystem, Sympathikus 37, 40, 98 ff., 125
Sympatholytika, sympatholytisch 110
Sympathomimetika, sympathomimetisch 108 ff., 335, 337, 345
Synapsen 71 ff.
  Aufbau 72
  chemische S. 72 ff.
  elektrische S. 72
  erregende S. 78
  hemmende S. 78
synaptische Übertragung 71 ff.
Synästhesien 349
System Hypothalamus-Hypophyse-Nebennierenrinde 115, 121, 252 f., 281, 303 ff., 324
Systole 134 f.

T3/T4 114, 117, 124, 127 f., s. auch Schilddrüsenhormone
Tabak 336
tardive Dyskinesien, s. Spätdyskinesien
Tectum 46 f., 204
Teerstoffe 336, 340
Tegmentum 46 f., 61, 169, 296, 317, 337
Telencephalon 41 ff., 50, 255, 287, 317, s. auch Endhirn

Temperaturrezeptoren (T.sensoren) 175 f., 181 f.
testikuläre Feminisierung 130 f., 290
Testosteron 114, 128 ff., 269, 277 ff., 288 ff., 362
Tetrahydrocannabinol, s. THC
Tetrajodthyronin 114, 117
Thalamus 36 f., 41 f., 48 ff., 85, 158, 169, 176 ff., 196 ff., 297, 315, 331
THC (Tetrahydrocannabinol) 343 ff.
TGA, s. transiente globale Amnesie
therapeutische Breite 267, 342
Thermoluminiszenzmethode 385
Thermosensoren 175 f., 181 f.
Theta-Wellen 157
Thrombozytenaggregation 133, 326, 338
Thymin 18, 21 f., 24, 352 f.
Thymus 132, 195
thyreoideastimulierendes Hormon, s. TSH
Thyroxin 114, 117
Tiefensensibilität 45, 174 ff., 180
Tiefschlaf 258 f.
Toleranz 320 ff., s. auch unter einzelnen psychotropen Substanzen
  behaviorale 320 f.
  funktionelle 320 f.
  gegenregulatorische 320 ff.
  metabolische 320
  zelluläre 320
Tracing-Methoden 173
Tractus 36 f., 44, 58, 63, 180, 184, 187, 204
  T. bulbospinalis 204
  T. corticobulbospinalis 204
  T. corticospinalis 37, 204
  T. corticospinalis anterior 204
  T. corticospinalis lateralis 204
  T. rubrospinalis 204
  T. spinothalamicus 36, 44, 180, 184, 187
Tranquilizer, s. Anxiolytika, Sedativa
Transfer-RNA (t-RNA), s. RNA
Transmitter 82 ff., s. auch unter Acetylcholin, Dopamin, endogene Opioide, GABA, Glutamat, Noradrenalin, Peptidtransmitter, Serotonin
transorbitale Lobotomie 169, 298
Transporterproteine, s. Carrierproteine
Transsexualität 282
Tremor 57, 296, 327 ff.
TRH (Thyreotropin-Releasing-Hormon) 49, 117, 123 f., 127, 305
TRH-Test 128, 305
Trigeminusneuralgie 64
Trijodthyronin 114, 117
Triplo-X 356, 362
Trisomie 285, 355 ff.
  autosomale 359 ff.
  gonosomale 359, 361 ff.
  T.13 360
  T.18 360
  T.21 285, 355, 359
t-RNA, s. RNA
Tryptophan 32, 87, 91, 262 f., 328, 332
TSH (thyreoideastimulierendes Hormon) 49, 117, 122 f., 265, 305
Tube (Tuba uterina) 274, 288 ff., 361
Tubuli semniferi 269, 282
Turkana Boy 389
Turner-Syndrom, s. Ullrich-Turner-Syndrom
Typ-I-Schizophrenie 293 ff.
Typ-II-Schizophrenie 231, 293 ff., s. auch Minussymptomatik
Tyramin 311

Tyrosin 87, 91, 113 f., 117 f., 172, 369

UCR, UCS, s. Konditionierung
Ullrich-Turner-Syndrom 290, 355, 359, 362, 369
Unabhängigkeitsgesetz 367
Ungleichgewichtshypothesen affektiver Störungen 308 ff.
Uniformitätsgesetz 365
unkonditionierte Reaktion, unkonditionierter Stimulus, s. Konditionierung
unpaare Ganglien 101
Uracil 21, 24, 352
Urethra 270 f.
Urkeimdrüse 288
Urmensch 386 ff.
Urniere 288
Urnierengang, s. Wolffscher Gang
Uterus 130, 274 ff., 283 ff., 362

Vagina (Scheide) 130, 271 ff., 288 ff., 362
Vagotonie 162
Valproat, Valproinsäure 313
Vandenbergh-Effekt 279
Vas deferens, s. Ductus deferens
Vasektomie 270
Vasopressin 49, 122, 125, s. auch Adiuretin, ADH
vegetatives Nervensystem (VNS) 98 ff., s. auch Parasympathikus, Sympathikus
ventral 33
Ventrikel (Hirnkammern) 66
Ventrikelerweiterung 303
Ventrikulographie 153
ventrolaterales präoptisches Areal 262 f., 267
ventromedialer Hypothalamuskern 125, 246 f., 277, 280
Verdauung, V.system 17, 38, 98, 108, 141, 146 ff., 244 ff., 337, 370
Vererbung 364 ff.
 autosomal-dominante 364 ff., 371
 autosomal-rezessive 364 ff., 369 ff.
 Vererbungsgesetze, s. Mendelsche Regeln
 intermediäre 355, 363 f.
 kodominante 355, 363 f.
 mitochondriale 369
 X-chromosomal-dominante 371 ff.
 X-chromosomal-rezessive 371 ff.
verlängertes Mark, s. Medulla oblongata
Verstärkermodelle 324
Vertebrata 378
Vesikel 17, 82 f., 307
Viagra, s. Sildenafil
Vibrationssensoren 179
Vierfingerfurche 360
visueller Neglect 232
viszerale Sensibilität 106
Vitamin-D-resistente Rachitis 373
VNS, s. vegetatives Nervensystem
Volumensensoren 255 f.
vomeronasales Organ 277, 279 f.
Vorderhirn 43, 261 ff., 287
Vorderhorn 39, 202
Vorderseitenstrang 40, 176
Vorderseitenstrangsystem 176
Vorderwurzel 59
Vorhaut 271
Vormensch 386
Vorsteherdrüse, s. Prostata
vorzeitiger Samenerguß, s. Ejaculatio praecox
Vulva 275

Wachstumshormon, s. GH
Wachtherapie 309
Wada-Test 239
Wahn 47, 232, 293, 297, 301
Wallace, A. 375
Wassergehalt des Organismus 253
Wasserstoffbrückenbindung 19, 25, 352
Weckschwelle 259, 261
weibliche Geschlechtsorgane 273 ff.
weiche Hirnhaut, s. Pia mater
Wernicke, C. 228, 233
 W.areal 54, 235
 W.-Aphasie (Wernickesche A.) 231, 236
 W.-Geschwind-Modell 233, 236 f.
 W.-Korsakow-Syndrom 329
 W.sches Sprachzentrum 54, 235
Whiten-Effekt 278
Wiederaufnahmehemmung, s. Reuptake-Hemmung
Willkürmotorik 199, 202 f.
Wirbeltiere 378
Wisconsin-Kartensortiertest 231
Wolffscher Gang 288

X-Chromatin 356
X-Chromosom 18, 21, 355 ff., 372
X-chromosomale Vererbung, s. Vererbung
XTC, s. Ecstasy

5-Y-Muster 382, 384
Y-Chromatin 356
Y-Chromosom 18, 288 ff., 355, 361 ff., 371 ff.
Yohimbin 272

Zeitgeber 263 f., 312
Zelle 15 ff.
 Aufbau 15 ff.
 Z.flüssigkeit 15
 Z.membran 15 ff., 23, 27, 75, 115
 Z.organellen 15
zentrales Höhlengrau, s. periaquäduktales Grau
Zentralkanal 40 ff., 66, 287
Zentralnervensystem, s. ZNS
Zentromer 33, 356 f.
zerebrale Ischämien 70, 227, 236, 285
Zerebellum, s. Cerebellum
Zerfahrenheit 293
Zirbeldrüse 48 f., 132, 325
Zitronensäurezyklus 26, 86, 325
Z-Linse 240
ZNS (Zentralnervensystem) 30 ff., 55, 68, 79 ff., 99 ff., 118, 144, 156, 170 f., 196, 227, 279
Z-Scheiben 193
Zucker 18, 21, 26, 114, 120, 146, 150, 155, 245
Zuckerkrankheit, s. Diabetes mellitus
Zwangsstörungen 313 ff.
 biologische Befunde 313 f.
 biologische Erklärungsansätze 314 f.
 biologische Therapie 315
 Symptomatik 313
Zwergschimpanse, s. Bonobo
Zwischenhirn, s. Diencephalon
Zygote 18, 286, 351, 357 ff., 365
zyklisches Adenosinmonophosphat, s. cAMP
Zyklus (weiblicher) 130, 260, 283
Zytoplasma 15 ff., 21 ff., 92 f., 172, 307, 352
Zytosol 15, 17

Vom selben Autor sind im Kohlhammer Verlag erschienen

Thomas Köhler

Psychische Störungen

Symptomatologie, Erklärungsansätze, Therapie

1998. 255 Seiten
Kart. DM 29,80 / SFr 27,50 / ÖS 218.-
ISBN 3-17-015161-4
Urban-Taschenbuch, Band 469

Dieses Buch leistet eine Darstellung der wichtigsten psychischen Störungen, u.a. von Schizophrenie, Depressionen, Angststörungen und Zwangssyndromen. Ausführlich kommen neben verhaltenstheoretischen und psychoanalytischen Erklärungsansätzen biologische Entstehungsmodelle zur Sprache. In den Abschnitten über Therapie werden vor allem verhaltenstherapeutische Maßnahmen, psychoanalytische Behandlung sowie Psychopharmakotherapie dargestellt.

Rauschdrogen und andere psychotrope Substanzen

Formen, Wirkungen, Wirkmechanismen

2000. 238 Seiten
Kart. DM 35,-
ISBN 3-17-016529-1

Hier werden in kompakter Form die wichtigsten psychotropen Substanzen („Drogen") mit ihren Wirkungen und angenommenen Wirkmechanismen vorgestellt, zudem biologische und psychologische Modelle der Abhängigkeit diskutiert, schließlich ausführlich auf die Folgen chronischen Mißbrauchs eingegangen; auch Möglichkeiten der Behandlung der akuten Vergiftung, der Entzugssymptomatik und der Spätfolgen kommen zur Darstellung. Besonders eingehend besprochen werden Alkohol, Opiate (Morphin, Heroin), Sedativa, Cannabis (Marihuana, Haschisch), Halluzinogene (LSD, Meskalin, Ecstasy), Psychostimualantien (Amphetamine, Kokain) und Nikotin; einige Ausführungen werden auch zu flüchtigen Lösungsmitteln („Schnüffelstoffen") sowie „exotischen" Drogen (Betel, Kava-Kava, Khat) gemacht.

Psychosomatische Krankheiten

Eine Einführung in die Allgemeine und Spezielle Psychosomatische Medizin
3. überarbeitete und erweiterte Auflage
1995. 316 Seiten
Kart. DM 32,- / SFr 32,- / ÖS 250,-
ISBN 3-17-013041-2
Urban-Taschenbuch, Band 367

Das Buch resümiert kritisch den augenblicklichen Erkenntnisstand über psychische Anteile bei der Entstehung sogenannter „psychosomatischer" Krankheiten. Weiter werden psychologische Interventionsmethoden und ihre Wirksamkeit diskutiert. Unter anderem kommen folgende Krankheiten zur Sprache: Migräne, Spannungskopfschmerz, Hypertonie, Koronare Herzkrankheit, Asthma bronchiale, Ulcus pepticum, entzündliche Darmkrankheiten, rheumatoide Arthitis, Neurodermitis diffusa.

Affektive Störungen

Klinisches Bild, Erklärungsansätze, Therapien

1999. 158 Seiten
Kart. DM 31,- / SFr 28,50 / ÖS 226,-
ISBN 3-17-015688-8

Hier werden die klinischen Bilder von Depression und Manie beschrieben, ihre Klassifikation nach ICD und DSM behandelt sowie Angaben über Epidemiologie, familiäre Häufung und Vererbung gemacht. Ausführlich kommen Genesetheorien zur Darstellung und kritischen Bewertung, neben psychoanalytischen, lerntheoretischen und kognitiven Modellen speziell biologische Theorien. Insbesondere wird Wert darauf gelegt, die komplizierten Transmittertheorien der Depression allgemeinverständlich darzustellen. Im Kapitel über die Behandlungsmöglichkeiten werden sowohl psychologische wie biologische Therapien besprochen, bei letzteren neben der pharmakologischen Intervention auch andere Verfahren (Elektrokrampftherapie, therapeutischer Schlafentzug, Lichttherapie) dargestellt.

Freuds Psychoanalyse: eine Einführung

1995. 157 Seiten
Kart. DM 28,- / SFr 28,- / ÖS 219,-
ISBN 3-17-012728-4

Unter laufendem Bezug auf die Originalschriften Freuds werden die wichtigsten Inhalte der psychoanalytischen Theorie wiedergegeben (Theorie des Unbewußten, Trieblehre, Sexualtheorie, klinische Theorie, therapeutisches Vorgehen). Dabei wird auf eine knappe, jedoch formal korrekte und nicht simplifizierende Darstellung Wert gelegt. Ein einführender biographischer Abschnitt erleichtert die Einordnung der Theorien und Schriften in das Freudsche Gesamtwerk. In Randbemerkungen wird auch auf die psychoanalysekritische Literatur hingewiesen und einige der dort vorgebrachten Mißverständnisse korrigiert.

Anti-Freud-Literatur von ihren Anfängen bis heute

Zur wissenschaftlichen Fundierung von Psychoanalyse-Kritik

1996. 179 Seiten
Kart. DM 38,- / SFr 38,- / ÖS 277,-
ISBN 3-17-014207-0

Hier wird eine kritische Betrachtung und Systematisierung der Anti-Freud-Literatur vorgenommen. Es ergibt sich, daß die Angriffe auf Freud zumeist auf dem Boden einer fundamentalen Unkenntnis der psychoanalytischen Theorie geschehen und oft in erschreckendem Ausmaß die Regeln des wissenschaftlichen Diskurses verletzen. Behandelt wird insbesondere die Rezeptionsgeschichte der Freudschen Schriften sowie die Fragen nach der Originalität der Freudschen Konzepte. Es ergibt sich, daß die von Freud behaupteten Prioritätsansprüche, anders als häufig in der Literatur dargestellt, durchaus berechtigt sind. Weiter wird kritisch die Psychoanalysekritik von Eysenck und Grünbaum kommentiert und auf Fehler und Mißverständnisse hingewiesen.